KB155863

An Introduction to

Cognitive Behaviour Therapy

Skills and Applications

인지·행동치료 개론

Helen Kennerley · Joan Kirk · David Westbrook 저

박소진 · 김익수 역

찬사의 글

제3판에 대한 찬사의 글

'당신의 편에서 전문적인 CBT 치료사와 함께 CBT 치료 방법을 배우고 싶은가요? 그렇다면 Kennerley 등이 저술한 이 책 인지·행동치료 개론에 흠뻑 빠져보세요. 더할 나위 없고, 최신의 개론적인 CBT의 내용을 담고 있습니다. 각 장은 일반적인 임상의 딜레마에 대한 명확한 지침을 제공하고 있습니다. 동영상 링크 자료는 기술들을 시연해주고 살아 숨 쉬는 치료로서의 CBT를 치료사들이 이해하도록 해줍니다. 숙련된 치료사에게조차도 도움이 될 것입니다. 이 책은 CBT의 실행에 관한 포괄적이면서도 정교한 관점을 제공하고 있습니다.'

Christine A. Padesky 박사
— 인지치료센터 공동설립자이자 Mind over Mood의 공동 저자

'여러분에게 CBT의 기초를 알려주는 책은 많이 있습니다. 이 책은 무엇을 해야 하는지, 언제 그것을 해야 하는지, 어떻게 그것을 하는지 그리고 왜 그것을 해야 하는지에 관한 기본과 그 이상을 우리에게 제공합니다. 사례 자료, 기법 그리고 (진정 깨우침을 주는 치료의 실제를 다루는 동영상을 포함하는) 예시가 골고루 잘 섞여 있어 책을 내려놓기가 어려웠습니다. 장애가 무엇이든 간에, 얼마나 복잡하든 간에 이 책은 여러분의 실행 능력을 향상시키는 데 도움을 줄 것입니다. 연수생이나, 수퍼바이저 또는 환자를 신중하게 돌봐야 하는 임상가라면 의무적으로 읽어볼 것을 고려하기 바랍니다.'

Glenn Waller 교수
— University of Sheffield

'이 책 인지·행동치료 입문은 책이 처음 출판된 해인 2007년 이후 줄곧 초보 치료사, 숙련된 치료사 그리고 CBT 교육자와 같은 학습자를 위한 핵심 교재였습니다. 유명한 CBT 양성 프로그램이라면 어디든 필수 독서 목록에 이 책이 올라가 있습니다. 동영상 자료를 포함하고, 새로운 사례, 추가 연습, CBT의 문화적 맥락에 대한 집중과 같은 포괄적인 새로운 특징과 더불어 제3판은 이미 훌륭한 이 책을 필수불가결의 것으로 만들 것입니다.'

Pamela Myles

— University of Reading

'이 책은 그저 흔한 CBT 입문서가 아닙니다. 이 책은 CBT에 대한 입문서 자체입니다. 치료사로서, 수퍼바이저로서, 양성가로서의 저자들의 전문성의 깊이가 빛을 발하고, 이들의 지식이 받아들이기 쉽게 공유되고 있습니다. 이번 개정판은 몇 가지 최신의 주제를 포함하고 있고, 동영상 자료와 함께 웹 사이트를 동반 제공하고 있습니다. 아주 간단하게 말해, CBT를 배우는 학생이라면 바로 여기서부터 시작하기 바랍니다.'

Stephen Barton 박사

— Newcastle University

'제3판인 이 책은 앞서 이전 판들의 정신과 명료함을 그대로 담고 있으면서도 더 깊어지고 확장되었습니다. 실제 치료에서 사용방법에 대한 어떠한 질문도 시범을 보여주는 동영상 자료와 동반된 웹사이트를 통해 해결할 수 있습니다. 종합적이고, 권위적이고 실용적이면서도 친근한 이 책은 CBT를 위한 필수 가이드로 남을 것입니다.'

Dave Roberts

— Oxford Brookes University

제2판에 대한 찬사의 글

'이 책은 가이드하는 방법, 사례에 대한 예시, 학습을 위한 경로를 제공해주며 진정으로 치료사가 이해할 수 있기를 추구하고 있습니다. 저자들의 뛰어난 CBT에 대한 이해의 폭과 깊이가 빛납니다.'

Willem Kuyken 교수

– Mood Disorders Centre

'이미 뛰어난 책이 최신의 사례를 갖추게 되는 것은 훌륭한 일입니다. 늘 변함없이, 저자들은 탁월한 우수성을 보여주고 있습니다.'

David Richards 교수

– Mental Health Services Research, University of Exeter

목 차

01 —— 인지·행동치료(CBT)의 기본 이론, 발전 과정과 현재의 위상   1

그림 및 표 목차

그림

표

저자 소개

Helen Kennerley는 NHS에서 컨설턴트 임상 심리사로 활동하고 있으며, 옥스퍼드 대학의 수석 부교수로 재직 중이다. 평생을 옥스퍼드 인지치료센터(OTCT)를 위해 헌신하였으며, 그곳의 수퍼비전과 훈련 과정의 책임자로서 직접 CBT 훈련과 수퍼비전을 맡고 있다. 그녀의 임상 활동은 아동기 외상 생존자에 있어서 탁월하다. 그녀는 30년 이상 CBT를 실행해오고 있으며, 옥스퍼드와 미국에서 가르치고 있다. 그녀는 OTCT의 창립 구성원으로서 대중적인 인지치료 자가 학습 관련 서적을 몇 권 집필하였다. 2002년에는 영국에서 가장 영향력 있는 여성 인지치료사에게 주어지는 영국 행동 및 인지 심리치료(BABCP)의 수상 후보에 이름을 올렸고, 2015년에는 그녀의 저서 <우울증 극복하기: 인지 및 행동 기법을 이용한 자가 학습 지침서>가 BMA 의료도서상에 강력하게 추천되었다. 그녀는 치료사로서, 수퍼바이저로서, 양성가로서 BABCP의 인가를 받았다.

Joan Kirk는 40년 이상 컨설턴트 임상 심리사로 활동하면서 리버풀, 에딘버그 및 옥스퍼드에서 양성을 담당해왔다. 원래는 행동주의를 지향하였으나 1970년대부터 점차 인지·행동치료로 전향하였다. 그녀는 이론을 전파하는 데 열정적이었고, 연구와 저술 작업뿐만 아니라 공감적으로 수퍼바이저를 해주고 가르쳤다. 그녀는 오랫동안 옥스퍼드의 성인 임상 심리 서비스의 책임자를 맡아왔고, 거기서부터 옥스퍼드 인지치료센터를 설립했으며 초대 대표를 역임했다. 2004년 NHS에서 나와 따로 독립적으로 활동했다. Joan은 영국 심리 사회의 특별회원이며, BABCP의 인가를 받은 치료사였다.

David Westbrook는 컨설턴트 임상 심리사였고, 옥스퍼드 인지치료센터의 전임 대표였으며, 옥스퍼드 대학의 수석 부교수로 재직했다. 임상 심리사로서로 교육하기 전에는 정신과 간호사였으며 궁극적으로는 영국 내 특수 행동 치료 조직을 담당하는 간호사가 되었다. 이 일을 계기로 인지치료에 관심을 갖게 되었고 전 세계의 많은 선도적인 CBT 치료사로부터 훈련을 받을 수 있었다. 그는 25년 이상 CBT를 실행해왔고, NHS 임상가로서뿐만 아니라 훈련, 수퍼비전 그리고 연구 활동에 참여하며 중증의 복합적 문제를 갖고 있는 내담자에게 서비스를 제공했다. 그는 치료사로서, 수퍼바이저로서, 양성가로서 BABCP의 인가를 받았다.

감사의 글

어떤 책도 표지에 이름을 올리지 못하는 많은 분들의 후원과 심지어는 희생 없이는 완성될 수 없습니다. 바로 이 책 인지·행동치료 개론이 바로 그 경우입니다. 다른 분들의 아낌없는 마음을 이루 헤아릴 수 없어서 우리는 아무리 해도 그분들 이름을 한 분, 한 분 언급할 수가 없을 정도입니다.

SAGE 출판사를 만나지 못했더라면, SAGE의 도움과 편집 직원분의 도움이 없었더라면 이 책은 세상의 빛을 보지 못했을 것이라고만 말해두겠습니다. 만일 우리 가족들이 우리의 빈자리와 우리로 인해 생긴 스트레스를 인내하는 데 준비되어 있지 못했다면 결코 시간에 맞춰 원고를 쓰지 못했을 것입니다. 그리고 훌륭하신 선생님과 동료로부터 배울 수 있는 특권을 누릴 수 있었기에 이 책을 출판할 수 있었습니다. 그리고 많은 제자들이 우리에게 유용한 피드백을 주었기 때문에 그리고 그렇게 많은 내담자분들이 자신의 경험을 우리와 함께 나눠줄 수 있었기 때문에 특히 이와 같은 책을 쓸 수 있었습니다.

그 모든 분께 감사드립니다.

서 문

이 책의 제3판을 수정하는 일은 희비가 교차하는 일이었다. 수년 동안 나는 옥스퍼드의 임상 심리학 부서에서, 후에 옥스퍼드 인지치료센터(OCTC)로 개명되었지만, Joan Kirk와 David Westbrook와 매우 친밀하게 지내며 일을 했다. 가장 최근까지도 우리는 CBT입문서인 이 책에 대해 협력해왔고, 생각을 공유하고 아이디어를 논쟁하고 결속해오면서 성장해왔고 이런 모습이 바로 '우리'였다. 애통하게도 내가 Joan과 제3판 개정 작업을 시작할 때즘, David가 돌아가셨다. 그리고 내가 원고를 마쳤을 때즘에는 긴 병고 끝에 Joan이 세상을 떠나고 말았다.

이 두 분의 작고는 CBT 분야에 상당한 공백을 남겼다.

Joan은 비범한 사람이었고, 현명하고, 혁신적이며, 열정적인 임상 심리사로서 주변 사람들에게 귀감이 되고 영감을 주곤 했다. CBT의 초기 개척자로서 그녀는 25년 전 CBT의 탁월함을 촉진하기 위하여 OCTC를 설립했다. 옥스퍼드 대학과 협력하며, 그녀는 영국 최초의 CBT 인증서 중 하나를 확립하는 데 일조했다. 초기 CBT 교재의 베스트 셀러 중 하나를 공동 집필하였다(Cognitive behavior therapy for psychiatric problem: Hawton et al., 1989). 교수로서 삶 역시 업적으로 가득하였고, 당연히 영국 심리 사회의 특별회원의 자격을 갖추고 있었다. 그리고 그녀를 알고 지낼 수 있었던 행운을 갖고 있는 사람이면 누구든 그녀의 아낌없는 관대함, 온화함, 재치, 그리고 모임을 사랑했던 모습을 잘 기억할 것이다.

David는, 우리의 친구 Gillian Butler의 말을 빌리자면, '위대한 두뇌와 위대한 가슴을 가진 위대한 사람'이었다. Joan처럼 그는 재주가 많았고 다재다능했다. 그는 임상가였고, 관리자였고, 연구자였고 혁신자였다. Joan처럼 그는 내담자와 치료사 모두에게 최고의 것만을 주고 싶은 욕망으로 의욕이 충만했다. 그는 이러한 동기를 갖고 임상 활동, 치료사 양성, 연구와 집필 등의 작업을 성취할 수 있었다. 그는 매우 성공적인 서적인 *Oxford guide to behavioural experiments in cognitive therapy*(Bennett-Levy et al., 2004)를 공동 집필하였고, 눈을 감기 바로 직전까지도 글을 쓰고 출판 업무에 손을 놓지 않았다. 그는 OTCT의 창립 특별회원이었고, Joan이 은퇴하자 대표직을 역임했다. 그러나 그의 많은 업적과 명성에도 불구하고 그는 언제나 허물없이 대해주었다. 그는 함께 하기 좋은 사람이었고 친근했다.

이 책의 구절, 구절을 읽고, 또 읽으면서 Joan과 David의 목소리를 '들을 수' 있었다. 그것은 기쁘기도 하고 슬프기도 한 일이었다. 책을 처음 출판할 때, 주방 식탁에 둘러앉아 와인을 마셔가며 생각을 나누고 우리의 관점과 'OTCT의 나갈 길'에 대해 이야기를 나눈 기억이 생생하다. 이 책에서 과거로 표현된 내용이나 현재로 표현된 내용이나 모두 이 두 분의 것들임에는 틀림없다. 나는 Joan의 풍자적이면서 아이러니한 유머를 떠올리며 아직도 미소를 짓게 된다. David의 논리적인 명쾌함에 깊은 만족을 느낄 수 있다. 이 책은 아직도 두 분의 지혜와 감수성으로 충만해 있다. 여러분 모두 그 지혜와 감수성을 함께 나눌 수 있기를 바란다.

Helen Kennerley, 2016년 옥스퍼드에서

역자의 말

수년 전 나에게 이런 질문을 해 온 사람이 있었다. "인지행동치료는 누구의 것인가요?" 나는 순간 아득해졌다. 켈리, 엘리스, 벡, 마이켄 바움… 등의 학자 이름들이 주마등처럼 스쳐 지나갔다. 그리고 한편으로는 이런 어이없고 무지한 질문을 한다는 것에 대해 화가 났다. 심지어 그는 나름 알아 주는 심리전문가이며 학자였다. 답을 하지 못해 머뭇거리자, 그는 재차 나에게 재질문을 했다. 누구의 것이냐고?

"저에게 그 질문을 하신 의도를 잘 모르겠습니다만…. 제 것입니다!"

나의 예상치 못한 대답에 놀라움과 의아함과 당황스러움으로 복잡해진 표정으로 그는 어색하게 웃으면서 알겠다고 대답했다.

인지행동치료가 누구의 것이라고 할 수 있는가? 다른 심리치료도 마찬가지이지만, 이것은 어느 한 개인이 창조한 산물이 아니다. 비틀즈의 'yesterday'의 저작권은 비틀즈에게 있지만 그것은 순수한 한 개인의 역량만으로 이룰 수 없는, 그 시대와 대중들의 요구 없이는 이루어질 수 없는 결과물이라는 것을 잊어서는 안 된다. 그런데 하물며 오랜 세월 수많은 사람들의 축적된 연구과 실험과 현장 경험을 통해 얻어진 성과물을 누구의 것이냐고 묻는 것은 그야말로 어리석은 질문일 뿐이다. 인지행동치료는 인지치료와 행동치료를 결합한 치료이며 이를 통해 효과를 극대화하고 있으며 현재에도 꾸준히 진화되고 발전하며 저변으로 확장되고 있다.

이 책은 역자가 '당신이 알아야 할 인지행동치료의 모든 것(학지사/인지행동치료를 쉽게 소개한 책)'이라는 책을 쓰기 위해 문헌조사를 하던 중 발견하게 된 보석과도 같은 책이다. 인지행동치료가 현재 가장 각광받는 치료 중의 하나로 자리매김하였고 인지행동치료와 관련된 다량의 논문이나 전문서들이 출간되고는 있지만 이론과 기법을 알기 쉽게 설명해 놓지는 못하고 있는 것으로 보였다. 그런데 이 책은 인지행동치료를 수십 년간 해 오고 전문가들의 수퍼비전을 담당해 온 저자들에 의해 쓰여졌기 때문에 보다 이해하기 쉽게 전개가 되고 있다는 것이 이 책의 가장 큰 미덕일 것이다. 게다가 현재 인지행동치료의 위상이나 현실적인 측면 등도 구체적으로 기술하고 있어 현장에 있는 전문가나 초심자 모두에게 유용하리라고 판단된다.

'번역은 반역이다'라는 말처럼 번역이라는 작업은 쉬운 작업이 아니다. 예를 들어 'applyed tention'과 같은 표현을 순수한 우리말로 표현해 내기가 어려워 '응용된 긴장'과 같은 다소 부자연스러운 표현으로 번역할 수밖에 없었다. 또한, 단순히 언어의 장벽을 넘어서 전문성을 담보로 해야 한다는 부담감은 번역을 하는 내내 역자들의 어깨를 짓눌렀다. 그리고 본서를 계약한 후의 과정도 순탄치만은 않았다. 제2판으로 계약을 한 후 얼마 되지 않아 제3판이 나오는 과정에서(아마도 DSM-5가 출시되면서 본서의 내용들의 수정이 불가피했을 수 있으리란 추측을 해 본다.) 한동안 번역 작업을 뒤로 미루어야 했고 공동번역자의 이탈도 본 역자에게는 안타까운 일이 아닐 수 없었다. 다행히도 새로운 공동번역자가 합류했다는 것은 또 다른 선물이 아닐 수 없다.

일천한 영어실력과 부족한 심리학적 지식으로 본서를 번역하면서 '오늘도 벽돌 하나 쌓는다'라는 생각으로 부족함을 채워가다 보면 인지행동치료에 관심 있는 많은 분들께 조금이라도 기여할 수 있지 않을까 바라본다.

갑작스런 번역 제의를 흔쾌히 수락해 주신 공동 역자 김익수 선생님, 번역 작업을 도와준 박희야, 김은애 선생님과 우수연 학생에게도 감사의 말씀을 전한다.

역자 대표 박소진 씀

책과 동반 웹사이트 활용 방법

인지 · 행동치료의 입문서로서 제3판은 웹사이트를 제공하고 있다. 이 주제에 대한 여러분의 이해를 높여줄 풍부한 온라인 자료에 접속하려면 다음의 주소를 방문해보기 바란다.
https://study.sagepub.com/kennerley3e.

동영상 ——

온라인에는 40편이 넘는 동영상 자료가 소개되어 있고, 이 책에 곳곳에 걸쳐 안내되어 있다. 책에 표시된 동영상 아이콘을 찾아보고 웹사이트에 접속해 살펴보라.

CBT 기술과 기법을 일반적인 정신 문제에 어떻게 적용하는지, 핵심 이론과 개념이 실생활에 어떻게 접목되는지 보여준다. 동영상 자료에는 다음과 같은 다양한 범주의 기술이 포함되어 있다.

- 내담자로부터 피드백 도출하기
- CBT 효과 측정하기
- 의제 설정하기
- 치료적 관계에서의 문제에 대한 징후 다루기
- 긍정적인 상상 개발하기

이어지는 내용에서 전체 동영상 자료를 살펴보기 바란다.

사례 연구 및 예시는 파란색으로 기술하여 강조하였다. 사례와 예시를 읽고 실생활에서의 치료가 무엇인지 감을 얻고, 실제 치료에 대해 잘 이해하기 바란다.

학습활동은 장의 마지막 부분과 온라인에서 확인할 수 있으며, 마우스 아이콘으로 표기되어 있다. 여러분이 읽은 내용을 살펴보고 생각해보기 위해 한 번 시행해보기 바란다.

보충 읽기 자료는 각 장에 제시되어 있고 북마크 아이콘으로 표기되어 있다. 여러분의 지식을 한층 더 심화시키고 주요 주제에 대한 학습을 강화하기 위해 이용하기 바란다.

활용 가능한 그림 자료는 웹사이트를 통해 내려 받을 수 있다.
- 사고 기록지의 예(그림 8.1)
- 행동 실험 기록지(그림 9.2) 그리고
- 주간 활동 일정표(WAS)(그림 12.2)

동영상 자료 목차

01

인지·행동치료(CBT)의 기본 이론,
발전 과정과 현재의 위상

도입

이 장에서는 여러분에게 인지·행동치료(Cognitive behavior therapy, CBT)의 기본 이론과 이러한 접근 방법의 발전 과정을 포함한 인지·행동치료의 기본적인 사항에 대해 소개하고자 한다. 우리가 이러한 기본사항에서부터 시작하는 이유는 인지·행동치료가 때때로 치료에 있어서 만약 '내담자가 이런 문제를 갖고 있다면 저 기법을 사용해보세요'하는 식의 마치 '요리책'처럼 단순한 접근 방법이 아니냐는 비판을 받기 때문이다. 그러나 이 책에서 다루는 접근 방법은 기법을 기계적으로 적용하는 데 두지 않고 이해에 두고 있다. 즉, 내담자를 이해하고, 인지·행동치료의 이론을 이해하고, 개념화에 이 두 가지를 함께 갖고 오는 것이다(4장 참고). 임상적, 개인적 경험을 토대로 여러분은 사람을 이해한다는 것에 대한 개념을 갖고 있을 것이다. 이 장은 여러분만 원한다면 인지·행동치료의 '제1원칙'인 인지·행동치료의 이론을 이해하는 길로 여러분을 안내할 것이다.

한 가지 더 분명하게 해야 할 것이 있다. 인지·행동치료가 마치 단일 이론인 것처럼 말하는 것은 잘못된 정보다. 현대 인지·행동치료는 단일 구조가 아니라, 계속해서 발전하고 있으면서도 논쟁의 여지가 많은 광범위한 접근이라고 할 수 있다. 우리가 이 책에서 취하고 있는 접근 방법은 1960년대와 70년대 Beck이 형성한 Beck의 모델에 기초를 두고 있다(Beck, 1963, 1964; Beck, Rush, Shaw & Emery, 1979). 이 모델은 영국에서 30년 이상 주도해왔기에, 우리는 우리 자신이 영국에서 주류를 이루고 있다고 보고 있다. 그러나 다른 인지·행동치료 이론가나 치료사는 여기서 상세히 설명하고 있는 접근 방법에 있어서 크거나 작게 다를 수 있다. 또한 비록 '제3세대'치료(Hayes, 2004)와 같은 인지·행동치료 분야에서의 최근의 발전이 인지·행동치료를 매우 풍성하게 해줄 수 있는 잠재력을 갖고 있는 흥미로운 성과라고 생각하지만 여기서의 목적은 주로 '기본적인' 인지·행동치료를 위한 토대를 제공하는 데 있다. 따라서 우리는 이러한 최근의 발전에 대한 고려는 별도의 장(17장)을 통해 제한적으로 하려고 한다.

인지·행동치료의 간략한 역사

어떤 개인의 배경 정보에 대해 아는 것이 그 사람의 현재 상태를 이해하는 데 도움이 되는 것처럼 인지·행동치료가 어떻게 발전되어 왔는지 아는 것은 현대 인지·행동치료의 형태를 이해하는 데 도움을 줄 수 있다. 현대 인지·행동치료에 주로 영향을 미친 것은 두 가지다. 하나는 1950년대와 60년대 Wolpe 등에 의해 개발된 행동치료(Wolpe, 1958)이다. 다른 하나는

1960년대 시작된 Beck이 개발한 인지적 접근인데, Beck의 인지 이론은 1970년대의 '인지적 혁명'에 더 많은 영향을 미치기도 했다.

행동치료(BT)는 19세기 이후 줄곧 심리치료를 주도하던 프로이드의 심리 역동 패러다임에 대한 반작용으로서 일어났다. 1950년대 프로이드 학파의 심리 분석은 심리 분석의 이론적 근거나 효과성을 지지해줄 만한 실증적 증거의 부족으로 인해 과학적 심리학에 의해 의혹을 받았다(Eysenck, 1952). 행동치료는 학문적 심리학 내 행동주의자의 운동에 의해 강하게 영향을 받았는데, 학문적 심리학에서는 사람의 마음속에서 일어나는 일은 직접적으로 관찰 가능한 것이 아니므로 과학적 연구에 맞지 않는다는 관점을 취하고 있다. 대신에 행동주의자들은 관찰 가능한 사건들 사이의, 특히 자극(환경 안에서의 특징이나 사건)과 반응(연구 대상인 사람이나 동물로부터 관찰 가능하고 측정 가능한 반응) 사이의 재현 가능한 연관성을 찾았다. 그 당시 심리학에서의 가장 대표적인 모델인 학습 이론은 유기체가 자극과 반응 사이의 새로운 연관성을 어떻게 학습하는지 설명하기 위한 일반적인 원칙을 찾았다.

이러한 기조 속에서 행동실험(BE)은 무의식적인 과정, 감쳐진 동기, 관찰할 수 없는 심리의 구조 등에 관한 추측을 거부하는 대신, 원하지 않는 행동이나 감정적 반응을 수정하기 위해 학습 이론의 원리를 사용한다. 예를 들어, 프로이드의 '어린 Hans'로 잘 알려진 것처럼(Hans는 말에 대한 공포를 가진 소년, Freud, 1909), 동물 공포의 무의식적인 근원을 찾는 대신, 행동치료사는 자신들이 믿는 학습 이론에 기초하여 절차를 구성하였는데 이는 사람들로 하여금 반응에 관한 새로운 방법을 학습하는 데 도움을 주었다. 행동실험의 관점은 어린 Hans와 같은 사람은 말이라는 자극과 공포라는 반응 사이의 연관성을 학습해왔다는 것이고, 따라서 치료의 과제는 그러한 자극에 대한 새롭고 두려워하지 않을 반응을 확립하는 데 있다는 것이다. 체계적 둔감법으로 알려져 있는 불안 장애에 따른 치료는 이완을 시도하는 동시에 내담자가 두려워하는 자극을 반복적으로 상상하도록 요구하여 공포 반응이 안정된 반응으로 대체되도록 한다. 이후 단계에서는 상상으로 하던 노출(예: 말의 형상을 상상하도록 하는 것)에서 생체 내 노출(예: 실제 말에 다가서는 것)로 종종 대체된다.

행동실험(BE)은 특히 공포증이나 강박 장애(obsessive-compulsive disorder, OCD)와 같은 불안 장애*에 있어서 다음의 두 가지 이유로 빠르게 성공하였다. 첫째, 과학적 심리학에 뿌리를 두면서 행동실험은 항상 실증주의적 접근 방식을 따랐는데 이는 행동실험이 불안의 문제를 경감시키는 데 있어서 효과적이라는 견고한 증거를 바로 제공할 수 있게 해주었다는 것이다. 둘째, 행동실험이 통상적으로 6~12회기에 걸쳐 진행되므로 전통적인 심리치료에 비해 훨씬 더

---

* 역자 주: DSM-5에서 '강박 장애'는 불안 장애에서 분리되어 '강박 및 관련 장애'로 따로 분류된다.

경제적인 치료방법이었다.

이러한 초기 성공에도 불구하고 순수 행동주의적 접근 방법에는 한계가 있었다. 사고, 신념, 해석, 상상 등과 같은 정신적 과정 역시 생활(그리고 문제)의 분명한 일부분이어서 심리학에서 이러한 부분을 다루지 않는다는 것이 불합리하게 보이기 시작한 것이다. 1970년대 동안 이러한 불만족은 여전히 근거 없는 추측을 배척하는 실증주의적 접근 방법을 유지하려고 노력하는 동시에 인지적 현상을 심리학과 치료의 영역에 접목하려는 방법을 찾는 소위 '인지적 혁명'으로 전개되었다.

Beck은 정신과 의사로서 그리고 정신 역학 심리치료사로서 훈련해왔지만, 정신 역학적 중재에 반응하지 않는 내담자에게 자신이 제공할 수 있는 무엇인가가 더 있을 것이라고 점차 느끼기 시작했다. 1950년대와 1960년대 초기에 Beck 등은 이미 인지치료에 대한 개념을 전개하기 시작했고, 행동실험(BE)에 대한 통찰력과의 융합을 고려하고 있었다. 우울증에 대한 인지치료에 관한 Beck의 책이 출판되고(Beck et al., 1979), 항우울증 치료제로서 인지치료가 우울증에 대한 효과적인 중재임을 입증하는 연구(예: Rush, Beck, Kovacs & Hollon, 1977)가 이러한 혁명에 불을 붙였다. 이후 몇 년을 거치면서 행동실험과 인지치료는 함께 성장했고, 현재 가장 보편적으로는 '인지 · 행동치료', 즉 CBT로 알려진 결과물을 만들어 낼 정도로 서로에게 영향을 주었다.

——— 몇 가지 기본 원리 ———

그렇다면, 행동실험과 인지치료의 어떤 요소가 오늘날의 인지 · 행동치료의 토대를 형성하는 데 나타난 것일까? 여기에 우리는 인지 · 행동치료가 기본으로 하고 있는 가장 기본적인 원칙과 신념이라고 판단하는 것들을 제시하였다. 이러한 원칙과 신념이 의미가 있고 적어도 인지 · 행동치료를 시도해볼 만한 의미가 있는지 판단하는 것은 여러분의 몫이다. 아래의 사항은 인지 · 행동치료에 있어서 핵심적인 사람, 문제, 치료에 관한 근본적인 신념이라고 여겨지는 것이다. 우리는 이러한 신념들이 반드시 인지 · 행동치료에만 고유하다고 주장하는 것은 아니다. 이들 중 다수는 다른 치료 접근에 의해서 공유되고 있다. 하지만 이러한 원칙을 조합하는 방식이 인지 · 행동치료를 특징짓는 것이라 할 수 있다.

인지적 원리

'인지적'이라고 불리는 치료라면 어떤 치료든 그 핵심적인 개념은 사람의 감정적 반응과 행동은 인지(다시 말해서, 생활 사건에서 부여하는 의미는 근본적으로 그들이 발견하는 것으로 상황과 자신에 대한 그들의 사고, 심상, 신념, 해석)에 의해 강하게 영향을 받는다는 것이다. 이것은 무슨 의미일까?

이 말의 의미를 이해하기 위해서는 먼저 '비－인지적' 관점에서 시작하는 것이 훨씬 쉬울 것이다. 일상적인 삶에서 사람들에게 무엇이 자신을 슬프게(또는 행복하게 또는 화나게 또는 뭐든 간에) 만드는지 묻는다면, 사람들은 종종 사건이나 상황의 예를 제시한다. 예를 들어, "나는 여자 친구랑 계속해서 싸우기만 해서 지쳐버렸어." 하지만 상황이 그렇게 간단할 수는 없다. 만약 어떤 사건이 그렇게 직접적인 방법으로 자동적으로 감정을 불러일으킨다면, 그러한 사건을 경험하는 사람이라면 누구에게나 같은 사건이 같은 감정을 초래한다고 말할 수 있을 것이다. 우리가 실제로 확인할 수 있는 것은 정도의 차이는 있을 수 있지만, 사람들은 비슷한 사건에 대해 다르게 반응한다는 것이다. 심지어 누군가를 여의거나 시한부 선고를 받는 것과 같이 명백하게 끔찍한 사건조차도 모든 사람에게 동일한 감정의 상태를 만들어내진 않는다. 어떤 사람은 이성적으로 잘 대처하는 동시에 어떤 사람은 완전히 압도되어 버린다. 따라서 감정을 결정하는 것은 단지 사건만은 아니다. 반드시 다른 무엇인가가 있다. 인지·행동치료에서는 '다른 무엇인가'가 인지, 즉 사람들이 사건을 해석하는 과정이라고 말한다. 두 사람이 어떤 사건에 대해 서로 다르게 반응한다면 그것은 그 두 사람이 그 사건을 서로 다르게 보기 때문이다. 한 사람이 남다른 방식으로 반응한다면 그것은 그 사람이 그 사건에 대한 남다른 사고나 신념을 갖고 있기 때문이다. 이것은 그에게 특별한 의미를 갖는다. 그림 1.1에 이에 대한 예시가 제시되어 있다.

이 과정에 대한 간단한 예를 찾아보자. 여러분이 길을 걸어가고 있는데 아는 사람이 반대편에서 오는 것을 봤다. 하지만 그 사람은 당신을 알아차리지 못하는 것 같다고 가정해보자.

여기 이 사건에 대한 가능한 사고가 다양하게 제시되어 있다. 해석이 변함에 따라 어떤 감정적 가능성이 발생하는지 주목해보자.

- "나는 그녀에게 할 말이 아무것도 떠오르지 않아, 그녀는 내가 정말 지루하고 멍청하다고 생각할거야." (불안 초래)
- "아무도 나에게 말을 걸려고 하지 않을 거야. 아무도 나를 좋아하는 것 같지 않아." (우울 유발)
- "그녀는 너무 건방져. 난 아무 잘못도 하지 않았는데." (분노 촉발)
- "그녀는 어젯밤 그 파티에서 아직 술이 덜 깬 것 같군." (즐거움 초래)

그림 1.1 기본 인지 원리

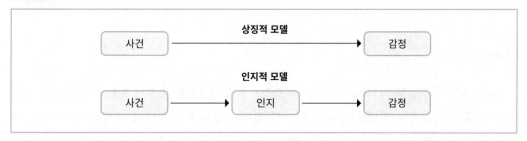

이러한 예시는 서로 다른 인지가 서로 다른 감정을 초래한다는 가장 기본적인 인지적 원리를 보여준다. 이것은 또한 어떤 유형의 인지와 그에 상응하는 감정 사이의 연관성에 대해서도 보여주고 있다. 예를 들면, 공정하지 못한 사람이나 우리가 준수하는 규칙을 지키지 않는 사람에 대해 생각하는 것은 분노와 쉽게 연관될 수 있다. 이러한 개념에 대해서는 나중에 다시 다루기로 하자.

물론 '의미'가 중요하다는 주장에 대해서는 새로울 것이 없다. 고대 그리스 스토아 철학 학파의 Epictetus는 1800년도 훨씬 전에 "사람은 사물에 의해서가 아니라 사물에 관해 구성하는 원리나 개념에 의해 혼란을 겪는다."라고 말했다. 우리가 이 책의 나머지 부분을 통해 살펴보겠지만, 이러한 단순한 개념으로부터의 분화와 정교화 작업을 통해 곤란에 처한 사람들을 돕는 강력한 접근 방법의 발전을 이끌어낼 수 있었다. 사람들이 자신의 인지를 살펴볼 수 있도록 도움으로써 우리는 사람들이 느끼는 방식을 변화시키도록 도울 수도 있다.

행동주의 원리

행동실험(BE)으로부터 계승한 것 중 일부는 인지 · 행동치료는 (우리가 하는) 행동을 심리적 상태를 유지하거나 변화시키는 데 있어서 결정적인 요소로서 간주한다는 것이다. 앞서 소개한 사례를 다시 한 번 살펴보자. 여러분이 첫 번째 혹은 두 번째 예시에 해당될 경우, 뒤따르는 행동은 불안이나 우울의 감정이 지속되는 것에 상당한 영향을 미칠 수 있다. 만약 여러분이 사례 속 지인에게 다가가 이야기를 나눈다면, 실제로는 그녀는 당신이 다정하다는 사실을 알게 될 것이다. 그 결과 미래에도 덜 부정적으로 생각하게 될지 모른다. 다른 한편으로는 당신이 그녀를 못 본 척 한다면, 당신의 생각이 옳지 않았다는 사실을 발견할 가능성을 갖지 못한 채 부정적인 사고와 이에 연합된 감정이 지속될 것이다. 따라서 인지 · 행동치료는 행동이 사고와 감정에 강력한 영향을 미친다고 생각한다. 특히 당신의 행동을 변화시키는 것이 생각이나 감정을 변화시킬 수 있는 강력한 방법이라고 믿는다.

연속체 원리

보다 전통적인 일부 의학적 접근과는 대조적으로 인지·행동치료는 정신 건강 문제를 정상적인 상태나 과정과는 질적으로 다른 병리적 상태나 정상적인 상태나 과정으로는 설명하기 어려운 병리적 상태로 보기보다는 정상적인 과정의 과장되거나 극단적인 형태에서 발생하는 것으로 간주하는 것이 종종 유용하다고 믿는다. 즉, 심리적 문제는 연속체의 어느 한 면을 말하는 것이지 완전히 서로 다른 영역에 있는 것이 아니라는 의미다. 이러한 신념과 관련해서 다음의 추가적인 개념이 확장될 수 있다. (a) 심리적 문제는 일부 괴짜에게 생긴다기보다 누구에게나 발생할 수 있다. 그러므로 (b) 인지·행동치료 이론은 내담자에게 적용되는 만큼 치료사에게도 적용될 수 있다.

지금-여기의 원리

전통적인 심리 역동 치료는 문제의 증상(예: 공포증을 갖고 있는 사람의 불안)을 바라보는 것은 피상적이고, 그래서 성공적인 중재는 문제의 근원에 자리 잡고 있을 것으로 추정되는 발달 과정, 감춰진 동기, 무의식적인 갈등을 반드시 들춰내야 한다는 관점을 취하고 있다. 행동실험(BE)은 중재의 대상이 증상 자체이며, 어떤 과정이 현재의 불안(또는 뭐든 간에)을 유지시키는지 살펴본 다음 그러한 과정을 변화시킴으로써 직접적으로 불안을 다룰 수 있다는 관점을 취한다. 심리분석가들은 가정되는 '근원적 원인'보다 증상을 다루는 것은 증상 대체 현상을 초래할 수 있다고 논박한다. 즉, 무의식적 갈등이 해결되지 않으면 내담자가 새로운 증상을 발달시키는 일을 초래할 수 있다는 것이다. 사실, 행동실험 분야에서의 많은 연구가 그러한 결과가 비록 가능은 해도, 매우 드물며, 즉 보다 보편적으로 증상을 직접적으로 다루는 것이 실제로 전반적인 향상을 이끌 수 있다는 것을 보여주고 있다.

현대 인지·행동치료는 행동실험의 접근 방식을 물려받고 있다. 적어도 대부분의 시대에서, 치료의 주요 초점은 현재 발생하고 있는 일에 관한 것이고, 우리의 주요 관심사 역시 수년 전 문제의 발생을 초래했을지도 모를 절차에 두기보다 지금의 문제를 유지하고 있는 과정에 있다. 그럼에도 불구하고 인지·행동치료는 과거를 무시하지 않는다. 그 반대다. 평가와 개념화를 다룬 4장에서 이 문제를 더 다루기로 하자.

상호작용하는 체계의 원리

이 원리는 문제는 반드시 개인과 환경 안에서의 다양한 '체계' 사이의 상호작용으로 간주된다는 관점으로 이 또한 행동실험의 유산이다(Lang, 1968). 현대 인지·행동치료에서는 보통 4개의 내적 체계를 구분하고 있다.

- 인지
- 정서 또는 감정
- 행동
- 생리

이러한 체계는 복잡한 피드백 과정에서 상호작용을 하며, 또한 환경과도 상호작용을 한다. 여기에서 '환경'은 가능한 한 광범위한 개념에서 이해되어야 하는데 단순히 명백한 물리적 환경뿐만 아니라 사회, 가족, 문화적 그리고 경제적 여건까지도 포함한다. Padesky와 Mooney의 다섯 체계의 관점에 기초한 그림 1.2(Padesky & Moonney, 1990)는 이러한 상호작용에 대한 예시를 보여준다.

그림 1.2 상호작용하는 체계

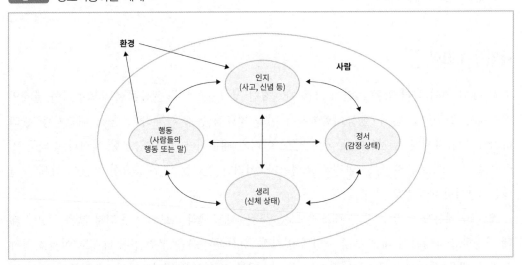

이러한 유형의 분석은 문제를 보다 상세하게 묘사하고, 문제의 구체적이고 역동적인 측면을 대상화하고, 문제의 유지 상황을 보다 심층적으로 이해하는 데 도움을 준다. 또한 우리는 하나 또는 하나 이상의 체계가 서로 관련되지 않은 경우도 고려할 수 있다. 예를 들면, '용기'

는 개인의 행동이 감정적 상태와 관련되지 않은 상태를 묘사하는 데 언급될 수 있다. 즉, 비록 어떤 여성이 두려움을 느낀다고 하더라도 그녀의 행동이 명백히 겁에 질린 모습은 아닐 수 있다. 임상적으로 우리가 개인의 강점, 요구, 지각을 더 잘 이해하기 위해서 내담자의 사고와 감정 그리고 행동 사이의 불일치를 확인하는 것은 중요할 수 있다.

실증적 원리

인지·행동치료는 단순히 임상적 일화보다는 과학적 증거를 사용하여 가능한 한 엄격하게 이론과 치료를 평가해야 한다고 믿는다. 이러한 원칙은 다음의 몇 가지 이유에서 중요하다.

- 과학적으로, 견고하고 잘 확립된 이론에 기초하여 치료 방법을 세울 수 있기 때문이다. 인지·행동치료의 가장 대표적인 특징 중 하나는 다른 학파의 치료가 최초로 고안된 이후 변화가 거의 없이 유지되는 것과는 대조적으로 인지·행동치료는 과학적 연구방법을 사용함으로써 새로운 영역으로 꾸준히 변화·발전해왔다는 것이다.
- 윤리적으로, 인지·행동치료를 받거나 또는 구매하는 사람에게 인지·행동치료가 효과적일 수 있다고 우리는 자신 있게 말할 수 있기 때문이다.
- 경제적으로, 최상의 효과를 내는 방식으로 우리는 제한된 정신 건강 자원이 사용되도록 할 수 있기 때문이다.

대인관계 원리

Beck의 초기 심리 역동 훈련이 그를 가르쳤던 것처럼, 인지·행동치료는 역동적인 관계의 맥락에서 발생한다. 인지·행동치료에서는 이를 치료적 동맹 관계라고 한다. 내담자를 '관리하거나' 내담자에게 '무엇인가를 하는 것'이 아니기 때문이다. 대신 충분한 지식과 동의를 바탕으로 함께 치료할 수 있는 환경을 조성한다. 이러한 원리는 매우 중요한 까닭에 상세한 설명은 3장에서 다루기로 한다.

일부가 예상할 수 있는 것과 대조적으로, 우리는 내담자의 의도와 표출되지 않은 감정에 대해 가정하고 내담자에 대한 우리 자신의 인지적, 정서적 반응을 청취한다. 때때로 이것을 통해 훨씬 더 많은 것을 배울 수 있고, 우리는 치료에 대한 그 영향을 개념화한다. 예를 들면, 치료 회기 동안 일시적으로 불편해 보이는 것은 중요하고 유용하게 다뤄져야 한다고 가정한다. 왜냐하면 내담자의 그러한 반응은 문제를 유지하는 데 기여하는 내담자와 관련된 그러면서도 부끄러운 비밀을 드러낼지도 모르기 때문이다. 다른 한편으로는 일시적으로 불편해 보이는 것은 단순히 쥐가 나서 일수도 있다. 그래서 우리는 이러한 가정이 반박되는 것에 항상 대비해야만 한다!

인지 · 행동치료 원리 요약

우리가 인지 · 행동치료의 핵심이라고 할 수 있는 기본 원리로 간주하는 것들을 요약하면 다음과 같다.

- **인지적 원리**: 이것은 결정적인 사건에 대한 해석이지 사건 그 자체가 아니다.
- **행동 원리**: 우리의 행동은 사고나 감정에 강력한 영향을 미친다.
- **연속체 원리**: 정신 건강 문제는 정상적 과정의 과장된 모습으로 개념화하는 것이 최선이다.
- **지금 – 여기의 원리**: 과거보다 현재의 과정에 초점을 맞추는 것이 훨씬 더 유용하다.
- **상호작용하는 체계의 원리**: 문제를 사고, 정서, 행동, 생리와 사람이 조작하는 환경 사이의 상호작용으로 간주하는 것이 유익하다.
- **실증적 원리**: 이론과 치료를 실증적으로 평가하는 것이 중요하다.
- **대인관계 원리**: 우리는 정보를 갖추고 적극적인 사람과 치료 활동을 하며, 우리의 관계의 역동적 측면을 고려하고 개념화한다.

지금부터는 근본적인 인지 원리들의 정교화 된 내용을 살펴보도록 한다.

────── 인지의 '수준' ──────

지금까지 우리는 '인지'가 마치 단일 개념인 것처럼 소개했다. 사실 인지 · 행동치료는 보통 서로 다른 종류의 인지, 즉 인지의 '수준'을 구분한다. 다음의 인지 수준에 대한 설명은 임상적으로 유용하다고 발견된 것에 기초한 것이다. 따라서 다음 절에서 이러한 개념에 대한 과학적 증거를 간략하게 고찰할 것이다.

우리가 인지에 대해 이야기할 때, 쉽게 말로 표현될 수 있는 '사고'뿐만 아니라 심상 또한 언급하게 된다. 이러한 합의는 인지 · 행동치료사가 '자동적 사고'(ATs)나 '부정적 자동적 사고'(NATs)와 같은 용어를 광범위하게 사용함으로써 마치 심상은 제외하는 것처럼 보여 다소 혼동을 주고 있다. 사고와 마찬가지로 심상 역시 인지와 관련된 것임을 확실히 해둔다.

서로 다른 인지 · 행동치료 종사들은 각기 서로 다르게 인지를 유목화할 수도 있고, 비록 다음의 분류가 보편적으로 사용되는 것이긴 하지만 유일한 분류는 아니라는 점은 언급할 가치가 있다.

——— 자동적 사고 / 부정적 자동적 사고 ———

자동적 사고는 자동적 사고에 주의를 기울이려고만 한다면 우리들 대부분이 알아차릴 수 있는 사고의 흐름을 묘사하기 위해 사용되는 용어이다. 자동적 사고는 내용상 긍정적이거나 중립적이거나 부정적일 수 있다. 부정적 자동적 사고는 Beck이 우울증 내담자를 다룬 자신의 책에서 처음 묘사한 바와 같이, 종종 인지·행동치료의 핵심이라고 할 수 있다. 이러한 사고는 부정적으로 물든 평가나 해석인데, 이는 우리 주변이나 우리 안에서 발생하는 것들에 부여하는 의미이다. 부정적 자동적 사고는 누구나 경험할 수 있다.

여러분이 화가 났거나 불안하거나 짜증나거나, 질렸거나 했던 최근을 떠올려보라. 그 상황으로 돌아가서 마음속에 무엇이 일어나는지 기억해보자. 대부분의 사람은 상당히 쉽게 부정적 자동적 사고를 끄집어낼 수 있다. 예를 들어, 만일 당신이 불안해한다면, 무엇인가 위협적인 일이 당신('오, 안 돼. 지금 나는 엉망이야…')에게나 당신이 돌보는 사람("그 사람은 이걸 혼자서 감당하지 못할 거야.")에게 생길지도 모른다고 생각할 수 있다. 만일 당신이 짜증이 난다면, 다른 사람들이 공정하지 못하다거나 혹은 당신이 중요하다고 여기는 규칙을 사람들이 따르지 않는다는 생각을 갖고 있을지 모른다('뭐야, 그건 너무 무질서하잖아.'). 당신이 무엇인가에 질려버렸다면, 상실감이나 패배감 또는 자신에 대한 부정적인 견해에 관한 생각을 갖고 있을지 모른다('내가 어디로 가는지 모르겠네. 아무런 의미가 없잖아.').

자동적 사고(부정적 자동적 사고)는 순간순간 드는 기분에 직접적인 영향을 미친다고 생각된다. 그리고 자동적 사고와 부정적 자동적 사고는 어떠한 인지·행동치료에 있어서도 핵심적으로 중요한 요소가 되는 것이다. 자동적 사고와 부정적 자동적 사고의 몇 가지 통상적인 특징을 소개하면 다음과 같다.

- 이름에서 알 수 있듯이, 자동적 사고는 생각하려고 노력할 필요가 없다. 자동적 사고는 애쓰지 않아도 자동적으로 발생한다(비록 자동적 사고에 주의를 기울여서 알아차리려고 노력하는 것처럼 보이지만).
- 자동적 사고는 구체적 사건이나 상황에 대한 구체적 사고이다. 비록 자동적 사고가 특히 만성적인 문제에서는 전형적인 것으로 보일지 모르지만 때때로 그리고 상황에 따라 자동적 사고 또한 크게 변할 수도 있다.

- 자동적 사고는 감지할 수 있거나 또는 쉽게 알아차릴 수 있게 된다. 대부분의 사람은 이러한 유형의 사고에 대해 인식하거나 또는 자동적 사고를 모니터링하는 연습을 통해 곧 자동적 사고를 인식하는 방법을 배울 수 있다.
- 자동적 사고는 매우 간결하고, 빈번하며 습관적일 수 있어 자동적 사고는 '의식되지' 않는다. 자동적 사고는 일상적인 정신적 환경의 그저 일부라서 자동적 사고에 집중하지 않으면 마치 항상 숨을 쉬면서도 숨 쉬는 것을 알아차리지 못하는 것만큼이나 알아차리기 어렵다.
- 자동적 사고는 특히 감정이 강할 때, 종종 그럴싸하고 명백한 진실처럼 여겨진다. 항상 자동적 사고에 대해서 우리는 의문을 품지 않는다. 만약 어떤 일이 잘못되어 가는 것에 대해 지긋지긋함을 느낄 때, '나는 쓸모가 없어.'라고 생각한다면, 단순히 사실을 이야기하는 것처럼 보일 수 있다. 치료에서 결정적 단계 중 하나는 내담자가 한발 물러서서 자동적 사고의 정확성을 판단할 수 있도록 하여 내담자가 이런 식으로 자신의 자동적 사고를 수용하는 것을 멈추도록 하는 것이다. 흔히 인지·행동치료의 방침으로 말해왔듯이, '생각은 의견이지, 사실이 아니다.' 그리고 모든 의견이 그렇듯이 의견은 정확할 수도 그렇지 않을 수도 있다.
- 비록 우리가 자동적 사고에 대해 마치 언어적으로 구성된 것처럼 말을 하지만(예: '내가 이걸 망쳐버렸어.'), 자동적 사고는 심상의 형태로 발생할 수 있다는 것을 아는 것도 중요하다. 예를 들어, 사회 공포증에서는 "다른 사람들이 나를 이상하다고 생각해." 하고 말로 생각하기보다는 자신의 붉어진 얼굴에 땀을 흘리며 볼품없어 보이는 모습을 정신적 심상으로 떠올릴지 모른다.
- 정서적 상태에 대한 자동적 사고의 즉각적인 효과와 접근성 때문에 대개는 치료 초기 과정에서 자동적 사고가 다뤄진다.

핵심 신념

자동적 사고 척도의 다른 끝에서는 핵심 신념이 그 사람의 '최저선(bottom line)'(Fennell이 고안한 용어, 1997)과 자신과 다른 사람, 세계 전반 또는 미래의 세계에 관한 근본적인 믿음을 나타낸다. 핵심 신념의 특징은 다음과 같다.
- 대부분의 경우 핵심 신념은 즉각적으로 의식하지 못한다. 많은 다른 상황에서의 특징적인 생각과 행동의 관찰에 의해 유추되어야 할지 모른다.
- 핵심 신념은 일반적이고 절대적인 표현으로 드러난다(예: "내가 나빴어." 또는 "다른 사람들은

믿을 수가 없어.")。 자동적 사고와는 달리, 핵심 신념은 상황이나 시간에 따라 전형적으로 변하기보다는 그 사람에 의해 모든 상황에 적용되는 근본적인 진실로 보여진다.

- 핵심 신념은 보통 유아기 경험의 결과로서 어렸을 때 학습되지만 때때로 나이가 들면서 (예: 성인기에 겪은 외상의 결과로 인해) 핵심 신념이 나타나거나 변할 수 있다.
- 일반적으로 불안 장애나 주요 우울증과 같은 중요 문제를 위한 단기 치료과정에서는 (비록 핵심 신념이 어쨌든 변할 수 있지만) 핵심 신념을 직접적으로 다루지는 않는다. 핵심 신념을 직접적으로 다루는 것은 인격 장애와 같이 만성적인 문제를 위한 치료에서 더 중요할 수 있다(17장 참고).

─── 기본 가정 ───

기본 가정(Underlying Assumptions, UAs)은 핵심 신념과 자동적 사고의 간격을 메워주는 가교 역할을 한다고 여겨질 수 있다. 기본 가정은 핵심 신념에 대한 반응으로서 나타나며, 도움이 되기보다는 맞불을 놓거나 방해가 되는 경우는 역기능적 가정(Dysfunctional Assumptions, DAs)이라고 불리기도 한다.

기본 가정은 '생활의 규칙'으로 간주될 수 있으며, 적용 가능성에 있어서 핵심 신념보다는 더 구체적이기는 하지만 자동적 사고보다는 일반적인 반면, 핵심 신념은 우리에게 근본적인 (그리고 가끔은 주제별) 관점을 제공한다. 기본 가정은 종종 '만약 내가 ~한다면, ~ 할 것이다.'와 같은 가정의 형태를 취하거나 혹은 '해야 한다.'는 당위적인 표현으로 나타난다. 기본 가정은 부정적인 핵심 신념과 함께 지내려는 시도를 나타내기도 한다. 가령, 내가 만일 기본적으로 사랑스럽지 않다고 믿는다면, 나는 다음의 가정을 발전시킬지 모른다.

- '만일 내가 항상 다른 사람을 기쁘게 해주기 위해 노력한다면, 그 사람들은 나를 관대하게 대해줄 거야. 하지만 내 요구만 주장한다면, 거절당하겠지.'
- '만일 내가 눈에 띄지 않는 태도를 취한다면, 다른 사람들은 진정한 내 모습을 보지 못할 거고 그럼 내가 귀엽지 않다는 사실을 아무도 모를 거야.'
- '나는 다른 사람의 요구를 최우선으로 해야만 해. 그렇지 않으면 그들이 나를 거절할 거야.'

이러한 기본 가정은 핵심 신념의 영향 중 일부를 극복하기 위해서 내가 상황을 수용할 수 있다는 희망을 주고 내 삶을 어떻게 살아가야 할지에 대한 지침을 제공한다. 하지만 이러한 방법은 깨지기 쉬운 휴전 협정에 불과하다. 내가 만약 다른 사람을 기쁘게 하지 못한다면 나는 곧 문제에 처한다. 기본 가정 중 하나가 위배되면 부정적 자동적 사고와 격한 감정이 촉발되기 쉽다. 기본 가정의 특징은 다음과 같다.

- 핵심 신념처럼, 자동적 사고만큼 분명히 드러나지 않으며 쉽게 말로 표현되지 않을 수 있다.
- 기본 가정은 대개는 '만일 ~한다면 ~할 것이다.' 형태의 조건문이나 '~해야만 한다, 그렇지 않으면….' 형태의 진술로 이루어진다.
- 기본 가정 중 일부는 문화적으로 강화된다. 예를 들어, 다른 사람을 최우선으로 해야 하는 것이나 또는 성공의 중요성에 관한 신념은 일부 문화권에서는 용인될 수 있다.
- 기본 과정이 생활 속에서 피할 수 없는 복잡한 문제나 걸림돌에 대처할 수 있을 만큼 유연하지 못하고 지나치게 경직되어 있거나 과잉 일반화되어 있는 경우 기본 과정은 '역기능적'이 될 수 있다.
- 기본 과정은 내담자가 자동적 사고를 다룰 수 있는 능력을 발전시키고 난 후의 치료의 후반부에서 주로 다뤄진다. 기본 가정을 수정하는 것이 내담자가 미래의 재발에 보다 더 잘 저항할 수 있도록 하는 데 도움이 된다고 여겨진다(Beck et al., 1979).

그림 1.3은 하나의 핵심 신념에 따른 인지의 수준을 보여주며 인지 수준의 변화에 따른 차원의 일부를 보여주고 있다.

그림 1.3 인지 수준에 관한 예시

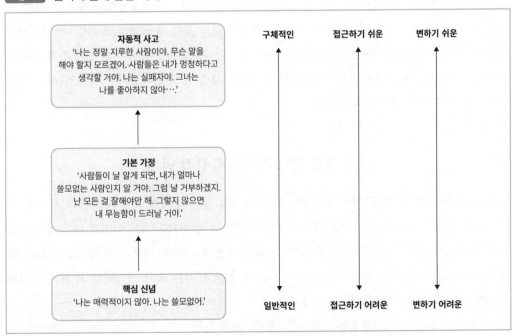

핵심 신념이 문제의 '근원에 있다거나' 핵심 신념이 '기저에 깔린' 원인이기에 치료가 효과적이기 위해서는 핵심 신념을 직접적으로 다뤄야 한다고 가정하기 쉽다. 비록 이것은 사례가 될 수 있으나, 우리는 이러한 총괄적인 가정에 의문을 품고자 한다. 핵심 신념은 확실히 자동적 사고보다는 보다 일반적이다. 그렇다고 해서 반드시 핵심 신념이 더 중요하다는 의미는 아니다. 현재까지 가장 성공적인 인지 · 행동치료 연구는 자동적 사고를 대상으로 하고 있다. 그러나 그렇게 한다고 해서 치료의 효과가 없거나 일시적인 것은 아니다. 이렇게 말할 수 있는 것은 아마도 다음의 두 가지 이유에서다.

- 불안이나 우울과 같은 보통의 정신적 문제를 가진 사람은 단순히 부정적이고 쓸모없는 핵심 신념을 가진 것이 아니라 어느 정도 범위의 핵심 신념을 갖고 있다. 치료의 과정을 통해 이들이 보다 긍정적이고 기능적인 신념을 작동할 수 있도록 할 수 있다.
- 자동적 사고를 검증하는 증거를 살펴보고 구축하는 작업은 핵심 신념에 대한 '연쇄 반응'의 효과를 미칠 수 있다. 따라서 우리가 핵심 신념을 직접적으로 다룰 필요는 없다.

비록 많은 연구 증거가 있는 것은 아니지만, 핵심 생각을 다루는 것은 오랫동안 기능적 신념을 잘 형성하지 못해온 내담자의 매우 만성적인 어려움이나 인격 장애와 같이 생애에 걸친 문제의 경우에는 더 중요할지 모른다. 그래서 아주 종종 아동이나 청년은 그때 당시 자신에게 도움이 되었던 '생활 규칙'을 발전시킨다. 예를 들면, '내가 모든 사람을 기쁘게 하고 문제를 피할 수 있다면, 아무도 나를 다치게 하지 않을 거야.' 하는 생각은 따돌림이나 학대를 당한 아이에게는 보호적으로 작용할 것이다. 하지만 어른이 되는 것을 방해할지 모른다. 성인기에는 이러한 전략의 유효성은 사라지고 역기능적이 될 수 있다. 그래서 다시 살펴보고 수정해야 할 필요가 있다. 그리고 오랫동안 지속되고 변하지 않은 상태 때문에 치료사는 이러한 핵심 신념에 초점을 맞출 필요가 있을지 모른다.

─── 서로 다른 문제에서의 특징적 인지 ───

앞서 우리는 현대 인지 · 행동치료 이론은 특징적인 인지 형태가 특별한 종류의 문제와 연관되어 있다는 것으로 본다고 언급한 바 있다. 이러한 특징적 패턴에는 인지의 내용과 인지의 과정 둘 다 포함된다. 우울증을 예로 들면, 우울한 사람은 독특한 내용을 유지하는 경향이 있다(예: 자기 자신이나 다른 사람에 대한 부정적 사고). 우울한 사람은 또한 생각하는 방식에 있어서 특유의 일반적인 편향을 보인다(예: 긍정적인 사건보다는 부정적인 사건을 더 잘 인지하거나 기억하는 특성 또는 일이 잘못되면 자신의 탓으로 생각하는 경향이 있거나, 자그마한 부정적 사건을 과잉 일반화하여 확장된 부정적인 결론을 짓는 특성). 여기서는 몇 가지 사례를 간략하게 고찰해보고자 한다(구체적인 문제에 대해서는 이후의 장들 참고).

우울증

Beck이 처음으로 언급한 것처럼, 우울증에서 기인한 특징적인 인지는 3가지 부정적 인지 요소, 즉 자기 자신, 세계 전반, 미래에 대한 부정적 편향을 형성한다. 다시 말해서 전형적으로 우울한 관점은 나는 나쁘다(쓸모없다, 귀엽지 않다, 무능하다, 가치 없다, 실패자다 등), 세상은 나쁘다(사람들은 나에게 친절하지 않고, 좋은 일은 하나도 생기지 않는다, 삶은 시련의 연속이다.). 그리고 미래 또한 나쁘다(나뿐만 아니라 세상도 나쁘다. 하지만 항상 이런 식일 것이고 내가 할 수 있는 어떤 일도 영향을 미치지 못할 것이다.).

불안

여기 소개한 일반적인 인지 과정은 위협에 대한 과대평가에 대한 편향이다(예: 일부 원하지 않은 결과가 생길지 모를 위험성이 높다고 지각하는 것). 그리고 또는 대처 능력을 저평가하는 것이다(예: 필요한 기술이 부족하다고 지각하는 것). 위협의 정확한 본질과 인지의 내용은 서로 다른 장애에서 다르게 나타난다. 예를 들면 다음과 같다.

- 공포 상태에서는 무해한 불안 조짐에 대해 어떤 재앙이 임박한 것으로 암시하는 파국화의 오류가 있다(예: 죽을 것 같다, 미쳐버리겠다.).
- 건강에 대한 불안의 경우는 무해한 조짐에 대해 질병을 암시하는 비슷한 오해가 있는데 조금 더 장기적 차원으로 나타난다(예: 미래의 어느 날 나를 죽일 질병에 걸렸을지 모른다.).
- 사회적 불안에서는 다른 사람들에 의해 부정적으로 평가되는 것에 관한 생각이다(예: 그들은 내가 멍청하다/지루하다/특이하다고 생각할 것이다.).
- 강박 장애에서는 어떤 위해가 자신이나 다른 사람에게 가해지는 것에 대한 책임에 관한 생각이다. 그리고 또는 어떤 위해가 자신이나 다른 사람에게 가해지는 것을 막을 필요에 관한 생각이다.

분노

분노 상태에서는 보통 다른 사람의 행동이 공정하지 못하고 암묵적이거나 명확한 규칙을 지키지 않고, 적대적 의도를 갖는다는 것에 관한 생각이다. '그들은 저것을 하지 않으려 할 거야. 그건 공정하지 못해, 그들은 나를 끌어내리려고 시도할 거야.' 우리가 불안에서 살펴봤듯이 성급하고 극단적인 결론이 도출되는데 이것은 분노를 이끌어내는 인지적 과정과 내용을 보여준다. 불안이나 분노 모두에서 아드레날린에 의해 양분을 공급받는데, 이는 우리에게 심리적 경험의 상호작용하는 체계를 떠오르게 한다.

——— 문제의 발전에 관한 일반적 인지·행동치료 모델 ———

이제 인지·행동치료가 문제의 발전을 어떻게 바라보는지에 관한 광범위한 그림을 전개하기 위해 지금까지 소개한 개념들을 우리는 하나로 통합할 수 있다(그림 1.4 참조). 이러한 일반적 모델은 경험(대부분 유아기 경험이나 때때로 그 이후의 경험)을 통해 정도의 차이는 있겠지만 기능적이고 그래서 경험을 통해 세상을 이해할 수 있게 해주고 길을 찾아갈 수 있게 해줄 수 있는 핵심 신념과 가정을 발달시킬 수 있다고 제안한다. 이러한 것에 관해 본질적으로 병리학적인 것은 아무것도 없으며, 그것은 단지 우리에게 발생한 일들로부터 우리 모두는 배운다는 것을 단순히 인정한다. 경험의 결과로서, 우리 대부분은 기능적 신념과 역기능적 신념을 함께 갖게 되며, 이 중에서 기능적 신념이 대부분의 시간에 합리적으로 잘 대처할 수 있도록 해준다. 상당히 역기능적 신념조차도 설사 특별한 문제를 초래한다고 하더라도 상당히 오랜 시간 동안 특별한 문제를 초래하지 않을 수도 있다.

그러나 핵심 신념 또는 가정을 위배하고, 보다 유익한 신념(때때로 결정적 사건이라고 불린다.)에 의해 다뤄질 수 없는 사건(또는 일련의 사건들)을 우리가 마주치면, 쓸모없는 가정이 활성화되고 부정적 사고가 일어나고 불안이나 우울과 같이 유쾌하지 않은 감정 상태가 발생할 수 있다. 문제가 '점화되는' 것이다.

이어지는 부정적 사고와 감정 행동 그리고 심리적 변화 사이의 상호작용이 지속적인 역기능적 패턴을 유발하고 문제 상황을 유지시키는 악순환, 즉 피드백 루프에 갇히고 마는 것이다. 그렇게 되면 환경이 변하더라도 문제가 '사라지는 것'을 방해한다. 이것이 인지·행동치료사가 어려움의 지속성을 이해하기를 기대하고 악순환의 고리를 끊음으로써 회복에 관한 아이디어를 생성하기를 기대하는 지점이다.

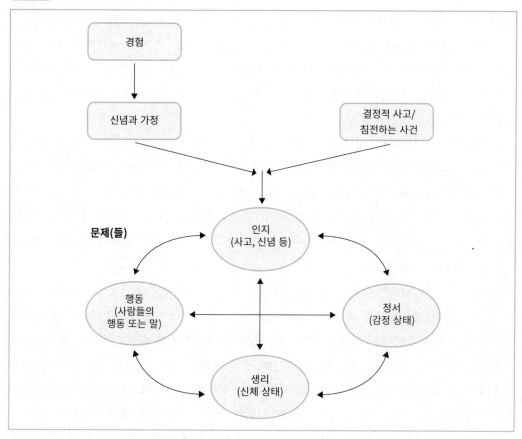

그림 1.4 일반적인 문제 발전 모델

인지 · 행동치료의 현재 위상

앞서 인지 · 행동치료의 역사를 살펴봤다면, 이 절에서는 인지 · 행동치료의 현재 위상과 중요한 맥락을 살펴보고자 한다.

심리치료 접근성 증진(Improving Access to Psychological Therapies, IAPT)

이 책이 처음 출판된 이후 적어도 영국과 웨일즈에서 더 광범위한 영역에서의 인지 · 행동치료의 가장 중요한 발전은 정부의 심리치료 접근성 증진 프로그램의 폭발적인 성장일 것이다(IAPT, www.iapt.nhs.uk 참고). 이 프로그램은 저명한 경제학자이자 정부 고문인 Layard경이 이끌어낸 로비와 계획에서 기인했다. Layard경은 (a) 정신 건강 문제는 불행과 경제 활동성 상실의 주요 원인이며, (b) 인지·행동치료가 가장 보편적인 정신 건강 문제의 상당 부분에 효과를 낼 수 있다고 확신했다(Centre for Economic Performance, 2006). Layard와 동료들 특히 David Clark와 David Richards 교수는 심리치료에 대한 대규모 투자가 보건에 영향을 미칠 것이며, 또한 정신 건강의 향상으로 많은 수의 내담자가 직장으로 복귀할 수 있고 이로 인해 실업수당을 감축할 수 있기 때문에 그러한 투자는 주로 자체적으로 자금을 조달할 수 있다고 정부를 설득했다.

2006년도 시범 사업의 실시 이후, 2007년도에 정부는 IAPT 프로그램이 향후 3년까지 매년 1억7천만 파운드가 넘는 금액에 해당하는 상당히 많은 양의 자금을 받을 것이라고 공표했다. 이로 인해 1차 치료에서 불안과 우울증을 주로 다루는 것을 목표로 하는 증거—기반 심리치료를 제공하는 것이 크게 증가할 수 있었다. 목표는 수천 명의 신규 치료사를 훈련시켜 국가 의료 제도(NHS) 서비스에 투입하는 것이었다. 새로운 서비스와 훈련 과정의 첫해가 2008년 가을에 시작되어 실행되었다.

비록 인지·행동치료가 강력한 증거에 기반하고 있다고 하더라도(이 장의 후반부 참고), 자격을 갖춘 인지·행동치료사가 상당히 부족하다는 판단 때문에 1세대 IAPT는 두 가지 유형의 인지·행동치료를 수반하고 있다. IAPT 인지·행동치료의 첫 번째 유형은 (신규 치료사의 60%를 포함하는) '고강도(HI)' 치료로 알려져 있는데 인지·행동치료의 '전통적' 형식을 제공했다. 두 번째 유형(치료사의 40%)은 '저강도(LI)'치료사인데 (후에 저강도 치료사는 '심리적 안정 실행가', 즉 PWPs로 이름이 바뀐다.) 유도된 자조 서비스나 매우 간단한 심리치료, 행동 활성화나 운동 서비스를 제공했다. 이 두 유형의 치료사에 대한 양성은 초기에는 정부에 의해 지원받았으며 1년 동안의 재직 훈련 과정으로 구성되었다. 상대적으로 짧은 기간에 무엇이 가능하다고 고려되었을지 아이디어를 제공하자면, 고강도 치료는 65일 정도의 훈련 기간으로 구성되었고 반면에 저강도 치료는 25일간의 훈련으로 구성되었다. 고강도 치료사는 이미 전문적인 자격을 갖추고 있었으나(간호사, 심리학자 등), 저강도 치료사는 전문적인 정신 건강 관련 자격을 요구하지 않았으며 교육과 수업 등의 측면에서 그들의 지역사회에 보다 밀접하게 부합할 것으로 기대되었다.

심리치료 접근성 증진 프로그램은 정신 건강 돌봄에 있어서 단계적 접근 방법을 채택하고 있는데 이는 현존하는 정신 건강 서비스에 그러한 접근 방법을 통합하는 모델이고 심리치료 접근성 증진의 제공 그 이상의 것과 관련이 있다. 이것에 대해서는 11장에서 살펴보기로 한다. 최근 몇 년 동안 심리치료 접근성 증진 프로그램의 접근은 단순히 불안이나 우울증을 겪는 사람보다 더 넓은 집단을 지원하는 방향으로 확장되고 있다. 예를 들면, 이 프로그램은 이제 아동이나 청소년의 문제, 만성적인 심리적 조건이나 중증 정신 질환과 연관된 정신 건강 문제를 다룬다.

심리치료 접근성 증진 프로그램의 영향은 계속해서 왕성하게 평가되어 왔고, 시범 사업장으로부터 축적된 예비 데이터는 프로그램의 효과를 지지한다(Clark, Layard, Smithies, Richards, Suckling & Wright, 2009). 그리고 보다 최근의, 매우 읽기 쉽게 써진 성과에 대한 개관은 Layard와 Clark의 글에서 확인할 수 있다(2014).

이 책의 주요 초점은 전통적인 인지·행동치료, 즉 심리치료 접근성 증진 프로그램의 용어로는 고강도 치료에 있다. 그러나 많은 면에서 저강도 서비스는 심리치료 접근성 증진 프로그램에 있어서 가장 급진적인 부분이기도 하다. 왜냐하면 기존의 확립된 인지·행동치료의 개념과는 상당히 다른 방법으로 치료를 전달하기 때문이다. 16장에서 간략하게 저강도 인지·행동치료의 일부 특징을 살펴보기는 하겠지만, 조금 더 자세한 사항을 파악하기 위해서는 Richards(2010), Bennett-Levy et al.(2010), Papworth, Marrinan, Keegan & Chaddock(2013)의 자료를 참고하라.

—— **인지·행동치료의 역량** ——

이 책의 초판 발행 이후 또 하나의 중요한 발전은 '인지·행동치료 역량의 관점'에 관한 출판이다. 영국 보건복지부로부터 자금을 제공받은 이러한 움직임은 심리치료 접근성 증진 프로그램과 연결되었고, 불안과 우울증 치료를 위한 양질의 인지·행동치료를 제공하기 위해 치료사에게 필요한 기술이 무엇인지 확인하는 것을 목적으로 삼았다. 즉, 심리치료 접근성 증진 프로그램이 제안한 더 많은 수의 인지·행동치료사를 양성하려고 한다면, 정확하게 그들에게 무엇을 할 수 있도록 훈련시켜야 할까? Roth와 Pilling(2007)은 전문가 참조 그룹과 상의하여, 저강도 및 고강도 두 치료 모두의 역량을 위한 유용한 지도를 만들어냈다. 이들의 접근 방법은 서로 다른 장애에서 효과를 확인할 수 있었던 인지·행동치료 중재의 매뉴얼을 면밀히 조사해서 중요한 역량을 확인하는 것이다. 이러한 매뉴얼에 기초한 중재는 효과를 발휘하기 때문에 다른 치료사가 동일한 전략을 사용한다면, 효과적인 치료를 제공할 수 있다고 가정하는 것은 합리적인 것으로 보였다. Roth와 Pilling은 역량의 '지도'를 다음의 다섯 가지 영역으로 구분했다.

- **심리치료에서의 일반적 역량**: 어떤 치료 학파의 치료사에게라도 요구되는 기본적인 역량을 의미한다(예: 정신 건강에 대한 지식, 내담자를 대하는 능력 등).
- **기초 인지·행동치료 역량**: 의제 선정, 숙제 사용하기와 같은 인지·행동치료의 기본 구조

와 관련된 기술.

- **특정 인지 · 행동치료 기법**: 사고 기록하기, 사고와 신념 확인하기, 검증하기와 같은 핵심 치료 전략.
- **특정 문제에 구체화된 역량**: 가령 우울증 치료에는 Beck의 인지치료를, 강박 장애에는 노출 및 반응 예방 기법을 사용하는 것처럼 특정 장애의 치료 프로그램에 사용되는 접근.
- **메타 역량**: 치료사가 어떤 치료 전략을 언제 사용하는가에 대한 효과적인 판단을 가능하게 해주는 '상위' 기술이다. 여기에는 개인에 맞는 중재를 채택하기 위해 치료를 조합하는 것과 치료 동안 발생하는 어려움을 다루는 일 등이 포함된다.

이러한 관점은 너무 상세해서 여기서 묘사하기는 어렵지만, 역량의 관점에 대한 보다 상세한 정보를 위해서는 Roth & Pilling(2007)을 참고하거나 이 장의 마지막 부분에 나올 '보충 읽기'에서 언급한 CORE 웹사이트를 참고하기 바란다.

이 책에서는 특히 아래와 같은 일부 특정 영역에 관한 안내를 시도하면서 동시에 모든 영역에 적용될 수 있는 인지 · 행동치료 기술을 여러분에게 소개하는 것을 목적으로 하고 있다.

- 심리치료에서의 일반적 역량: 3장과 19장
- 기초 인지 · 행동치료 역량: 1장, 2장, 5장, 6장, 11장
- 특정 인지 · 행동치료 기법: 7~10장
- 특정 문제에 관한 역량: 12~15장
- 메타 역량: 4장과 11장

인지 · 행동치료에 관한 실증적 증거

마지막으로, 우리는 실증주의적 방법론에 관한 인지 · 행동치료의 결의에 대해 이야기해온 만큼 실증주의적 관점에서의 인지 · 행동치료의 위상을 고려해야 한다. 인지 · 행동치료가 '효과적'이라는 증거는 무엇인가? 그리고 인지 · 행동치료 이론이 인간의 기능에 관한 정확한 모델이라는 증거는 무엇인가?

인지 · 행동치료에 관한 증거

Roth & Fonagy(2005)의 책 'What works for whom'(심리 요법의 효과를 잘 정리해 놓은 것이 특

징)의 두 번째 판에서 자신들이 연구하는 성인 심리 장애의 대부분의 경우에 치료방법으로서 인지·행동치료가 강력하게 지지받고 있고, 다른 어떤 치료보다도 많은 종류의 문제에서 지지를 받고 있음을 보여주는 증거에 대해 보고하고 있다. 표 1.1은 이러한 내용을 요약한 내용이다.

표 1.1 현 저자들에 따른 요약(Roth & Fonagy, 2005, 17장의 내용을 각색함)

	인지·행동치료	대인관계 치료	가족 중재	심리 역동적 심리 요법
우울증	✓	✓	○	?
공황/광장공포증	✓	○	○	○
범불안 장애	✓	○	○	○
특정 공포증	✓	○	○	○
사회 공포증	✓	○	○	○
강박 장애	✓	○	○	○
외상 후 스트레스 장애	✓	○	○	?
신경성 식욕부진증	?	○	?	?
과식증	✓	✓	○	○
(일부) 인격 장애	✓	○	○	✓
조현병	?	○	✓	○
양극성 장애	?	○	○	○

요약을 위한 단서
✓ = 명백한 효과의 증거
? = 효과에 대한 일부 제한된 증거
○ = 아직까지는 충분히 입증되지 않은(주의: 효과를 지지해줄 만한 충분한 증거가 부족하다는 것을 의미한다. 그렇다고 해서 효과가 없다는 것을 의미하는 것은 아니다.)

인지·행동치료의 효과(예: 견고하게 통제된 연구에서 확인되는 경우)에 관한 증거 외에 효과성을 입증하는 유용한 증거가 또 있다(전문 연구 센터 외부의 일반적인 임상 상황에서도 또한 효과를 발휘할 수 있다.). 예를 들면, Merrile, Tolbert, Wade(2003), Stuart, Treat, Wade(2000) 그리고 Westbrook, Kirk(2005)를 참고하라.

증거에 관한 두 번째 유용한 자료는 영국 국립 보건 의료 연구소(NICE)이다. 이 기관은 서로 다른 치료의 효과성에 대한 증거를 조사하는 과업을 수행하여 따라서 국립 의료 서비스(NHS)에서 어떤 치료가 가능한지 추천해주는 일을 수행하는 정부 책임의 기관이다. 정신 건강의 필요조건에 관한 NICE의 지침은 정기적으로 개정되기 때문에 NICE 웹사이트를 방문하는 것이 현명하다(www.nice.org.uk/guidance/conditions-and-disease/mental-health-and-behavioural-conditions, 2016년 5월 22일 접속)

NICE는 몇 가지 주요 정신 건강 문제에 관한 지침을 제공하고 있는데 여기에는 다음의 권고사항이 포함된다.

- 우울증(NICE, 2009):
  - 임계 이하의 우울증 증상이 지속되거나 또는 경도에서 중도 우울증이 있는 사람에게는 다음의 인지·행동치료의 원칙에 근거한 개별적으로 안내된 자가치료, 전산화된 인지·행동치료(p. 9) ⋯ 중 한 개 또는 그 이상의 제공을 고려한다.
  - 중도 또는 최중도 우울증이 있는 사람에게는 항우울증 약물치료와 함께 고강도 심리치료(CBT 또는 IPT)를 제공한다.(p. 9)
  - 재발의 위험이 높은 사람이나 ⋯ 또는 아직 증상이 남아 있는 사람에게는 다음의 개별화 인지·행동치료 중 하나가 제공되어야 한다. 현재는 괜찮지만 과거 우울증의 발생이 세 차례 혹은 그 이상의 발생을 경험한 사람에게는 명상에 기초한 인지치료를 제공한다.(p. 10)
- 범불안 장애(GAD)와 공황 장애(NICE, 2011a): 2004년도 지침에 따르면 '효과가 오래 지속되었다는 증거가 있는 연구를 그 효과의 지속 기간 순서대로 나열하면 1위가 인지·행동치료임'을 확인할 수 있다(p. 6). 2011년 지침은 경도의 범불안 장애의 경우 저강도 중재를 권고하고 있고, 만성의 범불안 장애의 경우, 이완기법이 적용된 인지·행동치료를 권고하고 있다.
- 외상 후 스트레스 장애(PTSD) (NICE, 2005a): 외상 후 스트레스 장애의 경우 외상에 초점을 맞춘 심리적 치료 과정(외상에 초점을 맞춘 인지·행동치료〔CBT〕 또는 안구 운동 감퇴 및 재처리〔EMDR〕)을 제공해야만 한다.(p. 4)
- 강박 장애(OCD)와 신체 이형 장애(BDD) (NICE, 2005b): 강박 장애나 신체 이형 장애가 있는 사람에게는 인지·행동치료(노출 및 반응 예방 기법을 포함)를 집단치료나 개별 치료의 형식으로 제공해야 한다. 장애 정도와 기호에 따라 SSRI(항우울제) 약물치료도 고려할 수 있다. 또한 강박 장애를 갖고 있는 성인이 강박 장애를 위한 특정 치료를 위해 인지적 치료

및 또는 행동치료 이외의 심리치료 방법을 요구할 때 ⋯ 반드시 그러한 치료법에 대한 임상적으로 중요한 효과를 확실히 보여주는 증거가 아직까지 없다는 사실을 고지해야만 한다(pp. 18~21).

- **섭식 장애**(NICE, 2004b): 신경성 폭식증을 위한 인지·행동치료는 신경성 폭식증 성인에게만 제공되어야 한다(p. 4). 폭식 장애를 위한 인지·행동치료는 폭식 장애를 가진 성인에게만 제공되어야 한다.(p. 5)
- **정신병과 조현병**(NICE, 2014a): 정신병 또는 조현병 발병 위험성이 있거나 발생한 모든 사람에게는 가족 중재를 함께 제공하거나 그렇지 않든 간에 인지·행동치료를 제공한다. 이 경우도 약물치료를 병행할 수 있다.

NICE는 또한 만성 피로 증후군(2007), 알코올 사용 장애(2011b), 산전 및 산후 정신 건강(2014b)과 같은 다른 장애의 관리에 있어서도 인지·행동치료를 권고하고 있다.

요약하자면 책을 저술하는 시점을 기준으로, 인지·행동치료는 효능과 효과에 있어서 가장 견고하고 폭넓은 증거를 갖고 있는 심리치료라는 것이다.

인지·행동치료 이론에 관한 증거

어떤 치료의 효과를 증명한다고 해서 그 치료가 토대하고 있는 이론의 진실을 입증한다고 생각하는 것은 오류다. 치료의 효과는 이론에서는 상상하지 못한 요인의 조합 때문일 수도 있다. 따라서 대부분의 경우, 전통적 마법에 기초한 치료가 우울증에 효과적임을 보여주는 무선 통제실험(RCT)조차도 반드시 실제로 우울증이 악령에 의해 발생한다고 확신시켜주는 것은 아니다. 그 대신 강력한 위약효과가 있는 것은 아닌지, 또는 치료에 사용된 허브 물약에 어쩌면 향정신적 약물이 포함되어 있는 것은 아닌지 조사해야 한다. 같은 방식으로 치료로서 인지·행동치료의 효능이 인지·행동치료의 이론이 진실이라는 것을 입증하는 것은 아니다. 사실 일부 인지·행동치료의 근본적인 이론적 개념에 대한 증거는 치료의 효과에 대한 증거보다 불안정하다. Clark, Beck, Alford(1999)는 우울증에 관한 인지 이론의 경우에 있어서 과학적 증거의 균형에 대한 상세한 고려사항을 제시하였다. 요약하자면, 우울증에서의 부정적 사고에 관한 가정된 패턴과 관련하여 다음과 같은 상황이 있다는 증거가 있다고 결론 내렸다.

- 자신과 미래에 대한 부정적 생각의 증가와 이 둘만큼은 덜 분명하지만 세상에 대한 부정적 생각의 증가가 있다.

- 자신에 대한 긍정적 생각의 감소가 있지만 이러한 변화는 덜 두드러지며 우울증에만 국한된 것도 아니다(즉, 다른 장애에서도 이와 같은 모습이 나타날 수 있다.).
- 상실이나 실패에 대한 생각이나 신념에서의 특정한 증가가 있다(불안 장애로 고통받는 사람보다 많이 나타난다.).

부정적 사고에 관해 제안된 인과관계(예: 부정적 사고가 기분 저하를 불러일으킬 수 있다는 제안)에 관해서 Clark 등(1999)은 부정적 자기 참조적 사고(self-referent thinking)가 실제로 경도에서 중도 우울증과 비슷한 주관적, 행동적, 동기적, 생리적 특징을 유도할 수 있다는 일부 실험 증거가 있다고 결론 내렸다. 만약 우울하지 않은 사람을 대상으로 실험적으로 자신에 대한 부정적 생각을 유발시킨다면, 우울증과 상당히 비슷한 상태를 일시적으로 유도할 수 있는 것이다.

또한 인지적 과정의 편향에 관한 주장이 실험에서 확인될 수 있다는 증거가 함께 우울한 사람에게는 다음의 사항이 있다는 증거가 있다.
- 자신에 대한 부정적 정보처리에 대한 편향(그러나 중립적이거나 비인격적인 정보에서는 그러한 편견이 없다.).
- 부정적 사건에 대한 회상의 증가와 부정적 신념의 증가.

더군다나 정보처리 과정에서의 이러한 변화는 자동적 전의식 수준에서 발생할 수 있다는 증거가 있다.

이론 중 아직 충분한 지지를 받지 못하는 부분은 우울하지 않을 때도 '잠복된' 형태로 여전히 존재하는 부정적 신념 때문에 우울증에 취약할 수 있다는 제안이다. Clark 등(1999)은 이러한 개념에 대한 증거가 충분하지 못하며 (그러한 '잠재적인' 신념을 실험적으로 확인하는 것의 어려움을 생각할 때 어쩌면 놀랄 일도 아니지만) 이에 대한 명백한 증거를 얻는 것이 어렵다고 주장했다.

이와 비슷한 상황은 다른 장애에 관해 특정 인지 · 행동치료 모델을 적용하는 경우에 나타난다. 어떤 영역에서는 연구 결과가 견고하기도 하고 다른 영역에서는 증거가 모호하기도 하다. 전반적으로 증거는 다음과 같다.
(a) 인지 · 행동치료는 의심의 여지없이 많은 문제에 있어서 효과적인 치료이다.
(b) 인지 · 행동치료 이론에 대한 지지가 있지만 이러한 이론을 앞으로 다른 영역에서도 접근하기 위해서는 여전히 탐구하고 발전시켜야 할 여지가 있다.

요 약 ─────

- 현대 인지·행동치료는 (정신 건강 문제를 극복하는 데 있어서 행동 변화의 중요성을 강조하는) 행동실험(BE)과 (사건의 의미를 이해하고 변화시키는 것을 강조하는) 인지치료의 업적에서 파생되었다. 그리고 Beck의 인지·행동치료 또한 정신 역동적 훈련의 경험에 의해 영향을 받았다(그래서 치료적 관계 및 문제의 발달 요인의 중요성에 대한 인식이 있다).
- 문제는 다섯 번째 체계, 즉 환경과 상호작용하는 4개의 '체계' 사이의 상호작용이라는 측면에서 유용하게 기술될 수 있다.
  - **인지적 체계**: 사람이 생각하고 상상하고 믿는 것.
  - **행동적 체계**: 다른 사람에 의해 직접적으로 관찰될 수 있는 말과 행동.
  - **정서적 체계**: 사람들의 감정.
  - **생리적 체계**: 자동적 각성, 식욕의 변화와 같이 사람의 신체에 일어나는 일.
- 세 가지 수준의 인지
  - **자동적 사고**: 여러 가지 상황에서 저절로 생겨나는 특정 사고인데, 이러한 자동적 사고가 기분에 부정적 영향을 미칠 수 있고, 의식에 부정적으로 접근할 수 있다.
  - **기본 가정**: 여러 다양한 상황에서 행동과 기대를 안내해주는 생활 규칙이다. 주로 가정의(만약 ~ 한다면 ~할 것이다.) 형식으로 나타난다.
  - **핵심 신념**: 자신과 다른 사람, 세계 전반과 미래의 세계에 대한 일반적인 신념인데 광범위한 상황 전반에 걸쳐 작용하고 종종 즉각적으로 의식하는 것은 아니다.
  - 서로 다른 심리적 문제는 내용과 스타일에 있어서 혹은 양자 모두에서 서로 다른 특징적인 인지를 갖고 있다(예: 불안 장애에서는 위협에 대해 사로잡혀 있고 이와 연관되어 위협을 지각하는 데 있어서의 편향이 있다.).
  - 다양한 정신 건강 문제를 돕는 데 있어서 인지·행동치료가 효과적인 방법이 될 수 있다는 상당한 증거가 있지만, 치료 이면의 이론에 관해서 아직까지 덜 분명하긴 하지만 여전히 중요한 증거도 있다.

학습 활동

다음 학습 활동은 SAGE publishing 사이트(https://study.sagepub.com/kennerley3e.)에서 내려받기 할 수 있다.

복습과 성찰 :

- 이 장에 소개된 인지·행동치료의 기본 원리에 대한 여러분의 생각을 검토해보자. 기본 원리들이 이해가 잘 되던가? 적합하지 않거나 이해가 안 되는 원칙이 있지는 않았나?
- 인지·행동치료를 지지하는 인지 이론에 대해 어떻게 생각하는가? 이해가 되는가? 여러분의 임상적 경험과 잘 맞던가?
- 치료로서의 효능에 대한 증거에 비해 인지·행동치료 이론에 대한 증거가 덜 견고하다는 것이 문제가 되는가?

한걸음 더 :

- 여러분 자신의 자동적 사고, 기본 가정, 핵심 신념을 관찰해보자. 특히 화가 났거나 어떤 면에서 감정적으로 분개했을 때, 여러분의 생각과 심상에 귀 기울여 보자. 여러분의 생각이 여기에 기술한 패턴 중 어느 하나를 따르던가? 서로 다른 인지에 대한 책의 내용과 여러분의 경험 사이의 유사점 또는 차이점은 무엇인가?
- 여러분의 생각을 관찰하는 것이 임상 실습에 있어서 어떤 함의를 갖는가?
- 만약 그렇다면, 여러분의 임상 실습을 어떻게 바꿔나갈 것인가?
- 만일 이런 방식에 끌린다면, 앞으로 전개해나가기 위해 어떻게 시작할 수 있는가? 당신이 활용할 수 있는 훈련 기회와 수퍼비전의 기회가 있는가?

Beck, A.T., Rush, A.J., Shwa, B.F., & Emery, G. (1979). *Cognitive therapy of depression*. New York: Guilford press.
비록 30년도 더 지났지만, 인지적 혁명을 일으킨 이 책은 우울증 내담자를 다루는 데 있어서 임상적 실제를 잘 느끼게 해주는, 고전으로서 여전히 가치가 있다.

Greenberger, D., & Padesky, C. (2015). *Mind over mood*(2nd ed.): New York: Guilford Press.
기초가 튼튼하고, 잘 팔리기도 한, 자가-학습 서적인 이 책이 이제 제2판이다. 이 책은 일반 시민을 위해 기획되었지만 인지·행동치료를 간결·명확하게 소개하고 있어서 내담자에게 인지·행동치료를 적용할 것인지 여부와는 별개로 많은 신참 치료사들에게 또한 매우 유용한 책이라고 생각한다.

House, R., & Loewenthal, D. (Eds.). (2009). *Against and for CBT: towards a constructive dialogue?* Ross-on-Wye: PCCS Books.
인지·행동치료(그리고 인지·행동치료와 연관이 깊은 IAPT 프로그램)의 철학, 과학, 윤리 그리고 정치에 관한 시각(대부분 매우 비판적인)이 종합적으로 제시되고 있다. 종종 포스트모던의 입장을 견지하고 있어 그러한 접근과 관련된 난해한 용어를 포함하고 있다. 책의 많은 부분이 읽기 쉽지 않지만 다른 관점을 알고 싶다면 흥미로울 것이다.

The Centre for Outcomes Research and Effectiveness (CORE) website at University College, London, under whose auspices the CBT Competences framework was developed: www.ucl.ac.uk/clinical-psychology/CORE/CBT_Framework.htm. (2016년 5월 23일 접속).
CORE 사이트는 불안과 우울증에 대한 인지·행동치료 역량을 보다 상세하게 기술하고 있다. 또한 임상가로 하여금 자신의 기술을 역량에 얼마나 잘 부합되게 적용하고 있는지 평가할 수 있는 자기 평가의 방법에 대해서도 상세하게 기술하고 있다.

02

인지·행동치료의 독특한 특징

도입
협력
구조적 그리고 적극적 개입
시간 제한적이고 간략한
실증주의적 접근
문제 지향적 접근
유도된 발견
행동주의 방법
생체 내 연구
요약하기와 피드백
인지·행동치료에 관한 신화
요약
학습 활동
보충 읽기 자료
동영상 자료

── 도 입 ──

　인지 · 행동치료는 다른 심리치료와 공통적인 특징도 많이 있지만, 중요한 측면에서는 서로 다른 점이 있다. 이 장에서는 우리는 인지 · 행동치료 접근의 근본적인 특성에 대해 기술할 것이다. 또한 인지 · 행동치료에 관한 잘못된 신화에 대해서도 탐색할 것이다. 치료에 관한 정확한 정보를 제공하여 당신과 내담자가 치료를 진행하기를 원하는지 정보에 기초한 선택을 할 수 있도록 하는 것이 당신의 내담자는 물론 당신에게도 유익하기를 바란다(Garfield, 1986). 또한 이렇게 하는 것은 치료 결과도 향상시킬 수 있다(Roth & Fonagy, 2005).

　인지 · 행동치료는 다음과 같이 요약될 수 있는 특징들의 조합에 의해 차별화된다.

- 협력적
- 구조적 및 적극적
- 시간 제한적 및 간략한
- 실증적
- 문제 지향적

　인지 · 행동치료는 또한 유도된 발견, 행동주의적 도구, 생체 내 연구, 요약하기 및 피드백 등의 기법을 종종 사용한다. 다른 심리치료 치료사 역시 이러한 기법과 접근 방법을 수용할 수 있지만 인지 · 행동치료 분야에서 특히 더 현저하다.

── 협 력 ──

　인지 · 행동치료는 근본적으로 치료사와 내담자 또는 환자 사이의 협력적 과제이다. 치료사와 내담자 모두는 자신의 분야에 전문성을 가진 적극적 참여자이다. 즉, 치료사는 문제를 해결할 효과적인 방법에 대한 지식을 갖고 있고, 내담자는 자신의 문제에 대한 자신만의 경험에 대한 전문성이 있다. 이러한 협력에 대한 강조는 내담자가 치료를 통해 기대하는 것과는 다를 수 있다. 그래서 출발점에서부터 공유된 관점을 확립할 수 있도록 내담자가 기대하는 것을 명백하게 하는 것이 중요하다. 치료에 관해 처음 소개할 때는 내담자의 결정적 역할에 대해 언급하는 것이 포함되어야 한다. 예를 들면, 치료사는 내담자에게 이런 식으로 말할 수 있다.

　우리 각각은 치료에 있어서 중요한 역할이 있답니다. 저는 인지 · 행동치료에 대해 꽤 많이 알고 있고, 특별한 종류의 문제가 사람들에게 어떻게 어려움을 주는지에 대해서도 꽤 많이 알고 있어요. 하지만 당신의 문제가 당신에게 어떻게 영향을 미치는지에 관한 구체적인 정보에 대해서는 저보다 당신이 더 잘 알고 있어요. 그런데 그런 정보야말로 당신의 상황을 우리가 이해하고 점진적으로 변화시킬 수 있도록 해줄 수 있을 거예요. 그래서 인지·행동치료는 동업이라고 할 수 있죠.

이러한 협력에 대한 강조는 한편 여러분이 항상 모든 정답을 알고 있는 것으로 기대될 수 없다는 것을 암시하기도 한다. 여러분이 불확실할 때도 있다. 그럴 경우에는 언제나 내담자에게 설명이나 더 많은 정보 또는 상황에 대한 내담자의 관점을 요구할 수 있다.

한 여성이 생생한 꿈에 대해 치료사에게 묘사한 후 질문한다. "그 꿈을 뭐라고 생각해야 할까요?" 치료사는 꿈을 해석하는 능력에 대해 자신은 없지만 그 질문 뒤에 무엇이 내재되어 있는지 알고 싶은 호기심에 다음과 같이 말한다. "나는 당신의 꿈을 해석하거나 그 의미를 추측할 수 없어요. 하지만 꿈이 당신에게 어떻게 영향을 미쳤는지 이해하도록 도울 수는 있어요."

인지·행동치료는 치료사와 내담자 사이의 개방성과 진솔성을 권장한다는 사실을 기억해야 한다. 당신이 무엇을, 왜 하고 있는지에 대해 명백히 밝히고, 도움이 되는 것과 그렇지 않은 것에 대해 정직한 피드백을 요구해야 한다.

위의 대화에 이어서, 치료사가 "당신한테서는 그 꿈이 어땠어요?" 하고 단순히 질문한다. 치료사는 내담자가 자신의 꿈에 대한 의미를 듣지 못해 살짝 실망한 것을 발견한다. 하지만 내담자는 이러한 방식이 도움이 되는지 확인하기 위해 치료사와 함께 갈 준비가 되어 있다. 그러면 치료사는 꿈에 대한 개인적 영향을 탐색하기 위해 "그 꿈을 꾼 것과 관련하여 무엇이 중요하다고 생각하시나요?", "꿈이 당신이 어떻게 느끼게 하던가요?" 등의 질문을 던진다. 나중에 치료사와 내담자는 이러한 탐색과정을 상세히 살펴본다. 그런 다음 "처음에 물은 질문에 직접적으로 답하기보다 꿈에 대한 당신의 관점을 함께 찾아본 것에 대해 어떻게 느끼셨나요?" 그리고 "이것을 통해 무엇을 배울 수 있었나요?" 하고 치료사가 질문한다. 내담자는 이러한 과정이 놀라울 만큼 자신을 일깨워준다고 피드백을 준다. 그러면 이러한 경험은 치료의 협력적 방법을 강화하는 데 도움을 준 것이다.

협력은 치료가 진행되면서 발전해야 한다. 내담자가 의제를 정하고, 숙제를 고안하고, 피드백을 주는 데 있어서 점차 보다 적극적인 역할을 맡을 수 있도록 격려한다. 이러한 과정은 진심으로 상대방을 존중하고, 내담자가 스스로 자기 자신의 치료사가 된다는 느낌을 조성함으로써 강화시킨다. 내담자가 인지·행동치료 종사자로서의 숙련된 기술을 갖춘 채 치료를 끝

마칠 수 있으면 미래에 재발하더라도 이러한 접근 방법을 독립적으로 사용하고 대처할 수 있도록 격려될 수 있다는 것이 우리의 바람이다.

───── 구조적 그리고 적극적 개입 ─────

인지 · 행동치료의 문제에 초점을 맞춘 구조화된 특성은 치료사가 회기에서의 구조를 유지하기 위해 내담자와 함께 활동하도록 요구한다. 예를 들면, 각 회기가 시작할 때 우리는 명확하고 공유된 과제를 선정한 후 주로 그것을 따른다(의제 선정 과정에 대한 상세한 안내는 11장 참고).

인지 · 행동치료사는 내담자에게 적극적으로 개입한다. 다른 영역의 치료사보다 더 많이 말할지 모른다. 아마도 치료 초기 단계에서는 회기의 50% 정도를 차지할 수 있다. 이러한 모습은 경험이 짧은 치료사에게는 부담될 수 있다. 그러나 치료사가 투입하는 것의 상당수는 질문으로 구성되어 있다. 치료가 발전해가는 방식은 치료사와 내담자 공동 노력의 결과이다. 치료의 초기 단계에서 회기의 내용은 치료사에 의해 좌우되지만, 회기가 진행됨에 따라 그 책임은 점점 더 내담자의 몫이 될 것이다. 예를 들면, 처음에는 치료사가 집에서 할 과제를 정하지만, 이어지는 만남에서는 과제를 정하는 데 있어서의 내담자의 역할이 점점 더 커질 것이다.

> 강박 장애가 있는 한 여성이 규칙에 집착하고, 권위에서 벗어나지 않으려 하고, 공식적 요구 사항에 반드시 순응하는 것에 초점을 맞췄다. 그녀는 항상 옳은 일을 해야 할 필요성과 만약 정도에서 벗어난 행동을 할 경우 자신이 배제될 수 있다는 가능성에 대해 보다 일반화된 신념을 갖고 있었다. 그녀는 지금까지 8회기의 치료를 받았고, 다음의 대화가 오가는 동안 치료의 내용에 대해 점차 더 많은 책임을 지고 있었다.

> 치료사: 당신을 위해 무엇인가 하는 것이, 특히 즐거움을 위해 무엇인가를 하는 것이 당신에게는 매우 어렵다고 하셨죠. 앞으로 이것을 주로 다루는 것에 대해 어떻게 생각하시나요? 당신이 어떻게 느끼고 저런 상황에서 어떤 신념이 작동하는지에 대해 우리가 좀 더 알아볼 수 있게 말이에요. 〔치료사가 실험을 위한 무대를 세팅한다.〕
> 내담자: 글쎄요. 제 친구가 보석 수업에 같이 가자고 저를 두 번 초대했어요. 정말 가고 싶었죠. 하지만 두 번 모두 "할 일이 많아서…."라고 말했죠. 정말 할 일이 많았고요. 그런데 할 일이 없을 때조차도 좋다고 말하기가 힘들다는 것을 알게 되었죠. 그래서 그녀와 함께 가보고 무슨 일이 생길지 알아봐야겠다고 생각했어요.
> 치료사: 우리의 목적을 위해서 무엇을 찾을 수 있다고 생각하시나요?
> 내담자: 글쎄요, 내가 갖고 있었던 감정이 어떤 것인지 알고 싶어요. 그리고 어떤 신념과 관련이 있는지 알고 싶고요.

치료사: 찾는 데 도움이 될 만한 다른 어떤 것들이 있을까요?

내담자: 글쎄요, 당시에 느꼈던 것은 제가 죄책감을 갖고 있을 때였기 때문에 그 이후에 내가 느꼈던 것이 무엇이었는지 생각해보려고요.

치료사: 그럼 그것을 포함시키죠. 어떤 유형의 일기 형식을 정하면 좋을까요?

내담자가 회기의 내용을 정하는 정도는 일정 부분 시기와 내담자의 인성, 신념과 태도의 함수이다. 자율적인 사람은 치료의 초기부터 주도권을 잡으려고 할지 모른다. 반면에 의존적인 사람은 책임을 천천히 지려는 것으로부터 이득을 얻으려 하고 아마도 더 많은 코치를 요구할 것이다.

시간 제한적이고 간략한

내담자와 서비스의 감독관 모두는 인지·행동치료가 매력적이라는 것을 안다. 부분적으로는 인지·행동치료가 보통 상대적으로 간략하기 때문이다. 여기서 '간략하다'는 6회기에서 20회기 사이라는 의미이다. 회기의 수는 목표 문제에 관한 치료의 시도에 따라 정해지지만, 또한 가능한 자원뿐만 아니라 문제나 내담자의 특성에 의해서도 영향을 받는다. 자원이 부족한 경우에는 효과적으로 돕는 것이 중요하며, 인지·행동치료의 구조와 초점은 효과적인 지원이 가능하도록 하는 데 공헌한다. 표 2.1은 서로 다른 종류의 문제의 치료 기간에 관한 제시이다.

장기 치료가 반드시 단기 치료보다 더 낫다는 것을 입증하는 증거는 없다(Baldwin, Berkerjon, Atkins, Olsen, & Nielson, 2009). 또한 대기자 명단에 오래 있었던 내담자라고 해서 반드시 똑같은 기간만큼의 장기치료를 필요로 하는 것도 아니다. 다른 치료 접근에 익숙한 치료사라면 한두 차례의 평가와 개념화 회기에서 6~8회기의 치료로 빠르게 전개하는 방식이 불편할 정도로 급하게 전개된다고 느낄 수 있다. 하지만 여러분이 이러한 접근 방법에 점점 익숙해짐에 따라 덜 어렵게 될 것이다.

표 2.1 치료 기간에 관한 지침

문제의 유형	회기 수
경도	최고 6회기
경도에서 중등도	6~12회기
중등도에서 중도 또는 인격 장애가 공존하는 중등도의 문제	12~20회기
인격 장애가 공존하는 중도 문제	20회기 이상

치료가 얼마나 오래 지속될 것 같은지 알려주고 정기적 진전 검토를 구성해 놓는 것은 유용하다. 각각의 회기마다 진전 정도를 돌아보는 것은 필수적이다. 또한 주요 진전 사항 검토는 매 3~6회기마다 실행될 수 있다. 치료가 항상 효과적인 것은 아니다. 인지·행동치료가 항상 모든 사람에게 맞는 것은 아니다. 인지·행동치료가 결코 도움이 된다고 생각하지 않을 사람도 있고 지금까지 도움이 되지 않았다고 생각하는 사람도 있을 수 있다. 여러분은 내담자가 이러한 사실에 대비할 수 있도록 해야 할 필요가 있으며 내담자와 인지·행동치료가 맞지 않는다는 사실을 최대한 빨리 발견할 수 있도록 준비되어 있어야 한다. 내담자는 자신이 '실패했다고' 느껴서는 안 된다. 아마도 치료의 시기나 선택이 내담자에게 적절하지 않았을 뿐이다.

> 알다시피, 여기서 제공하는 치료는 인지·행동치료예요. 많은 심리 문제에 있어서 매우 우수한 결과를 갖고 있지요. 저는 이 방법이 당신에게 도움이 되리라 희망하고 있어요. 그러나 저는 정기적으로 인지·행동치료가 효과가 있는지, 당신의 요구를 충족시키고 있는지 알기 위하여 늘 점검할 거예요. 사실은 모든 문제를 해결하거나 모든 사람에게 맞는 단일한 치료 방법은 없다는 거예요. 그래서 인지·행동치료가 당신에게 얼마나 잘 맞는지 지켜볼 거예요. 만약 당신에게 맞는다면 좋은 것이지만, 당신의 요구를 충족하지 못한다면 앞으로 다른 대안적 방법을 계획할 수 있도록 우리 모두가 이러한 사실을 가능한 한 빨리 알아차리면 좋을 것 같아요.

전술한 견지에서, 인지·행동치료는 적극적인 실행과 협력 관계가 효과적이 되도록 요구한다는 것을 분명하게 함으로써 최선의 기회를 제공한다.

만약 치료가 도움이 되지 않는 것 같다면 또는 진전이 정체 상태에 머무른다면, 특히 평가 기준이 사전에 확립되어 있다면 치료를 종결하는 것이 훨씬 쉽다. 만약 진전은 있으나, 잔류 문제가 아직 존재한다면, 그때는 아마도 치료를 계속할 가치가 있다. 이 지점에서 인지·행동치료가 도움이 되었는지 그리고 어떤 요구가 다른 곳에서 다뤄져야 하는지를 평가할 수 있도록 내담자의 문제(들)는 분명하게 재개념화할 수 있어야 한다(4장 참고). 내담자가 일부 어려움을 독립적으로 관리하도록 격려하는 것의 장점은 고려할 만한 가치가 있다. 이것은 회기 사이의 시간의 길이를 점진적으로 늘려나감으로써 가장 잘 이뤄낼 수 있다. 그래서 내담자는 남아 있는 문제나 장애물을 다루는 데 있어서 점점 많은 책임을 지는 동시에 치료사와 함께 평가해 볼 기회를 계속해서 얻는다.

인지·행동치료 안에서는 표준화된 '50분'치료나 회기 시간에 대한 특별한 규약이 없다. 생체 내 실험과 관련된 회기는, 가령 광장공포증을 갖고 있는 누군가를 대상으로 하는 경우, 2~3시간 정도 소요될지 모른다. 반면에 치료의 끝 무렵에 실시되는 평가 회기는 단지 20분 정도 걸릴지 모른다. 만약 적절하고 생산적인 숙제가 선정된다면 대부분의 치료가 '치료 시간'

밖에서 발생할 수 있음을 고려할 수 있다는 것을 명심해야 한다. 실제로 Glenn Waller 교수 (Waller et al., 2007)는 그의 내담자에게 일주일에 한 시간의 치료를 받는 것이 아니라 '주 168 시간의 치료'를 받는 것이라고 상시시켰다(p. 5). 그리고 이렇게 함으로써 교수는 내담자가 회기와 회기 사이에도 적극적으로 될 것을 의도했다.

───── 실증주의적 접근 ─────

인지 · 행동치료 내에서는 실증적인 심리학 지식을 사용하는 것을 강력하게 강조하고 있다. 예를 들면, 어머니나 아버지를 어렸을 때 잃은 사람은 성인이 돼서 우울증에 걸리는 경향이 있다고 입증이 되었다(Brown, Harris & Bifulco, 1986). 범불안 장애가 있는 사람은 불확실성을 참지 못한다(Ladouceur, Dugas, Freeston, Leger, Gagnon & Thibodeau, 2000). 우울한 사람은 특정 기억, 특히 긍정적인 사건의 기억에 접근하는 능력이 감소되어 있다. 즉, '지나치게 일반화된 기억'을 갖는다(Williams, Teasdale, Segal & Soulsby, 2000). 또한 치료에 관한 효능과 효과에 대한 최근의 연구를 참조하는 것을 강조한다. 치료는 이러한 유형의 지식 기반에 의존한다.

더군다나 인지 · 행동치료는 개별 임상 사례에서의 치료의 효능을 확립하는 데 몰두하고(5장과 18장 참고), 내담자가 자신의 문제를 다루는 데 있어서 실증적으로 될 수 있도록(중요한 자료의 수집과 검토를 권장한다.) 훈련시키는 데 전념하는 행동실험(BE)으로부터 차용해오고 있다.

치료사로서, 여러분은 연구 시도로부터 얻은 증거에 대해 계속해서 정보를 파악할 필요가 있고 이러한 정보를 개별 사례의 치료를 안내하는 데 사용할 필요가 있다. 때때로 연구 팀에 의해 연구되는 사례는 임상 환경에서 확인되는 사례와는 다른 비정형적인 것이며 따라서 실험 자료가 적절하지 않다고 주장된다. 하지만 만약 왜 다른 접근 방법이 더 성공적일 것 같은지를 입증할 만한 증거를 갖고 있지 못하다면, 그래서 이용 가능한 실증적 증거에 적절하게 무게가 실린다면 그 편이 내담자에게는 더 타당하다. 이것이 어떤 치료가 더 유용할 것 같은지에 관한 치료사의 직관을 깎아내리는 것은 아니다. 단지 그러한 통찰은 심리적 과정에 관한 증거와 일치하는 개념화에 기초해야 한다고 주장하는 것뿐이다. 어느 누구도 기술이 잘 되어 있고 명백하게 관련 있는 자료를 무시하는 것에 대해 무심해서는 안 된다. 그리고 비록 증거가 확실하지 않은데도(Ghaderi, 2006), 치료사들은 치료 절차로부터 너무 빨리 변경하려는 경향이 있는데 이는 치료 결과에 치명적이라는 지적이 있다는 것을 인식할 필요가 있다(Schulte & Eifert, 2002).

개별 치료 안에서 내담자는 또한 실증적인 방법으로 자신의 문제를 다룰 수 있도록 장려된다. 가령 이런 식이다.

- 사고, 심상, 그리고 신념은 탐색해야 할 가설로 간주된다. 예를 들면, '나는 무능한 엄마야.'라고 생각하는 여성은 이러한 사고를 다른 여러 가지 가능성 중에서 하나의 가능한 관점으로 바라볼 수 있도록 격려된다. 그리고 각각의 관점을 지지해주는 증거를 찾도록 격려된다.

- 자료는 기본 개념을 검증하기 위해 수집될 수 있다. 예를 들어, 거미가 자신에게 달려들 것 같다고 믿기 때문에 거미를 무서워하는 남성에게는 쟁반에 있는 거미가 달아나기보다는 얼마나 자주 (치료사의) 손으로 달려드는지에 관한 자료를 수집하도록 권한다(이와 같은 행동실험은 9장 참고).

- 새로운 신념이 증거에 비추어 개념화될 수 있고 이후 검증받는다. 우리의 새로운 행동, 새로운 사고방식, 상호작용하는 새로운 방식을 시도함으로써, 그리고 감정이나 신념에 있어서의 변화에 대해 말로 하는 토론이나 새로운 통찰력에 단순히 의지하지 않음으로써 '신념이 어떤지 발견하는 것'을 강조한다. 어떤 새로운 증거가 유용할지 내담자에 의해 유도되는 것은 항상 중요하다(이러한 중재에 관한 상세한 설명은 9장 참고).

> 자신의 치료사와 대화를 나눈 후, 만성적으로 우울한 그녀는 '너는 항상 너의 잠재력을 충분히 활용해야만 한다(기본 가정).'라는 신념을 드러냈다. 치료의 한 부분으로서 그녀는 '어떤 일은 그것 자체를 목적으로 할 수 있어.', '아직까지 만족스럽고 즐거운 느낌이야.', '너는 너의 잠재력을 최대한 활용할 필요가 없어'와 같은 새로운 신념의 설정에 고심하고 있다.
> 이것을 검증하기 위해서 그녀는 재미삼아 오디션을 치르지 않는 성가대에 가입했고, 능숙해질 의도 없이 그럭저럭 하는 정도를 목표로 프랑스 말을 배우기 시작했다.

내담자의 어려움을 다루기 위한 전략을 선택하는 데 있어서 이 책에 소개된 전략 외에 다른 전략을 끌어들이는 여러분의 모습을 발견할지 모른다. 예를 들면, 기술 훈련(적극성, 시간 관리 등), 비탄의 치유, 커플 치료와 같은 중재 또한 관련 있을지 모른다. 어떤 중재가 사용되든 간에 여러분이 치료의 효능을 검토할 수 있도록 치료 방법들은 개념화에서 도출되고, 잘 계획되고 평가되어야만 한다.

─── 문제 지향적 접근 ───

사람들이 겪는 어려움은 불쾌한 기분, 대인관계의 어려움, 쓸모없는 행동(예: 모발 잡아당기기와 같은 반복되는 습관) 또는 직업적 문제(예: 잦은 실직)일 것이다. 인지 · 행동치료는 어떤 문제가 내담자와 관련 있는지 구분한다. 그런 다음 문제를 해결하거나 완화시키는 데 초점을 맞춘다. 문제들은 일반적인 진단의 수준에서가 아니라 구체적인 용어로 기술된다. 가령, 만약 어떤 사람이 우울증을 겪고 있다면, 여러분은 우울증이 실제로 내담자에게 어떻게 영향을 미치는지 그리고 문제의 특정한 어떤 측면을 내담자가 해결하고 싶어 하는지 알고 싶어 할 것이다. 어떤 사람한테는 자기비판적 사고, 저조한 기분, 사회적 위축, 흥미 감소가 문제일 수 있고, 반면에 다른 사람한테는 손상된 주의 집중, 불면, 눈물 및 과민반응이 문제일 수 있다.

일단 어떤 문제를 다룰지 동의한다면 각각의 문제에 대한 목표를 확정한다. 이러한 목표는 치료의 초점을 제공한다. 목표를 명확하게 세우는 과정은 내담자로 하여금 치료의 종결 즈음에 내담자가 어디에 있기를 바라는지 그리고 지금의 내담자의 상태와 어떤 방식으로 달라져 있을지에 관해 명시적으로 초점을 맞추도록 한다(11장 참고).

유도된 발견

치료사는 종종 유도된 발견의 과정에서 '소크라테스 방법'이라고 묘사되는 질문과 탐색의 형식을 사용한다. 이러한 독특한 접근은 내담자로 하여금 사고, 심상, 신념을 분명하게 하고 대안적 관점과 계획을 생성하는 데 도움을 준다(7장 참고). 치료사는 내담자 스스로 상황의 독특한 의미와 사물을 바라보는 대안적 방법, 그 새로운 관점의 유용성을 검증하는 방법을 이해하는 데 도움을 주기 위해 신중하게 구성한 질문과 과제를 사용한다.

행동주의 방법

행동주의적 중재는 인지·행동치료에 있어서 필요한 요소이고, 많은 과제는 행동주의적 과제와 실험을 포함한다. 이러한 방법은 치료 회기에서 파생된 새로운 가능성과 관점을 검증하고, 학습을 강화하고, 또한 치료 회기에서 실제로 변화가 만들어질 필요가 있는 일상으로의 일반화가 이루어질 수 있도록 촉진하는 데 사용된다. 매우 다양한 범위의 가능한 행동주의적 중재가 있으며(행동주의 전략에 관한 철저한 검토를 위해서는 9장 참고), 행동실험(BE)의 원칙 중 일부는 인지·행동치료가 직접적으로 채택해왔다. 가령, 새로운 과제에 대해 단계적으로 접근하는 것이나 과제를 관리 가능한 단위로 세분화하기가 그것이다.

생체 내 연구

인지·행동치료사는 평가에 도움을 주거나 행동주의적 실험을 수행하기 위해 종종 사무실에서 실제 세계로 나가 치료한다. 이러한 실생활 속 생체 내 연구는 매우 소중하다. 예를 들어, 강박 장애를 오래 갖고 있는 사람은 자신의 강박적 의식에 관한 상세한 내용에 대해서는 잘 알지 못할 수 있다. 여러분이 직접적으로 그러한 강박적 의식을 관찰하지 않으면 내담자의 문제를 과소평가할지도 모른다. 이와 유사하게 임상 상황에서의 신념의 변화가 실제 상황에서도 적용되는지 확인하는 것은 중요하다. 따라서 될 수 있는 대로 치료사가 동행한 가운데 생체 내 실험을 하는 것이 유용할 수 있다.

건강 염려가 있는 어떤 남성은 자신의 숨이 가빠지면 의식을 잃고 죽을 것이라고 믿었다. 따라서 그는 의사의 수술이 가능한 범위 내에 항상 머물러 있어야 한다고 생각했다. 치료실에서 치료하는 동안 그는 이러한 믿음에 대해 의심을 하였고 다음의 두 가지 새로운 관점을 발전시켰다. 즉, 그것은 자신이 숨이 가빠져도 기절하지 않을 것이며 그래서 의사로부터 외과 수술을 받을 수 있는 거리 이상으로 움직여도 문제없다는 것이었다. 내담자의 동의하에 치료사는 그를 데리고 의사의 수술이 가능한 소재지에 대해 둘 다 알 수 없는 시골에 갔다. 치료사와 내담자는 숨을 가쁘게 만들려고(계속해서 회피해오던 행위) 길 위를 달렸다. 이것은 내담자가 자신은 기절하지 않을 것이라는 믿음을 검증할 수 있다는 것을 의미하는 동시에 의사의 수술 가능한 근처에 머무르려고 하는 안전 추구 행위를 버리는 것이다.

만약 어떤 사람이 새롭고 어려운 행동을 시도하려고 한다면, 격려와 지지를 해주기 위해 여러분이 함께 있어주는 것이 도움이 된다. 비록 가능한 한 빨리 뒤로 물러나야겠지만 다소 거리를 두고, 치료사가 행동의 모델링을 제공해주는 것은 유익할 수 있으며 내담자가 그 실험에서 혼자서 계속할 수 있도록 해줄 수 있다.

광장공포증이 있는 한 여성은 특히 몸에 얼룩을 묻히면 공개적으로 조롱을 받을 것이라며 불안해하는 상태의 결과에 대해 파국화의 우려를 갖고 있다. 이것을 검증하기 위해 그녀는 치료사와 함께 지역 쇼핑센터에 가서, 치료사의 치마 뒤에 붙어 있는 뚜렷한 갈색 점에 대한 대중의 반응을 조금 떨어져 관찰했다. 실험이 진행되는 동안 보였던 대중의 반응을 가장 잘 묘사한 표현은 무관심이었다.

생체 내 연구에 있어서 종종 친척이나 친구의 도움을 받는 것도 가능하다. 하지만 이때는 세세한 부분까지 신중하게 계획을 세워야 한다. 그리고 조력자가 조력자 자신이 갖고 있는 도움이 되지 않는 사고를 확인하고 다룰 수 있도록 돕는 것이 필요할지 모른다. 예를 들면, 배우자는 자신이 사랑하는 사람이 공포에 노출된다는 것이 위험하다고 믿을 수 있다. 그러한 믿음은 공포의 결과에 관한 행동실험(BE)에 있어서 역효과를 낼 수 있다.

——— 요약하기와 피드백 ———

인지·행동치료는 회기가 진행되는 동안 요약하기와 피드백 기법을 자주 사용하는데 이는 주제에 집중할 수 있도록 하는 방법 중 하나다. 대략 10분마다 토론 중에 주요 요점을 요약하기 위해 멈출 수 있다. 치료의 초기 단계에서는 10분에 한 번보다 더 빈번하게 할 수 있다. 요약하기는 내담자가 묘사한 감정과 내담자에 대한 사건이나 상황의 의미를 포함해야 한다. 이 것은 내담자가 말한 것에 대한 해석이 되어서는 안 된다. 실제로 치료사의 언어로 대체하기보다는 가능한 한 내담자의 언어를 사용하는 것이 더 좋다. 특히 내담자가 상징이나 다소 이상한 문구를 사용할 경우 치료사 자신의 언어로 표현하다 보면 내담자의 의미를 상당히 변화시킬 수도 있다.

가령 다음과 같이 말함으로써 내담자가 토론의 내용을 요약하도록 요청하는 것도 똑같이 도움이 될 수 있다. 즉, "지금까지 우리가 토론한 내용의 핵심 요점이라고 무엇이라고 생각하는지 제게 피드백해주실 수 있을까요? 저는 단지 제가 당신과 같은 길을 가고 있는지 확인하고 싶어요."라고 질문하는 것이 도움이 된다.

이렇게 요약하기를 제공하는 것은 핵심 요소에 대해 공유된 이해를 하도록 돕는다. 때때로 내담자 혹은 치료사가 얼마나 잘못 이해하고 있는가에 대해 아는 것은 깜짝 놀랄 만한 일이다.

> 부정적 자동적 사고에 관해 기술하는 것이 어째서 도움이 되는지 논의한 다음, 치료사는 내담자가 쉽게 자신의 사고를 확인할 수 있다는 것이 정말 유용한 일이라고 말했다. 내담자가 피드백을 요청받자, 내담자는 자신의 부정적 자동적 생각에 대해 알게 되었지만 여전히 기분은 좋지 않으며, 인지·행동치료로부터 도움을 받을 것 같지는 않다고 이제 이해했다고 말했다.

요약하기는 또한 내담자에게 일깨워주는 측면이 있다. 예를 들면,

> 치료사: 마치 당신의 파트너에게 당신을 끌어당겼던 특성들이 지금은 가장 불쾌하다고 생각하는 것들이란 말처럼 들리는군요. 맞나요?
> 내담자: 예, 하지만 예전에는 이런 생각을 하지 않았어요.

특히 회기의 말미에 핵심을 요약하고 내담자에게 '집으로 가져가야 할' 메시지가 무엇인지 다시 한 번 물어보는 것은 도움이 된다. 이러한 활동은 오해를 줄인다. 또한 무엇이 도움이 되

었는지, 도움이 되지 않았는지 또는 불쾌했는지 회기에 관한 피드백을 모으는 것 역시 중요하다.

> 치료사: 제가 한 말 중에서 어떤 것이라도 이해하기 힘들었다거나 제가 헛다리를 짚었다거나 어떠한 식으로라도 불쾌하게 비쳐진 것이 있다면 제게 알려주는 것이 도움이 된답니다. 사람들은 때때로 자신이 좋아하지 않는 내용이나 오해가 있음을 암시하는 내용에 대해 이야기하는 것을 힘들어한답니다. 그러나 당신에게 도움이 되지 않는 것들에 대해 제게 말해주는 것은 매우 유용할 수 있습니다. 왜냐하면 그러면 우리는 그것을 찾아서, 우리가 의미하는 것이 무엇인지 분명하게 할 수 있기 때문이지요. 오늘 제가 이야기한 어떤 내용이라도 당신의 마음을 불편하게 했거나 불쾌한 것이 있었나요?
> 치료사: 매번 회기가 끝날 때 비슷한 질문을 할 거예요. 당신이 하고 싶은 말이 있는지 제게 주저하지 말고 알려주세요.
> 치료사: 오늘의 활동에서 건진 핵심은 무엇인가요?

치료의 초기 단계에서 시간을 들여 피드백이 왜 중요한지 설명하고 여러분이 피드백들 받았을 때 진심 어린 격려를 제공한다면 내담자는 더욱더 진실 된 피드백을 제공할 수 있을 것이다.

각각의 회기는 무엇이 도움이 되었는지, 이전의 토론에 대해 내담자가 새로운 생각을 갖게 되었는지 묻는 등 이전 회기에 대한 피드백을 요청하는 것으로 시작할 수 있다. 다시 한 번, 회기 사이의 치료에 대해 생각하는 것의 장점에 대해 토론을 갖는다면 그리고 그것에 대한 내담자의 피드백을 진지하게 받아들인다면, 내담자는 회기를 더 잘 되돌아보며 피드백을 더 잘 제공할 것이다.

> 어느 우울한 사람이 자신은 치료사와 함께 있지 않을 때 회기에 대해서 생각하는 것을 좋아하지 않는다고 말했다. 탐색활동을 통해 그가 압도당하는 것에 대한 부정적 사고에 힘들어 하고 있다는 것이 밝혀졌고, 그런 다음 사고가 다뤄질 수 있었다.

▶ 동영상 자료 2.1과 2.2: 간략한 요약 공유하기

동영상 자료 2.3: 회기 동안 내담자로부터 피드백 유도하기(i)

동영상 자료 2.4: 회기의 후반부에서 내담자로부터 피드백 유도하기(ii)

——— 인지 · 행동치료에 관한 신화 ———

이 절에서는 인지 · 행동치료를 둘러싼 잘 알려져 있는 오해 중 일부를 확인하고 탐구할 것이다.

인지 · 행동치료에서는 치료적 관계가 중요하지 않다.

다른 치료에서 가치를 두고 있는 치료사의 자질은 인지 · 행동치료 안에서도 똑같이 중요하다. 성공적 심리치료 활동을 위한 중요한 요소로서 Rogers(1951)에 의해 확인된 따뜻함, 감정이입, 무조건적인 존중은 Beck에 의해 촉진되었으며(Beck at al., 1979), 인지 · 행동치료사의 전형적 특징인 것으로 확인되었으며(예: Wright & Davis, 1994), 내담자가 가치를 부여하는 요소로 확인되었다(Ackerman & Hilsenroth, 2003). 인지 · 행동치료가 냉담하고 치료적 관계에 관심이 없다는 잘못된 시각과는 대조적인 결과다. 가장 기초적인 수준에서, 내담자가 자료를 공개하려고 하고, 위협적이고 어려운 새로운 행동을 실행하려고 하고 안전을 느끼려고 하려면, 내담자는 치료사를 신뢰할 수 있어야 한다. 따라서 비록 인지 · 행동치료가 관계를 주요한 치료적 도구로 간주하지는 않지만 그럼에도 불구하고 관계는 효과적인 치료를 위한 필수 기초 요인으로 간주된다. 치료사는 치료적 관계에서 나타나는 어떠한 어려움에 대해서도 반드시 주의를 기울여야 하며, 내담자의 어떠한 믿음이 그것을 생산하도록 촉발되었는지를 이해하기 위해 시도해야만 한다고 인식되고 있다(3장 참고).

때때로 인지 · 행동치료사는 자신에 대한 내담자의 감정에는 관심이 없다고 여겨진다. 그러나 관계 요인의 중요성에 대한 인식이 지난 30여 년 이상 ─ 심리역동적 용어라기보다는 인지적 용어로 해석되지만 ─ 계속해서 증가하고 있다(Orlinsky, Grawe & Parks, 1994 참고). 또한 때때로 치료적 동맹은 보다 짧은 치료에서는 무시된다고 간주되었다. 그러나 Chaddock(2013)은 대인관계 요인에 주의를 기울이는 것이 가령 IAPT의 PWP(Psychological Wellbeing Practitioners) 주도의 치료와 같은 짧은 치료에서는 보다 더 중요하다고 주장했다.

인지 · 행동치료에서의 치료적 관계는 치료적 동맹에 밀착되어 있다(Kennerley, 2014a). 그리고 Beck 등의 치료적 동맹에 대한 고려 중 상당 부분은 심리 역동의 관점에서 파생되었다(1979). Beck이 유익한 '치료적 협력'을 이루기 위해 치료적 관계를 강조했던 초기부터(p. 45), 치료적 관계에 대해 주의하는 것은 중요했다.

인지 · 행동치료는 기계론적이다. 단지 X 기법을 Y 문제에 적용하는 것이다.

인지 · 행동치료는 감정, 행동, 인지 그리고 생리학을 연결시키는 명백한 모델에 기초하고 있다. 이 모델은 효과적으로 작용하기 위해 제시된 치료적 전략을 지지한다. 임상적 수준에서, 내담자에 의해 제시된 문제를 위한 구체적인 모델이 종종 있다. 가령, 공황 장애를 위한 모델에서는 온화한 신체적, 정신적 증상이나 기피에 관한 파국화의 오류의 역할을 강조한다. 우울증을 위한 또 다른 모델에서는 자신, 다른 사람, 세계에 관한 부정적 시각과 행동적 위축에 초점을 맞춘다. 또한 특정 종류의 문제를 갖고 있는 내담자를 다루기 위한 분명한 지침과 같은 모델에서 파생된 상당히 상세한 실시요강도 있다. 이 경우 그 모델에 따라 충분한 정보를 갖춘 개념화가 개별 내담자를 위해 전개될 것이다. 그러나 치료가 기술 주도적이 돼서는 안 된다(예: "나는 그가 불안을 다루는 훈련이 필요하다고 생각해."). 그 대신 어떤 심리적 과정이 특정한 개인의 문제를 유지시키는지에 대한 이해와 내담자의 사례에 있어서 중요한 감정, 사고, 행동, 생리적 특징 사이의 구체적인 관계에 대한 이해에 기초해야 한다. 이것에 대해서는 4장에서 논의하고 있다.

인지·행동치료는 긍정적 사고에 관한 것이다.

때때로 인지·행동치료는 내담자의 환경이나 대인관계 상황에 대해서는 관심이 없고 오로지 사물을 긍정적으로 바라보게 하는 데 관심이 있다고 주장되기도 한다. 이것은 오해다. 인지·행동치료는 인지의 현실적인 평가를 촉진하는 것을 목표로 한다. 사람들이 '틀렸다' 또는 상황이 실제로 긍정적임을 입증하는 데 목표를 두진 않는다. 사람들이 문제를 갖고 있을 때, 그들의 생각은 지나치게 부정적일 수 있다. 하지만 때때로 정확할 수도 있다 — 내담자는 자신의 파트너가 자신에게 관심이 없기 때문에 자신의 파트너가 자신에게 관심이 없다고 생각할지 모른다! 개념화는 대인관계, 사회·경제적 상황을 고려해야 하지만 내담자의 사고가 왜곡되었다고 간주하지는 않는다.

호텔 업무에서 해고를 당한 후 한 여성이 우울한 기분을 드러냈다. 직장을 잃은 것은 이번이 세 번째이다. 처음 두 번은 정리해고를 통해서였고, 마지막은 상사와의 대인관계에서의 어려움으로 인해서였다. 아무리 노력해도 운이 따라주지 않고 일이 잘못되는 것 같아 그녀는 기분이 좋지 않다. 그녀는 상황을 개선하는 것에 대해 희망을 잃었다. 내담자의 관점이 왜곡되었다고 가정하기보다는 치료사는 내담자가 객관적 증거를 살펴보고, 각각의 실직의 원인에 대해 알아보고 결과에 대한 어떤 책임을 져야하는지 살펴보도록 도왔다. 치료사는 내담자의 대인관계 기술 또는 직업수행 기준, 또는 어쩌면 남 탓을 하는 경향에 초점을 맞출지도 모른다. 결과적으로, 이 경우에는 운이 자신을 따라주지 않는다는 초기의 생각이 컸던 것으로 보인다. 따라서 치료는 내담자로 하여금 사건에 대한 본질적인 불공평을 참아내고 문제를 해결하도록 돕는 데 초점을 맞췄다.

인지 · 행동치료는 또한 일부 도움이 안 되는 생각이 과거에는 정확했을지 모르나 더 이상 그렇지 않다는 것을 인정한다. 예를 들면, 정서적으로 결여된 가정에서 자란 아이는 정확하게 "나를 위한 사람은 아무도 없어."라고 믿을지도 모른다. 하지만 여전히 이러한 믿음이 강하다고 해도 성인이 된 지금은 더 이상 사실이 아닐지도 모른다. 인지 · 행동치료는 내담자가 믿음의 기원을 평가하도록 하고, 아직 그런 믿음을 갖고 있는 것이 왜 이해할 수 있는 일인지 평가하도록 한다. 그리고 인지 · 행동치료는 그러한 믿음이 언제나 더 이상 유효하지 않다는 것을 발견하도록 지지한다.

요약하자면, 치료의 목적은 문제를 이해하고 해결하는 것이지 단순히 긍정적 사고를 촉진하는 것은 아니다.

인지 · 행동치료는 과거는 다루지 않는다.

대부분의 인지 · 행동치료의 회기는 지금-여기에 초점을 맞추고 있다. 왜냐하면 대부분의 치료는 현재 문제를 다루는 데 관심이 있고 이런 까닭에 현재 문제를 유지시키는 것에 대해 관심이 있기 때문이다. 그렇다고 해서 인지 · 행동치료가 필요할 때 과거를 다루지 않는다거나 문제의 발전을 설명하는 데 있어서 과거 경험의 중요성을 무시한다는 말은 아니다(4장 참고). 지금-여기에 초점을 맞추는 가장 중요한 이유는 문제의 발생을 설명하는 요인과 문제를 유지시키는 요인은 종종 다르기 때문이다. 그래서 과거(우리가 바꿀 수 없는 문제의 기원)보다는 상대적으로 현재의 상황(우리가 무엇인가 해볼 수 있는 문제의 유지)에 더 많은 집중을 하는 것이다.

> 바지에 실례하는 것에 대해 불안을 갖고 있는 16세 소녀는 아주 어렸을 때 소풍 길에 친구들 앞에서 실례를 하고 나서 모욕감을 느낀 경험을 갖고 있다. 그녀는 선생님이 참으라고 지시했을 때 '참을 수 없었고', 그래서 친구들에게 괴롭힘을 당해왔다. 지금은 나이가 들었고, 그녀도 몇 시간 동안 참을 수 있다는 것을, 더 이상 자신을 괴롭히는 친구도 없다는 것을 알고 있다. 문제는 이제 주로 화장실을 쉽게 접근하지 못할 상황을 피하는 것에 의해 유지되고 있다. 외출하기 전에 물을 마시지 않는다거나 혹시나 모를 경우에 대비해서 소변이 흡수될 수 있도록 허리 아래까지 올라오는 긴 양말을 신는 것처럼 다른 '안전 추구 행위' 장치를 마련했다. 이 소녀에게 문제는 여러 요인에 의해 침전되어 왔지만 문제가 유지되는 것은 다른 요인에 의해서인 것이다.

인지·행동치료는 피상적인 증상을 다루지 문제의 근원을 다루지 않는다. 그래서 대안적인 '증상 대체 현상'이 발생하기 쉽다.

1장에서 언급한 바와 같이, 단순히 '증상을 제거'하는 것은 기저에 깔린 문제가 다른 양상으로 나타나는 현상을 초래할지 모른다. 그러나 많은 연구는 내담자가 추가적인 문제를 발전시키기보다는, 설령 문제가 발생한다고 하더라도 재발로부터 내담자를 보호한다는 것을 입증하고 있다(예: Durham & Turvey, 1987; Williams, 1997, Hollon et al., 2005).

인지·행동치료에서 훈련된 전략은 종종 다른 문제에도 쉽게 일반화된다. 그리고 치료사는 이러한 전략을 권하려고 노력한다. 게다가 문제에 대한 인지·행동치료 개념화는 문제를 유지하는 심리적 과정을 설명하려는 데 목적이 있고, 이러한 과정에 영향을 미치는 방법에 개입하려는 데 목적이 있다. 그렇게 하면서 근본적인 유지 패턴, 즉 현재 나타나고 있는 몇 가지 어려움에 영향을 미칠 수 있는 패턴을 다룬다. 이것에 대해서는 4장에 상세히 논의되어 있다.

> 광장공포증 증상이 있는 한 여성이 자신의 가족에게 안 좋은 일이 생길지 모른다는 강박, 우울증, 사랑하는 사람에게 거부당하고 버림받을지 모른다는 걱정, 적극성의 결여 등을 포함하여 여러 가지 어려움을 갖고 있다. 그녀의 입장에서는 광장공포증 문제가 자신이 아내로서, 엄마로서 제대로 역할을 하는 것을 방해하고 있기 때문에 내담자가 이것을 가장 우선적으로 치료해야 할 대상으로 확인함에 따라 광장공포증 문제는 치료 초기에 성공적으로 다뤄졌다. 비록 그 단계에서는 그녀가 버려질지 모른다는 것과 관련된 쟁점이 치료되고 있지 않았음에도 불구하고 그녀는 혼자서 돌아다닐 수 있었다. 그녀의 우울증이 저절로 사라지고, 이어서 광장공포증에 맞서 싸우기 위해 그녀가 개발한 많은 전략을 사용하며 그녀의 강박적 증상이 후속적으로 다뤄졌다. 비록 자신의 다른 어려움을 개념화하고 다루는 방법을 학습함으로써 자기 자신에 대한 관점이 이미 엄청나게 향상했음에도 불구하고, 마지막으로 자신의 가치에 대한 일반화된 걱정과 적극성의 부족에 더 많은 주의가 집중되었다.

인지·행동치료는 대립적이다.

인지·행동치료는 때때로 치료사가 내담자에게 내담자의 생각이 무엇이 잘못되었고 그래서 어떻게 생각해야만 하는지 말해주는 것처럼 보여진다. 어느 정신 건강 센터의 소개책자에 적어놓았듯이, '인지치료는 내담자와 치료사 사이의 논쟁의 형태를 취한다. 그것은 강건한 사람에게만 적합하다. 실제로 왜곡된 CBT는 논쟁과 비슷하게 보인다. 내담자에게 열린 마음으로 다가서야만 한다. 호기심을 가져야 하고, 선입견으로 인해 판단이 흐려지지 않도록 틀리는 것에 대해 대비해야 한다. 이런 방식으로 그 사람의 입장이 되는 것, 그가 경험하는 것처럼 문제를 경험하는 것에 대한 감각을 얻을 수 있다. 또한 내담자 스스로 자신의 신념에 의심을 품도록 촉구할 수 있다. 질문을 통해 내담자가 자신을 위한 새로운 관점을 만들어낼 수 있도록 내담자를 독려하는 데는 심리학적으로 타당한 이유가 있다. 만일 내담자가 신념에 대한 증거를 살펴본다면, 그리고 자신만의 결론을 내린다면, 자신의 결론에 대해 더 확신하고 더 잘 기억할 수 있을 것 같다(7장 참고).

인지 · 행동치료는 단순한 문제에만 적합하다. 복잡한 문제에 대해서는 뭔가 다른 것이 필요하다.

인지 · 행동치료는 치료 접근에 있어서 광범위하고 유연하다. 그래서 내담자가 적어도 최소한으로라도 과정에 참여한다면 숙련된 치료사는 인지 · 행동치료를 많은 문제에 적용할 수 있다. 축 I의 장애(미국 정신의학협회의 장애 진단 및 통계 편람에 따른 정의) 범주 내에서(DSM-IV-TR; APA, 2000), 중증의 만성적 어려움을 갖고 있는 내담자는 이러한 인지 · 행동치료로 도움을 받을 수 있다(Haddock, Barrowclough, Shaw, Dunn, Novaco & Tarrier, 2009). 그리고 인격 장애나 다른 복잡한 장애를 갖고 있는 사람에게도 치료의 효능을 입증해 주는 증거는 계속해서 늘어나고 있다(17장 참고).

인지 · 행동치료는 사고에만 관심이 있고 감정에는 관심이 없다.

인지 · 행동치료는 실제로 사람들이 인지(사고뿐만 아니라 심상도)를 수정할 수 있도록 돕는 데 관심이 있다. 하지만 대개는 목적을 위한 수단인 것이지, 목적 그 자체는 아니다. 내담자 대부분은 기분, 느낌, 또는 행동에 대한 도움을 원한다. 내담자는 자신의 역기능적 사고에 대한 도움을 요청하기보다는, 예컨대 자신의 우울, 두려움, 섭식 장애를 다루는 데 있어서의 도움을 요청한다. 인지의 변화는 서로 다른 체계 안에서 사람들이 변화도록 돕는 수단이다. 그러나 추상적 사고에 대해 순수하게 지적인 토론만 펼친다면 치료는 유익할 수 없다. 내담자가 치료 과정 동안에 감정의 경험을 전혀 하지 못한다면 감정이나 행동에 있어서의 변화는 거의 없는 것 같다(Safran, 1998).

사회적으로 고립된 우울증 여성이 친구를 만나 자신이 무리에 끼어들지 못하고 다른 사람들에 관한 한 무의미한 존재로서 자신을 지각하는 상황에 대해 기술했다. 그녀는 장면과 그녀의 부정적 사고를 차분하게 자로 재듯이 기술했다. 그리고 비록 그녀는 다른 사람에 의해 인정받는 다는 증거를 확인할 수 있음에도 불구하고(친구들은 저녁행사를 위한 계획에 그녀를 포함시켰고, 마치 주말여행에 그녀가 함께할 것이라고 가정하듯 이야기를 나눴다.), 이러한 사실이 자신이 주변을 맴도는 인물이라는 시각에 대해 아무런 영향을 미치지 못했다. 그녀에게 그 장면을 다시 묘사해달라고 부탁했다. 그리고 이번에는 그녀의 부정적인 사고를 묘사하는 동시에 괴로움을 주는 상황 동안 어떻게 느꼈는지 생각해보고 관련지어 보라고 요청했다. 그녀가 다른 사람들에 의해 평가받는 것에 대한 감정적 반응을 불러일으킬 때만 오로지 그녀의 부정적 사고의 강도가 약화되기 시작했다.

인지 · 행동치료는 심리학적 마인드를 가진 사람만을 위한 것이다.

전형적으로 인지 · 행동치료는 인지와 감정을 인지하고 그것에 대해 이야기할 수 있는 능력을 요구한다. 또한 이 둘을 서로 구분할 수 있는 능력을 요구한다. 만약 내담자가 가령 악순환이나 예비 개념화와 같은 심리적 모델을 관련시킬 수 있다면 이 또한 유리하다. 그러나 어떤 사람이 이런 식으로 생각하는 데 어려움이 있다면, 치료사는 내담자가 그렇게 할 수 있는 능력을 증진시킬 수 있도록 도울 수 있다(Butler & Surawy, 2004 참고). 그리고 내담자가 이러한 접근에 익숙해질 수 있는지 확인하기 위하여 몇 차례 정도의 회기를 제공할 가치가 있다. 인지 · 행동치료는, 이때 이 사람에게 맞는 치료인지 알아보기 위해서 항상 시도 중이라는 사실을 분명히 할 수 있다. 따라서 만약 인지 · 행동치료가 그에게 맞지 않는다면, 내담자가 자신이 실패했다고 느끼게 해서는 안 된다.

인지 · 행동치료는 빨리 배워서 쉽게 실행할 수 있다.

인지 · 행동치료는 상대적으로 치료사가 쉽게 배우고 적용할 수 있는 강력한 전략을 갖고 있다. 그리고 이 책은 기초적인 기술을 소개하고 있다. 그러나 창의적이고 유연한 방식으로 이러한 접근 방법을 사용하는 것은 다른 치료에서와 마찬가지로 어렵다. 또한 정기적인 수퍼비전을 받아야 하고(19장 참고), 인지 · 행동치료의 최신 기술을 잘 좇아가야 한다는 사실을 명심해야 한다.

인지 · 행동치료는 무의식에 관심이 없다.

인지 · 행동치료는 프로이드 심리학 관점에서의 무의식 개념을 사용하지는 않지만, 확실히 인지적 과정은 의식이 아닐 수 있다는 것을 인정한다. 많은 경우에 치료사와 내담자는 처음에는 의식하지 못했을 경험의 의미를 밝히려고 시도할 것이다. 이것은 일반적으로 억압된 물질로 해석되지 않고, 의식에 대한 사고로 이용 가능한 전의식 수준에서 받아들여진다. 많은 사람들이, 예를 들면 심상, 자동적 사고, 기본 가정에 대한 의식을 끌어올리기 위한 훈련을 필요로 한다. 소크라테스 문답법이 그러한 인지를 구분할 수 있도록 하고, 이어서 그 의미를 확립하는 데 사용된다. 치료사는 어떤 가정을 할 수 있다(그리고 이러한 가정은 내담자와 함께 탐색된다.). 그러나 그러한 가정이 해석을 제공하지는 않는다. 내담자는 주로 전문가로 간주된다. 이것에 대해서는 7장에서 다시 논의하기로 한다.

내담자에 의해 사고나 심상이 적극적으로 가로막힐 수 있을 때가 있다. 예를 들면, 어렸을 때 성적 학대를 겪은 사람은 극도로 불편한 경험이나 기억으로부터 해리되어 있을 수 있다. 강박 장애인 경우 많은 내담자가 불안하게 하는 사고를 촉발시킬 수 있는 상황을 피함으로써 자신의 의례적인 행동에 동기를 부여하는 그러한 사고를 전혀 대면하지 않는다. 일반적으로, 내담자가 이러한 무의식적 사고나 신념의 본질을 확인하는 것을 돕는 방법으로는 8장과 9장에 기술한 인지 · 행동치료 기법이 사용된다.

인지 · 행동치료는 높은 지적 능력을 요구한다.

인지 · 행동치료는 다른 치료에 비해 더 높은 지적능력을 요구하지 않는다. 실제로 인지 · 행동치료는 한동안 학습 부진을 가진 사람에게 사용하도록 적용되어 왔다(Stenfert-Kroese, Dagnan & Loumidis, 1997). 이와 비슷하게 인지 · 행동치료는 아동이나 젊은 사람(Graham, 1998), 고령의 노인(Wilkinson, 2002)을 대상으로 적용되기도 하였다.

─── 요 약 ───

치료사가 내담자로 하여금 문제를 다루기 위한 전략을 개발하도록 도울 때 그리고 내담자의 세계에 관한 새롭고 보다 적응적인 관점을 만들어내면서 내담자를 안내할 때, 인지 · 행동치료의 기본적인 특성은 내담자와 함께 하는 방식을 매력적이고 만족스럽게 해준다.

핵심적인 특성에는 다음의 내용이 포함된다.

• 협력, 내담자와 치료사가 각각의 전문성을 문제에 집중하는 것.
• 구조적이고 적극적인 형식, 구조적 치료에 도움이 되도록 치료를 위한 의제 설정과 목적

을 세우고 그 안에서 치료사와 내담자가 적극적으로 치료적 과정에 참여한다.

- 시간 제한적, 대부분의 치료가 6~20회기에서 진행.
- 심리적 증거에 의존하는 실증적 방법에 기초, 문제의 측정과 결과의 실증적 평가를 강조.
- 문제 지향적, 문제에 관한 상세한 개념화를 통해 치료가 다뤄짐.
- 어려움과 해결방안을 탐색하는 기본적인 양식으로서 유도된 발견.
- 행동주의적 인식. 많은 행동주의적 과업과 과제가 제시.
- 치료사와 내담자가 동일 선상에 있다는 것을 확실하게 하려고 요약하기와 피드백이 빈번하게 사용.

학습 활동

다음 학습 활동은 SAGE publishing 사이트(https://study.sagepub.com/kennerley3e.)에서 내려받기 할 수 있다.

복습과 성찰:
- 당신이 현재 심리치료에 종사하고 있다면, 여기에 소개된 특성과 당신에게 익숙한 방법을 어떻게 비교할 수 있는가? 당신의 내담자에게 맞는 인지·행동치료에 있어서의 장점을 찾을 수 있나? 만약 그렇다면 당신의 내담자에게 인지·행동치료의 개념을 어떻게 소개할 것인가? 인지·행동치료의 구조나 다른 측면에 대해 의혹을 갖고 있는가?
- 당신이 읽은 인지·행동치료에 관한 것 중 놀랄 만한 것이 있다면 그것은 무엇이었나? 인지·행동치료에 관한 신화를 믿는가? 그렇다면 각각의 주장에 대해 얼마나 강하게 믿는가? 인지·행동치료에 관한 당신의 믿음에 이 장이 어떤 영향을 미쳤는가?
- 당신이 기대했던 인지·행동치료의 어떤 측면 중에서 당신을 불편하게 만든 것이 있는가? 당신의 동료나 수퍼바이저가 이야기했을지 모를 당신의 불편함을 탐색할 수 있었던 지점이 있었는가? 만약 인지·행동치료를 사용하기로 결정은 했지만 불편함을 느낀다면, 단계적으로 이러한 불편함에 매달릴 수 있겠는가?

한걸음 더:
- 당신이 만난 마지막 다섯 명의 내담자를 돌아봤을 때, 얼마나 많은 회기에 있어서 행동주의 유형의 과제와 관련된 숙제에 협력적으로 동의하였는가? 회기 사이에 과제를 포함하는 것이 도움이 되었던 회기를 확인할 수 있는가? 그것들은 어떤 과제일 수 있었는가?
- 당신이 믿는 어떠한 신화가 있다면(예: 인지·행동치료는 적대적이다.), 내담자와의 치료를 실행하는 데 있어서 이것이 확증되어지는 것이 어디인지 확인해보라. 만약 그렇다면 어떻게 치료를 보다 더 인지·행동치료의 전형으로 만들 수 있을지 생각해보라, 그리고 시행해보라.
- 피드백이 유용하고 환영받을 일이라는 것을 내담자에게 어떻게 설명할 수 있을지 연습해보라. 그리고 두 명의 내담자에게 시도해보라. 당신의 요청이 내담자로 하여금 어떤 식으로든 불편하게 만들었는지 아닌지 어떻게 물어볼 것인가?
- 만일 이런 방식에 끌린다면, 진행하기 위해 어떻게 시작할 수 있는가? 당신이 활용할 수 있는 훈련 기회와 수퍼비전의 기회가 있는가?

Beck, A.T., Rush, A.J., Shwa, B.F., & Emery, G. (1979). *Cognitive therapy of depression*. New York: Guilford press.

당신의 독서 목록의 맨 위에 있을지 모를 고전이다. 인지 · 행동치료의 특성에 관한 설명과 함께 인지 · 행동치료에 관한 최초의 설명을 제공한다.

Westbrook, D., Mueller, M., Kennerly, H., & McManus, F.(2010). Common problems in therapy. In M. Mueller, H. Kennerly, F. McManus, & D. Westbrook(Eds.), *Oxford guide to surviving as a CBT therapist*. Oxford: Oxford University Press.

인지 · 행동치료의 독특하고 많은 특성과 연관된 치료에 있어서의 일반적인 문제에 관해 저자들이 토론하는 흥미로운 내용이다.

동영상 자료

- 2.1 간략한 요약 공유하기(ⅰ)
- 2.2 간략한 요약 공유하기(ⅱ)
- 2.3 회기 동안 당신의 내담자로부터 피드백 유도하기(ⅰ)
- 2.4 회기의 후반부에 내담자로부터 피드백 유도하기(ⅱ)

03

치료적 관계

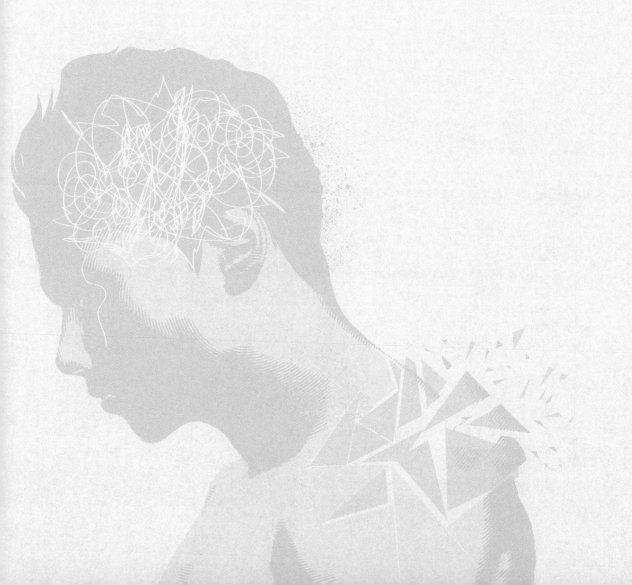

도 입

이 장은 인지·행동치료에서의 치료적 관계의 중요성을 살펴볼 것이다. 본 장에서 살펴볼 내용은 다음과 같다.

• 치료적 관계가 치료에 있어서 어느 정도까지 근본적인 토대인지.
• 인지·행동치료에서의 치료사의 역할 및 일반적 치료사 요인의 중요성.
• 협력적 내담자−치료사 관계의 형성 방법 및 치료적 동맹의 불화를 회복하는 방법.
• 다른 문화적 배경의 내담자와 치료 활동하기.
• 경계에 관한 쟁점.

치료의 본질적인 토대로서의 치료적 관계

효과적인 내담자−치료사 관계는 치료에 있어서 중요하며, 관계의 질과 치료 결과와의 관계를 보여주는 확실한 증거도 있다(Orlinsky et al., 1994). 이러한 관련성은 영국 인지·행동심리치료협회(BABCP)가 오랫동안 치료사가 마땅히 해야 할 일로 규정하는 인증 기준의 하나로서 인식되고 있다. 즉, 치료사는 치료적 관계, 그러한 관계의 발전, 유지 및 종결에서의 능력에 대한 지식과 이해를 증명해야 한다. 그러나 인지·행동치료 내에서 치료적 관계는 치료 결과를 좋게 만들기 위한 필요조건이지 충분조건은 아니라고 간주된다. 치료를 시도하는 데 있어서 치료적 관계로 있는 것에 더하여 일반적으로 인지·행동치료로부터의 유익한 영향이 존재한다(Roth & Fonagy, 2005).

더군다나 결과를 예측해주는 강력한 요인은 치료에 참여하는 내담자의 특성일지 모른다고 증거는 보여주고 있다. 예를 들어, 만약 내담자가 치료 과제에 참여하고, 치료에 관한 제안을 제시하고, 치료사와 온화하게 상호작용하고, 치료사를 신뢰한다면, 내담자는 더 잘할 것이다. 그리고 일관되게 과제를 수행하는 내담자가 그렇지 않은 내담자보다 더 잘할 것이다(Kazantzis, Whittington & Dattilio, 2010). 더 나아가 치료사의 특성이 결과와 관련 있는 한, 결과를 예측해주는 것은 그러한 특성에 대한 내담자의 지각이지 내담자의 행동 자체는 아니었다(Wright & Davis, 1994). 예를 들면, 치료사의 공감 능력을 내담자와 별도의 관찰자가 평가한 경우, 내담자의 공감에 대한 지각이 결과를 더 잘 예측하는 요인이었다. 이것은 치료 과정에 대한 적극적인 공헌자로서 내담자의 중요성을 강조하는 것이다.

'치료적 동맹' 또는 '치료적 협력'이란 용어는 Beck 등이 그들의 1979년도 저서에서 처음 사용하였는데(p. 45), 이러한 용어는 인지·행동치료 안에서의 특별한 대인관계의 역동성, 즉 협력과 발견의 활발한 제휴를 묘사한다. Beck 등은 치료사와 내담자가 각자 자신의 전문성을 발휘하며 변화에 대한 책임감을 공유하는 등 치료사와 내담자가 한 팀으로서 활동하는 개념을 촉진했다. 하지만 치료적 동맹은 '심리 역동적 심리치료의 맥락에서 분명하게 묘사되어 왔던, 미묘한 심리적 분위기, 즉 관계는 환자와 치료사 모두를 포함하고, 신뢰, 라포(rapport) 및 협력에 기초하고 있어야 하는 분위기(p. 50)'를 똑같이 요구했기 때문에 실무적이고 실제적인 준비 그 이상이었다. 공감적 협력은 인지·행동치료에서의 치료적 동맹을 형성하는 데 결정적인 것으로 간주되었다.

치료적 관계는 문제를 다루고, 실생활의 상황으로 전이될 수 있는 새로운 기술을 습득할 수 있는 기회를 제공할 수 있다는 점에서 일종의 유용한 연구실이 될 수 있다. 예를 들면, 내담자는 '뜨거운' 인지를 평가하는 법을 '실생활'에 일반화하기에 앞서 치료사로부터 코치를 받으면서 치료 회기 동안 이 기법을 배울 수 있다. 내담자는 또한 임상적 상황에서 치료사와 함께 시연해 봄으로써 도움이 안 되는 신념을 살펴보고 수정하는 데 회기를 이용할 수 있다. Safran과 Muran(1995)은 치료사와 내담자가 상호작용으로부터 한발 물러서서 현재 둘 사이에 어떤 일이 벌어지는지 규명하면서 치료사는 내담자에게 새롭고 건설적인 대인관계 경험을 제공하는 방식으로 행동할 수 있다고 제안했다.

> 내담자의 개념화에는 자신이 곤경에 처해 있을 때, 다른 사람이 곁에 있어 주지 않을 것이라는 신념을 포함하고 있었다. 관계에 있어서 어려움이 나타나는 회기에서 치료사는 자신의 감정을 토론을 위한 단서로서 활용했다. "지금 당장 어느 방향으로 가야할지 다소 확신이 안 드는 기분이네요. 조금 방어적인 것 같기도 하고요. 왜 그런지 궁금하고요. 이런 것이 제 어려움이에요. 그렇지만 우리가 이것을 함께 탐색해볼 수 있다는 것을 저는 알고 있어요." 이야기를 통해 치료사가 자신을 도울 수 있을지 없을지 내담자가 확신하지 못하고 있어서 인지·행동치료에 참여할 마음이 내키지 않는다는 사실이 드러났다. 또한 내담자인 자신이 잘못하면 치료사가 '자신을 퇴짜 놓을 수도 있을 것'이라고 예상하고 있다는 사실이 밝혀졌다. 그런 다음 치료사와 내담자는 그들의 관계에서의 긴장감을 이해할 수 있었고, 상황이 어려워지면 치료사가 물러서야 할 것 같은지, 또는 어려움을 직면해가면서라도 치료사가 그 지점에서 버틸 수 있는 방법을 찾기를 원하는지 함께 살펴봤다. 토론은 내담자의 공포와 상당히 관련이 있었고 치료적 관계를 이끌어낼 수 있었던 토론은 그러한 두려움을 검증하는 '실험실'이 될 수 있었다.

이러한 모델 안에서는 내담자가 치료사에게 반응하는 방식은 치료사 자신의 특성이나 행동에 의해 영향을 받을 뿐만 아니라 삶의 초기에 발전된 내담자의 신념(아마도 후속 경험에 의해 수정되었을)에 의해서도 영향을 받을 수 있다. 그러나 치료적 관계는 정신분석적 의미에서의 '전이', 즉 어렸을 때 형성된 또 다른 관계의 표상이라는 측면에서 해석되지는 않는다. 그 대신 관계에 대한 가능성의 범위에 대한 새로운 근거를 제시할 잠재성을 남긴 채 그 자체로서의 관계로 받아들여진다. 예를 들면, "어떤 곤란이 당신 앞에 나타난다고 하더라도 사람들은 당신 곁에 있어줄 것이다."와 같은 새로운 신념이 강화될 수 있다. 치료에서 올바른 대인관계 경험이 다른 관계에도 영향을 미치는 정도가 실증적으로 고려되어야 한다. 쟁점이 공개적으로 논의되고 있다면, 실제로 일상생활으로 전이가 있었는지 여부를 확인하기는 더 쉽다.

Bordin(1979)이 치료적 동맹으로서 치료적 관계를 분석한 것은 유용하다. 그는 성공적인 치료적 동맹을 위해 3가지 요소가 필요하다고 주장했다.

- **과제에 대한 동의**: 치료에서 해야 할 필요가 있는 것, 어떤 변화의 과정(인지적 변화? 행동적 변화?)이 있을 것인가, 어떤 활동과 기법이 사용될 것인가.
- **치료 목표에 대한 동의**: 치료사와 내담자 각자가 목표 달성에 대한 책임에 공헌하면서 단기적, 장기적 치료로부터 무엇이 탐색되어야 할지(예: 집을 나서기 전에 조리도구를 단 한 번만 확인하기, 계좌확인 없이 세금환급 완수하기).
- 서로 마음에 들어 하고, 존중과 신뢰 그리고 헌신으로 전형화될 수 있는 긍정적인 치료사-내담자 유대.

좋은 치료적 동맹이 좋은 성과를 위해 필요하다는 것은 분명하다(Krupnick et al., 1996). 가장 기본적으로, 당신이 차갑고 공감해주지 않는다고 생각하기 때문에 도중에 그만둔 내담자와는 효과적인 치료를 실행할 수 없다. 치료적 동맹은 처음 3~4회기 내에 확립될 필요성이 있다(Horvath, 1995). 그러나 이것이 관계의 질이 고정된 채 유지된다는 말은 아니다. 관계의 질은 치료가 진행됨에 따라 변한다. 치료가 성공을 거두기 위해서는 동맹에서의 악화에 주의를 기울일 필요가 있다. 따라서 당신의 치료적 관계의 질은 치료의 과정 내내 계속해서 관심의 대상이 되어야 한다.

비록 효과적인 인지·행동치료가 특별한 종류의 동맹으로 표상되는지는 분명하지 않지만, 많은 연구로부터(예: Raue & Goldfried, 1994) 치료 형식이 무엇이든 간에 내담자는 치료적 동맹의 비슷한 특성들이 중요하다고 생각하는 것으로 나타났다. 이러한 특성에는 다음의 내용이 포함된다.

- 내담자의 문제를 이해하도록 돕는 것.
- 내담자에게 고통을 야기하는 상황이 무엇이든 간에 직면할 수 있도록 격려하는 것.

- 공감하는 사람에게 말을 거는 것.
- 치료사의 개성을 편하게 생각하는 것.

이러한 특징 중 일부는 인지·행동치료의 핵심 특징과 겹친다. 예를 들면, 내담자가 논평할 수 있도록 내담자의 문제에 대한 개념화를 공유하기, 도움이 되지 않는 신념을 검증하기 위해 행동실험(BE) 고안하기가 그것이다. 이러한 요인 중 일부는 치료사의 질과 관련이 있으며 그러한 요인을 지금부터 살펴볼 것이다.

치료사의 역할

인지·행동치료의 지도 원리 중 하나는 치료사로서, 여러분이 내담자를 치료에 참여시키기 위해 감정적으로 협력적으로 일해야 한다는 것이다(Ackerman & Hilsenroth, 2003). 치료의 이러한 측면은 소크라테스 문답법에 관한 장에서 추가적으로 다루기로 한다(7장 참고). 그러나 일반적인 접근에서는 치료사는 강사라기보다는 안내자나 조언자로서 기능한다는 것이다. 치료사는 내담자가 감정이나 행동에 필요한 새로운 선택을 탐색하는 동안 그저 내담자와 '나란히 걸어가는' 것뿐이다. 그리고 치료사의 역할은 이전에 탐색하지 못한 영역으로 내담자를 이끌어 줄 질문을 하거나 정보를 제공해주면서 탐색을 위한 새로운 기회를 열어주는 것이다. 이런 기회를 제공해주기 위해서는 여러분은 내담자의 현재의 태도에 대해 잘 이해할 필요가 있다. 그래서 열린 마음의 호기심과 내담자의 신념, 감정, 행동에 대한 존경의 자세를 취할 필요가 있다. 내담자가 어떻게 느끼는지 또는 생각하는지 가정해서는 안 된다.

치료사의 입장에서 이것은 적극적인 질문을 요구한다. 그리고 상호작용의 분위기가 중요하다. 비난조가 돼서도 안 되고("당신이 생각하는 것처럼 할 수 없다."), 또한 설득적이거나 장황한 말투여서도 안 된다("당신은 대부분의 사람들이 이런 방식으로 반응할 것이라고 당신이 단서를 찾지 못할 것이라고 생각합니까?"). 이러한 과정은 정교하게 균형이 잡혀야 한다. 왜냐하면, 현재의 상황에서 여러분은 내담자가 어떤 상태인지에 관한 상세한 개념을 잡기 위해 시도하는 동시에 내담자가 제시하는 묘사를 심각하게 왜곡시킬 수 있는 인지적 오류가 발생할 가능성으로 인해 한편으로는 내담자가 말하는 것에 대해 어느 정도는 의구심을 가져야하기 때문이다.

비록 안내자로서 치료사의 역할이 중요하긴 하지만, 때때로 교육을 제공하거나 정보를 제공하는 역할을 취하는 것도 적절할 수 있다.

어느 젊은 남성이 다른 사람을 찌르는 것에 관한 침습적 사고로 고통받았다. 그는 대다수의 사람이 어떤 면에서 혐오감을 준다고 생각하는 불쾌한 침습적 사고를 수시로 한다는 사실을 전해 듣고 안심할 수 있었다. 이것은 적절한 읽기 활동을 통해 보완되었다(Rachman & de Silva, 1978).

치료사에게 있어서 중요한 또 하나의 역할은 내담자가 현재 문제와 미래 문제와 관련하여 적응할 수 있도록 모델을 제공하는 실용적인 과학자의 역할이다. 문제와 실험에 관한 가정을 설정하고, 검증하고, 적절한 경우 새로운 결론을 이끌어낸다. 치료 전반에 걸쳐서 편견 없는 접근을 채택하는 것이 적절하며, 당신의 최초 가설을 반박할 수 있는 증거를 찾는 것의 중요성은 특별히 더 중요하다. 그리고 이것이 내담자의 초기 신념에 적용되는 것처럼 치료사의 초기 개념화에 적용된다. 당신의 생각과 일치하지 않는 증거는 새로운 관점에 이르는 왕도이다!

치료적 관계의 협력적 특성은 여러분이 가능한 한 어른 대 어른으로서 내담자와 관계를 유지해야 한다는 것을 의미한다. 그래서 내담자의 문제에 관한 당신의 생각을 공개하고, 내담자가 개념화의 적절성과 정확성에 대해 피드백을 제공할 수 있도록 해주는 방식으로 개념화에 대한 치료사의 입장을 공유한다. 만일 치료사 자신에 대한 정보를 공개하는 것이 내담자에게 이익이 된다면, 치료사 자신에 관한 정보를 공개할 수도 있다. 그리고 모든 것을 알고 있는 것처럼 할 필요 없이, 가볍게 "잘 모르겠는데요." 또는 "잠시 생각할 시간을 주실 수 있나요?"라고 편하게 말한다. 내담자와 치료사가 문제를 함께 해결하는 것이 무난하다. 이러한 공개성에 대해 특별히 예외 되는 경우는 공개하지 않는 것이 내담자에게 도움이 되는 것이 분명할 때이다. 예를 들어, 섭식 장애를 갖고 있는 여성의 가능한 최종 체중에 관한 당신의 생각을 초기 치료 단계에서는 공개하지 않기로 선택할 수 있다. 치료로 다시 돌아와서 적어도 체중 유지에 참여하려고 하는 내담자의 동기를 당신이 위험에 빠지지 않게 있도록 하기 위해서이다. 그러나 내담자가 아동기 학대에 대해 탐색할 준비가 안 되어 있는 경우라면 아동기 학대에 대한 이야기를 꺼내는 것이 내담자를 치료에서 이탈시킬 위험성이 있으므로 아동기 학대에 대한 당신의 지식(의료 기록에서 주워들은 정도의 지식)을 당신이 공유하지 않을 수 있다.

치료사, 내담자 그리고 기법 사이의 복잡한 상호작용 망 안에서 훌륭한 인지치료사는 다른 치료에서도 필요하다고 Rogers가 밝힌 특성, 즉 내담자에 대한 따뜻함, 공감, 순수함, 무조건적인 존중 또한 필요로 한다(Beck et al., 1979). 많은 연구에서 이런 식으로 행동하는 치료사는 더 좋은 결과를 성취하는 것으로 나타났다(Lambert & Bergin, 1994; Orlinsky et al., 1994).

게다가 Wright와 Davis(1994)의 연구에서, 그들은 내담자가 다음과 같이 치료사가 해주기를 바란다는 것을 알아냈다.

- 물리적으로 안전하고, 개인적이며, 기밀성이 보장되고, 안락하고 주의가 흩어지지 않는 환경을 제공하기.
- 존중해주는 자세.
- 내담자의 걱정을 진지하게 다루기.
- 내담자의 관심을 치료사의 관심보다 우선시하기.
- 유능하기.
- 생활을 개선시키는 방법에 관한 실용적 정보를 공유하기.
- 정보와 치료사의 제안을 이용할 때 내담자가 개인적 선택을 할 수 있도록 허락해주기.
- 내담자가 이론에 맞아떨어진다거나 이제 완벽하게 이해했다고 가정하지 말고 내담자의 평가에 있어서 유연하기.
- 내담자가 치료사의 권고사항을 따르고 있다면 내담자가 어떻게 하고 있는지 살펴봐주기.
- 속도를 잘 조정하며, 서두르지 않기 또는 계속해서 약속을 바꿔주기.

인지·행동치료 과정을 성공적으로 마친 여성들을 대상으로 한 또 다른 연구에서는 아동기 성적 학대의 이력을 공개한 집단과 성적 학대를 받지 않았다고 분명히 밝힌 여성 집단을 구분하였다. 연구자들은 후자의 집단이 인지·행동치료 기술의 역량을 우선시하는 반면에 전자의 집단은 특히 치료사가 내담자를 수용해주고 치료에 더 열중해주기를 원한다는 사실을 알아냈다(Middle & Kennerley, 2001). 이러한 사실은 서로 다른 내담자는 서로 다른 치료적 요구를 갖는다는 사실을 우리에게 상기시켜준다. 이 경우 학대를 견뎌낸 집단은 보다 분명하게 지지적인 치료적 동맹을 원했다.

비록 지금까지 언급한 특성 중 어느 하나도 인지·행동치료에만 한정된 특성은 아니지만 그럼에도 불구하고 이러한 특성은 따라야 할 보편적 규칙의 유용한 목록을 제공해준다. 이러한 특성 중 상당수는 인지·행동치료의 일반적 접근 방법과 일치한다(예: 협력적 접근에 의해 수반된다.). 그리고 많은 특성이 정중하고 공감하는 방식으로 내담자를 다루는 데 있어서의 일반적인 기준에 해당한다.

─── 긍정적이고 협력적인 내담자-치료사 관계 형성의 방법 ───

인지·행동 접근의 일반적인 원칙은 내담자─치료사의 좋은 관계 형성에 필요한 견고한

개념화를 제공한다. 예를 들면,

- 내담자가 된다는 것은 어떤 것인지 생생하게 알기 위해 주의 깊게 경청해주기.
- 시간을 들여 공유된 의제를 선정하기.
- 피드백이 환영받을 것이라고 분명하게 밝히기.
- 치료를 위한 내담자의 목표를 신중하게 선정하기.

이 모든 것은 효과적인 동맹에 기여한다.

이러한 것들이 치료에 가져다주는 것에 있어서 사람마다 다르다. 그리고 이러한 요인에 대한 고려 또한 좋은 관계로의 발전을 용이하게 해준다. 예를 들면, 어떤 사람은 '변화에 대한 준비성'에 있어서 상대적으로 초기 단계에 머물러 있을 수 있다(Prochaska & DiClemente, 1986). 그리고 치료사는 이것을 인식할 필요가 있다. 섭식 장애가 있는 내담자는 오로지 체중이 늘지 않았다고 안심할 수 있는 경우에만 자신이 먹는 음식의 범위를 넓히려고 할지 모른다. 또는 강박 장애를 갖고 있는 내담자는 바로 지금 손 씻는 행위 제한에 대해 생각하기를 꺼릴 수 있다. 그러한 경우에는 적극적인 인지·행동치료보다는 초기 동기부여 활동(Miller & Rollnick, 2002)을 통해서 협력을 더 잘 성취할 수 있다.

▶ 동영상 자료 3.1: 치료 장면 설정하고 내담자 참여시키기

경험이 부족한 치료사도 내담자와 좋은 치료 관계를 형성할 수 있는 것 같다. 하지만 경험이 풍부한 치료사는 동맹 관계에서의 잠재적 불화를 더 잘 감지할 수 있는 것 같다. 경험이 많은 수퍼바이저는 이 분야에 있어서 매우 뛰어나다는 사실을 기억하면서(19장 참고), 이제 우리는 이러한 불화가 발생할 때 어떻게 다룰 것인지 생각해보기로 한다.

——— 치료적 동맹의 불화 ———

치료적 동맹에 불화가 발생한다고 해서 놀라지 마라. 내담자의 문제는 종종 확고하기 때문에 내담자 혼자서는 그러한 문제를 다룰 수 없다. 이 말은 변화가 일어나기 어려울 것 같다는 의미다. 결과적으로 내담자는 자신의 문제와 분투하는 한편, 회기 중에 다양한 범주의 도움이 안 되는 감정과 사고를 경험할지 모른다.

치료적 동맹에서의 불화의 징후

이러한 징후는 가령 불편함, 분노, 불신과 같은 감정 상태와 관련해서 내담자로부터의 비언어적 단서나 혹은 치료사로서 여러분이 경험한 느낌으로 반영될 수 있다. 또한 과제를 하지 않는다거나 치료 접근에 대한 회의감을 표출한다거나 격양된 감정 표현의 수위 등과 같이 외형적으로 드러나기도 한다. 중요한 쟁점은 치료사와 내담자 사이 상호작용의 질에 주의해야 한다는 것이다. 그래서 어려움이 발생했을 때 조기에 개입할 수 있는 조치를 취할 수 있어야 한다. 불화의 징후를 무시하지 말고 저절로 사라질 것이라고 바라서는 안 된다.

▶ 동영상 자료 3.2: 치료적 관계에서의 문제의 징후 다루기

동맹의 불화를 다루는 방법

Watson과 Greenberg(1995)는 불화는 다음의 사항과 관련이 있을 수 있다고 지적했다.

- 치료의 목표 또는 과제(예: 내담자가 치료 목표나 전략에 대해 이해하지 못하거나 동의하지 않음.)
- 내담자－치료사의 유대(예: 내담자가 협력적이지 않거나 치료사를 존중하거나 신뢰하지 않음.)

그들은 전자의 문제는 가령, 치료의 합리적 근거를 명확히 한다든지, 가능하다면 접근 방법을 바꾼다든지 하는 방법을 통해 문제 상황에 직접적으로 접근하며 다뤄야 한다고 주장했다. 예를 들면, 내담자가 회피 줄이기는 중요하다고 믿으면서 안전 추구 행위(SB) 줄이기(4장과 13장 참고)는 도움이 될 것이라 믿지 않는다면, 단기간에 회피 감소로 전환하고, 일단 내담자가 회피에 기여하는 요인을 다 소진하고 나면(만약 잔존 문제가 있다면!) 안전 추구 행위의 역할을 조사할 수 있도록 가능하다면 행동실험 단계로 이동하는 것이 최선일 수 있다.

동맹의 불화가 내담자와 당신과의 유대와 관련 있는 것 같다면, 문제가 내담자의 고유한 대인관계의 반영이라고 가정하지 않고 우선 현재 치료적 관계 내에서 불화를 다루도록 한다.

치료사가 약속시간을 바꿔야만 했을 때, 한 여성이 매우 짜증이 났다. 치료사는 이것에 대해 언급하면서 무엇이 분노의 감정을 촉발했는지 분명하게 하려고 시도했다. 그녀의 기분이 나빠진 것은 치료사에게 있어서 자신의 우선순위가 매우 낮음이 틀림없다고 생각했기 때문인 것으로 밝혀졌다. 다른 가능성에 대해 생각해보라고 부탁하자, 내담자는 치료사에게 원래 시간을 지키지 않은 이유를 설명해달라고 요청했다. 이 지점에서 치료사는 가족의 장례식장에 가는 중이었다고 밝히기로 했다. 그리고 이것은 약속을 변경할 수밖에 없는 그런 상황이었다. 그런 다음 이러한 경험으로부터

여성이 배운 것이 무엇인지에 대해 토론을 나눴다. 그리고 그 경험이 불쾌한 감정에 대해 어떻게 반응해야 하는지에 대해 보다 많은 것을 이야기 해주었는지 토론했다. 여성은 자신의 최초의 반응이 정확했을 것 같은지 또는 다른 설명이 적절할 수 있었을지 계속해서 확인하려고 시도할 것이라고 말했다.

이러한 활동이 성과가 없다거나, 또는 개념화가 내담자가, 예를 들어 누군가를 신뢰하는 것이 어렵다는 것을 알게 될지 모른다는 내용을 담고 있다면 불화를 하나의 특징적 패턴으로 인식하는 것이 필요할지 모른다. 그리고 내담자에게 정확한 감정적 경험을 제공하기 위해 치료적 관계를 이용하는 것이 필요할지 모른다(Safran & Muran, 1995).

Newman(1994)은 문제는 항상 내담자 안에 머물러 있다고 가정하기보다는 여러분이 만드는 어떤 요인이 치료적 교착상태에 공헌하는지 고려해야만 한다고 지적한다.

건강에 관한 불안 장애가 있는 한 여성이 그녀의 문제에 명백하게 잘 들어맞는 개념화에도 불구하고 또한 숙제를 충실히 수행했음에도 불구하고 꾸준한 진전을 거의 보이지 않고 있었다. 치료사는 내담자가 종종 눈물을 글썽인다는 것을 알 수 있었다. 하지만 그녀는 그것에 대해 물어보면 자신이 속상했다는 것을 항상 부인했다. 수퍼비전을 통해서 치료사는 내담자가 다소 과장되게 꾸미는 스타일이고 그리고 치료사가 내담자가 겪는 고통에 의해 '점점 지치는 것'에 대한 자동적 사고를 갖고 있기 때문에 자신의 내담자가 매우 화가 날 수 있는 잠재적 가능성을 갖고 있다는 것을 발견하는 것을 꺼린다는 사실을 알게 되었다. 결과적으로, 치료사는 내담자의 기분을 항상 무미건조한 목소리로 물었다. 그리고 여성의 슬픔에 대한 치료사 자신의 지각을 전혀 드러내지 않았다. 놀랄 것도 없이, 그녀는 자신의 감정을 치료사와 공유할 수 있다고 느끼지 못했고, 자신이 속상하다는 사실을 부인했다.

치료적 관계가 여러분 자신의 문제나 또는 사각지대에 의해 영향을 받고 있는 것 같다면, 그러면 당신은 이것을 수퍼바이저와 논의할 수 있다. 이것이 당장 가능하지 않다면, 스스로 어떤 일을 할 수 있는 기회를 만들어야 한다. 가령, 치료 회기의 기록을 청취한다거나, 회기에서의 자동적 사고나 심상에 대한 생각을 기록하고 자기 자신의 '뜨거운 인지'를 찾아야 한다. 이것은 흥미롭고 그리고 일깨워주는 면이 있다. 자기 수퍼비전은 19장에서 상세하게 다루도록 한다.

만일 교착상태가 내담자의 쟁점과 관련 있다면, 이것이 동기부족이나 양가감정을 나타내는 것이라고 간주하는 대신 다른 문제에서 하는 것과 같은 방식으로 쟁점을 개념화하는 것이 훨씬 유용하다. 예를 들면, 다음의 사항을 고려할 수 있다.

• 행동이 갖고 있을지 모를 기능(예: 만일 내담자가 적대적이라면, 어쩌면 거절에 대한 두려움으로부터 자기 자신을 보호라는 것일지 모른다.).

- 교착상태를 부채질하고 있을지 모를 특이한 신념(예: 내담자는 유능한 치료사는 자신의 마음을 읽을 수 있다고 믿을지 모른다.).
- 순응에 대해 내담자가 갖고 있을지 모를 두려움(예: 내담자가 변하려고 할 때, 자신이 다룰 수 없는 도전에 직면할지 모른다.).
- 내담자가 부족할지 모를 기술(예: 내담자는 자신의 감정적 경험에 대해 숙고하지 못할 수도 있다.).
- 기여하고 있을지 모를 환경적 특징(예: 내담자는 노모를 돌보느라 지쳐있을지 모른다.).

그런 다음 다른 문제와 동일한 방식으로 인지·행동치료 안에서 문제가 다뤄질 수 있다. 이것에는 다음의 사항이 포함될 수 있다.
- 개념화와 합리적 근거를 되돌아보기.
- 쟁점을 분명히 하기 위해 소크라테스 문답법 사용하기.
- 구조, 제한 그리고 지침을 제공하는 동시에 협력하기 그리고 선택권 제공하기.
- 변화 대 유지에 대한 찬반입장 살펴보기.
- 내담자의 언어, 상징이나 심상으로 소통하기.
- 내담자가 미묘하게 회피할 때, 부드럽게 지속하기. 정답에 대해서 '나도 몰라'식 태도 취하지 않기.
- 공감적 태도 유지하기 그리고 내담자의 행동에 대한 비난이나 부정적 해석 피하기.
  ▶ 동영상 자료 3.3: 치료사의 딜레마 제시하기 – 간단한 쟁점(i)
    동영상 자료 3.4: 치료사의 딜레마 제시하기 – 보다 복잡한 쟁점(ii)

다시 한 번, 우리는 신진의 인지·행동치료사에게 이러한 어려움을 다루는 데 있어서 효과적인 임상 수퍼비전(19장 참고)이 경험이 풍부한 치료사에게 매우 귀중했던 것만큼 그들에게도 매우 귀중할 것이라는 사실을 상기시키고자 한다. 만일 당시에 수퍼바이저를 구할 수 없다면, 위에서 논의한 쟁점에 대해 혼자서 숙고하면 된다.

다양성과 차이 다루기

고려해야 할 또 다른 영역은 대체로 다양성과 차이에 관한 것이다. 여기서 치료사의 배경과 경험과는 다른 배경과 경험을 가진 내담자와 치료 활동을 하는 것의 몇 가지 일반적인 측면에 대해 생각해볼 수 있다. 연령과 사회적 계층뿐만 아니라 신체적 능력, 민족성, 성적 지향성에 있어서 서로 다른 사람들과 치료 활동을 할 때 다수의 동일한 원칙을 적용할 수 있다. 최근의 훌륭한 지침은 El-Leithy의 '인지·행동치료에서의 다양성 다루기' 장에 잘 소개되어 있다(2014).

비록 대략 영국 인구의 10%가 소수 민족에 속한다고 하지만, 주로 지배적인 백인 문화 출신인 치료사 사이에는 현저한 동질성이 있다. 치료사로서 여러분의 관점이나 신념이 아마도 이러한 문화에 뿌리를 두고 있는 것은 아닌지 염두에 둘 필요가 있다. 그러므로 다른 문화 집단에게는 잠재적으로 중요한 쟁점이나 질문을 고려하지 못하지 않도록 다른 문화 출신의 내담자의 신념에 대해 이해하려고 시도하는 것은 중요하다.

인지·행동치료에서의 서구적 관점의 지배성이 치료사에게만 국한된 것은 아니라 종종 우리가 치료를 시행하는 사회와도 공유되고 있다는 것을 명심해야 하다. 집단의 가치보다 개인의 자율성을, 자기 자신의 요구에 대한 타협이나 복종보다는 적극성에 대한 강조를 당연시하는 것은 쉬운 일이다. 하지만 만약 여러분이 서로 다른 문화 집단 출신의 누군가와 함께 치료 활동을 하게 된다면, 비록 당신의 관점과는 다르지만 그 사람이 소속된 공동체에 의해서는 지지받을 수 있는 서로 다른 관점을 지니고 있을지 모른다는 사실을 인식해야 할 필요가 있다. 자신의 맹점과 편견의 영역을 인식하는 것이 특별히 중요하다. 가령, 내담자가 기술하고 있는 내용이 당신이 잘 안내해주려고 계획하고 있는 왜곡된 사고라기보다는 인종차별에 대한 정확한 묘사라면 문제라고 할 수 있을까? 여성의 가족에 대한 순종적 태도는 낮은 자기 존중감이라기보다 문화 규범을 반영하는 것인가?

서로 다른 문화에 대한 정보를 얻는 많은 방법이 있다. 인종적으로 그리고 문화적으로 소수인 집단에 대한 엄청난 수의 문헌들이 있다(Hays, 2006, 광범위한 참고문헌 목록 제공). 그러나 관련 지식을 얻는 또 다른 많은 방법이 있다. 예를 들면 다음과 같다.

- 다른 집단의 소식지나 이와 비슷한 것들을 읽는다.
- 관련 집단 출신으로부터 수퍼비전을 구한다.
- 다른 공동체의 의해 조직된 종교 의식이나 행사에 참여한다.
- 소수 민족 집단의 유입이나 통합에 관한 역사적 설명을 읽고 그들에 관한 법적 결정사항에 대해 읽는다.

그렇지 않으면 지배적인 문화의 메시지는 다른 집단의 구성원의 경험에 대한 이해를 왜곡시킬 것이다. 그리고 그 문화가 그들에게 어떤 것인지에 대한 무지를 유지할 것이다.

이것은 노력할 만한 가치가 있을까? 서구의 백인 집단이 아닌 다른 집단을 대상으로 한 인지 · 행동치료의 효능에 대한 연구는 실망스럽게도 거의 없다. 그러나 치료사의 다문화에 대한 역량이 어떻게 심리치료를 촉진하고 평가를 향상시키는지에 관한 증거는 점점 늘어나고 있다 (Hays, 2006). 먼저 우리는 평가 단계에서의 참여에 관한 쟁점을 살펴볼 것이다. 그런 다음 서로 다른 내담자 집단에서 사용할 수 있도록 인지 · 행동치료를 수정하는 것에 관한 보다 일반적인 개념에 대한 생각으로 이어가려고 한다.

내담자 참여시키기

평가를 하는 동안, 내담자를 참여시키기 시작하는 것이 필수적이다. 좋은 치료 관계를 형성하는 데 있어서 중요한 교량 역할을 하는 것은 내담자의 문화에 대한 치료사의 존중을 증명하는 것이다. 지배적 문화가 종종 은연중에 세상에 대한 대안적 시각을 손상시킬 수 있다는 것을 명심한다면, 다른 문화의 긍정적인 측면에 명확하게 주의를 기울이고 진정으로 가치를 인정할 필요가 있다는 사실은 명백해질 것이다. 이러한 측면은 가령 정신, 유머 감각, 집단 안의 가족 행사에 어린이랑 함께 참여하는 것 등일 수 있다.

내담자가 자기 자신을 발견하는 환경적 구성에 대해 인정하는 것은 내담자를 참여시키는 데 도움이 될 것이다. 내담자의 문제는 열악한 환경 조건(예: 열악한 주거, 복지 혜택에 대한 접근의 어려움 등)에서 나타날 수 있다. 하지만 당신이 명백하게 언급해야 하는 긍정적인 특징(예: 적극적인 종교 생활 또는 지역사회 시설)도 있다. 대인관계 지원은 매우 강력할 수 있고, 지배 문화의 지원 양상과는 다를 수 있다. 또는 지배적인 문화의 전형적인 양상과는 달리, 혈연관계 이상의 광범위한 관계로 삼촌과 숙모까지 포함하는 보다 확장된 대가족이 있을 수 있는데 이들은 내담자의 문제를 유지하는 데 있어서 중요할 수 있는 관점과 반응을 보인다. 더군다나 내담자가 긍정적인 민족 정체성을 갖고 있다면, 이러한 특성은 긍정적 자기 존중, 낮은 수준의 외로움·불안·우울, 향상된 우월감, 낙천주의, 대처 능력과 연관이 있으며, 실제로 이것이 내담자 입장에서 자산이라면 개념화에 포함시킬 가치가 있다.

다른 한편으로, 소수 집단의 사람이 도움을 찾는 이유로 인종주의나 차별로 인한 고통이 매우 높게 나타났다(Kelly, 2006 참고). 그리고 이러한 고통은 낮은 자존감을 유발하기도 한다. 그러므로 경험을 인정하고, 고통이 왜곡된 지각이나 다른 인지적 오류의 결과라고 가정하지 않는 것은 중요하다. 당신의 치료적 동맹에 관한 한, 예들 들어 내담자의 이전 경험이 내담자로 하여금 백인 또는 남성 치료사를 거부하도록 이끌 수 있으며, 만일 백인이나 남성 치료사가 맡을 경우 적대적이 되도록 초래할 수 있다. 이러한 현상을 이해할 수 있는 입장으로 받아들이는 것이 치료적 동맹을 형성하는 데 필요한 절차일 수 있다.

또한 내담자의 배경이 가정과 신념의 발전과 유지에 어떻게 결정적일 수 있는지 이해하는 것 역시 중요하다. 가령, 개인의 감정을 공개하는 것의 가치와는 대조적으로 개인 사생활의 중요성에 대한 신념은 자신이 속한 공동체에서는 대부분의 사람에 의해 공유될 수 있다.

분명히 어떤 소수 민족 집단도 동일하지 않다. 그리고 지배 문화의 사람에게 중요하듯이 개인의 특이한 경험과 신념도 중요하다. 예를 들면, 피부색은 부분적으로는 다른 사람에 의해 겪는 인종차별의 유형을 결정하기도 하지만 소수 민족 안에서의 자기 존중감이나 지위에 공헌할 수도 있다. 차별적 행위에 대한 구체적 경험은 치료에 직접적인 영향을 미치는 신념을 설명할 수 있다. 예컨대 다른 사람이 그러는 것처럼 치료사 역시 내담자 자신을 기다리게 하는 데 주저하지 않을 것이라고 믿기 때문에 내담자인 한 여성이 회기에 반복적으로 늦게 나타날 수도 있다. 어떤 내담자는 성 정체성과 관련 과거 전문가가 자신을 비웃고, 퇴짜 놓았던 경험이 있고, 지금도 이럴 것이라 예상하고 있기 때문에 자신의 성 정체성에 대해 전적으로 이야기하는 것을 꺼릴지도 모른다.

소수 민족 집단 출신의 사람에게 고려해야 할 또 하나의 차원은 문화적응, 즉 내담자가 지배 문화(자신과 세상에 대한 신념을 포함)에 적응하거나 본래의 문화에 머물러 있는 정도이다. 평가 전반에 걸쳐, 내담자가 보고하는 내용의 특이한 구체적 사항에도 귀를 기울이고 치료사 자신의 미리 생각한 신념에 의해 가려지지 않도록 하는 것은 여전히 중요하다.

인종/민족/소수집단의 지위에 관해서는 개방적인 것이 도움이 된다. "우리가 같이 치료 활동을 하기 위해서 당신의 인종이나 문화와 관련해서 제가 알아야 할 중요한 측면이 있습니까?" 또는 "당신이 제게 말해줄 종교적, 정신적 신념이 있습니까?"와 같은 질문은 치료사의 관심과 잠재적 존중을 보여줄 수 있다.

내담자가 자기 문제의 본질을 이해하는 것과 치료적 관계에서 기대하는 것은 치료사의 이해와 기대와는 다를 수 있다. 지금부터는 이러한 것을 어떻게 다룰지를 수정하는 방법에 대해서 생각해보자.

인지 · 행동치료의 수정 방법

치료적 관계의 강화

인지 · 행동치료의 독특한 특징 중 상당수가 서로 다른 문화와 배경의 내담자에게 쉽게 일반화될 수 있다는 것을 의미한다. 그리고 이것은 치료 관계가 좋게 유지될 수 있도록 해준다. 예를 들면, 인지·행동치료는 비—판단적 자세를 취하는 것을 목표로 한다. 여기에는 개인에 따라 치료를 제공한다는 것에 대한 강조가 있다. 이것은 자신의 문제에 대한 관점이나 지식이 존중받고 가치를 인정받는 협력적인 접근 방법이며, 내담자에게 힘을 실어주고 전이 기술을 갖추도록 하는 데 목표가 있다.

그러나 다양성을 다루는 데 있어서 치료사가 내담자에 대한 신뢰를 증명하는 것은 중요하다. 신뢰를 증명하는 방법 중 일부분은 내담자와 내담자의 문화, 하위문화에 대한 존중을 보여줌으로써 달성할 수 있다. 치료사가 무엇인가 제공할 것이 있다는 것을 입증하는 것 역시 유용할 수 있다. 이는 좋은 결과가 쉽게 기대될 수 있는 목표를 설정하고 치료 활동을 시작하는 것이 중요하다는 것을 의미할지 모른다.

내담자의 경험을 인정해주는 치료사는 내담자와 좋은 관계를 유지하도록 돕는다. 그렇지 않으면 소수 집단과의 치료 활동을 괴롭힐지도 모를 높은 수준의 중도 탈락을 감소시킬 수 있다(Hays & Iwamasa, 2006). 예컨대 민족성, 성생활, 신체적 장애 또는 다른 집단의 차이 등에서 발생하든 그렇지 않든 간에 차별에 대한 보고를 필연적으로 왜곡된 현상으로 깎아내리지 않는 것이 중요하다. 마찬가지로 집단 사이의 차이의 가치에 관한 순수한 호기심을 발전시켜 나감으로써 여러분은 다른 문화에 대한 존중을 나타낼 수 있으며 당신의 관계의 힘을 신장시킬 수 있을 것이다.

서로 다른 신념 체계 다루기

비록 인지·행동치료를 다른 문화 집단에도 적용할 수 있지만, 만족에 대한 근거는 없다. 접근에는 한계가 있다. 인지·행동치료는 치료사가 자신이 활동하는 기준 틀을 알고 있고 자신의 기본 신념에 대해 모르지 않는 한 판단을 기피한다. 예를 들면, 치료의 접근은 실증주의와 합리성에 근거를 둔다. 즉, 다른 집단의 세계관에 핵심일 수 있는 정신을 암묵적으로 평가절하할 수 있다. 그러나 자신과 세계에 관한 이상한 신념이 인지·행동치료 안에서는 우선순위를 갖기 때문에 인지·행동치료는 치료 활동을 위해 문화적 경계에 걸쳐서 이상적으로 배치되어야만 한다.

내담자와 치료사가 문제의 본질에 대해 서로 다른 신념을 갖고 있을 때 그 차이를 인정하는 것이 도움이 된다. 그리고 인지·행동치료 접근의 유용성을 증명하길 바라면서 가능하다면, 내담자의 모델과 더불어 인지·행동치료 모델을 적용하도록 한다.

고등교육을 받고 25년 동안 영국에서 산 어느 아시아 남성이 동기와 즐거움의 감소, 사회적 위축, 비활동성, 자신과 일에 대한 소홀함, 자기 비난, 절망감을 나타내고 있었다. 비록 그는 우울증으로 진단을 받았지만, 이러한 진단에 동의하지 않고 약도 복용하지 않으려고 했다. 그는 20년간 사랑에 빠진 아내가 지금 그의 곁을 떠났고 그래서 삶의 의미도 없고 동기도 없는 것이 문제라고 믿었다. 문제에 대한 이러한 이해는 그의 삼촌과 친구들에 의해 공유되었고, 실제로 문화적으로는 수용되는 것으로 보였다.

새로운 파트너를 찾을 가능성을 높이기 위해 사회적 활동을 증가시키기 위해 노력하고 일상생활의 기쁨과 즐거움에 대해 노력하기로 치료사와 동의했다. 치료사는 인지 · 행동치료 기간에 이러한 접근은 내담자의 기분과 동기의 수준을 고양시켜 줄 것이라고 설명했다. 그의 사회적 활동이 향상되자, 전반적인 활동 수준이 향상되었다. 자신을 위한 행동을 착수하지 못할 것이라는 부정적 자동적 사고를 확인하는 데도 시간이 투자되었고 내담자는 기분이 좋아졌다고 보고했다. 치료사가 내담자의 이론에 의심을 품지 않고 믿어주는 것은 중요하다. 그리고 잘 개발된 인지 · 행동치료 전략을 사용하여 그것의 효과성을 입증하도록 노력하는 것이 중요하다.

이와 비슷하게, 신체화를 호소하는 내담자에게는 다음의 두 단계 전략을 채택하는 것이 유용하다. 먼저 첫 번째 단계에서의 초점은 신체적 증상을 제시하는 데 있다. 문제의 본질을 명확하게 이해할 때, 인지 · 행동치료에서 친숙한 다른 세 개의 체계, 즉 감정, 인지, 행동과 신체적 통증을 연결시키는 두 번째 단계로 치료사는 넘어갈 수 있다. Naeem, Phiri, Rathod, Kingdon(2010)은 두통이 있는 여성을 상대로 이러한 접근을 시도한 사례를 기술하였다. 일단 처음 두 번의 회기에서 치료사는 자신이 두통의 본질을 이해하고 있다는 사실을 분명히 하였다. 그런 다음 두통의 본질을 두통과 연관될 수 있는 감정적, 신체적 변화와 연결시켰다. 그리고 가령 이완기법을 사용하면서 어떻게 그것이 다뤄질 수 있는지와 연결시켰다.

문제의 본질에 대한 신념의 있어서의 차이 외에 치료적 과정과 치료적 관계에 관한 신념도 똑같이 차이를 인정하는 것이 중요할 수 있다. 예를 들어, '양자택일 또는 완벽주의'와 같은 일부 인지적 편견은 내담자에게 익숙하지 않을 수 있다는 것을 인식해야 한다. 여느 때처럼 여러분이 이치에 맞는 행동을 하는지, 여러분이 하는 행동이 내담자의 경험에 부합되는지 여부를 내담자와 함께 확인해야 한다.

일부 사람들은 치료적 관계의 협력적 특성이 예기치 않은 일이고 달갑지 않은 일이라고 생각할 수 있다. 그리고 전문가로서의 치료사를 기대(선호)할지 모른다. (지각된 권위자로서의) 치료사에게 질문을 하거나 도전적인 것은 일부 문화 집단에서는 받아들일 수 없을지 모른다. 당신이 피드백을 받으려고 시도할 때 특별히 주의해야 할 필요가 있을지 모르고, 개념화나 과제가 적절한지 확인할 필요가 있을지 모른다. 이런 경우 가령 "오늘 유익했다고 생각하는 점은 무엇인가요?", "조금 더 초점을 맞추고 싶은 점이 있나요?"와 같이 치료사에 대한 비난을 내포하지 않는 긍정적인 질문을 해야 한다. 보다 일반적인 점은 치료적 관계에 있어서의 어떠한 불화라도 찾아내는 것이 중요하고 치료적 과정에 관한 신념이 연루되어 있을지도 모른다는 것을 명심해야 한다는 점이다.

실제적 어려움

보다 구체적인 수준에서, 심리치료의 효과를 방해할 수 있는 많은 실제적 어려움이 있다. 이러한 어려움에는 언어나 문해에 관련된 것과, 비언어적 사회적 행동과 통역의 필요성과 관련된 것도 포함된다.

인지 · 행동치료가 경험의 의미를 풀어내는 작업에 과도하게 의존하기 때문에 내담자와 치료사 사이의 언어가 다르고 경험과 언어와의 관련성이 다르다고 해서 오해를 불러일으키지 않는다는 것은 매우 중요하다. 개념들이 서로 관계하는 방식은 언어마다 차이가 있다. 어떤 개념을 직접적으로 번역하는 것은 불가능할지 모른다. 예를 들면, 그리스 언어에는 사랑을 가리키는 3가지 단어(육체적 사랑, 전우애, 무조건적 사랑)가 있는데 영어에서는 세분화된 구분이 별로 없다(Iwamasa, Hsia & Hays, 2006). 따라서 내담자가 말한 것을 당신이 이해한 것과 같은지 내담자에게 확인하는 것은 특별히 중요하다. 내담자가 말한 것을 요약할 때, 내담자 자신의 언어 사용의 선호는 서로 다른 문화 상호 간의 치료 활동에 있어서 특별히 의미가 있다.

신중하게 생각해야겠지만, 때때로 치료 회기에 통역사를 개입시키는 것이 필요할지도 모른다.

Ana는 입술 읽기는 그럭저럭 하지만 치료 중 '말을 대충 이해하는 것' 이상을 원해서 통역사를 구하기 위한 자금모금을 했다. 그녀의 치료사는 좋은 아이디어라고 생각했다. 치료사는 Ana를 격려하며 기꺼이 회기에 다른 사람을 수용하겠다고 말했다. 치료사는 이러한 통역지원이 필요한 전부인 것이라고 생각했다. 놀라울 만큼 빠르게 치료의 질이 떨어졌다. 왜냐하면 치료사가 Ana와 함께 통역사가 필요한 의미에 관해 의견을 나누는 데 충분한 시간을 사용하지 못했기 때문이다. 통상적으로 한 명이 아닌 두 명의 통역사가 있어야 한다는 것(이것은 또한 사무실을 불편하게 만들었다.)과 통역사들은 Ana에게 헌신적이지 않았고 때때로 변경되기도 했다는 사실을 그리고 치료사와 Ana는 심리적 브리핑을 가질 시간이 별로 없어서 일부 개념을 이해하고 공유하느라 분투해야만 했고, 때때로는 회기의 내용에 역력히 화가 나기도 했는데 치료사가 이 모든 것을 알았을 때는 이미 너무 늦었다. 치료사는 추가 시간이 필요하다는 것을 실제적으로 고려하지 못했다. 왜냐하면 수어는 언어적으로도 또는 그 반대로도 반복될 필요가 있기 때문이었다. 치료사는 자신이 말할 때 Ana를 쳐다보는 것을 반복해서 잊었다. 대신 통역사를 향해 말했고, 그러면 통역사는 치료사에게 Ana를 향해 말하라고 다시 지시해야 했기에 어색함을 느꼈다. Ana가 치료 서비스를 이용하는 데 있어서의 어려움을 훌륭하고 간단하게 해결해줄 것 같은 방법이 결국은 형편없는 결과를 초래하고 말았다.

이와 같은 함정에 빠지기 쉽다. Ardenne와 Farmer(2009)는 이러한 함정을 통해 우리를 안내해주는 방법으로서 통역사를 통해 치료 활동을 하는 사람이라면 다음의 사항을 확실히 할 것을 권고했다.

- 통역사는 치료사와 내담자 사이의 심리적 접점을 제공할 수 있을 정도로 충분히 심리학적 마인드를 갖춰야 한다.
- 가령, 치료사가 말한 내용에 대한 보다 상세한 번역과는 반대로 요약하기는 적절하지 않다는 것을 분명하게 하도록 인지·행동치료 활동에서의 최소한의 훈련 기회가 있어야 한다.
- 대리의 외상/절망으로부터 통역사를 보호해야 한다.
- 내담자에 대한 통역사의 수용성, 내담자의 언어를 사용하는 사람이 지역적으로 거의 없는 경우 쟁점이 될 수 있다. 특히, 가족 구성원이나 내담자의 지역사회에 잘 알려진 사람이 통역사로서 제공될 경우는 수용성을 확립하기 위해 각별한 주의가 필요하다.
- 통역사는 비밀유지의 중요성에 대해 이해해야 한다.

어떤 집단에서는 읽기나 쓰기 기술이 잘 발달되지 않을 수 있다. 그래서 창의적이어야 한다. 읽기의 경우, 가능한 번역물이나 음성 기록물을 많이 사용한다. 휴대 전화나 디지털 녹음기가 인지나 회기를 기록하기 위해 사용될 수 있다. 어떤 문화에서는 수를 세는 데 흔히 구슬이나 계수기를 사용한다. 그리고 예를 들면, 침투적 사고를 관찰하는 데에는 뜨개질 코 카운터나 골프 샷 카운터보다 구슬이나 계수기가 더 친숙할 수 있다. 내담자가 여러분보다 새로운 테크놀로지에 더 친숙할지도 모른다. 따라서 최첨단 전략을 제안하는 것을 꺼려하지 않아도 된다. 다만 측정 도구나 숙제 보조 도구를 고안할 때 내담자에게 도움을 요청하면 된다.

비언어적 행동과 사회적 행동도 집단 사이에 차이가 있다. 하나의 문화 집단과 빈번하게 치료 활동을 한다면, 전형적인 행동에 익숙해질 만한 가치가 있을 것이다. 가령, 웃음도 서로 다른 집단에서 매우 다른 의미를 가질 수 있다.

이 장의 후반부에서는 서로 다른 소수 민족 집단에 관한 구체적인 정보를 제공해주는 보다 상세한 자료를 읽을 것을 제안하고 있다. 그러나 가장 중요한 정보의 원천은 아마도 치료사가 사는 지역사회 안에 있을 것이다.

지금부터는 인지·행동치료의 경계에 관한 쟁점에 대해 생각해보기로 한다.

경계에 관한 쟁점

고의적인 비행과 모든 유혹, 특히 여성과 남성과의 사랑의 즐거움을 삼가겠습니다.
– 히포크라테스 선서

치료사와 내담자 사이의 관계는 다른 사회적 관계하고는 다르다. 그리고 다른 치료에서 그러는 것처럼 인지·행동치료에서도 경계에 관한 쟁점은 주의 깊고 신중한 사고를 요구한다. 치료의 경계는 치료사와 내담자의 적절한 역할에 관한 틀을 제공하고 가령, 치료사와 내담자 사이의 치료에서 어떤 일이 일어났는가에 관한 것뿐만 아니라 어디서, 언제, 그리고 어떤 비용에서 발생했는지 구조적 요소도 포함하고 있다. 모든 치료사가 직면하는 보편적인 주요 지배 원칙은 다음과 같다.

- 내담자의 요구는 반드시 우선시되어야 한다.
- 치료사의 요구에 대한 만족(전문가로서의 만족도 그 이상)은 치료 장면에서 고려되지 않는다.

치료적 경계는 내담자와 아래의 사항을 할 수 있는 방식으로 정해져야 한다.
- 안전하게 느낀다.
- 치료사가 내담자의 이익에 따라 행동할 것이라고 확신한다.
- 심층적인 개인적 의미의 소재를 거리낌 없이 공개한다.
- 자신이 치료사를 이해한다고 확신한다.

또한 수락된 의뢰의 유형에 대한 분별 있는 정책이 있고, 평가는 위험에 대한 고려를 포함하고, 임상 사무실/치료실의 물리적 위치나 배열이 안전을 담보할 수 있다는 것을 확실히 함으로써 치료사도 역시 안전함을 느껴야 한다.

인지·행동치료 안에서 적절한 경계를 위한 아래의 지침은 유용할 수 있다.
- 자기 추구, 개인적 만족을 삼간다.
- 내담자나 다른 사람의 안전에 대한 심각한 위험과 관련되지 않는다면 비밀유지를 한다.
- 내담자에 대한 경계 위반의 영향력을 평가한다. '선물은 절대 받지 않는다.'와 같은 절대적인 규칙을 채택하기보다는 그러한 행동이 내담자와 치료적 관계에 미칠 영향을 고려한다.

내담자로부터 수제 처트니 항아리 선물을 받는 것은 치료사를 가족의 일원으로 간주하려는 추가적인 시도가 이루어질 것임을 의미한다. 다른 한편으로는 내담자가 마침내 자신을 치료 관계에 있어서 동등한 개별적인 성인으로 보기 시작했다는 것을 의미할지 모른다.

- 내담자에게 해를 끼칠 위험을 최소화할 수 있는 경계에 관한 선택을 해야 한다. 이 말은 통상적인 임상적 관행을 벗어나는 경우는 오직 그것이 내담자에게 분명히 이익이 되는 경우여야만 한다는 것을 의미한다.

사회 불안 장애가 있는 남성을 데리고 어느 커피숍에서 행동실험(BE)을 실시했다. 실험의 일부는 커피가 너무 식었다는 불만을 하는 것이었다. 처음에는 치료사가 그 과제를 했다. 그리고 실험의 일부로서 내담자에게 자신이 얼마나 수줍고 불안했는지 공개해야만 했다. 비록 그것이 감정의 공개에 관해 보다 일상적인 경계를 넘어서는 일이긴 하지만 그것은 확실히 내담자의 이익을 위해서였다.

- 치료의 목표나 개념화와 관련 있는 것 외에 내담자 생활의 측면에 관한 의견은 표현하지 않는다. 그렇지 않으면 간섭하게 된다. 만일 내담자가 공황 발작에 대해 도움을 찾는다면, 내담자가 자신의 아들이 다니는 학교에서 아들의 빈번한 결석을 어떻게 처리하는지에 대해 이야기할 때, 그것이 공황 발작과 관련이 없다면 조언이나 의견을 주지 말고 비슷한 경험을 공유하지 말도록 해야 한다는 것을 명심해야 한다.
- 내담자의 독립성과 자율성을 증진하도록 시킨다. 그렇게 해서 탐색할 자유를 증진시키고 자신에게 이용 가능한 선택을 증가시킨다.

─── 치료의 경계 유지하기 ───

치료적 관계는 인지·행동치료가 상대적으로 협력적인 모습임에도 불구하고 치료사에게 권한을 부여하는 등 많은 면에서 상호적이지 않다. 이러한 비상호성은 다음을 포함한다.
- 내담자에 의한 광범위한 자기 공개에 비해 치료사는 중요한 자료를 거의 공개하지 않음.
- 치료사의 감정적 요구의 철저한 배제와 대조되는 내담자의 감정적 궁핍.
- 고통을 줄이고 건강을 회복할 수 있도록 많은 사회에서 치료사에게 부여한 권한.

결정적으로, 적절한 경계를 유지하는 것은 치료사의 책임이다. 위반에 대해 내담자를 탓하는 것은 결코 합리적이지 않다. 경계의 유지는 내담자가 어떤 행동을 하든 간에 절대적으로 여러분의 책임이다. 따라서 경계에 대해 우려가 된다면, 충분한 수퍼비전을 찾고 도움을 구하는 것이 치료사의 의무이다. 드문 경우지만(가령 내담자가 반사회적 인격 장애인 경우) 내담자가 코치와 격려를 받아가면서까지도 합리적인 경계를 유지할 수 없다면 치료를 종결할 필요가 있을지 모른다.

비록 치료사와 내담자 권한의 차등이 일반적으로는 인정되긴 하지만, 일부 치료사는 내담자에 의해 착취당한다는 느낌을 받는다. 한 예로, Smith와 Fitzpatrick(1995)은 치료사와 외부에서 접촉하는 것을 절차화해서 '특별한' 관계를 형성하는 중증의 인격 장애 또는 경계성 인격 장애를 갖고 있는 내담자에 대해 보고하였다. 어떤 치료사는 자신들을 명백한 경계 위반으로 '몰아세우는 것'에 대해 내담자를 비난한다. 치료사는 자신이 내담자에게 지나치게 관여하고 있다거나 내담자에 의해 조롱당한다는 느낌을 받고 있다고 생각할지 모른다. 하지만 여러분은 이를 경계해야 하며, 이러한 상황에 대해 내담자는 물론 다른 전문가와 상의할 수 있도록 준비되어 있어야 한다.

때때로 전이 관계의 본질은 내담자가 해결되지 않은 갈등에서 발생한 요구의 실현을 추구하려는 것을 의미한다. 그러므로 경계는 치료사에 의해 엄격하게 적용되고 유지되어야 한다고 주장된다. 이러한 심리 분석적 의미에서의 전이는 인지·행동치료 이론의 영역은 아니다. 그래서 (지금 이 절과 아래의 절에서 논의한 바와 같이) 일부 어떤 경계는 중요하지만, 확고한 경계를 고수하는 것이 치료의 모든 측면에서 필요한 것은 아니다. 가령, 내담자가 어떤 이유로 해서 회기를 연기해야만 한다면, 이러한 요청은 대개 받아들여질 것이다. 하지만 특별한 다른 설명 없이 치료의 연기 요청이 반복된다면 그때는 저항이 아닌가 생각해봐야 한다.

효과적인 인지·행동치료는 여러분이 내담자의 집에 가능하다면 불시에 방문할 필요가 있다는 것을 의도할지도 모른다. 예를 들면, 하루의 시작을 방해하는 강박적인 의례를 갖고 있는 한 남성은 최우선적으로 아침에 방문하는 것이 필요할지 모른다. 이것을 가볍게 받아들이지 마라. 치료사의 행동에 오해 가능성을 줄이기 위한 안전장치를 마련해야 할지 생각해야 한다. 가령 조력자와 함께 방문한다거나 회기의 구성에 친척을 포함시키는 것이다.

치료사는, 예를 들어 행동실험(BE)을 위해 내담자를 데리고 다양한 일상의 영역을 갈 수도 있다. 만일 진행 중인 과제에 적절하다면, 개인적 감정을 드러낼 수도 있다.

> 사회 불안 장애가 있는 남성은 특히 밝은 조명의 카페나 바에서 심하게 땀을 흘리는 것에 대한 공포가 있었다. 치료사는 밝은 카페에서 두 차례의 치료 회기를 준비했다. 치료사는 마치 땀이 심하게 나는 것처럼 자신의 얼굴, 등, 겨드랑이를 물로 적셨다. 불안해하는 남성이 옆에 앉아 치료사에 대한 종업원과 다른 사람의 반응을 관찰했다. 그런 다음 내담자는 치료사에게 지금 머릿속에 무슨 생각이 드는지 그 상황에서 기분은 어땠는지 물었다.

시간을 들여 어떤 요인이 검증을 받는 것인지, 실험이 어떻게 수행될 것인지 등에 관해 동의하면서 이와 같은 회기의 목적을 분명하게 하는 것이 도움이 된다(9장 참고). 이러한 과정은 기술적으로 좋은 감각을 유지하게 해준다. 이러한 실험은 특별한 목적을 갖고 있는 치료 회기이지 사회적 이벤트가 아니라는 것을 분명히 하면서 회기의 경계를 정한다. 특히 만일 치료사와의 접촉이 주중의 유일한 사회적 이벤트라면, 이런 내담자의 경우에는 이러한 회기의 경계에 대해 이해하기 힘들 수 있다.

> 강박 장애가 있는 한 여성은 인도의 사람을 차도로 밀쳐낼지 모른다는 자신의 공포감에 대한 노출 및 반응 방지의 효과를 검증하는 것이 어렵다는 것을 알았다. 따라서 치료사와 내담자는 자동차로 붐비고 사람이 많은 거리를 오랫동안 걷는 회기를 두 차례 가졌다. 비록 길을 걸으면서 그녀가 해야만 할 특정한 '과제'를 계획하고 인도의 끝자락에서 행인을 지나치며 걸으면서 그녀의 고통 수준의 변화에 대해 이야기를 나눴음에도 불구하고, 구체적으로 문제를 다루지 않을 때까지 상당한 오랜 기간이 걸렸다. 그런 다음 치료사는 연중 기념일과 같이 비감정적이고 상대적으로 사적이지 않은 성질을 갖고 있는 일반적 주제에 관해 이야기를 나눴다. 그러면서도 계속해서 노출의 본질과 그것이 내담자에 미칠 수 있는 영향을 염두에 두고 있었다.

끝으로, 치료사가 기관에 강제 입원하는 일에 관여하고 있다면, 인지·행동치료의 개방적, 협력적 스타일은 절충될 수 있다. 위기가 해소되기 전이든 이후든, 강제 입원과 관련 그것이 내담자에게 어떤 의미인지, 연관된 오해는 없는지 등을 포함하여 공개적으로 내담자와 토론한다면, 영향은 최소화될 수 있다.

경계 위반의 종류

비록 경계 위반이 연속체 개념이긴 하지만, 경계로부터 조금이라도 벗어나는 것은 이 장의 앞부분에서 묘사한 원칙을 인식하는 가운데 행해져야 한다. 구체적으로 고려해야 할 가치가 있는 특별한 종류의 위반, 즉 이중 관계, 자기 개방, 비성적 신체접촉, 성관계가 있는데, 자세한 설명은 아래에 제시되어 있다.

이중 관계는 치료사와 내담자가 치료적 관계 이외에 또 다른 관계에 있는 것을 의미한다. 예를 들면, 똑같이 학교 관계자인 것이다. 비록 치료사는 그런 이중 관계에 대하여 보통은 충고를 받지만, 가끔은 그런 상황을 피하기 어렵다. 가령, 치료사가 시골이나 학문 공동체와 같은 작은 지역사회에 산다면 기존의 관계를 형성해온 모든 사람에 대해 치료하는 것을 금지하는 것은 그들이 치료에 대한 접근을 하지 못하게 하는 것일 수 있다. 이와 비슷하게 치료사가 정치적, 종교적, 민족적, 성적 정체성과 관련 있는 집단에 관여하고 있다면, 그런데 이때 사람들이 자신과 비슷한 가치관을 갖고 있는 치료사를 찾으려고 한다면 이중 관계는 피할 수 없을 것이다. 게다가 이중 관계를 금지하고 있는 윤리 강령에도 불구하고, 가령 내담자의 특별한 행사에 초대를 받는 것은 흔하다.

이중 관계를 내담자 혹은 치료사에게 유해한 수준에서 무해한 수준으로 세분화하는 것이 가능할 수도 있다. Gottlieb(1993)은 치료사는 권한, 지속기간 그리고 다른 관계가 한정된 종결을 계획하고 있는지 여부의 3가지 차원에 따라 다른 관계(비치료적 관계)를 고려해야 하는데, 이때 3가지 영역 중 어느 하나에 대한 가치를 강화시키는 내담자의 위험성을 염두에 두어야 한다고 주장했다. 여러분은 이중적 관계에 들어가기 전에 이러한 요인에 유의해야만 한다.

> 치료사는 현재 맡고 있는 내담자가 합창단에 있다는 사실을 알면서도 작은 마을에 있는 유일한 합창단에 가입하기로 결심했다. 이는 내담자가 치료사를 친구로 생각할 수 있다는 것이며, 어쩌면 치료사의 남편이 내담자를 차로 데려다줄 수도 있고, 연습하기로 계획되어 있는 10주간 우연히 상호작용할 기회가 있다는 것을 의미한다. 선택할 수 있는 다른 합창단이 없다는 점과 치료사가 음악 애호가라는 사실을 고려할 때, 이러한 행위가 납득될 수 있다고 생각된다. 가령, 만약 내담자가 지휘자라면 역할이 역전된 것이 논쟁이 될 수도 있는 만큼, 내담자와 같은 합창단에 가입한다는 것은 아마도 받아들여지지 않았을 것이다.

자기 개방은 정신 역동적 치료나 상담에서는 거의 언제나 부적절한 것으로 간주된다. 그러나 인지·행동치료 안에서는 다소 덜 엄격한 측면이 있다. 자기 개방은 내담자의 이익을 염두에 두고 이루어질 경우 유용할 수 있다. 예를 들면, 치료사는 내담자가 향상에 대한 희망과 제안된 방법에 대한 자신감을 증가시키기 위해 지금은 극복한 치료사 자신의 과거의 문제에 대한 정보를 공개할 수 있다. Beck 등(1979)은 좀 더 중증인 우울증 환자를 대상으로 자기 개방을 사용하는 것은 치료의 참여를 촉진할 수 있기 때문에 적절할 수 있다고 주장했다. 심리적, 재정적, 사회적 또는 성적인 문제이든 간에 현재의 문제를 내담자에게 기술하는 것은 아마도 결코 도움이 되지 않을 수 있다. 내담자는 치료의 초점은 자기 자신의 문제에 맞춰져야 한다고 당연하게 기대할 수 있기 때문이다.

만약 상황이 치료 서비스의 전달에 영향을 미칠 것 같다면, 때때로 내담자에게 개인적 사항을 공개하는 것이 필요하기도 하다(예: 치료사 또는 치료사 가족의 질병, 임신 사실). 그러나 이러한 유형의 판단은 보이는 것처럼 명확하지 않다. 만일 그러한 정보를 공유하는 것에 관해 우려가 있다면, 수퍼비전을 이용할 수 있다.

20대의 젊은 여성이 정서적 학대를 한 어머니를 용서할지 말지를 논의하고 있었다. 치료사는 최근 어머니를 여의었고, 자신의 어머니와 가졌던 친밀하고 서로 지지해주던 관계에 대해 애도하고 있었다. 회기 과정에서, 내담자가 치료사에게 "당신은 내가 우리 엄마한테 다가서기를 원한다고 저는 느꼈어요."라고 말했다. 그리고 치료사는 내담자가 그러한 친밀감을 스스로 성취하도록 하는 데 있어서 지나치게 감정적 개입을 한 사실을 알아차렸다. 수퍼비전은 치료사 자신의 문제가 해결되지 않았기 때문에 자기 공개는 내담자에게 도움이 되지 않는다고 확인했다.

　　비성적 신체적 접촉은 고통받거나 두려워하는 내담자에게 용기를 북돋아줄 목적으로 가볍게 토닥거려주곤 하는 일부 치료사에게는 편하게 느껴질지 모른다. 하지만 그들은 이러한 접촉을 자신과 동일한 성별의 내담자에 한해 한정한다. 그러나 이러한 행위에 대해 내담자가 오해할 가능성을 결코 과소평가해서는 안 된다. 통상적인 실행에서 벗어나는 일은 일상적으로 발생해서는 안 된다. 언제나 내담자의 개념화를 인식하고 유념해야 한다. 예를 들어, 팔에 손을 대는 행위는 과거 학대경험을 갖고 있어서 사람들과 일정 거리를 두는 것을 규칙으로 하고 있는 누군가에게는 깜짝 놀라게 하는 일일 수 있다. 반면에 가벼운 토닥거림이라도 특히 무조건적인 따뜻함과 공감을 보여주는 다른 사람과의 신체적 친밀감을 갈망하고 있는 내담자에 의해서 성적인 접촉으로 오해될 수 있다. 이러한 문제를 다루는 유용한 방법은 내담자가 차분할 때를 찾아 내담자가 매우 힘들어 할 때 치료사인 자신이 어떻게 반응해주는 것이 좋은지 물어보는 것이다. 예를 들면, "전에 우리가 이야기 나눌 때 매우 힘들어 하시는 것 같더군요. 그와 같을 때 제가 어떻게 도움을 드릴 수 있을지 궁금하네요."라고 말할 수 있다. 어떤 사람은 감정을 단순하게 표현하는 것을 좋아하고 스스로 감정을 다루는 것을 좋아한다. 다른 사람들은 손이나 팔을 토닥거려주는 것이 위안이 된다고 생각할지 모른다. 비록 나는 치료사로서는 하지 않는 행위이긴 하지만 어떤 사람은 안아달라고 요청하기도 한다. "당신이 제가 어떻게 반응해주기를 원하는지 우리 이야기 나눌까요? 제가 반응했으면 하는 특별한 방식이 있나요?"라고 물을 수 있다.

　　분명히 이러한 대화는 치료사 자신의 치료적 관계에 있어서 적당하다고 느끼는 경우에 한해 국한되어야 한다.

　　Pope, Tabachnick, Keith-Spiegel(1987)은 치료사와 내담자 사이의 신체적 접촉의 세 가지 유형을 살펴봤다. 그리고 포착할 수 있을 정도의 소수 치료사만이 각각의 신체 접촉에 대한 경험을 갖고 있는 것을 발견했다. 치료사에 대한 연구에 따르면, 가장 덜 받아들이기 어려운 것은 내담자와 악수를 하는 것이었다. 치료사의 76%가 시행하는 것으로 조사되었고 대체로 윤리적으로 수용 가능한 수준인 것으로 간주되었다. 안아주기는 어떤 상황에서는 44%의 치료사가 수용할 수 있다고 생각하는 것으로 나타났지만 일상적으로는 12%의 치료사가 실행하였다. 입맞춤에 대해서는 85%의 치료사가 수용할 수 없다거나 아주 드물게 수용된다고 했는데 조사 대상 치료사의 24%가 아주 드물게 시행하였고, 71%의 치료사는 전혀 시행하지 않는 것으로 나타났다.

성적 신체적 접촉과 비성적 신체적 접촉 사이의 특징은 연속체 개념의 범위에 들어간다. 양자택일의 성질의 것이 아니다. 여기에는 문화적 영향력이 관련 있다. 많은 유럽 문화와 남미 문화에서는 양 볼에 입맞춤하는 것이 관례적인 인사 양식이다. 그래서 심지어 치료 상황에서도 거의 성적인 의미로 해석되지 않는다. 입맞춤을 자제하는 것은 일부 내담자에게는 서먹서먹하거나 냉담하다고 비쳐질 수 있다. 바꿔 말하면, 치료사는 유연하고 감각적으로 경계를 설정해야지 금지된 행동에 대한 규칙을 단순히 적용할 수 없다.

치료사와 내담자 사이의 성적 관계는 치료적 관계에 대한 손상은 물론 취약한 개인에 관한 부정적 영향의 가능성이 있어 가장 해로운 유형의 경계 위반이다. 이러한 행동의 발생 빈도에 관한 자료를 얻는 것은 어렵다. 적어도 한 명의 내담자와 성적 관계를 한 치료사의 추정 수치는 1~12% 사이다. 그러나 치료사에게는 행동을 숨길 수 있는 설득력 있는 이유 때문에 이러한 수치는 과소평가된 것일 수 있다. 이러한 경계 위반의 내담자에게 미치는 해로운 효과에 관한 광범위한 문헌이 있다(Pope & Bouhautsos, 1986). 그리고 일부 저자들은 그런 경우 치료사는 강간 혐의로 고소되어야 한다고 주장한다. 왜냐하면 그런 관계 안에서 내담자는 사전 동의를 할 수 없기 때문이다.

내담자와 성적인 행동에 연루된 치료사는 갑자기 부적절한 행동으로 빠지기보다는 점진적으로 경계를 허무는 경향이 있다. 다른 어떤 경계 위반보다도 부적절한 자기 개방은 성적인 위반으로 진행되는 경향이 있다(Simon, 1991). 경계의 성적 관련 위반은 직업적으로 고립되어 있고 현재 종종 부부 문제를 포함한 개인적 문제를 겪고 있는 중년의 남성 치료사 사이에서 보다 흔한 것으로 보인다. 이들은 일반적으로 자신보다 젊은 여성 내담자와 자신의 문제를 상의함으로써 적절한 경계를 넘어서기 시작한다(Gabbard, 1991).

그러므로 어떠한 특별한 내담자와라도 경계에서 조금의 점진적인 변화를 알아차리는 것도 치료사의 몫이며 관계가 미미하게라도 변하는 것처럼 보인다면, 이 문제를 수퍼바이저에게 제기하는 것도 치료사의 책임이다. 내담자의 요구가 전형적인 치료적 관계와는 다른 관계를 통해서 가장 잘 충족될지 모른다. 그러나 이런 경우 수퍼바이저와 공개적으로 상의해야 한다. 그래야만 치료사의 동기를 어쩌면 오해할지 모를 내담자에 의해 혐의를 받는 것으로부터 치료사를 보호하는 동시에 있어날 수 있는 학대로부터 내담자를 보호할 수 있다. 또 하나의 현명한 규칙은 애매한 부분이 있는 상황에서는 위험을 무릅쓰느니 신중하게 처신하는 편이 아마도 내담자와 치료사 모두의 이익을 도모한다는 것이다.

요약

내담자와 치료사 사이의 좋은 치료적 동맹은 성공적인 인지 · 행동치료를 위한 필수 요소이다. 좋은 치료적 동맹 없이는 인지 · 행동치료의 복잡한 모델도 부적절할 수 있다. 다음의 원칙이 유용하다.

- 치료 초기에 좋은 관계를 확립하고 난 다음 치료를 통해 관계의 질을 인식한다. 치료사와 내담자 사이의 발전하는 문제에 주의를 기울인다.
- 치료적 관계는 문제를 다뤄볼 수 있는 실험실로 간주된다.
- 협력, 적극적 참여, 유도된 발견의 사용 등과 같은 인지 · 행동치료의 주요한 특징 중 상당수는 괜찮은 치료적 관계의 발전에 공헌한다.
- 인지 · 행동치료에서의 치료사의 역할은 내담자의 관점에 순수하게 호기심을 갖고, 존중하며, 내담자에게 열려있는 가능성의 범위를 넓혀주는 것을 목표로 하는 안내자가 되는 것이다.
- 다른 접근 방법에서도 좋은 치료의 전형을 보여주는 로저스 심리치료의 특성은 인지 · 행동치료에서도 똑같이 중요하다.
- 치료적 관계에 있어서 분열이 있다면, 이러한 분열은 인지 · 행동적 관점에서 해석되어야 하고 바로 – 지금의 차원에서 다뤄져야 한다. 만약 이것이 성공하지 못한다면, 분열은 보다 지속적인 특성으로서 다뤄져야 한다.
- 치료사 자신이 관계를 분열시키는 데 일조하는 것은 없는지 생각해야 한다.

문화적 배경이 다른 내담자를 대상으로 치료 활동을 할 때는

- 사건에 대한 치료사의 관점이 지배적 문화에 기초할 가능성이 있어서 다른 집단의 관점과는 다를 수 있다는 것을 기억해야 한다.
- 치료 대상이 속한 다른 집단에 대해서 알아본다.
- 당신의 신념에 관한 맹점은 무엇인지 인식해야 한다.
- 다음의 사항을 강조하면서 좋은 치료적 동맹을 맺고 발전시키는 데 초점을 맞춰야 한다.
  ◦ 내담자의 문화에 대한 존중을 보여준다.

∘ 차별로 인해 내담자가 직면할 수 있는 어려움을 인정한다.
　∘ 인종/소수자로서의 지위와 관련된 논쟁에 개방적이어야 한다.

문화적 배경이 다른 내담자와 인지적, 행동적으로 치료 활동을 하기 위해서는
• 인지 · 행동치료는 다른 신념의 체계에도 잘 적용할 수 있다는 점을 기억한다.
• 치료 초기에 다른 문화적 배경에 대한 믿음을 입증해야 한다.
• 내담자의 문제의 본질에 대한 신념에 있어서 차이가 있다면 인정해야 한다.
• 치료적 관계 및 인지적 과정에 대한 신념에 있어서 차이가 있을 수 있다는 점을 인식해
　야 한다.

예를 들어 언어나 문해에 있어서 실제적 어려움이 있을 수 있는데 이러한 어려움은 창의적
으로 다뤄질 필요가 있다.
　경계에 관한 논쟁은 인지 · 행동치료에서는 신중한 고려를 요구한다. 특히 임상적 접촉이
통상의 장소와 시간이 아닌 곳에서 이루어진다면 더욱 그러하다. 가장 중요한 원칙은 내담자
의 요구가 가장 중요하다는 것이다.
• 다음의 세 개의 구체적인 경계에 관한 이슈가 있다.
　∘ 이중 관계
　∘ 자기 개방
　∘ 신체적 접촉

경계에 관한 쟁점에 관해 우려된다면, 수퍼비전을 받아야 한다.

다음 학습 활동은 SAGE publishing 사이트(https://study.sagepub.com/kennerley3e.)에서 내려받기 할 수 있다.

복습과 성찰:

• 인지·행동치료에서의 치료적 관계에 대해 읽고 난 반응은 어떠했는가? 내용을 읽고 나서 놀랐는가 아니면 안심했는가?

• 당신이 다른 방법으로 치료 활동을 하고 있다면, 당신이 적용하는 다른 치료 모형과 비교했을 때 인지·행동치료와는 어떤 면에서 다른 방식으로 치료하고 있는가? 어떤 면에서 비슷한 점이 있는가? 어떤 면에서 변화하는 데 유용할 것 같은가?

• 만일 내담자와의 관계에서의 분열을 눈치챘다면, 당신 안의 어떤 심리적 또는 인지적 단서가 그러한 분열을 알아차리도록 했는가?

• 당신의 내담자의 다양성과 차이에 대해 충분히 반응하고 있다고 생각하는가? 만일 그렇지 않다면, 이것을 교정하기 위해 가장 먼저 무엇을 할 수 있는가?

한걸음 더:

• 예컨대 '잘 모르겠는데요.' 하는 식으로 빈번히 반응하며, 회기에 적극적으로 참여하지 않는 내담자를 찾아봐라. 명확하게 이러한 문제에 대해 이야기하지 않고 내담자에게 보다 적극적으로 하라고 권유하는 것과는 반대로 이것에 대해 직접적으로 언급하는 것을 찬반양론의 입장에서 생각해보라. 당신이 생각해 낸 찬성과 반성의 입장이 적절한지 아닌지 검증하기 위해 비적극성의 쟁점을 명백하게 따르도록 시도해라.

• 당신이 느끼기에 경계에 관한 문제가 있는 내담자를 찾아봐라. 경계가 지켜지지 않는 방식과 그리고 보다 전형적인 경계를 유지하는 데 있어서의 어려움에 기여한 요인에 대해 성찰해보자. 이것을 수퍼비전 때 상의하라.

• 당신과 다른 문화적 배경이 다른 내담자를 상대로 치료 활동을 할 때, 당신의 개념화는 내담자의 내부 세계를 진실로 반영해야 하고 당신이 갖고 있을지 모를 선입관에 의해 편향되지 않게 해야 한다.

• 이 장의 내용이 당신에게 있어 문제제기를 한다면, 그러한 문제를 수퍼바이저와 논의해라.

보충 읽기 자료

Beck, A.T., Rush, A.J., Shwa, B.F., & Emery, G. (1979). *Cognitive therapy of depression*. New York: Guilford press.
이 고전적인 책은 저자의 말에 따르면 효과적인 치료를 촉진시켜주는 치료적 관계의 방식을 명확하게 기술하고 있다.

Gilbert, P., & Leahy, R.(Eds.).(2007). *The therapeutic relationship in the cognitive behavioural psychotherapies*. Hove: Routledge.
치료적 관계에 관한 인지 · 행동치료의 관점을 가장 광범위하게 수집한 책이다.

Hays, P.A., & Iwamasa, G.Y.(Eds.). (2006). *Culturally responsive cognitive behaviour therapy: assessment, practice and supervision*. Washington, DC: American Psychological Association.
이 책은 서로 다른 문화적 집단을 대상으로 치료 활동은 하는 것에 관한 상세한 조언을 소개하고 있다. 전부 미국 사례이긴 하지만 차이의 차원에 관한 감각을 익히는 데 도움을 준다.

Safran, J.D., & Segal, Z.V. (1990). *Interpersonal process in cognitive therapy*. New York: Basic Books
치료적 관계에서의 어려움을 다루는 것에 관한 재미있는 아이디어를 소개하고 있는 흥미로운 책이다.

Padesky, C.A., & Greenberger, D. (1995). *Clinician's guide to mind over mood*. New York: Guilford Press.
이 책은 다른 유형의 소수 집단과의 치료 활동에 관한 구체적인 아이디어를 제공한다.

El-Leithy, S.(2014). Working with diversity in CBT. In A. Wittington & N. Grey(Eds.), *How to become a more effective CBT therapist: mastering metacompetence in clinical practice*. Chichester: Wiley.
이 책은 인지 · 행동치료에서 다양성을 다루는 것에 관한 최신의 관점을 제공해주는 훌륭한 내용을 담고 있으며, 몇 가지 매우 유용한 자료를 제공한다.

인지 · 행동치료 개론

동영상 자료

- 3.1 치료 장면 설정하고 내담자 참여시키기
- 3.2 치료적 관계에서의 문제의 징후 다루기
- 3.3 치료사의 딜레마 제시하기 – 간단한 문제(ⅰ)
- 3.4 치료사의 딜레마 제시하기 – 보다 복잡한 문제(ⅱ)

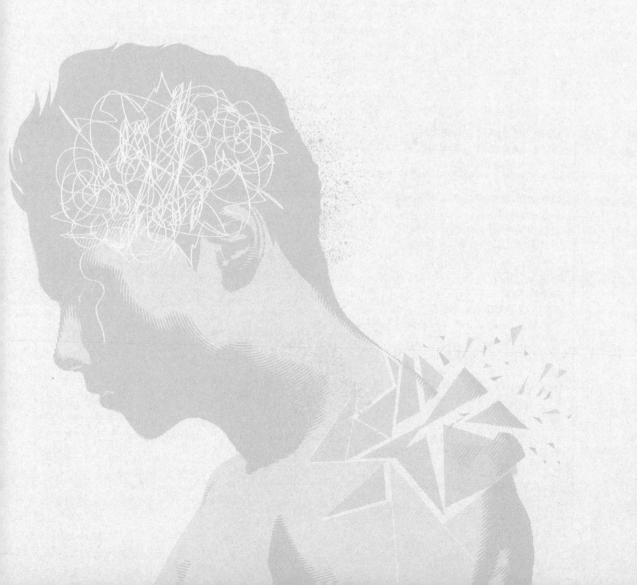

04

평가와 개념화

도 입

인지·행동치료를 성공적으로 활용하는 데 있어서의 핵심은 개념화 formulation(때때로 사례 개념화로 알려진)*를 개발하는 것이다. 즉, 개인의 문제를 이해하고 설명하는 데 도움을 주는 개별화된 그림이다. 이 장은 개념화의 역할, 개념화를 개발하는 데 사용되는 평가의 과정, 개념화를 구성하는 방법 그리고 이러한 치료 국면에서의 흔한 몇 가지 함정에 대해 기술하고 있다.

인지·행동치료에서의 개념화

정의와 접근 방법은 다르다. 개념화를 고안하는 단 하나의 '정확한' 방법은 없다(Persons, 1989; Bruch & Bond, 1998; Butler, 1998; Kuyken, Padesky & Dudley, 2009 참고). 그러나 대부분의 접근 방법은 공통의 특징을 공유하고 있다(Bieling & Kuyken, 2003).

인지·행동치료의 개념화에 대한 우리의 효과적인 정의는 인지·행동치료의 개념화가 다음의 사항을 개발하기 위해 인지·행동치료 모델을 사용한다는 것이다.

- 현재 문제(들)에 대한 묘사
- 왜, 어떻게 이러한 문제들이 나타났는지에 대한 설명
- 문제를 지속시키는 것으로 가정되는 핵심적인 유지 과정에 대한 분석

개념화를 만드는 것은 아래와 같은 많은 이점이 있다.

- 개념화는 내담자와 치료사 모두가 문제를 이해할 수 있도록 해서 서로 연관성이 없는 증상들의 불가해한 집합으로 보이던 문제를 무질서의 혼동에서 납득될 만한 수준으로 정리해준다. 이 과정은 초기 진술과정에서 내담자에게 흔히 나타나는 사기저하와 싸우기 시작할 수 있다(그리고 어렵고 복잡한 문제를 직면할 때, 때때로 치료사에게도 사기저하는 나타난다.).
- 개념화는 문제의 발단과 유지에 관한 인지·행동치료의 이론과 개별적인 내담자의 경험 사이의 가교 역할을 한다. 개념화는 '바퀴를 굴대에 고정시켜주는 것처럼 이론과 실제를 함께 붙들어준다'(Butler, 1998). 인지·행동치료의 이론은 일반적인 수준에서 고정된다. 즉, 인지·행동치료의 이론은 공황 발작, 또는 우울증 등을 갖고 있는 전형적인 내담자를 묘사하고, 각각의 장애와 관련된 과정을 일반적인 용어로 기술한다. 그리고 다소 추상적

---

* 역자 주: 개념화 혹은 사례 개념화(case conceptulation)는 사례 공식화(case formulation)라고도 한다. 심리상담에서 상담자의 이론과 경험, 심리검사, 관찰 등을 통해서 문제의 원인과 해결에 대한 가설을 세우는 것인데 본서에서의 개념화 혹은 공식화는 좀 더 포괄적인 개념으로 이해해야 할 것 같다.

인 수준에서 기술하기도 하는데 이는 과학적 이론에 적절한 것이다. 그러나 이러한 원리를 임상 상황에서의 개별 내담자에게 적용하기 위해서는 이러한 일반화로부터 우리 앞에 있는 바로 이 사람의 특정한 경험으로 이동할 필요가 있다. 개념화의 중요한 기능 중 하나는 바로 이러한 간극의 가교 역할을 한다는 것이다.

- 개념화는 치료사가 따라야 할 공유된 합리적 근거나 지침을 제공한다. 만약 우리가 문제를 일으키고 유지시키는 과정을 합리적으로 이해한다면, 문제를 극복하기 위해 어떤 치료가 도움이 될지 쉽게 찾을 수 있다. 그러므로 훌륭한 개념화는 적어도 광범위한 관점에서 어떤 치료를 해야 할 필요가 있을지 확립하는 것과 특별한 전략이 왜 유용한지 내담자가 이해하기 쉽게 해준다.

- 개념화는 내담자에게 자신의 증상을 이해하는 다른 방법을 제시함으로써 새로운 사고방식을 여는 과정(인지·행동치료의 핵심이기도 한)을 시작한다. 많은 사람이 자신의 문제를 위협적이라고 또는 자기비판적인 것으로 또는 이 둘 다일 수도 있는 것으로 바라보며 초기 상담에 온다. 가령, 강박 장애의 경우, 자신이 기분 나쁜 생각을 갖고 있다는 사실을 자신이 사악하거나 비도덕적임이 틀림없다는 것을 의미하는 것으로 종종 판단한다. 또는 건강 염려의 경우 신체적 증상을 자신이 심각하게 아프다는 것을 가리키는 것으로 바라볼 수 있다. 개념화를 구성하는 과정은 증상에 관한 대안적 관점을 고려하며, 절망감과의 전투에 있어서의 첫걸음일 수 있다. 그리고 이러한 과정은 내담자가 문제를 다루는 다른 방법들을 자유롭게 볼 수 있도록 해준다.

- 개념화는 치료사가 치료나 치료적 관계에 있어서의 어려움을 이해하도록 또는 심지어는 예측할 수 있도록 돕는다. 예를 들면, 낮은 자기 존중, 자기비판적 사고가 개념화에 있어서 중요한 요소일 경우, 내담자가 숙제를 '충분히 잘하지' 못하는 것에 대해 걱정하거나 치료사가 자신의 생각을 인정하지 않을 것이라고 걱정하기 때문에 내담자가 과제를 수행하는 데 어려움이 있을 것이라고 예측할 수 있다. 개념화를 통해 이러한 예측을 알아차림으로써 치료사는 어려움을 피하거나 어려움을 더 잘 다룰 수 있다.

───── **개념화: 예술인가? 과학인가?** ─────

비록 앞서 기술한 효과가 명백한 것처럼 보이기는 하지만, 인지·행동치료 안에서의 개념화에 대한 과학적 지위는 실제로는 결코 분명하지 않다. 예를 들면, 개념화를 신뢰할 수 있는지, 즉 서로 다른 치료사가 동일한 내담자에 대해 하나의 개념화에 동의하는지를 입증하는 연구 사례가 상대적으로 부족하다(Bieling & Kuyken, 2003). 또한 개념화에 기초한 치료가 순수 프로토콜 기반 치료(예: 표준화된 방식으로 치료가 제공되어 특정한 문제를 갖고 있는 모든 내담자가 기본적으로 동일한 치료를 받는다.)보다 더 효과적이라는 증거가 별로 없다. 사실, 비록 신경성 폭식증을 갖고 있는 내담자의 개별화된 개념화에 기초한 인지·행동치료에 있어서의 우수성을 입증한 이후의 연구가 있긴 했지만(Ghaderi, 2006), 개별화된 개념화에 기초한 행동실험(BE)의 결과가 완벽하게 표준화된 치료보다 때때로 좋지 않은 결과를 초래할 수 있다고 주장한 흥미로운 연구도 있다(Schulte, Kuenzel, Pepping & Schulte, 1992). 이러한 논쟁을 상세하게 탐색하는 것이 우리의 의도는 아니지만, 논쟁 중 일부에 관한 입장은 밝힐 필요가 있다.

첫째, 위에서 언급한 바와 같이, 개념화의 역할 중 하나는 인지·행동치료 이론과 개인의 경험 사이의 가교 역할이다. 개념화의 과정이 과학과 예술(적어도 공예) 사이의 중간 지대의 어딘가에 위치한다는 것은 불가피한 것 같다. 다른 한편으로는, 우리는 사람들을 돕기 위해 과학적 원리를 사용하는 것에서 파생된 실증적으로 타당성이 입증되고, 증거에 기초한 인지·행동치료 모델을 사용하려고 시도한다. 또 다른 다른 한편으로는, 우리는 치료 활동의 대상자인 고유한 개인에게 이러한 원리를 적용해야만 한다. 그래서 우리는 내담자의 특이한 생각과 감정에 대해 치료 활동을 해야 한다. 이러한 과정은 객관적이고 일반적인 용어로 완벽하게 기술될 수 없다. 이상적인 개념화는 과학적 의미에서의 '사실'이 아니고, 또한 주관적 의미의 수준에서 내담자에게 '합당해야만' 한다. 이러한 과정은 과학만큼이나 예술적 접근을 포함하는 과제이다.

둘째, 가장 엄격한 치료 절차라도 개별화작업이 필요하다. 어떤 치료 매뉴얼이라도 치료사의 모든 말을 규정할 수도 규정해서도 안 된다. 그러므로 일반적인 지침을 지금 이 시간에 지금 내담자에게 적합한 것으로 바꿀 필요가 있는데, 이것이 개념화의 역할 중 하나이다.

셋째, 임상적 실제 상황에서는 모델에 '맞지' 않는 내담자를 만날 수 있다. 프로토콜에 따른 치료를 내담자에 제공해도 소용이 없고, 그런 내담자에게 추천할 수 있는 프로토콜(인지·행동치료이든 다른 형태의 치료이든)이 확실히 없다. 이런 경우 포기하는 것 말고 할 수 있는 것이라고는 개별적인 개념화를 형성하여 그 개념화에 기초한 치료 과정을 전개하는 것뿐이다.

그러므로 인지·행동치료사는 자신의 앞에 있는 사람의 문제를 평가하는 것에서부터 시작해야만 하고, 그런 다음 내담자의 진술에 '맞는' 잘 확립된 치료 모델이 있는지, 그 특별한 문제에 효율적이라고 입증된 프로토콜이 있는지를 확인해야 한다는 것이 우리의 관점이다. 만약 있다면, 이 모델은 개념화에 정보를 제공하기 위해 사용되어야 하고, 프로토콜은 치료를 위한 기초로서 사용되어야 한다. 그러나 프로토콜은 개별 내담자에 대한 프로토콜의 응용을 안내해줄 수 있는 개념화의 체제 안에서만 항상 적용되어야 한다. 치료사는 언제 프로토콜을 뒤에 남겨두고 특별한 치료 계획을 수립해야 하는지 알 필요가 있다. 개별적인 개념화는 우리가 두 개의 양 끝을 성취하기 위한 최선의 도구이다.

—— 유지 과정에 관한 초점 ——

인지·행동치료의 개념화와 치료 계획의 주요 초점은 대개 현재의 유지 과정에 있다. 몇 가지 연관된 신념이 이러한 초점에 기여한다.

- 문제를 발달시키는 과정이 반드시 문제를 지속시키는 과정과 동일한 것은 아니다. 일단 문제가 발생하면 심지어 최초의 원인이 오래전에 사라지더라도 유지 과정이 스스로의 추동력을 갖고 문제를 유지한다.
- 일반적으로 수년 전에 발생했을지 모를 최초의 원인에 대한 증거를 파악하는 것보다 현재의 과정에 대한 증거를 파악하는 것이 훨씬 더 쉽다.
- 정의상 과거에 있었던 발생적 과정을 변화시키는 것보다 지금 그리고 여기서 발생하는 유지 과정을 변화시키는 것이 훨씬 더 쉽다. 만약 과거의 사건이 아직까지 영향을 미치고 있다면, 그런 경우라면 일부 현재의 심리적 과정을 통해 영향을 미치고 있는 것이 틀림없으므로 과거의 사건들은 다뤄져야 할 것이다.

그래서 인지·행동치료의 주요 초점은 항상 지금 여기에 맞추는 경향이 있다. 그리고 평가와 개념화의 주요 초점 또한 비슷한 경향을 띤다. 어떤 내담자가 저자 중 한 명에게 유지 과정과 최초의 원인의 주요 역할에 대해 다음과 같이 기술하였다.

> 당신이 부서지기 쉬운 불안정한 절벽 위를 걷고 있다고 생각해보세요. 당신이 절벽 끝을 걷고 있는 동안에 바다 갈매기가 날아와 당신 발 근처에 앉는 거예요. 그리고 바다 갈매기의 무게는 절벽의 끝을 무너트리기에 충분하죠. 당신이 절벽 아래로 떨어지는 거예요. 하지만 간신히 20피트 아래의 나뭇가지를 붙잡고 매달린 채로 남겨지는 거죠. 나뭇가지에 매달려서요. 이제 거기에 매달린다면, 이러한 상황에서 벗어나기를 원한다면 절벽 위로 안전에게 돌아오고 싶다면…. 그렇다면 바다 갈매기를 찾아봐야 소용이 없죠.

똑같은 지적을 하고 있는 보다 더 평범한 비유를 하나 들자면, 만일 당신이 불을 끄려고 한다면, 불을 일으킨 성냥을 찾기보다는 불을 지속되게 하는 것(열, 연료, 산소 등)을 다루는 것이 훨씬 더 낫다.

이것이 과거의 이력이나 발단이 관련 없다고 말하는 것은 아니다. 우리는 주로 무엇이 인지·행동치료의 주요 초점인지에 관해 말하는 것이지, 무엇이 항상 유일한 초점인지에 관해 말하는 것은 아니다. 문제의 발달에 관한 이력이 왜 중요할 수 있는지에 관한 몇 가지 이유가 있다.

- 내담자에게는 종종 중요할 수 있는 "여기까지 나는 어떻게 왔을까?"라는 질문에 누군가 답을 하려고 한다면, 과거에 관한 정보는 필수적이다. 내담자들은 문제를 초래한 것에 대한 이해를 원한다. 그리고 우리는 내담자들이 그러한 목적을 달성할 수 있도록 도와야 한다(비록 실제에 있어서 항상 가능한 것은 아니지만, 때로는 최선의 노력에도 불구하고 문제의 발달 원인은 수수께끼로 남기도 한다.).
- 최초의 원인이 미래에 다시 작용하는 것을 막기 위하여 그 원인을 확인하는 것이 유용할 수 있다. 위에서 언급한 비유를 빌리자면, 일단 불을 끄고 나면, 다음에 또 불이 발생하는 것을 예방하기 위해 성냥이 어디서 났는지 알아두는 것이 좋을 것이다.
- 문제의 중요한 부분이 본질적으로 과거에 있어 어려운 경우도 더러 있다. 또는 외상 후 스트레스 장애, 즉 아동기 외상의 결과는 과거의 사건이 치료의 초점이 돼야 할 분명한 사례이다. '스키마 포커스' 치료가 사용될 때(예: 인격 장애나 혹은 다른 복합 장애를 갖고 있는 사람을 대상으로), 그럴 때는 과거를 종종 세밀하게 살펴본다. 그러나 이러한 기법을 인지·행동치료에 응용할 때조차 주요 초점은 과거가 현재에서 어떻게 작동하는 것인지에 맞춰야 한다.

그래서 인지·행동치료의 평가와 치료는 과거 사건과 그 사건의 함의를 탐색하는 것을 제외할 수도 없고 제외해서도 안 된다. 하지만 주요 초점은 보통 과거보다는 현재를 향해 더 기울어져 있다. 일반적인 규칙보다는 특정한 사례에 무게를 더 실어야 한다.

——— 평가의 과정 ———

인지·행동치료 평가의 목적은 주로 내담자와 치료사 모두가 만족할 만한 수준으로 동의할 수 있는 개념화에 이르는 데 있다. 그래야만 위에서 개괄한 목적을 위해 기능할 수 있을 것이다.* 이러한 관점 안에서의 평가는 단순히 증상들의 목록을 체크하거나 표준화된 생활 이력 질문지를 완성하는 데 그치지 않는다. 그보다는 반복해서 가설을 세우고 검증하는 적극적이

---

* 역자 주: 물론 많은 서비스의 맥락에서 평가는 위험 평가, 긴박감 확립, 또는 특정 치료를 위한 선별과 같은 평가뿐만 아니라 이와 다른 보다 보편적인 목적을 가질 수도 있다. 그러나 여기서 우리는 인지·행동치료의 개념화를 고안하는 데 목적이 있는 전형적인 인지·행동치료 평가를 강조하고자 한다.

고 탄력적인 과정이다.

치료사는 끊임없이 내담자로부터 정보를 알아내려고 시도한다. 그리고 개념화에 있어서 중요할지 모를 어떤 과정에 관한 잠정적인 아이디어(가설)를 구성한다. 치료사는 이러한 가설을 검증하기 위해 추가적인 질문을 한다. 만약 내담자의 반응이 가설을 지지하는 것 같다면 그 가설은 개념화의 일부가 될 수 있다. 만약 그렇지 못하다면, 그 가설은 수정되고 추가적으로 더 탐색할 필요가 있다. 치료사가 내담자와 가설에 대해 이야기하기 시작해도 되기에 충분한 개념화가 있고, 문제에 대한 이해가 충분히 이루어졌다고 느낄 때까지 이러한 과정은 계속된다. 이것은 적당한 이해에서 시작하지만 점차 단계적으로 보다 복잡한 형태로 만들어진다. 예를 들어, 예비 단계의 논의는 단순한 유지 패턴을 대략적으로 요약하는 것에서부터 시작될지 모른다.

- "그래서 당신이 불안해지면, 현기증이 나고, 이것이 당신으로 하여금 더 불안하게 만든다는 거죠?"
- "당신이 기분이 별로일 때는 마치 아무것도 안 하고 그러면 이것이 당신을 더욱더 비참하게 만든다는 것처럼 들리네요."

궁극적으로, 조금 더 구체적인 사항(더 많은 가설)이 개념화를 구성할 수 있고, 보다 포괄적인 치료 활동의 초안에 동의할 수 있을 것이다. 가령, 이러한 절차는 인지적, 행동적 요소를 포함하는 한 개 또는 그 이상의 유지 순환체계와 더불어 문제의 기원과 문제를 촉발시킨 요인을 포착할 수 있다. 그러나 그 시점 이후에도 치료 동안 나타나는 추가 정보는 개념화를 수정하거나 개념화에 반영될 수 있다. 대부분의 경우 그러한 수정은 살짝 트는 정도에 그치지만 때때로 문제에 대한 개념화를 심각하게 다시 작성할 것을 요구하는 수준의 새로운 정보가 나타날 것이다.

그림 4.1은 이러한 순환 과정에 대한 예시를 보여준다. 치료사가 어떻게 해서 자료 수집의 단계에서 가설을 만들어내고 가설을 평가하는지(가설에 대한 평가 작업 역시 자료 수집의 과정이다.)에 대해 보여주고 있다. 이것은 역동적인 과정이고 치료 과정을 통해 계속된다. 훌륭한 개념화는 결코 정적이지 않다.

▶ 동영상 자료 4.1: 내담자의 공포 탐색하기 - 문제 뒤에 있는 것 풀어내기

동영상 자료 4.2: '수정자'에 관한 최근의 일화 이용하기 - 강점과 요구에 대해 더 학습하기

──── 현재 문제 평가하기 ────

인지 · 행동치료에서 유지 과정의 구심성과 조화를 이루는 가운데, 치료에 관한 다른 접근에 비해서 상대적으로 많은 시간을 현재 경험에 대한 구체적 사항을 탐색하는 데 사용하는 경향이 있다. 이것은 초보 치료사에게는 불편한 측면인데 부분적으로는 이것이 익숙하지 않을 정도로 구조화된 질문을 포함하기 때문이다. 과거 이력과 문제의 발전에 관한 정보는 상당히 통상적인 진술로부터 얻을 수 있다. 그러나 인지 · 행동치료의 개념화에 필요한 현재 문제에 대한 정보와 구체적인 사항은 인터뷰 상대에게 신중하고, 때로는 탐사적이고 반복적인 질문을 하지 않고서는 대개는 획득할 수 없다(그리고 또한 다음 장에서 언급하겠지만 정보 수집의 다른 방법을 통해서도 정보와 구체적 사항을 얻을 수 있다.). 물론 라포를 형성하고 건설적인 치료적 관계를 형성하는 데 주의를 기울여야 하는 것 또한 중요하다(아래 내용 참고).

그림 4.1 평가의 과정

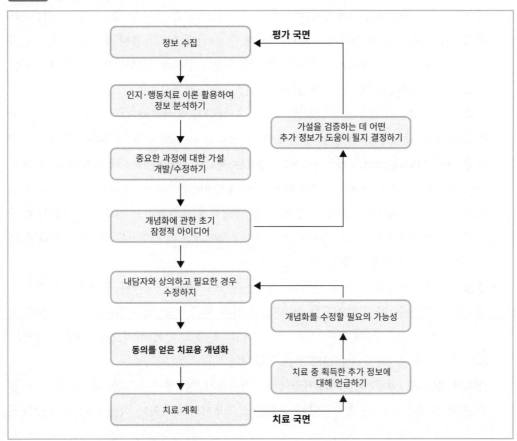

문제 기술하기

첫 번째 단계는 현재 문제의 각각의 측면에 대한 묘사를 전개하는 것이다. 인지, 행동, 감정 등에 대해 구체적인 패턴의 수준에서 문제의 정확한 본질에 대한 분명한 그림을 얻는 것이 여러분의 목적이다. 여기에서 '문제'는 진단적 라벨이 아니라는 점을 명심해야 한다. 가령, '우울증' 또는 '사회 불안 장애'와 같은 용어는 유용한 약칭일 수 있다. 하지만 그 자체는 치료의 목적으로는 충분하지 않다. 우리는 보다 더 구체적이고 분석적인 문제 제시, 즉 다음의 내용으로 구성되어 있는 4개의 '내적 체계'에 적용할 진단적 라벨이 필요하다.

- 인지: 즉, 내담자가 문제를 갖고 있을 때 내담자의 마음을 스치는 단어나 심상이다. 이러한 것들을 얻기 위한 좋은 질문은 "~할 때(예: 당신이 불안함을 느낄 때라든가 당신의 기분이 가라앉을 때), 당신의 마음속에 어떤 것들이 스쳐지나가던가요?" 또한 회기 동안 감정의 변화를 찾아보고 "지금은 당신의 마음속에 어떤 것이 스쳐지나갔나요?"라고 물어보는 것도 좋다. 그러한 '뜨거운 인지'(강한 강점이 일어날 때 근접해있는 생각)은 그 생각을 며칠이나 몇 주가 지나 차분해진 상태에서 보고하는 것보다 더 많은 정보를 제공해줄 수 있다. 과제의 일환으로서 생각 기록하기 또한 이러한 구조 안에서는 유용할 수 있다. 모든 인지가 언어로 표현되는 것은 아닌 만큼 내담자가 불쾌한 정신적 심상을 갖고 있는지 점검할 만한 가치가 있다는 것을 항상 명심해야 한다.

- 감정 또는 정서: 즉, 내담자의 감정적 경험이다. 내담자가 사고와 감정을 구분하는 데 어려움을 갖고 있는 일은 흔하다. 영어에서 "실제로는 나는 이렇게 생각해라고 의미할 때 종종 나는 이렇게 느껴."라고 사용하는 사실은 사고와 감정의 구분에 도움이 되지 않는다. 보통 감정은 조잡하게라도 적어도 단 하나의 단어(예: '우울한', '불안한' 등)로 기술될 수 있다는 사실이 유용한 지침일 수 있다. 만일 내담자가 표현하려고 시도하는 감정이 현저하게 한 단어 이상을 필요로 한다면(예: "나 심장 발작이 온 것 같은 느낌이야."), 그렇다면 그것은 아마도 사고이지 감정은 아닐 것이다.

- 행동: 즉, 내담자가 하는 것을 말한다. 행위는 겉으로 확인 가능하다. 물어보기에 유용한 질문은 "예전에는 하지 않았지만 그 문제로 인해 지금 하고 있는 것은 무엇인가요?"(예: 안전 추구 행위(SB), 나중에 살펴볼 것이다.) 그리고 "문제로 인해 하지 않는 것은 무엇인가요?"(예: 공포 유발 상황 회피하기.)와 같은 질문이다.

- 생리적 변화, 즉 신체적 증후: 즉, 가령 심장 박동 증가, 땀, 통증과 고통, 메스꺼움 등과 같은 불안 상태의 자율 신경 자극이나 우울증 상태에서의 성욕이나 식욕 감퇴 또는 중독성

있는 행동에서의 본능적인 욕구와 충동을 의미한다.

▶ 동영상 자료 4.3: 보다 상세한 정보를 얻기 위해 최근의 일화 사용하기

좋은 전략은 내담자가 회상할 수 있는 가장 최근의 문제의 증후를 경험한 경우를 자세히 살펴보도록 하는 것이다. 의심 가는 때를 확인한 다음 내담자가 무엇이 되었든 처음으로 지각한 것에서부터 시작하여, 아마도 기분이 우울하다든지, 아마도 생리적 증후를 걱정한다든지, 아마도 놀랄 만한 사고든지 순간순간 무엇이 발생했는지 내담자에게 확인해보도록 한다. 4개의 각각의 체계에서 발생한 것에서 이끌어낸다. "그 일이 발생했을 때, 당신의 마음을 스쳐지나간 생각은 무엇이었나요?, 그것이 당신을 어떤 느낌이 들게 하던가요?, 신체적 감각상 어떠한 변화라도 알아차렸나요?, 무엇을 했나요? 그리고 그다음에 발생한 일은 무엇인가요." 등의 질문을 한다.

앞서 알아봤다시피, 실제로는 '다섯 번째 체계', 즉 환경이 있다. 다른 사람에 대한 반응, 특별한 가정환경으로 인한 스트레스, 업무나 조직 상황으로 인한 압박이 문제에 영향을 미칠 수 있기 때문에 제기된 문제를 평가하는 동안 환경 체계는 조사할 만한 가치가 있다.

촉발 요인과 수정자 요인

또 다른 목록의 조사활동은 다음 두 개의 영역에서 현재 문제에 영향을 미치는 요인을 입증한다.

• **촉발 요인**: 문제를 더 혹은 덜 발생하게 하는 요인.
• **수정자**: 문제가 발생했을 때 문제가 얼마나 심각한지에 영향을 미치는 맥락적 요인.

단순한 예로, 거미 공포증은 정의상 거미를 보는 것으로 인해 촉발될 수 있다. 하지만 또한 거미 그림을 보는 것만으로도 촉발될 수 있으며, 심지어 어렴풋이 거미처럼 보이는 주변의 어떤 것을 보는 것으로도 촉발될 수 있으며 심지어는 '거미'라는 말에 의해서도 촉발될 수 있다 (어떤 내담자는 단어 자체가 고통을 주기 때문에 거미라는 말을 다른 용어로 대체하기도 한다.). 그런 상황에서 공포가 촉발되었을 때, 공포의 정도는, 예를 들어 거미의 크기, 거미 다리의 길이, 거미의 속도, 그 사람과의 거리, 회피의 용이성 등의 다른 요인에 의해 수정될 수 있다.

많은 요인들이 촉발 요인으로서 또는 수정자로서 작동할 수 있다는 것을 알아야 한다. 고려해야 요인들 중에는 다음의 것들이 있다.

- **상황적 변인:** 영향을 미치는 특별한 상황, 물건 또는 장소가 있는가?
- **사회적/대인관계 변인:** 영향을 미치는 특별한 사람이 있는가? 주변에 있는 사람의 수? 특정한 유형의 사람?
- **인지적 변인:** 문제를 촉발하는 경향이 있는 특정한 사고의 주제나 유형이 있는가?
- **행동적 변인:** 내담자나 다른 사람이 특정 활동을 할 때 문제가 발생하는가?
- **생리적 변인:** 문제가 음주나 약의 복용에 의해 영향을 받는가? 긴장하고 피곤하거나 배가 고플 때 문제가 더 잘 생기는가? 여성의 생리 주기가 문제에 영향을 주는가?
- **정서적 변인:** 우울하고, 지루해하거나 화가 났을 때 문제가 더 악화되는가? 일부 내담자는 어떤 종류의 감정이든 격해질 때 나쁘게 반응할 수 있는데, 심지어 긍정적인 감정에서도 그것이 제어할 수 없는 기분을 만들기 때문에 나쁘게 반응할 수 있다.

일부 내담자는 이러한 일련의 질문에 자신들은 항상 불안하거나 우울해서 아무것도 차이가 없다고 말하며 반응할 수 있다. 비록 이러한 반응은 어떻게 느끼는가에 관한 것이지만 이것은 거의 사실이 아니다. 그러한 반응은 종종 나타날 수 있는데 왜냐하면 문제로 인해 고통받고 주체를 못하게 되면 문제로부터 '한 발 물러나' 문제에 대해 객관적으로 생각할 수 있는 능력을 상실하기 때문이다. 신중하고 부드러운 질문은 영향을 미치는 요인을 찾게 해줄 수 있다. 여러분은 내담자에게 회기 중에 다양한 상황에 대해 회상하고 생각해보도록 촉구할 수 있다. 문제에 대한 감정이나 사고를 유발하려는 시도에서 그 상황에 대해 곰곰이 생각해보도록 촉구할 수 있다. 그것을 물어보는 데 편안함을 느낀다면, 통찰을 제공해줄 수 있는 하나의 질문은 "어떤 상황이 당신에게 가장 끔찍한가요?"이다. 특히, 많은 내담자가 이 질문에 대해 생각하는 것을 피하기 때문에 두말할 것도 없이 이 질문은 그 질문의 시기를 예민하게 정해야만 한다. 그러나 내담자가 이 최악의 상황을 묘사하기 위해 사용한 차원은 어떤 차원인지 언급함으로써 어떤 변인이 중요한지에 관한 단서를 얻을 수 있다. 내담자가 회고적으로 회상하지 못할 수 있는 차이점을 발견하기 위해 회기 중에나 숙제로 자기 점검을 사용하는 것도 또 다른 유용한 접근 방법이다.

유발 자극과 수정자에 관한 정보는 두 가지 측면에서 유용하다. 첫째 이러한 정보는 치료사에게 생길 수 있는 신념과 유지 과정에 관한 유용한 단서를 제공한다. 어떤 사람이 자신의 행동이 다른 사람에 의해 관찰될지 모르는 상황에서 특히 더 불안해한다면, 어쩌면 부정적 평가에 대한 공포에 관한 요인이 일부 있을지 모른다. 만일 다른 사람들이 자신을 거부한다고 지각할 때 특히 더 우울해진다면, 아마도 사랑받지 못하거나 가치가 없다고 느끼는 생각이 있을 수 있다. 그러면 이러한 단서들은 처음의 가설을 확인하거나 반박하는 데 도움을 줄 수 있는 추가 질문을 촉구할 수 있다. 이 책의 후반부에서는 서로 다른 장애에서 빈번히 발견되는 이러한 유형의 신념에 대한 개념을 제공할 것이다.

이러한 정보의 두 번째 이점은 이것이 치료에 유용할 수 있다는 것이다. 이것은 치료의 주요 대상을 확인하는 데 이용될 수 있거나(예: 만약 내담자가 식당이나 슈퍼마켓에서 불안함을 느낀다면, 그곳이 내담자가 치료하기를 원하는 영역일 수 있다.), 또는 치료를 계획하는 데 활용될 수 있다(예: 내담자가 공황 상태일 때 일어나는 일에 대한 행동실험(BE)을 계획할 때, 인파가 많은 매장에서는 더 공황 상태가 되기 쉽고, 믿을 만한 사람과 동행할 때는 공황 상태가 덜 발생한다는 사실을 아는 것은 도움이 된다.).

결과

현재의 문제에 대한 조사에 있어서 중요한 마지막 영역은 문제의 결과로서 발생하는 것이 무엇이냐다. 4개의 주요 측면을 생각해보자.

- 내담자의 생활에 문제가 어떤 영향을 미치는가? 이러한 문제 때문에 내담자의 삶이 어떻게 바뀌었는가?
- 중요한 다른 사람들(친구, 가족, 의사, 직장 동료 등)이 문제에 대해 어떻게 반응해왔는가?
- 어떤 대응 전략을 시도해왔는가? 그러한 전략들은 어느 정도 성공적이었는가?
- 내담자가 대처하는 데 도움을 주기 위해 사용된 처방 약이나 다른 물질이 있는가?

첫 번째 질문은 문제를 갖게 된 결과로서 무엇을 잃어버렸는지(또는 드물게는, 얻었는지)에 관한 그림을 파악하는 것을 돕는다는 점에서 중요하다. 그다음 질문은 유지 과정에 관한 중요한 단서를 제공할 수 있다. 많은 유지 과정이 내담자나 다른 사람이 문제를 다루기 위한 완벽하게 합리적이고 '상식적인' 시도로부터 발생한다. 불행하게도 그러한 반응은 그 대신에 때때로 역효과를 갖고 와서 문제를 유지시킨다. 가령, 위협으로 지각된 상황을 피하거나 상황으로부터 달아나는 것은 인간의 본성이다. 실제로 그것은 많은 상황에서 전적으로 기능적인 반응이다(예: 물리적 공격으로 위협을 받을 때). 도피와 회피는 또한 우리가 대처할 수 있거나 어떤 상황에서 공포를 다룰 수 있는 방법을 배울 기회를 사용하지 못하게 함으로써 불필요한 공포를 부채질하는 일이 발생할 수 있다. 또 다른 상당히 자연스런 반응은 걱정에 대해 안심을 구하는 (그리고 안심을 주는) 것이다. 이것 역시 자신이 스스로를 안심시키는 방법을 배우지 못한다면, 다른 사람에게 의존하게 된다면, 잘해봐야 비효과적일 수 있으며 최악의 경우 문제를 더 악화시킬 수 있다는 점에서 불행하다. 문제에 대한 그러한 반응이 결국에는 평가를 통해 도움이 되지 못한다고 것으로 판명되는 사례가 아주 많다. 우리는 반드시 어떤 행동의 더 장기적인 영향을 발견하기 위해 보다 상세한 질문을 해야만 한다. 결과는 단지 문제의 지속성일 수 있다.

이렇게 말한다고 해서 사람들은 자신의 문제에 손을 떼지 않도록 동기부여 되어 있다고 (심지어는 무의식적으로) 주장하는 것은 아니다. 그것은 단지 때때로 '대처'가 틀어지는 것뿐이다 (아래 일어날 수 있는 문제에 대한 언급 참고).

대처방식을 탐색해야 하는 또 다른 이유는 때때로 사람들은 우리가 발판으로 삼을 수 있는 상당히 좋은 전략을 개발한다는 것이다. 조금 다듬고 보다 일관되게 하고 좀 더 다루면, 이러한 대처 전략은 효과적인 치료 전략을 제공할 수 있다. 항상 내담자에게 자신이 생각하는 것이 도움이 되는지 물어볼 만하다. 왜냐하면 종종 내담자는 좋은 생각을 갖고 있기 때문이다!

과정 유지하기

평가와 개념화의 중요한 초점은 유지의 패턴, 즉 문제를 유지시키는 심리적 과정을 확인하는 것이다. 이러한 패턴은 종종 악순환, 즉 피드백 루프의 형식으로 존재한다. 순환 체계 안에서 최초의 인지, 행동, 정서적 또는 생리적 반응이 궁극적으로 최초의 증상에 피드백을 주거나 최초의 증상을 유지하거나 혹은 심지어는 악화시키는 영향을 불러일으킨다. 이 책의 후반부에서 우리는, 인지·행동치료가 주장한, 서로 다른 장애에서 중요할 수 있는 몇 가지 구체적인 과정에 대해 살펴볼 것이다. 이 절에서는 많은 다른 장애에서 여러분이 반복해서 만날 수 있는 가장 흔한 악순환 중 일부를 단순히 요약한다. 이것은 평가 도중에 살펴봐야 할 것들 중 일부에 대한 지침으로서 기능해야만 한다.

안전 추구 행위(종종 간단히 '안전 행동'으로 언급된다.)의 개념은 Salkovski(1991)가 개괄한 이후로 줄곧 불안 장애에 관한 많은 현재의 이론의 중심을 차지해오고 있다. 불안한 사람은 종종 자신이 두려워하는 위협으로부터 자신을 보호해준다고 믿는 어떤 행동을 한다. 예를 들면, 슈퍼마켓 안에서 쓰러지는 것을 두려워하는 사람은 넘어지지 않기 위해 쇼핑 손수레를 단단히 붙잡을지 모른다. 자신이 지루하고 반감을 사는 것으로 보이는 것에 대해 두려움을 갖고 있는 사람은 자기 자신을 드러내는 어떠한 것도 하지 않으려고 각별히 신경을 쓸지 모른다. 사람들은 끊임없이 창의적이어서 당신이 아무리 많은 내담자를 만난다고 하더라도 전혀 접해보지 못한 안전 행동을 만날 수 있다. 비록 이러한 종류의 반응은 쉽게 이해될 수 있지만, 이것은 알아차리지 못한 의도하지 않은 부작용이 있다. 이것은 위협의 신념이 부당하다고 입증되는 것을 막는다. 왜냐하면, 아무것도 발생하지 않을 때, 위협에 대한 지각의 감소가 아니라 '행운의 도피'를 안전 추구 행위(SB)가 성공한 탓으로 생각하기 때문이다(그림 4.2 참고).

이 개념을 내담자에게 설명해주는 몇 가지 유명한 이야기가 있다. 하나는 손을 위아래로 흔들며 거리에 서 있는 친구를 우연히 만난 남자에 관한 것이다. 남자가 친구에게 무엇을 하고 있냐고 묻자, "용을 못 오게 하고 있어."라고 대답했다. "하지만 주변에는 아무것도 없는데?"라고 남자가 말하자, 그 말에 친구가 "봐, 그게 바로 이게 효과가 있다는 말이잖아!"라고 말했다.

이와 같은 이야기는 치료사로 하여금 용을 두려워하는 사람이 어떻게 실제로 용이 없다는 것을 배울 수 있을지에 관해 생각할 수 있도록 도움으로써 치료적 전략을 자연스럽게 이끌어준다.

그림 4.2 안전 추구 행위(SB)

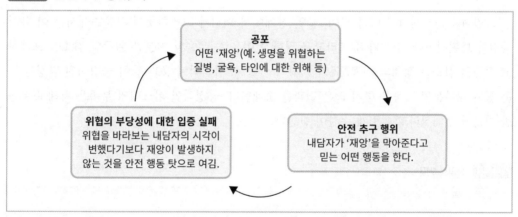

대부분의 사람들은 그 남자가 팔을 흔드는 것을 멈추도록 할 필요가 있고 그래서 여전히 용은 없다는 것을 확인할 수 있도록 해야 한다는 정답을 쉽게 제시할 수 있다. 그런 다음 자기 자신의 문제에 대해서 어떠한 교훈은 없는지에 대해 생각해보라고 요구할 수 있다. 그리고 이렇게 해서 개념화를 형성하는 것이다(불안 장애에 관해서는 13장과 14장 참고).

도피/회피

회피(또는 도피)는 안전 추구 행위(SB)의 특히 더 가장 흔한 형태로 간주될 수 있다. 그러나 회피를 별도로 확인할 필요가 있다. 부분적으로는 불안 문제에서 거의 보편적으로 일어나는 현상이기 때문이기도 하고 부분적으로는 다른 안전 행동은 그렇지 않은데 회피의 무용성은 내담자에게 즉각적으로 분명하게 나타나기 때문이다. 이것은 아마도 이러한 개념이 당신이 말에서 떨어진다면, 할 수 있는 최선의 방법은 말에게 곧장 돌아가는 것이라는 조언을 통해서 제시된 바 있는 '일상의 심리학(folk psychology)*'의 일부이기 때문이다(그림 4.3 참조).

회피는 불안을 유발하는 상황에 직면했을 때 달아나는 것만큼 반드시 명확한 것은 아니다. 회피는 미묘할 수 있다. 예를 들면, 사회적 상황에서 불안해지는 사람은 자신은 그런 상황을 회피하지 않는다고 정확하게 보고할지 모른다. 하지만 자세히 탐색해보면 비록 그 사람이 사람들에게 말을 걸지만 결코 사람들의 눈은 응시하지 않는다거나 자신에 대해서는 이야기하지 않는다거나 또는 다른 사람들이 음료를 다 마셨는지 확인하는 데 도움주기에만 정신없다는 사실이 드러날지 모른다. 즉, 그는 명백한 회피가 아닌 미묘한 회피를 한 것이다.

활동의 감소

그림 4.4에서 예시된 바와 같이, 불안 장애에서 회피가 그러하듯이 우울증에서는 이 유지 과정이 보편적이다. 심리학적 그리고 신경학적 이유로, 우울한 기분은 활동의 감소를 초래하고 활동의 감소는 성취의 기쁨, 목적 지향적인 활동, 사회적 수용과 같이 긍정적인 감정을 주곤 했던 대부분의 활동을 하지 않은 결과를 초래한다. 긍정적인 피드백의 부족은 차례로 우울한 기분에 부채질하고 이렇게 순환이 닫힌다.

그림 4.3 도피/회피

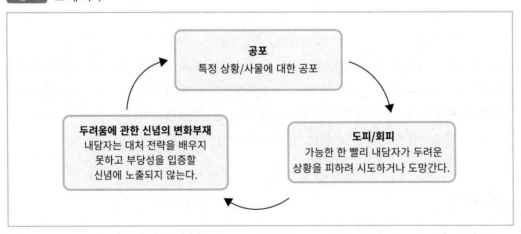

---

* 역자 주: '일상의 심리학'은 행동주의, 인지주의, 정신 분석과 같은 체계적 심리학을 의미하는 것이 아니다.

그림 4.4 활동의 감소

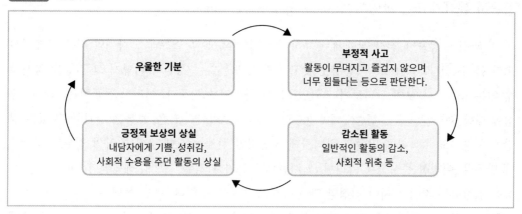

우울한 기분

부정적 사고
활동이 무뎌지고 즐겁지 않으며
너무 힘들다는 등으로 판단한다.

긍정적 보상의 상실
내담자에게 기쁨, 성취감,
사회적 수용을 주던 활동의 상실

감소된 활동
일반적인 활동의 감소,
사회적 위축 등

파국화의 오류

공황 장애에서의 핵심적 인지적 과정으로서 Clark(1986)가 처음으로 고안해낸 이 순환체계(그림 4.5 참고)는 건강 장애나 강박 장애와 같은 다른 문제에 있어서도 또한 중요할 수 있다. 공황 장애에서의 핵심적인 개념은 신체적 또는 인지적 변화이다. 심장 박동 증가, 호흡 곤란 또는 다른 자율 신경 자극에 의해 나타난 대부분의 증상은 즉각적이고 심각한 위협을 암시하는 것으로 해석된다. "나 심장 발작, 그러니깐 심장 마비가 올 것 같아." 또는 "나 미쳐 버릴 것 같아."와 같은 생각은 충분히 자연스럽게 더 많은 불안을 초래한다. 이런 까닭에 더 많은 증상이 발생하는데 이는 즉각적인 위협을 확실하게 한다. 이것이 반복되면서 오해에 먹잇감을 제공하는 반응을 촉진함으로써 오해의 악순환이 이어진다.

그림 4.5 파국화의 오류

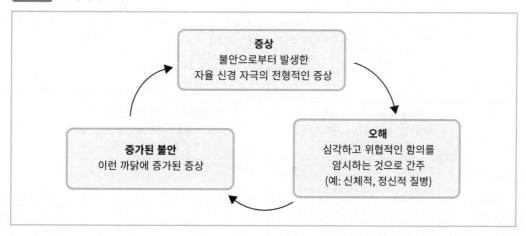

증상
불안으로부터 발생한
자율 신경 자극의 전형적인 증상

오해
심각하고 위협적인 함의를
암시하는 것으로 간주
(예: 신체적, 정신적 질병)

증가된 불안
이런 까닭에 증가된 증상

꼼꼼히 살피기 또는 과잉경계(Sanning or Hyperviglance)

이 과정은 공포나 건강 장애에서 특히 흔하지만 외상 후 스트레스 장애와 같은 문제에서 또한 볼 수 있다. 그림 4.6은 중병을 갖고 있을지 모른다는 걱정이 어떻게 그 질병을 암시할 수 있는 증상을 샅샅이 살펴보거나 확인하도록 하는지 보여준다. 이러한 꼼꼼히 살피기와 증상에 대한 증가된 돌출성(건강에 대해 갖고 있는 그들의 의미 때문에)은, 보통은 간과할 수 있는 정상적인 감각도 주목하게 만들고 완벽하게 정상적인 신체 증상에 대해 최악의 경우로 생각하게 만든다. 이러한 증상들은 그러면 그 사람의 공포가 확정된 것으로 해석된다. 어떤 경우 행동을 점검하는 것이 심지어 걱정할 만한 증상을 만들기도 한다. 예를 들면, 목구멍이 막혀 질식할지 모른다는 두려움을 갖고 있는 한 여성이 계속해서 그리고 과도하게 큰 소리로 "에헴." 하면서 목안을 비우려고 시도했다. 그 결과, 목안이 불편하고 짜증나는 기분이 들었고 이를 그녀는 실제로 목이 무엇인가 잘못되었다는 증거로서 받아들였다.

이러한 유형의 과정을 잘 보여주는 유용한 비유는 특정한 모델의 자동차를 사는 것을 생각해볼 때를 떠올려보라고 요구하는 것이다. 그럴 때 마치 갑자기 길에 그 종류의 차가 가득한 것처럼 보인다는 것을 알아차릴지 모른다. 이것을 어떻게 이용할 수 있을까? 대부분의 사람은 특정 차를 소유한 사람들이 자신을 따라다니기로 정한 것 같지는 않다는 것을 쉽게 인정할 것이다. 그런 자동차는 실제로 항상 거기에 있었다. 그리고 그것이 중요하고 당면의 문제가 되기 전까지는 인식되지 않은 것이다. 지금은 당면한 과제이다 보니 도처에 널려 있는 것처럼 보이는 것이다.

 **그림 4.6** 꼼꼼히 살피기 또는 과잉경계

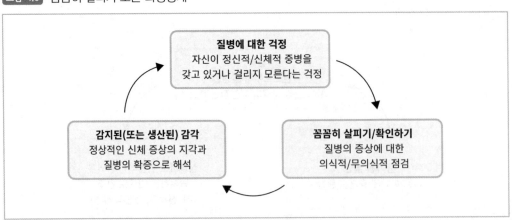

자기 충족적 예언

이 용어는 부정적 신념을 갖고 있는 사람은 자신이 행동이 그러한 신념의 귀결로 이어진다는 사실을 발견하는 과정을 가리킨다. 그림 4.7은 이러한 사례의 두 가지 경우, 즉 사회적 불안과 적대적 행동의 예를 보여준다. 첫 번째 사례의 경우 다른 사람에 의한 거부에 대한 예측은 사회적 상호작용으로부터의 위축을 초래한다. 예를 들면, 사회적 행사 초청의 거절, 또는 대화에 참여하지 않는 것과 같은 행동이다. 시간이 흐르면, 이러한 행동은 그러한 사회적 접근을 그만두게 하고 이것은 결국 다른 사람들은 자신을 좋아하지 않는다는 것을 증명하는 데 일조를 한다.

비슷한 양상이 적대적 또는 공격적인 형태에서 나타날 수 있다. 다른 사람으로부터의 적대감에 대한 기대는, 예를 들면 자신이 겁먹지 않았다는 것을 증명하기 위해 공격적인 행동을 할 수 있다. 그러면 공격적 행동은 다른 사람으로부터 적대적 행동을 불러일으킴으로써 예언을 실현하게 된다.

그림 4.7 자기 충족적 예언

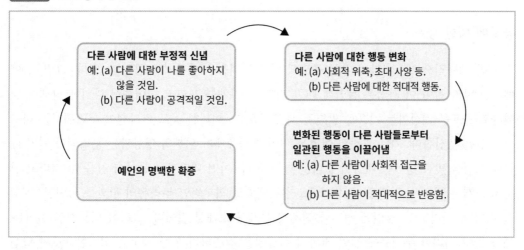

수행 불안

이 패턴(그림 4.8 참고)은 자기 충족적 예언의 방식과 비슷하고 어떤 행동을 실행하는 데 있어서 어려움이 있는 사회적 불안에서 흔히 나타난다. 가령, 대중 앞에서 발표하기, 삼키기, 발기 부전, '수줍은 방광 증후군' 같은 심리적 어려움을 보여준다. 어떤 사람이 '적절하게' 수행할 수 없다는 것(논리적으로 이야기하기, 발기를 지속하기, 배뇨하기)을 걱정하는 것은 실제로 수행을 방해한다. 그래서 결국 주저하는 연설, 삼키기 곤란, 발기 곤란, 배뇨의 억제 등을 초래한다. 이것은 결국 수행에 대한 부정적인 신념을 강화하고 도움이 안 되는 패턴이 형성된다.

그림 4.8 수행 불안

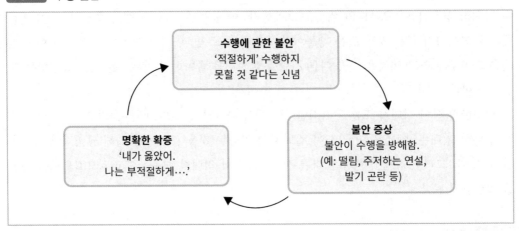

공포에 대한 공포

비록 개념적으로는 간단하지만, 공포에 대한 두려움은 다루기가 힘들 수 있다. 그림 4.9에 예시된 바와 같이 이 과정은 불안에 대한 경험 그 자체를 꺼리고 싫어해서 다시 불안해질 것이라고 공포를 예상하는 것으로 발전될 때 발생한다. 이러한 공포는 자신이 두려워하는 바로 그 불안을 생산한다. 치료 과정의 어려움은 이 순환체계가 외부의 영향과는 분리되어 있기 때문에 초점을 맞출 명백한 대상이 없다는 데서 온다. 어떤 내담자는 불안이 참을 수 없다고 단순히 느끼는 것 이상을 말할 수 없다. 그러나 때때로 외부적인 두려움의 결과를 확인할 수 있을 것이다. 아마도 그 불안은 광기나 신체적 문제를 초래할 것이다. 그러한 외부적인 결과는, 예를 들어 이러한 두려움에 질린 결과의 현실성을 검증하기 위한 행동을 실험함으로써 당신에게 길을 내줄 수 있을 것이다(9장 참고).

그림 4.9 공포에 대한 공포

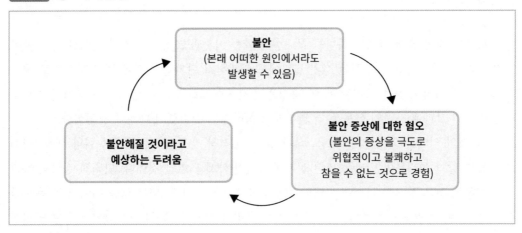

완벽주의

엄격한 규칙, 높은 기준을 갖고 있는 내담자나 자신의 능력이나 가치에 대해 부정적인 내담자에게 흔한 양상은 그림 4.10에서 보여주는 완벽주의와 관련 있는 순환 체계이다. 높은 기준을 실현하려는 욕망(예: 체중 감량의 성취) 또는 자신이 완벽하게 가치 없는 것이 아니거나 무능력한 것이 아니라는 것을 증명하려는 욕구는 상당히 높고 확고한 요구를 초래함으로 그것들을 언제나 성취할 수 없게 된다. 그러므로 실망감, 무능력감이 감소되기보다는 그대로 유지된다. 이것을 보완하기 위해서 기준은 높아지고 그러면서 목표 대상은 더욱더 성취할 수 없게 된다.

그림 4.10 완벽주의

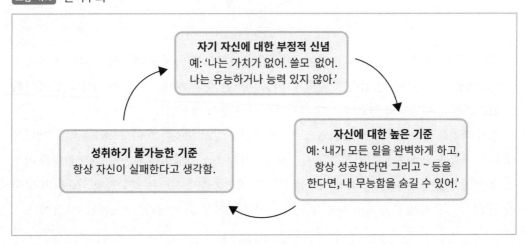

단기적 보상

가장 기본적인 유지 과정의 하나를 끝내면서 학습 이론과 조작적 조건의 시대로 다시 돌아가려 한다. 그림 4.11은 부정적인 장기 결과에도 불과하고 단기적 결과에 대한 보상으로 행동의 과정이 유지되는 것을 보여준다. 이 과정은 인간 — 실제로는 모든 동물 — 이 장기적 결과보다는 단기적 결과에 자신의 행동을 더 강하게 조형하려고 진화했기 때문에 발생한다.

이 과정의 의미는 가령 약물 오용, 식이 장애, 공격적 행동, 도피 그리고 회피 행동, 안심 추구 등과 같이 여러분이 만나는 많은 문제에서 분명하게 드러날 것이다. 단기적 강화의 효과를 인정하는 것은 장기적 관점에서 내담자에게 아무런 도움이 안 되는 행동 뒤에 있는 욕구를 더 잘 이해할 수 있도록 해준다. 그리고 이것은 우리가 인지·행동치료에 있어서 그렇게 결정적인 동정적이고 비판단적인 입장을 유지하도록 한다.

그림 4.11 단기적 보상

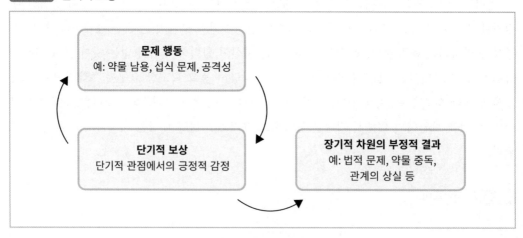

위에 제시한 모든 순환 체계는 일어날 수 있는 과정의 일반적인 개요로서 의도된 것이지 일반적인 법칙이 아니라는 점을 주목해야 한다. 이러한 순환 체계는 사고를 시작하고, 개념화를 위한 가설을 수립하고 필요에 따라 채택하는 데 사용해야 한다.

평가 과정을 정교하게 만드는 작업으로 이동하기에 앞서 이것은 아마도 축소(mini) — 개념화에 대한 개념을 소개하기 위한 적절한 시점일 수 있다. 축소 개념화는 단순히 문제에 대한 이해를 매우 짧게 줄인 것이다. 그리고 이것은 특정한 어려움을 유지하는 핵심적인 악순환의 형태를 취한다. 그것이 바로 우리가 유지 패턴의 마지막 절에 축소 개념화를 언급하는 이유이다.

Lea는 공황 발작에 대해 도움을 찾았다. 공황 발작에 대한 그녀의 설명을 듣고 나서 그녀의 치료사는 현기증이 "나는 정신을 잃고 나서 다칠 거야."라는 생각을 촉발하고, 이런 생각은 불안을 더 가속시키고 이것이 현기증을 악화시키는 단순한 사고의 순환 체계를 공유함으로써 공황 발작이 왜 그렇게 강력한지 이해할 수 있도록 도왔다, 치료의 초기 단계임에도 불구하고, 이러한 소형 개념화는 Lea에게 엄청난 도움을 주었다. 그녀는 자신의 삶에 대한 통제를 상실하지 않았다는 것을 깨닫고, 자신의 문제에 대한 패턴이 있음을 깨달았다. 그리고 자신이 인식한 패턴은 충분히 깨트릴 수 있다는 것을 깨달았다.

Enzo는 자신감을 가졌을 때가 언제인지 회상할 수 없었다. 그리고 지금 그의 기분과 자기존중감은 항상 낮았다. 그의 관점에서 그는 결점을 갖고 있는 인물이며, 상황은 점점 악화될 것이다. 치료사는 그를 포기하게 만드는 (직업적으로 그리고 사회적으로) 단순하면서도 반복되는 절망적 사고의 패턴-이 사고의 패턴이 그의 기분을 더 가라앉게 만들고 더욱더 절망적인 사고로 몰아갔다-을 바라볼 수 있도록 도왔다. 이러한 단순환 악순환은 Enzo가 마치 자신의 생각과 불행에 '덫에 갇힌' 것 같은 기분이 드는지 그 이유를 알도록 하였다. 그리고 치료사는 인지 · 행동치료를 활용하여 이러한 덫에서 벗어날 수 있는 아이디어를 소개할 수 있었다.

여기서 단순한 유지의 순환체계가 상대적으로 수월한 그러면서 최근에 발생한 문제를 갖고 있는 Lea를 돕는 것을, 또한 오랫동안 지속된 어려움을 겪고 있는 Enzo를 돕는 것을 확인할 수 있었다. 두 가지 경우 모두 내담자는 압도당하고 절망적인 기분을 느꼈고, 두 경우 모두 문제의 기저에 있는 근본적인 패턴을 끄집어내 알아내는 것은 설명과 희망을 제공했다. 유지의 순환체계를 공유할 때, 이러한 패턴이 깨질 수 있다는 개념을 빨리 소개하는 것이 중요하다. 그렇지 않으면, 내담자들은 자신의 문제에 의해 덫에 갇힐 수 있다고 느끼기 때문에 절망감이 더욱더 커질 수 있다. 또한 내담자가 겪는 어려움의 복잡성에 대한 내담자의 시각에 민감해야 하는 것도 중요하다. 비록 Enzo는 자신의 오랫동안 지속된 기분의 문제가 매우 간략하게 요약되는 것이 도움이 된다는 것을 인지했지만, 다른 사람은 너무 지나치게 간소화된 것이라고 느낄 수 있고, 치료사가 자신을 제대로 이해하지 못한다고 걱정할 수도 있다.

─── 과거 이력 및 문제의 발전 평가하기 ───

일반적인 현재의 유지 패턴을 살펴본 다음으로 우리는 과거, 즉 문제의 이력과 발전을 돌아보고자 한다. 평가에서 이 부분은 취약적인 요인, 촉진하는 요인, 수정하는 요인을 확인하는 데 목적이 있다.

취약성 요인

이 표제 아래서, 우리는 개인의 이력 속에서 문제를 발전시키는 데 있어서 그를 취약하게 만들지 모를 무엇인가를 찾고자 한다. 하지만 그것 자체가 반드시 그가 문제를 발전시킬 것이라는 것을 의미하지 않는다. 예를 들면, Brown과 Harris의 고전적인 연구(1978)로부터 어린 시절 부모의 상실과 같은 요인이 우울증에 취약하다는 것을 우리는 알고 있다. 하지만 이것이 부모 중 한 분을 잃은 사람이면 누구나 불가피하게 우울해질 것이라는 말은 아니다. 우울증이 발현하려면, 다른 요인도 작용해야 한다(Brown과 Harris의 모델에서는 '심각한 생활사건' 또는 아래에 소개된 소위 '침전물(precipitant)').

인지·행동치료의 용어로는 그러한 취약성에 공헌하는 요인이라고 여겨지는 주요 요인은 가정이나 핵심 신념의 형태의 특별한 신념의 발달이다(1장 참고). 다수의 그런 신념들이 서로 관련이 있는데 이러한 신념들의 정확한 형태는 특정 개인에 따라 상당히 특이하다. 그러나 보편적인 예를 들자면, '나는 내가 하는 모든 일에서 성공해야만 한다.', '당신이 다른 사람에게 친절하다면, 그러면 다른 사람도 당신에게 친절해야 한다.', '나는 나를 도와줄 동반자가 있어야만 생활에 대처할 수 있다.' 또는 '나는 가치가 없는 사람이다.' 등이다. 비록 무가치하다는 말의 포괄적인 의미는 상당히 명백하게 도움이 안 된다는 것이겠지만, 상당수의 이러한 신념은 오랜 기간 동안 사람들로 하여금 기능을 잘하게 해준다. 왜냐하면 가령, 욕망이나 다정함 등과 같은 유용한 특성들도 촉진시키기 때문이다. 문제가 발생하는 것은 오로지 어떤 상황이 도움이 안 되는 방식으로 그 신념과 반향을 일으킬 때뿐이다. 위에 사례 속의 사람들은 실패할 때까지는 또는 자신들이 갈망하는 존경을 얻지 못할 때까지는 또는 파트너를 갖지 못할 때까지는 잘할지 모른다. 그 시점에서 좌절, 자기 질책, 공황, 절망이 치고 나와 문제의 발생을 재촉할 수 있다.

이 책의 후반부에서 우리는 특정 문제와 연관 있다고 흔히들 여겨지는 신념들을 보다 구체적으로 살펴볼 것이다.

침전물

문제의 발생을 실제로 유발하는 사건이나 상황이 침전물로 알려져 있다. 또한 표준적인 인지치료 모델에서는 '결정적인 사건'으로 알려져 있다. 침전물은 문제의 실제 발생과 긴밀하게 관련되어 있거나 오랫동안 지속된 문제의 악화가 긴밀하게 관련되어 있는 것으로 보이는 요인을 말한다. 침전물 역할을 하는 중요한 단 하나의 사건이 있을 수도 있지만(아마도 외상성 스트레스 장애의 외상이나, 심지어 우울증의 경우 누군가를 잃는 것), 단 하나의 사건이라기보다는 보다 소소한 스트레스의 누적으로 이러한 스트레스에 내담자가 대처해 오다가 그것들이 상대적으로 짧은 기간에 동시에 발생할 때 압도당하는 일이 흔히 있을 수 있다. 단일 사건이 있을 때, 우리는 그 사건이 어떤 의미에서 사전에 존재하는 신념에 '불을 붙인다'는 것을 안다. 예를 들면, 관계가 중요하다고 생각하는 사람이 중요한 관계를 상실했을 때, 자신이 항상 잘 대처하고 통제해야만 한다고 생각하는 사람이 무엇인가 통제하지 못하는 일에 직면한다든지 하는 것이다.

사람들은 흔히 침전물(위에서 정의한 바와 같이 사건의 발생을 촉발하는 것)과 촉발 요인(위에서 기술한 바와 같이 지금 문제를 촉발하는 것)을 혼동한다. 둘 다 문제를 유발하는 요인이지만, 차이점은 다음과 같다.

- 침전물은 과거에 발생한다. 반면에 촉발 요인은 현재에 계속해서 작동하고 있다.
- 전형적으로 침전물은 한 번 발생하거나 적어도 발생 횟수가 제한되어 있다. 반면에 촉발 요인은 심지어 하루에도 몇 번씩 발생한다.

예를 들어, 자동차를 운전하는 것에 대한 공포를 발전시킨 사람을 한 번 생각해보자. 이러한 공포에 대한 침전물은 5년 전 자동차 충돌 사고 또는 충돌 직전의 상황을 겪은 것일지 모른다. 즉, 침전물은 한 번 발생했고, 과거에 발생했다. 다른 한편으로는 이러한 공포는 이 사람이 자동차를 타고 가야만 할 때라든지 또한 TV 프로그램이나 다른 미디어에서 '위험한' 주행 장면을 보면 언제든지 지금 촉발될 수 있다. 즉, 자극 유발은 지금 발생하고 있고, 상대적으로 자주 발생한다.

수정자

우리가 현재 문제에서 수정하는 요인을 살펴본 것처럼 시간을 거슬러 수정하는 요인을 파악하는 것도 도움이 된다. 종종 문제는 천천히 악화된다는 보고를 접한다. 하지만 때때로 신중하게 탐색해보면 향상되는 시기나 급속히 악화되는 시기가 있다는 것을 알게 된다. 흔한 수정자 요인은 관계의 변화를 포함한다. 즉, 독립해서 나간다거나 결혼을 한다든지 또는 자식이 독립해 나간다는 것과 같은 주요한 역할의 변환이다. 그리고 책임의 변화도 포함된다. 예를 들어, 직장에서 승진을 한다거나 아이를 갖게 되는 일이다. 수정자를 회고적으로 돌아보는 것은 그 사람의 강점과 취약성을 더 잘 이해하도록 돕는다.

평가 구성요소의 순서

평가를 할 때 문제의 서로 다른 측면을 어떤 순서로 탐색해야 할까? 이것을 수행하는 '올바른' 방법이 정해져 있다고는 생각하지 않는다. 이유는 간단하다. 내담자와 치료사 모두 각각이기 때문이다. 어떤 내담자는 심리적 평가로부터 무엇을 기대해야 할지 잘 모른다. 어떻게 진행해야 할지에 대해 강한 선호도를 갖고 있지 않다. 주로 치료사가 정한 구조를 따르는 것을 좋아한다. 어떤 내담자는 출생부터 현재에 이르기까지 연대기적 순서로 자신의 이야기를 말하는 것을 좋아한다. 반면에 어떤 내담자는 자신의 고통을 표현하는 데 있어서 처음에는 장소 이상은 말하고 싶어 하지 않는다. 치료사는 이러한 차이에 반응할 필요가 있다.

상술한 것 외에 다른 조건이 동일하다면, 평가의 시작은 현재 문제를 탐색하는 것부터 시작하는 것을 선호한다. 여기서부터 시작하는 것이 상대적으로 누구에게나 쉽다. 그리고 그것이 치료사를 평가의 후반부까지 잘 안내할 수 있다. 여러분은 문제에 대해서는 상당히 잘 알고 있다. 따라서 문제의 발전과 개인사를 바라볼 때 어떤 종류의 영역이 탐색하는 데 중요할지에 대해 몇 가지 가설을 갖고 있다.

처음에는 한 번에 한 영역에만 상당히 조밀하게 초점을 맞추면서 평가에 있어서 구조적인 접근을 선호할 수 있다. 나중에 경험이 쌓여 구조에 익숙해지면 구조와 문제의 서로 다른 측면을 하나로 묶을지를 마음속에 염두에 두는 동시에 '편안하게' 할 수 있고 대화를 조금 더 자유롭게 할 수 있다는 것을 발견할지 모른다.

'일반적' 요인과 치료적 관계

인지·행동치료에 관한 흔한 오해 중 하나가 치료적 관계에 관심을 별로 두지 않는다는 것이라고 3장에서 언급했다. 우리는 이것은 사실이 아니라는 것이 명확해졌기를 바란다. 인지·행동치료가 일반적으로 치료적 관계에 핵심적인 치료적 역할을 부여하지 않는 반면에 여전히 관계를 변화를 위한 중요한 수단으로 간주한다. 이것은 관계가 형성되고 있는 때인 평가 기간 동안에 특히 중요하다. 비록 우리가 평가의 기법에 관한 측면을 말하고는 있지만, 내담자와 치료사 사이의 인간적 관계에 집중하는 것도 그만큼 어쩌면 실제로는 그보다 더 중요하다는 것을 분명히 하고 싶다. 특정 질문을 하는 것을 잊어버렸다면, 언제나 나중에 물어볼 수 있다.

반면에 내담자에 대해 따뜻하게 그리고 인간적으로 대하지 못했다면, 나중에 다시 할 수 없다! 따라서 진심으로 청취하는 것을 하지 못하거나 내담자의 고통을 알아차리고 반응하지 못하는 일이 없도록 정보만 추구하는 일에 몰두하지 않는 것이 중요하다.

인지·행동치료의 신참 치료사는 때때로 인지·행동치료 평가가 요구하는 많은 질문을 하는 것이 내담자를 괴롭히거나 강요하는 느낌을 준다는 의미는 아닌지 걱정한다. 경험상 보통 그렇지는 않은 것 같다. 질문을 순수한 호기심에 입각해서 이해하고자 하는 바람으로 따뜻하게 공감적으로 하면, 대다수의 내담자가 자신이 세계를 바라보는 방식에 관심을 갖고 이해하기를 원하는 누군가와의 긍정적인 경험으로 평가를 바라볼 것이다. 하지만 우리의 말을 그대로 갖다 쓰지는 마라. 내담자에게 질문해야 한다. 어떤 사람의 어려움을 평가하면서 내담자가 과정에 대해 어떻게 느끼는지 점검하고, 내담자가 편안해하는지, 일련의 질문이 적절한지, 치료가가 혹시나 놓치고 있는 것은 없는지 등을 확인해야 한다. 이것은 협력관계를 형성하는 좋은 기회이다.

치료 전반에 걸쳐, 특별히 평가하는 동안의 좋은 기법은 종종 멈춰서 내담자가 치료사에게 말한 내용을 요약하고, 요약한 내용이 맞는지 내담자에게 피드백을 요구하는 것이다. 여기에는 몇 가지 이점이 있다. 치료사가 성찰할 시간을 주고 다음 단계로 어디로 가야할지 생각할 시간을 준다. 내담자가 전하려 했던 의도와 치료사의 요약 사이의 차이를 수정할 기회를 줌으로써 오해의 위험을 줄이는 데 도움이 된다. 그리고 피드백을 달라고 요청하는 것은 내담자가 적극적인 파트너이며 치료사가 반드시 언제나 현명하고 모든 것을 아는 것은 아니라는 메시지를 제공한다.

─── 개념화 만들기 ───

너무 빠르지 않게 너무 느리지 않게

좋은 개념화는 보다 효과적이고 초점을 맞춘 치료에 있어서 도움이 될 수 있기 때문에 평가와 개념화의 과정은 시간을 충분히 사용할 만한 가치가 있다. 그러면 어느 정도의 시간이 좋을까? 아마도 두 개의 상충되는 압박을 느낄 수 있다. 때때로는 치료에 '사로잡혀' 가능한 한 빨리 치료를 시작하려고 서두를 수 있다. 다른 한편으로는 치료사는 가끔 내담자의 출생에서 현재에 이르는 이력에 관한 모든 것을 완벽하게 알 때까지 만족할 만한 개념화를 제시하지 못할 수 있다. 최선의 정답은 아마도 이 둘의 중간쯤 어디에 있을 것이다.

적어도 인지·행동치료 접근에 익숙해질 때까지는 일반적으로 2회기 평가를 권고한다. 첫 번째 회기에서는 얻을 수 있는 한 최대한 많은 필요한 정보를 수집하는 것을 목표로 한다. 그런 다음, 다음 회기 사이에 그러한 정보를 이용하여 예비적 개념화를 발전시키기 위해 시도할 수 있는 시간을 갖는다. 개념화의 구성시도는 평가에서의 중요한 빈틈을 빠르게 주목하게 만드는 것이다. 그다음 치료사가 더 알 필요가 있는 것은 무엇인지 명확하게 판단하면서 두 번째 회기로 넘어갈 수 있다. 대부분의 경우 두 번째 회기 말미에 내담자와 상의를 하면서 개념화를 발전시킬 수 있다. 이것은 매우 엄격한 규칙은 아니다. 어떤 경우, 즉 매우 복잡한 문제를 갖고 있는 경우나 치료사가 개념화를 형성하기 힘들다고 판단하게 되는 내담자의 경우에는 평가의 과정은 더 길어질 수 있다. 다른 한편으로는 인지·행동치료에 점점 더 익숙해짐에 따라 간단한 문제를 갖고 있는 내담자를 상대로 할 때는 한 회기 안에서 적어도 대략적인 개념화를 발전시킬 수 있다는 것을 아마도 알게 될 것이다.

다이어그램

어떤 사람은 말보다는 다이어그램(도표)을 통해 개념화에 대해 이야기하는 것이 가장 좋은 방법이라고 생각한다. 개념화를 도출하는 데 있어서 화이트보드와 종이, 보통 2개의 접근 방법이 있다. 많은 인지·행동치료사는 사무실에 화이트보드를 갖고 있어서 사용하기도 하고, 반면에 다른 사람들은 종이 위에 그려내기도 한다. 화이트보드의 장점은 크게 제시할 수 있어서 보기 더 쉽고 또한 바꿔야 할 때 쉽게 지울 수 있다는 점이다. 참고용으로 사진도 붙일 수 있다. 종이로 된 개념화는 내담자가 갖고 갈 수 있도록 복사할 수 있다.

어떤 경우라도 개념화를 도출해내는 과정을 가능한 한 협력적으로 만드는 것이 도움이 된다. 개념화를 단지 마술처럼 보기 좋게 만들려고 하지 않아도 된다. 예컨대 "지금까지 우리가 이야기 나눈 것으로부터, 문제의 시작을 초래할 수 있었던 것은 무엇이라고 생각하시나요?", "당신이 그것을 했을 때, 효과는 무엇이라고 생각하시나요?" 등과 같이 내담자에게 어디로 가야할지를 물어보면서 내담자를 과정에 관여시킨다. Kuyken, Padesky 그리고 Dudley(2009)가 쓴 책에는 그들의 용어로 '협력적 사례 개념화'의 개념에 대한 정말 유용한 자료가 소개되어 있다.

▶ 동영상 자료 4.4: 개념화의 협력적 구성 – 개념화 작업에서의 팀워크

그림 4.12는 가능성 있는 개념화의 본보기를 보여준다. 이렇게 해야 된다는 규범적 의미를 의도한 것은 아니다. 개념화를 제시하는 다른 많은 방법이 있고 자신만의 스타일을 개발해야

할 것이다. 이것은 그저 가능성 있는 하나의 접근 방법일 뿐이고 이러한 접근은 어떤 개념화에 있어서도 가장 중요한 요소들의 전체적인 그림을 제공해준다.

그림 4.12 개념화의 본보기

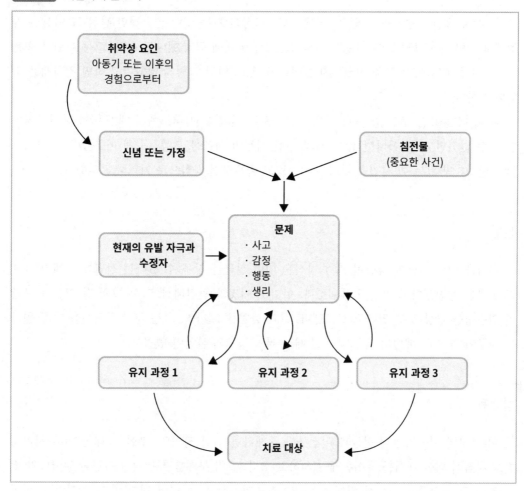

───── **개념화 사례** ─────

그림 4.13은 운전을 할 때 배변을 억제 못 하게 되는 것에 대한 두려움을 갖고 있는 어떤 사람에 대한 개념화의 예시를 보여준다. 이러한 공포는 그로 하여금 집에서부터 1~2마일 떨어진 곳 이상은 운전하지 못 하게 만들었다. 그 정도 거리는 그가 멈추지 않고 직장에 도착할 수 있는 정도이지만 공중 화장실을 쉽게 접근할 수 있는 복잡한 경로를 설정해 놓았을 때만

가능했다. 개념화에 요약되어 있는 관련 정보는 다음과 같다.

취약성

두 가지 요인이 중요해 보인다. 첫째, 그는 화장실 가는 것이 평균적인 관심 그 이상인 가정에서 자랐는데 그의 말에 따르면 그의 집은 '장에 대해 집착'했다고 한다. 그는 어린 시절을 회상하기를 매일 아침 장을 비웠는지 물어보곤 했고, 만약 그렇지 않았다고 하면 완화제를 주었다고 한다.

둘째, 더 중요할 수도 있는데, 집으로 돌아오는 길에 학교 버스에서 배가 아파서 화장실을 참을 수 없었던 11살 아니면 12살 때의 어린 시절의 사고를 고통스럽게 떠올렸다. 놀랍지도 않은 일이지만 그는 이 사건을 가장 수치스럽고 굴욕적인 경험으로 기억하고 있었다.

신념

어렸을 때의 이러한 경험이 그가 자신은 대변 실금을 참을 수 있다는 신념을 갖게 만들고 그 결과는 비참했다고 가설이 세워졌다. 아마도 이것과 관련해서, 그는 그의 장 기능과 불안이 연관성을 항상 갖고 있다고 보고했다. 그가 불안을 느끼면, 그는 항상 화장실을 가길 원하는 경향이 있었고, 배변의 욕구를 느낄 때는 어느 정도의 불안이 있었다.

침전물

이 남성의 이야기는 침전물과 이전부터 존재하던 신념 사이의 '부합'에 대한 이른 시기의 발생 시점에 대한 예시를 흥미롭게 제시하고 있다. 그의 문제를 침전시킨 사건이 일어나기 몇 년 전에 그는 교통사고로 길 위에서 누군가를 죽게 했는데 이것이 훨씬 더 '외상적인' 경험이었던 것 같다. 사고는 그의 과오는 아니었다. 그 피해자가 길로 뛰어들었다. 그럼에도 불구하고 이것은 분명 혼란스러운 일이었다. 그러나 심각한 일시적인 고통에도 불구하고, 이 사건이 지속적인 문제를 초래하지는 않았다.

현재의 문제를 이끈 것은 훨씬 더 객관적으로 사소한 사건이었다. 그러나 사소한 사건이라도 그의 신념과 연결되어 있었기 때문에 침전물로서 매우 강력한 것으로 증명되었다. 그 사건은 회사 내 갈등으로 인해 굉장한 스트레스를 받고 있을 때 발생했다. 그 당시 회사로 출근하는 동안 몸이 좀 찌뿌둥한 기분이었는데, 갑자기 화장실을 가고 싶어졌고, 그래서 매우 불안해지면서 그는 통제력을 상실했다. 실제로 끔찍한 일은 일어나지 않았다. 자동차를 댈 만한 장소를 찾았고, 울타리 뒤로 갔다. 그런 다음 다시 직장으로 자동차를 몰고 갔다. 그러나 이 일은 즉각적으로 더 많은 불안은 초래했고, 다음 몇 달에 걸쳐 꾸준히 불안은 증가했다.

문제

집으로부터 지근거리 이상으로 운전을 하는 것을 생각하면 그는 불안해졌다(감정). 그는 심장 박동 증가, 근 긴장, 화끈거리기 등을 포함하는 전형적인 불안 증상과 특별히 해결되지 않은 복통의 증상이 있다(생리적). 그는 갑자기 화장실을 이용해야 하게 될 때 몇 분 안에 화장실에 당도하지 못한다면, 감정을 억누를 수 없게 된다고 믿었다(인지). 그는 회사에 가는 것을 제외하고는 거의 전적으로 운전하는 것을 피했고, 공중화장실을 이용할 수 있는 범위 내에 머무르는 안전 행동으로 문제에 대해 대처했다(행동). 그는 또한 자신의 장에 상당한 주의를 기울였다. 그래서 어떤 여행이라도 가기 전이나 가는 도중에 화장실을 가야 할 필요가 있는지 점검하고 항상 출발하기 전에 장을 비우려고 시도했다(행동).

유지

세 가지 유지 과정이 확인되었다. 첫째, '안심할 수 있는' 지역 밖으로의 운전하기를 회피하는 것은 자신의 통제력 부족에 관한 신념을 검증하는 것을 가로막는 안전 행동이었다. 둘째, 그의 불안은 복통 증상을 만들었는데, 통제력 상실에 대한 증명으로 해석될 수 있다. 그리고 셋째, 계속해서 배변감을 확인하려는 것은 실제로는 완벽하게 정상인 배변감을 지적하게 되는 '샅샅이 살펴보기'를 구성하였다.

간단한 개념화

그림 4.13은 상대적으로 간략한 개념화의 예시를 보여주고 있다. 간단해서 가능한 한 이해하기 쉬운 개념화를 공유하는 데 목적을 두고 있기 때문에 이 개념화는 훌륭하다. 유용하다고 생각할 수 있는 보다 더 간단한 다른 본보기도 두 개 있다. 하나는 사랑스럽게 '물방울 개념화'라고 언급되고, 다른 하나는 보다 우아하게 '악순환 꽃잎' 구조라고 명명되었다.

그림 4.13 개념화의 예

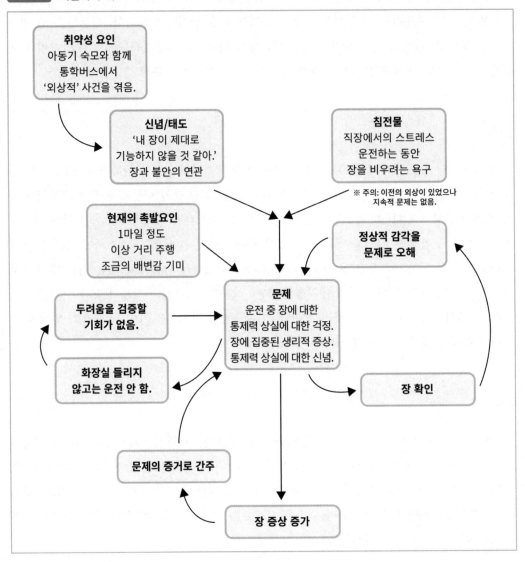

'물방울 모양 개념화'(Kennerley, 2005)라는 용어는 개념화의 틀을 두세 개의 정보 '물방울'로 간단히 표현한다. 이 사람이 이 문제를 왜 발전시켜왔는지, 왜 문제가 사라지고 있지 않은지 이해할 수 있을 정도의 충분한 정보를 제공한다(그림 4.14 참조).

그림 4.14 '물방울' 모양 개념화

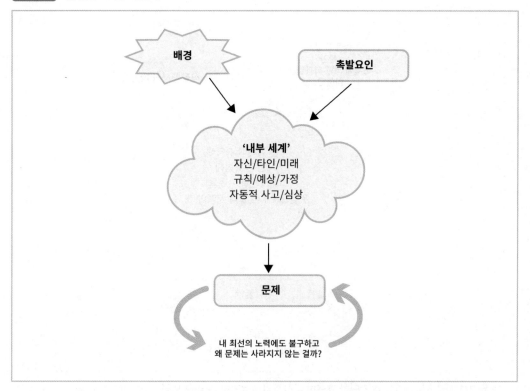

Alice는 20대 후반 치료에 의뢰되었다. 그녀는 자신이 소속 기관 내에서 해결된 짧은 기간 동안 따돌림을 겪은 이후로 복직에 어려움을 겪었다. 그녀는 자기 자신에 대해 비판적이었고, 사건이 전문적으로 자신이 만족할 만한 수준으로 잘 처리되었음에도 불구하고 아직도 왜 불안으로 고통받는지 이해할 수 없었다. Alice는 자신이 '바보'고 '멍청이'라고 반복했으며, 계속해서 직장으로의 복귀를 회피했다. 그녀의 치료사는 그녀의 스트레스 수준만 악화시킬 뿐인 자기 비난을 해소하기 시작할 수 있도록 가능한 한 동정적인 설명을 공유하기를 원했다. 그녀의 치료사는 그녀가 오래전에 방치되고 따돌림을 당했고 그래서 Alice가 세상은 위험한 곳이며 자신을 안전하게 만들기 위한 것이라면 무엇이든 해야 한다는 강력한 신념을 키워왔다는 것을 알게 되었다. 이러한 정보를 활용하여, 그러므로 Alice가 최근의 따돌림 사건 이후 그렇게 예민하게 된 것이 하나도 이상할 것이 없다는 것을 평가해줄 수 있는 예비의 개념화를 치료사와 함께 공유할 수 있었다. 그리고 그녀는 자신의 대처 전략이 어떻게 역효과가 나는지를 알 수 있었다(이 시나리오는 그림 4.15에 예시되어 있다.).

그림 4.15 '물방울' 모양 개념화: Alice

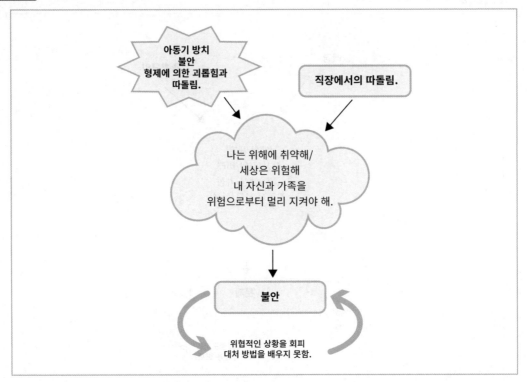

▶ 동영상 자료 4.5: 내담자와 간단한 개념화 구성하기 – '물방울' 모양 개념화

또 다른 간략한 개념화인 '악순환 꽃' 모양은 한 개의 중추적인 핵심 신념에 다양한 유지 과정이 있는 경우를 예시한 것인데 마치 꽃잎이 있는 꽃처럼 보여서 이름이 그렇게 지어졌다 (Salkovski, Warwick & Deale, 2003; Butler, Fennel & Hackmann, 2008). 이러한 분석 틀은 명백한 한 개의 핵심 신념에 몇 개의 유지 과정이 따르는 경우에 특히 유용하다. 이 분석 틀은 보다 일반화된 핵심 문제와 문제가 어떻게 드러나는지 구체적인 사례 사이를 전후좌우로 움직이는 것을 용이하게 하는 방식으로 복잡한 문제의 다양한 측면을 하나로 모을 수 있도록 해준다(그림 4.16의 예시 참고). Moorey(2010)은 또한 우울증의 주요 과정을 개념화하는 데 유용한 악순환 꽃을 개발하였다.

▶ 동영상 자료 4.6: 내담자와 간단한 개념화 구성하기 – '악순환 꽃' 모양 개념화

악순환 꽃은 종종 치료가 진행되고 각각의 꽃잎이 다뤄지면서 '고결한 꽃'으로 변형되기도 한다. 부정적인 순환이 긍정적이고 기능적인 순환으로 대체되는 것이다. 궁극적으로는 내담 자는 장기적 측면에서 매우 권능적인 대응의 개요를 갖게 된다. 이것은 다음 절의 '긍정적인'

개념화 이용하기와 관련이 있다.

그림 4.16 '악순환 꽃' 모양 개념화의 예

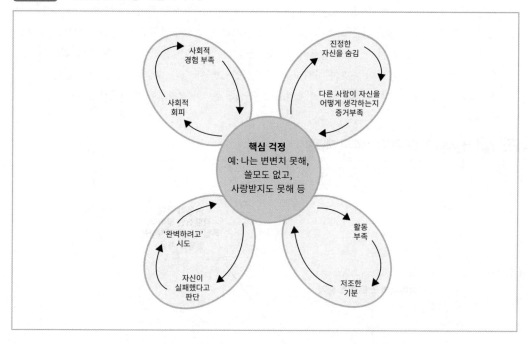

긍정적인 개념화

개념화가 순수한 병리학 체계를 가질 필요는 없다. 개념화는 개인의 맥락 안에서 개인의 겪는 어려움의 '일상의 모습'을 제공해야 한다. 이것은 내담자의 강점을 상기시켜주는 유용한 속성, 자원 그리고 악순환을 발견할 수 있다는 것을 의미한다. 이러한 것들이 개념화에 구축될 수 있다(Kuyken et al., 2009).

Howard는 어린 시절 학대를 받아왔다. 그는 스트레스가 극에 달하고 자기 자신과 다른 사람에 대한 부정적 신념이 되살아나기까지는 그럭저럭 대처할 수 있었다. 이것은 그가 지금 자신은 나쁜 사람이며 사랑스럽지 않으며, 자기 자신을 다치지 않게 보호하기 위해서 사람들을 기쁘게 해야만 한다고 믿기 때문이며, 이것은 다른 사람을 신뢰하는 데 어려움을 갖고 있기 때문이며, 이것은 우울증에 걸리기 쉽기 때문이었다. 그의 개념화는 우울증과 사회적 회피의 핵심적인 악순환 체계와 더불어 이 모든 것을 포착하였다. 그러나 Howard에게는 문제 그 이상의 것이 있었다. 그는 확고한 사회적 네트워크가 있었다. 비록 그가 다른 사람을 믿는 것을 힘들어했지만,

사람들은 그를 좋아하는 것 같았고, 그에게는 사회적 기술이 있었다. 그는 극단적으로 자급자족적이었고(때때로 오히려 너무 자급자족적이었다.) 혼자서 경력을 쌓고 생활을 꾸려나갔다. 그는 표면상으로는 유능했기 때문에 사람들은 조언을 구하려고 그에게 향했다. 그는 또한 자신을 가끔 돌봐주고 이러한 관계 속에서 사랑과 안전을 느끼게 해준 사랑스런 할머니가 있었다는 사실을 회상했다. 그리고 멀지 않은 과거에 활동적이고 자기 자신의 요구에 주의를 돌리는 방식으로 우울한 마음을 다뤘다는 것을 회상했다. 그의 개념화는 이것을 묘사했고(그림 4.17 참고), Howard는 이러한 포괄적인 개요가 자신이 어떤 사람인지와 자신의 능력에 관한 시각의 균형을 잡을 수 있도록 돕는다고 말했다. 이것만으로도 그의 비관주의와 절망감을 완화시킬 수 있었다.

그림 4.17 Howard의 병리학과 강점의 개념화

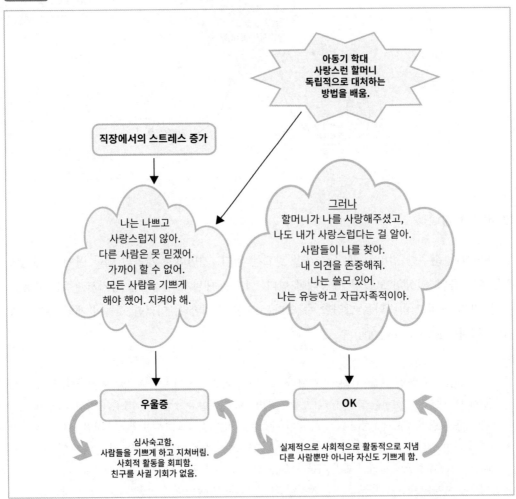

인지 · 행동치료 개론

내담자가 진전을 보이면, 개념화는 이를 반영해야 한다. 개념화는 사람들이 새로운 관점과 행동을 개발함에 따라 역동적이고 변화한다. 이것은 개념화는 문제에 대한 강조로 시작하지만 강점과 대처방법의 개요로 진화해야만 한다는 것을 의미한다.

우울증 치료를 위한 그녀의 인지 · 행동치료 초기에 Chase는 자신의 삶에 긍정적 측면이 있다고 믿지 않았다. 그리고 그녀의 초기 개념화는 실제로 하나의 병리에 불과했다. 그러나 그녀가 치료에서 진전을 보이면서, 개념화가 검토되고 갱신되었다. 그녀와 치료사는 그녀가 이룬 진보를 반영하여 대응 체계를 만들었다. 이것이 그녀의 발전을 담아낼 수 있었고, 궁극적으로 자신의 강점과 능력에 대한 새로운 시각을 갖게 되었는데 이로 인해 심지어 역경을 겪고 있더라도 자신의 강점과 능력을 인식할 수 있었다. 이러한 변화는 그녀에게 자기 안의 내적 자원과 자기 자신을 거스르기보다는 자신을 위해 작용하는 행동을 상기시켜줌으로써 장기적 차원의 대처에 도움을 주었다. 그래서 치료의 종반부의 긍정적 개념화는 그녀의 장기적 대처에 공헌하였다(이 시나리오는 그림 4.18에 예시되어 있다.).

그림 4.18 Chase의 치료 종결 개념화

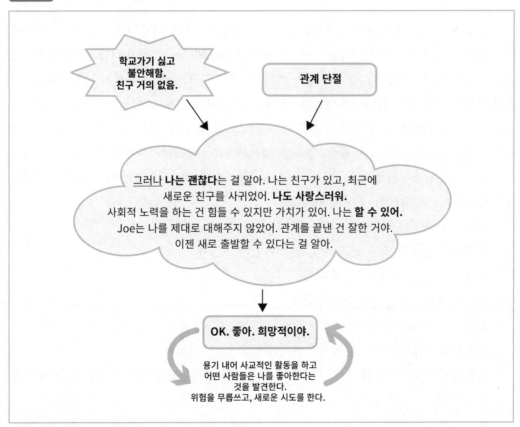

Padesky와 Mooney(2012)는 긍정적 개념화를 한발 더 이끌어갔다. 내담자가 자신의 강점에 대한 이해를 형성하도록 하면서, Padesky와 Mooney는 '가능성'의 개념화를 고무함으로써 복원력을 강화시키는 데 목적을 두었다. 내담자는 자신의 희망을 상상해보고 자신이 어려움을 관리할 수 있고 느끼고 행동하는 것이 달라졌을 때 자신에게 어떨지 상상해보도록 내담자에게 권유한다. 치료 중에 있는 사람은 상황이 어떨지 투영해보고 정신적으로 감정적으로 회복과 대처 상태를 시연해본다. 이것은 긍정적 개념화의 세련된 변형 중 하나이다. 만일 이 개념에 끌린다면, Padesky와 Mooney의 보고서(2012)가 적절한 출발 지점이다.

개념화에 긍정적인 정보를 포함시키는 것에 관한 최종 이야기 하나가 있다. 이것은 민감하게 탐색되어야만 한다. 어떤 사람은 Chase처럼 기록할 만한 긍정적인 것이 조금이라도 있다고 믿지 못할 수 있다. 그리고 내담자를 여기에 따라 강요하는 것은 공감적이지 않은 것처럼 보일 수 있고, 치료적 동맹의 관계를 긴장시킬 수 있다.

───── 인지·행동치료에의 적합성 ─────

사실상 모든 심리적 문제는 개념화될 수 있다. 개인의 문제를 개념화할 수 있다는 것이 반드시 인지·행동치료로부터 이익을 볼 수 있다는 것을 의미하는 것은 아니다. 그래서 중요한 질문은 '누가 인지·행동치료에 적합한가?'이다. 사실은 인지·행동치료 또는 다른 치료가 좋을지 어떻게 내담자와 치료를 맞춰야 하는지에 관한 견고한 증거는 없다. Safran과 동료는 지금까지 널리 논의되어 왔던 일련의 기준을 개발하였고, 두 개의 연구를 통해 이러한 기준이 단기 인지·행동치료에서 더 좋은 결과를 예측하였다는 사실이 확인되었다(Safran, Segal, Vallis, Shaw & Samstag 1993; Myhr, Talbot, Annable & Pinard, 2007). 내담자가 다음 조건의 사람인 경우 내담자가 (평균적으로) 더 잘할 것이다.

- 회기 중에 인지에 접근할 수 있는 내담자
- 서로 다른 감정을 알고 있고, 세분화할 수 있는 내담자
- 인지적 모델에 잘 연결되는 내담자
- 변화에 대한 책임을 수용하는 내담자
- 좋은 협력적 치료적 동맹(이전의 관계에서 나온 증거를 활용하면서)을 형성할 수 있는 내담자
- 상대적으로 급성의 발병과 이력의 문제를 갖고 있는 내담자
- 도움이 되지 않는 '안전 조작'(예: 치료가 어려울 정도로 불안을 통제하려는 시도)을 보이지 않는 내담자

- 상대적으로 집중된 방식으로 한 번에 하나의 쟁점에 전념할 수 있는 능력을 보여주는 내담자
- 치료에 대해 합리적으로 낙관적인 내담자

그러나 이러한 요인들은 실증적으로 잘 확립된 것은 아니고 결과와의 연관성도 크지 않기 때문에 엄격한 기준으로서보다는 안내 지침 정도로 활용해야 한다. 더군다나 이러한 요인들은 단기적 인지·행동치료의 적합성을 평가하기 위해 고안되었다. 장기적 치료에서는 덜 긍정적인 요인을 극복할 수 있어야 할 것이다.

적합성에 대한 증거 부족에 직면해 있는 까닭에, 많은 치료사가 내담자에게 아마도 5~6회기의 시험 기간을 제안한다. 이 기간 동안 치료사와 내담자 모두가 개별 내담자에게 인지·행동치료가 얼마나 잘 적합한지 평가할 수 있다. 우리가 앞서 말한 바와 같이, 때로는 치료의 접근이 잘못될 수 있고, 치료의 시기가 잘못될 수 있는 것처럼 이것은 순수하게 인지·행동치료가 내담자에게 적합한지 확인하기 위한 시험 기간이다. 이것에 대해 솔직해야 하는 것도 마찬가지다.

> 당신도 알다시피, 인지·행동치료는 많은 문제를 다루는 데 있어서 좋은 기록을 갖고 있습니다. 하지만 그것이 적절한 선택이 아닐 수 있었던 때도 있었고 다른 접근 방법이 더 좋았을지 모를 문제도 일부 있었어요. 처음 몇 회기에서는 이러한 사실을 명심할 것이며 인지·행동치료가 바로 지금 당신의 어려움에 대한 최고의 치료인지 아닌지 고려할 거예요. 만일 인지·행동치료의 방법이 그렇지 않다면, 그러면 다른 유용한 평가를 실행할 거예요. 그리고 다른 선택사항에 대해서 이야기 나눌 수 있어요. 어떤 것 같나요?

비록 5회기 내지 6회기는 제시된 문제를 해결하기에 충분히 긴 시간은 아니지만, 인지·행동치료가 유용한지 아닌지에 대한 생각을 얻기에는 대개 충분히 긴 시간이다. 만약 그렇다면, 치료는 계속된다. 만약 그렇지 않다면, 치료사와 내담자 모두가 다른 가능성 있는 치료 계획을 고려할 수 있도록 치료사는 충분히 좋은 개념화를 갖고 있어야 할 것이다.

───── 평가를 위한 치료 장면 구성하기 ─────

평가를 위한 적절한 환경을 만드는 것은 중요하다. 제대로 갖추고 이해하는 것은 치료사가 내담자를 끌어들여 예비 개념화를 완성하기에 충분할 정도로 내담자가 개방적으로 될 수 있고 다음에 이어질 협력적이고 실증적인 치료를 위한 장면을 구성할 수 있는 좋은 기회이다.

'제대로 갖추기'는 처음 시작부터 치료 활동을 같이 하는 것이 안전하다고 느끼게 하는 것

과 관련 있다. 그래서 이것이 바로 출발점이다. 보통 개방적이고 상황을 안락하게 느끼게 하는 데 관심이 있다.

이번 회기에서는 우리가 함께 인지 · 행동치료가 당신에게 맞는지, 인지 · 행동치료가 당신이 필요로 하는 것을 제공해줄 수 있는지 결정하기 위하여 당신의 어려움을 더 잘 이해하려고 저는 시도할 거예요. 제가 많은 질문을 할 거라는 의미예요. 질문이 다소 많다면, 저한테 알려주세요. 잠시 휴식시간을 가질 수 있으니까요. 가능한 한 당신이 평안하게 느끼는 것이 중요해요. 그래서 시작하기 전에 제가 알면 도움이 되는 것이 몇 가지 있어요. 하나는 당신이 불편하다는 것을 제가 어떻게 인식할 수 있냐는 거예요. 사람들은 이런 감정을 다르게 표현해요. 그래서 때때로 상황이 어떻게 돌아가는지 제가 확신하지 못할 때가 있거든요. 그래서 제가 무엇을 알려드려야 할지 말씀해주시면 고맙겠습니다. 두 번째는 당신이 불편할 때 제가 어떻게 해드리길 더 선호하시냐는 거예요. 예를 들면, 어떤 분들은 눈물을 인정해달라고도 하고 반면에 눈물 흘리는 것에 신경 쓰지 말아달라는 분도 있고요. 기분이 나아질 때까지 잠시 주제를 바꿔 달라고 요청하는 분도 있고, 잠시 방을 나갔다 와도 되는지 물어보는 분도 있거든요. 저는 많이 유연해서요, 어떻게 하는 것이 당신을 편안하게 해드리는 것인지 제게 설명해주시면, 같이 계획을 세우고 제가 그것을 수용하도록 노력할 수 있답니다.

이런 식으로 내담자가 필요한 정보를 공개하고 공유할 수 있을 것 같은 가능성을 최대한으로 끌어올린다. 동시에 이러한 방식이 협력적인 시도이며 내담자의 경험이나 관점이 중요하다는 메시지를 제공할 수 있다.

관련 있는 정보를 수집할 수 있도록 해주는 또 다른 방법은 치료사의 전략에 대해 분명히 하는 것이다. 보통은 간단한 개념화의 개요를 그린다. 종종 화이트보드 위에 줄을 따라 무엇인가를 말하면서 간단한 기본 틀을 그려놓는다.

제가 어디서 들어오고, 언제 다양한 질문을 하는지 당신이 알고 있는 것처럼, 어떻게 인지치료사가 문제를 이해하려고 시도하는지 당신에게 알려드릴게요. 저는 보통 당신을 이곳으로 오게 한 어려움에 대해 물어보는 걸로 시작합니다[화이트보드 위에 근본적인 문제를 가리키는 그림을 그리기 시작한다.]. 그런 다음 왜 이 문제가 해결되지 않았는지 제가 이해하는 데 도움이 될 질문을 할 거예요[근본적인 문제로부터 '유지 순환체계'의 화살표를 그린다.]. 문제를 유지하게 하는 것이 무엇인지. 우리가 문제를 계속되게 하는 것이 무엇인지 알게 되면, 변화시킬 수 있는 것들에 대한 생각을 발전시키기 시작할 거예요. 어때요? 이런 것을 당신이 기대한 건가요? 당신이 연결시킬 수 있는 접근 방법인가요?

또는

인지 행동치료사로서 저는 당신이 한 일, 당신이 마음속에 겪은 일의 관점에서 당신의 어려움을 추동하고 있는 것이 무엇인지에 관심이 있습니다. 그래서 저는 그런 상황에 도움이 되거나 또는 방해가 되는 행동에 관해 당신에게 물어볼 거예요. 그리고 당신의 마음속에 있는 생각과, 심상, 규칙, 예측 등을 같이 탐색해볼 거예요. 이 모든 것은 우리가 문제를 부채질하는 것이 무엇인지, 언제 문제를 다룰 수 있는지 이해하는 데 도움을 줄 것이며 앞으로 어떻게 나가는 것이 최선인지에 관한 생각을 이해하는 데 도움을 줄 거예요. 어때요? 이것은 당신의 방식에 대해 많은 질문을 한다는 것을 의미한답니다. 이렇게 하는 것에 대해 어떻게 느끼시나요?

이러한 단순한 중계는 치료에 협력적이고 희망적인 기초를 형성해준다. 내담자는 치료사가 무엇을, 왜 하는지 알게 된다. 내담자는 인지·행동치료에 있어서 질문하는 부분에 대한 합리적 근거를 갖게 된다. 내담자의 관점을 찾을 수 있고, 치료사는 내담자가 변화가 가능할 것이라 생각하는 것을 분명히 하게 된다.

───── 평가 동안 일어날 수 있는 문제 ─────

앞서 언급했듯이, 인지·행동치료를 처음 시작하는 치료사에게 있는 흔한 어려움은 문제에 관한 충분한 정보를 얻는 데 있다. 이러한 어려움은 치료사 때문이기도 하고 내담자 때문이기도 하다.

치료사에게 있어서의 문제

치료사에게 어려움은 주로 무엇이 중요한 정보인지 바로 알지 못한다는 데 있다. 다양한 범위의 심리적 문제에 대한 경험이 쌓이면 치료사는 특정 문제에 있어서 어떤 영역이 중요할 것 같은지에 대한 감이 발전될 것이다. 물론 이론가들이 중요하다고 본 것이 무엇인지 알기 위해서는 또한 인지·행동치료 모델에 관해서 읽어야만 한다(이 책의 나머지 내용이 도움이 되기를 바란다!). 숙련된 치료사들이 보여주는 기술 중 하나는 정확한 질문을 하는 것이 아니라 질문을 잘못했을 때를 빠르게 인식하고 다른 관점에서 질문할 수 있도록 바로 조치를 취하는 것이다.

너무 쉽게 포기하는 것과 지나치게 오래 붙잡고 있는 것 사이의 균형을 잡는 것이 중요하다. 대부분의 경우 만약 내담자가 질문에 대해 치료사에게 많은 것을 말해주지 않으려 한다면, 적어도 잠시 동안은 지속하다가 다른 접근 방법을 시도할 만하다. 내담자는 어떤 질문은 다른 질문보다 대답하기 더 쉽다는 것을 종종 발견한다. 처음에는 정말 도움이 안 될 것 같아

보이던 질문들이 갑자기 보다 생산적인 방식으로 포문이 열리기 시작할 수 있다. 그러나 내담자가 마치 평가라기보다는 심문을 받는 것 같은 느낌이 들 정도로 매달려서는 안 된다. 일반적으로 경험상 보면 치료사가 완벽히 편안하게 느껴질 수 있는 바로 그 지점을 살짝 넘어서 치료사가 처음으로 계속 진행해도 좋겠다고 알게 될 지점이 내담자도 보통 수용할 수 있는 정도일 것이다.

내담자에게 있어서의 문제

내담자에게 치료사의 질문에 대답하는 것을 힘들게 하는 몇 가지 어려움이 있을 수 있다. 어떤 경우라도 무엇이 그러한 어려움을 유발하는지 이해하는 것이 중요하다. 흔히 두 가지 유형이 있는데 하나의 유형은 내담자가 정말 치료사의 질문에 대한 답을 모르는 경우이다. 그리고 알고는 있지만 대답하기 꺼려하는 유형의 내담자가 있다.

답을 모르는 경우:
- 내담자가 문제에 익숙해져 있어서(또는 문제에 의해 혼란을 겪고 있어서) 치료사가 평가하려고 하는 요인을 더 이상 알아차리지 못한다. 보통 더 부드러운 질문을 하면 변화를 유도할 수 있고 그래서 더 많은 정보를 파악할 수 있다. 또 다른 유용한 기법은 자기 점검(5장 참고)인데, 생각의 접근 가능성을 높이기 위해 감정적 혼란이 발생한 시기에 근접해서 시행하거나 또는 기분의 변화를 확인하기 위해 매시간 시행한다.
- 회피 또는 다른 안전 추구 행위(SB)가 너무 광범위하게 퍼져있거나 효과적이어서 내담자가 더 이상 부정적 사고를 경험하지 않거나 특정 행동에 몰두하지 않고 그래서 그러한 질문에 대한 답을 보고하지 못한다.
- 무의식적으로 지나칠 수 있는 특정 상황에서 특정한 인지가 친숙하고 과도하게 사용된다. 이해를 도울 수 있는 비유를 들자면, 숙련된 운전자가 빨간 신호등을 보고 반응하는 것이다. 운전자는 의식적으로 '빨간 불이네, 멈추는 게 낫겠어, 왜냐하면 내가 멈추지 않으면 반대편에서 달려오는 차가 나랑 부딪힐 수 있으니까, 그러면 그건 재앙이 될 수 있고….'라고 생각하지 않는다. 그는 빨간 신호등을 보면 자동적으로 브레이크를 밟는다. 운전자가 빠르게 반응할 수 있게 하고 그래서 운전자를 안전하게 해준다면 이러한 반응은 좋은 것이다. 하지만 인지가 거기에 여전히 머무른다면, 운전자가 브레이크에 발을 갖다 대고 그래서 아무 일도 생기지 않았다면, 그러면 차도의 위험에 관한 사고(감정)는

이러한 기발한 상황에서 쉽게 접근할 수 있을 것이다. 그러므로 유용한 전략은 평가 전략으로서 사용되는 작은 행동실험(BE, 9장 참고)을 시도해보는 것이 될 수 있다. 내담자가 기발한 상황을 만들고, 통상적인 안전 행동을 피하거나 수행하지 않는다면 어떤 일이 발생할지 알고 싶어 한다면, 사고나 감정은 훨씬 더 분명해지기 쉬울 것이다.

- 단순히 사고나 감정에 접근하고 보고하는 것이 어렵다고 느끼는 소수의 비율에 해당하는 내담자이다. 어떤 사람들은 심상이나 '느껴진 감각'으로 할 때 더 잘한다. 그래서 일상적으로 "당신의 마음속에 무엇이 스쳐지나가는 것 같나요?", "단어나 그림으로 표현한다면 무엇일까요?" 그리고 "당신의 몸 속 어디에 있나요? 신체적으로 어떻게 느껴지나요?"와 같은 질문을 한다. 일부 소수의 사람은 인지와 감정에 편안함을 느끼지 못한다. 그런 경우에는 보다 전통적인 행동주의 접근이 더 유익한 것으로 판명될 수 있다.

답을 알지만 대답하기 꺼려하는 경우:

- 치료사의 반응을 두려워한다. 가령, 어떤 내담자는 당신이 자신의 생각이나 행동을 인정하지 않을 것이라고 생각하거나 자신의 증상을 '어리석다'라고 느낀다거나 자신을 비웃을지 모른다고 생각한다. 이러한 것에 대해 무엇인가 시도하기에 앞서 항상 이러한 거부감 이면에 있는 이유를 파헤치기 위해 시도해야 한다. 대부분의 내담자는 아직까지 자신의 원래 생각에 대해 말할 수 있는 느낌이 아니더라도 가로막고 있는 사고에 대해 조금씩 이야기할 수 있게 될 것이다. 다른 사람의 보고한 걱정의 유형에 관한 제안을 내담자에게 제공하는 것도 도움이 된다. 그러면 내담자는 치료사가 전에 이러한 종류의 이야기를 들어왔다는 사실을 깨닫는다(하지만 물론 내담자에게 가르쳐 주려고 하지 않는다.).

- 또 다른 두려움은 증상을 공개적으로 보고하는 것이다. 어떤 내담자는 자신이 '미친' 것으로 진단받아 감금될지 모른다고 두려워할 수 있다. 또는 치료사가 경찰이나 사회 서비스 기관에 연락하여 자신을 체포하거나 아이들을 데리고 갈지 모른다고 두려워할 수 있다. 심각한 수준의 죄책감을 갖고 있는 사람은 자신이 치료사를 도덕적으로 타락시킬 것이라고 두려워할 수 있다. 외상 후 스트레스 장애를 겪은 사람은 그 외상에 대해 이야기하는 것이 참기 힘든 회상장면을 떠올리게 할 것이라고 예상할 수도 있다. 일부 강박 장애 내담자들은 자신만의 특별한 보호 의식, 특히 '마법사고'와 관련된 것들을 자세하게 이야기하게 되면 더 이상 효력을 발휘하지 못해 자신이나 다른 사람을 위험에 빠트릴 수 있을 것이라는 두려움에 대해 보고한다. 다시 한 번, 내담자에게 일반적인 두려움에 대한 예를 제공하고, 또한 서로 다른 종류의 정신적 문제 사이의 차이점을 분명하게 해주는

것(예: 강박 장애는 조현병과 다르다.)이 유용할 수 있다.

——— 개념화 형성 과정에서 일어날 수 있는 문제 ———

결과는 목적이 아니다.

내담자 또는 그의 가족이 자신들의 행동 결과를 반드시 (무의식적으로라도) 의도한다는 가정을 피하는 것이 중요하다. 광장공포증이 있는 여성의 행동 결과 중 하나가 남편이 항상 그녀를 따라간다는 것이라는 사실이 그 자체만으로 그녀가 남편이 자신을 동행하게 만들기 위해서 그렇게 행동한다는 것을 입증하는 것은 아니다. 마찬가지로 내담자의 남편이 아내의 강박증의 문제를 유지하게 하는 것처럼 보이는 방식으로 그녀를 안심시킨다고 해서 남편이 아내가 강박증을 유지하게 하도록 만들기 위하여 그런 행동을 한다는 것을 보여주지는 않는다. 그런 동기(때때로 이차 병적 이득이라 불린다.)는 존재하지 않는다고 말하는 것은 아니다. 그것은 단지 보편적이지 않은 것뿐이다. 그것이 어느 특별한 경우에서나 중요하다는 것을 보여줄 단순한 결과 이상의 독립적인 증거가 때로는 필요하다. 프로이드 자신은 프로이드 심리학의 상징과 관련해서 "때때로 담배는 그저 담배일까요?"라는 말을 한 것으로 되어 있다. 이 문구를 우리는 "항상, 담배는 그저 담배일까요?"로 확장할 수 있을 것 같다. 대부분의 내담자와 그의 가족은 그들의 문제를 제거하기를 원한다. 그들은 그 목적을 성취하는 데 도움을 주지 못하는 사고와 행동의 패턴에 단지 갇혀 있을 뿐이다.

개념화 검열하기

치료사들은 가끔 내담자와 공유해서는 안 되는 개념화의 요소가 있는지 묻는다. 일반적으로 이에 대한 답은 "아니요."이다. 인지·행동치료의 협력적 접근의 일부로서 개념화는 공개되어야 한다. 이러한 원칙에 일어날 수는 있지만 드문 예외의 경우는 전체 개념화가 치료적 관계를 위협할 수 있는 요소를 갖고 있는 경우에 한해서다. 개념화에 대해 상의하는 것은 관계 형성과정 중 상당히 이른 시기에 발생할 것이다. 그때까지는 갈등을 끌어안을 만큼 아직 충분히 신뢰하지 못하고 확신하지 못하는 때이다. 분명한 예는 개념화의 일부로서 이차적 이득을 간주할 수 있는 충분한 증거를 갖고 있다고 생각하는 경우이다(위의 내용 참고). 저런 유형의 과정에 대한 강력한 증거가 있지만, 치료 초기 이러한 제안에 대해 기분상해할지 모른다.

관계가 강화되고 이런 쟁점을 허심탄회하게 이야기할 수 있을 때까지 그것을 개념화의 일부로 다루지 않는 것이 현명하다.

복잡한 교차점

당신이 알고 있는 모든 정보 하나하나를 개념화에 담으려고 작업하는 것은 불필요하다. 너무 많은 정보를 포함하는 것은 상황을 분명하게 해주기보다 혼란스럽게 만들어 개념화의 선과 상자가 뒤죽박죽되는 악몽을 초래할 수 있다. 개념화의 목적은 문제의 유지에 관련된 주요한 과정을 설명하기 위해 수집된 정보를 이용하는 데 있다는 사실을 기억해야 한다. 어느 정도 정보를 걸러내고 간소화하는 것이 개념화를 내담자와 치료사 모두 이해하는 데 합리적으로 쉽게 해주기 위해 필요하며 또 바람직하다. 아인슈타인이 한 말 가운데 좋은 문구가 하나 있다. "모든 것을 가능한 한 단순하게 만들어야 한다. 보다 단순하게가 아니라."

터널 시야

때때로 너무 이르게 가설을 확정하고 그 가설의 틀에 갇혀 그 가설을 확신시켜주는 정보에만 집중하면서 다른 정보에는 집중하지 못할 수 있다(Kuyken, 2006). 가설을 적절하게 검증하기 위해서는 단지 가설을 지지하는 증거가 아니라 그 가설을 반박하는 증거를 찾아야만 한다는 것을 기억하는 것이 중요하다.

또한 우리는 때때로 개념화를 내담자에게 맞추려하기보다 내담자에게 개념화를 맞추도록 강요하려고 시도할 수 있다. 내담자가 당신에게 말하는 것에 당신이 반응하고 개념화는 내담자에 대해 특이하다는 것은 중요하다.

개념화는 논리적 의미가 맞지 않는다.

개념화를 표현하고 있는 상자와 이를 연결해주는 화살표가 좋게 보이지만 자세히 들어보면 아무런 논리적 의미를 갖고 있지 않은 개념화가 일반적인 문제이다. 이러한 결과는 개념화를 스스로 발견하지 못하고 부주의하게 사용한 까닭이다. 예를 들면, 고상하게 간단한 five-part 모델(Padesky & Mooney, 1990: 그림 4.19 참고)이 종종 이런 식으로 잘못 활용된다.

그림 4.19 상호작용하는 체계(Padesky & Mooney의 five-part 모델에 기초, 1990)

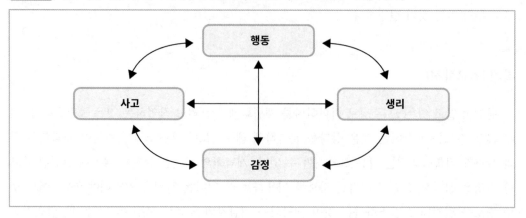

비록 이 구조가 대중적이고 체계 사이의 복잡한 상호연결 관계를 쉽게 떠올리게 해준다는 점에서 매우 유용할 수 있지만, 유용한 개념화의 기초를 형성하려고 한다면, 보다 구체적으로 만들어질 필요가 있다. 충분히 생각하지 않고 사용하면, 상자 하나에 잡동사니 생각들을 한데 담아버리는 일을 초래할 수 있다. 즉, 이와 마찬가지로 각각의 행동과 감정 그리고 신체적 변화의 집합을 각각의 상자에 담을 수 있다. 상자 사이에 화살을 그려놓고, 그런 다음 뒤로 물러나 앉아 문제가 설명된 것에 대해 흡족해하는 것이다. 하지만 이런 개념화는 충분히 문제를 설명해주지 못한다. 왜냐하면 화살표가 조금이라도 이해할 수 있는 과정을 나타내주지 못하기 때문이다. 어떤 행동이 어떤 사고나 어떤 감정과 연결되어 있는지 구체적이어야 하는 것 대신에 단지 모든 생각이 모든 행동이나 모든 감정 등과 연결되어 있음을 보여주는 커다란 화살표만을 표시한 것이다. 개별적으로 보면, 이러한 연결의 각각은 의미가 있을지 모르겠지만 이것들을 전체로 놓고 보면 의미가 전혀 없다. 결과적으로 치료사(내담자는 말할 것도 없지만)는 이렇게 제안된 연결이 어떻게 작동하는지에 관해 설명하는 데 진땀을 빼기 쉽다.

당신의 개념화에 대해서는 항상 비판적으로 생각해야 하고, 화살표와 상자가 어떤 심리적 과정을 나타내는지 스스로에게 물어봐야 한다. 상자에 있는 특정 사고가 다른 상자에 있는 특별한 행동을 어떻게 초래했는지 또는 그 행동이 특정 신념에 어떻게 영향을 미치는지에 대해 설명할 수 있도록 해야 한다. 요약하자면, 치료사의 개념화는 논리적 의미가 통해야 한다.

개념화는 사용되지 않는다!

개념화를 사용하지 않으면, 도울 수 없다는 것은 분명해 보인다. 개념화를 구성하고 나면 가끔 치료사는 과제가 끝난 것처럼 어딘가에 쌓아두고 그것에 대해 다시는 생각하지 않는다. 개념화의 핵심은 치료 전반에 걸쳐 치료사와 내담자의 길잡이 역할을 한다는 데 있다는 점을 기억해야 한다. 개념화를 자주 언급하는 습관을 갖도록 노력해야 한다. 가령 다음과 같은 방식으로 말이다. "이 경험이 개념화에 어떻게 잘 맞는 것 같나요?", "우리의 개념화가 제시하는 것이 지금 여기서 앞으로 더 나가는 좋은 방법인 것 같나요?", "(회기에서든 숙제를 통해서든) 이 작업이 주요 유지 과정에 대한 영향을 미칠까요?"

개념화는 업데이트 되지 않는다!

치료가 효과가 있다면, 내담자의 문제는 내담자의 인지와 행동이 변하면서 완화될 것이다. 이러한 변화가 개념화에 반영될 필요가 있다. 만일 개념화가 변하지 않는다면, 그럼 치료가 효과가 있지 않는 것이다. 만일 치료가 도움이 된다면, 강점, 자원, 그리고 악순환이 더 두드러지는지 살펴봐야만 한다. 인지·행동치료의 과정이 성공적으로 끝날 무렵에는 개념화는 내담자에게 효과가 있는 것을 잘 요약할 수 있어야 하고 앞으로의 안내자 역할을 할 수 있어야 한다.

핵심 신념과 도식

끝으로, 개념화에서 치료 계획으로의 전이에 관한 주의사항이다. 때때로 개념화가 핵심 신념이나 도식을 내포하고 있다면, (a) 핵심 신념은 자동적 사고나 행동보다 더 '근본적이거나' 또는 '더 심층적'이기 때문에 핵심 신념이 치료의 중요 대상이 되어야만 한다. (b) 그러므로 당신은 핵심 신념을 수정하는 것부터 시작해야만 한다. 이 말은 거의 사실이 아니다. 핵심 신념과 도식은 전형적인 자동적 사고보다 적용성에 있어서 확실히 더 광범위하다. 그러나 그렇다고 해서 핵심 신념과 도식을 보다 중요하고 근본적으로 만드는 것은 아니고 확실히 자동적 사고와 행동을 다루는 것이 '피상적'이라는 것을 의미하는 것도 아니다. 이와 반대로 인지·행동치료의 효과성에 대해 현재 이용 가능한 증거의 대부분은 주로 구체적인 자동적 사고와 이와 관련된 행동의 수준에서의 치료 활동에 기초한 것들이다. 실제로 그 수준에서의 치료가 보다 폭넓은 신념 수준에서의 변화를 이끌어낸다는 증거도 또한 있다(예: Jocobson 등의 1996 연구 참고). 우리의 접근은 상황을 가능한 한 단순하게 유지하는 것이다. 그리고 보다 구체적인 사고와 행동을 다루는 한 그렇게 하고 있기 때문에 보다 일반적인 신념과 가정이 필요할 때만 오로지 보다 일반적인 신념과 가정을 다루는 것을 기본 접근 방법으로 삼고 있다.

--- **요약** ---

- 인지·행동치료의 개념화는 문제의 주요한 특징과 문제가 어떻게 시작되었는지, 무엇이 계속 문제를 유지하게 하는지를 간결하게 제시하는 데 목적이 있다.

- 인지·행동치료 평가는 인지·행동치료의 개념화의 가정을 세우고 이를 검증하는 데 필요한 정보를 얻기 위해 필요한데 그래야 증거에 기초하고 내담자와 치료사 모두 납득할 수 있는 체계를 완성할 수 있다.

- 개념화는, 언제든지 가능할 때, 효과에 있어서 증거에 기초해 확립된 치료 모델에 의해 정보가 제공되어야 한다. 내담자가 확립한 모델에 쉽게 적응하지 못하면 기본적인 인지·행동치료 이론을 개별 내담자에게 적용함으로써 개념화를 개발할 필요가 있다.

- 인지·행동치료의 개념화는 주로 (독점적으로는 아니지만) 현재의 유지 과정에 초점을 맞춘다. 내담자와 치료사 모두 중요한 과정을 이해하도록 돕는 것만큼 개념화는 치료를 위한 계획의 기초를 잘 제공해준다.

- 개념화는 다른 형태를 띨 수 있는데, '악순환'의 유지 과정을 분명하게 하기 위하여 보통은 다이어그램의 형태로 제시된다.

다음 학습 활동은 SAGE publishing 사이트(https://study.sagepub.com/kennerley3e.)에서 내려받기 할 수 있다.

복습과 성찰:
- 완벽하게 표준화된 치료에 비해 개념화에 기초한 치료의 장점을 입증할 만한 증거가 상대적으로 부족한 것에 대해 어떻게 생각하는가? 이것이 우리가 개념화를 포기해야만 한다는 것을 의미하는가? 또는 이것이 지금까지의 연구가 너무 제한적이었다는 것을 보여주는가? 어떻게 해야 개념화의 과학적 지위에 관한 더 많은 것들을 찾아낼 수 있는가?
- 당신의 관점에서, 진단에 기초한 모델에 찬성하는가? 반대하는가?
- 특별한 경우에 2차 병적 이득이 작동한다는 것을 결론내리는 데 필요한 증거는 어떤 것인가? 만약 그런 증거가 있다면 당신의 내담자와 어떻게 상의할 것인가?
- 간소화된 개념화의 공간과 관련성에 대한 당신의 시각은 무엇인가?
- 긍정적인 개념화의 공간과 관련성에 대한 당신의 시각은 무엇인가?

한걸음 더:
- 당신의 내담자를 상대로 개념화 도표를 그려보도록 시도해라. 그리고 얼마나 잘 잡아낼 수 있는지 살펴봐라. 병리와 장점을 수용하도록 시도해라. 직면하는 어려움은 무엇인가? 그러한 문제는 어떻게 극복할 수 있는가?
- 내담자의 개념화를 간단하게 만들기 위해 시도해라. 그리고 그것을 의미 있게 작게 만들 수 있도록 줄일 수 있는지 살펴봐라.
- 이러한 개념화를 수퍼비전에 갖고 가라. 그리고 당신의 수퍼바이저와 그것이 얼마나 잘 정리되었는지 그것이 정확한지 검증하기 위해서 무엇을 할 수 있는지 상의하라.
- 내담자와 협력적으로 개념화를 그리는 연습을 하고 내담자의 반응을 이끌어내는 연습을 해라. 내담자 중 누군가 개념화가 도움이 되지 않는다고 생각하지는 않는가? 만약 그렇다면, 어떤 방법이 있는가?
- 내담자의 개념화를 정기적으로 살펴보고 새롭게 갱신해라!

보충 읽기 자료

Grant, A., Townend, M., & Mill, J. (2009). *Assessment and case formulation in cognitive behavioural therapy*. London: Sage.
개념화 사례에 대한 핵심적인 기술적 그리고 실증적 논쟁에 관한 흥미로운 논의를 포함하고 있다. 또한 개별 내담자들과 그들의 개념화에 관한 확장된 설명을 매력적으로 담고 있다.

Kuyken, W., Padesky, C., & Dudley, R. (2009). *Collaborative case conceptualization: working effectively with clients in cognitive—behavioural therapy*. New York: Guilford Press.
서로 다른 유형의 사례 개념화(예: 우리의 관점에서의 개념화)와 치료의 전 단계에 걸쳐 내담자와 함께 협력적으로 개념화를 사용하는 방법에 관한 창의적이며 영감을 주는 책이다.

- 4.1 내담자의 공포 탐색하기 – 문제 뒤에 있는 것 풀어내기
- 4.2 '수정자'에 관한 가설 정교화하기 – 강점과 요구에 대해 더 학습하기
- 4.3 보다 상세한 정보를 얻기 위해 최근의 일화 이용하기
- 4.4 개념화의 협력적 구성 – 개념화 작업에서의 팀워크
- 4.5 내담자와 간단한 개념화 구성하기 – '물방울' 모양 개념화
- 4.6 내담자와 간단한 개념화 구성하기 – '악순환 꽃' 모양 개념화

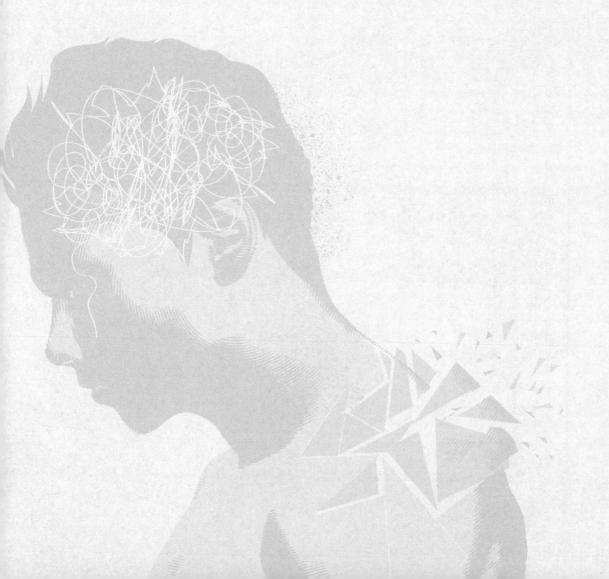

05

인지 · 행동치료에서의 측정

인지·행동치료에서는 집단 치료와 개별 치료 두 영역 모두의 효과를 확립하는 데 있어서 실증주의적 접근 방법에 충실하다는 것은 앞서 논의하였다. 그리고 이 쟁점에 대해서는 18장에서 상세하게 다룰 예정이다. 5장에서는 이러한 실증적 접근을 개별 내담자를 상대로 구체화시킬 수 있는 방법에 대해 기술할 것이다. 평가 단계와 치료 중에 내담자의 문제에 대한 치료사의 이해를 높이는 데 측정이 어떻게 사용될 수 있는지 살펴볼 것이다. 또한 왜 이런 식으로 측정을 사용할 만한 가치가 있는 것인지, 어떻게 측정을 고안하는지에 대해 생각해볼 것이다. 그리고 유용할 수 있는 몇 가지 유형의 측정 사례를 소개할 것이다.

—— 인지·행동치료에서의 실증주의적 속성 ——

시작에 앞서, 우리는 내담자에게 치료를 하나의 실험으로 바라볼 수 있도록 권하고 싶다. 그 실험 안에서 사고, 감정, 행동 그리고 이것들 사이의 관계가 평가 단계와 치료 중에 파악될 수 있다. 이를 위해 우리는 내담자가 호기심을 갖고 대담하고 실증주의적인 자세를 갖기를 원한다.

평가와 개념화

평가에서 내담자가 초기 인터뷰에서 보고한 내용을 보충하고 잘 다듬기 위해 내담자에게 문제의 본질에 관한 정보를 수집하도록 요구하는 것이 도움이 된다. 그러한 자료 수집은 다음의 두 가지 중요한 목적에 기여한다.

- 개념화를 정교화하게 만들 수 있다. 가령, 특별한 사고, 감정 또는 행동에 대한 유발 자극과 이러한 것들이 서로 어떻게 연결되어 있는지를 찾는 데 유용할 수 있어서 개념화에 대한 잠정적인 개념을 계속해서 탐색할 수 있다.
- 예컨대, 문제의 빈도 또는 강도를 측정함으로써 향후 미래에 발생할 문제와 비교할 수 있는 기준선을 제공할 수 있다.

우울증을 갖고 있는 어느 내담자가 자녀들을 계속해서 꾸짖고, 부적절하게 소리치고, 한번 이성을 잃으면 통제를 회복할 수 없게 되는 등의 행동으로 자신의 자녀를 망치고 있다고 믿었다. 그녀는 이러한 일이 얼마나 자주 일어나는지 그리고 언제 일어나는지 일기를 쓰는 것이 도움이 될 것이라는 것에 동의하였다(표 5.1 참고). 이 단계에서 그녀가 배운 주요 사실은 실제로 그녀는 아주 드물게 일주일에 두 번 자신이 이런 행동을 한다는 것이었다. 추정컨대, 아마도 자기 자신에 대한 신념과 일치하는 상황만 선별적으로 지각하고 기억한 결과로서 그녀는 자신은 항상 화가 나있고, 잔소리하는 사람으로 잘못 지각하고 있었기 때문에 이러한 정보는 정말 도움이 되었다.

치료 중 그리고 치료 종결 단계에서

일단 내담자가 자신의 문제, 문제를 촉발하는 요인과 문제를 유지시키는 요인에 대해 잘 기술하면, 내담자는 행동과 사고 그리고 이 둘의 상호작용에 있어서의 새로운 방식을 시도할 수 있게 된다. 그런 다음 이러한 시도가 문제에 어떤 영향을 미치는지 평가할 수 있다. 정기적인 측정은 내담자와 치료사로 하여금 중재의 효과를 평가할 수 있게 해준다. 그리고 특히 전반적인 진전을 평가하기 위해 치료 종결 단계에서 자료를 수집하는 것이 중요하다.

표 5.1 여성이 얼마나 자주 자녀에 대해 '이성을 잃는지' 그리고 무엇이 이성을 잃도록 촉발하는지에 대한 척도 측정('이성을 잃다'라는 것은 1분 이상 소리치는 것을 의미한다.)

날짜	촉발 요인
5월 2일	–
5월 3일	–
5월 4일	자신의 축구화를 잃어버린 것이 자신의 탓이라고 Dan이 말했다. 그래서 우리는 신발을 찾으러 자동차를 몰고 다시 돌아갔다.
5월 5일	–
5월 6일	Emma가 자신의 머리를 오랫동안 손질하는 바람에 버스를 놓쳤다.
5월 7일	–
5월 8일	–

강박 장애가 있는 어떤 내담자는 외출 계획이 있을 때 집을 나가는 데 얼마나 오래 걸리는지 그리고 일과를 마치고 직장에서 퇴근하는 데 얼마나 오래 걸리는지 기록했다. 그녀는 많은 과제에 대해 반응 예방 기법을 도입했기 때문에(14장 참고), 집이나 직장을 떠나는 데 걸리는 시간의 길이에 관한 이 중재방법의 효과를 분명하게 확인할 수 있었다(표 5.2 참조).

표 5.2 강박 장애 의식을 중단했을 때 장소를 떠나는 데 걸리는 시간

날짜	장소	소요 시간(분)
(반응 예방 이전)		
1월 5일	집	23분
1월 5일	직장	37분
1월 7일	집	25분
1월 7일	직장	18분
(반응 예방 이후)		
2월 6일	집	8분
2월 7일	집	7분
2월 7일	직장	11분
2월 9일	집	9분

표 5.3 어떤 사건에 정각(또는 늦게) 도착 여부 그리고 다른 사람에 대한 영향 및 불안 수준에 관한 표

사건	도착 정도	다른 사람에 의한 비평	사전에 정한 불안, 0~10*
London 행 기차	45분 일찍	없음.	7
이사회 회의	정각	없음.	2
Guildford 행 기차	10분 일찍	없음.	3

*0 = 전혀 불안하지 않음. 10 = 내가 불안할 수 있는 최대한의 불안.

치료의 변화를 측정하기 위한 또 다른 예는 다음과 같다.

집에서 멀리 떠나 있으면 불안함을 느끼는 남성이 여행을 할 때, 기차 시간보다 일찍 도착해 있는 것이 안전 추구 행위(SB)임을 깨달았다. 오로지 모든 것이 완벽하게 통제되어 있는 상태로 유지할 수 있을 때 자신이 안전하고 다른 사람들로부터 배척당하지 않을 것이라는 신념이 자리 잡고 있었다. 그는 일찍 도착하지 않으면 재앙적 결과가 생기는지 확인하기 위하여 장소에 정시에 도착하거나 조금 늦게 도착하는 실험을 하였다. 그리고 어느 누구도 이에 대해 뭐라고 말하지도 않거나 알아차리지 못했다는 사실을 발견했다. 자기 자신이 놀랍게도, 그는 시간엄수가 줄어든 날에 자신이 예상했던 것보다 더 불안하지 않았고, 살짝 덜 불안해한다는 것을 알게 되었다(표 5.3 참조).

각각의 경우에서 비록 간단한 측정이 사용되었지만, 문제의 본질에 대한 유용한 자료와 간

단한 치료에 대한 반응을 제공해준다.

—— 왜 굳이 측정을 하는가? ——

문제를 평가하고 서로 다른 치료의 효과를 측정하기 위한 유용한 관찰방법을 고안하려면 여러분은 창의적이고 독창적일 필요가 있다. 그러나 이것은 여러분이 도대체 왜 측정을 사용해야하는지에 대한 논점을 교묘히 피해가고 있다. 인터뷰를 통해 얻은 정보를 보충하기 위해 자료를 얻는 것이 왜 유용한지에 관한 이유는 많다.

• 정기적인 측정은 문제의 중요한 측면의 기준선을 획득하여 이후의 중재 효과를 측정하는 데 이것을 사용할 수 있다.

• 행동, 생각, 감정이 발생했을 당시에 행동, 생각, 감정을 관찰하는 것이 회고적으로 평가하는 것보다 더 신뢰할 수 있다(Barlow, Hayes, & Nelson, 1984).

• 실제 생활에서 내담자가 직접 관찰하는 것이, 예컨대 문제의 척도나 문제의 진전에 관한 정확한 정보를 제공함으로써 본질적으로 치료적 효과를 갖는다(또한 치료에 반하는 역효과가 나타날 수 있는데, 이것도 이해될 필요가 있고, 신중하게 다뤄질 필요가 있다.).

어떤 내담자가 근면 · 성실하게 매주 생각 기록을 적고는 회기 중에 생각해볼 가장 고통스러운 예들을 신중하게 골랐다. 그녀의 힘들었던 시간에만 주의가 집중되므로(치료의 역효과), 이러한 활동은 지난주는 어떠했는지에 관한 그녀의 평가를 심각하게 왜곡시켰다. 이것의 영향력을 없애기 위해 그녀는 하루 세 번 자신의 전반적인 기분을 평가하기 시작했다(그녀의 기분이 보다 안정이 되었을 때 궁극적으로 하루에 한 번으로 줄였다.). 그리고는 그녀가 회고적으로 보고했을 때 보다 많은 날에 그녀의 기분은 상당히 더 밝았고, 단순히 이러한 자료를 수집하는 것이 자신의 기분을 고양시켰다는 사실을 발견하고는 그녀는 놀랐다. 이것은 그녀가 부정적 자동적 사고에 집중하는 경우 그녀가 기분을 더 나쁘게 느꼈지만 또한 자신의 주의 집중을 조작할 수 있어서 기분을 향상시킬 수 있다는 것을 보기 좋게 보여주었기 때문에 그녀에게 고무적인 일이었다. 처음에 그녀는 인지 · 행동치료가 자신에게 맞는 접근인지 의심을 품었다. 하지만 그녀의 치료사의 호기심과 창의성 덕분에 그녀를 끌어들일 수 있는 평가를 고안할 수 있었다.

• 일단 내담자가 향상되기 시작하면, 많은 내담자가 본래 문제가 얼마나 불편했는지에 대해 인식하지 못한다. 문제의 기준선 측정은 내담자가 자신의 진보를 보다 정확하게 평가할 수 있도록 해준다.

내담자의 광장공포증 증상이 향상되자, 내담자는 예전에는 마을까지 가는 것 정도는 정말로 문제가 아니었다고 주장하면서 시장 근처까지 차를 몰고 가는 것에 대한 어려움에 초점을 맞추었다. 별로 진전이 없는 것처럼 보였기 때문에 이러한 사실은 그를 의기소침하게 만들었다. 하지만 예전에도 마을까지 가는 것에 힘들어했고, 실제로 엄청난 진전이 있었다는 것을 확신시켜 주는 데에는 그의 초기 일지를 살펴보는 것만으로도 충분했다. 그는 지금은 당연하다고 생각하는 과제가 초기에는 자신에게 정말 문제였다는 것을 알았다.

• 만약 치료가 개념화가 예상한 정도로 영향을 미치지 못한다면, 측정을 통해 여러분과 내담자가 그 이유를 해결하는 것을 도울 수 있다. 예를 들어, 치료가 영향을 미치지 못하는 것은 치료가 적절하게 전달되지 않고 있어서일 수 있다.

내담자는 일상의 가사 일에 통제력을 잃고 압도당하는 것 같은 느낌을 받고 있었다. 침수당하는 것 같은 느낌이 들고 난 후 포기하는 느낌, 통제력을 잃어버리고 압도당하는 것 같은 감정의 주기를 깨기 위한 시도의 첫 번째 단계로서, 매주 3일, 20분을 그녀의 주방 표면을 덮고 있는 시트지를 정리하는 일에 쓰기로 결정했다. 그녀는 이 과제를 시도하면서 얼마나 압도당하는 느낌인지 측정하였다. 이러한 중재는 그녀의 감정이나 행동에 거의 영향을 미치지 못하는 것처럼 보였다. 그녀는 또한 매일 일지를 기록했다. 이러한 기록이 일주일에 겨우 한 번은 과제를 그럭저럭 완수하고 있다는 사실을 가리키고 있었기 때문에 그녀는 이러한 사실을 자신이 압도당하고 있다는 추가 정보로 받아들였다. 하지만 일상의 일지는 치료사와 내담자가 그녀가 과제를 수행할 수 있는 가능성을 어떻게 높일 수 있는지 중재하고 해결해줄 수 있는 다른 정보를 밝혀냈다. 그녀는 아침에 혼자 있을 때 가장 생산적인 것으로 보였다. 그래서 시트지 정리 작업을 이 시간대에 하는 것으로 일정을 조정했다. 그러자 그녀는 일주일에 최소한 3번 정도 과제를 수행할 수 있었다. 그녀는 주기를 깨뜨렸고, 자신의 삶의 어떤 측면을 통제할 수 있다는 사실을 배웠을 뿐만 아니라 이것(어떤 과제이든 간에)을 하는 최적의 시간이 아침이라는 사실을 알게 되었다. 과제 자체로부터 주워 모은 정보 그 이상을 바라봄으로써 치료사와 내담자는 '실패'로 끝날 수 있었던 것을 이 여성의 강점과 요구에 대한 정교한 이해로 전환시킬 수 있었다

그러므로 일상적인 임상의 관행의 일부로서 측정을 하는 적절한 이유가 있다. 지금부터는 정말로 치료에 도움이 될 수 있는 정보를 제공하는 방식으로 측정을 어떻게 하는 것인지에 대해 살펴볼 것이다. 우선은 측정의 심리측정학적 특성을 언급하는 것으로 시작하겠다.

관찰에서의 심리측정학적 측면

측정의 반응도

관찰의 과정은 측정되는 것이 무엇이든 간에 긍정적 또는 부정적 영향을 미칠 수 있다. 흡연과 같은 습관에서는 내담자가 유발 자극을 인식하게 되고, 반응을 억제함으로써 잠재적 주기의 시작에 반응한다면, 유익한 감소가 발생할 수 있다. 반면에, 변화는 반대 방향으로 발생할 수 있다. 예를 들면, 어떤 내담자의 초기 부정적 자동적 사고에 대한 관찰에 대한 반응은 부정적 사고의 증가된 몰두 및 또는 증가된 빈도일 수 있는데 이는 단기적으로는 불안이나 우울증을 증가시킬 수 있다. 문제의 일시적인 악화가 일어날 수 있다고 설명하고 장기적인 이득을 확인할 수 있을 만큼 충분히 오랫동안 관찰을 지속적으로 하도록 권유하는 것이 도움이 된다.

타당도와 신뢰도

질문지와 같은 표준화된 측정 도구가 개발될 때는 심리측정학적 특성, 특히 타당도와 신뢰도에 많은 주의를 기울인다.

타당한 측정은 측정하려고 의도한 것을 측정하고 관련 없는 특성은 측정하지 않는 측정을 의미한다. 예를 들면, 사회 불안에 관한 질문지는 그저 사회적 불안을 측정해야 하고 그리고 문항에 반응하는 것이 개인의 언어 능력이나 사회적 집단과 다른 규범에 의해 영향을 받을 수 있는 언어로 복잡하게 표현되어서는 안 된다.

신뢰할 수 있는 측정은 다른 시기에 또는 다른 평가자가 동일한 조건에서 반복했을 때 동일한 결과나 점수를 획득하는 것을 말한다. 즉, 반복할 수 있어야 한다. 신뢰도가 낮은 평가는 외부 특성에 영향을 받으며 그래서 일정하지 않는 결과를 산출한다.

잘 개발된 기분 질문지와 같은 표준화된 측정은 보통 신뢰도와 타당도가 검증될 것이다. 그러나 많은 경우에 있어서 보다 특이한 측정을 고안하기 위해서는 창의력을 필요로 할 수 있다. 그런 다음 환경 안에서 가능한 한 최대한 신뢰할 수 있고 타당한 측정을 만들려고 시도하는 것이 중요하다. 다음 절에서는 이러한 측정의 속성을 어떻게 성취할 수 있는지 제안하고자 한다.

유용하고 정확한 측정자료 얻기

여기에 기술할 대부분의 원칙은 적용하기는 쉽지만 사용된 측정 자료의 가치에 있어서는 엄청난 차이를 만들 수 있다.

간소성

내담자에게 지나치게 부담을 지우면 안 된다. 인터넷 사이트에서 상세한 일정을 내려 받는 유혹(또는 책에서 복사하는 것)을 그리고 단순히 내담자에게 그것을 완성하도록 시도하라고 요구하는 유혹을 뿌리치도록 시도해야 한다. 모든 일정표가 관련 있을 것 같지는 않으며, 일부는 너무 지나치게 요구할 것이다. 어느 것이나 여러분이 협력을 놓칠 수 있다. 많은 것을 요구하지 않는 제한되고 의미 있는 과제로부터 시작해야 한다. 내담자가 관찰을 통해 얻은 정보의 가치를 납득하고 숙련되어 감으로써 치료사가 내담자에게 요구를 늘려갈 수는 있으나, 계속해서 관찰과 기록의 어려움을 명심하고 있어야 한다.

> 우울증을 갖고 있는 남성이 매일 잠시 산책을 하러 외출하는 것에서부터 치료를 시작했다. 그리고 얼마나 오래 걸었는지(분 단위로) 그리고 얼마나 산책을 즐겼는지(즐거움을 10점 척도로) 기록하였다. 그의 우울증 상태를 고려할 때 이것은 바로 다룰 수 있는 정도였다. 하지만 치료가 진전되고, 그의 기분과 동기가 향상됨에 따라 그는 또한 자동적 사고를 기록하기 시작했고, 그의 아내가 얼마나 비판적인지 평가하기(10점 척도로) 시작했고, 그날 실행한 세 가지 최고의 것들을(간단한 목록으로) 기록하기 시작했다. 게다가 내담자는 곧 특별한 목적을 위한 구체적인 활동/과제를 관찰할 수 있었다. 이것은 그에게 상당히 성가신 일이었다. 하지만 이것이 모두 관련 있다고 생각했고, 과제가 단계적으로 도입되었기 때문에 그것들을 전부 수행할 수 있다고 생각했다.

오로지 측정이 계속해서 의미가 있는 동안에만 관찰을 계속하는 것이 중요하다. 다른 한편으로는 치료 과정에 걸친 변화를 관찰할 수 있도록 치료 전반에 걸쳐 계속되는 측정(예: 기분 측정 또는 기분 질문지)을 갖는 것이 중요하다는 것을 명심해야 한다.

한 개 이상의 체계에서의 측정 고려하기

비록 내담자에 대한 요구사항을 제한하는 것이 중요하긴 하지만, 문제의 다른 측면들이 다른 방식으로 변할 수 있다는 것과 이러한 상세한 사항은 초기 자료 수집 이후 지속되는 기록으로 관측될 필요가 있다는 것을 명심해야 한다.

　　자신의 건강에 대해 불안해하는 한 여성이 자신의 남편과 어머니랑 그녀의 걱정거리를 상의하거나 안심시켜주기 행동을 요구하는(예: 행동적 측면) 시간의 양을 줄이는 것에 집중하였다. 그녀는 기록을 했고(그림 5.1 참고), 여기에는 문제의 행동적, 인지적, 그리고 감정적 측면에 관한 정보를 포함하고 있다. 처음 2주에는 행동의 변화에 영향을 미치는 데 있어서의 성공이 그녀의 불안, 즉 자신이 건강과 관련 심각하게 문제가 있다는 신념의 강도에 거의 영향을 미치지 못했다. 그럼에도 불구하고 그녀는 행동 변화와 자기 점검을 계속 지속했고, 얼마 가지 않아 그녀의 기록은 그녀의 불안이 떨어졌고 신념이 바뀌고 있다는 사실을 보여주었다.

관련성

　　치료사가 사용할 것이고 치료에 의미가 있을 정보만을 오로지 요구해야 한다. 만일 내담자가 이러한 관련성을 보지 못하는 경우를 제외하고는 누구든지 관찰하는 데 곤경에 빠질 것 같지는 않다. 그리고 만일 여러분이 단순히 '관심 밖의' 정보를 요구한다면, 그것은 또한 치료적 관계를 위태롭게 할 수 있다.

그림 5.1 건강 염려에 대한 서로 다른 측면의 기록

행동적: 안심시켜주는 행동을 요구하거나, 당신의 증상을 남편이나 어머니랑 상의한 각각의 시간을 표기하기 바랍니다.	날짜	표기	합계
	14일	/////////	11
	15일	/////	5
	16일	//	2
	17일	///	3
	18일	///////	7
	19일	//	2

인지적: 다음의 진술에 대해 0~100까지 얼마나 강하게 믿는지 (매일) 평점을 매겨 주시기 바랍니다. 즉, '내 눈은 정상이며, 다른 사람들처럼 잘 기능하고 있다.'	날짜	평점
	14일	55
	15일	45
	16일	43
	17일	50
	18일	43
	19일	45

인지 · 행동치료 개론

감정적: 당신이 느낀 가장 불안한 때를 1~10의 척도로 그리고 평균적으로 얼마나 불안했는지를 평점해 주시기 바랍니다(0 = 전혀 불안하지 않음. 10 = 당신이 느낄 수 있는 최고의 불안.).

날짜	최고 불안	평균 불안
14일	8	4
15일	7	5
16일	8	4
17일	9	6
18일	7	5
19일	8	5

구체적이고 분명하게 정의된 치료 목표

측정의 신뢰도를 높이기 위해서는 동일한 과제에 참여한 두 명의 관찰자가 자신들의 관찰에 확실히 동의할 수 있도록 시도해야 한다. 이 말은 당신이 기록되기 원하는 것을 상세하게 분명히 설명해야 한다는 것을 의미한다.

만약 어떤 사람에게 '화를 내는' 빈도를 기록해달라고 요구한다면, 우리가 의미하는 것에 대해 시도해보고 구체적으로 만들어보자고 말함으로써 이를 다듬을 수 있을 것이다. 이러한 활동의 목적을 위해, '화를 내다'에 어떤 것을 포함시키기를 원하는가? 흥분을 하였다는 것을 의미할 때 무슨 행동을 하는가? 그런 다음 '화가 난다는 것'에는 소리를 크게 지르거나, 불친절하게 부적절한 것을 말하거나, 문을 발로 찬다든지 하는 행동은 포함하지만 다른 사람에게 말을 걸지 않거나 화는 나지만 소리치지 않는 행동은 포함하지 않는다는 것을 발견할지 모른다.

이런 식으로 조작적 정의를 하는 것의 장점은 사건이 발생했을 때, 내담자가 어떤 상황이 발생했을 때 그것이 정의에 포함되는지 판단하지 않아도 된다는 것이다. 사전에 동의된 기준에 따라 분명해질 수 있다.

내적 상태는 측정의 주요 대상이라는 것이 일반적이다. 그런데 이 경우 두 명의 관찰자가 동의한 기준을 사용하는 것이 가능하지 않다. 그럼에도 불구하고 당신은 기록되는 것의 모호성을 최소화할 수 있도록 주의해야만 한다.

어떤 내담자는 많은 상황에서 해리상태가 되었다. 그리고 어디서 발생했는지를 기록하고 있다. 사전에 그녀의 환경을 인식하지 못한 경우만 찾고, 불편하게 막연하다고 느끼거나 현기증은 있었지만 자신이 어디 있는지 아는 경우는 포함하지 않는 것으로 사전에 동의했다.

분명하게 간략하게 그리고 기록하여 지시하기

과제가 무엇을 수반하는지 내담자가 기억할 것이라고 기대해서는 안 된다. 내담자는 지시를 통째로 기억하지 못하거나 내담자의 기억이 과제를 왜곡할 수도 있기 때문이다. 노트나 스마트폰 화면에 글로 적어서 제공해야 한다(또는 내담자가 직접 받아 적게 하는 것이 훨씬 더 좋다.).

민감하고 의미 있는 측정 자료 사용하기

어떤 경우, 변화에 가장 민감하고 그러므로 진전을 기획하는 데 도움이 되는 측정 자료는 내담자에게 가장 중요한 문제의 특성을 포착하지 못할 수 있다. 예민하고 의미 있는 측정은 모두 중요하지만 서로 다른 이유에서다. 첫째, 치료사가 상대적으로 빨리 치료의 효과를 바라볼 수 있도록 해주기 때문이다. 둘째, 내담자가 문제의 핵심적이고 의미 있는 측면이라고 믿고 있는 부분에 집중할 수 있기 때문이다.

우울증이 있는 여성은 치료에 따라 자신의 기분이 향상되는지 아닌지에 가장 큰 관심을 갖고 있었다. 치료의 한 부분으로서 자신이 참여하는 기쁘고 만족스러운 활동의 수를 증가시키려고 시도했다. 그리고 그녀는 매일 하루에 몇 시간이나 일을 처리할 수 있었는지, 얼마나 많은 사회적 접촉을 가졌는지에 대해 기록하고 매주 집계하였다. 그리고 그녀는 또한 자신의 기분에 평점을 매겼다. 비록 그녀의 활동 평가는 직접적으로 개념화의 한 측면(감소된 활동)과 관련 있었지만, 이러한 활동이 자신이 어떻게 진척되고 있는지를 잘 포착해준다고 느꼈기 때문에 그녀는 매일 매일의 기분 점수와 매주의 Beck 우울 척도 점수에 더 많은 관심을 갖게 되었다.

기록에 필요한 도구 제공하기

관찰을 실제적으로 수행하는 데 있어서 가능한 한 많은 지원을 제공함으로써 특히 치료의 초기 단계에서는 요구사항을 최소화해야 한다. 평점의 형식 또는 일지는 내담자와 함께 작성되어야 하고 필요한 만큼 사본이 제공되어야 한다. 내담자는 개인 정보를 기록한 것을 보고 당황할 수 있다는 사실을 명심하면서 기록 용지는 최대한 간략하고 분별력이 있어야 한다. 예를 들면, 작은 색인 카드는 일상의 정보를 유용하게 기록할 수 있을지 모른다. 일지에 전용 페이지를 삽입하거나 전화 메모장이 사용될 수 있다.

측정 자료를 사용하도록 내담자 훈련시키기

과제가 단순해 보인다고 하더라도 내담자에게 최근의 작성 예를 살펴보도록 요청하고 치료사와 함께 기록 과정을 실행하도록 요청해야 한다. 이러한 절차는 과제를 분명하게 해주고, 돌발하는 어려움에 대해 당신이 상의할 수 있도록 해준다. 예를 들어, 어느 여성에게 상황, 자신의 감정과 생각으로 구성된 3칸의 기록 용지를 완성해 달라고 요청했다고 가정하면, 이 과제를 통해 그녀를 다음과 같이 이끌고 갈 수 있다.

> 치료사: 당신이 공황 상태를 느꼈던 마지막 때에 대해 우리가 생각해볼 수 있을까요? 그리고 그것에 대해 기록을 작성할 수 있을까요? '상황'이라고 적혀 있는 이 칸에는 무엇을 적을 건가요?
>
> 내담자: 저는 쇼핑하러 나갔어요.
>
> 치료사: 그거 흥미롭군요. 단지 당신이 어디에 있었는지 알 수 있는데요, 언제였나요? 당신에게 있어서 어떤 장소가 힘든지, 언제가 힘든지를 발견하는 것이 중요할지 몰라요.
>
> 내담자: 좋아요. 음 저는 마을에 있었어요. 사실 저는 쇼핑지는 않았어요. 커피를 좀 사려고 'coffee bean'에 가려고 계획을 세웠어요. 사람들로 줄이 늘어서 있었을 때는 정오 무렵이었어요. 그것을 생각하는 것만으로 저는 불편해졌어요. 밖에 서 있으면서 안으로 들어가기가 두려웠어요. 저는 너무 예민해졌고 또한 저 자신한테 화를 냈어요.
>
> 치료사: 정말 도움이 되는군요. 어떻게 진행되는 건지 훨씬 더 분명하게 알겠어요. 그럼 '상황' 칸에 정오에 마을에 있었고 붐비는 'coffee bean' 밖에 서 있었다고 당신이 말씀하신 내용을 적어보면 어떨까요? [내담자가 그렇게 적는다.] 좋습니다. 이제는 실제로 당신이 저보다 앞서 움직일 수 있을 것 같고요. '감정'과 '인지' 칸에 대한 정보도 제게 주고 있습니다. 그럼 당신이 당황하고 있었다고 말했을 때 어떤 느낌이었는지, 당신의 마음 속에 어떤 것이 스쳐지나갔는지 같이 캐내어볼까요?

이 사례를 통해, 여러분은 치료사가 어떻게 격려하고 있는지, 정보를 구분하고 조직화하는 데 있어서 어떻게 주도하고 있는지 알 수 있다. 치료가 진행됨에 따라 내담자는 혼자서 이렇게 할 수 있을 것이다. 내담자에게 평점 절차는 익숙한 것이 아니기 때문에 평점 절차를 분명하게 하는 데에도 또한 일정한 시간을 투자해야 한다. 예를 들면, 이렇게 말할 수 있다.

> 그거 흥미롭네요. 사람들은 종종 몇 가지 마음을 경험한답니다. 이것이 제가 칸에 '감정'이라고 표지를 붙인 이유랍니다. 당신은 거기에 두려웠다, 긴장되었다 그리고 또한 화가 났다라고 적을 수 있답니다. 3가지 감정이지요. 당신의 감정의 강도를 1~10까지의 척도로 당신이 평점할 수 있다는 사실을 알고 있을 거예요. 이것을 통해 서로 다른 상황이 어떻게 당신의 감정에 영

향을 미치는지 우리가 알 수 있어요. 그리고 당신의 특별한 경험을 더 잘 이해하도록 해줄 수 있답니다. 한번 같이 살펴볼까요. [기록과 척도를 함께 본다.] 이 척도에서 0점은 당신이 어떠한 감정도 느끼지 않고 있다는 것을 의미해요. 그리고 10점은 당신이 느낌을 상상할 수 있는 한 가장 나쁜 상태를 의미해요. 10점의 상태를 느꼈던 때를 생각할 수 있겠어요? 그럼 5점일 때는요? 이 둘의 중간쯤인 적당하게 불안했을 때를 생각할 수 있나요? 그리고 7점일 때는요? 그럼 '적당하게'보다는 다소 크지만 10점처럼 극단적이지는 않은 때를 생각할 수 있나요?

이런 식으로 대화를 하면서 내담자는 감정의 강도를 구분하는 것에 단련된다. 이것은 매우 중요하다. 고통의 상황에 처하면 다소 '양자택일'의 판단을 하게 되고, 감정의 수준을 변별하는 것이 어려워지기 때문이다. 내담자를 지도하고 훈련시킬 때, 내담자가 자기 점검 기술을 배워서 나중에 문제를 다루는 데 있어서 이러한 전략을 활용할 수 있을 것이라고 여러분이 기대한다는 사실을 기억해야 한다. 그래서 이것에 대한 책임을 전가할 수 있는 준비를 하고 있다는 것을 확실히 해야 한다.

사건 직후 최대한 빨리 정보 수집하기

사건 발생 후 일정 시간 안에 기록이 이루어지지 않는다면, 회상은 덜 생생하고 그리고 또는 내담자가 기록하는 시기의 기분에 의해 편향될 수 있다. 어쩌면 어떤 사건이 발생하자마자 내담자가 경험을 기록한다는 것은 가능할 수 없을지 모른다. 특히, 내담자가 다른 사람과 함께 있는 경우에는 더욱 그렇다. 하지만 내담자는 자신을 기록할 것을 마음속에 새겨둘 수 있도록 독려돼야 한다. 그리고 현실적으로 기록이 가능할 때 바로 과제를 완수할 수 있도록 격려되어야 한다. 대안적으로 그 순간에 짧게 기록해두었다가 보다 편안할 때 완벽한 관찰을 완성하는 것은 가능할지 모른다.

관찰에 주의 집중하기

수집된 정보를 놓치는 일이 있어서는 안 된다. 만일 정보가 진정 가치가 있는 것이라면 그렇다면 다음 회기에서 어느 정도 그 정보에 의존해야 한다. 그리고 어느 경우라도 진정한 관심에 의해 내담자의 노력을 보상해주는 것이 중요하다. 그래야 내담자가 앞으로도 계속해서 관찰을 하려고 할 것이다. 어떤 숙제에 대해서라도 피드백을 제공해주는 것은 회기에 관한 치료사의 공유된 안건의 일부라는 것을 확실히 해야 한다.

수집해야 할 정보의 유형

유용한 정보를 기록하는 많은 다양한 방법이 있다. 다음에 소개하는 예는 이러한 다양성의 풍미를 제공해줄 것이다. 또 다른 예는 이 책의 후반부에 제시될 것이다. 그리고 많은 논문과 서적들이 임상적 용도로 채택될 수 있는 구체적인 문제를 위한 측정방법을 제공해줄 것이다.

빈도 수 세기

유용한 지침은 당신이 셀 수 있는 것과 관련 있는 것이 있다면, 세라는 것이다. 비록 매우 간단히 보일지라도 수 세기는 아마도 가장 신뢰할 수 있는 측정도구이다. 셀 수 있는 특성의 다양성은 거의 무한하다. 그리고 이런 식으로 측정될 수 있는 문제의 측면을 생각하려고 노력할 만한 가치가 있다. 예들은 다음의 사항을 포함한다.

- 자기 비난 생각의 횟수
- 점검 시간의 횟수(문단속이 잘 되었는지, 거미줄이 없는지 등)
- 속눈썹 뽑기 횟수(모발 당김 장애의 경우)
- 일주일 동안 사용된 화장지 롤 수(강박 장애 문제 평가 시)
- 수신 전화 횟수
- 욕설 횟수
- 옷을 갈아입은 횟수
- 폭식 횟수

치료사와 내담자의 창의성만이 오로지 일어날 수 있는 빈도 측정의 다양성에 대한 한계이다.

관찰에 앞서 어떤 빈도로 할지 생각해보는 것이 중요하다. 하루에 몇백 번은 될 것 같은 침윤적 사고를 하루에 몇 번 일어나는지 기록하라고 요구하는 것은 도움이 되지 않는다. 빈도수가 매우 크다면, 하루 중 관련 있는 시간에 사례를 수집하도록 내담자에게 요구할 수 있다(예: 생각이 가장 문제가 될 때 30분 동안) 또는 특정 시간에 집중해야 할 이유가 없다면 임의의 시간(예: 5시에서 6시 사이)에 할 수 있다.

사건/경험의 지속시간

사건이나 경험의 지속시간도 또한 관련이 있을 수 있다. 그리고 신뢰할 수 있을 것 같은 측정 방법이다. 예로는 다음과 같다.

- 강박 장애가 있는 내담자가 씻는 데 사용한 시간
- 건강 염려가 있는 사람이 신체 점검에 사용한 시간
- 광장공포증이 있는 남자가 혼자 다닌 시간
- 우울증이 있는 사람이 독서에 집중할 수 있었던 시간

다시 한 번, 상상력을 발휘해야 한다.

자기 평가

이 방법은 가장 보편적으로 사용되는 측정 중 하나이다. 감정이나 사고와 같은 내적 사건의 특성을 평가할 수 있기 때문이다.

그림 5.2 배뇨에 대한 불안을 갖고 있는 남성의 일지

집에서 멀리 떨어질 때면 언제든지 평가하세요.

- 화장실을 가기 전에 얼마나 불안하다고 느끼나요?
  0 = 전혀 불안하지 않음. 10 = 당신이 느낄 수 있는 한 가장 불안함.
- 화장실에 가고 싶은 충동이 얼마나 강한가요?
  0 = 전혀 충동이 없음. 10 = 매우 강한 충동.
- 방뇨량은 어느 정도인가요?
  0 = 거의 없음. 1 = 약간. 2 = 적당한 양. 3 = 많음. 4 = 매우 많음.

날짜와 시간	불안 0~10	충동 0~10	방뇨 양 0~4
7월 23일, 09:15	6	5	2
7월 23일, 11:00	7	4	1
7월 23일, 12:15	6	6	1
7월 23일, 15:20	5	5	2

이것은 빈도나 지속시간에 비해 신뢰도가 덜하긴 하다. 하지만 위에서 제시한 간단한 지침을 잘 따르기만 한다면, 자기 평가의 신뢰도는 향상될 수 있다. 비록 단순히 경험을 묘사하는 것보다는 신뢰할 수 있지만, 이 방법은 10점 척도에서 5점으로, 즉 '중간쯤'의 점수로 평정한다는 의미에서 '고정 점수'로 몰리기 쉽기 때문에 치료가 진행됨에 따라 점차 상당히 고통을 주는 경험을 덜 갖게 되면 같은 점수라도 치료 후반부에 비교했을 때 치료 초반부에서의 점수는 의미하는 정도가 다를 수 있다.

만일 별개의 사건이 관찰되고 있다면, 내담자에게 그것이 각각 발생할 때마다 그것을 평가하라고 요청할 수 있다. 예를 들어, 배뇨에 대한 불안을 갖고 있는 남성은 화장실에 가기 전에 얼마나 불안했는지, 얼마나 많이 배뇨했는지 평가하도록 요청할 수 있다(그림 5.2 참조).

그러나 측정되는 현상이 연속적이라면(때때로 불안이 그러는 것처럼), 또는 매우 자주 발생한다면, 평가할 시간대를 선택하는 것이 필요할지 모른다(앞서 '빈도수 세기'에서 묘사한 바와 같이). 대안적 방법은 일정 기간의 시간 동안에 측정한 값의 평균을 이용하는 것이다. 예를 들면, 아침, 오후, 밤 동안 불안의 평균을 측정하는 것이다. 그러면 가령 불안의 수준을 자극 유발을 바라볼 수 있는 단서로써 활용하며 보다 상세한 정보를 얻을 수 있다(그림 5.3 참조).

일지

일지에 빈도, 지속시간 측정과 그리고 자가 평가를 조합하고 있다는 것을 알았을 것이다. 일지는 위에서 언급한 종류의 측정 자료를 조합할 수 있고, 치료사로 하여금 문제와 특정 유발 자극과의 관계, 안전 추구 행위(SB)와 조절 변인 사이의 관계와 같은 문제의 서로 다른 측면 사이의 연결을 바라볼 수 있도록 해준다.

일지는 보다 많은 측면을 갖고 있기 때문에 기록을 구성할 때 주의를 기울여야 하고 일지의 사용에 있어서 내담자를 훈련시켜야 한다는 것은 한층 더 중요하다. 주의를 기울이지 않는다면, 내담자는 불일치하게 수집된 정보와 분석하기 힘든 정보를 돌려줄지 모른다. 무엇이 관련 있는지, 기록지가 합리적인지 아닌지, 정보를 사용하는 것을 어렵게 만드는 모호함은 없는지 내담자로부터 피드백을 얻어야 한다. 또한 내담자가 압도당하는 느낌을 받지 않도록 자료 수집에 있어서 이러한 증가를 맞추는 데 있어서 매우 부지런해야 한다.

그림 5.3 근무활동에 대한 불안의 일지

오전, 오후, 밤에 각각 얼마나 불안하다고 느꼈는지 평가하세요. 만약 5점 이상이라면 그때 당시 무엇을 하고 있었는지 적어주세요.

	불안 0~10	불안 척도 5 이상의 상황
월요일 오전	4	
월요일 오후	7	선배와의 회의
월요일 밤	2	
화요일 오전	6	보고 발표 계획
화요일 오후	7	보고 발표
화요일 밤	2	
수요일 오전	4	
수요일 오후	4	

표 5.4는 구토에 대한 공포증을 갖고 있는 여성의 일지를 보여주고 있다. 이 여성은 구토에 대한 공포증으로 인해 다양한 범위의 사회적, 가정적 활동을 하지 못하고 있다. 일지는 그녀가 중요하다고 느끼는 문제의 측면, 특히 단기간에 그녀가 경험하는 불안에 대한 보상으로서 그녀의 성취감을 포함하고 있다.

흔히 사용되고 있는 두 개의 일지는 나중에 설명할 것이다. 8장에서는 역기능적 사고 기록 또는 일상적 사고 기록(Daily Thought Record, DTR)을, 12장에서는 활동 스케줄을 다룰 것이다.

질문지

임상에 사용할 수 있는 엄청난 범위의 질문지가 있다. 이러한 질문지 중 상당수는 처음에는 연구에서 사용할 목적으로 개발되었다(임상적 실제에서 흔히 사용되는 일부 질문지에 대해서는 18장 참고). 많은 질문지의 주요한 장점은 서로 관련 있는 집단의 점수를 제공해준다는 것이다(예: 정상적인 집단 또는 우울증 외래 환자 집단). 그래서 내담자의 점수를 다른 사람의 점수와 비교할 수 있다. 그러나 질문지는 내담자 자신의 문제에 초점을 맞춘 보다 단순한 기록만큼은 민감하지 못한 측정일 수 있다. 다시 말해, 질문지는 평가 척도나 빈도수 세기와는 다르며 반드시 더 좋은 것은 아니다. 그것은 치료사가 어떤 정보를 필요로 하는지에 따라 다르다. 어떤 경우라도 표준화가 잘 되어 있고 타당도가 있는 질문지를 사용하는 것이 중요하다. 그렇지 않으면 질문지의 결과는 신뢰할 수 없고, 의미가 없을 수 있다.

▶ 동영상 자료 5.1: 질문지(i) – 질문지 소개하기, 합리적 근거 제공하기, 내담자 이해 점검하기

　동영상 자료 5.2: 질문지(ii) – 질문지 결과 피드백 주기

표 5.4　안전 행동 줄이기 성공 기록 일지

날짜	상황	줄어든 안전 행동	불안 0~10	성취감 0~10
6월 23일	아픈 친구에게 차를 내주고 함께 차를 마심.	찻잔을 소독하지 않음. 이후에 컵을 쥐고 차를 마심. '그녀가' 입댄 방향 쪽으로 마심. 조리대는 닦지 않음. 개를 산책시키러 데리고 나가 앉지는 않았지만 계속해서 그것에 대해 생각함.	8	10
6월 26일	누군가 아픈 사람이 있는 통로를 지나감.	다른 방향으로 피해 가지 않고 거기에 있다는 것을 알고 있었지만 같은 방향으로 되돌아 옴. 숨을 참지 않았고, 밤에 같은 옷을 입음.	9	10
6월 27일	유통 기한이 마지막 날인 요구르트를 먹음.	밤에 계속 분주했고, 내가 어디 아픈가 점검하기 위해 앉아서 되돌아보지 않음. 침대에서 아프다고 느낄 경우 늦게까지 자지 않고 있지 않음.	6	9

───── 정보 수집의 또 다른 출처 ─────

비록 치료에 사용되는 정보의 대다수가 내담자에 의해 제공되지만, 다른 정보 출처도 관련 있을 수 있다. 여기에는 다른 정보원, 행동과 생리적 자료의 생생한 관찰이 포함될 수 있다.

다른 정보원

몇 가지 이유로 다른 사람을 인터뷰하는 것도 유용할 수 있다.

• 다른 정보원은 내담자에게서는 구할 수 없는 정보를 갖고 있다. 예를 들면, 내담자는 자신이 사회적 상황에서 이상하게 행동한다고 믿을 수 있는데 그 밖의 다른 사람의 시각은 이를 확증하거나 반박하는 유용한 정보를 제공할 수 있다. 또는 어떤 친척이 내담자의

배우자가 상당히 조용하고 집에서든 밖에서든 대화를 거의 먼저 꺼내지 않는다는 것을 보고할 수도 있다. 이러한 정보는 내담자에게는 명백하게 드러나지 않을 수 있다.

- 문제가 다른 사람에게 영향을 미칠 수 있으며, 이는 어려움을 악화시킬 수 있다. 예를 들면, 강박적인 문제를 갖고 있는 내담자는 자신의 강박적 의식에 친척이나 다른 중요한 인물을 관여시킬지 모른다. 그래서 그들에게 스트레스를 줄 수 있다. 이는 차례로 강박적 문제를 악화시키는 환경적 긴장을 만들어낼 수 있다. 자신이 주방을 철저하게 청소하고 나서 그 이후 시간 동안 누구도 주방에 들어가지 못하도록 하는 내담자에 대해 생각해보자. 이는 그녀에게 압박을 가하는 긴장된 가족을 초래하고 그러면 내담자는 괴롭힘을 당하는 느낌을 받고 그 상황에 대해 한층 더한 통제를 발휘하도록 강요받는 느낌을 받는다.

- 어떤 누군가가 내담자가 문제를 다루는 것을 돕는 방식은 문제의 유지와 관련이 있을 수 있다. 예를 들면, 어느 나이 많은 남편은 도로 교통사고 이후 아내가 자기 확신을 증강시키기 위해 심지어 아주 잠깐 밖에 나가 산책하도록 하는 것조차 매우 싫어하였다. 왜냐하면 아내가 불안정해지고 길을 잃을까봐 두려웠기 때문이다. 물론 안심을 제공하는 행위는 문제 유지의 대인관계적 측면의 전형적인 사례다.

- 예를 들어, 약물은 유일한 효과적인 해결방법일 수 있다. 내담자는 나쁜 사람이다. 회피는 언제나 최선의 해결책이다. 이와 같은 다른 사람의 신념은 내담자의 신념에 영향을 미칠 수 있기 때문에 중요할 수 있다.

다른 정보원도 관여될 필요가 있을 것이며, 희망이 주어져야 하고, 가능하다면 인지·행동치료에 대해 교육받아야 한다는 것을 인식하면서 다른 정보원도 내담자에 대한 방법과 비슷한 방식으로 접근되어야 한다. 소크라테스 문답법을 사용하는 이유가 내담자에게 적용되듯이 똑같이 이들 다른 정보원에게도 적용될 것이다(7장 참고).

다른 정보원으로부터 정보를 얻는 가장 흔한 방법이 인터뷰이지만, 내담자에게 그렇듯이 이들에게도 똑같은 방식으로 보다 직접적으로 관찰한 자료를 달라고 요청할 수 있다. 빈도수 세기, 평점, 일지 그리고 질문지가 어떤 환경에서는 유용할 수 있다.

비밀보장의 쟁점에 대해서는 어느 한쪽이라도 공개되기 원하지 않는 것이 있는지 확정하기 위해 내담자와 다른 정보원 모두와 상의해야 한다. 정보 공개를 원치 않는 이유가 잘 확립되어 있거나 잘못된 신념에 근거한 것은 아닌지는 확인해볼 만한 가치가 있다. 예를 들면, 어떤 친척은 사실 그렇게 위험하지 않은데도 자살에 대한 생각에 대해 우려하는 말을 하는 것이 내담자의 마음에 그러한 생각을 집어넣는 것은 아닐지 걱정할 수 있다.

생생한 관찰과 역할 놀이

문제가 발생하는 시간에 내담자를 관찰하는 것은 내담자가 잊고 있거나 알아차리지 못한 중요한 정보를 제공할 수 있다. 예를 들면, 복잡한 손 씻기 의식을 갖고 있는 여성은 의식 중에 각각의 단계를 마친 다음에 비누를 씻어서 세면대 위에 돌려놓은 것을 포함한 의식에 관련된 몇몇 구체적인 사항에 대해서 당연하다고 여긴다. 사회 불안 장애를 갖고 있는 남성은 일상적인 사회적 상호작용에서 어느 정도 그가 자신의 시선을 피하는지 알지 못한다. 생생한 관찰은 치료사 스스로 문제의 정도를 판단할 수 있고 내담자의 인식 밖에 있을지 모를 중요한 구체적 사항을 발견할 수 있다는 것을 의미한다.

때때로, 여러분은 자연스런 상황에서 행동을 관찰할 수 있다. 예를 들면, 치료사가 사회적 불안이 있는 남자를 데리고 가게에 가서 물건을 요청하거나 구매할 물품을 제시할 때 내담자의 상호작용을 관찰했다. 다른 때는 상황을 연출할 수도 있다. 예를 들면, 치료사가 강박 장애가 있는 10대에게 회기 중에 맨손으로 손잡이를 잡도록 하여 (보통은 그렇게 하지 않지만) 일시적으로 손을 더럽히도록 요청하고 그런 다음 안심하게 하려고 하는 통상적인 의식을 실행하도록 요청했다.

가끔은 역할 놀이를 통해 관련 있는 상황을 재현할 수도 있다. 한 젊은 남자는 직장에서 자기주장을 펼치는 것에 대해 불안해하고, 스스로 무엇인가를 요구하려고 시도할 때, 불분명하게 말하고, '이상하게' 보인다고 상당히 확신하고 있었다. 역할 놀이를 통해 치료사는 그의 대인관계 기술을 관찰할 수 있었고, 그가 그 상황을 얼마나 어렵다고 생각하는지 평가할 수 있었다. 그래서 유용한 피드백을 줄 수 있었다. 즉, 치료사가 보기에는 그는 실제로는 다소 능숙했고, 이상해 보이지 않았다.

물론 내담자를 관찰하는 동안 빈도수 세기나 평정 척도를 포함한 모든 범주의 측정을 사용할 수 있다.

생리적 측정

많은 연구 보고서들이 특히 불안과 관련된 것들은 생리적 상태의 측정을 포함한다. 예를 들어 공황 장애에서처럼 내담자에게 가장 불편한 것은 생리적 증상일지 모른다. 비록 간단하고 휴대 가능한 측정 도구가 있지만(예: 심장 박동이나 전기 피부 반응), 일상적인 임상의 실제에서는 거의 사용되지 않는다. 종종 신체적 변화에 대한 내담자의 지각과 그것이 내담자에게 의미하는 것은 그러한 반응 체계 안에서 변화를 알려주는 충분한 지수이다.

> 어떤 내담자는 불안할 때 기절하는 것을 두려워하였다. 그리고 그의 혈압 상태에 대한 정보를 그에게 제공하기 위하여 그의 심장 박동에 집중하라고 요구하였다. 이러한 의견이 제기되고, 치료사는 내담자에게 심장 박동과 혈압과의 관계에 대해 내담자에게 물었다. 그리고는 기절은 혈압의 감소에서 비롯된다고 설명해주었다.

그래서 생리적 변인의 간접적인 측정에 초점이 맞춰져 있었고 직접적인 신체적 기록을 요구하지 않았다.

─── 자료 최대한 활용하기 ───

정보를 수집하는 데는 시간과 노력이 투여된다. 그래서 정보를 잘 활용할 수 있도록 해야 한다. 우선 검증하도록 고안된 가정에 대해 정보가 무엇을 말하고 있는지 알아보기 위하여 정보를 신중하게 검사해야 한다. 이것은 어떤 면에서는 자료를 대조하는 것과 관련 있을지 모른다. 예를 들어, 내담자가 몇 주에 걸쳐 일련의 질문지를 작성했다면, 결과를 그래프로 그리고 변화를 관찰해야 한다. 이것은 사람들이 스스로 그렇게 하도록 독려하는 것 중 일부이다. 그림 5.4는 우울증 치료를 받고 있는 누군가의 일련의 Beck의 우울 척도 점수를 보여주고 있다.

그림 5.4 치료에 따른 Beck의 우울척도 그래프

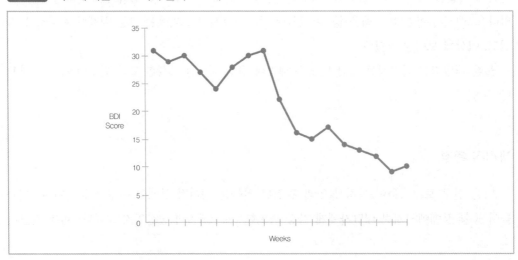

인지 · 행동치료 개론

그러나 일련의 일지는 정보가 쉽게 유목화되지 않기 때문에 요약하기가 보다 어려울 수 있다. 치료사는 내담자에게 "이것이 제게 말해주는 것이 무엇일까요?"를 살펴보도록 요구하는 것이 특히 이러한 치료 대상이 인지로 옮겨감에 따라 앞으로 유용한 방법이라는 것을 알게 될지 모른다. 이러한 활동은 또한 내담자가 일지를 '읽고' 수집된 자료에서 잘 활용하는 기술을 발전시킬 수 있도록 해준다.

치료사: 지난주부터 당신의 일지를 살펴보면서 무엇을 배우게 되었나요? 어떤 변화를 확인할 수 있나요?

내담자: 저는 '활동적인 반면 우울함 덜 느끼기' 주제가 있었다는 것과 아침에 더 나빠지는 패턴이 있다는 것을 알 수 있어요. 아침에는 원점으로 돌아가는 느낌이에요. Heather와 함께 나가는 것보다 나를 기분 좋게 해주는 것은 없다는 것을 알 수 있어요. 더 자주 그렇게 하는 것도 바로 그 이유에서예요.

치료사: 0~10점 척도에서 아침에는 어느 정도로 느끼나요?

내담자: 2~3점 사이예요. 선생님이 일지를 본다면, 매일 아침이 상당히 비슷할 거예요(내가 처음 치료를 시작할 때는 비록 전부 1~2점 사이였지만). 실제로 Heather랑 제가 하루 종일 밖에 있었던 날 다음 날에는 4점을 매긴 날도 있어요.

치료사: 음, 그것에 대해 어떻게 생각하시나요?

내담자: 상황이 점점 좋아지고 있어요. 제가 Heather랑 계속 만나야 할까요?

치료사: 아마도요. 당신이 활동적인 경우 특히 Heather를 만나는 경우 어떤 기분이 드나요?

내담자: 제가 잠깐 산책을 하러 나가면 5점을 줘요(하지만 오래 지속되지는 않는다.). 운동을 할 경우 6점을 줘요. 그리고 조금 더 오래 지속돼요. Heather를 만나면 8점을 주고 그것은 몇 시간 지속돼요.

치료사: 그러면 그것에 대해 어떻게 생각하시나요?

내담자: 더 활동적일수록 제가 더 좋아진다고 느껴요. 그리고 최고의 활동은 사회적인 거예요. Heather를 만나는 것 같아요.

치료사: 실제로 이제 오늘 당신의 일지에서 얻을 수 있는 모든 것을 고려해보니 정말 거기에는 많은 유용한 정보가 들어 있네요. 아주 많이요. 그것을 요약하는 데 도움이 되는지 궁금하네요. 당신의 일지를 보고나서 당신의 진보를 어떻게 요약할 수 있을까요?

내담자: 아직은 많이 힘들어요. 매일이 도전이지만 내 기분을 변화시키기 위해 제가 할 수 있는 일들이 있다는 것을 이제는 알아요. 그리고 제가 지금 하고 있는 것들 때문에 아침이 저 쉬워진다는 것도 알아요.

치료사: 우리가 치료를 시작할 때, 당신은 이렇게 말씀하셨죠. "노력해봐야 소용없어요. 난 좋아질 수가 없을 거예요." 그리고 당신은 그것을 90% 믿었어요. 방금 전 말씀하신 내용과 어떻게 잘 맞는 것 같나요?

내담자: 전 천천히 제 마음을 변화시키고 있어요. 저는 진보하고 있어요. 하지만 느려요.

치료사: 일주일을 요약하면서 그것을 적어보면 어떨까요? 평점도 매기면서요.

내담자: 좋아요. 지금 당장은 60% 점수를 주고 싶어요(하지만 아침에는 그렇게 좋지 않을 수 있다.).

여기서는 치료사가 내담자가 일지에 있는 정보를 탐색할 수 있도록 도와주고 그래서 진전에 관한 순수한 새로운 결론에 도달할 수 있도록 도와주는 일련의 가벼운 질문을 사용하였다. 소크라테스 접근 방법에 대해서는 7장에서 다시 살펴볼 것이다.

불안의 수준을 살펴보고 있을 때 흔한 장애물은 실제로는 향상이 되고 있는데 점수의 변동이 없거나 악화되는 경우이다! 내담자가 실제로 더 많이 하고, 위험을 더 무릅쓰고, 불안에도 불구하고 자신을 밀고 나가기 때문에 향상이 있다고 할 수 있다. 불안 점수에 있어서의 향상이 부족하면 의기소침해질 수 있다. 그래서 다시 검토하고 논의할 필요가 있다. 이미 언급한 바와 같이, 회피는 불안의 흔한 반응이다. 그리고 회피는 종종 불안에 대한 평점을 낮게 유지한다. 일단 어떤 사람이 자신의 두려움에 대처하기 시작했다면, 더욱더 어려운 과제가 시도됨에 따라 불안 점수는 감소하지 않을지 모른다(혹은 심지어 불안 점수가 증가할지 모른다.). 표 5.5는 중증의 폐소공포증을 갖고 있는 내담자로부터 얻은 자료를 제시하고 있다. 회기 중에 내담자에게 과제의 난이도에 따라 과제를 분류해달라고 요청하는 것이 도움이 된다. 그런 다음 각각의 난이도 수준에서의 활동성에 대한 불안 평점에 있어서는 행동의 향상을 발견할 수 있었다.

표 5.5 점차 난이도가 증가하는 과제에 따라 불안 점수의 상승을 보여주는 일지

날짜	상황	불안 0~10*	난이도 1~5**
11월 12일	작은 방, 개방된 문	5	1
11월 14일	승강기에서, 한 층 올라가기	7	2
11월 15일	줄의 끝, 복도 뒤편	4	2
11월 16일	작은 방, 닫힌 문	7	3
11월 17일	작은 방, 닫힌 문, 연기가 자욱한 공기	8	4
11월 19일	작은 방, 개방된 문	3	1
11월 21일	줄의 중간, 복도 뒤편	4	3
11월 23일	작은 방, 닫힌 문	5	3

*0 = 전혀 그렇지 않음. 10 = 내가 할 수 있는 한 최대한 불안함.
**1 = 할 수 있다고 상상할 수 있는 정도. 5 = 결코 내가 다룰 수 없다고 생각.

치료가 진전됨에 따라 자료 수집의 과제는 회기에 따라 진화할 것이다. 그리고 정보를 대

비하고 해석하는 것에 대한 책임은 점차 내담자에게로 인계될 것이다. 치료사는 내담자에게 자신의 일지를 살펴보고 논의해야 할 주제나 중요한 사건을 확인하라고 요구할 수 있다. 이러한 과정은 내담자가 검토하고 우선순위를 매기는 능력을 발전시키는 데 도움이 되며 이는 효과적인 문제해결을 위해 필요하다.

▶ 동영상 자료 5.3: 현저한 우울증을 갖고 있는 남성의 자기 점검 과제 향상시키기

───── 측정자료 이용 시 문제점 ─────

내담자가 자료의 잠재적 가치를 인정하지 않는다.

내담자의 의심을 이끌어내고 논의하는 것은 중요하다. 필요하다면, 실험으로서 어떤 측정을 할지 동의를 구한다.

내담자가 읽고 쓰지 못한다.

만약 내담자가 글을 읽거나 쓰지 못한다면, 예컨대 휴대전화를 사용하는 것과 같은 관련 자료를 기록하는 데 필요한 다른 양식을 찾기 위한 묘안이 필요할 것이다. 내담자가 아마도 이와 같이 다른 상황을 대처할 것이기 때문에 내담자에게 문제를 어떻게 피해갈 수 있는지에 대한 조언을 구하는 것이 도움이 될 것이다.

질문지의 빈약한 신뢰도 또는 타당도

질문지가 신뢰도와 타당도를 갖춘 자료를 갖고 있는지 항상 점검해야 한다. 그리고 질문지의 규범적 자료가 내담자에게 적절한지 항상 점검해야 한다. 우울증 척도의 성인 판은 10대 청소년에게 최선일 수 없다. 서구의 불안 척도는 아시아 집단에게는 적절하지 않을지 모른다. 최상의 질문지는 폭넓은 연령대와 문화에 걸쳐 광범위하게 사용되도록 검토되고 발전되어 왔고 그래서 이러한 특성을 조사한다.

또한 질문지의 결과를 무효로 만들거나 결과를 신뢰할 수 없도록 만들 수 있다는 것을 알아야 한다. 이것은 때때로 의도되지 않기도 한다. 내담자가 단순히 무엇을 해야 하는지 잘못 이해할 수 있다. 다시 한 번 회기 중 질문을 반복하는 것의 장점을 상기할 필요가 있다. 내담

자가 주고 싶어 하는 반응을 주기 위해 조작될 수 있기 때문에 때때로 자기 보고 측정 자료는 타당하지 않을 수 있다. 예를 들면 이런 식이다.

> Josh는 누구도 자기가 얼마나 두려워하는지 이해하지 못한다고 믿어서 자신의 치료사에게 자신은 정말 도움이 필요하다는 것을 강조하기 위해 불안 점수를 과장했다.
> Kat은 일정한 양의 평온을 얻었는데 자살하기로 결심했다. 그녀는 확실히 그녀의 치료사가 그녀의 계획을 방해하도록 하는 것을 원하지 않았기 때문에 Beck 우울증 척도 검사에서 분명한 '자살' 질문에 대해서는 표기하지 않았다.
> Ron은 스스로에게 자신은 "강하고, 상황을 다룰 수 있다."라고 말하며 강한 척 대처해왔다. 그는 확실히 불안과 불행에 관해 묻는 질문지 문항을 곰곰이 생각해보려고 하지 않았다. 그는 감히 문항에 가지 못했고, 그는 자신의 치료사 또한 그 문항에 대해 다루는 것을 원하지 않았다.
> Zena는 아직까지는 지금의 치료사가 최고라고 생각하고 그래서 치료사가 향상이 있기를 원한다고 생각하는 영역에서의 진전을 평가하여 치료사를 기쁘게 하려고 했다. 그러나 그녀는 퇴원하기를 원하지 않았기 때문에 자기 자신의 감정에 대해서는 너무 좋게 평가하지 않을 정도로 신중했다.

이러한 예는 질문지 검사와 다른 자기 보고의 측정 자료가 정말로 밀접한지 검토하는 것이 얼마나 필수적인 것인지를 강조한다. 이러한 결과들을 통해 내담자와 이야기 나누고, 회기에서의 효과가 자기 보고 설명과 일치하는지 주목하고, 보이는 것이 전부가 아니라고 느껴진다면 과감하게 소크라테스 방식의 탐색을 사용해야 한다. 이것이 Kat과 같은 경우에는 얼마나 중요한지 확인하였다. 문제와 요구를 표현하는 데 어려움이 있는 Ron과 같은 내담자의 경우 먼저 표준화된 측정이나 강점과 태도에 대한 간단한 자기 평가를 소개할 수 있다. 이는 자기 자신에 대한 자신감을 갖기 쉽도록 해줄 수 있다. 그래서 그가 나중에 병리나 요구에 관한 보고를 사용할 수 있도록 해줄 수 있다.

자기 보고 측정을 많이 사용하면 친숙해져서 정확도에 손상이 오는 것처럼 자기 보고 측정을 많이 사용하는 것은 신뢰도를 떨어트릴 수 있다. 예를 들면,

> Dino는 매회기 전에 PHQ-9(환자 건강 질문지-9)를 작성했다. 그는 문항에 너무 익숙해져서 각 문항을 제대로 읽는 것을 그만두었고 전체 질문지를 작성하는 데 있어서 부주의했다. 그가 상대적으로 상황이 괜찮다고 느끼면 그는 단순히 반응지의 모든 왼쪽 칸에 표기를 했고, 자기에게 어렵다고 느끼는 경우는 바꿔서 오른쪽 칸에 표기를 했다. 이런 방식이 그에게는 덜 부담이 되었지만 이것은 그의 치료사가 그의 기분 상태에 있어서의 미묘한 동요를 놓쳤다는 것을 의미했다.

일부 표준화된 측정 도구는 여러분이 이러한 문제를 피하기 위해 사용할 수 있는 동등한 형태의 문항을 갖고 있다. 그러나 우리가 인지·행동치료에서 사용하려는 경향이 있는 평가의 대다수는 그렇지 않다. 따라서 반복해서 (또 반복해서) 동일한 형식을 사용하고 있는 자신을 발견할 것이다. 한 가지 더, 내담자의 반응이 얼마나 진솔한지 확신하기 위하여 내담자와 함께 반응을 검토할 필요가 있는 것은 분명하다. 하지만 그러한 상세한 정보를 그렇게 빈번히 수집할 필요가 있는지 자문할 수도 있다. 예를 들면, Dino의 사례에서 오로지 치료의 시작, 평가 회기 그리고 종결 때에만 질문지의 시행을 하는 것이 유용했을지도 모른다. 만약 회기에서 회기로의 변화에 대한 세밀한 관찰을 원한다면, 각 회기가 시작될 때 3, 4, 또는 5점 척도의 간단한 행복 점수를 제시하도록 협상할 수 있다(이렇게 해서 Dino가 어쨌든 PHQ-9를 이용하기 시작한 것이다.).

─── 요 약 ───

- 내담자가 제시한 문제의 특질을 측정하고 치료가 진행됨에 따라 변화를 평가하는 것은 인지·행동치료의 중요한 측면이다. 측정을 고안하기 위해 창의성을 발휘함에 따라 측정은 치료의 흥미롭고 창의적이고 협력적인 부분일 수 있다. 비록 많은 유용한 정보를 임상 인터뷰를 통해 얻을 수 있지만, 평가 때와 치료 중 그리고 치료 종결 시에 추가적인 정보를 얻는 것이 유용할 수 있다. 추가적인 정보를 얻어야 하는 이유는 아래의 사항을 포함하여 많은 이유가 있다.
  - 치료의 효과를 평가할 수 있도록 해준다.
  - 문제의 관찰을 그때 그 자리에서 보다 신뢰롭게 이용할 수 있다.
  - 측정을 통해 일어날 수 있는 치료적 효과로부터 이익을 얻을 수 있다.
  - 보다 정확하게 진전을 구성할 수 있도록 기초선과 후속 측정을 내담자가 비교할 수 있도록 해준다.
  - 치료가 실증적인 활동으로 간주될 수 있다는 개념을 강화시킨다.
- 반응, 신뢰도 및 타당도와 같은 측정의 심리측정학적 특성을 명심하는 것이 중요하다. 후자의 두 속성은 본문에서 기술한 다음의 일부 간단한 규칙에 의해 극대화될 수 있다.
- 치료사가 수집하는 측정 자료는 이어지는 회기에 필수요소이기 때문에 내담자가 생산한 자료에 항상 순수한 관심을 보이는 것은 매우 중요하다.
- 측정 자료는 단순히 수 세기에서 평점을 거쳐 일지와 질문지에 이르는 복잡성의 수준에

있어서 다양하다. 원하는 정보가 무엇인지 신중하게 생각하고 관련 측정 도구를 고안하는 데 있어서 내담자와 함께 창의적이어야 한다.

- 내담자가 제공하는 정보 외에 친척, 친구, 다른 직원, 정신 생리학과 같은 다른 정보의 원천이 있다는 사실을 명심해야 한다.
- 내담자가 갖고 오는 정보는 무엇이든 간에 최대한 활용해야 한다. 도움이 된다면 그래프로 제시할 수 있고, 각각 서로 다른 측면이나 개념화에 의해 제기된 가설이 무엇이든 간에 관련시키도록 시도해야 한다.

다음 학습 활동은 SAGE publishing 사이트(https://study.sagepub.com/kennerley3e.)에서 내려받기 할 수 있다.

복습과 성찰:

- 당신이 고안한 어떤 측정 도구라도 타당도와 신뢰도를 극대화시킬 수 있는 방법에 대한 제안이 본 장에 있다. 이러한 제안에 대해 생각해보라. 문제가 될 만한 것이 있는가? 만약 그렇다면, 어려움을 어떻게 처리할 것인가?
- 때때로 사람들이 제안하는 문제의 주요한 측면은 측정될 수 없다고 주장된다. 세 명의 내담자의 문제를 생각해보고 그들의 문제의 어떤 측면이 측정하기 힘들어 보이는지 생각해보라. 만일 그러한 것들을 측정하려고 시도한다면 무엇을 빼버리거나 무시할 것인가? 측정 계획을 고안하고 약간의 자료를 얻는다면 얻는 것은 무엇인가?
- 당신이 맡은 사례를 검토해보라. 당신이 사용해온 측정을 살펴보고 내담자의 반응에 대한 타당도와 신뢰도에 대해 생각해보라.

한걸음 더:

- 스스로 어떤 관찰을 수행하고 그것이 얼마나 깨달음을 주거나 혹은 귀찮은 일인지 알게 되는 것은 교훈적일 수 있다. 예를 들어, 당신은 하루에 대한 사고 기록(8장 참고)을 할 수 있다. 또는 당신을 괴롭히는 행동-사람들에게 땍땍거리기, 머리 긁기-의 빈도나 또는 각각의 경우 그것을 촉발시킨 것에 관해 기록할 수 있다. 그러한 관찰이 제시한 도전에 주목하고 내담자에게 이를 어떻게 최소화할 수 있을지 생각해보라.
- 내담자의 기록을 검토하고 자료의 수집 및 평가를 위한 기회를 놓친 것은 없는지 확인하라. 지금 그것에 대해 무엇을 할 수 있는지 생각해보라. 관련 있는 정보를 어떻게 더 수집할 것인지, 이렇게 하는 것에 대한 합리적 근거를 어떻게 공유할 것인지 계획하라.

보충 읽기 자료

Hayes, S. C., Barlow, D.H., & Nelson-Gray, R.O.(1999). *The practitioner: research and accountability in the age of managed care.* Boston, MA: Allyn & Bacon.

이 책의 저자들은 내담자의 이익을 위해 치료사가 과학자적인 실행가로서의 역할을 채택할 것을 지속적으로 주장해오고 있다. 이 책은 이러한 접근에 있어서 좋은 요약을 제공해준다.

• 5.1 질문지(ⅰ) : 질문지 소개하기, 합리적 근거 제시하기, 내담자의 이해 점검하기
• 5.2 질문지(ⅱ) : 질문지 결과 피드백 주기
• 5.3 현저한 우울증을 갖고 있는 남성의 자기 점검 과제 향상시키기

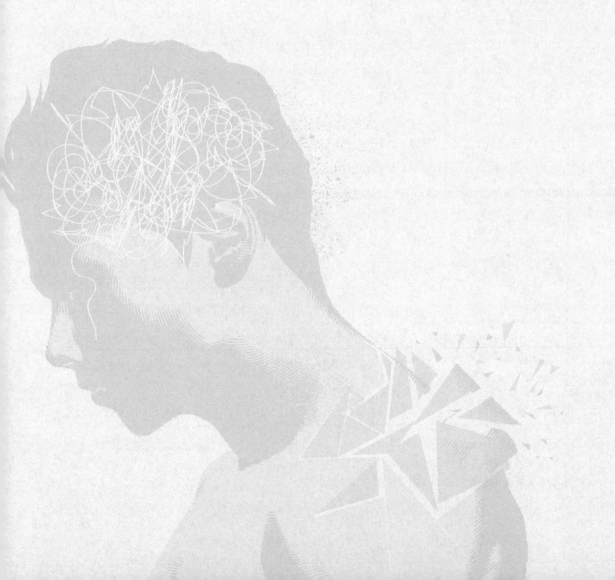

06

자기 자신이 치료사가 되도록
내담자 돕기

심리치료 학습 모델의 가장 강력한 구성요소 중 하나는 내담자가 치료사의 많은 치료 기법을 결합하기 시작한다는 것이다(Beck 등, 1979:4).

우리는 인지·행동치료에서 내담자가 재발을 관리할 수 있는 기술을 갖춰 자기 자신이 치료사가 되도록 가르친다. 본질적으로 인지치료사는 치료사 자신이 더는 필요 없게끔 만드는 것을 목표로 하며, 이는 인지·행동치료의 모델과 기법 안에서 내담자를 철저하게 교육시킨다는 것을 의미한다. 여기에는 단순히 인지적 모델과 전략을 공유하는 것 이상의 것이 있다. 치료 기법을 보다 접근하기 쉽게 만들고, 보다 기억하기 쉽게 만드는 방법이 있고, 사람들로 하여금 장기적인 독립적 대응에 대비하도록 할 수 있는 방법이 있다. 3장에서는 내담자가 탐색하고 배울 수 있도록 돕는 데 있어서 치료적 관계가 얼마나 중요한지, 인지·행동치료의 기술을 학습하는 데 있어서 협력이 얼마나 근본적인 요소인지 기술하였다. 따라서 본 장의 내용은 내담자가 자기 자신의 치료사가 되는 것을 돕는 방법과 관련이 있다는 것을 알 수 있을 것이다. 이 장은 스스로 치료사가 될 수 있는 것을 강화시키며, 학습과 독립성이 더욱더 강화될 수 있고, 재발의 관리가 확립될 수 있는 방법에 대해 초점을 맞출 것이다.

─── 내담자의 학습과 기억 돕기 ───

내담자가 만일 인지·행동치료의 모델과 기법을 기억할 수 없다면, 내담자는 치료사의 역할을 떠맡을 수 없다. 인간은 망각의 존재이다. 1880년대로 거슬러 올라가 심리학자인 Ebbinghaus는 우리가 집중한 정보의 상당수를 빠르게 망각한다는 것을 입증하였다. 따라서 치료사는 개념과 실제적 기술을 기억할 수 있도록 시도할 필요가 있다.

이것의 시작은 사람들에게 학습과 관련한 특별한 쟁점이 있는지 물어보는 것에서부터이다. 이것은 여러분이 내담자에게 중요한 정보를 어떻게 제공하고 구성하는 것이 가장 좋을지에 관해 생각할 수 있도록 돕는다. 또 다른 실용적인 조치는 내담자에게 단순히 다음의 활동을 하도록 권고하는 것이다.

- 중요 학습 요점을 노트하기
- 자신의 노트 살펴보기
- 명시적 지식과 절차적 지식('무엇'에 관한 지식과 '무엇을 해야 하는지'에 관한 지식)을 잃어버리

지 않도록 기술을 연습할 수 있도록 계획 세우기

주의산만을 최소화하고 시각적 도구를 사용하고 정보처리 시간을 충분히 제공하고 스트레스 수준을 적절하게 유지함으로써 학습을 위한 적당한 환경을 조성해야 한다. 이것들은 쉽게 얻어지는 목표들이고 기억의 유지에 상당한 영향을 미칠 수 있다.

학습을 설명하는 많은 모델이 있지만, 치료사로서 우리에게 가장 적절한 모델 중 하나는 아마도 Lewin(1946)과 Kolb(1984)의 성인 학습 이론일 것이다.

성인 학습 이론

이 모델은 경험적 학습의 중요성과 성찰의 가치를 강조한다. 즉, 경험을 통한 학습, 성찰 그리고 실행을 강조한다. 이 모델은 효율적 학습에 있어서의 4가지 필수 단계로 구성되어 있다.

- 경험
- 관찰
- 성찰
- 계획

이러한 4가지 필수 단계는 그림 6.1에 예시된 바와 같은 주기를 구성한다. 학습이 효과적으로 이루어지기 위해서는 하나의 단계는 전체 주기의 모든 단계를 통해 움직일 필요가 있다.

효과적인 학습의 요소를 이해하는 것은 많은 점에서 치료사를 도울 수 있다. 예를 들면, 언제 정보를 제공할지와 언제 소크라테스 문답법을 사용할지 결정하는 데 있어서 그리고 학습 내용을 더 잘 기억할 수 있도록 해줄 과제를 만드는 데 있어서 도움이 된다. 다음 7장이 소크라테스 문답법에 초점을 맞추고 있지만, 여기서는 소크라테스 문답법이 학습 주기의 요소를 포함하고 있다는 정도는 언급할 만하다. 소크라테스 문답법을 사용할 때, 사람들에게 경험을 공유하도록 단서를 제공하고(관찰), 문제에 대한 새로운 이해를 발전시킬 수 있도록 소크라테스 문답법을 사용하고(성찰), 그런 다음 새로운 가능성과 앞으로의 방향을 통합한다(새로운 경험 계획하기). 이와 유사하게 8장과 9장은 인지적 그리고 행동적 기법에 각각 초점을 맞추고 있다. 이러한 인지·행동치료의 핵심적인 요소가 학습 주기와 어떻게 연결되는지 알게 될 것이다. 인지적 기법은 '현장에서'(경험) 검증되는 새로운 통찰과 가능성을 개발하는 데 도움을 준다(관찰-성찰-계획).

학습 주기의 예로서 인지 · 행동치료의 모델을 제시할 수 있거나 또는 내담자를 4개의 모든 요소를 아우를 수 있게 하는 방식으로 감정, 생각 그리고 행동의 상호작용을 설명할 수 있다.

그림 6.1 성인 학습 주기(Lewin, 1946 그리고 Kolb, 1984에서 인용)

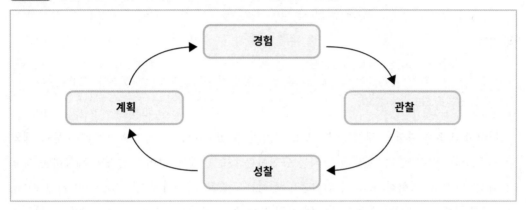

경험, 관찰

치료사: 기분이 어떠셨어요?

내담자: 많이 긴장됐어요. 두려웠어요.

치료사: 마음속에 어떤 생각이 스쳐지나가던가요?

내담자: 제가 스스로 저 자신을 당혹스럽게 만들었고 바보 같다는 생각이 들었어요.

치료사: 그래서 어떻게 하셨나요?

내담자: 상사에게 정기 휴가를 떠나야 해서 발표를 할 수 없다고 말한 다음 휴가를 예약했어요.

치료사: 그래서 발표는 피할 수 있었겠군요. 그럼 휴가에 대해서는 어떤 기분이셨어요? 그리고 그때 마음속에 어떤 생각이 스쳐지나가던가요?

내담자: 처음엔 안도했지만 더 안 좋아졌어요. 여전히 사람들 앞에서 말하는 것에 대한 불안을 직면하지 못하고 있고, 제 상사가 제가 거짓말한 걸 알아차릴 거라는 두려움을 갖게 됐어요.

치료사: 당신은 두려움을 느꼈고, 스스로를 당혹스럽게 만든다고 생각하신 것 같군요. 그래서 당신을 두렵게 만드는 것을 회피했지만 그것을 후회하셨고요.

내담자: 예, 맞아요.

성 찰

> 치료사: 그래서 이번 일로 무엇을 배우셨나요?
>
> 내담자: 이제 분명히 제가 겁에 질리면 두려움에 맞서야만 한다고 생각해요.

계 획

> 치료사: 당신의 두려움에 맞서신다고요…. 그 일을 시작하기 위해 어떻게 해야 할지에 대해 어떤 생각을 갖고 계신지요?

이러한 과정은 경험을 제공할 수 있고, 평가될 수 있고 하는 등의 행동실험(BE) 등을 계획할 수 있도록 이끌어준다. 실험과 인지를 통합하는 것은 순순히 언어적 중재만 제공하는 것보다 더 큰 인지적, 정서적, 행동적 변화를 촉진하는 것으로 나타나고 있고(Bennett-Levy, 2003), 내담자가 종종 경험하는 '생각과 믿음의 차이'('머리로는 그렇다고 생각하는데 정말 그런지는 잘 느끼지 못하겠어요.')의 교량 역할을 하는 것으로 나타나고 있다(Rachman & Hodgson, 1974).

우리가 정보를 사용하고 정보로부터 배우는 방식에 있어서 각자의 선호도가 있다고 주장되고 있다. Honey와 Mumford(1992)는 학습 주기에 관한 선호도에 대해 조사를 하고 4개의 선호도 유형을 확인하였다. 활동가형, 사색가형, 이론가형, 실용주의자형이 그것이다. 알다시피, 이들은 Levin과 Kolb와는 다르게 표현형 라벨을 사용하고 있어서 다소 혼란스러울 수 있지만 라벨보다는 그 개념이 더 중요하다고 이해하면 될 것 같다. 주기에서의 각각의 단계에 대해 자세히 읽어보면서 당신의 선호도는 어디에 해당할지 생각해보기 바란다.

경험(활동가형)

행동, 관여, '~하기'의 시기이다. 이 유형은 무엇인가 실재의 것에 관여하는 것을 좋아하는 활동가형으로 4가지 유형 중 하나의 유형이다. 치료 안에서 이 유형은 역할 놀이 또는 행동 과제 선정하기 또는 행동 과제 중 내담자 수반하기 등이 포함될 수 있다.

관찰(사색가형)

발생한 일에 대해 숙고하는 주기에 해당하는 부분이다. 사색가형으로 선호되는 부분으로 사건을 요약하고 그것에 대해 심사숙고하는 데 시간을 사용한다. 회기 중에서는 내담자의 사고 일지를 살펴보는 과정이나 회기 후반부에 피드백을 모으는 과정을 포함할 수 있다.

성찰(이론가형)

발생한 일을 이전의 경험이나 지식과 관련시켜 이해하는 유형이다. 이러한 분석적 접근은 이해와 연결 관계를 찾기 좋아하는 이론가형에 의해 선호된다. 치료에서 문제의 개념화에 관해 성찰하는 과정이나 경험 또는 추상적 원리로부터 일반화하는 과정을 포함할 수 있다.

계획(실용주의자형)

실용주의자에 의해 선호되는 단계로 새로운 이해에 대한 실용적 함의를 고려할 때의 단계이다. 이 유형은 계획이 수립되는 시기, 그래서 이후의 경험에 대한 기초를 만드는 시기이다. 치료에서는 다음 단계를 준비하고 목표를 수립하고, 새로운 이해에 기초한 과제를 준비하는 시기이다.

(내담자 또는 치료사의) 개인적 선호도는 주기의 요소에 대한 과소 또는 과대평가를 초래할 수 있다. 예를 들면, 다음과 같다.

- 활동가형은 과제의 '수행'에 관해 부적절하게 숙고할지 모른다. 예를 들면, 행동 과제에는 관여하면서 그것을 철저하게 검토하는 것에 대해서는 소홀할 수 있다. 이것은 경험의 함의를 평가하고 앞으로 진전하는 데 어려움이 있다는 것을 의미한다. 최악의 경우 경험은 시간 낭비가 된다.
- 사색가형은 과제는 세심하게 검토할 수 있으나 이전의 경험과 연결시키거나 또는 원리를 개발하기 위해 일반화하는 데는 실패할 수 있다. 이 경우 이론적 기초가 부족할 수 있고, 내담자의 문제에 대한 개념화와 연결되지 않을 수 있기 때문에 계획을 세우는 데 손상이 있을 수 있다.
- 이론가형은 연결은 잘할 수 있는데, 하지만 관찰이 부족할 경우 효과가 없을 수 있다. 또한 계획 수립의 단계가 부족할 경우 학습을 위한 미래의 의미 있는 기회를 놓칠 수 있다.
- 마지막으로 실용주의자형은 구체적인 계획을 수립하는 데 집중할 것이다. 하지만 활동적인 국면과 관찰과 이론수립 단계에서의 적절한 관여가 없이는 효과를 기대할 수 없다. 4개의 모든 국면이 관여되지 않는다면, 최고의 계획이라도 새로운 기술을 학습시키거나

기억나게 할 것 같지는 않다.

치료사의 선호도가 내담자의 선호도와 서로 도움이 되지 않는 쪽으로 상호작용할 수도 있다는 것을 알아야 한다. 가령, 사색가형－이론가형 조합은 서로 동의하고 철학적으로 추론하는 시간을 촉진시킬 수 있는 반면에 치료에 있어서 충분히 활동적이지 못할 수 있어서 경험적 학습이 일어나지 않을 수 있다. 또한 불만감을 줄 정도로 느리거나 집착적인 사색가형 또는 실용주의자형 내담자에 의해 좌절당한 활동가형－이론가형 치료사와 같이 서로 상반되는 성향의 내담자－치료사 조합에 의해서도 문제는 발생할 수 있다. 그래서 어떤 경우는 선호도의 차이가 치료적 동맹의 문제를 부추길 수도 있다(3장 참고). 다른 한편으로는 서로 다른 선호도가 서로를 보완할 수도 있다. 활동가형－실용주의자형 치료사가 '탁상공론'하는 내담자에 관한 이론을 세우고 내담자가 행동실험에 더 잘 관여할 수 있도록 도울 수 있는 것처럼 활동가형 내담자는 서로 다른 선호도를 갖고 있는 치료사에 의해 성찰하고 계획을 세울 수 있도록 격려될 수 있다.

▶ 동영상 자료 6.1: 임상적 자료를 사용하여 내담자를 학습 주기에 따라 안내하기

학습 유형은 내담자와 치료사의 소통과 관련이 있고, 치료적 관계의 발전과 관계가 있다는 것은 이제 분명하다고 생각한다. 시간을 들여 학습 유형을 생각해볼 만하다. 치료사로서 한발자국 물러서서 자신의 유형과 선호도를 평가하도록 시도해보는 것은 특정 학습과 활동 방식을 선호하는 내담자를 보완할 수 있다.

기억하기

학습은 단지 지식을 획득하는 것에 관한 것이 아니다. 정보 또한 저장되어야 하며, 인출될 수 있어야만 한다. 내담자가 치료를 통해 두드러진 점을 기억할 수 있을 필요가 있기 때문에 기억에 대한 이해와 기억을 어떻게 강화시킬 수 있는가는 치료 활동과 더불어 중요할 수 있다. 기억과 정보처리 그 이상에 관한 이해를 위한 몇 가지 유용한 정보가 있다. 그러나 가장 정보가 풍부하고 읽을 만한 책들 중 하나는 여전히 Alan Baddelye의 『Your Memory: a user's guide』(2004)(당신의 기억: 사용자의 지침)이다. 본장의 이 절은 그의 저서에서 많이 빌려온 내용이다.

기억과정에 관련된 주요 체계는 다음과 같다.

- **단기 기억**(STM): 단기 기억은 정보를 잠시 동안(20~30초) '한시적으로 보유'하고 있는 것

이다. 장기 기억으로 전이되기에 충분히 관련이 있지 않거나 반복되지 않는다면 정보는 망각될 것이다.

- 장기 기억(LTM): 장기 기억은 정보가 영구적으로 보관되는 '창고'를 말한다. 일부 신념과 대조적으로 기억은 우리가 무엇인가를 회상할 때 재생될 수 있는 기록물과 같은 방식으로 유지되지 않는다. 그것은 마치 그림 맞추기 퍼즐과 같아서 두뇌의 서로 다른 부분에 저장되어 있는 조각들이 우리가 기억할 때 재구성되도록 대기하고 있는 것과 같다. 이로 인해 기억이 왜곡되기 쉽기 때문이라는 점에서 이러한 기억의 특성은 중요하다고 할 수 있다.

이것이 임상의 실제와 관련이 있는가? 그렇다. 다음의 예는 학습과 기억에 관한 이해가 치료를 어떻게 잘 이용할 수 있는가에 관해 설명해준다.

이완기법을 학습하는 동안 남성은 치료사의 사무실 의자에 앉아 몸을 뒤로 젖힌다. 그의 감각 기억은 언어적 지시, 치료사의 목소리 톤, 신체 일부를 이완시키는 신체적 감각 또는 천천히 호흡하기 등을 정보 처리한다. 그가 지시를 수행하고 이완의 효과에 대해 생각하는 동안 이것은 단기 기억에 저장될 것이다. 만약 활동이 관련 있다고 생각된다면, 장기 기억에 더 잘 기억될 것이다.

만약 활동이 관련성이 없다고 생각되거나 제대로 주의를 기울이지 않는다면 정보는 기억되지 않을 것이다.

이완 활동을 도입하는 이론적 근거가 처음에 설득적이어서 이 남성이 설명에 집중했고 그래서 집에서 연습하고 치료 회기에 와서 그 경험에 관한 피드백을 준다고 가정해보자. 그러나 그의 연습이 치료사가 기대한 것은 아닌 것으로 나타났다. 비록 전체 체계의 일부 요소에 대해서는 기억하고 있었지만, 일부는 망각되었고 일부는 다른 활동과 뒤섞여버려 있었다. 전반적으로 연습활동이 도움이 되지 않았다. 이야기를 통해 무엇이 이런 일을 발생하게 했는지 알아냈다.

1. 그는 활동의 이론적 근거를 기억하지 못했고 그래서 활동의 관련성을 이해하기 위해 고군분투했다.
2. 회기 중에 연습활동이 단 한 차례만 실행되었다. 자세한 설명이 없었고 노트 필기도 없었다. 그래서 활동에 관한 그의 기억이 빈약했다.
3. 이완 연습활동을 기억하기 위해 시도하는 과정에서 내담자는 무의식적으로 몇 년 전에 학습한 요가 기법에 관한 기억을 불러냈다.
4. 치료사와 내담자 모두 학습 주기 중 '활동가형'을 향해 움직이는 경향이 있었고 계획 수립에 관해서는 방심했다.

내담자의 회상은 어떻게 향상될 수 있을까?

- **관련성**: 중요하다거나 또는 의미 있다고 지각되는 내용이 더 잘 기억될 수 있다. 이것은 내담자와 이론적 근거를 공유하는 것과 내담자가 이론적 근거를 이해하고 동의했는지 확인하는 것이 치료에 있어서 왜 그렇게 중요한지에 관한 이유이다.
- **초점**: 주의산만은 기억을 손상시킨다. 그래서 내담자는 집중하는 것으로부터 이득을 얻는다. 치료사는 주의산만을 최소화해야만 하고 내담자가 과제를 향해 집중할 수 있도록 해야만 한다.
- **반복**: 정보와 경험을 반복하는 것은 더 잘 기억할 수 있도록 해준다. 여기 사례의 경우 치료사는 한 번 이상 이완 연습을 유용하게 실행할 수 있다.
- **적극적인 관여**: 피드백을 얻는 것 또한 도움이 된다. 이것은 정보의 반복을 촉진시키고 개인적 연결의 형성을 권장할 수 있다. 주관적으로 관련성 있는 내용은 개인적 연관성이 없는 정보보다 언제나 더 잘 기억될 수 있다.
- **기억 보조 도구**: 우리 모두는 잘 잊는다. 그래서 기록이나 목록 작성 등을 통해 도움을 받을 수 있다. 사례의 남성에게 이론적 근거와 이완기법을 설명해주는 자료를 제공해주거나 활동을 기록하는 것은 도움이 되었을 것이다.
- **친숙성**: 우리는 이전의 경험과 신념의 관점에서 기억을 '재조직화'하는 경향이 있다(Barlett, 1932). 그러므로 특정 기법에 대한 내담자의 반응과 연관성을 치료사가 확인하다면 도움이 된다. 종종 이전의 경험은 유용하게 통합될 수 있다. 이 사례에서는 친숙한 요가 기법이 이완 활동 속으로 구조화되어 더 잘 기억할 수 있게 해주었다.
- **학습 주기에 따라 실행하기**: 내담자는 무엇을 배울 수 있었는지 앞으로 어떻게 해야 할지 활동에 대해 성찰해보라고 지시받는 것으로 통해 이득을 얻을 수 있다. 개념화와 학습 주기의 계획 단계는 종종 문제해결과 실행할 수 있는 구체적 계획 수립의 기회를 제공한다.

효과적인 학습 원리는 단순히 일기를 기록하는 것에서부터 복잡한 행동실험(BE)에 이르기까지 소개하고 있는 각각의 인지적 그리고 행동적 기법에 적용할 수 있다. 이러한 학습 원리를 사용함으로써 내담자가 증상 관리의 기술을 더 잘 배울 수 있도록 도울 수 있다. 하지만 또한 내담자가 장기적 관점에서 자신의 어려움을 다룰 수 있게 되기를 원한다. 그렇기 때문에 내담자는 또한 재발 관리에 있어서 숙련되어야만 한다. 지금부터는 이것에 대해 살펴보기로 한다.

재발 관리: 일상을 위한 기술

앞서 진술한 것처럼, 내담자는 치료사에 의지하지 않게 되어야 한다. 이것은 내담자가 인지·행동치료의 기법을 기억할 필요가 있고, 어려운 상황에서 그 기법을 사용할 필요가 있고, 재발한 다음 그 기법을 이용할 필요가 있다는 것을 의미한다. 내담자가 재발을 생산적으로 다룰 수 있고, 재발로부터 배울 수 있고, 재발을 발판 삼을 수 있다는 것은 장기적인 성공에 있어서 중요하다. 왜 이절의 표제를 예방이라기보다는 재발 관리라고 했는지 의아해할 것이다. 비록 일부 치료의 접근은 재발을 없애는 것을 목표로 하지만, 어떤 장애에서 그리고 어떤 내담자에게 있어서 일정 정도의 재발을 예방하는 것은 거의 불가능할 수 있다. (내담자 또는 치료사든) 완벽하게 재발을 예방할 수 있다고 기대하는 사람들은 실망할 것이다. 그러나 그러한 (재발) 사건을 어떻게 다루는지 배우고 잃어버린 과정을 다시 획득하는 것은 가능하다.

재발 관리는 치료 초기에 소개하기를 권한다. 그래서 치료의 과정에 걸쳐 다듬어질 수 있는 기술로서 발전될 수 있다. 재발 관리의 가장 기본적인 형식은 재발 발생 후 이어지는 다음의 3개의 질문으로 구성된다.

• "내가 이것을 어떻게 이해할 수 있을까?"
• "이것으로부터 내가 배운 것은 무엇일까?"
• "때늦은 깨달음 덕분에 내가 다르게 무엇을 할 수 있을까?"

역행, 실패 또는 재발 이후 (어떻게 경험했든 간에) 사람들은 종종 너무 힘들어해서 어려운 회복 절차에 관여하지 못한다. 그러나 3개의 단순한 질문은 '정신적으로 휴대가 간편하고' 회복을 위한 즉각적인 지시를 제공할 것이다. 우선은 회기 안에서 연습을 해보고 분석하는 습관과 실패로부터 이득을 얻는 것을 발전시키는 방식으로 이러한 연습은 나중에 '현장에서' 내담자를 촉구할 수 있다.

Carol은 섭식 장애와 고군분투하고 있고 한동안 폭식을 했다. 어느 날 저녁, 자신이 좋아하는 음식을 상당히 많이 구입해서 혼자 집으로 가서 음식을 먹었다. 배가 완전히 불러서 입에 한 가득 씹어 베어 물고 있는 음식을 뱉어가면서 다 먹었지만 그래도 식사를 멈출 수 없었다. 이 시간 동안 그녀는 자신을 멈출 수 없었다. 이와 같은 저녁은 보통 심각한 퇴보의 시작을 나타냈다. 그녀는 다음 날 아침 신체적으로 좋지 않은 불편한 느낌으로 일어났다. 그녀는 희망이 없는 패배자이며 자신의 기분은 확실히 우울해졌다고 결론 내렸다. '희망 없는 패배자'로서 스트레스 해소를 위한 식사의 욕구에 저항하기 무기력하다고 느꼈다. 하지만 이 경우에는 그녀가 스스로에게 질문을 했다.

- 이 재발을 내가 어떻게 이해할 수 있을까? 그녀는 며칠 동안 직장에서 스트레스를 받는 느낌이었지만 관계에 문제가 있는 것을 생각하지 않기 위하여 자신을 계속해서 몰아세웠다는 것을 깨달았다. 게다가 체중 감량을 위한 시도로 하루 종일 굶는 오래된 습관을 재개하기 시작했다. 자신의 상황에 대해 성찰하자, 그녀는 이렇게 말할 수 있게 되었다. "내가 금욕을 깨트린 것은 이상할 게 없어. 난 한계점에 다다른 스트레스를 받고 있을 뿐만 아니라 하루 종일 먹지 않음으로써 내 스스로 폭식을 위한 상태로 만들었어."
- 내가 이것을 통해 배운 것은 무엇일까? "나는 깨달았어. 나에게는 체중 조절의 수단으로 굶는 것은 위험해. 그것은 역효과를 내. 또한 난 내 스트레스 수준에 대해 점검할 필요가 있어. 내 스트레스 수준이 높아지면 나는 스트레스 해소를 위한 식사에 취약해져."
- 때늦은 깨달음 덕분에 내가 다르게 무엇을 할 수 있을까? 힘들기는 하겠지만 나는 '분별 있게' 식사하고 굶지 않으려고 시도할 거야. 돌이켜보면, 난 내 관계에 있어서 아무런 문제가 없는 척 하려고 시도하면서 실수했어. 그래서 주의를 돌리려고 일에만 몰두하게 된 거야. 다시 그런 일을 겪는다면, 나는 내 문제를 인정하고 아니면 문제를 외면하기보다는 문제에 대해 누군가와 심지어 이야기를 나눌 수도 있을 거야.

이것은 Carol에게 미래에 대처하기 위한 계획을 제공해줄 뿐만 아니라 자신의 특정한 요구와 취약성에 대해 더 많이 알게 해준다. 매번 역행에 직면할 때마다 그녀는 계속해서 어려움에 대한 자신의 이해를 '미세하게 조정할' 것이다. 그리고 보다 광범위하고 보다 개별적으로 맞춘 대처 반응의 목록을 발전시킬 것이다.

인지 · 행동치료의 재발 치료의 선구자는 Marlatt와 Gordon(1985)으로 중독성 행동의 치료에 있어서의 모델과 전략을 처음으로 개발하였다. 그러나 재발 위험과 재발 관리에 관한 그들의 이해는 다른 심리적 장애에서도 효과가 있는 것으로 증명되고 있다(Witkiewitz & Marlatt, 2007). 그들은 재발에 취약하게 만드는 몇 가지 요인을 분별하였다. 특별히 강력한 요인은 역행에 대한 이분법적, 즉 양자택일의 해석이었다. 그들은 자신의 상태를 완전히 통제할 수 있거나 통제하지 못하거나 둘 중 하나의 상태로 인식하는 사람들이 역경이 처음으로 나타날 때 재발하는 경향이 있다는 사실을 관찰했다. 즉, 이들 내담자들은 통제하고 있는 느낌에서 마치 완벽하게 실패한 것 같은 느낌으로 건너뛰는 것이다. 일단 '실패'라는 마음가짐을 갖게 되면 위로를 찾기 위해 계속해서 술을 마시는 것과 같은 도움이 되지 않는 행동으로 내모는 절망감에 지배되는 경향이 있다. 대신 Marlatt와 Gordon은 통제 상태와 통제에서 벗어난 상태의 연속적인 개념을 권장했고, 이는 자동적으로 실패로 간주하는 일 없이 사소한 그리고 심지어 심각한 역행도 수용할 수 있었다(그림 6.2 참조).

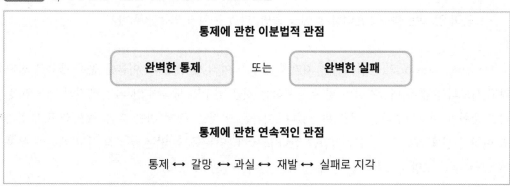

그림 6.2 통제에 관한 이분법적인 관점과 연속적인 관점

통제에 관한 이분법적 관점

완벽한 통제   또는   완벽한 실패

통제에 관한 연속적인 관점

통제 ↔ 갈망 ↔ 과실 ↔ 재발 ↔ 실패로 지각

통제와 실패로 지각하는 것 사이의 경험에 대한 스펙트럼에 관한 이 모형에 매달리는 것은 실수나 과실이 수정될 수 있는 일시적인 일탈로 지각될 수 있는 가능성을 증가시킬 수 있다. 계속해서 복원력을 촉진시키기 위해서는 내담자는 연속체에 따른 서로 다른 단계를 고려할 수 있도록 촉진되고 다음의 질문을 물어볼 수 있도록 되어야 한다.

- "언제 이 일이 발생할 위험이 생길까?"
- "증후는 무엇일까?"
- "통제를 잃지 않기 위하여 무엇을 할 수 있을까?"
- "내가 통제를 상실한다면 무엇을 할 수 있을까(피해의 한계)?"

이런 식으로 적소에 잘 고려된 예비 계획이 있는 동안 '조기 경고 신호'가 감지될 수 있고, 과실을 회피하기 위한 조치가 취해진다. 그래서 과실은 해결책이 있는 예상할 수 있는 사건으로 해석될 수 있다.

이분법적 사고 외에 다른 어떤 요인이 재발하도록 만드는가? Marlatt와 Gordon은 재발의 가능성을 체계적으로 증가시키는 사건의 연속성을 구분했다.

- **고위험 상황에 노출되기**: 예를 들면, 우울증 환자가 사회적으로 고립되는 것, 또는 섭식 장애가 있는 사람이 오랫동안 먹지 않는 것.
- **빈약한 대응 전략이나 전략의 부재**: 예를 들면, 빈약한 기분 관리 기술이나 통제된 방식으로 허기의 고통을 다루는 데 있어서 도움이 될 만한 아이디어가 없는 경우.
- **자기 효능감의 상실감**: 예를 들면, '나는 희망이 없어.', '내가 우울한 건 내 실수야.' 또는 '저항하려고 시도해봐야 소용없어. 나는 할 수 없어.'라고 생각하는 것. 이러한 생각은 자제심을 잃거나 굴복할 수 있는 '핑계'를 제공한다. 이 단계는 물질 오용으로 인해 악화될

수 있다.

- **도움이 안 되는 행동에 관여하기**: 예를 들면, 더 위축되기 또는 폭식하기.

Marlatt와 Gordon의 관점에서는 최악의 경우가 아직 남아 있다. 이들은 문제 행동을 삼가려고 시도하는 많은 내담자들이 일단 자제하는 것을 멈추면 도움이 안 되는 생각과 행동의 강력한 순환에 사로잡힌다는 것을 확인했다. 이들은 이것을 '절제 위반 효과(AVE)'라고 명명하고 이것이 실제 재발을 숨기는 역할을 한다고 봤다. 억누를 수 없는 부정적 사고 때문에 문제 행동으로부터 도망치지 못하는 상태가 되는 것이다(그림 6.3 참고).

그림 6.3 재발의 순환

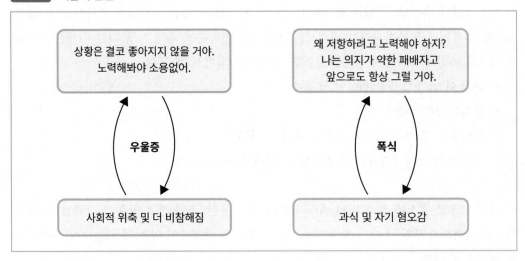

절제 위반 효과로 가는 도중의 단계를 확인하는 것의 장점은 치료를 위한 명확한 요소를 제공한다는 것이고 이는 재발을 향한 과정을 막을 수 있게 해준다. 기억과 수행은 고통 속에서는 종종 손상되기 때문에 내담자가 재발을 최소화할 개인적 계획을 적어보라고 권고하고 물론 이것을 쉽게 할 수 있도록 확실히 해두라고 권하는 것이 바람직하다. 아래에 재발을 향한 각 단계에 맞는 일부 전략을 제시하였다.

- **고위험 상황에 노출되기**: 핵심은 (관찰을 통해서) 고위험의 상황을 분별하고, 예측하고 가능하다면 피하라는 것이다. 예를 들면, 우울증이 있는 사람이 자신이 사회적으로 고립될 때 비참함을 느낄 위험이 있다는 것을 알게 되면, 그러면 그는 사회적 접촉을 유지하기 위해 시도할 필요가 있다. 만일 섭식 장애가 있는 여성이 스트레스가 높아지거나 허기가

질 때 폭식할 위험이 있다고 하면 그러한 상황에 노출되는 것을 피할 필요가 있다. 하지만 어려운 환경은 때때로 피할 수 없을 때가 있다. 그래서 취약한 내담자는 자신이 고위험의 상황에 놓여 있다는 것을 발견할지 모른다. 만일 내담자가 대처 전략이 부실하고 점점 더 변화에 대한 동요를 계속해서 키우고 있다면, 비록 재발의 가능성이 더 있기는 하지만 그렇다고 이것이 재발이 불가피하다는 것을 의미하는 것은 아니다(이런 경우 동기부여 인터뷰 접근 방법을 사용하여 내담자를 다시 한 번 동기부여하게 하는 것이 유용할지 모른다.: Miller & Rollnick, 2002 또는 Rollnick, Miller & Butler, 2008 참고).

- **빈약한 대응 전략이나 전략의 부재:** 내담자가 적절한 인지적 그리고 행동적 대응 전략을 발전시키고 어떻게 전략을 실천으로 옮길 수 있을지 계획을 세우도록 격려한다. 비록 이 과정은 인지·행동치료의 일상적인 부분이긴 하지만 내담자가 자신에게 효과가 있는 것을 생각나도록 해주는 것을 지니고 있도록 하는 것이 유용하다. 정서적인 상태에 의해 기억이 손상되었을지도 모를 때, 필요할 때 쉽게 접근할 수 있도록 해준다. 우울증이 걸리기 쉬운 사람은 자신이 취약하다고 느낄 때 자신이 시도할 수 있는 모든 사회적 활동과 사회적 접촉의 목록을 작성할 수 있다. 예컨대, 폭식의 위험이 있는 여성은 폭식의 충동을 억제하는 활동을 떠오르게 하는 것을 가지고 있을 수 있다.

- **자기 효능감의 상실감:** 이것은 재발의 과정에서 매우 인지적인 요소이다. 그러므로 내담자가 현실적으로 희망을 갖고 자율적인 자기 진술을 할 수 있도록 돕기 위해 인지·행동치료가 잘 배치되어야 한다. 예를 들면, "나를 힘들게 하는 것은 나의 생각하는 방식이야. 비록 힘들긴 하겠지만, 다시 벗어날 수 있도록 내 자신을 '지도'할 수 있어. 게다가 나를 돕기 원하는 친구가 많아." 또는 "나는 버틸 수 있어. 과거에도 잘 이겨냈잖아. 쉽다고 말하는 것은 아니지만 나는 할 수 있어." 다시 한 번 내담자는 언제 이런 말을 해야 할지를 예상할 필요가 있다. 그리고 역할 놀이나 상상을 통해 이런 말을 연습해보는 것이 도움이 될 수 있다. 이러한 것은 내담자의 자기 진술이 또한 도움이 되지 않는 것이 아닌 수준에서 적당히 괴롭거나 비판적인지 확인해볼 기회를 치료사에게 제공할 수 있다.

- **도움이 안 되는 행동에 관여하기:** 예를 들면, 사회적 활동으로부터 더 위축되거나 또는 폭식하기. 그림 6.3에서 봤듯이, 사람들은 강력하면서도 도움이 되지 않는 인지적-행동적 순환에 갇힐 수 있다. 이럴 때는 패턴을 부수고 행동적 변화(9장)를 지지하기 위하여 인지적 재구조화 기법(8장)을 사용할 수 있는데 이는 차례로 추가적인 인지적 재검토에 대한 지지를 제공할 것이다. 이 과정은 그림 6.4에 예시되어 있다. 분명히, 사람이 더 불안정하면 할수록 도움이 되는 진술을 만들기는 더욱더 어려울 수 있다.

변화에 대한 양가감정(치료의 과정상 11장에서 보다 충분히 논의하겠다.)이 실패나 재발에 더욱 더 취약하게 만들 수 있고 치료사는 변화시키기 위해 내담자의 동기를 계속해서 추적해야 할 필요가 있다고 언급할 만한 가치가 있다.

▶ 동영상 자료 6.2: 재발 관리와 기술 가르치기의 원칙 공유하기

그림 6.4 재발의 주기 끊기

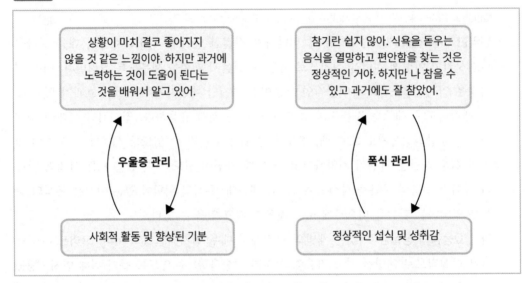

'자조'를 위한 독서활동(독서치료)

내담자의 진보와 유지는 관련 있는 문헌을 읽는 것을 통해 강화될 수 있다. 16장은 독서치료를 포함, 인지·행동치료의 다른 전달 수단에 대해 살펴볼 것이다. 일반 대중을 위한 매우 양질의 인지·행동치료 서적이 광범위하게 있다. 그중 일부는 일반적인 문제에 관한 것이고 (예: Butler & Hope, 2007; Greenberger & Padesky, 2015 참고), 일부는 특정 문제에 한정된 것이다 (예: Overcoming social anxiety and shyness: Butler, 2008, Overcoming depression: Gilbert, 2009, Overcoming anxiety: Kennerley, 2014b,: Overcoming low self-esteem: Fennel, 2006).

만약 이와 같은 문헌으로 인지·행동치료를 보완하려고 한다면, 확실히 스스로 소책자나 책을 읽을 수 있도록 해야 한다. 그래야 책을 추천하기 전에 책의 질이나 필요성에 대해 평가할 수 있다.

──── 일어날 수 있는 문제 ────

치료사는 전문가의 역할을 유지하고 내담자는 환자로 남아 있으려고 시도한다.

우선 이 문제와 어떤 가정이 관련 있는지 찾아보자. 무슨 의미일까? 예를 들면, 아마도 당신은 이렇게 생각할 수 있다. '유능하기 위하여 나는 내담자보다 더 많이 알아야만 해.' 또는 내담자는 이렇게 믿고 있을 수 있다. '난 결코 나 자신을 도울 수 없어. 그러니깐 노력해도 소용없어.' 분명한 다음 단계는 이러한 가정을 평가하고 검증하는 것이다. 이러한 종류의 난국을 분명히 하고 수정하도록 돕기 위해 (자기, 또래 또는 전문가) 수퍼비전을 이용한다.

치료의 과정은 학습 주기를 고려하지 않는다.

치료사와 내담자의 학습 유형과 선호도를 검토해야 한다. 내담자와 학습 주기를 공유하고 학습 주기에 따라 활동하는 방식에 있어서 상호 이득에 관해 상의해야 한다. 적절하다면, 치료 활동과 문제를 극복하는 방법에 미칠 수 있는 영향력에 대해 수퍼비전을 받아야 한다.

내담자는 '고쳐지기'나 '양육되기'를 원한다.

일부 내담자는 쉽게 협력이나 자조의 개념을 받아들이지 않는다. 때때로 소극성 또는 장기적 치료에 대한 기대를 전환시키기 위해 내담자를 인지 · 행동치료에 순응시키는 데 몇 회기만으로 충분할 수 있는 경우도 있다. 그러나 자조의 목적이 매력적이지 않거나 심지어 위협적이라고 계속해서 생각하는 사람도 있다. 이러한 태도를 설명할 수 있는 가정, 내담자가 인지 · 행동치료에 관련하기 전에 다뤄져야만 했을지 모를 가정을 파악하기 위해 시도해야 한다. 이 일은 많은 시간이 필요할 수 있다. 치료사는 스스로 시간이 있는지 이것을 수행할 기술이 있는지 물어봐야 한다(까다로운 내담자를 다루는 것에 대한 추가 논의는 17장 참고). 어떤 경우에도, 핵심적인 지침은 정기적으로 살펴보는 것이다. 도움이 안 되는 패턴을 명확하게 밝히고, 인지 · 행동치료로 내담자를 돕는 것이 가능하지 않다면, 이 단계에서 내담자의 요구를 더 잘 충족시킬 수 있는 치료로 의뢰하는 것을 고려해야 한다. 가령 어떤 경우에는 지지적 상담이나 인지적 분석 치료(CAT)와 같이 보다 분명하게 대인관계적으로 초점을 맞춘 치료가 더 좋을 수 있다.

치료 종결 때까지 재발 관리는 유보된다.

개인적 취약성과 그것의 관리에 대한 인식은 치료의 착수단계에서부터 관련이 있다. "언제 재발 관리와 고군분투하는 것을 상상할 수 있을까요?" 또는 "언제 실패할 위험성을 갖고 있다고 보시나요?"와 같은 질문을 함으로써 재발 관리를 치료 초기에 형성할 수 있도록 시도해야 한다. 만약 내담자가 실패를 한다면, 치료사와 함께 치료 활동을 하는 과정의 초기에 실패로부터 내담자가 배울 수 있도록 격려하면서 재발 관리를 철저하게 검토할 수 있는 기회를 이용해야 한다(이를 위한 충분한 시간을 별도로 확보해야 한다.).

치료사가 압박을 느끼고 재발 관리에 인색하다.

재발 관리는 시간의 투자이다. 하지만 재발 관리는 내담자를 재발의 고통으로부터 구해주고 서비스 조직이 추가적인 치료를 제공해야 하는 비용을 덜어주기 때문에 투자할 만한 가치가 있다. 만일 내담자가 문제가 다가오고 있는 것을 보지 못하거나 문제가 발생했을 때 다루지 못한다면, 비록 내담자가 인지적 그리고 행동적 기법에 능숙하다고 하더라도 내담자는 재발에 취약할 수 있다.

—— 요 약 ——

인지치료에서 무엇보다 중요한 목적은 내담자가 자신의 치료사가 되도록 확실하게 하는 것이다. 과정을 유지하고 재발을 최소화하는 데 필요한 지식과 기술의 소통함으로써 치료사 스스로를 여분의 것으로 만드는 것을 목표로 한다. 성인 학습과 기억 형성의 원칙에 집중한다면, 그리고 재발 관리를 다루는 데 시간을 투자한다면, 가장 효과적으로 이 일을 해낼 수 있다.

- 성인 학습 이론은 새로운 정보를 만날 때, 치료사와 내담자 모두가 보여주는 장점과 선호도에 집중할 수 있도록 해준다. 또한 성인 학습 이론은 학습 주기의 각각의 '4단계'에 내담자가 시간을 쓸 수 있도록 고무시키는 데 성실하도록 해준다.
  - 관찰
  - 성찰하기 그리고 이전의 경험과 연결시키기 그리고 새로운 생각 발전시키기
  - 문제 해결과 앞으로의 추진 방향 생각하기
  - 활동적인 경험 만들기

- 기억에 관한 모델은 집중의 유지, 새로운 자료의 반복 촉진하기, 자료와의 관련성 강조하기, 기억 도구 사용하기 그리고 이전 경험과 지식과의 유사성 탐색하기의 중요성을 일깨워준다.
- 재발 관리는 지속되는 과정의 핵심이다. 재발 관리의 개념은 내담자가 자신의 실패로부터 배우는 방법을 배울 수 있는 능력을 개발시킬 좋은 기회를 가질 수 있도록 실제로 치료의 시작에서부터 도입될 필요가 있다.

학습 활동

다음 학습 활동은 SAGE publishing 사이트(https://study.sagepub.com/kennerley3e.)에서 내려받기 할 수 있다.

복습과 성찰:
- 이 장에서 특별히 더 관심이 가거나 중요하다고 일깨워주는 것은 무엇인가? 그 내용을 어떻게 해서 기억하려고 할 것인가?
- 학습 이론이나 기억 과정이 인지 · 행동치료를 이해하는 데 있어서 어떻게 들어맞는가? 당신의 치료 맥락에서 그것들을 생각할 때 의미가 통하는가? 절차나 프로토콜을 기억해야만 하는 경험과 이번 회기에서 다음 회기로 어떤 내용을 회상하는 데 있어서 겪는 내담자의 어려움이랑 학습 이론이나 기억 과정에 어떻게 들어맞는가?
- 개인적으로나 당신의 내담자와 관련해서나 실패를 다루는 당신의 경험과 재발 관리가 어떻게 들어맞는가? 타당한 접근인 것처럼 보이는가?

한걸음 더:
- 학습 유형의 질문지를 완성해보거나(Honey & Mumford, 1992 참고) 또는 당신의 회기를 기록하고 서로 다른 내담자와 어떻게 상호작용하는지 관찰함으로써 당신의 학습 유형에 더욱 학습하도록 해보자.
- 이 주제에 관한 것을 더 읽어보거나(예: Baddeley, 2004), 관련 과정이나 워크숍에 등록하여 기억에 관해 더욱 학습하도록 하자.
- 기억(당신과 당신의 내담자 모두)을 강화하기 위한 임상 회기의 계획을 수립해보자. 그리고 당신의 학습 유형을 최대한 활용하도록 하라.
- 만일 재발 관리가 당신에게 적절한 영역이라고 한다면, 새로운 책으로 보충하라(아래 참고). 책의 내용을 회기에 소개하고 내담자의 진전에 관한 영향을 평가할 수 있다. 내담자가 스스로 자신의 치료자가 될 수 있도록 돕는 데 잘 집중하고 있는지, 이것을 마음속에 확실히 간직하도록 하는 데 잘 집중하고 있는지 당신의 수퍼바이저와 함께 검토해보라.

Baddeley, A. (2004). *Your Memory: a User's guide*(2nd ed.). London: Carlton.

전문가는 물론 초보자와 소통하는 방법을 아는 선도적인 전문가가 쓴 책으로 기억에 관한 탁월한 소개서이다. 고전적인 작품으로 연구가 잘 되어 있으며, 근거가 확실하고 어렵지 않아 읽기 쉽고 내담자의 지도자로서 그리고 훈련가로서의 우리의 일과 매우 관련 있다.

Honey, P., & Mumford, A. (1992). *The manual of learning styles*. Maidenhead: Peter Honey.

이 책은 당신의 학습 유형을 설명하고 학습 유형을 평가하는 것을 도와주는 매뉴얼이다. 20여 년 넘게 사용되어 오고 있는데 이 책이 얼마나 유용했는지 알 수 있을 것이다. 다소 비싼 편이며, 아마도 학습 유형의 세부적인 분석을 필요로 하는 사람만을 위한 책일 수 있다.

Witkiewitz, K., & Marlatt, G. A. (2007). *Therapist's guide to evidence—based relapse management*. Burlington, MA: Elsevier.

이 책은 단순히 물질 오용 이상의 다양한 심리적 문제를 다루는 재발 방지에 관한 많지 않은 책 중 하나이다. 저자는 예를 들어 섭식 장애, 기분 장애, 외상 후 스트레스 장애를 다루고 있다. Marlatt는 25년에 걸쳐 재발 예방 모델과 방법을 개발하는 데 있어서 핵심적인 인물인데 책에 소개되어 있는 내용에 대한 지식과 경험이 엄청나다.

동영상 자료

- 6.1 임상적 자료를 사용하여 내담자를 학습 주기에 따라 안내하기
- 6.2 재발 관리와 기술 가르치기의 원칙 공유하기

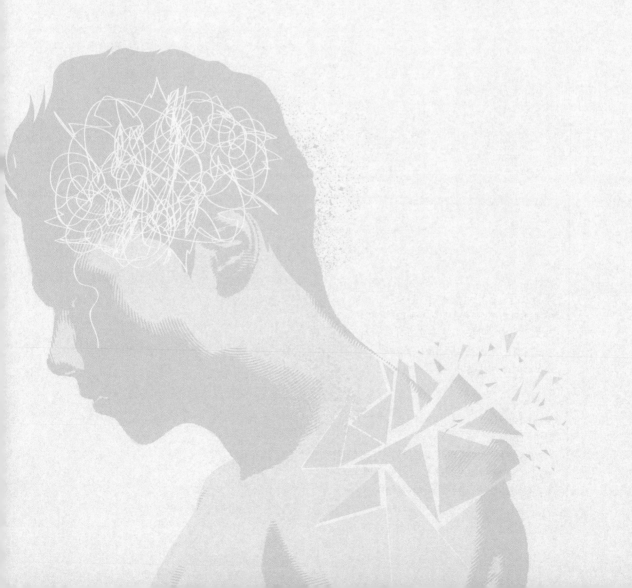

07

소크라테스 방법

도입

소크라테스 방법은 내담자가 스스로를 도울 수 있는 방법을 배울 수 있도록 해주는 다양한 범위의 중재를 포함한다. 그리고 이 접근 방법은 좋은 인지·행동치료에 있어서 근본적인 것으로 여겨진다. Beck 자신도 분명하게 "인지적 치료는 주로 소크라테스 방법을 사용한다."라고 말했다(Beck, Emery, & Greenberg, 1985: 177). 비록 정확한 정의에 대해서는 다소의 논쟁이 남아 있긴 하지만(Carey & Mullan, 2004), 소크라테스 접근 방법이 '인지치료의 초석'이라는 것은 일반적으로 받아들여지고 있다(Padesky, 1993). 따라서 이 장에서는 소크라테스 방법을 왜 중요하게 생각하는지, 이 방법을 사용하는 데 있어서 어떻게 치료사의 기술을 발전시킬 수 있는지, 그리고 결정적으로 언제 이 방법을 사용하지 않는 것이 더 좋은지 살펴보고자 한다.

소크라테스 전략 중 가장 보편적으로 사용되는 것이 소크라테스 문답법이므로 여기서부터 시작하고자 한다.

'소크라테스 문답법'은 무엇인가? 인지치료사는 많은 유형의 질문을 사용한다(내용 검토를 위해서는 James, Morse & Howarth, 2009 참고). 예를 들면, 보통 정보를 얻기 위한 직접적인 질문을 사용한다. 이러한 질문은 "주소가 어떻게 돼요?"와 같은 단순한 질문에서부터 "자살할 계획을 세우셨나요?"와 같이 훨씬 더 도발적인 질문에 이르기까지 매우 다양하다. 또 다른 때는 내담자를 편하게 만들어주기 위한 사회적 질문을 하거나("주말에 Wales로 다녀온 여행은 어땠나요?, 아들이 시험을 잘 치렀나요?"), "그녀가 당신에게 한 말은 정확히 무엇인가요?"와 같이 혼동을 분명하게 하기 위해 질문을 한다. 그러나 인지·행동치료와 가장 강력하게 연관된 단 하나의 질문 유형은 소크라테스 문답법이다.

소크라테스 문답법은 BC 400년경 아테네에 살았던 철학자 소크라테스로부터 기원한다. 소크라테스는 아테네의 젊은이들에게 대중적인 의견에 대해 의문을 갖도록 격려하며 시장에서 대부분의 자신의 시간을 보냈다. 소크라테스의 유일한 접근 방법은 자신의 제자를 직접적으로 가르치지 않고 질문을 사용하여 학생들이 결론에 이르도록 돕는 것이었다. 이런 식으로 소크라테스는 짐작컨대 배움이 전혀 없는 노예 소년에게서 기하학의 기본 원리를 도출해냈을 것이다.

소크라테스 문답법은 학생들이 대답할 능력을 갖고 있고, 비록 스스로는 이것을 미처 깨닫지 못하지만 이러한 사실로 인해 어떤 면에서 학생들을 교화시킬 수 있다고 보는 접근이다. 소크라테스는 학생들로 하여금 자신의 지식의 토대를 이용하여, 자신의 의견을 형성하고 자신이 실천할 수 있는 새로운 가능성을 볼 수 있도록 격려했다. 인지·행동치료 안에서는 소크라테스 문답법의 목표는 질문하는 사람의 지적을 증명하는 데 있는 것이 아니다. 그 의도는 다른 사람들이 자신의 관점에 의문을 품도록 하게 하여 새로운 관점을 발전시키는 데 있다. 소크라테스 문답법은 치료사와 내담자에게 내담자가 이미 알고 있지만 아직 생각하지 못하거나 잊어버린 것을 드러낼 기회를 제공한다. 섬세한 질문을 통해서 내담자는 치료사가 제안한 지식을 이용하기보다는 기존의 지식을 활용하고 스스로를 위한 대안적 관점과 해결방안을 발견할 수 있도록 격려된다.

우리는 있는 그대로의 '소크라테스 문답법'으로 돌아갈 것이다. 하지만 우리의 관점을 더 넓혀서 '소크라테스 방법'을 고려하도록 하자. 이러한 접근은 질문보다 훨씬 더 많은 것을 포함할 수 있게 해준다. 우리의 주요 목적이 예전에 내담자의 인식 밖에 있었던 가능성에 직접적으로 집중할 수 있도록 하는 것이라는 사실을 회상하게 될 것이다. 그런데 이러한 목적을 성취하는 데에는 질문 이외의 다른 방법이 있다. 예를 들면, 새로운 관점을 촉구하기 위하여 딜레마를 생각해볼 수 있다.

> 치료사: 마치 당신이 이런 일을 하면 스스로를 비난하고, 저런 일을 하면 스스로를 고생시키는 것이라고 말하는 것 같군요.
> 내담자: 그보다는 '승산이 없다'는 거예요. 이것에 대해 그처럼 생각하지는 않았어요. 나쁜 기분이 들어도 하나도 이상할 게 없어요.

우리는 아래와 같이 요약할 수 있다.

> 치료사: 그럼 제가 요약할 수 있을지 살펴볼게요. 당신은 가족의 문제를 해결하는 사람인데 당신이 힘들 때 아무도 당신을 돕는 것 같지는 않군요.
> 내담자: 다소 거친 표현 같네요. 하지만 제가 솔직하다면 그런 것 같기도 하네요. 이제는 나를 위한 사람이 아무도 없다는 것을 알 수 있어요. 그것이 아마도 제가 이런 식으로 행동하도록 느끼는 이유겠죠.

아래와 같이 정보를 제공할 수도 있다.

> 치료사: 어제 치료실을 운영했어요. 제 다섯 명의 내담자 중 다섯 명이 어렸을 때 학대를 당했다고 하더군요. 이 이야기가 당신에게 어떤 인상을 주는가요?
> 내담자: 제가 유일한 사람은 아니군요. 제가 그렇게 이상한 것은 아니군요.

우리는 또한 행동실험(BE)이나 역할 놀이를 설정할 수도 있고, 새로운 가능성이나 관점을 생산할 수 있는 조사나 기록유지를 권장할 수 있다. 단순히 이러한 활동을 촉진하는 것만으로도 발견을 권장할 수 있다. 내담자는 종종 회기에 돌아와서 스스로 배운 것을 요약하기도 한다.

> Phaedra는 대중교통 시설에서 진행되는 행동실험(BE)에 참여하였다. "기차 위에 첫발을 디디는 것은 정말 힘든 일이었어요. 하지만 목적지에서 내릴 때, 이 일을 또 해낼 수 있다는 것을 알았어요. 내가 괜찮다고 알 수 있었고요."
>
> Becky가 자신에게는 그렇게 모진 10대 아들 역할을 하는 동안 치료사가 내담자의 역할을 맡았다. 역할 놀이가 끝나고, 아무런 촉구도 없이, Becky는 자신의 아들이 얼마나 좌절했고, 혼란스러워했음이 틀림없다는 것을 깨닫기 시작했고 이 과정이 상처를 주기보다는 공감을 느낄 수 있게 해주었다고 말했다.
>
> Jake는 조사를 실시했다. "제가 수면 패턴에 대해 다섯 번째로 사람에게 질문을 했을 때쯤, 제가 정상 집단 안에서 별 문제 없다는 것을 깨달았어요."
>
> Karim은 주간 활동 일정을 완성했다. "비록 제가 하루 종일 기분이 별로 좋지 않다는 것을 확신하지만요, 4일째 되던 날, 항상 아침이 더 나쁘다가 많이는 아니지만 낮에는 조금 제 기분이 향상된다는 것을 그러니깐 변화가 있다는 사실을 알 수 있었어요."

이렇게 스스로 주도하여 발견하는 것은 내담자가 치료사에 의존하지 않게 된다면 필요하게 될 자기 확신을 발생시키는 데 있어서 특별히 중요하다.

특별히 내담자가 새로운 관점을 발전시키는 데 어려움이 있다면, 실험 활동 이후 상세하게 보고하고 이야기 나누는 소크라테스 방법으로 보충한다. 행동실험(BE)이 진행된 다음, 새로운 학습이 있었고, 새로 알게 된 내용이 새로운 행동에서 드러날 것이라는 사실을 확신할 수 있도록 하기 위하여 일반적으로 "그리고 무엇을 배우셨나요?", "결과적으로 무엇을 다르게 행동할 것인가요?" 하고 질문한다. 일기나 다른 기록물을 검토하면서는 탐색과 새로운 학습을 촉구하기 위하여 "여기에 어떤 패턴은 없나요?"라고 물을 수도 있다. 하지만 모든 소크라테스 중재가 언어적 방법을 필요로 한다는 것은 아니라는 점을 기억해야 한다.

알 수 있다시피, 새로운 관점을 권고하기라는 목표를 성취하는 데에는 다양한 방법이 있다. 하지만 무엇이 '좋은 소크라테스 기법'일까?

만약 당신이 만든 경험(질문을 통해서는 또는 행동 실험(BE)을 통해서든 아니면 다른 인지·행동치료 방법을 통해서든)이 아래의 사항에 해당한다면, 당신의 기법은 '좋은' 것이다.

• 내담자가 관여할 수 있고, 질문에 대한 답을 제시할 수 있거나 과제를 실행할 수 있다.
• 경험이 새로운, 관련 있는 관점을 드러낸다.

'좋은' 중재는 지금 논의되고는 있지만 현재 초점 밖에 있는 쟁점과 관련 있는 정보에 대한 주의를 이끌어낸다. 이것은 문제의 의미를 분명히 하는 데 도움이 될 수 있고, 이전의 결론을 재평가하고 새로운 계획을 구성하기 위한 새로운 정보를 이끌어내는 데 사용될 수 있다.

그러나 한때 어떤 이에게 좋았던 소크라테스 중재가 다른 사람이나, 다른 때도 반드시 좋은 것은 아니다. 앞에서 말한 질문을 생각해보자. "무엇이 좋은 소크라테스 치료인가?" 분명하게 아마도 답을 알 수 없는 사람에게 내가 이 질문을 하는 것은 도움이 되지 않을 것이다. 그러나 반응을 제시할 수 있는 동료에게 이 질문을 한다면 어떻게 될까? 그렇게 하는 것이 효과가 있을까?

질문에는 쉽게 대답하지만 단순히 '그래서 어쩌라고?'라고 생각하는 동료에게 질문을 하는 것은 적절하지 않을 수 있다. 그 동료는 자신이 답을 알고 있고 그래서 연습을 통해 배울 수 있는 것이 아무것도 없다는 것을 안다. 그러나 동료가 인지·행동치료를 가르치는 능력에 대한 자신감을 상실했고, 아무런 가치도 알 수 없고, 그래서 우리의 훈련 프로그램에 별다른 도움을 줄 수 없다고 말한다고 상상해보자. 그런 맥락에서는 질문에 답을 하는 것이 동료로 하여금 자신이 전문적 지식을 갖고 있으며 훈련에 도움을 둘 수 있다는 것을 깨닫도록 도울 수 있다. 이 경우 질문이 쟁점을 부각시킬 수 있는 정답을 촉발시켰다.

——— 왜 소크라테스 방법을 선택하는가? ———

왜 인지치료사는 좋은 소크라테스 질문과 다른 방법의 목록을 개발하기 위해 노력하는가? 여기 강력한 몇 가지 이유가 있다.

- 소크라테스 방법은 상황과, 상황과 관련된 곳, 태도에서의 변화 그리고 진정으로 느끼는 감정과 행동에 대해 개인적으로 살펴보도록 권장하는 데 효과적이다.
- 소크라테스 방법은 학습을 강화해서 새로운 관점이 더 잘 유지되도록 한다.
- 스스로 이끌어낸 결론은 치료사로부터 받은 조언보다 더 많이 신뢰할 수 있다.

David Burns의 자가 학습 서적에서, David Burns(1980)는 이렇게 기술하고 있다. 사려 깊은 질문의 과정을 통해 당신은 당신을 패배시키는 자기 자신의 신념을 발견할 수 있다. 다음의 질문을 하고 또 하고 반복함으로써 당신 문제의 기원을 파내야한다. 그 질문이란, "부정적 사고가 사실이라면, 그것은 당신에게 어떤 의미일까요?", "왜 그것이 당신을 불편하게 하는 것일까요?" 이런 것들이다. 일부 치료사의 주관적인 편견이나 개인적 신념 또는 이론적 학습에 대한 소개를 거치지 않고 객관적으로 그리고 체계적으로 당신의 문제의 바로 근원에 제대로 다가설 수 있다(p. 239: 기원에 대한 강조). 여기서 소크라테스 방법이 치료사의 편견(그리고 우리들 치료사가 아무리 숙련되었다고 하더라도, 가정에 있어서 그릇될 수 있다.)을 어떻게 최소화하는지 그리고 어떻게 탐색과 결론의 과정을 개인의 기호에 맞추는지 알 수 있다. 이것만이 전부가 아니다. 여기서, Burns가 자가 학습 전략을 촉진하는 것을 확인할 수 있는데, 이것은 언제나 인지·행동치료에 있어서의 최종 목표이다. 우리는 항상 내담자를 숙련시킴으로써 치료사가 불필요한 존재가 되기를 원한다. 소크라테스 방법은 조언 제공이나 안심시키는 것에 의존하지 않는다. 그래서 내담자는 독립적으로 경험을 살펴보는 방법을 배운다. 내담자들은 삶을 위한 기술을 발전시킨다.

비록 교훈적인 가르침은 인지·행동치료에서 가치가 있고 실제로도 그렇지만, 소크라테스 방법은 내담자로 하여금 자료를 상세하게 조사하고 결론을 이끌어낼 수 있도록 권장한다. 그리고 이러한 결론은 보다 기억하기 쉽고 확신할 수 있을 것이다.

교육학 분야에서는 학습을 지속하는 것은 단순히 개념 또는 경험 또는 강의 또는 시범에 대한 노출 그 이상의 것을 필요로 한다는 것에 대해 오랫동안 논쟁을 해오고 있다. 지속적 학습은 조금 더 심층적인 인지적 과정을 필요로 한다. 이에 관한 전형적인 관점 중 하나는 Wittrock(1978)의 관점으로 그는 다음과 같이 진술했다.

> 교육을 통한 이해와 함께하는 학습은 생성적인 과정이다. 효과적인 교육은 일반적인 의미에서 가르치지 않는다. 대신에 효과적인 교육은 경험으로부터 의미를 구성할 수 있는 학습자의 능력을 촉진한다(P. 1).

그리고

> 교육은 언어적 정교화 또는 심상의 정교화를 도입함으로써 자극과 저장된 기억 사이의 관계의 자극을 관련시키는 것이다(p. 25).

이러한 주장은 1977년으로 거슬러 올라가 Erdelyi, Buschke, Finkelstein이 수행한 특히나 훌륭한 연구에서 임상적으로 확립되었다. 이들은 서로 다른 수준의 인지과정을 보여주는 정보 입력의 세 가지 유형을 연구함으로써 소크라테스 방법상의 자극에 대한 기억을 살펴보았다. 첫 번째 실험 집단에게는 40개 항목의 단어 목록을 제공했다. 두 번째 실험 집단에게는 같은 항목을 보여주었지만 그림 형태로 되어 있어 언어적 그리고 시각적 수준 모두에서 정보처리가 될 수 있었다. 세 번째 실험 집단('소크라테스 방식에 따른 피실험자'로 언급된)은 40개의 수수께끼를 풀었고 그 과정에서 40개의 항목이 다뤄졌다. 평가 결과, '소크라테스 방식'의 집단의 (단어를 스스로 생성함으로써 보다 심층적인 인지 처리과정에 관여한) 구성원들이 가장 많이 회상하였고, 그림을 본 집단이 그 뒤를 이었다.

이러한 현상은 심지어 치매로 고통받는 내담자에게도 적용된다. Barrett, Crucian, Schwartz, Heilman(2000)은 치매 환자들이 단순히 자신들에게 제시된 자료들보다 '스스로 발견한' 자료나 내적으로 생성한 자료를 우선적으로 기억한다는 사실을 입증하였다.

왜 이러는 것일까? 신경과학자들은 기억과 두뇌 안의 신경망 안에서의 변경을 관련 짓는다. 이러한 변경이 복잡하면 복잡할수록 기억은 개념, 경험, 계획 또는 절차이든 더 오래 지속된다. 두뇌가 더 힘들게 작동할수록 신경망은 더 활동적으로 작동한다. 두뇌는 반응을 생성하기 위해 단순히 무엇인가를 보고, 듣고 하는 것보다는 훨씬 더 힘들게 작동해야 한다. 그래야 학습이 더 오래 지속될 수 있다. 매우 간단하게도, 소크라테스 방법은 단순히 무엇인가를 듣고 보는 것보다 더 많은 신경학적 활동성을 요구한다. 따라서 더 심층적인 학습을 촉구한다.

이런 모든 것을 고려했을 때, 인지·행동치료 안에서의 소크라테스 방법의 실증주의적 연구 상태가 아직 빈약하다는 것을 인정해야만 하는 것이 다소 실망스럽다(상세한 검토를 위해서는 Clark & Egan, 2015 참고). 그러나 소크라테스 문답법의 능숙한 사용이 우울증의 회복을 예측한다는 사실을 입증하는 최근의 연구와 더불어 소크라테스 방법의 영향력을 평가하는 데 점차 관심이 증가되는 것 같다(Barun, Strunk, Sasso & Cooper, 2015).

마지막으로 소크라테스 방법이 치료사의 조언이나 관점보다 더 신뢰할 수 있는 결론을 생성한다는 주장에 대해 생각해보자. 이것은 실증주의적으로 확립된 Bill Miller(1983)에 의해 개발된 동기 부여 인터뷰하기(MI)에서 확인할 수 있다. 이 접근 방법은 목표 지향적 상담인데, Miller가 '소크라테스 방법'이라고 언급하지는 않았지만 소크라테스 방법의 많은 특성을 공유하고 있다. Miller와 그의 동료 Rollnick이 쓴 논문(Rollnick & Miller, 1995)에서 이들은 '동기 부여 인터뷰하기의 정신'(p. 325)을 다음과 같이 요약하였다.

- 변화에 대한 동기는 내담자로부터 도출된다. 변화에 대한 동기는 무에서부터 부과되지 않는다.
- 내담자 자신의 혼동을 분명히 말해주고 해결하는 것은 내담자의 일이지 상담사의 일이 아니다.
- 직접적인 설득은 혼동을 해결하는 효과적인 방법이 아니다.
- 상담 유형은 일반적으로 차분하고 유도하는 방법이다.
- 상담사는 내담자가 혼동을 검증하고 해결하도록 돕는 데 있어서 지시적이다.
- 변화에 대한 준비는 내담자의 특성이 아니다. 대인관계의 상호작용의 요동치는 결과이다.
- 치료 관계는 전문가/수혜자 역할이라기보다는 동반자나 동료애에 더 가깝다.

동기 부여 인터뷰하기(MI)와 소크라테스 방법 사이의 공통성을 확인하는 일은 쉽다. 내담자는 양가감정을 다루기 위해 자기 자신의 생각을 생성한다. 그리고 치료사는 이것을 권장하는 파트너이다. 진정성 있게 경험할 수 있고 완수될 수 있는 해결책을 만들어내는 데 있어서 MI의 효과를 입증하는 방대한 양의 훌륭한 연구가 있다.

요약하자면, 우리가 마음대로 이용할 수 있는 다양한 범주의 소크라테스 방법이 있고 치료 회기 과정과 치료 과정 이후에 이러한 접근을 통합하는 것에 대한 상당한 근거가 있다는 것을 알고 있다. 물론, 직접적인 질문이나 훈시적인 교육이 더 나은 치료 선택일 때도 있을 것이다. 하지만 여기서는 소크라테스 접근 방법이 치료의 많은 영역에서 어떻게 도움이 될 수 있는지 설명하고자 한다.

1. 평가와 개념화

내담자의 어려움과 관련된 인지, 정서, 행동, 감각을 확인하는 데 있어서 소크라테스 방식의 대화는 '내담자의 마음을 속상하게 했을지 모를' 그러나 예전에는 충분히 인정하지 못한 무엇인가를 정교하게 만들 수 있다. "어떻게 느끼세요?" 또는 "마음속에 어떤 생각이 스쳐갔나요?"와 같은 단순한 질문이 감정과 생각을 확실하게 하고 분명하게 말할 수 있도록 도울 수 있다. 유용한 평가 질문의 또 다른 예들은 아래와 같다.

- 당신은 마음의 눈으로 무엇인가 '보았나요?'
- 그 일이 발생했을 때 당신은 무엇을 했나요?
- 그것을 생각했을 때/했을 때, 당신에게는 어떤 의미였나요?
- 이 생각이 당신에게 처음으로 떠오른 것은/이런 상상이 당신의 마음을 처음으로 스쳐간 것은 언제였나요?
- 다른 감정은 없었나요?

예비 개념화에 의해 형성된 가설을 계속해서 정교화하고 확인할 수 있도록 돕는 질문을 함으로써 개념화 작업에 계속해서 정보를 제공할 수 있다. 이를 테면,

- 그리고 그 일이 생겼을 때, 그저 어떤 기분이 들었나요? 당신의 신체에는 어떤 느낌이었나요?
- 그와 같은 느낌이 들었을 때, 마음속에 어떤 생각이 스쳐갔는지 제게 상기시켜주세요.
- 그때 당시 무엇을 하려고 의도하였나요? 이것을 상세하게 살펴볼까요?

• 여기 이 주기와 그것이 어떻게 들어맞는가요?

소크라테스 문답법은 질문에 있어서 소크라테스 방식에 따르는 과정의 일부분이다. 그리고 당신의 질문 중 일부는 단순히 정보를 수집하고, 치료 장면을 선정하고, 그래서 보다 분명하게 '소크라테스 질문법'을 추구하는 가설을 충족시키고 있다는 점만으로는 명백하게 '소크라테스 방법'이 아닐 수 있다. 당신의 진술 중 일부가 지식의 차이를 메꾸는 것처럼 교훈적이면 소크라테스 방식에 따른 검토로 다시 돌아갈 수 있다. 그래서 유용한 소크라테스 치료법을 위해 필요한 기초를 형성해주는 직접적인 질문과 정보를 혼합하여 사용하기를 기대할 수 있다.

때때로 정보를 담고 있는 질문은 가정을 검증하기 위한 가장 적절한 방법이고, 때때로 소크라테스 방법은 더 나은 방법이 된다. 다음의 예를 생각해보라.

> 치료사: 그래서 지금 주요 어려움은 무엇인가요? [직접적이며, 정보 수집의 질문]
> 내담자: 제 기분이에요. 저는 많이 우울해요. 저는 우울을 떨쳐낼 수가 없어요. 기분이 더 나아지는 적이 없어요.
> 치료사: 당신의 기분이 문제가 되기 시작한 것은 언제였나요? [직접적이며, 정보 수집의 질문]
> 내담자: 항상 문제였어요. 적어도 10대 이후로는 줄곧이요. 그냥 그렇게 살아왔어요. 은퇴한 이후로 이러한 무거운 비참함을 떨쳐낼 수가 없었어요.
> 치료사: [가설: 현저한 중증의 우울증, 은퇴라는 생활 사건에 의해 더욱 악화] 당신의 기분에 대해 조금 더 물어봐도 될까요? [직접적인 질문, 추가적인 탐색을 위한 치료 장면을 구성하고, 내담자가 선택권을 갖고 있으며, 그래서 내담자가 소크라테스 문답법에 더욱 개방적이 될 수 있도록 메시지를 제공한다.]

치료사는 이 환자의 우울증의 본질에 대한 더 많은 통찰을 제공해주는 소크라테스 문답법을 사용함으로써 이제 가설의 타당도를 탐색하기 시작할 수 있다. 이 사례에서의 경우 치료사는 가설을 정교화시킬 수 있는 질문을 던진다.

> 치료사: 그리고 당신 마음속에 그 밖의 어떤 것이 스쳐지나갔나요? [이것은 내담자의 내부 세상에 대한 이해를 형성시켜주는 몇 가지 소크라테스 질문 중 하나이다.]
> 내담자: 살아갈 필요가 없다는 걸…. [침묵한다.]
> 치료사: [가설: 현저한 중증의 우울증, 자살] 더 말할 수 있을까요? [내담자가 정교화할 수 있는지를 발견하기 위한 또한 자신이 참을 수 있는 것보다 더 많은 것을 하도록 압박을 받고 있는 것은 아니라는 점을 그에게 전달하기 위한 직접적인 질문]
> 내담자: 글쎄요. 저는 죽은 거나 다름없지요.

치료사: 저는 이제야 당신이 얼마나 나쁘게 느끼고 있음이 틀림없는지 이해하기 시작했고요. 당신이 그렇게 고통스러워한다는 사실을 듣게 되어 유감이에요. 얼마나 자주 그런 생각이 들 정도로 기분이 나쁘세요?

내담자: 거의 항상 그래요.

치료사: [가설: 중증의 우울증이 현저함, 자살, 위험 수준] 알겠어요. 계획이 있으신가요? [그래서 위험성을 판단하기 위한 일련의 직접적인 질문을 시작한다.] … 시도를 해본 적이 있나요? … 누구랑 같이 살고 있나요 아니면 혼자 살고 있나요? [등등]

위 예로부터 우리는 전체 맥락의 상호작용과 서로 다른 말로 하는 역할에 대해 고려할 필요가 있다는 사실을 알 수 있다. 우리의 질문으로 돌아가서, '무엇이 좋은 소크라테스 질문인가?' 한 가지 대답은 좋은 소크라테스 질문이란 언제나 안전에 주의를 기울이면서 동시에 신뢰를 불러일으킬 수 있고, 탐색을 격려할 수 있는 서로 다른 유형의 질문 안에 내재되어 있다는 것이다.

2. 교육

인지·행동치료의 가장 중요한 부분은 내담자에게 인지·행동치료의 모델과 기술을 가르친다는 것이다. 때때로 이것은 설교하듯이 진행하는 것이 가장 잘 성취할 수 있고, 단순히 내담자들에게 자료를 읽거나 영상을 보라고 지시할 수 있다. 또는 내담자들이 알고 싶어 하는 것을 말해줄 수 있다. 만일 내담자가 새로운 결론을 도출하는 데 필요하거나 새로운 존재 방식을 시도하는 데 필요한 지식을 아직 갖추지 못하고 있다면, 이러한 교훈적 방식의 기초가 필수적이다. 우리의 동료인 Gillian Buttler 박사는 항상 훈련 중인 치료사에게 '틈을 조심하기'를, 즉 지식에 있어서의 틈을 확립할 때까지 질문하고 그런 다음 그 틈을 교훈적으로 메꾸는 것을 상기시킨다.

치료사: 이러한 생생한 감각이 들고 야간 공포를 느낄 때, 어떤 일이 발생한다고 생각하나요?

내담자: 모르겠어요. 제가 미쳐가는 것임이 틀림없다고 생각해요.

치료사: '플래시백'이라는 용어에 대해 들어본 적이 있나요?

내담자: 예. 그건 군대 관련된 거잖아요. 제 문제하고는 아무 상관없어요.

치료사: 플래시백에 대해 조금 이야기해드릴게요. [치료사가 플래시백 현상에 대해 설명하고 인쇄된 정보를 공유한 다음 계속한다.] 우리가 나눈 이야기의 관점에서 이러한 생생한 감각이 들고 야간 공포를 느낄 때, 어떤 일이 발생할 것 같다고 생각하나요?

내담자: 외상에 대한 플래시백을 가질 수 있다고 생각해요.

치료사: 그 가능성을 고려해본다면, 지금 당신이 있는 상황에 대한 느낌은 어떤가요?

내담자: 보다 희망적으로 느껴져요. 내가 미쳐버릴 것 같다고 그렇게 겁나지 않아요.

여기서 당신은 직접적인 정보 수집의 순조로운 과정이 지식에 있어서의 틈을 드러내고 이 새로운 지식의 관련성을 개인화할 수 있는 소크라테스 방식의 탐색에 이어서 교훈적인 정보가 틈을 메꾸는 것을 확인한다. '좋은' 소크라테스 질문은 별도의 질문인 것이 아니라 '좋은' 과정의 일부분이다.

일부 심리 교육은 실험적인 방법에 의해 가장 잘 성취될 수 있다(예: 자기주장 기술이나 호흡 기법을 가르치는 것). 그리고 이것은 교훈적 방법과 소크라테스 방법을 통합할 수 있다. 예를 들면, 연습에 관여하는 동안 치료사가 자기주장의 역할을 할 수 있고 내담자가 관찰한다(교훈적). 그런 다음 치료사가 내담자에게 경험을 통해 자기 자신의 결론을 도출하도록 촉구하고(소크라테스 방법), 스스로 이것을 해보고 자신이 배운 것에 대해 성찰하도록 촉구할 수 있다(소크라테스 방법).

인지와 감정의 사이의 정교한 연결 그리고 그것들의 동기와 행동에 관한 영향력은 종종 소크라테스 문답법을 사용하면서 협력적으로 유용하게 탐색된다. 이러한 연결을 조사할 수 있는 표준화된 수단은 내담자가 가정적인 활동에 참여하고 서로 다른 생각의 결론을 상상하도록 격려하는 것이다. 예를 들면,

치료사: 당신이 개가 위험하다고 믿는다고 상상해보세요. 개를 봤습니다. 당신의 마음속에 어떤 것이 떠오르나요?

내담자: 개가 나를 물 수 있어요!

치료사: 어떻게 느껴지나요?

내담자: 초조하고, 불안해요.

치료사: 무엇을 하려고 하나요?

내담자: 개를 피하려고요. 심지어 달아날 수도 있어요.

치료사: 이제는 당신이 개를 안고 싶고 개가 안전하다고 믿는다고 상상해볼까요. 당신의 마음속에 어떤 것이 떠오르나요?

내담자: 제가, 오오! 개가 귀엽다고 생각하는 것 같아요.

치료사: 어떻게 느껴지나요?

내담자: 다소 좋은 느낌이라고 상상했어요. 특히 만약 개가 다정하다면, 편안하고 기쁠 것 같아요.

치료사: 무엇을 하려고 하나요?

내담자: 그 경우라면 아마도 개한테 다가가서는 쓰다듬어줄 거예요.

치료사: 생각과 감정 또는 생각과 행동 사이의 관계에 대해 제안할 수 있는 것은 무엇일까요?

내담자: 글쎄요. 저는 이것이 저한테 생각이 제 감정에 영향을 미치는 것을 보여주는 것이라고 생각해요. 어떤 것에 대한 저의 태도가 그것에 대해 제가 느끼는 방식에 영향을 미쳐요. 또한 그것은 상황에 대해 제가 느끼는 방식이 내가 어떻게 반응하는지 보여준다고 생각해요. 이것이 당신이 제가 말하길 바라던 대로인가요?

치료사: 이것은 제가 당신이 말하기를 원한 것이 아니라 당신이 이끈 결론에 관한 것이에요. 당신이 방금 말한 것 말이에요. 당신에게 의미가 있나요? 그것이 당신에게 사실인 것 같나요.

내담자: 글쎄요. 예, 그래요. 저는 이것이 사실이라는 것을 알 수 있어요. 하지만 좀 단순하죠. 안 그런가요?

필요하다면, 이러한 특별한 기법은 정교화될 수 있다. 가령, "그리고 만약 개를 피한다면/개에게 다가선다면 무슨 일이 생길 것 같은가?", "개에 대해 무엇을 배웠는가?", "당신 자신에 대해 배운 것은 무엇인가?"와 같은 추가적인 질문이 덧붙여질 수 있고 그래서 연관성에 관한 추가적인 탐색을 촉진시킬 수 있는 다른 시나리오의 개발을 권고하는 것이다.

3. 도움이 되지 않는 인지 검토하기

소크라테스 방법은 사람들에게 현재의 관점 밖에 존재하는 다양한 범위의 가능성을 고려하도록 촉구하고 그래서 상황이나 사건에 관한 대안적 관점을 구성하도록 촉구하는 데 있어서 이상적인 '검토 수단'이다. 이러한 목적을 위해 몇 가지 유형의 질문이 사용될 수 있다.

- 질문에 대한 '증거'
- 질문에 '반대되는 증거'
- '대안적 관점'의 질문
- 질문의 '결과'

다음 절에서 각각의 예시를 확인할 수 있다. 내담자에게 시간에서의 변화와 사람에서의 변화를 고려해보라고 요청함으로써 어떤 질문들은 관점에서의 변화를 촉구할 수 있다. 예를 들면, "만약 일 년 후로 시계를 돌린다면 그리고 이것이 더 이상 '뜨거운' 쟁점이 아닐 때 어떻게 느낄 것 같나요?" 또는 "그 밖의 다른 사람은 이것을 어떻게 볼 것 같은가?" 이러한 질문은 내담자로 하여금 부정적이고 고통받는 마음의 상태에서 보다 현실적이고 참을 만한 마음의 상태로 결정적인 이동을 할 수 있도록 해준다. 이 장의 후반부에서 이것에 대해서 더 다루기로 한다.

문제의 인지를 지지하는 증거를 도출하기 위한 질문을 한다는 것은 이상하게 보일지 모른다. 그러나 이것은 상황에 대한 균형 잡힌 관점을 형성하는 데 있어서 중요하다. 즉, 이러한 질문들은 내담자가 '내가 이런 생각을 갖고 있다는 것은 하나도 이상할 것이 없다'라는 것을 알게 해준다. 따라서 '이처럼 생각하다니 나는 멍청하구나.'와 같은 자기 비난의 가능성을 최소화할 수 있도록 해준다. 여기에는 이러한 질문이 포함된다.

- "당신의 경험에서, 이 신념과 무엇이 맞는가요? 무엇이 사실인 것처럼 보이게 하는가요?"
- "어떤 때에 우리 중 누군가는 왜 그런 생각을 할까요?"

문제가 되는 인지와 일치하지 않는 증거를 찾을 때 내담자의 주의를 대안적 가능성을 제공하는 사건이나 경험에 집중하도록 지시한다. 그리고 이러한 것은 최초의 신념을 검증하기 시작한다. 그래서 도움이 되지 않는 인지의 타당성을 검토한다. 이렇게 질문할 수 있다.

- "이것이 들어맞지 않는 그런 경험은 하지 않았나요? 저는 단지 그것이 궁금하답니다."
- "그 생각과 맞지 않는 것 같은 것은 없나요?"
- "그 밖의 다른 사람은 이것을 어떻게 볼까요?"
- "항상 그런 것인가요? 아니면 상황이 다른 경우가 있는 것인가요?"
- "당신이 우울해지기 전에, 그 시점에 마음속에 어떤 것이 떠오르나요?"
- "당신이 만약 가장 친한 친구에게 반응을 해주고 있다면, 뭐라고 말할 것인가요?"

일단 내담자가 왜 자신이 신념(비록 그것이 도움이 되지 않는 인지라고 할지라도)을 지니고 있는지 살펴보고 나면, 그리고 그 신념이 검증에 견디지 못할 수 있는 방식을 살펴보고 그런 다음 아래와 같은 질문을 통해 대안적 가능성을 형성할 수 있는 방향으로 유도될 수 있다.

- "이제 큰 그림을 살펴봤는데요, 당신의 최초의 관심을 어떻게 볼 수 있을까요?"
- "당신이 막 묘사한 것을 고려할 때, 최악의 경우가 일어날 것 같다고 생각하시나요?"
- "우리가 토의한 내용을 고찰해본다면, 어떤 그림이 떠오르는가요? 그리고 어떤 메시지가 당신에게 전달되었나요?"

이런 식으로 떠오르는 커다란 그림에 대해 고찰하면서 내담자가 한걸음 뒤로 물러나 상황을 조망하도록 할 수 있다. 내담자가 스스로 자신의 인지·행동치료사가 될 수 있다면, 이것은 인지·행동치료에서 핵심적인 훈련이다(8장 참고).

현재의 관점(그리고 대안적인 관점)을 유지하는 것의 결과에 관한 질문은 현재의 믿음에 대한 장점과 단점을 도출해낼 것이고 내담자의 관점과 가능하다면 행동을 변화시키는 위험을 감수하는 데 있어서 내담자를 동기부여할 수 있는 변화에 대한 합리적 근거를 제공할 수 있다. 이 것은 내담자를 참여시키는 데 있어서 종종 근본적인 활동이다.

- "이러한 특별한 신념을 유지하는 것이 어떻게 도움이 되는가요? 혹은 도움이 되지 않는가요?"
- "저는 궁금하네요. 이러한 신념을 유지하는 것이 도움이 된다면, 어떤 도움이 있을까요?"
- "상황을 이런 식으로 바라보는 것의 단점은 무엇이 있을까요?"
- "당신이 세상을 이런 식으로 본다면, 어떤 기분이 들까요? 그리고 다른 사람들은 어떻게 반응할까요?"

최소한의 촉구만을 사용하여 내담자가 한걸음 뒤로 물러나 자기 나름의 결론을 도출할 수 있도록, 믿음을 유지하는 것의 결과에 대해 간단한 개념화를 이끌어내거나 화이트보드에 장점과 단점을 적는 것도 부각될 수 있다. 내담자가 스스로 자신을 살펴볼 수 있도록 촉구할 수 있는 상황을 구성할 때마다 바로 매우 강력한 소크라테스 치료 방법을 사용한다. 이것은 자신이 도출한 결론이 스스로에게 신뢰를 줄 수 있기 때문이다.

4. 문제해결과 해결방안 찾기

인지 · 행동치료는 많은 면에서 문제해결에 관한 것이다. 처음에는 정확하게 그리고 창의성을 격려할 수 있도록 소크라테스 방법의 접근을 사용함으로써 내담자가 효과적인 문제해결 방법으로 갈 수 있도록 안내할 수 있다.

- "그래서 당신이 일어날지 모른다고 불안해하는 것은 무엇인가요? 이것을 상세하게 살펴볼까요."
- "그것은 논점이 두 개인 것 같은데요. 둘 중 어느 것에 초점을 맞추고 싶은가요?"
- "과거에 이런 종류의 문제를 다뤄본 적이 있나요? 만약 그랬다면, 어떻게 하셨나요?"
- "당신의 친구는 이러한 딜레마를 어떻게 다루려고 시도했을까요? 브레인스토밍을 해볼까요."
- "확신을 얻는 데 있어서 장애물로서, 당신이 회피전략을 확인하고 있다는 점을 고려할 때, 무엇을 시도해볼 수 있을까요?"
- "이러한 장애물을 다루는 것에 관해서 친구에게 어떻게 하라고 조언할 수 있을까요?"

그러면 이러한 유형의 질문은 필요한 만큼의 많은 대처를 위한 선택사항을 탐색할 수 있도록 이끌 수 있다. 내담자에게 무엇이 잘 되고, 무엇이 잘 안 될지 질문함으로써 해결방안의 장점과 단점을 캐내기 위해 소크라테스 방법을 사용할 수 있다. 그리고 내담자에게 예비 방안을 고안하거나 계획을 세우도록 촉구할 수 있다.

- "만일 이 해결방안이 효과가 없다면, 최악의 경우가 무엇일지 생각해보는 시간을 한번 가져보죠."
- "그것에 대해 어떻게 대비할 수 있을까요? 그것이 발생한다면 그것에 대해 어떻게 방어할 수 있을까요?"

이렇게 내담자가 문제를 정의하는 단계를 거치도록 안내할 수 있어서 가능한 한 많은 대안을 만들고, 해결방안을 실행으로 옮기는 계획을 세우고, 비상시 계획을 고안하도록 한다. 이것은 재발 관리 계획과 매우 잘 맞는다(6장 참고).

5. 행동실험 고안하기

내담자가 새로운 관점을 갖게 되면 내담자는 그것을 당연하다고 생각할 필요가 있고, 그것의 타당도를 확인해야 한다. 그래서 소크라테스 문답법이 생성시킬 수 있는 통찰력은 종종 행동 평가를 수반할 필요가 있다(9장 참고). 가령, 공포증이 있는 사람을 치료할 때는 일반적으로 공포를 직면하는 것이 도움이 될 것이라고 가설을 정한다. 아래의 지침에 따라 행동실험(BE)을 위한 합리적 근거를 도출할 수 있도록 소크라테스 방법을 사용할 수 있다.

- "지금의 토대를 유지하고 벗어나지 않는다면 어떤 일이 발생할 것이라고 생각하나요?"
- "당신의 마음속에 어떤 것이 스쳐가나요?"
- "그리고 그 상황에 계속 있을 수 있다면, 당신의 마음속에 어떤 생각이 스쳐지나갈까요?"
- "어떤 기분이 드시나요? 이것이 당신에게는 어떤 의미가 있을까요?"
- "상황을 회피하기보다 상황에 머무를 수 있다면, 그 상황을 어떻게 바라볼 수 있을까요?"
- "장기적 관점에서 영향은 무엇일까요?"

이것은 아래와 같은 행동실험(BE)을 조형할 수 있는 질문을 이끌어낼 수 있다.

- "이것을 한번 시도해보고 그저 어떤 일이 생길지 관찰할 수 있는 상황을 어떻게 구성할 수 있을까요?"

- "무엇이 변화에 도전하는 것을 더 쉽게 만들 수 있을까요?"
- "대비차원에서 무엇을 할 수 있을까요?"
- "당신의 성공을 어떻게 측정할 것인가요?"

이런 식으로 실험은 협력적으로 전개될 수 있다. 이와 비슷하게 문제해결도 협력적인 시도가 될 수 있다. 예를 들면,
- "무엇이 잘못될 수 있을까요?"
- "함께 머리를 맞대고 최악의 시나리오는 무엇일지 생각해볼까요?"
- "만약 그런 일이 발생한다면, 자기 자신을 어떻게 대비하고 그 일을 어떻게 다룰 수 있을까요?"
- "만약 그런 일이 발생한다면, 친구는 자기 자신을 어떻게 대비하고 그 일을 어떻게 다룰 수 있을까요?"
- "그것으로부터 우리는 무엇을 배울까요?"

가능한 한 실험은 회기의 내용에서부터 발생하고 통찰력의 발전과 세밀하게 연결되는 것이 중요하다. 그래서 어떤 남자가 새로운 결론을 이끌어낸다면, 예를 들어 "내가 그 상황에 머무를 수 있다면, 예전에 했던 것처럼, 그러면 자신감을 얻을 거예요."라고 한다면, 그러면 치료사는 "그것을 어떻게 확인할 수 있죠?"라고 물을 수 있다. 비슷하게, "오늘 다룬 내용을 고려했을 때, 앞으로 어떻게 해내갈 수 있을까요?"와 같은 질문을 함으로써 회기 중 발견 내용이 행동 변화와 연관될 수 있다.

실험 후에 소크라테스 문답법은 발생한 일에 대한 분석을 권장하고, 문제를 강조하고, 그런 다음 내담자로 하여금 새로운 개념화와 추가적인 행동실험을 재구성할 수 있도록 촉구하는 데 사용될 수 있다.

6. 수퍼비전 안에서

소크라테스 방법에 관한 마지막 주장은 이 방법이 치료에서 유용한 것처럼 수퍼비전에서도 유용할 수 있다는 것으로 Overholser(1991)가 강력하게 주장한 요점이다. 소크라테스 방법을 수퍼비전의 도구로 사용할 때 치료적 도구로서 소크라테스 방법을 사용하는 것에 관한 모든 논쟁은 발생한다. 소크라테스 방법은 학습을 강화시키고, 협력을 권장하고, 가설을 검증한

다(수퍼비전과 인지·행동치료에 관한 19장 참고). 여러분은 아직 다른 사람을 수퍼비전하지 않을지 모르지만 그런 시기가 올 것이다. 그리고 소크라테스 방법이 강력한 훈련 기법을 제공한다는 것을 기억하는 것이 유용할 것이다.

언제 소크라테스 문답법을 사용하나?

지금쯤이면, 비록 소크라테스 접근 방법이 때때로 많은 수준에 있어서 훨씬 더 가장 생산적인 방법일지라도, 인지·행동치료에서 소크라테스 문답법이 유일한 '좋은' 질문법이 아니라는 것을 그리고 소크라테스 접근이 유일한 '좋은' 형식은 아니라고 평가할 것이다.

우리들 치료사에게는 협력적인 관계를 형성하고, 정보를 수집하고, 개념화를 이끌어내고, 기법을 가르치는 등의 많은 과제가 있다. 서로 다른 접근 방법은 다른 결과를 생성할 수 있는데, 이는 다양한 범주의 목적을 성취하는 데 있어서 치료상 다양한 지점에서 유용할 수 있다. 가령 때때로 정보 수집은 직접적인 질문을 통해 가장 잘 획득할 수 있고(예: 현재 일하고 있나요?), 반면에 따뜻하고 공감적인 관계를 확립하는 것은 선도적인 질문이 가치가 있다(예: 고통스러워하시는 것 같네요. 이 질문이 또한 당신을 불편하게 하나요?). 그리고 공포에 대한 이해는 소크라테스 방식으로 가장 잘 획득할 수 있다(예: 당신이 문의 손잡이에 손을 댄다면, 무슨 일이 일어날 것이라고 생각하나요?).

우리가 선택하는 질문의 유형이 무엇이든 간에 Beck 등(1997: 71)은 환자가 자신의 주장을 성찰적으로 인지하고 고려할 수 있고 그리고 객관적으로 자신의 생각을 판단할 수 있도록 질문은 시의적절하게 세심하게 해야 하고 표현해야만 한다고 조언한다. 또한 이들은 "질문이 자신을 반박하게 하려고 자신을 '옭아매는 데' 사용된다면 내담자는 자신이 반대심문을 받는다고, 즉 자신이 공격당하고 있다고 느낄 수 있다."라고 경고한다.

이것은 좋은 소크라테스 문답법은 좋은 치료적 관계의 맥락에서 제시돼야 한다는 것을 상기시킨다. 내담자의 참여, 수평적 사고, 창의성 그리고 기억을 촉진하기 위해 치료사의 목표는 따뜻하게 소통하고 공감하고, 비판단적인 태도를 취하는 동시에 내담자의 불안과 절망감을 최소화하는 데 있다. 내담자는 자신의 관점이 '잘못되었다'라기 보다는 흥미롭다고 느껴야만 한다. 그리고 새로운 가능성에 대한 자신의 탐색이 부정적으로 판단될 것이라기보다는 가치가 있을 것이고 고려될 것이라고 느껴야만 한다. 내담자는 질문에 반응할 수 있는 지식과 시간 그리고 자신감이 필요하다.

소크라테스 방법을 어떻게 효과적으로 사용하는가?

흔한 잘못된 개념 중 하나는 효과적인 인지치료사는 정답을 모르면 절대 질문하지 않고, 두세 개의 훌륭한 질문만으로 '진실'을 밝히는 말솜씨가 좋은 법정의 변호사처럼 한다는 것이다. 그러므로 Beck이 텔레비전의 콜롬보 형사를 자신의 롤 모델로 묘사한 것은 흥미롭다. 결코 밀어붙이거나 전지전능하지 않은 텔레비전 드라마의 영웅의 부드러운 질문 스타일은 존중과 진심의 질문을 반영한다. 이러한 태도가 '좋은' 소크라테스 방식에 있어서 중요하다.

인지·행동치료에서 소크라테스 방식의 질문의 유형과 목적은 Padesky(1993)가 가장 신중하게 검토했다. Padesky는 소크라테스 접근 방법을 마음을 변화시키는 데 사용하는 것과 발견을 이끄는 데 사용하는 것 사이의 중요한 차이점을 강조하고 있다. 요약하자면, '마음을 변화시키려' 하는 치료사는 내담자의 사고가 비논리적이라고 예시한 반면, '발견을 이끌어내려는' 치료사는 새로운 가능성을 드러낸다고 주장했다. Padesky는 순수한 호기심이 후자를 획득하는 데 중요하다고 주장했다. Teasdale(1996)은 Padesky의 관점을 언급하면서 심리적 수준에서 '마음을 변화시키는 것'은 특정 사고나 의미를 무의미하게 만드는 반면, '발견을 이끌어내는 것'은 대안적인 정신적 사고의 틀을 만들어낸다고 주장했다. 즉, "당신은 틀렸어요."와 "다른 가능성이 있어요."의 관점 중 어느 것인지 내담자에 대한 영향을 고려해야 한다.

인지치료사는 호기심의 입장에서뿐만 아니라 겸손의 입장을 취하는 방식으로 발견을 유도하도록 시도해야만 한다. 겸손은 치료사가 자신이 정답을 갖고 있다고 (또는 갖고 있어야만 한다고) 가정하기보다 내담자로부터 배울 수 있다는 것을 기대할 수 있게 해준다. 이런 방식으로 '마음을 변화시키려는' 함정에 떨어지는 것을 회피할 수 있다.

비유와 유추는 소크라테스 문답법을 도울 수 있다. 각각은 내담자로 하여금 초점을 자신의 본래 관점에서부터 일시적으로 옮길 수 있도록 유사한 상황을 상상할 수 있도록 촉구해준다. 이렇게 함으로써 개별적 상황에 대한 강력한 감정이 완화되고 내담자는 보다 생산적으로 생각할 수 있다. 내담자는 자신의 문제와 해결방안에 대해 더 잘 발견할 수 있도록 돕기 위한 자기 자신만의 비유를 개발하도록 권유받을 수 있다.

> 치료사: 마치 당신의 마음에는 과거로부터의 모든 상처와 배신감을 수집하고 저장하는 새집이 있는 것 같은 느낌이라고 이야기하셨죠. 만약 좋은 관계에 관한 기억을 수집하는 새집이 있다고 가정한다면 그것은 당신에게 어떤 의미일까요?
> 내담자: 좋은 시절과 긍정적 관계를 기억할 수 있어요.
> 치료사: 긍정적 기억을 위한 새집을 우리가 어떻게 짓기 시작할 수 있을까요?

내담자: 모르겠어요!

치료사: 좋아요. 그것에 대해 생각해봅시다. 당신이 만약 친구에게 좋은 시절과 긍정적 관계를 보유하도록 돕기 위해 시도한다면, 어떻게 할 수 있을까요?

내담자: 그것들을 기록하도록 권유할 수 있겠지요. 또는 어쩌면 휴대 전화에 기록하라고 할 수도 있고요.

치료사: 당신에게도 효과가 있을 아이디어인가요? 그렇다면 어떻게?

내담자: 글쎄요. 제가 무엇인가를 기억한다면, 또는 제 친구 중 한 명이 무엇인가 긍정적인 것을 회상한다면, 쉽게 잊지 않기 위해서 그것을 받아 적을 수 있겠지요. 그런 다음 기록을 할 것 같아요.

치료사: 예, 새로운 새집을 만들 수 있군요. 새집을 정기적으로 점검한다는 것을 확실히 하도록 시도하기 위해 어떻게 할 수 있을까요?

내담자: 제 노트를 정기적으로 봐야겠어요. 자기 전에 밤에 그 기록을 살펴보도록 시도할 수 있을 것 같아요. 그렇게 하는 것을 일상으로 만들기 위해 노력할 수 있어요.

유추를 조사하는 것도 내담자가 자기 자신의 상황에서 비켜서서 유사한 상황을 생각해보도록 촉구할 수 있다. 예를 들면, "아들이 비슷한 딜레마에 직면한다면, 어떻게 조언하시겠습니까?"와 같은 질문은 내담자가 대응에 필요한 새로운 개념을 형성하기 시작할 수 있도록 할 수 있는 보다 유용하고 실용적인 사고방식으로 내담자를 이동시킬 수 있다. 이와 유사하게 "친구는 이 상황을 어떻게 볼 것 같나요?" 또는 "탐정은 증거 수집을 어떻게 착수할까요?"와 같은 질문은 내담자가 또 다른 '사고방식'으로 들어갈 수 있고 상황을 다르게 그리고 보다 생산적으로 볼 수 있도록 돕는다.

소크라테스 문답법의 기술은 너무 힘들게 시도하지 않는다면 자연스럽게 나올 수 있는 기술이다. 당신은 소크라테스 문답법을 심지어 인식하지 않은 채 일상생활에서 사용할 수 있을 것 같다. 많은 사회적 상호작용에서 가설을 형성하고 촉진은 하되 유도하지는 않는 질문을 할 수 있는 좋은 기회가 있다. 그리고 당신은 유연하고 당신의 주변에 있는 사람들로부터 순수한 반응을 이끌어내는 좋은 기회가 있다. 참 쉽다. Drew Westen은 자신의 심리학 책 서문에서 (1996) 소크라테스 기법을 적용할 수 있는 상황으로 파티에서 누군가를 만나는 평범한 사례를 제공하였다. 파티 장소로 걸어 들어가면서 매력적이고 온화하고 다정한 사람에게 인사를 받는 남성을 상상해보자. 이 남성이 '그녀가 내게 관심이 있군.' 하고 가설을 세운다. 그렇다고 이 손님에게 다가가서 데이트를 청할 것 같지는 않다. 그보다는 자신의 가설을 지지하거나 반박하기 위한 정보를 수집할 수 있는 일련의 질문을 사용할 것 같다. 그리고 이는 자신에게 인사를 한 그녀의 의도에 대한 피드백을 할 기회를 다른 사람에게 줄 것이다. 그는 다정한 진술과 간단한 질문으로 시작할 수 있다.

- "안녕하세요. 저는 Billy라고 합니다. 이 집 주인의 동료예요. 파티를 위해 예쁘게 꾸며놓았네요. 그렇지 않나요?"

그는 세심하게 들을 것이다. 그리고 자신이 얻는 반응에 따라 상대방의 낭만적인 관심을 평가할 것이다. 그리고 그녀의 의도를 분명하게 하기 위해 추가적인 질문을 할 것이다. 예를 들면,

- "여기 이 밴드는 훌륭한데 지방 팀이에요. 찾아가서 들어본 적이 있나요?"

상대방이 계속해서 다정하게 대해주고 종종 찾아가 듣고 그때마다 항상 즐긴다고 대답한다면, 남성은 자신의 가설을 유지하고 계속해서 일련의 부드러운 질문을 이어나갈지 모른다. 남성은 또한 그녀가 말하지 않는 것도 들으려 할 것이다. 그리고 파트너에 대한 언급이 없다면, 그는 이 점을 주목할 것이다. 그러나 어떤 점에서는 반응이나 행동이 자신의 가설에 이의를 제기할 수 있다. 그러면 성급한 결론(당황을 초래할 수 있는)으로 도약하지 않고 그것을 수정할 수 있다. 예를 들면, 남성은 궁극적으로 이렇게 결론을 내릴 수도 있다.

> 그녀는 집주인의 가족이고 파티가 원만하게 잘 돌아가도록 돕고 있다. 그녀는 나와의 데이트에 관심 있기보다는 정중하고 사교적이다(Westen, 1996에서 인용).

그래서 사회적 대화를 유지할 수 있고, 성급한 결론으로 도약하지 않은 채 사람에 대한 생각을 발전시킬 수 있다면 그렇다면 당신은 아마도 적절한 스타일을 채택하는 데 필요한 것을 이미 갖고 있을 수 있다.

하강 화살표

'하강 화살표'는 내담자가 자신의 경험이나 자동화된 사고를 공고히 하거나 '풀어내도록' 돕고 아마도 원하지 않는 반응의 기저에 있는 보다 근본적인 의미를 확인하도록 돕는 것을 목적으로 하는 체계적인 질문의 유형을 가리킨다. 어떤 글에서는 '수직적 화살표 재구조화'라고 불리기도 한다.

▶ 동영상 자료 7.1: 소크라테스 문답법 사용하기 – 하강 화살표 기법

Bea는 문이 닫혔는지 확인하기 위해서 반복해서 집으로 돌아와야만 했다고 진술했다. 왜 이러한 행동을 할 필요가 있는지는 당장은 분명하지 않았다. 그러나 치료사에 의한 부드럽고 체계적인 질문으로 점차 그녀가 다소 무능력함을 느꼈고 자신이 적절하게 문을 잠갔는지 자신을 신뢰하지 않는다는 사실이 밝혀졌다. 그녀는 도둑질을 당할 수 있고, 자신의 가족에게 손실에 대한 비난을 받을 수 있다고 두려워했다. 이러한 결론이 계속해서 문이 잠겼는지 확실히 하도록 하게 만들었다.

하강 화살표 기법을 사용한다면, 내담자가 심문을 받는 기분이 들지 않게, 그보다는 치료사가 순수한 호기심을 갖고 있다는 느낌이 들 수 있도록 질문은 일정한 보조를 맞춰가며 표현되어야 한다. 다음과 같은 일련의 질문으로 시작할 수 있다.

- "그 당시에 단지 어떻게 느꼈는지 궁금하네요."
- "그리고 당신의 마음에는 어떤 생각이 스쳐지나갔나요?"
- "어떤 특별한 생각이나 또는 그림은요?"
- "그거 흥미롭군요. 조금 더 말해주실 수 있나요?"
- "정말 관련 있는 것 같은데요. 단지 어떻게 느꼈는지, 무엇을 생각했는지에 관해 확장해 볼 수 있을까요?"

이러한 질문은 내담자가 그 순간의 정서를 다시 활성화시키는 데 도움을 주고 관련 있는 인지에 초점을 맞추는 데 도움을 준다. 위의 사례의 경우, Bea는 다음과 같이 진술하였다.

"나는 불안했고, 정말로 예민해지고 긴장했어요. 그리고 저는 이러한 감정을 내가 다룰 수 있는 유일한 방법은 다시 돌아가서 확인하는 거라고 확신했죠. 확실하게 해야만 했어요. 확실하게 해야만 했다고요."

처음의 일련의 질문 다음에는 사고와 심상에 관한 개별적인 관련성을 캐내거나 '풀어내기' 위해서 추가적인 질문을 해야 한다. 질문은 다음과 같다.

- "그것과 관해서 어떤 것이 나빠 보이는지 궁금하네요."
- "당신의 관점에서 그것은 무엇을 의미하는가요?"
- "그것이 당신에게 말해주는 것은 무엇인가요?"
- "당신의 삶이나/미래에 관해 그것이 의미하는 것은 무엇인가요?"
- "다른 사람이 당신을 어떻게 생각할 것이라고 상상하나요?"
- "그것을 무엇이라고 칭할까요?"

- "발생할 수 있는 최악의 상황을 묘사할 수 있나요?"
- "그것이 사실이라면 그러면 무엇을?"

이런 식으로 치료사와 내담자는 특정 문제와 관련 있는 신념 체계에 관해 더 많은 것을 발견할 수 있다.

> 도둑질을 당하는 것에 관해 무엇이 그렇게 나쁠 수 있는지 그리고 그것이 그녀에게 어떤 의미인지 처음 질문했을 때 Bea는 그것에 대해 생각하는 것을 꺼려했고 한참 동안 침묵이 흘렀다. 그녀의 치료사는 이것이 그녀에게는 힘들다는 것을 인정하고 그녀에게 시간을 갖도록 제안했다. 마침내 Bea는 다음의 사실을 드러냈다.
>
> "그런 일은 모두 제 결함이기 때문에 그런 일은 끔찍할 거예요. 그런 일은 제가 얼마나 쓸모없는지를 증명하는 것이고 어떤 누구도 저를 다시는 신뢰하지 않을 거예요. 제 가족들도 저를 존중하지 않을 거예요. 저는 많이 창피하고 가치 없다고 느낄 거예요."

우리의 많은 내담자처럼 Bea는 하강 화살표가 감정적으로 소진되는 도전이란 것을 알게 되었다. 이런 이유로 오직 우리가 이 방법을 정당화할 수 있을 때만 사려 깊게 사용되어야만 한다. 그런 다음, 민감하게 보조를 맞출 필요가 있다. 침묵의 기간을 수용하고, 과제를 더 쉽게 할 수 있는 방법을 찾고, 내담자가 이 방법이 너무 힘들다고 생각한다면, 탐색을 멈출 수 있도록 대비해야만 한다. 일단 관련 있는 인지가 확인되면, 이러한 인지는 인지적 검증과 행동실험(BE)을 사용하여 검증되고 평가될 수 있다.

이러한 연습 동안, 가령 '전반적으로 사람들이 나를 좋아하는 것 같아.' 또는 '내가 노력한다면, 일을 끝낼 수 있어.'와 같은 보다 긍정적인 신념을 발견할 수 있다는 것은 기억할 만한 가치가 있다. 때때로 보다 긍정적인 신념은 질문의 과정의 일부로서 단순하게 드러난다. 하지만 "그것에 대해 무엇이 좋았는가?", "그것이 당신을 어떻게 도울 수 있는가?", "그것이 제안하는 긍정적인 것들은 무엇인가?"와 같은 질문을 한다면, 긍정적인 신념을 드러낼 수 있는 가능성을 증가시킬 수 있다. 가령, 자신이 호감이 가고 유능하다고 믿어서 치료사와 잘 맞아떨어질 것 같은 사람은 아마도 상당히 도전적인 사회적 과제도 떠맡을 수 있고, 숙제에 참여하도록 동기부여 될 것 같다. 따라서 긍정적인 신념을 확인하는 것은 유용하다. 긍정적인 신념은 또한 개념화의 긍정적 측면에 공헌한다(4장 참고).

하강 화살표를 통해서, 내담자의 근본적인 신념 체계가 종종 드러난다(Bea의 경우에서처럼). 비록 Beck 등(1979)의 요인을 구성하는 '기초 삼각형(bottom triangle)'과 종종 유사하긴 하지만 이것은 때로는 '기초선'이라고 언급되기도 한다(Fennell, 1999). 자기 자신에 대한 신념, 타인과 세상 그리고 미래는 서로 관련이 있다. 그리고 삼각형을 따라 자신을 발견하는 것은 종종 '기초선'에 도달하였다는 것을 암시한다.

> 치료사: 그리고 그것이 당신에 대해 무엇을 말해주는 것인가요?
> 내담자: 제가 나쁘다는 거죠. [자기 자신]
> 치료사: 그리고 그것이 당신에게 어떤 의미일까요?
> 내담자: 누구도 절 알고 싶어 하지 않는다는 거죠. [타인]
> 치료사: 그리고 그것이 그런 경우라면, 당신에게 어떤 의미일까요?
> 내담자: 항상 전 외로울 것이고 비참할 거예요. [미래]

기초선에 도달했는지 그렇지 않은지 결정하려고 시도할 때, 자기 자신에게 질문해보자. "만일 다른 사람들이 이러한 관점을 갖고 있고 그것을 내 내담자만큼 믿고 있다면, 내담자가 느끼는 것만큼 그 사람들도 느낄까?" 이 질문에 대한 답이 만일 "그렇다."라면 그렇다면, 당신은 아마도 핵심 신념을 찾은 것이다.

핵심 신념이 드러날 때까지는 몇 회기가 걸릴 수 있다. 그리고 가끔은 단순하게 접근할 수 없다. 사실, 효과적인 인지·행동치료를 실행하기 위해 항상 기초선(기초 삼각형)에 도달할 필요가 있는 것은 아니다. 많은 생산적인 치료 활동이 자동적 사고의 수준에서나 또는 핵심 신념과 관련된 규칙이나 가정에 따라 실행될 수 있고, 실행되어야 한다. 이것이 Beck과 그의 동료들이 인지·행동치료의 작업을 고찰하는 방식이다(1979). 그러나 핵심 신념을 찾는 것은 몇 가지 장점이 있을 수 있다. 첫째, 핵심 신념을 이해하는 것은 내담자가 지속적인 취약성을 이해하도록 도움을 준다. "내가 그렇게 나쁘고 바람직하지 않다면, 사회적 신용이 없고 우울하다는 것이 하나도 이상할 게 없어." 둘째, 핵심 신념은 많은 스키마타의 핵심적인 구성요소이기 때문에 필요하다면, 핵심 신념을 확인하는 것은 스키마 초점 치료 활동을 위한 초석을 깔아준다(17장 참고).

치료사가 가설에 대한 강한 믿음이 있으면, 치료사가 하강 화살표 기법을 단순히 그것의 입증을 추구하기 위해('마음을 변화시키기' 위해) 사용할지 모른다는 위험은 언제나 있다. 아무리 잘 알고 있다고 하더라도 때때로 틀릴 수 있다는 사실을 기억하는 것은 중요하다. 소크라테스 대화의 강력한 힘은 그것에 호기심과 겸손이 함께 따른다면, 우리는 예측하지 않았던 결론으로 우리를 이끌 수 있다. 이 기법을 사용할 때 유용한 규칙은 당신의 가설을 반박할 수 있는 질문을 고안하는 것이다. 당신의 직감을 확인했다고 생각할 때, 당신의 이론을 반증할 한두 개의 질문을 해야 한다. 이것은 부정확한 가설을 반박하게 할 수 있게 해주고 또한 초점을 너무 좁게 하고 있는 것을 방어해준다.

▶ 동영상 자료 7.2: 실행 중인 소크라테스 방법의 단계

소크라테스 방법의 단계

소크라테스 방법은 과정을 반영한다는 것을 몇 차례 말했다. 그리고 Padesky(1996a)는 이러한 과정을 4개의 단계로 정의했다.

1. **구체적인 질문하기**: 구조화된, 정보 수집을 위한 질문으로, 내담자의 어려움에 대한 치료사의 가설을 알려주는 것으로 시작한다.
   - 얼마나 오랫동안 기분이 가라앉은 느낌이었나요?
   - 얼마나 자주 과식하나요?
2. **공감적 청취하기**: 내담자가 말하는 것과 어떻게 말하는지에 대해 신중하고, 비판단적인 자세로 주의를 기울인다. 내담자는 음성의 톤이나 표정으로도 많은 것을 이야기할 수 있고, 이러한 정보는 치료사의 가설에 영향을 미치거나 이어지는 질문에 영향을 줄 수 있다.
3. **요약하기**: 가설을 점검하기 위해 개요에 대해 피드백을 제공하면서, 정보를 분명하게 하거나 요점을 되풀이한다. 예를 들면,
   - 당신은 지난 석 달 동안 우울하다고 느꼈지만 몇 년 동안은 다소 기분이 가라앉은 느낌이었다고 말하고 계시는군요.
   - 당신은 아마도 거의 매일 저녁 폭식을 했지만, 가끔은 정말 폭식을 했는지 그렇지 않은지 확신하지 못한다고 말하는 것 같은데요.
4. **종합적 질문하기 또는 분석적 질문하기**: 이러한 활동은 어떤 개념이나 주제에 대한 발전 또는 확장(종합하기) 또는 핵심 정보의 세밀함(분석하기)을 권장한다. 예를 들면,
   - 지난 몇 년을 돌아봤을 때, 기분이 가장 가라앉았을 때는 당신이 Paul과 결별했을 때, Karen을 출산하고 난 다음, 결혼생활이 제대로 잘 돌아가지 않는다고 느꼈을 때네요. 이러한 사건들을 연결해주는 무엇인가가 있을까요?(종합하기)
   - 비록 당신이 폭식을 하는 많은 경우가 있지만, 어떤 저녁에 가장 그럴 것 같나요?(분석하기)

소크라테스 문답법은 내담자가 가능한 한 넓게 관련 있는 증거를 살펴보도록 돕는다. 치료

사는 호기심은 유지하는 가운데, 치료사 자신의 기대나 신념에 너무 과도하게 얽매이지 않으면서 종종 "그리고 그 밖의 다른 것들은 없나요?"라고 질문하면서 이러한 큰 그림을 더 유지할 수 있을 것 같다. 치료사가 엄격한 기대에 갇혀 있으면, 폭넓은 정보를 갖추기 전까지는 질문하는 것을 종료해야 할지 모른다. 다음의 Jon에게 접근하는 서로 다른 방법에 대한 예시에 대해 생각해보자. Jon은 14세의 근심 많고 처량한 학생인데 일부 과목에서의 부진한 성적으로 인해 학교 심리사에게 의뢰되었다.

> 접근 방법 1: 심리사는 Jon의 학업에 대해 질문하고 이 학생의 쟁점은 실제로 공부와 관련된 것이라고 결론을 내렸다. 심리사는 Jon이 특정 학업에서의 어려움을 겪고 있다고 가정하고 질문의 초점을 이러한 가정에 맞췄다.
> • "네가 잘하지 못하는 교과에 대해 조금 더 이야기해줄래?"
> • "수학과 물리, 항상 이 과목에 대해 어려움을 겪고 있니?"
> • "그렇게 수학과 물리가 너한테 항상 어려웠다면, 지금은 쫓아가기 더 힘들겠구나."
> • "네 친구 중 한 명이 이런 교과에 힘들어한다면, 친구를 돕기 위해 어떤 것을 제안할 수 있을까?"

이런 식으로 치료사는 보다 효율적인 학업 전략을 발전시키는 자신의 목표를 효율적으로 진행하였다. 하지만 이삼 주 동안 많은 진보를 이뤄내지 못했다.

> 접근 방법 2: 이번에는 심리사는 Jon이 특정 학업에서의 어려움을 경험하고 있다는 가정을 하고 처음에는 비슷한 질문을 했다. 하지만 탐색적인 질문과 더불어 이러한 초점을 맞춘 질문을 했다.
> • "나는 아마도 너의 공부 기법에 대해 도울 수 있을 거야. 그리고 일부 전략에 대해서는 나중에 이야기할 거야. 하지만 우선은 네가 수업 중에 힘들어하는 것을 알게 될 때 네 마음속에 다른 무엇인가가 있지는 않은지 궁금하구나."
> 그러자 수학과 물리 담당인 Smith 선생님에 의해 Jon이 평가받는 느낌이라는 사실이 드러났다. 심리사는 자신의 질문의 초점을 그 선생님과의 관계에 대해 더 알아내기 위해 맞췄다. Jon은 특히 이 특정 선생님에 대해 불안하고 이목을 끄는 것을 꺼려하기 때문에 수업 중에 어려움을 겪는다는 사실이 분명해졌다. 그래서 심리사는 Jon은 Smith 선생님과 특정 대인관계의 어려움을 갖고 있다는 새로운 가정을 구성했다. 심리사는 그들의 관계의 본질을 확신할 수 있는 보다 탐색적인 질문을 했다.
> • "Smith 선생님이 널 어떻게 볼 것 같은지 상상해볼래? 마음속에 어떤 것이 떠오르니?"
> Jon은 이 특별한 전통적이고 종교색이 짙은 선생님이 부모님의 임박해 있는 이혼에 대해 자신을 비난하고 있다고 믿는다는 것을 드러냈다. Jon은 부모님의 결혼 생활 문제에 대해 스스

로를 비난하고 있었고 죄의식을 느꼈다. 심지어는 자신이 사악하다고 느꼈다.

지금쯤이면, 당신은 수정된 개념화가 최초의 가설과 근본적으로 달랐다고 평가할 것이다. Jon은 자신의 부모가 이혼할 예정이기 때문에 불안하고 괴로웠다. 점차 Jon은 이것에 대해 책임감을 느꼈고, 또한 고립되는 느낌을 받았다. 하지만 부모와 이것에 대해 상의할 수 없었다. 부끄러워서 친구들과 자신의 어려움을 나눌 수 없었다. Jon은 꾹 참았다. 그러나 Smith 선생님과 수업을 하면서 무엇인가 평가받는 느낌을 받았고, 죄의식이 상기되었다. 이것이 Jon의 수업시간 중 수행 능력을 방해하였고, 이 수업에서의 어려움이 다른 수업으로 일반화되기 시작하였다. 심리치료사의 호기심이 성과를 냈고, Jon은 아주 오랜만에 처음으로 이해받는 느낌이 들었다. 치료의 한계가 분명해지고, 다시 개념화할 수 있기 때문에 초점을 좁게 맞추는 것이 반드시 치료적 재난을 초래하는 것은 아니다. 그러나 가능하면 일찍 더 큰 그림을 그리는 데에는 장점이 있다. 이것이 치료사가 정말로 '이해하는' 공감을 소통할 수 있고, 특히 냉소적이거나 염세주의적인 내담자에게 희망을 불러일으킬 수 있기 때문이다. 또한, 개념화는 더 잘 정보를 갖출 것이며, 개념화가 더 적절한 치료 중재나 더 민감하게 쟁점의 우선순위를 정하도록 해줄 것이다.

신중하고 동정적인 소크라테스 문답법

숙련된 치료사는 인지를 '풀어내고', 중요하고 핵심적인 신념을 확인하는 데 점차 익숙해질 수 있다. 그러나 공감적인 진행 없이 문제의 바닥에 도달하는 데 지나치게 초점을 맞춘다면, 이것은 반치료적이 될 수 있다. 이러한 실제를 우리의 동료들은 '심리적 굴착행위'라고 부른다. 이것은 치료사가 둔감하다는 느낌을 내담자에게 줄 수 있다. 이는 치료사와의 동맹에 타격을 줄 것이고, 인지의 역할과 관리에 대해 내담자를 가르칠 수 있는 기회를 놓치는 결과를 초래할 수 있다. '기초선'에 이르는 과정에 활용할 수 있는 유용한 자료가 있다. 그리고 우리 모두는 이것을 탐색할 기회를 놓치지 않기 위해 주의해야 할 필요가 있다. 그러한 탐색이 민감하게 진행되고 요약하여 정리된다면, 치료적 대화를 도울 수 있다는 것은 두말할 나위 없다.

> Maria는 우울증이 있는 30세 여성으로 이혼을 했다. 인상적인 학력에도 불구하고 그녀는 몇 주 이상 고용상태를 유지하지 못했다. 그녀는 부푼 희망과 커다란 열정을 갖고 일을 시작하는 경향이 있지만, 결코 직장을 유지하지는 못하였다. 그녀는 정서적으로 잘 방어하는 편이고 정서적 반응을 최소화하는 경향이 있었고 종종 다소 차분해보였다. 그러나 하강 화살표 절차는 실제

로 신중하게 진행되지 않는다면 그녀를 곤란하게 만들었다. 그녀의 치료사는 그녀가 직장을 유지하지 못하는 것을 이해하려고 노력했기 때문에 치료사는 Maria의 핵심 신념을 이해하기를 원하는 데 있어서 정당성이 있다고 느꼈다. 하지만 그녀의 연약함으로 인해 치료사는 기초선까지 직접적으로 진행하지 못했고 이를 몇 차례의 회기에 걸쳐서 얻을 수 있었다.

그런 경우 질문하는 데 있어서 항상 신중해야 한다(그리고 존중해야 한다.).
• 내가 이런 질문을 계속해도 괜찮을까요?
• 잠시 휴식이 필요하신가요? 필요하다면 제게 말해주세요.

Maria 같은 내담자는 핵심 신념에 의해 촉발된 고통을 회피하기 위해 시도하는 데 많은 시간을 소비한다. 치료사는 핵심 신념을 드러내는 것이 초래할 수 있는 두려움과 고통을 과소평가해서는 안 된다. 요약하자면, 이것은 Maria의 치료사가 따른 과정이다(실제로 이 과정은 몇 차례의 회기를 통해 진행된 것이기는 하지만).

치료사: 왜 프로젝트를 포기하셨어요?
내담자: 제가 충분히 좋지 않았어요.
치료사: 어떤 의미인지요?
내담자: 별 의미 없어요. 저는 최고여야만 해요. 그렇지 않으면 아무것도 성취할 수 없어요.
치료사: 최고가 된다는 것의 중요성에 대해 조금 더 말씀해주실 수 있어요?
내담자: 제가 우수하지 못하다면, 허투루 시간을 쓴 거예요.
치료사: 시간을 낭비한다는 것이 무엇이 그렇게 나쁜가요?
내담자: 시간 낭비는 패배예요.
치료사: 당신이 시간을 낭비했어요. 그래서 패배자가 된 것 같은 느낌이 든다고 상상해볼까요. 이것이 당신에게는 어떤 의미일까요?
내담자: 누군가 패배자라면, 그 사람은 서투른 거예요.
치료사: 개인적으로는 그것이 어떤 의미인지 말해줄 수 있나요?

이 시점에서, Maria는 고통스런 핵심 신념을 드러냈다. 그러나 이에 앞서 추가적인 탐색의 필요성이 있는 많은 가정들이 드러났다. Maria가 드러낸 가정들은 생각의 편향성을 다룰 수 있는, 특정 가정을 가지고 있는 것의 장점과 단점을 살펴볼 수 있는, 가정의 유지를 설명해줄 수 있는, 악순환을 구성할 수 있는, 가정을 지지하거나 가정에 반하는 증거를 살펴볼 수 있는, 행동실험(BE)을 구성할 수 있는, 연속체 치료 활동과 같은 기법을 소개할 수 있는 기회를 제공했다(인지적 기법의 설명은 8장 참고). 예를 들면, "별 의미 없어요. 저는 최고여야만 해요. 그렇지 않으면 아무것도 성취할 수 없어요."라는 진술은 이분법적 사고와 확고부동한 높은 기준을 강조할 수 있는, 그러한 사고를 갖고 있는 것의 행동적, 정서적, 직업적 결과를 탐색할 수 있는 기회를 제공했다. 신뢰를 쌓고 인지·행동치료의 기술을 가르칠 기회는 하강 화살표 기법을 계속해서 하기 이전에 고려되어야 한다. 그렇지 않으면 내담자가 기초적인 기법을 갖추게 하지 못할 위험성이 있고, 내담자가 기법들을 이해하거나 다룰 수 있는 수단을 갖기 전에 고통스런 인지에 노출시킬 위험성이 있다.

> Maria가 자신의 핵심 신념을 공개했을 때, 그녀는 눈물을 글썽였다. 그녀가 말한다는 것은 분명 용감하고 어려운 일이었다. 그녀의 최악의 두려움은 자신이 그렇다고 믿고 있는 '솜사탕'으로서 드러나는 것이었다. 이것이 왜 이렇게 불편한 것인지 분명하지 않았기 때문에 치료사는 그녀에게 '솜사탕' 같은 사람은 어떤 사람인지 묘사해줄 것을 부탁했다. 그녀는 이 말은 유약하고, 취약하고 그리고 예민한 가장 경멸스런 인물을 가리킬 때 집안에서 쓰는 말이라고 보고했다. Maria는 상세히 설명하면서 '솜사탕' 같은 사람은 결국 멸시받고, 거부당하고 외롭게 된다고 말할 때 이 삼각형을 완성했다. 흥미롭게도 그녀가 이것을 말할 때, 덜 불편하게 되었다. '유약한, 취약한, 민감한, 멸시받는, 거부당하는, 외로운'이란 단어 자체가 '솜사탕'에 의해 촉발되는 감정을 불러일으키지 않았다.

이것은 내담자의 고통을 담고 있는 심상, 단어 또는 문구처럼 내담자에게만 있는 특별한 의미를 발견하는 것의 중요성과 그리고 이러한 것이 치료사가 문제를 이해하는 데 도움을 준다는 사실을 상기시켜준다.

그것은 분명할지 모른다. 하지만 소크라테스 질문법을 사용할 때 치료사가 사용하는 어조가 내담자에게 메시지를 전달할 것이다. 보편적으로 사용되는 하강 화살표 문구인 '그것에 관해 무엇이 그렇게 나쁜가요?'에 대해 생각해보자. 만약 무뚝뚝하게 이 말을 전달한다면, 내담자는 치료사가 내담자 자신이 아무것도 아닌 일에 소란을 피우고 있다고 주장하고 있다고 추정할지 모른다. 그래서 치료적 관계를 손상시킬 수 있다. 만약 어쩌면 앞서 "바보 같은 질문처럼 들릴지 모르겠는데요. 그러면…" 하고 말하면서 부드럽고 호기심 가득하게 그 질문을 한다면 그러면 내담자가 비난을 받는다거나 평가를 받는다는 두려움을 받지 않고 반응할 수 있다고 느낄 수 있을 것 같다. Gilbert(2005)는 인지·행동치료에서의 '동정적인 목소리'의 역할에 대해 연구를 했다. 당신은 이러한 목소리를 촉진하는 데 있어서 훌륭한 롤 모델이 될 수 있다. 지지와 비판단의 의미를 전달할 수 있는 문구와 음성 어조를 사용함으로써 당신은 본보기로서 선도하고 있다.

소크라테스 방법과 자기 학습

궁극적으로 내담자는 소크라테스와 그의 제자 모두가 될 수 있어야만 한다. 내담자는 뒤로 물러나 되돌아보고 그런 다음 새로운 관점을 개발할 필요가 있다. 이것을 할 수 있도록 배우는 방법에 있어서 가치 있는 도구는 매일의 생각 기록(DTR)이다(8장 참고). 중요한 사건에 대한 기록은 중요한 감정/인지를 확인하는 단계를 거쳐, 인지의 타당성을 탐색하고 그런 다음 새로운 관점을 종합하도록 사용자를 안내한다. 반복을 통해 이러한 절차는 제2의 본성이 될 수 있다.

일부 저자들은 기록을 완성할 때 각각의 단계에서 현저한 소크라테스 문답법으로 사용자를 촉구할 수 있는 주석이 달린 DTR을 작성했다(Greenberger & Padesky, 1995; Gilbert, 2005). 예를 들면,

- "내 마음속에 어떤 것들이 스쳐지나가나 그리고 나는 얼마나 많이 이것을 믿고 있는가?'
- "이것을 지지하는 것은 무엇인가?"
- "나의 결론을 반박하는 것은 무엇인가?"
- "다른 사람은 이 상황을 어떻게 바라볼 것인가?"
- "다른 사람에게 뭐라고 조언할 것인가?"
- "대안을 지지하는 증거에는 어떤 것이 있는가?"
- "내가 확인할 수 있는 생각의 편견은 무엇인가?"
- "내 생각이 나의 목적을 달성하는 것을 어떻게 돕는가 또는 어떻게 방해하는가?"
- "대안을 믿는 것은 어떤 효과를 갖고 있는가?"
- "일어날 수 있는 최악의 상황은 무엇일까?"
- "내가 어떻게 대처할 수 있을까?"
- "문제 상황이 바뀔 수 있을까?"
- "내가 어떻게 다르게 할 수 있을까?"
- "내가 이것을 어떻게 확인할 수 있을까?"

다른 저자들은 내담자가 촉구로서 사용할 수 있도록 핵심 질문의 목록을 작성했다(Fennell, 1989). 그리고 내담자는 아래와 같이 특별히 자신에게 생산적인 자기 자신의 질문 기록을 유지할 수 있도록 격려될 수 있다.

- "과거에 어떤 목록의 질문이 내게 도움이 되었는가?"

• "어떤 지점에서 치료사가 무엇을 질문하는지 상상할 수 있을까?"

——— 소크라테스 방법을 사용하지 않을 때 ———

반복의 위험성이 있지만, 우리가 언제 소크라테스 방법을 사용해야 하는지 아는 것은 언제 사용하지 않는지 아는 것만큼이나 중요하다는 초기 메시지를 상기시키고자 한다. 효과적인 임상치료사는 적절한 균형을 잡는 사람이다. 이 장에서 우리는 직접적인 질문이나 교훈적인 접근이 치료를 더 잘 진행할 수 있는 어떤 경우를 강조하고 있다. 예를 들면,

• **(지식의) 틈에 유의하기**: 내담자가 소크라테스 방법으로부터 이득을 볼 수 있는 기본 지식을 갖고 있지 않을 때
• **위험**: 치료사가 신속하고 명료한 정보가 필요할 때
• **정보 수집**: 소크라테스 접근 방법을 통해 아무것도 얻지 못할 때, 직접적으로 질문해야 한다.

치료사의 치료 스타일을 고려하는 것이 현명할 때, 즉 소크라테스 접근 방법이 회피 전략과 결탁하거나 또는 걱정이나 반추를 부추길 위험성이 있거나 또는 안심 제공을 반영하는 다른 경우가 있다.

다음의 예를 생각해보자.

> Rhiannon과 그녀의 치료사는 Rhiannon의 공포들을 이해하는 행동실험(BE)을 준비했고 공포들을 평가하기 위한 좋은 이유와 좋은 계획을 제안했다. 지금 슈퍼마켓의 입구에 들어서자 Rhiannon은 공황 발작이 발생할 것 같다고 두려움을 표현하기 시작했다. 그녀의 치료사는 단순히 Rhiannon이 계속할 수 있는지 물었고, 부정적 자동적 사고는 탐색하지 않았다. 그들은 이것을 아주 철저하게 끝냈고, 추가적인 탐색이 새로운 이해나 해결책을 드러낼 것 같지 않았다. 그리고 이 시점에서 더 논의하다보면 Rhiannon의 공포를 더 상승시킬 위험성이 있었다. 또한 치료사는 Rhiannon이 스트레스를 받으면 회피하려고 한다는 것을 알았다. 그리고 치료사는 행동실험을 회피하는 데 결탁하고 싶어 하지 않았다. 그러나 치료사는 Rhiannon에게 실험을 계속해도 되는지 확인했다.

> Gerard의 재앙적 사고와 심상은 그의 치료사가 깊게 파고들수록 확장되는 것 같았다. Gerard에게 "무슨 일이 일어날까요?", "무엇이 잘못 될 수 있을까요?", "그것이 당신에게는 어떤 의미일까요?"와 같은 질문을 하는 것은 생각이나 심상을 더욱더 깊은 재앙으로 몰아가는 것처럼 보였다. 그래서 그와 그의 치료사는 그의 공포의 내용을 분명히 하고 특정한 해결책을 찾는 것보다는 근심의 과정을 살펴보고 근심에 대처하는 방법을 살펴보는 것이 더욱 생산적이라는

것에 동의했다.

　Paula는 자신의 치료사와 자신의 생각과 감정을 풀어내는 일이 질서정연한 느낌과 안전감을 준다는 사실을 알았다. 그래서 그녀는 그들의 언어적 탐색활동을 환영했다. 이러한 사실을 알게 되자, 그녀의 치료사는 Paula가 때때로 보다 더 '소크라테스처럼' 되는 것에 관한 장점과 단점을 살펴보도록 권장했다.

───── 소크라테스 방법 사용 시 문제점 ─────

　비록 일반적으로는 사용하기 쉬운 전략이지만, 여기 소크라테스 방법을 적용하는 데 있어서의 보다 보편적인 어려움에 관한 일부 예를 그 어려움을 다루는 방법에 대한 제안과 함께 소개한다.

내담자는 회기 동안 핵심적인 사고나 심상에 접근할 수 없다.

　내담자가 문제가 발생한 당시나 인접한 시간에 관련 있는 인지를 기록하도록 권장해야 한다. 핵심 인지와 관련 있는 정서적 상태를 불러일으키기 위해서, 필요하다면 상상이나 역할놀이를 활용하여 최근의 경험을 논의하는 것 또한 유용할 수 있다. 더 강력한 감정은 관련 있는 인지를 더 잘 접근할 수 있을 것 같다. 8장에서 제안했듯이, 회기 내에서 감정에서의 분명한 변화를 찾는 것 또한 유용하다. 왜냐하면, 이러한 변화들은 사건과 관련 있을 수 있고, 사건과 매우 밀접하게 탐색될 수 있는 '뜨거운 인지'를 반영하기 때문이다. 정서 ("감정적으로 어떻게 느끼시나요?") 그리고 또는 감각("신체적으로 어떻게 느껴지나요?")의 탐색을 권장해야 한다. 왜냐하면 이러한 활동이 내담자로 하여금 인지적 경험을 탐색하는 데 있어서 출발점에 보다 더 접근할 수 있게 해줄 수 있기 때문이다.

내담자는 고통스러운 인지를 무효로 만든다.

　일부 내담자는 핵심적인 인지가 나타날 때 그것을 무효로 만들 수 있다. "그러나 그것이 어리석은 일이라는 것을 나도 알아요", "괜찮을 것이라는 것을 확신하기는 하지만.", "그러나 그것이 저를 당황하게 만들지는 않아요." 이러한 것은 때때로 고통스러운 인지를 회피하는 수단이다(아래 내용 참고). 이러한 축소는 사건 발생 후 '뜨거운 인지'의 영향을 인식하는 것의 실패를 반영할 수 있다. 만약 이 경우라면, 내담자에게 그 순간의 중요성을 강조하면서 생각이나 심상이 마음을 스쳤을 때, 생각이나 심상이 사실이라고 느꼈는지 물어보도록 하라.

내담자는 고통스러운 인지를 회피한다.

좋은 출발점은 치료적 관계에 따라 치료 활동을 하는 것이다. 내담자가 '안전함'을 느끼기 위해 그리고 내담자의 공포를 확인하기 위해 필요한 것들을 발견해야 한다. 상황을 천천히 전개하면서 잠정적으로 혼란스러운 인지를 풀어내기 위한 합리적 근거를 분명하게 해야 한다. 일부 내담자는 '뜨거운 인지'를 경험하는 것을 회피하기 위해서 핵심적인 인지가 나타날 때, 그것을 무효화시킬 수 있다는 사실을 알아야 한다. 이러한 패턴을 인정하고, 감정적으로 실려 있는 사고나 심상을 유지한 채 머무른 것에 관한 내담자의 공포를 파헤치기 위해 시도해야 한다. 또한 행동실험(BE, 9장 참고)은 내담자가 회피에 깔려 있는 부정적인 예측을 검증할 수 있도록 도울 수 있다는 것을 기억해야 한다.

핵심적 인지는 본질적으로 달아난다.

때때로 중요한 인지를 확인하는 것은 중요하다. 왜냐하면 중요한 인지는 접근하기 쉽지 않고, 즉 '붙잡기 어렵고' 쉽게 잊히는 것 같기 때문이다(인지의 본질에 관한 전체적으로 설명한 내용은 8장 참고). 중요한 인지가 발생했을 때 더 잘 붙잡을 수 있도록 하기 위해 DTR, 즉 생각 기록을 실행하도록 권장함으로써 도울 수 있다. 다시 한 번, 회기 안에서 기분 전환에 힘써야 한다. 왜냐하면 이것이 문제와 관련된 사고와 심상에 대한 통찰을 제공할 수 있기 때문이다. 그리고 다시 한 번, 회기 중에 관련 있는 인지에 접근할 수 있도록 최근의 경험을 불러일으키도록 시도해야 한다.

중요한 의미들은 비언어적 형태로 유지된다.

내담자가 핵심적인 메시지를 언어적으로 표현하지 못하는 것처럼 보일 때, 감각의 탐색을 시도해본다. "신체 어디에 있을까요? 그것이 형태나 질감을 갖고 있나요? 색상은요? 온도는요? 마음의 눈으로 그려볼 수 있을까요?" 이러한 질문은 가령, "그것은 빨간색이고요, 제 뱃속에 구멍에 있는 딱딱한 공이에요." 그리고 "그것은 점점 더 제 몸 전체로 퍼지는 부드러운 보라색 감각이에요."와 같은 묘사를 촉진할 수 있다. 그러한 비언어적 의미는 말 그대로보다는 은유적으로 수용해야 한다. "제 피부를 난도질하는 금속 파편과 함께 제 몸이 붉고 끓어오르는 젤리로 가득 찼어요(고통).", "구역질이 나는 것 같아요. 제 안에 검은색 파도가 저를 휩쓸어 가고 있어요(증오)." 아직까지는 이러한 정보를 개념화에 통합하고 대안적 의미를 개발할 수 있도록 활동하는 것이 가능하다. 보다 인내할 수 있는 느껴진 감각의 형태로 대안적 '의미'를 구성하는 것 또한 가능하고 가끔은 그러는 것이 필요하다(8장 참고).

내담자는 새로운 관점을 무효로 만든다.

일부 내담자는 귀납적 발견에 협력하는 것처럼 보이지만 새로운 결론을 '예, 하지만'이란 방식으로 일축할 뿐이다. 이것은 치료사가 소크라테스 방식의 질문을 던진다기보다는 조언을 하는 쪽으로 빠져든다는 것을 암시할지 모른다. 이것이 사실인지 알기 위해 스스로를 관찰해야 한다. 대안적으로 내담자는 행동 변화에 참여함으로써 자신의 새로운 관점을 구체화할 필요가 있다. 행동실험(BE)은 믿음에 있어서의 '감정의 수준'에서의 변화를 획득하는 데 정말로 효과적일 수 있다. '예, 하지만'의 대응 방식은 또한 강경한 서서히 쇠퇴하는 믿음 체계가 작동한다는 것을 암시한다. 이는 추가적인 소크라테스 질문을 통해 드러낼 수 있다. 때때로 그러한 신념 체계는 문제의 스키마를 반영하고, 스키마 초점의 중재가 적절할 수 있다(17장 참고).

치료사는 방향 없이 질문한다. 또는 무익한 방향으로 질문한다.

비록 호기심의 중요성이 강조된다고는 해도, 소크라테스 문답법은 가설이 주도하는 대로 남아 있어야 하고 개념화에 따라 안내되어야 한다. 이러한 지지 없이도 정보를 잘 수집할 수는 있지만 그것을 구조화할 수는 없다. 문제를 제시하는 데 초점을 맞출 수 있도록 시도해야 한다. 그렇지 않으면 어떠한 주제도 종결하지 못한 채 이 주제에서 저 주제로 옮겨 다니다 막다른 골목에 갇힌 자신을 발견할 것이다. 이러한 상황의 어느 경우라도 치료에 적용 중인 개념화를 다시 참조하는 것은 새로운 정보를 이해하고 잘 따라 가는 데 필요한 구조를 제공할 것이다. 말했다시피, 문제를 통합할 수 있는 개념화가 존재한다면, 분명하게 막다른 골목은 때때로 문제에 관한 유용한 추가적인 정보를 제공할 수 있다.

치료사는 강의한다.

특히 치료사가 내담자를 어디로 이끌기 원하는지에 관해서나 또는 내담자가 알아야만 한다고 생각하는 것에 대한 명확한 생각을 갖고 있다면, 강의하는 일에 빠져들 가능성이 있다. 비록 교훈적 설명이 내담자의 최고의 관심일 때도 있을 수 있지만, 치료사는 이것을 신중하게 고려해야 할 필요가 있다. 협력과 호기심 그리고 겸손함에 대한 필요성은 이미 논의했다. 그리고 회기에 관한 기록물은 치료사가 이러한 자질을 놓쳤을 때를 판별하는 데 도움을 준다. 치료적 관계가 위험에 처해지기 전에 일찌감치 유익하지 않은 강의 스타일을 확인하는 것이 중요하다. 경우에 따라서는 치료적 동맹에서의 긴장감 때문에 치료사 자신이 '좋은' 소크라테스 스타일을 유지하는 것이 힘들다는 사실을 발견할 수도 있다. 치료적 관계를 명심하고 문제를 신속히 다루는 것은 중요하다(3장 참고).

치료사는 탐색하지만 결론을 통합하거나 이끌지 않는다.

치료는 함께 정보를 이끌고 그러한 정보를 사례 개념화에 연결시키는 요약을 하면서 정기적으로 잠시 멈춰져야 한다. 치료사는 정기적으로 요약하는 것을 상기시켜 줄 수 있는 장치를 고안하거나 내담자에게 가령 10분마다 새로운 결론을 종합하도록 요구할 필요가 있을 수 있다. 치료사와 내담자 모두를 안내해줄 수 있는 구조로서 항상 치료실에 있을 수 있도록 작동 중인 개념화의 사본을 항상 쉽게 참조할 수 있도록, 더 좋은 방법은 회기 중에 실제로 볼 수 있도록 해주는 것이 유용할 수 있다.

치료사는 오직 가설을 입증하기 위해서만 질문한다.

이것은 매우 편향된 정보의 '파헤치기'를 유도할 수 있다. 그리고 궁극적으로 잘못된 결론을 유도할 수 있다. 내담다가 공황 발작을 갖고 있다는 가설을 치료사가 탐색하고 있다면, 치료사는 치료사의 임상적 육감이 틀릴 수 있다는 가설을 고려한 질문을 할 필요가 있다. 결국, 모든 백조는 하얗다는 가정을 검증하려면, 검은색 백조를 찾을 필요가 있다. 그러나 이것은 우리들 대부분에게는 직관에 반대되는 것이어서 추가적인 노력을 요구하는 경향이 있다. 종종, 어느 정도의 호기심은 도움이 된다. "조금 더 말해줄 수 있어요? 그 밖에 다른 것은 없나요? 다른 생각/감정/충동은 없나요?" 이러한 질문들은 탐색의 분야를 열어줄 것이고 치료사의 질문이 너무 협소해지지 않도록 해준다.

치료사는 소크라테스 문답법을 말로 유도되는 발견에만 한정한다.

비록 말로 유도되는 발견이 매우 중요한 도구이긴 하지만, 그것은 다른 형태의 소크라테스 방법－창의적인 과제의 전개, 행동실험(BE)의 호기심 어린 고안과 실험 결과에 대한 상세 보고－에 의해 보충될 필요가 있다. 그리고 매일의 생각 기록을 공유하는 것은 가령 내담자에게서의 독립적인 발견을 초래할 수 있다. 소크라테스 방법의 사용을 제한하지 않으려고 시도해야 한다. 그보다는 소크라테스 방법의 많은 형식이 치료사와 내담자가 광범위한 인지·행동치료 접근 방법으로부터 더 많은 것을 얻을 수 있도록 돕는다고 생각해야 한다.

▶ 동영상 자료 7.3: 소크라테스 방법의 다양한 응용

요 약

- 소크라테스 방법은 인지·행동치료에 있어서 중요한 기법으로서 아래의 목적에 사용될 수 있다.
  ◦ 내담자가 스스로 발견할 수 있도록 돕는다.
  ◦ 내담자의 문제를 더 잘 이해할 수 있도록 해준다.
  ◦ 내담자의 어려움을 다루는 새로운 방법을 고안할 수 있도록 돕는다.
- 소크라테스 방법은 다재다능하고 모든 측면의 치료와 수퍼비전에서 사용될 수 있다. 그렇다고 하더라도 소크라테스 방법만을 배타적으로 사용하려고 노력해서는 안 된다. 때때로 다른 형태의 질문이 적절할 수 있다. 예를 들면, 위험 평가나 단순히 인구통계 정보를 수집하는 경우에는 직접적으로 질문할 수 있다.
- 때때로 정보 제공은 소크라테스 방법보다 더 효율적인 가르침의 수단이 된다. 예를 들어, 어떤 사람에게 스스로 굶는 것의 신체적 위험이나 심리적 외상 이후의 기억 처리과정에 대해 알려주는 것이 그것이다. 소크라테스 문답법은 오로지 그 사람이 질문에 대답할 수 있는 지식을 갖추고 있을 때만 가능하다는 사실을 기억해야 한다.
- 치료 장면에서 가장 효과적으로 기억되기 위해서는,
  ◦ 호기심을 갖고 겸손해야 한다. 치료사가 모든 정답을 알 필요가 없고 내담자로부터 배울 수 있는 준비가 되어 있을 필요가 있다.

○ 주의해야 한다. 특히 하강 화살표는 강력한 기법일 수 있다.

○ 인정이 많아야 한다. 치료사로서 바람직한 입장을 취하는 것뿐만 아니라 치료사는 내담자가 수용할 수 있는 태도의 모델링을 제시하여야 한다.

○ 확신이 있어야 한다. 치료사는 직관적인 과학자이다. 그래서 검토하는 방법, 가설을 세우는 방법, 자신의 육감을 확인하는 방법을 안다.

• 또한 소크라테스 방법은 맥락 안에서 사용된다는 사실을 기억해야 한다. 협력적인 관계를 만들고 내담자의 요구를 존중해줌으로써 이러한 방법을 최대한 이용할 수 있다는 것을 확실히 해야 한다.

학습 활동

다음 학습 활동은 SAGE publishing 사이트(https://study.sagepub.com/kennerley3e.)에서 내려받기 할 수 있다.

복습과 성찰:
- 소크라테스 방법에 관해 읽은 내용으로부터 배운 것을 생각해보라. 당신에게 새롭게 전해진 것은 무엇인가? 당신에게 명확해진 내용은 무엇인가? 아직도 당신을 혼란스럽게 하는 소크라테스 방법의 측면이 있는가?
- 소크라테스 방법이 당신의 실제와 어떻게 맞는지 생각해보자. 이 접근 방법을 사용하고는 있지만 새롭게 다듬을 수 있는가? 당신의 기법을 향상시키는 데 있어서 핸디캡 없이 시작할 필요가 있는가? 이론은 알지만 소크라테스 방법을 사용하는 데 있어서 일관성이 없지는 않는가? 만약 그렇다면, 당신이 확인할 수 있는 패턴은 무엇인가?
- 본 장의 어느 부분이 당신의 치료 활동이나 인지·행동치료에 접근 방법과 특별히 잘 맞는지 생각해보라. 그러면 이것이 형성하기 쉽다는 것을 알게 될 것이다. 본 장의 어떤 부분이 현재 당신의 스타일에 덜 익숙하거나 대립되는지 생각해보라. 그러면 그 내용을 기억하고 사용하는 데 더 많은 노력을 기울여야 한다. 그리고 상황을 진전시키는 데 더 많은 노력을 쏟을 필요가 있다.
- 당신은 언제 교훈적인 교수법이나 직접적인 질문을 사용하는가?

한걸음 더:
- 일단 당신이 이것을 형성하기를 원하거나 형성할 필요가 있는 것을 결정하고 나면, 어떻게 이것을 가장 잘 성취할 수 있을지 고려하라. 계획을 세우는 데 있어서 현실적이어야 하고 당신의 추가 훈련을 지원하는 데 얼마나 많은 자금이 유용 가능한지 당신의 자원을 고려해야 한다. 얼마나 많은 시간이 있는가? 당신의 수퍼바이저가 소크라테스 방법에 있어서 얼마나 많은 경험을 갖고 있는가?
- 당신의 소크라테스 기술을 발전시켜줄 수 있는 워크숍이나 문헌을 찾으려고 시도하라.
- 회기를 기록하는 것은 소크라테스 사용 방법을 향상시키는 데 중요하다. 스스로 기록물을 살펴볼 수 있다. 그리고 또는 당신의 소크라테스 방법의 사용 능력에 대해 비판적으로 평가해달라고 수퍼바이저나 동료에게 요청할 수 있다.
- 당신의 진보에 대해 어떻게 평가할 것인가를 생각할 필요가 있다. 이것은 회기 기록물에 대한 정기적 검토와 측정의 일정한 형태를 유지하는 것을 요구할 수 있다.

Kennerley, H. (2007). *Socratic method*. OCTC essential guides. Available from www.octc.co.uk.
이 책은 간단한 서적으로, 인지 · 행동치료에서 소크라테스 방법을 우리가 어떻게 가장 잘 사용하는가에 대해 다루고 있다. 이 책은 간결하고, 읽기 쉬우며, 평가 시 소크라테스 방법의 사용을 다루고 있고, 신념과 문제 해결을 검증한다.

Padesky, C. (1993). *Socratic questioning: changing minds or guiding discovery?*
이것은 런던에서 개최된 행동 및 인지치료 유럽 연합 콘퍼런스에서의 대표적인 기조 연설문을 옮긴 것이다. 여기서 Padesky는 인지 · 행동치료에서의 소크라테스 질문법에 관한 전통적인 사고에 이의를 제기하였다. 소크라테스 방법을 최대한 활용하는 것에 관한 그녀의 관점은 1993년 당시 그랬던 것처럼 오늘날에도 적절한 것으로 남아 있다. 기조연설은 www.padesky.com에서 다운받을 수 있다.

동영상 자료

- 7.1 소크라테스 질문법 사용하기 – 하강 화살표 기법
- 7.2 실시 중인 소크라테스 방법의 단계
- 7.3 소크라테스 방법의 다양한 응용

08

인지적 기법

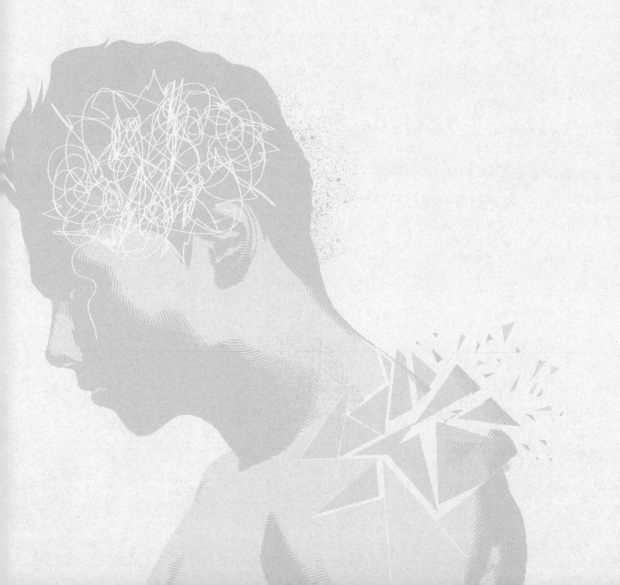

도입

이 장은 문제의 사고나 심상을 고찰하고 평가하는 데 사용되는 다양한 범주의 인지적 기법을 소개하고 있다. 어떠한 인지·치료행동 중재에서와 마찬가지로 인지적 기법은 반드시 일관성 있는 계획의 일부여야 하며, 공유된 개념화에 뒤따르는 순수한 합리성을 근거로 도입되어야만 한다. 임상적으로 기초한 치료 절차를 따른다고 할 때조차도 계속해서 다음의 질문을 하는 것은 중요하다. 지금 이 사람에게 이것이 적절한 중재일까? 이 사람의 문제에 대한 개념화를 고려했을 때, 이 중재를 도입하는 것을 정당화할 수 있을까?

모든 괴로운 생각이 전부 부적절한 것은 아니라는 점을 기억해야 한다. 가령, 한 남성이 하루나 이틀 동안 시험을 치러야 하는데 충분히 대비하지 못했기 때문에 엄청나게 불안해하며 회기에 참여할지도 모른다. 그는 실패할 가능성이 높다고 믿어서 그러므로 대학원생 지위를 상실할 것이라고 믿을지 모른다. 이러한 생각은 현실적일 수 있다. 그리고 만약 그렇다면, 치료사의 역할은 비현실적인 긍정적 사고를 소개하지 않는 것이다. 대신 실패할 가능성을 최소화할 수 있는 문제해결 기술을 내담자가 사용하도록 도울 수 있다. 또는 내담자가 자격을 잃는다는 것의 의미와 어떻게 대처할 수 있는지 살펴보도록 도울 수 있다.

시의성도 또한 중요하다. 예를 들면, Beck 등은 "많은 우울증 환자들이 부정적 사고에 사로잡혀 있어서 추가적인 조사활동은 억압적 사고를 악화시킬 수 있다."라고 경고한다(1979:142). Beck과 동료들은 우울증과 연관된 인지에 직접적으로 초점을 맞추기 전에 능력에 대한 부정적 평가를 변화시키는 목적지향적 활동에 초점을 맞추는 것을 옹호하였다. 우리는 다시 한 번 인지적 중재는 보다 큰 인지적 행동적 중재 계획의 일부라는 것을 상기해야 한다.

인지치료에 대한 합리적 근거 제공하기

내담자는 인지치료에 대한 합리적 근거를 이해할 필요가 있다. 왜냐하면 당신은 내담자에게 자신의 삶에서 가장 공포스럽고, 가장 우울하고 또는 가장 치욕적인 측면에 집중하라고 그리고 오랫동안 무시되거나 회피했던 인지에 집중하라고 종종 요구할 것이기 때문이다. 근본적으로 합리적 근거는 개별 개념화에 달려 있다. 개념화가 사람의 생각과 감정과 행동 사이의 연결을 보여주기 때문이다. 내담자는 또한 치료사가 즉각적으로 내담자 자신이 상상할 수 있는 최악의 상황을 공유하고 그것에 대해 생각해볼 것을 요구하지 않을 것이라는 사실을 알 필요가 있다. 비록 내담자는 궁극적으로는 참기 힘든 생각이나 심상에 직면할 것 같지만, 이 과정은 존중하고 지원적이며 협력적인 관계 속에서 일어나야 하고, 적절한 속도에 따라 진행되어야 할 것이다.

위와 같은 사실은 분명하게 들릴지 모르지만 내담자가 '인지'라는 용어가 무엇을 의미하는지 이해하는 것 또한 중요하다. Beck 등은 "인지에 집중하지 않는다면 알아차리지 못할 수도 있는 생각이나 심상"으로서 인지에 대해 설명한다(1979: 147). 이러한 기술은 인지는 일시적일 수 있고 내담자가 그것을 확인하기 위해 상당한 공을 들여야만 할지 모른다는 개념을 훌륭하게 잘 소개하고 있다. 또한 이것은 심상은 사고와 관련 있다는 사실을 상기시켜준다.

치료사는 내담자가 도움이 되지 않는 사고를 "잘못되었다." 또는 "비이성적이다."라고 확인하는 것에서부터 내담자를 보호해야만 한다. 이것은 "나는 멍청해." 또는 "나는 항상 일이 잘 안 풀려."와 같은 부정적 신념으로 피드백을 줄 수 있다. 비록 어떤 신념이 현재로서는 도움이 안 될지라도 그것이 항상 그런 것은 아닐 수 있다. 예를 들면, "사람을 믿는다는 것은 위험해."와 같이 확고하게 자리 잡은 신념은 비록 성인이 되었거나 학대 환경에서 벗어난 경우는 도움이 안 되더라도 학대 아동에게는 유용하고 적응적인 신념일 수 있다. 그 대신에 이러한 인지는 그것이 '잘못된' 것이어서가 아니라 그것이 너무 많은 확신에 갇혀 있기 때문에 도움이 되지 않을 수 있다. 어떤 두려움이나 공포도 이에 해당하는 좋은 사례다.

─────── **인지 확인하기** ───────

인지치료의 근본적인 과제는 내담자가 자신의 마음속에 스쳐가는 생각과 심상을 관찰하고 기록하도록 내담자를 돕는 것이다. 사람들이 이 과제를 수행하느라 고전하는 것은 흔한 일이며 때때로 자신들은 인지나 혼란스러운 생각이나 감정을 갖고 있지 않다고 보고하는 경우도 있다. 당신이 한 쌍의 잘 구조화된 소크라테스 문답법으로 뛰어들 수 있고 문제의 인지적 본질을 발견할 수 있다고 가정해서는 안 된다. 치료사의 첫 단계는 내담자가 관련 있는 반응을 '붙잡는' 것을 배우도록 돕는 것이고 감정과 사고를 구분하고 감정이 인지적 탐색의 단서가 될 수 있도록 감정과 인지를 연결시키는 법을 배울 수 있도록 하는 것이다. 표 8.1에 몇 가지 예시가 소개되어 있다.

표에 예시된 바와 같이, 생각과 감정을 구분하는 일반적인 좋은 규칙은 감정은 최소한 조잡하더라도 하나의 단어로 종종 표현될 수 있다는 것이다. 반면에 인지는 좀 더 긴 표현을 요구한다. 사람들은 종종 사고나 심상보다 감정을 먼저 알아차리기가 더 쉽다고 생각한다. 이것은 사고를 평가하는 데 있어서의 유용한 디딤돌을 제공할 수 있다. 치료사가 만일 내담자가 감정에 집중하기 시작하고 감정을 탐색하고 정교화하도록 격려한다면, 치료사는 감정이 인지를 확인하는 과정으로 옮겨가려는 경향이 있다는 것을 발견하게 될 것이다.

> 내담자: 마음속에 무엇이 있는지 잘 모르겠어요.
> 치료사: 당신 자신을 뒤로 물러나 바라볼 수 있을까요? 마음의 눈으로 그림을 그려보세요.
> 내담자: 예.
> 치료사: 그 당시 어떻게 느꼈는지 이제 기억하려고 시도해볼 수 있을까요?
> 내담자: 예. 신체적으로 아프네요. 긴장되고요.
> 치료사: 그 심상과 감정에 그대로 머물러 보세요. 그리고 당신이 경험한 그날 저녁에 대해 조금 더 이야기할 수 있는지 살펴보세요.
> 내담자: 글쎄요. 정말 긴장되고 불안하다고 느꼈어요. 심장이 요동치고 있었고 그가 다가와서 나를 때릴 것 같아 무서웠어요. 정말 무서웠어요. 그가 저를 공격할 것이라고 생각했어요.

표 8.1 일반적으로 생각과 연계되어 있는 감정들

감정	생각
우울한	나는 절망적이야. 미래는 황량하고 나는 미래를 바꿀 수 없어.
불안한	나는 위험에 처해 있어. 무엇인가 나쁜 일이 일어날 것 같아. 난 대처할 수 없어.
화난	나는 존중받지 못해 왔어. 사람들은 내게 인색하고 난 그걸 참을 수 없어.

이 예에서 내담자는 처음에는 자신의 신체적 상태에 갇혀 있었다. 그런 다음 자신의 기분을 확인하고 마침내 자신의 인지를 분명하게 했다. 인지를 말로 표현하는 데 어려움이 있거나 주장할 것이 아무것도 없는 사람들은 신체적 감각에 초점을 맞춤으로써 도움을 받을 수 있다.

'뜨거운' 인지

Beck 등(1979)은 뜨거운 인지, 즉 내담자의 가장 중요한 감정과 가장 직접적으로 연결되어 있는 것으로 보이는 것을 잡아내는 것의 중요성을 강조했다. 인지적 중재는 이러한 뜨거운 사고 또는 심상을 목표로 할 때 가장 효과적일 수 있다. 이러한 핵심 인지를 들춰내려고 시도할 때, 다음의 질문은 도움이 될 수 있다. "만약 그들이 내담자가 그러는 만큼 그런 생각을 갖고 있고 그렇게 믿는다면, 어떤 사람이라도 내 내담자가 느끼는 것만큼 느낄까요?" 만약 "아니오."라고 대답한다면 그러면 계속 지켜볼 필요가 있다.

일지 기록

인지 기록은 인지가 발생한 당시나 직후에 기록된다면 가장 정확할 수 있을 것 같다. 기록은 단순히 아마도 골프 계수기를 사용해 사고 또는 시각적 침입을 세는 것에서부터 상당히 복잡한 사고 또는 심상 기록에 이르기까지 범위가 다양하다(5장 참고).

우리가 사람들에게 기록하라고 요구할 때, 유용한 사례를 수집하라고 요청하지는 않는다. 또한 우리는 기초 기술 훈련 연습의 과정을 소개한다. 내담자가 관련 있는 사고에 조율하도록 하고 그 사고로부터 한 발자국 뒤로 물러나 궁극적으로는 사고를 평가하도록 격려한다. 이것은 도전적인 과제다. 반복적으로 씀으로써 외국어 어휘를 잘 배울 수 있거나 계속해서 끈기 있게 연습함으로써 피아노 연주 기술이 발전하듯이 인지·행동치료의 기본적인 사고 기록 기술도 연습을 통해 학습된다.

이러한 기록은 무작위로 채워지지 않는다. 치료사는 내담자에게 문제가 드리워지는 때만 인지를 기록하도록 요구해야 한다. 예를 들어 다음의 구체적인 단서는 기록을 위한 촉구로써 조정될 수 있다.

- 10점 척도에서 5를 초과하는 자해 충동
- 10점 척도에서 4 이하의 기분 평점
- 10점 척도에서 5를 초과하는 점검 충동
- 폭식 일화(용어 '폭식'이 정의되어 있는 경우)
- 10점 척도에서 6점 이상의 자의식 평점
- 10점 척도에서 6점 이상의 만족도 평점
- 하루 중 특정한 시간
- 특별한 환경

전형적인 지침에는 다음의 내용이 포함된다.
- 10점 기준에서 5점을 초과하는 정도로 자상이나 화상의 자해 욕구가 있을 때마다 날짜, 시간, 장소 그리고 그때 당시 어떤 마음이 들었는지 기록한다.
- 기분이 4점 아래로 내려갈 때, 당시에 무엇을 하고 있었는지, 당신의 마음속에 어떤 생각이나 심상이 스쳐지나갔는지 기록한다.
- 폭식을 하고나자마자 바로 당신이 먹은 음식, 장소, 시간 그리고 폭식 전, 중, 후에 어떤 생각이었는지 기록한다.

• 버스를 탈 때나/슈퍼마켓에 있을 때나/저녁에 집에 혼자 있을 때면 언제나 당신이 어떻게 느끼는지에 대해 집중한다. 만일 불안하다고 느낀다면, 얼마나 불안이 높은지 평점하고, 당신의 마음속에 일어나는 일을 기록한다.

기록은 개인에 따라 조정될 필요가 있다는 것을 기억해야 한다. 비록 일부 훌륭한 사고 기록 양식이 존재하고(Beck et al., 1979; Greenberger & Padesky, 2015), 표 8.2에 사고 기록의 예시가 제공됨에도 불구하고, 치료사가 사용하는 어떠한 기록이라도 (a) 정보를 수집하는 개인의 능력, (b) 문제를 더 잘 이해하기 위해 치료사와 내담자가 필요한 정보의 유형을 반영하는 것이 중요하다. 또한 내담자가 기록지를 어떻게 채울지 완벽하게 이해하는 것 또한 중요하다. 내담자가 최근의 예를 살펴볼 수 있고 치료사와 함께 양식을 채울 수 있게 될 때 회기 중에 예행연습을 하는 것도 권할 만하다.

▶ 동영상 자료 8.1: 내담자와 생각 일지 공유하기

아래에 공황의 느낌으로 고생하고 있는 Judy의 사례가 소개되어 있다. 이것은 그녀의 치료사가 일기 기록의 과제를 소개한 내용이다.

> 우리 앞에 즉각적으로 해야 할 과제가 두 개 있는 것 같습니다. 첫 번째는 당신이 불편함을 느낄 때 당신에게 어떤 일이 생기는지 더 잘 알 필요가 있다는 것이고 그 당시 저녁을 기록하는 것은 우리가 이해하는 데 도움을 줄 거예요. 두 번째는 당신은 우울한 기분에서 공황의 느낌이 생긴다고 설명했어요. 그리고 무엇이 공황을 촉발하는지 그리고 그것에 의해 덜 압도적으로 느낄 수 있는지를 당신이 알게 되는 방법을 찾을 필요가 있다고 동의했어요. 일기를 사용하여 당신의 감정을 추적하는 것은 이러한 목적을 성취하도록 시작하는 데 도움이 될 수 있어요. 하지만 기억하세요. 이것은 우리가 처음 해보는 거예요. 그래서 우리는 실제로 실험을 해볼 거예요. 어떻게 되는지 알아보고 과제를 수정해야만 할지 확인할 거예요. 회기 초에 당신이 묘사한 예들을 사용해가며 이제 한번 해보는 것이 어떨까요? 그리고 그것이 잘 들어맞는지 보는 거죠.

표 8.3는 Judy의 첫 번째 사고 기록인데 그녀는 회기 사이의 과제로서 완성했다. 그녀가 육체적으로 느끼고 있는 방법으로 자기 자신을 '고정시킨다'면, 쉽게 자신의 생각을 분명하게 할 수 있게 되는 회기에서 그녀와 함께 사고 기록이 작성되었다. 그녀에게는 신체적 느낌을 돌아보는 것이 자신이 고통스러웠을 때를 가장 강력하게 떠올릴 수 있게 해주는 도구로써 기능했고 그래서 그녀의 생각에 접근할 수 있었다. 그녀는 또한 자신의 경험을 평가할 수 있었고 자신의 감정과 생각 모두의 정도에 대해 평가할 수 있었다. 그녀는 평가 척도를 사용하는 것에

대해 매우 우려하고 있어서 사고 일지에서 평가 척도를 생략하고 그녀가 좀 더 자신감이 생겼을 때 나중에 평가 척도를 통합했다. 그녀가 생각에 접근할 수 없었기 때문에 기록 일지는 2개의 열로 구성하였고 나머지 세 번째 열은 그녀가 자신의 자동적 사고를 알아차릴 수 있을 때 도입하기로 했다. 일지를 기록하는 것이 중압적인 과제라고 생각했기 때문에 매일 공황을 느낀 시간의 합만 단순히 기록하는 것으로 시작할 수 있었다. 만약 내담자가 치료에 확신을 갖게 하려면, 치료사가 내담자와 협상하는 과제를 할 수 있다고 느끼는 것이 중요하다.

표 8.2 매일 사고 일지 예시

날짜 및 시간	감정	사고
	어떤 감정을 느끼셨나요? 또한 감정의 강도를 0(전혀 아님)에서 10(가능한 한 가장 강한)의 척도에서 평정해보세요.	무엇이 마음속에 스쳐지나갔나요? 당시 그 생각을 갖고 있을 때 얼마나 많이 그 생각을 믿었는지 0(전혀 믿지 않는다)에서 10(절대적으로 그렇다고 확신한다)의 척도에서 평정해보세요.

다음 표는 SAGE publishing 사이트(https://study.sagepub.com/kennerley3e.)에서 다운받을 수 있다.

표 8.3 Judy의 최초 사고 일지

(1) 상황	(2) 감정	(3) 사고
화요일/점심 시간: 요금 지불을 위해 계산대에 서 있었음. 많은 고객이 주변을 돌아다니고 있는 큰 매장이었음.	흥분하고 다소 신경질적임. 현기증이 나고 심장이 질주하는 느낌이 듦. **불편함**: 8/10	공황 발작이 일어날 것 같고 모든 시선이 나를 향하고 있음. 사람들이 나를 미쳤다고 생각할 것임. **이러한 생각에 대한 신념** 공황 발작: 7/10 모든 사람이 날 응시: 9/10 내가 미쳤다고 생각: 9/10
토요일 오전: 자동차 주유 중	신경질적이고 현기증이 나고, 흥분하고 떨림. **불편함**: 9/10	앞마당에 있는 사람들이 내가 폐인이라고 인식하고 있음. 나는 폐인임. 공황 발작이 일어날 것임. **이러한 생각에 대한 신념** 사람들의 응시: 9/10 공황 발작: 9/10

신체적, 정서적 또는 인지적 반응의 정도를 평점하는 것의 장점은 그것이 Judy가 주요한 반응을 더 잘 변별할 수 있는 능력을 향상시킬 있도록 돕고 시간에 따른 변화의 양을 양적으로 측정하는 수단을 제공한다는 데 있다.

치료사가 일지를 검토해야만 한다는 것을 두말할 나위 없다. 비록 일지를 기록하는 것이 매력적이라고 알게 되는 경우도 있지만, 어떤 사람에게는 지루하고 고통스러운 일일 수 있다. 성취감이나 진전의 느낌이 없다면, 내담자는 쉽게 일지 기록 작성을 멈출 수 있기 때문에 내담자의 성취감이나 진전에 대한 느낌에 집중하는 것이 특별히 중요하다. 기록을 하는 것은 '틀림없이 잘 되는' 일로서 여러분이 설정해야만 하는 또 다른 치료적 과제이다. 기록이 완성되면, 치료사는 치료 활동에 다룰 수 있는 유용한 정보를 갖게 된다. 만일 기록지가 충분하게 작성되지 않는다면, 내담자가 기록을 완성하는 것을 못하게 만드는 것이 무엇인지 탐색하고 살펴봐야 한다.

질문에서 진술로 전환하기

생각이 질문의 형태를 취하는 일은 보편적이다. 생각은 "왜 나는 이렇게 멍청하지?"와 같은 수사적 질문이 될 수 있고, 또는 "내가 실패한다면?", "그것이 나쁜 소식이라면"과 같이 '~한다면'과 같은 유형의 질문으로 표현될 수 있다. 질문은 그 자체로 재평가나 검증에 도움이 되지 않기 때문에 질문은 연관된 신념의 평가와 함께 분명한 진술로 전환되어야 한다. 그래서 "나는 왜 이렇게 멍청할까"라는 질문은 치료사가 "그 질문에 대해 어떻게 답하시겠어요?" 하고 질문할 수 있어야 한다. 그럼 이런 반응이 나올지도 모른다. "나는 왜 이렇게 멍청할까? 왜냐하면 그것이 나의 본성이니깐. 나라는 사람이 원래 그런 거니깐. 나는 매우 멍청해요." 이제 우리는 신념에 대해 평점할 수 있고 궁극적으로는 검증할 수 있는 분명한 진술을 확인할 수 있다.

유사하게 '만약 ~한다면' 형식의 질문을 가령 "그런 일이 일어난다면 결과는 어떻게 될까?" 또는 "그 질문에 대한 최악의 답은 무엇일까?"와 같은 질문으로 탐색할 수 있다. 전형적인 대답은 "내가 실패한다면 그럼 적당한 일자리를 얻지 못할 거예요. 그리고 생계를 유지하지 못하게 될 거예요." 또는 "그것이 안 좋은 소식이라면 저는 대처하지 못할 거예요. 그러면 저는 거덜나겠지요."와 같은 유형일 것이다. 그럼 치료사는 내담자의 두려움이 무엇인지 이해하기 위해 이러한 진술을 추가적으로 더 탐색할 수 있다.

때때로 사람들은 자기 스스로의 질문에 답하는 것을 꺼려할 수도 있다. 왜냐하면 질문 아래 있는 대답보다는 질문이 덜 고통스럽다고 느끼기 때문이다. 이것은 인지적 회피 그리고 또는 정서적 회피의 한 형태이다. 그리고 물론 이러한 고통을 풀어헤쳐 가는 일은 민감하게 수행될 필요가 있다.

상상과 역할 놀이로 회상 강화하기

　　모든 사람이 Judy처럼 자동적 사고를 알아차리는 것은 아니다. 어떤 사람에게는 인지에 접근하기 충분할 정도로 핵심 상황을 활발하게 만들어주기 위해 상상이나 역할 놀이 같은 환기적인 중재를 사용하는 것이 도움이 될 수 있다. 아마도 가장 널리 사용되는 기법은 내담자에게 최근의 구체적인 문제의 경험을 다시 세보라고 요청하는 일일 것이다(만일, 초점이 고유한 경험에 맞춰져 있다면, 특정 사건을 회상하면 된다.). 회상의 생생함은 "이것을 마음의 눈으로 보려고 해보세요. 그러니깐 당신 주변에 어떤 일이 있는지, 당신이 무엇을 느끼는지 그리고 어떻게 반응했는지 이야기해줄 수 있나요?"와 같은 질문을 통해 강화될 수 있다.

　　Judy는 처음 치료실에 왔을 때 자신의 경험한 것을 언어적으로 묘사하는 데 어려움이 있었다. 그리고 상상 활동은 그녀가 자신이 왜 그렇게 강력한 반응을 경험하는지를 이해할 수 있도록 도와줬다.

치료사: 마지막으로 공황을 느낀 때를 회상할 수 있나요?

내담자: 여기 대기실에서, 방금 전에요.

치료사: 아마도 우리는 이것을 조금 더 파고 들어갈 수 있어요. 잠시 한 발자국 뒤로 물러나 서 있다고 상상할 수 있지요? 그 모습을 마음의 눈으로 볼 수 있을까요?

내담자: 예.

치료사: 만약 그럴 수 있다면, 그럼 그것을 상상하면서 당신이 느끼는 방식에 대해 최대한 말해주실래요. 거기에 있다는 것에 주목하면서 당신이 할 수 있는 최대한 많은 당신의 반응을 관찰해보세요. 그 상황을 현재의 긴장도로 묘사할 수 있는지 살펴보세요.

내담자: 저는 괜찮아요. 그런데 다른 사람이 저랑 함께 있어요. 저는 화끈거렸고 긴장했으며 조금 어지러웠어요. 저는 그녀가 저를 이 장소에서 앉아있는 미치광이로 평가하고 있다고 생각했어요. 전 더 화끈거렸고요, 그녀가 나를 쳐다보고 있다는 것을 알고 있어요. 제 자신을 볼거리로 만들고 있다는 것도 알고 있고요. 그런 다음 그녀는 일어나서 나가버렸어요. 그녀는 미치광이와 같은 사람하고 한 공간에 같이 있기가 힘들었던 거죠.

　　Judy의 공황의 감정을 이해할 수 있는 뜨거운 인지를 알아차릴 수 있는 기회를 높이고자 Judy에게 현재 상황을 묘사해보도록 요청했다. Judy가 "나는 그녀가 나를 쳐다본다고 생각했지만, 그녀는 다른 무엇인가를 생각했을지도 몰라."와 같은 표현으로 뜨거운 인지를 합리화했기 때문에 회기 초기에 뜨거운 인지를 겨냥하기가 힘들었다. 자신의 인지를 검토할 때, 이러한 방법은 유용한 관점이긴 하지만, 이 시점에서 그런 대응은 Judy의 극단적인 반응을 우리가 설명하는 데는 도움이 되지 못했다.

상상은 시각적 심상에만 국한될 필요는 없다. '내장 감각' 또는 '느껴진 감각' 반응 또한 관련 있을 수 있다.

> 제한적 신경성 식욕부진증이 있는 한 여성이 객관적으로 아주 적은 양의 음식을 왜 먹을 수 없는지 설명은 말로 표현하지 못했다. 그러나 먹는 모습을 상상해보라고 촉구하는 질문이 비록 그녀의 마음은 체중이 늘지 않을 것이라고 알면서도 음식 섭취를 혐오스럽게 만드는 뚱뚱해지는 느낌이나 부풀어 오르는 빠른 감각(신체적 심상이나 느껴진 감각)을 경험한다는 것이 드러났다.
> 문의 손잡이처럼 어떤 공유되는 물건에 손을 대지 않으려고 고통을 겪는 남성이 그럴 때 자신의 마음속을 스쳐가는 것이 아무것도 없다고 주장했다. 그래서 그의 치료사는 문의 손잡이에 손을 뻗어보는 상상을 해보라고 했다. 그러자 남성은 신체적으로 주춤거렸다. 이것이 '뜨거운' 순간이라는 것을 깨달으면서 치료사가 질문했다. "그때 어떤 일이 있었고 그런 다음 무엇을 느꼈나요?" 남성은 자신이 육체적으로 오염되는 것 같은 느낌을 받았고 이것은 매우 신체적인 감각이었지 사고는 아니었다고 대답했다.

생각의 강요가 성인기 외상 또는 아동기 외상과 관련 있든 간에 상상을 통한 회상은 플래시백 또는 다른 원하지 않는 생각의 강요로 고통받는 외상의 생존자와 특히 관련 있을 수 있다(예: Arntz & Weertman, 1999; Ehlers & Clark, 2000; Holmes, Grey & Young, 2005).

그러나 상상을 사용하는 것은 매우 강력한 기법일 수 있다. 그리고 어떤 경우에는 이 방법은 매우 환기적일 수 있다. 가령, 매우 외상적인 경험을 겪은 사람은 외상에 관한 기억으로 압도당하지 않고서는 상상을 탐색할 수 없을지 모른다. 이런 경우 평가 단계에서든 치료 중에서든 상상 활동을 단계적으로 도입하는 것이 신중할 수 있다. 첫 번째 단계는 상상 활동을 고려하는 이유에 대해 토론하는 것이다. 그런 다음 내담자의 복원력을 확립하는 것이다. 회상을 위해 1인칭 그리고 현재 시제를 사용하는 것에 대한 대안적 접근은 과거 시제에서 3인칭을 사용하여 시작하다가 점차 내담자가 점차 강경해짐에 따라 보다 개인적인 지금 그리고 여기 방식을 포착하는 방향으로 이동해간다(Resick & Schnicke, 1993).

역할 놀이 또한 핵심적인 감정과 인지를 불러일으키는 데 사용될 수 있다.

> Judy는 최근 주유소 대금을 치르려고 할 때 공황을 느꼈다. 하지만 그녀는 이러한 감정에 대해 이해한 것을 콕 찍어 설명할 수 없었다. 그녀의 치료사가 현금계산원 역할을 맡고 Judy가 그

장면을 재현했을 때, 그녀는 생각을 확인할 수 있었다. 즉, '나는 내가 멍청하게 보일 만한 무엇인가를 할 예정이다. 계산원은 내가 멍청하다고 생각할 것이다. 모든 사람이 내가 멍청하다는 것을 알게 될 것이다.'

회기 동안 기분 전환 사용하기

치료 회기는 뜨거운 인지의 유용한 원천이 될 수 있다. 그래서 부정적 생각을 암시할 수 있는 자세의 변화, 얼굴 표정 그리고 목소리의 톤을 관찰해야 한다.

Judy는 쾌활하고 유머 감각이 있는 인물로 표현되지만 회기 중에 표정이 점점 심각해지고 자세가 경직되는 순간이 있다. "그때 무슨 일이 있었어요? 마음속에 무엇인가 떠오르던가요?"라고 질문하는 것은 종종 놀랄 만한 그녀의 뜨거운 인지를 확인할 수 있게 해준다. Judy의 경우 이러한 뜨거운 인지를 재빨리 붙잡는 것이 중요했다. 왜냐하면 그렇지 않았더라면 Judy는 이러한 뜨거운 인지를 사소하게 여기거나 무시하는 경향이 있었기 때문이다.

John은 종종 짧게나마 집중력을 잃거나 회기에서 이탈하는 경우가 있었다. 그때 무슨 일이 있었는지 질문하자 어린 시절 외상의 플래시백을 경험하고 있었다는 사실이 드러났다.

회기 동안 뜨거운 인지를 잡아내는 기회는 상상을 사용할 때 상당히 강화된다.

포괄적인 진술 분명하게 하기

부정적인 생각은 종종 매우 구체적이지 않다. 그래서 평가하기 힘들게 한다. 이런 경우는 내담자에게 구체적인 단어나 표현으로 자신의 의미하는 것을 구체화하도록 요구하는 것이 유용하다. 예를 들어, "나는 쓸모가 없어."라고 말하는 학생을 예로 들어보자. 이러한 진술은 다음의 질문을 이끌어낸다.
- "어떤 면에서 쓸모가 없나?"
- "당신이 성취할 수 없다고 느끼는 일은 어떤 종류의 것인가?"
- "어떤 종류의 일을 성취할 수 있는가?"
- "당신의 성공을 어떻게 평가할 것인가?"

이런 질문에 대해 성찰함으로써 그녀는 막연하게 '쓸모가 없다.'라기보다는 많은 영역에서 학업 성취를 하고는 있으나 국어 교과에서의 다소 높은 그녀의 기준을 성취하지는 못한다는 것을 깨달을지 모른다.

"항상 나는 일이 잘 안 풀려."라고 믿는 어떤 사람에 대해 반응하여, 당신은 이러한 질문을 할 수 있다.

- "그런 생각을 부추기는 사건에 대해 조금 더 말해줄 수 있나요?"
- "그때 당시 그 밖에 어떤 일들이 떠오르던가요?"
- "비슷한 상황에서 상황이 원만하게 잘 풀린 때가 있나요?"
- "당신의 지난주를 되돌아볼 때, 일이 잘 풀린 경우를 회상할 수 있나요?"
- "당신의 삶 속에서 어떤 좋은 행운이 있었나요?"

비록 이 사람이 상당히 비관적이라고 느낄지라도 상황은 여러 면에서 합리적으로 잘 돌아가고 있다는 사실은 분명해지는 것 같다. 그러나 그가 어려움을 갖고 있는 대인관계에 관해서는 매번 문제가 발생해서 그는 다른 실패한 관계에 대한 기억으로 시달리고 압도당할 정도로 부정적인 감정을 느꼈다.

───── 인지 · 행동치료에서 주의 분산 활용하기 ─────

매우 기본적인 이 인지 전략은 우리는 한 번에 한 가지 것에만 집중할 수 있고 그래서 우리가 만약 중립적이거나 유쾌한 일에 적극적으로 집중하게 되면, 부정적인 사고나 충동에 사로잡히는 것을 피할 수 있다. 이것은 두 가지 목적에 기여한다.

- 부정적인 기분이나 근심 걱정을 증가시키는 결과를 초래할 수 있는 도움이 되지 않는 생각이나 심상의 순환을 끊는다. 이것은 일시적인 휴식을 제공할 수 있지만 주의환기 때문에 때때로 문제 관리를 초래할 수 있다.
- 부정적인 인지를 향한 태도를 바꾼다. 이러한 부정적 인지에 사로잡히는 대신 주의 분산은 내담자가 부정적 사고로부터 일정한 거리를 유지할 수 있도록 돕고, 부정적 사고를 자기 자신이나 세상에 대한 신념을 확신하기보다, '단순한 사고'로 바라볼 수 있도록 해준다.

당신은 주의 분산이 걱정(보통은 불안) 또는 반추(보통은 우울)에 사로잡혀 있는 사람 또는 도움이 되지 않는 정신적 침입을 무시하려고 애쓰는 사람들에게 안도를 준다는 점에서 특히 소중한 전략이라는 사실을 알게 될 것이다. 주의 분산은 다소 편재하는 기법이고 신체적으로 심리적으로 모두 직접적인 치료적 이익을 갖고 있음을 입증해오고 있다. 가령 고통과 불안 관리

(Hudson, Ogden & Whiteley, 2015; 소아과 연구에 대한 검토를 위해서는 Koller & Goldman, 2012 참고) 그리고 우울증에서의 감소된 반추(Nolen-Hoeksema, 1991)와 같은 연구가 그것이다. 심지어 주의 분산이 우울증의 인지·행동치료에서의 치료적 동맹을 향상시킬 수 있다고 제안되고 있다 (Teismann, Michalak, Willutzki & Schulte, 2012). 그리고 Grezellschak, Lincoln, Westermann(2015) 은 최근 주의 분산이 조현병 집단에서 정서적 규제와 경험의 재평가를 강화시키는 데 도움이 된다 고 입증하고 있다. 연구는 원하지 않는 사고를 줄이는 데 있어서 사고 억제보다 주의 분산이 더 효과적이라고 주장한다(Wenzlaff & Bates, 2000). 그리고 자신의 원하지 않는 생각과 관련이 없는 긍정적인 주의 분산을 내담자가 고안했을 때 보다 효과적이라고 주장한다(Wenzlaff, Wegner & Klein, 1991).

그래서 긍정적인 무엇인가를 떠오르는 것이 부정적인 무엇인가를 생각하지 않으려고 시도 하는 것보다 더 분산적이다. 이것은 일반적인 발견사항이다. 어떤 것을 생각하지 않으려고 하 는 것보다 어떤 것을 생각하려고 하는 것이 보다 더 성공적이다. 스스로 쉽게 이것을 할 수 있 다. 가령 분홍색 풍선을 생각하지 않기 위해 시도해보자. 당신의 마음은 아마도 분홍색 풍선 으로 가득 찰 것이며, 마음으로부터 분홍색 풍선을 없애지 못할 것이다. 다른 한편으로 만일 당신의 목적이 핑크 풍선에 대해 생각하는 것이고 당신이 이것을 시도한다면 당신이 성공한 다는 사실을 알 것이다. 더군다나 당신의 상상 속에서 풍선을 조작할 수도 있다. 당신의 바람 에 따라 풍선이 올라가게 또는 내려가게 할 수 있다. 또는 풍선을 터트릴 수 있다. 이것은 우 리가 치료적으로 사용할 수 있는 심상과 보편적 능력에 대해 잠재적 통제를 갖고 있다는 사실 을 알려준다.

주의 분산 전략에는 다음의 내용이 포함된다.

- **신체적 활동**: 이것은 개인이 너무 집착해서 정신적 도전을 제시하기 어려울 때나 심리적 접근보다는 신체적으로 하기 쉬운 경향이 있는 아동이나 청소년에게 특히 효과적이다. 신체적 활동은 명백하거나(예: 달리기 하러 나가기), 신중하거나(예: 골반 바닥 운동), 도전적 이거나(예: 어려운 요가 운동) 또는 평범할 수 있다(가사 잡일). 중요한 것은 내담자에게 이런 일들을 하기 쉽다는 것이다.
- **재초점**: 이것은 개인의 내적 세계보다는 보통 외부 환경 그리고 환경 안의 물건이나 사람 에게 주의 집중을 하는 것을 의미한다. 내담자는 가령 형태, 색상, 냄새, 소리, 질감 등과 같은 환경에 대한 특성을 자기 자신에게 묘사해보도록 권장한다. 묘사가 상세하면 상세 할수록 과제는 보다 더 주의가 분산될 것이다. 단순히 외부의 밖에 초점을 맞추는 단순 한 활동과 이것이 가능하다고 깨닫는 것은 고통스러운 사고나 감정에 사로잡혀 있는 사

람에게 엄청난 안도감을 줄 수 있다.

- **정신적 활동:** 정신적 활동에는 100부터 7의 배수 거꾸로 세기, 시 외우기, 좋아하는 노래나 영화 속 장면을 상세하게 재구조화하기 등이 포함된다. 내담자는 자신이 즐길 수 있는 정신적 주의 분산을 한두 개 정도 갖고 있어야 한다. 이런 식으로 주의 분산에 관여하는 것이 더 쉽다. 또 다른 효과적인 주의 분산은 내담자에게 호소하는 것이 무엇이든 간에 자신이 있고 싶어 하는 장소(예: 해안가, 아름다운 정원, 스키 슬로프)에 대한 정신적 이미지를 스스로 만들어내는 것이다. 이것은 효과적인 주의 분산이 되기 위해서는 심상이 매력적이고 감각적으로 상세한 것들로 가득 차 있어야 하고 잘 반복되어야 한다.
- **생각 세기:** 단순히 생각 세기는 생각으로부터 거리를 둘 수 있다. 생각에 어떠한 주의도 기울이지 않고 단순히 생각을 세는 것이다. 똑같은 태도로 자신의 이웃에 얼마나 많은 비둘기가 있는지 탐지해야 한다. 즉, "여기 하나 있고, 또 하나 있고 … 오오, 여기 또 있어요!"

주의 분산 활동을 고안할 때, 이것을 협력적으로 그리고 다음의 내용을 마음속에 담고 하도록 기억해야 한다.

- 활동은 내담자에게 적합해야만 한다. 예를 들면, 정신적 연산과 해안가 상상은 수학을 싫어하거나 모래에 알레르기가 있는 사람에게는 효과적이지 않을 수 있다. 내담자는 쉽게 접근할 수 있고 매력적일 때 주의 분산에 참여할 수 있을 것이다. 개인의 흥미와 강점에 따라 활동을 형성해야 한다.
- 내담자는 서로 다른 상황에 사용할 수 있는 몇 가지 기법이 있다. 예를 들면, 공공장소에서의 과제는 신중할 필요가 있고 반면에 사적인 공간에서는 과제는 보다 명확할 수 있다. 집착이 강한 사람에게는 신체적 전략이 가장 접근할 수 있으며 정신적 전략은 낮은 수준의 집착을 보이는 경우에 적용한다.
- 주의 분산은 가령 "나는 X에 대한 생각을 멈출 수 없어." 또는 "나는 머릿속에서 걱정을 지울 수가 없어."와 같은 예상을 검증하는 데 사용될 수 있다.
- 주의 분산은 장기간 회피 또는 안전 추구 행위(SB)로 사용되면 역효과가 일어날 수 있다. 만일 내담자가 자신의 문제를 다룰 수 있다는 확신을 형성하기보다는 주의 분산을 사용하기 때문에 자신이 대처하고 있다는 믿음을 발전시킨다. 그런 다음 주의 산만은 제한된 효과가 있을 것이고 실제로 내담자의 자신감을 평가절하할 수 있다.
- 종종 주의 분산은 근본적으로 도움이 되지 않는 사고를 변화시키지는 않는다. 그래서 장

기 관점에서 이것이 항상 좋은 전략인 것은 아니다. 그러므로 다른 전략의 필요에 대해서는 이 책의 나머지 부분에 묘사되어 있다.

일단 주의 분산이 사용되면, 상세히 브리핑해야 한다. 여기에는 다음의 활동을 실행하는 것이 결정적이다.

- 주의 분산의 성공적인 적용이 대응 전략으로서 인지 아닌지 또는 안정 행동으로서 인지 아닌지 확립한다.
- 주의 분산 이상의 진전이 필요하다면, 재개념화하고 평가한다.

▶ 동영상 자료 8.2: 내담자에게 주의 분산 소개하기

Judy는 공황으로 인해 덫에 갇히고 꼼짝달싹 못 하는 것 같은 경우를 경험했다. 최근 그녀는 이런 경험을 직장에서(급한 보고서를 그녀가 완수하지 못하게 되었다.), 집에서(자신이 너무 집착하고 있다는 것을 알게 돼서 사회적 활동에 쉽게 나서지 못했다.) 그리고 거리에서(자신에게서 재앙적 사고를 제거하지 못해 목적 없이 배회했다.) 경험했다. Judy는 '바로 생각하고 계획을 세울 수 있도록' 가끔 공황적 사고로부터 단순히 휴식이 필요하다고 말했다. 몇 가지 주의 분산은 그녀에게 필요한 정신적 휴식을 제공한다. 그녀가 선택한 전략은 몇 마일을 달리는 능력뿐만 아니라 책 읽기 사랑과 정원 가꾸기에 대한 관심을 포용했다(표 8.4 참고).

Judy는 자신의 전략을 시도했고, 자신의 생각을 정교화할 필요가 있다는 것을 깨달았다. 예를 들면, 대중 속에 그녀가 있을 때 공황을 느끼게 되면, 100부터 7의 배수를 거꾸로 세는 것은 불가능하다. 그래서 이러한 전략은 폐기하고 똑바로 서 있고 발을 신중하게 위치시켜야 하는 것을 의식하면서 자신의 아동기 발레 선생님이 가르쳐주셨던 걷기를 시도하는 것 같이 덜 까다로운(그러나 매우 흡수적인) 과제를 선택했다. 일정한 순서가 필요한 이러한 유형의 변화는 전략을 충분히 '맞춤형'으로 만들어 주었다.

Judy는 단순히 공포에 질린 생각의 사이클을 끊는 것만으로도 자신이 걱정을 다른 쪽으로 밀어 놓아 정상적으로 받아들일 수 있기에 충분할 만큼의 안도를 종종 준다는 사실을 알았다. 이것을 안다는 사실만으로도 그녀의 불안 수준은 감소했다. 왜냐하면 그녀는 두려워지는 것에 대해 덜 두려워했기 때문이다. 하지만 그녀의 걱정이 다시 찾아올 때가 있었다, 그래서 집중하고 문제의 인지를 되돌아보는 전략을 개발했다(이후 내용 참고).

▶ 동영상 자료 8.3: 걱정과 반추 다루기

주의 분산 기법의 좋은 예들을 다양하게 갖고 있는 것은 과도한 반추(12장 참고)와 극단의 근심(14장 참고)을 관리하느라 애쓰는 사람들을 또한 도울 수 있다.

표 8.4 Judy의 주의 분산 레퍼토리

	가정에서	직장에서	공공장소에서
낮거나 중도의 공황	내 소설 읽기(접근성을 위해 휴대전화에 저장하기) 대중음악 노래 따라 부르기: 춤을 추는 것도 도움이 됨. 정원 가꾸기 계획세우기: 할 수 있다면 밖에 나가서 정원 가꾸기 활동하기	내 소설 읽기 휴대전화에 저장해 놓은 정원 사진 보기: 정원을 산책하는 모습 상상하기 내 일정표와 내가 '해야 할' 목록 살펴보기 회의 시: 회의 내용 그대로 옮겨 적기	내 소설 속 구성을 기억하고 그것을 통해 내 자신과 이야기하도록 노력 아름다운 정원을 걷는 모습을 상상하기 이어폰으로 대중음악 청취하기
높은 수준의 공황	가능하다면 밖에 나가 달리기 정원 중앙으로 걷기 인터넷에서 쉽고 재미있는 내용 찾아보기 예; 정원사의 세상	매점까지 산책하기 또는 점심시간에 외출하여 달리기 서랍에 있는 퍼즐잡지 풀어보기 회의 시: 낙서하기	내가 보는 것 묘사하기: 매장 안에 있는 물건/빨간 자동차 수/핸드백을 들고 있는 사람의 수 등 100에서 7의 배수로 거꾸로 세기

접지 전략

이것은 정신적 또는 신체적 강요(예: 원하지 않는 심상 또는 신체적 감각) 그리고 충동을 다루는데 있어서 도움이 될 수 있는 주의 분산 기법을 단순히 정교화시킨 것이다(Kennerley, 1996 참고). 의도는 내담자가 시간에 대해 초연해 있다면 현재로 그 사람을 '묶어두려고' 하는 것이고, 만일 내담자가 고통스러워한다면 특히 내담자가 자신이나 타인에게 상해를 끼치려는 충동을 갖고 있다면 즐겁고 안전한 '마음의 장소' 또는 신체로 '묶어두려고' 하는 것이다.

Grounding 전략은 성공적으로 해리와 충동을 물리치려고 한다면 매우 자주 반복될 필요가 있다. 그리고 모든 주의 분산 전략처럼 내담자의 흥미를 이끌어낼 수 있는 무엇인가를 대표할 때 이러한 전략에 더 참여할 수 있을 것 같다.

아래의 내용은 일부 단순한 Grounding 전략들이다.

• 안전한 '마음의 장소' 상상하기: 내담자가 한 개 또는 그 이상의 심상을 안전하고 그리고 또는 안심되는 생생한 정신적 그림으로 정교화하도록 도움으로써 주의를 분산시키는 심상의 힘 위에 형성할 수 있다. 심상이 정말로 효과가 날 수 있도록 돕는 3가지가 있다.
  (i) 심상을 가능한 한 감각적 경험(예: 소리, 시각, 신체적 감각 등)으로 가득하게 한다.

(ⅱ) 생각하기 즐거운 어딘가로 구성한다. (ⅲ) 아마도 따라갈 수 있는 경로(예: 장소에 대한 좋은 추억이 있다면, 아름다운 도시를 가로질러 걷기)나 따라야 할 절차(예: 빵 굽기를 즐겨하는 누군가를 위해 케이크를 만들 때 필요한 모든 단계). 이러한 것은 심상과 함께 참여하는 것을 도울 것이다. 치료사는 정말로 내담자가 호소할 수 있는 심상을 만들어낼 수 있도록 격려할 필요가 있다. 단순히 치료사가 효과가 있을 것이라고 생각하는 심상은 아니다. 예를 들면, 발가락 사이에 모래가 끼는 것을 싫어하는 사이클 선수에게 그를 달래주는 심상으로 열대 해변을 맨발로 걷는 것을 상상하는 것은 별로 도움이 되지 않는다. 이것은 효과를 내지 않을 것 같다. 그보다는 특별히 만족스러운 코스로 주행하는 모습을 상상하는 것이 더 성공적일 것이다.

- **안전한 또는 강한 자세 상상하고 만들기:** 우리의 몸은 정서에 반응한다. 즉, 이 주장은 1890년대 William James가 처음으로 제안한 구현된 인지 이론에 기초를 두고 있다. 예를 들면, 그래서 우리가 우울하다고 느끼면 구부정해지는 경향이 있다. 그리고 우리가 불안해지면 움츠러드는 경향이 있다. 그러나 여기에 그치지 않는다. 우리의 정서 역시 우리의 몸에 반응하기 때문이다. 우리가 자신감 있는 자세를 취하면 조금 더 자신감을 느낀다. 우리가 웃으면 조금 더 기분이 좋아진다. 이것은 '접지 자세', 즉 사람이 느낄 필요가 있는 정서를 내포하고 있는 자세를 개발할 때 유용할 수 있다. 공포에 질린 내담자는 자신감 있는 자세를 연습하는 것을 통해 이득을 볼 수 있다. 순종적인 사람은 단호한 자세를 연습하는 등등을 통해 도움을 받을 수 있다. 이러한 연습은 종종 모양, 색상 그리고 온도를 생각하는 것을 통해 강화될 수 있다. 그리고 "자신감이 느껴지고 당신 자신에게 좋은 감정이 느껴진다면 어떤 색깔이 느껴지나요? 그것이 당신의 몸속에 있다면, 어떤 모양일까요?"와 같은 질문은 생산적일 수 있다. 이런 질문을 받고 한 남성이 대답했다. "제가 서 있으며 통제할 수 있고 강하다고 느끼고 제 분노를 억제하고 있을 때, 제 안에 있는 색깔은 파란색이에요. 그것은 내 머리에서 내려온, 모든 붉은 분노를 대체하는 흐릿한 파란색이에요."

- **즐겁고 달래주는 냄새 사용하기:** 냄새는 감정을 촉발하는 데 매우 강력할 수 있다. 향이 긍정적인 방법으로 사용될 수 있다면, 이것을 유리하게 이용할 수 있다. 내담자가 향수, 면도용 크림, 신선한 커피, 계피, 바닐라 등 중에서 어떤 것이 '치료적 감정'을 제공할 수 있는지 발견하기 위하여 친숙한 향을 확인해보라고 권유할 수 있다. 내담자가 무엇인가 효과적인 것을 발견하면, 그것을 접근할 수 있게 만들기 위한 방법을 개발하도록 돕는다. 예를 들면, 한 여성은 작은 병에 장미 오일을 담아 다녔는데, 이것이 그녀의 결혼식을 떠오르게 해서 그녀를 즐거움과 희망으로 충만하게 해주었다. 또 어떤 남성은 커피콩을 들

고 다녔는데 이것이 그에게 '어른이 된' 느낌을 주고 그래서 더 강해진 느낌을 만들어주었다. 또 다른 어떤 남성은 개잎갈나무 열매를 갖고 다녔는데 이 냄새가 할아버지 집에서의 안전하고 행복한 날을 떠오르게 해주었다.

- **접지 물건 사용하기**: 주의를 분산시키고 사람에게 안전하고 위안을 주는 마음의 장소를 발견할 수 있는 단서를 제공하는 취급이 간편한 물건이 있다. 때때로 이러한 것들은 냄새가 있어서 그래서 더 강력할 수 있다. 예를 들면, 위에서 말했던 남성은 개잎갈나무 열매를 자신의 열쇠 꾸러미에 고정시켜서 항상 갖고 다닐 수 있었다. 주머니에 두고 단순히 만지기만 하면 그리고 그것의 모양이 즉각적으로 할아버지의 집을 떠오르게 하는 정신적 그림을 촉발시켰다(이것은 또한 그의 안전한 마음의 장소의 주제이기도 했다). 남성이 열매를 꺼내면 그 향이 그가 안전한 장소로 이동하고 있다는 것을 확신시켜주었다. 어떤 사람들은 주의 분산시키고 자신의 강점, 연결고리 그리고 안전을 상기시켜주는 그림이나 음악을 자신의 휴대전화에 갖고 다닌다. 사람들이 예를 들어, "나는 사랑받고 있어.", "나는 할 수 있어.", "나는 안전해.", "나는 성취했어."라는 말을 표현할 수 있는 일련의 심상을 갖고 있는 것은 흔한 일이다.

또다시 치료사가 내담자에게 접지 전략을 사용하도록 권고한다면, 치료사가 상세히 설명하고 그 경험을 통해 내담자가 어떻게 결론을 내리는지 살펴볼 필요가 있다고 강조해야만 한다. 치료사는 이 기법이 대응 전략으로서보다는 안전 찾기 행동으로서 사용되고 있는지 가능한 한 빨리 확립할 필요가 있다.

인지적 편견 확인하기

사람들이 관련 있는 심상이나 또는 사고를 확인하는 데 익숙해지면, 그들은 유용하게 인지적 편견을 찾아내는 방법을 배울 수 있다(표 8.5 참고). 인지적 편견은 사고하는 데 있어서의 과장으로, 우리가 감정적으로 각성되어 있거나 우울할 때 간혹 우리들 모두가 경험한다. 이러한 것들은 우리의 정보처리 과정에서의 정상적 요동을 반영한다. 다만 편견이 만성적이거나 너무 극단적일 때 문제가 될 수 있다. 예를 들면, 표 8.5의 첫 번째 편견은 '이분법적 사고', 즉 '흑백 논리'로서 '양면적인' 가능성을 통합하는 데 실패한다. 이러한 스타일의 정보처리 유형은 스트레스 수준을 올리며(Kischka, Kammer, Maier, Thimm & Spitzer, 1996), 실제로 우리가 위협을 받을 때는 적절할 수도 있다. 만일 차가 나를 향해 갑자기 방향을 바꾼다면, 나는 '생과

사!'를 생각하고 길에서 벗어날 것이다. 수많은 덜 극적인 경우의 수를 생각하느라 귀중한 시간을 잃는다는 것은 부적절할 수 있다. 그러나 만약 보통 수준의 스트레스 상황에 대해서도 습관적으로 이와 같이 반응한다면, 아마도 불안 관련 문제가 매우 빠르게 발현될 수 있다.

표 8.5는 4가지 유형의 인지적 편견을 포함하고 있다. 극단적인 사고, 선택적 주의집중, 직관에 대한 의존 그리고 자기 비난이 그것이다.

Judy가 표 8.5의 인지적 편견의 요약 사본을 받아보고 웃으며 말했다. "저는 뭐든 다 성취할 수 있어요. 여기 있는 것 다 체크할 수 있어요." 많은 내담자들처럼, Judy도 쉽게 인지적 편견, 즉 '비뚤어진 사고'에 대한 경향을 인정했다(Butler & Hope, 2007). 이것을 깨닫는 그녀의 기쁨은 그녀가 한발 뒤로 물러나는 것을, 즉 '중심에서 벗어나기'를 가능하도록 돕는다(다음 절 참고). 그리고 그녀가 웃을 때 두려워하는 '마음가짐'을 유지하는 것이 어려운 만큼, 그녀는 대안적 가능성이나 보다 긍정적인 가능성을 볼 수 있도록 훨씬 더 잘 대체될 수 있었다. 표 8.6은 그녀의 일기에서 발췌한 내용인데, 그녀와 관련된 인지적 편견을 확인할 수 있다.

표 8.5 일반적인 인지적 편견

극단적 사고

이분법적 사고	상황을 '흑백'의 관점에서 보며, 양극 사이의 가능성의 범위에 대해서는 평가하지 않는다. 상황이 '좋거나 나쁘거나', '성공 또는 실패'이다. 전형적으로는 부정적인 범주가 보다 쉽게 받아들여진다. 예: 나는 제대로 되는 일이 아무것도 없어. 나는 아무도 믿을 수 없어. 나는 완전한 패배자야.
비현실적인 기대 높은 기준	자신 그리고 또는 타인에 대해 과장된 수행 기준을 사용한다. '해야만 한다.'와 같은 표현을 사용한다. 예: 최고가 아니라면 의미가 없어. 나는 다 맞아야 해. 실수는 받아들일 수 없어. 나는 모든 사람을 기쁘게 해야만 해.
파국화	가장 최악의 상황을 예측한다. 때로는 온화한 출발 시점에서도 그렇다. 이러한 판단은 매우 빠르게 일어나서 내담자가 가장 끔찍한 결론으로 쉽게 도달하는 것처럼 보인다. 예: 내가 실수를 했어. 상사가 화날 거야. 내 계약은 평가받지 못할 거야. 나는 직장을 잃을 거야. 나는 가정을 잃을 거야. 아내는 나를 떠날 거야. 나는 가난하고 외로워질 거야.

선택적 주의 집중

과잉 일반화	한 건의 부정적 사고를 모든 것이 부정적임을 암시하는 것으로 본다. 예: 인터뷰에 실패했어. 나는 직장을 잡을 수 없을 거야. 이 관계는 점점 나빠지고 있어. 나는 파트너를 찾을 수 없을 거야. 그녀는 나를 실망시켰어. 나는 아무도 믿을 수 없어.
정신적 필터	다른 상황이나 더 온화한 사건에 대한 참조 없이 단 하나의 부정적인 특징을 골라내서 몰두하기. 그렇지 않았으면 성공적이었을 날에 잘 되지 않는 상황에만 초점을 맞추기.

	성취나 찬사는 잊고 단 하나의 비난만 생각하기. 예: 시험 점수 중 하나가 낮아. 이것은 끔찍해. 나는 정말 아무것도 잘 하는 것이 없어.
긍정적인 상황 박탈하기	긍정적인 사건을 중요하지 않다고 거절, 평가절하, 무시하기. 예: 그가 그것이 좋아야 한다고 말했어. 그녀는 아마도 나를 배제하려고 시도할 거야. 이것은 작은 성취야. 다른 사람들은 더 잘할 거야.
확대와 최소화	부정적 사건의 중요성을 과장하고 긍정적 사건의 중요성은 평가절하. 예: 그 거래에서 내가 무근 실수를 한 거지. 맞아! 난 상사가 원하는 조건을 따냈어. 하지만 그 것을 잘 다루지 못했어.

직관에 의존

결론으로 도약	해석을 지지해줄 사실의 부재 속에 해석하기. 결론으로 도약하기의 예는 아래의 두 개의 영역으로 구분. (i) 마음읽기: 겉으로는 다정한 표정이지만 숨어서는 나를 비웃고 있다는 것을 난 알아. (ii) 예언하기: 그가 나를 만나면, 나를 싫어할 거야.
정서적 추론	감정이 사실을 반영하다고 추정하기. 예: 내가 대처 못할 것 같은 느낌이야. 우선 한두 잔 마셔야겠어. 내가 화가 나면 끔찍한 느낌이 들어. 그러니 화를 낸다는 것은 나쁜 일임이 틀림없어. 난 매력적이지 않은 느낌이야. 그래서 그렇게 되어야만 해.

자기 비난

상황을 개인적으로 받아들이기	(나쁘다고 인식한) 상황이 발생하면, 책임지기. 예: 저녁 파티가 잘 되지 않았다. 내가 긴장하고 다른 사람들을 불편하게 만든 것은 내 탓이다. 두 명의 학생이 내 강의를 듣다 일찍 나갔다. 난 지루함이 틀림없어.
자기 비난 또는 자기비판	자신을 나쁜 사건의 원인으로 바라보거나 이유 없이 자신을 비난하기. 예: 아픈 것 같아. 내가 분명 자초했음이 틀림없을 거야. 일을 못 쫓아가겠어. 나는 멍청하고 게 으름이 틀림없어.
욕하기	거칠고 품위를 떨어뜨리는 욕설을 자신에게 갖다 붙임. 예: 바보! 난 멍청해. 이런 바보야. 나는 가난하고 외로워질 거야.

표 8.6 Judy의 극단적 사고

사고	인지적 편견
공항 발작이 일어날 것 같아….	재앙으로 해석하기
그리고 모든 사람이 나를 쳐다보고 있어.	결론으로 도약가기
사람들은 내가 미쳤다고 생각할거야.	마음 읽기
앞뜰에 있는 사람들은 내가 폐인이라고 인식하고 있어.	마음 읽기
나는 폐인이야.	매도하기
공항 발작이 일어날 것 같아.	재앙으로 해석하기

요약하자면, 지금까지 우리는 내담자가 다음의 것들을 할 수 있도록 해줄 필요에 대해 대략적으로 말했다.

- 인지를 이해하고 확인하기. 필요하다면, 상상하기와 역할 놀이와 함께 소크라테스 문답법 사용하기.
- 인지 기록하기.
- "~한다는 것이 이상할 것이 없죠."라고 말할 수 있도록 상황, 인지 및 감정 연결하기.
- 단기적 대응을 위해 주의 분산 사용하기(비록 이것이 때때로 장기적 영향을 미칠 수 있다 하더라도).
- 인지적 편견 인식하기.

이제 여러분의 내담자는 문제를 일으키는 자동적 사고와 심상을 평가할 준비가 되어 있다.

——— 자동적 사고와 심상 평가하기 ———

한발 물러서기, 즉 중심에서 벗어나기

Beck 등(1979)은 중심에서 벗어나기, 즉 인지 · 행동치료에서의 핵심적인 구성요소로서 인지를 현실의 표현으로 바라보기보다는 정신적 사고로서 바라볼 수 있는 능력에 대해 설명했다. 인지 중에서 정서적으로 의존적인 영역에 집중한다기보다는 한 발자국 뒤로 물러나서 인지를 관찰하며 사고가 필연적으로 사실인 것이 아니라 하나의 의견이라는 것을 인식한다. 중심에서 벗어나기는 다른 용어로 '초인지 인식'이라고도 불리는데 초인지는 인지에 대한 평가, 관찰, 통제와 관련된 어떠한 지식이나 과정으로서 정의된다(Flavell, 1979). 내담자가 생각의 내용에 대해 생각하기보다 생각을 과정으로 이해할 수 있게 된다면, 중심에서 벗어나기가 가능해진다. 치료사들은 이런 표현들은 들어봤을지 모른다. "여기 나의 흑백논리의 사고가 또 나오네." 또는 "여기서 내가 파국화를 하는구나." 또는 "밀려든 두려움을 내가 버린 거구나." 이런 반응들은 내담자가 초인지 인식을 성취했음을 알려준다. 중심에서 벗어나기는 주의 깊은 명상이 인지 · 행동치료 실행에 도입된 이후로 점점 더 인지 · 행동치료의 중요한 역할을 수행해오고 있다(17장 참고).

인지의 기원 이해하기

인지·행동치료에서는 도움이 되지 않을 것 같은 반응이나 대응이 실제로 이해할 수 있게 되는 이유가 무엇인지를 찾는다. 내담자가 자신의 인지를 객관적으로 바라보는 법을 알게 될 때, 자신을 '멍청하다.', '바보 같다.'라고 쉽게 명명할 수 있다. 여러분은 내담자가 도움이 되지 않는 그러한 생각을 갖고 있는 것이 어째서 그런 것인지 혹은 내담자의 삶 가운데 어떤 경우에는 이런 생각이 어째서 그런 것인지를 평가할 수 있도록 내담자를 도울 필요가 있다. 이것을 하는 방법 중 하나는 내담자에게 뜨거운 생각이나 심상을 뒷받침해줄 증거나 경험에 대해 생각해보라고 요청하는 것이다. 문제적 인지는, 만약 그렇다 하더라도, 결코 갑자기 나타나지 않는다. 보통 내담자를 이해할 수 있게 해주는 이전의 경험이 있다. 내담자가 왜 그런 결론을 내렸는지 분명한 이유가 있다는 것을 인식할 수 있도록 돕는 것을 목표로 해야 한다. 그러면 내담자가 자신의 자동적 사고를 평가할 때 '~한다는 것이 이상할 것이 없지.' 또는 '왜 그런지 이해할 수 있어.'라고 결론짓기 시작할 수 있게 된다.

> "나는 쓸모없어."라고 믿고 있는 앞선 사례의 학생은 학생들이 모든 교과에서 우수하기를 권장하는 까다로운 학교에 다녔다. 그 당시 높은 기준을 갖고 있는 것은 그녀가 학교 문화에 대처하는 것을 도왔고 그녀가 학업적으로 능력이 있었기 때문에 그녀가 그렇게 해내는 것에 대한 상당한 양의 강화를 성취하고 획득하는 것을 도왔다. 나중에 그녀의 삶에 있어서 서로 다른 시기에 이와 비슷한 높은 기준은 스트레스를 촉발시킨다는 것이 증명되었고 그리고 종종 성취하지 못하자 "나는 쓸모가 없어."라는 신념을 촉진시켰다.
> "나는 항상 되는 일이 없어."라고 느꼈던 젊은 남성은 실제로 많은 수의 단절된 관계를 갖고 있었다. 그래서 그가 비관적인 것이 이해되었다. 그는 관계의 단절에 대한 예상으로 인해 생기는 주요한 상처에 대해 자기 자신을 투사할 수 있었고 그래서 대인관계 영역에서는 비관주의를 유지한다는 것이 놀랄만한 일은 아니었다. 그러나 이제 그는 이러한 태도가 관계의 즐거움과 관계에 대한 헌신을 감소시켰다는 사실을 발견하였다.

아래의 내용은 Judy가 자신의 자동적 사고에 대해 설명한 것이다. "사람들은 내가 미쳤다고 생각할 것이다."라는 표현을 평가하면서 치료사가 질문했다.

- "당신이 이처럼 느끼지 않는 때, 공황 상태가 되도 사람들이 당신이 미쳤다고 생각한다고 가정하지 않는 때를 회상할 수 있나요?"
- "언제 이런 관점을 갖게 되었는지 회상할 수 있나요?"
- "조금 더 구체적으로 해주실 수 있나요?"

Judy의 태도는 그녀의 어머니가 사람들 앞에서는 감정을 나타내지 말라고 말한 것에서 영향을 많이 받아왔다는 사실이 밝혀졌다.

표 8.7 | Judy의 자동적 사고

(3) 사고	(4) 왜 내가 이 결론을 내렸을까.
나는 공황 발작이 일어날 거야. 그리고 모든 시선이 나를 향하겠지. 사람들은 내가 미쳤다고 생각할거야. **이러한 생각에서의 신념** 공황 발작: 7/10 모든 사람들이 나를 쳐다본다: 9/10 내가 미쳤다고 생각한다: 9/10	나는 내가 왜 공황 발작이 일어날 것이라고 예측하는지 이해할 수 있어. 과거에도 그랬어. 사람들이 전부 나를 쳐다보고 있는 느낌이기 때문에 내가 모든 사람이 나를 쳐다보고 있다고 생각하는 것이 하나도 이상할 것이 없어. 만일 내가 어떤 사람이 공황 발작을 일으키는 것을 본다면, 무슨 일이 생길지 나는 알지 못해. 나는 그들이 폐인이라고 생각할 거야. 특히 오랜 세월동안 엄마가 나를 세뇌시켰던 것처럼.
앞뜰에 있는 사람들이 내가 폐인이라는 것을 알아차린다. 나는 폐인이다. 나는 공황 발작을 일으킬 것이다. **이러한 생각에서의 신념** 사람들이 나를 쳐다본다: 9/10 공황 발작: 9/10	사람들이 전부 나를 쳐다보고 있는 느낌이기 때문에 내가 모든 사람이 나를 쳐다보고 있다고 생각하는 것이 하나도 이상할 것이 없어. 내가 폐인이라고 느끼는 것도 이상할 것이 없고. 나는 정말 우울해. 나는 공황 발작이 일어날 것이라고 왜 내가 예측하는지 이해할 수 있어. 과거에도 그랬어.

찬성과 반대 평가하기

반응이나 대응을 납득할 수 있는 이유를 찾는 동안 치료사는 종종 내담자에게 궁극적으로는 그들의 최고 관심사는 아니지만 그러한 인지를 유지하는 것의 장점에 대해 생각해보라고 요구한다. 어떤 인지는 오로지 제한된 장점만 갖고 있고, 어떤 인지는 단기적으로는 안도감을 주지만 장기적으로는 단점을 제공할 수 있고, 어떤 것은 단기적으로는 불편함을 줘도 장기적으로는 장점을 제공하기 때문에 장기적·단기적 관점에서 내담자에게 장점과 단점 모두 탐색해보라고 권유하는 것이 유용하다. 예를 들어, "나는 쓸모가 없어. 그래서 포기하는 편이 차라리 나을 것 같아."와 같이 허락을 구하는 사고는 회피를 권장함으로써 단기적 차원에서의 상당한 안도감을 제공하지만 장기적으로는 문제를 악화시킬 수 있다. 섭식 장애의 경우, "나는 허기의 고통에 빠지지 않아."와 같은 생각은 단기적으로는 불편함을 초래하지만, 장기적으로 통제에 관한 감각을 제공할 수 있다. 부정적인 생각의 장점은 종종 보호로서 지각된다. 예를 들면, "내가 공황 발작이 일어날지 예측할 수 있다면, 갑자기 놀라지 않을 것이다." 또는 "내가 사람들로부터의 최악의 상황을 예상할 수 있다면, 나는 실망하지 않을 거야." 인지에 대한 찬반을 상세하게 고려할 때, 부정적 사고의 복원력을 종종 더 잘 이해할 수 있게 된다. 일부 내담자는 치료사 당신에게 어떤 부정적인 신념을 유지하는 것의 장점은 그것이 진실을 반영한다는 것이라고 설명할 것이다("나는 공황 발작이 일어날 수 있다.", "나는 외롭다.", "나는 사회적 상황에서 절망적이다."). 비록 실제로 일부 부정적 사고에서 일부 진실의 조각이 있을 수 있지만, 종종 과장되며, 치료사가 내담자가 이것을 평가할 수 있도록 도울 수 있다.

다음으로, 우리는 (단기적, 장기적 차원 모두에서의) 사고나 신념을 갖고 있는 것의 단점에 대해 질문한다. 이 단계는 부정적 사고가 다소 보호적이라는 확신을 누그러뜨리는 데 도움이 되며 이는 때때로 내담자가 변화하고자 하는 동기를 향상시킬 수 있다. Judy의 경우에서는 그녀가 공황 발작으로 일으킬 것이라고 예측하는 것의 단점은 그녀가 자신의 신체적 불편함을 증가시킨다는 것이고, 공황 발작을 더 잘 일어날 것 같게 만든다는 것이고, 상황에 직면하는 데 있어서 항상 비참하다는 것이다. 다른 사람들이 자신을 부정적으로 평가할 것이라고 가정하는 것의 단점은 상황에 직면하는 데 있어서 그녀가 항상 고통스러워한다는 것이고, 그렇지 않았으면 즐겼을 많은 일들은 금한다는 것이다.

때때로 비용편익 분석이라고 불리는 찬반 대차대조작업은 관점의 확장을 조장하는 접근으로 무엇이 균형상 가장 유용한 것인가보다는 무엇이 사실이고 아닌지를 결론짓는 것이 가능하지 않을 때 특히 유용하다. 치료사는 아마도 이것이 내담자 자신의 내부 세계로부터 도출되고, 그런 다음 내담자들이 살펴볼 수 있도록 촉구한다는 점에서 이것은 소크라테스 방법이라는 것을 인지할 것이다.

또 다른 관련 전략인 '재구성'으로 말하자면 '동전의 다른 면'에 대한 성찰을 촉진함으로써 더 폭넓은 관점을 발전시킬 수 있도록 용이하게 해주는 전략이다. 예를 들면, 저녁 시간을 직장에서 대부분 보내고 아이들과 함께 하는 시간은 놓치는 야심적인 아버지를 생각해보자. '자신의 일을 줄이는 것'의 불편한 측면은 '아이들을 위한 더 많은 시간'으로 재구성될 수 있다. 또는 체중과 체형을 통제하려고 애쓰는 그래서 음식 억제에 대한 집착으로 인해 사회생활이나 직장 생활에서 기능을 제대로 못하는 극단적으로 다이어트를 하는 사람을 생각해보자. 그녀는 극단적인 식이요법의 명백한 장점을 일과 사회생활의 적으로 재구조화할 수 있다.

찬성과 반대 그리고 재구조화를 탐색할 때, 물론 치료사는 대립적이어서는 안 되며, 공감적이고 협력적이어야 한다. 이러한 활동은 내담자가 얼마나 잘못되었는지를 보여주기보다는 내담자에게 능력을 부여해주고 계몽하는 데 목적이 있다. 이런 방식으로 실행되기 때문에 이 접근 방법은 변화에 대해 양가감정을 갖고 있는 내담자를 참여시키고 동기를 부여하는 데 특히 유용할 수 있다(Miller & Rollnick, 2002).

무엇이 최악의 상황인가 그리고 어떻게 대처하는가?

비록 어떤 내담자에게는 어려운 과제이지만, 내담자에게 "일어날 수 있는 가장 최악의 상황은 무엇인가?"를 질문하는 것은 매우 가치 있는 질문이 될 수 있다. 이것은 내담자가 공포를 말하도록 촉구한다(그렇지 않는다면 다뤄질 수 없는). 그리고 질문에 대한 대답은 해결될 필요가 있는 궁극적인 문제를 분명하게 해준다. "그리고 어떻게 대처하는가?"와 같은 추론의 질문을 하면 문제 해결의 과정을 개시한다. 최악의 경우에 관한 시나리오에 대한 해결 방안이 고안되면, 재앙적 예측의 과열을 식혀준다.

Judy의 최악의 두려움은 사람들 앞에서 공황 발작을 일으키는 것이다. 어떻게 대처하는가에 관한 질문 자체가 그녀에 대한 자극이었다. 그녀는 결코 대응에 대해 심사숙고해본 적이 없으며, 공황 발작이 끝이 있을 것이라고 생각하지도 않았다. 그녀가 투사하는 공포는 너무 모호했다. 이제 치료사의 도움으로, 상황을 관리하는 것에 대한 몇 가지 아이디어를 고안해낼 수 있었다. 그녀는 어딘가 신중한 곳을 찾으려 노력했고, 경험을 통해 자기 자신에게 말을 하려고 시도했다. 그리고 어떤 사람이 자신에게 다가오더라도 자신의 곤경을 설명할 수 있는 말을 반복하였다. 이러한 연습활동을 통해, Judy는 자신이 최악의 상황에서도 대처할 수 있다고 더욱 자신감을 갖게 되었고 이는 그녀를 덜 놀라게 하였다.

인지적 주제 확인하기

생각 기록을 통해 나타나는 과정 또는 내용의 주제를 발견하는 것은 통상적인 일이다. 과정의 주제에는 정보 처리 과정에서 가장 현저한 형태인 이분법적 사고 또는 지각된 대인관계 갈등에 대한 반응으로서 철회 등이 포함된다. 인지의 내용을 반영하는 주제는 거절, 위협, 수치심, 분노 등이 포함될 수 있다. 어떤 주제는 특정 장애에서 보다 흔히 나타난다. 즉, 예를 들면 통제나 완벽주의에 대한 요구는 종종 섭식 장애와, 상실과 수치심은 우울증과 그리고 위협은 불안 장애와 관련이 있다. 이러한 주제를 확인하는 것의 가치는 두 부분으로 나누어 살펴볼 수 있다.

첫째, 반복되는 주제는 주제적으로 다뤄질 수 있다. 즉, 예를 들어 전반적인 수치심 또는 상실감의 반복을 다루기 위한 반복할 수 있는 반박 문장을 개발하는 것이다. 이것은 각각의 문제적 인지에 새로운 반응을 고안해내야 하는 것보다 훨씬 효과적일 수 있다. 둘째, 주제는 전반적인 핵심 신념에 대한 통찰을 제공할 수 있다. Judy의 일기를 연구하자 지배적인 두 개의 주제를 확인할 수 있었다. 하나는 자신에 대한 걱정(나는 미쳤다.) 그리고 다른 하나는 다른 사람들에 대한 주의 집중(사람들은 비판적이다.)이었다. 두 번째 핵심 신념을 다룬 것은 이 장의 후반부에 예시되어 있다.

요약하면, 우리는 지금까지 치료사가 내담자가 다음의 사항을 배울 수 있도록 어떻게 도울 수 있는가를 서술한 것이다.

- 도움이 되지 않는 인지 확인하기.
- 인지적 편견 확인하기.
- 한 발자국 물러나서 인지적 편견을 도움이 되지는 않지만 이해할 수 있는 사고로 바라보기.
- 최악의 경우를 산정하고 이를 해결하기 방법 개발하기.

이 시점에서, 내담자는 도움이 되지 않는 사고와 신념에 대해 보다 객관적이고 폭넓은 관점을 발전시킬 수 있다.

새로운 관점 전개하기

기초 작업이 이루어지면, 이제는 문제적 인지를 돌아보고 필요한 경우 재평가할 시간이다. 대안적 그리고 덜 불편한 가능성이 존재한다는 개념이 고려될 수 있다. 새로운 관점을 개발하는 데 사용될 수 있는 몇 가지 기법이 있다.

찬성과 반대의 증거 찾기: 균형 잡힌 관점 갖기

어떤 상황에 대해 강화된 관점으로 무장되어 있기 때문에 내담자는 이제 자신의 최초 결론을 무엇이 지지하는지, 무엇이 평가절하하는지 살펴볼 수 있다. 이것은 그림 8.8의 Judy의 일기에서 나온 사례에서 예시되어 있다. 예를 통해 Judy는 자신이 부정적 결론을 내린 다음 그 결론을 지지하지 못하는 증거를 갖고 균형을 잡으려고 한 것을 왜 이해할 수 있는지 살펴봤다.

보다 균형 잡힌 시각을 제공하기 위한 정보를 수집하는 데 유용한 전략은 서로 다른 많은 관점을 상상하기 위해 사고나 심상으로부터 내담자를 멀리 떨어지도록 요구하는, 즉 중심에서 벗어나기를 정교하게 하는 것이다. 다음과 같은 질문이 이러한 것을 촉구할 수 있다.

- "다른 가능성을 생각할 수 있나요? 다른 설명은요?"
- "최초의 결론에 맞지 않는 것은 무엇인가요?"
- "당신이 걱정하고 있는 누군가가 이런 생각을 갖고 있다면, 그들에게 무슨 말을 해주고

싶나요?”

- “당신을 걱정하고 있는 누군가가 당신이 이런 생각을 갖고 있다는 것을 안다면, 당신에게 뭐라고 말할 것 같나요.”
- “당신이 알고 있는 누군가가 이런 생각을 갖고 있다거나 이런 상황과 씨름하고 있다면, 자기 자신에게 어떤 말을 하며, 어떻게 대응할 것 같나요.”
- “당신이 고통스러울 때 당신이 간과하는 무엇인가가 있나요.”
- “이와 비슷한 상황에 있으면서 이처럼 느끼지 않거나 생각하지 않은 적이 있나요?”
- “당신이 이와 같이 느끼고 대처한 적이 있나요?”
- “이런 상황에서 멀어졌을 때 무슨 생각을 하나요?”
- “지금으로부터 5년 후라면, 이런 상황을 어떻게 바라볼 것 같나요.”

표 8.8 Judy의 일기

(3) 사고	(4) 왜 내가 이 결론을 내렸을까.	(5) 내 결론과 상충되는 것은 무엇일까.
나는 공황 발작이 일어날 거야. 그리고 모든 시선이 나를 향하겠지. 사람들은 내가 미쳤다고 생각할거야. **이러한 생각에서의 신념** 공황 발작: 7/10 모든 사람들이 나를 쳐다본다: 9/10 내가 미쳤다고 생각한다: 9/10	나는 공황 발작이 일어날 것이라고 왜 내가 예측하는지 이해할 수 있어. 과거에도 그랬어. 사람들이 전부 나를 쳐다보고 있는 느낌이기 때문에 내가 모든 사람이 나를 쳐다보고 있다고 생각하는 것이 하나도 이상할 것이 없어. 오랜 세월동안 엄마가 나를 세뇌시켰어.	공황 발작이 일어날 것 같은 느낌이라고 해서 발작이 일어나는 것은 아니다. 전에 이런 느낌이면서도 공황 발작이 일어나지 않은 적이 있다. 내 자신을 진정시키는 것이 도움이 된다는 것을 안다. 공황 발작이 일어난다 하더라도 영원히 지속되는 것은 아니다. 그리고 나는 몇 가지 대응방법이 있다. **이런 생각에서의 신념: 9/10** 다른 사람이 나를 쳐다본다는 느낌이 그것을 사실로 만드는 것은 아니다. **이런 생각에서의 신념: 10/10** 내게 공황 발작이 일어나도 사람들이 날 미쳤다고 생각할 것 같지 않다. 설사 사람들이 그렇게 생각한다고 해도 무슨 상관이 있나? 그들은 날 모른다. **이런 생각에서의 신념: 10/10**
앞뜰에 있는 사람들이 내가 폐인이라는 것을 알아차린다. 나는 폐인이다. 나는 공황 발작을 일으킬 것이다.	사람들이 전부 나를 쳐다보고 있는 느낌이기 때문에 내가 모든 사람이 나를 쳐다보고 있다고 생각하는 것이 하나도 이상할 것이 없어. 내가	다른 사람이 나를 쳐다본다든지 또는 내가 폐인이라는 내 느낌이 사실이 되는 건 아니다. **이런 생각에서의 신념: 9/10**

이러한 생각에서의 신념
사람들이 나를 쳐다본다: 9/10
공황 발작: 9/10

폐인이라고 느끼는 것도 이상할 것이 없고. 나는 정말 우울해. 나는 공황 발작이 일어날 것이라고 왜 내가 예측하는지 이해할 수 있어. 과거에도 그랬어.

공황 발작이 일어날 것 같은 느낌이라고 해서 발작이 일어나는 것은 아니다. 전에 이런 느낌이면서도 공황 발작이 일어나지 않은 적이 있다. 나는 여기에 고작 1~2분 있으면 된다. 그럼 괜찮아질 것이다.
이런 생각에서의 신념: 9/10

증거 중에서 '최고의' 유형은 사실과 객관성이다. 비록 "나는 친구가 그것에 대해서는 걱정할 것이 아무것도 없다고 말해줄 것이라고 생각해."와 같은 결론이 개인의 관점을 옮기기 시작할지 모르나, "나는 이와 같은 상황 속에서 최소 15분 있었는데 공황 발작이 없었어." 또는 "나는 매일 가벼운 현기증은 있었지만 한 번도 기절한 적은 없었어." 또는 "학창 시절을 통틀어 시험에 떨어진 적은 없어."와 같은 객관적인 경험이 더 무게감을 실을 수 있다.

보다 광범위한 범주의 가능성을 촉진하는 것이 대응 진술문이나 심지어 행동을 위한 계획을 도출할 수 있다.

> Judy가 치료 과정에서 이러한 질문을 받았을 때, 그녀는 자기 진정과 같은 전략뿐만 아니라 도움이 될 만한 자기 진술(표 8.8의 일기 참고)을 쉽게 만들어냈다. 그녀는 친구가 한번 필라테스 자세를 취하는 것이 그녀가 스트레스를 물리치는 데 도움이 될 것이라는 말한 것을 기억했다. 그녀는 필라테스 수업에 참여했는데 연습은 게을리했다. 그녀는 이것들을 수정하기로 결심했고, 그것이 도움이 된다는 것을 알게 되었다.

이러한 사실은 내담자에게 타당성이 있는 친숙하고 편안한 전략은 쉽게 채택되고 유지된다는 사실을 상기시켜준다.

인지적 편견 다루기

▶ 동영상 자료 8.4: 이분법적 사고 다루기

이분법적 사고는 양극단 사이에 일정한 범주의 가능성이 있다는 개념을 도입함으로써 쉽게 조정될 수 있다. 이러한 기법은 '단순한' 그리고 보다 '복잡한' 내담자 모두에게 매우 유용하기 때문에 이러한 기법은 또한 '스키마 포커스 치료'의 표제하에 17장에 묘사되어 있다.

이분법적 사고 유형을 극복하기 위해서는 우선 관련 있는 양극단을 확인해야 한다.

Judy는 자신이 차분하거나 아니면 공황 상태라고 느낀다고 가정하는 경향이 있었다(이것의 의미는 그녀가 차분함을 느끼지 않는다면 그녀가 공황 발작이 곧 일어날 것이라고 예측한다는 것이다.).

다음으로 내담자가 극단 사이에 단계가 있다는 개념을 받아들이도록 권장하고 그렇게 함으로써 스펙트럼에 서로 다른 지점을 보여주는 예들을 생성할 수 있도록 권장해야 한다.

아래의 내용은 자신의 감정적 경험에 대한 Judy의 새로운 관점이다. 그녀는 공황 상태로 확장되어 가는 데 있어서의 서로 다른 단계를 인식할 수 있었다.

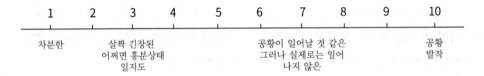

이러한 연습활동은 몇 가지 면에서 유용하다. 이것은 몇 가지 가능성의 범주를 보여주는데 이는 가장 재앙적인 결론으로 도약하는 그녀의 경향을 억제시켜주었다. 즉, 공황 발작으로의 발전 없이 공황 발작의 기운을 느낄 수 있다는 확신을 제공해주었다. 그리고 불안감에 대한 그녀의 감정의 다양한 변이에 대해 논의하면서 그녀는 자신이 흥분을 공황 발작의 경고 증후로 잘못 해석하고 있다는 것을 깨달았다.

또 다른 내담자인 Alan은 자신을 '성공한 사람'(예: 일을 매우 높은 수준으로 완수했다.) 아니면 '실패한 사람'(자신의 업무를 자신이 성취할 수 있는 바로 최고의 수준이라고 간주하지 않는다.)으로 자신을 바라보는 경향이 있었다. 이는 기분의 요동에 매우 취약하게 만들었다. 왜냐하면 자신의 기준을 충족했을 때는 자신에 대해 매우 좋은 느낌이었지만, 그렇지 못했을 경우에는 자신에 대해 정말 나쁘게 느꼈기 때문이다. 자신에 대해 나쁘게 느낄 때는 위축되고 과음하는 경향이 있고 이는 결과적으로 우울증을 가속시켰기 때문에 그의 행동에 영향을 미쳤다.

치료를 받으며, 자신의 업무에 대한 평가에 있어서 보다 유연해질 수 있도록 돕는 수행의 연속체를 구성할 수 있었다.

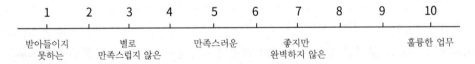

그런 다음 그는 다른 사람한테서는 어느 정도가 수용 가능한 수준인지 생각해보고는 주변 사람들이 '좋지만 완벽하지 않은' 수준에서 수행할 경우 상당히 기쁘다는 것을 깨달았다. 그래서 그는 '훌륭한 수행'은 보너스라고 생각했다. 그는 또한 상습적이지만 않다면 종종 동료들의 부족한 업무결과도 받아들일 수 있다는 것을 깨달았다. 업무의 연속체에 대한 작업을 완수하게 되자 자신에 대한 태도가 보다 관대해졌다는 사실을 알게 되었다.

Sara는 Judy와 Alan과는 또 다른 문제를 갖고 있었다. 그녀는 다른 사람을 믿는 데 있어서 이분법적이었다. 그녀는 사람들이 자신을 실망시키기 (또는 사람들이 자기를 실망시켰다는 것을 인지하기) 전까지는 사람들을 절대적으로 믿는 경향이 있었다. 그녀의 관점에서는 그렇게 되면 그들은 100% 믿을 수 없게 되었다. 여러분이 상상할 수 있듯이, 그녀는 대인관계를 유지하는 데 어려움이 있었고 이것이 그녀에게는 큰 고통이었다. 치료를 받으면서 Sara는 두 개의 유용한 연속체를 고안했다. 하나는 그녀의 사회적, 직업적 영역의 사람들의 신뢰도에 관한 것이고 다른 하나는 신뢰도가 다른 수준의 사람들과 공유하기에 적당한 정보에 관한 것이다.

1. 내가 누구를 믿을 수 있을까?(내가 얼마나 그 사람을 잘 알고 있으며, 지금까지 그들의 행동에 관해 알고 있는 것이 무엇인지에 기초하여)

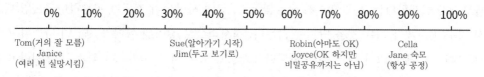

| 0% | 10% | 20% | 30% | 40% | 50% | 60% | 70% | 80% | 90% | 100% |

Tom(거의 잘 모름)　　　　　　　Sue(알아가기 시작)　　　　　Robin(아마도 OK)　　　　Cella
Janice　　　　　　　　　　　　Jim(두고 보기로)　　　　　　Joyce(OK 하지만　　　　Jane 숙모
(여러 번 실망시킴)　　　　　　　　　　　　　　　　　　비밀공유까지는 아님)　　(항상 공정)

2. 얼마나 그 사람을 신뢰할 수 있는가에 따라 내가 공유할 수 있는 것은

| 0% | 10% | 20% | 30% | 40% | 50% | 60% | 70% | 80% | 90% | 100% |

이름　　　　　　　　아마도 직장　　　　　　　　상세한 개인적 접촉　　　　내 감정
개인 인적 사항　　사생활이나 감정에 대해서는　　내가 좋아하는 것과　　　내 문제
제외　　　　　　　　공개 안 함　　　　　　　　　싫어하는 것　　　　　　　나의 이력

　첫 번째 연속체는 자신이 얼마나 잘 사람을 알고 있는지 그리고 자신이 그 사람을 얼마나 신뢰하는가를 생각하기 전에 그 사람에 대해 무엇을 알고 있는지 살펴보는 법을 배울 수 있게 해주었다. 두 번째 연속체는 Sara가 너무 개방적이거나 너무 감추지 않게 하도록 상기시켜주었다. 이것은 자신이 신뢰하는 친구들과 자신에 관한 정보를 공유하는 보다 균형 잡힌 관계를 설정할 수 있도록 해주었다.

최악의 가능성에 대한 선택적 주의 집중은 내담자에게 자기 자신에게 다음과 같은 질문을 해보게 하여 다른 가능성을 찾아보도록 권장함으로써 다뤄질 수 있다.
- "이것을 바라보는 다른 방법이 있을까?"
- "내가 무시하는 장점/자산/자원이 있을까?"
- "친구가 볼지 모르는 다른 가능성은 무엇일까?"
- "내가 무엇인가 놓치는 것이 있을까?"

이러한 질문은 중심에서 벗어나기를 촉진하여 뒤로 물러나 더 큰 그림을 보게 해준다.

이것을 함으로써 Judy는 모든 불편한 감각들이 공황 발작을 예고하는 것은 아니며, 모든 눈이 그녀를 향하는 것도 아니고, 그녀에게 큰 도움이 되었던 침착함과 복원력을 전에 보여주었다는 것을 인정할 수 있었다. Alan은 자신을 실망시켰던 수행을 항상 언급하기보다는 자신의 이전의 수행(일반적으로는 좋았던)을 생각하는 것을 배웠다. 반면에 Sara는 사람들에 대한 신뢰도에 대해 성급하게 결론내리기 전에 상황을 돌아볼 수 있는 짧은 시간을 자신에게 주는 것을 배웠다.

우리가 감정이나 입증되지 않는 신념이 반드시 현실을 나타내는 것은 아니라는 점을 수용한다면 직관에 의존하는 것은 억제될 수 있다. 이러한 개념을 지지하는 것으로 내담자가 판단할 수 있는 비임상적인 사례는 많다. 예를 들면, 산타클로스에 관한 아이들이 강한 신념이 산타클로스가 실재한다는 것을 의미하지는 않는다. 고대 사람들이 지구가 평평하다고 믿었다고 해서 지구가 구체가 되는 것을 막지는 않는다. 정서적으로 결여된 아이가 자신이 나쁘다고 느낀다고 해서 실제로 그가 나쁜 것은 아니다. 그리고 '오늘 키가 10피트나 되는 느낌'이라고 해서 문을 통과할 때 숙일 필요는 없다! 마음읽기든 예언하기든 또는 감정이 사실을 반영하다고 가정하기든 간에 내담자는 그런 직관의 진실에 대해 회의를 품기 시작하고 "이것을 지지할만한 증거가 있나요?" 또는 "이것이 그 경우라고 주장할 수 있는 경험을 제가 할 수 있을까요." 또는 "그것을 제가 어떻게 알 수 있죠?"라고 질문할 수 있다. Judy 자기 자신에게 했던 단순한 전략은 친구들이 어떻게 느꼈을지 또는 생각했을지 반추하는 대신 친구들에게 무엇을 느꼈는지, 무슨 의도인지 물어보는 것이었다. Alan은 정기적으로 믿을 수 있는 동료에게 자신의 업무를 평가해달라고 부탁하기 시작했고, Sara는 자신의 관계의 실체를 스스로 상기시키기 위해 자신이 참조했던 연속체의 사본을 지니고 다녔다.

만일 다른 사람들로부터 혹독한 비난이 쏟아진다면, 악화될 수 있는 것처럼 자기 비난은 매우 악화될 수 있다. 그러나 아래와 같은 질문을 통해 조정될 수 있다.

• "이것이 정말 나쁜 것인가?"
• "내가 불공정하게 나를 비난하고 있는가? 그 밖에 누가 책임을 져야 하는가?"
• "이것은 누구의 목소리인가? 그리고 그들은 전문가인가?"

'사람들이 나를 미쳤다고 생각할 것이다.'라는 자신의 생각에 대해 Judy가 성찰했을 때, 그녀는 이것은 가족 안에서 감정의 표현을 억제시키고 자식들이 자신의 감정을 통제 못하게 되면, 다른 사람들이 약하고 어리석다고 바라볼 것이라고 자식들에게 경고했던 자기 어머니의 목소리[에 대한 기억]이라는 것을 깨달았다. 그녀는 자신의 어머니는 사회 심리학의 전문가가 아니며 그녀의 관점은 극히 도움이 되지 않는다는 사실을 빠르게 깨달았다. 그 결과, Judy는 이 생각을 전부 없앨 수 있었다.

　　Alan은 자신의 내적 비난이 자신이 결함이 있고 약하게 비쳐지는 것에 대한 두려움에 의해서라는 사실을, 그리고 그가 학창 시절 따돌림을 받았을 때 발전된 자기 의심에 대한 대처 방식 중 하나로서 이런 두려움이 일어났다는 것을 깨달았다. 그는 '괴짜이고 약한' 존재가 됨으로써 이런 두려움을 자기 자신에게 갖고 왔다고 가정하면서 이것 때문에 오랫동안 자신을 비난해왔다. 치료 과정에서 그 밖에 누가 (또는 무엇이) 따돌림에 기여했는지 생각해봤다. 그는 상당한 목록을 제시했다. 자신을 괴롭혔던 특별한 소녀와 소년, 도움을 요청했을 때 주목해주지 않고 도와주지 않았던 학교 선생님, 학교가 아이들 사이에 공격 문화를 조성했기 때문에, 즉 그의 부모는 Alan이 기대어 울 어깨를 내밀어주지 않았기 때문에 학교 그 자체가 목록에 들어 있었다. 이 목록을 완성했을 때쯤, 그는 따돌림에 있어서 자신의 역할이 감소되고 자기 자신에 대해 보다 동정적이었다는 것을 지각하였다.

상상과 역할 놀이 이용하기

　　좀 더 풍부한 경험의 상상과 역할 놀이 전략은 도움이 되지 않는 인지의 이동과 조작에 있어서 매우 가치가 있을 수 있다. 치료에서 상상을 적용하는 것을 훌륭하게 잘 살펴본 연구는 뇌의 기제와 그것과의 임상적 관계를 고려한 Hackmann과 Holmes(2004), Hackmann, Bennett-Levy, Holmes(2011) 그리고 Pearson, Naselaris, Holmes, Kosslyn(2015)의 연구에서 발견할 수 있다.

　　새로운 가능성에 대한 반복은 상상 속에서 실행될 수 있다. 이러한 활동이 사건 발생의 가능성에 대한 지각을 향상시키는 것으로 입증되었다(Szpunar & Schacter, 2013). 즉, 이것이 자신감을 향상시켜주고, 정신적 상상이 실제 상황에 대한 유사한 심리적, 정서적 반응을 불러일으킬 수 있다는 것을 입증한다는 것을 의미한다(Pearson, Clifford & Tong, 2008). 그래서 아래의 활동을 수행하기 위해 상상을 치료 활동에 통합한다.

- 자신감 형성, 현실에서의 도전에 아직 직면할 준비가 되어 있지 않은 사람들에게 천천히. 예를 들면, 뱀을 두려워하는 소년은 지역 동물원을 방문하거나 뱀을 직접 다루기 위한 전조 과정으로 점차적으로 뱀의 정신적 심상에 도전해보는 것.
- 대체, 현실에서 연습이 가능하지 않는 경우. 예를 들면, 비행에 대한 공포를 갖고 있는 여성은 반복적으로 비행기 여행을 상상하기. 재정적, 실용적인 이유로, 현실세계에서 비행기 여행을 반복하는 것은 가능하지 않으므로.
- 도전을 받아들이기 위한 대비, 예를 들면 Judy는 공공장소를 거니면서 차분함을 느끼는 상상을 했다. 이런 상상을 살펴보는 것이 실생활에서 사회적 과제를 수행할 때 그녀가

보다 차분하고 자신감을 느낄 수 있게 해주었다.

▶ 동영상 자료 8.5: 상상과 역할 놀이 활용하기

문제의 심상 변환하기 또한 도움이 될 수 있다. 반복되는 악몽의 공포는 반복적으로 새롭고 참을 만한 (또는 심지어는 유쾌한) 종결을 상상하는 것을 통해 감소시킬 수 있다(Krakow et al., 2001). 예상되는 부정적인 사회적 만남도 희망에 찬 가능성으로 변환될 수 있다(Hirsch, Clark, Mathews & Williams, 2003). 외상에 대한 기억은 현재의 위협의 의미를 제거하기 위해 다시 기술될 수 있다(Layden, Newman, Freeman & Morse, 1993; Ehlers & Clark, 2000). 적대적인 자신의 이미지를 다정다감한 형태로 변형할 수 있다(Gilbert, 2005). 단순히 유쾌하지 않은 정신적 그림은 참을 수 있을 정도의 그림으로 변형될 수 있고, 내담자는 자신들을 달래줄 수 있는 위안을 주고 편안함을 주는 이미지를 발전시킬 수 있도록 격려받을 수 있다.

이러한 새로운 서사 그리고 또는 정신적 이미지를 구성하는 것만큼이나 잘 이미지 조작 기법을 통해 문제의 이미지를 사람들이 극복할 수 있도록 도울 수 있는데 이러한 이미지 조작 방법으로는 TV 화면에 원하지 않는 이미지를 상상한 다음, 크기를 줄이거나 천천히 그림이 사라지게 하는 방법 등의 기법이나 또는 이미지에 특정 캐릭터를 합성하여 보다 참을 만하게 만드는 기법이 있다.

Judy는 사람들이 자신을 비판적으로 쳐다보는 도움이 되지 않는 이미지를 갖고 있었다. 하지만 상상에서 구경꾼의 수를 줄임으로써 영향력을 줄였다. Alan도 비슷한 이미지를 갖고 있었는데 방관자의 표정을 온화하고 수용적인 표정으로 변형시켰다.

Padesky(2005)에 의해 옹호된 접근 방법은 내담자에게 자신들이 어떻게 되고 싶어 하는지에 관한 비전을 만들어보라고 요청하는 것이다. 내담자들은 정신적 그림을 가능한 한 생생하게 그려보라고 권유한다. 그리고 이 비전을 실현하기 위하여 살아가는 데 의존해야 하는 가정을 확인하도록 권유된다. 행동실험(BE)도 새로운 이미지에서 추가적으로 자신감을 확립할 수 있다.

예를 들어, Judy의 상상은 공공장소를 걸어가면서 차분함을 느끼는 것일 수 있다. 이것을 촉진시킬 수 있는 가정들은 '나를 아는 사람은 내가 기본적으로 괜찮다는 것을 수용한다. 그리고 낯선 사람은 내게 관심을 두는 사람이 아니다.'이다.

상상은 역할 놀이에 통합될 수 있다. Beck 등(1979)은 내담자와 치료사가 비판적이고 지지적인 내면의 목소리를 취하며, 지지적인 목소리를 강화하기 위한 대화를 만드는 것을 묘사했다. Padesky(1994)는 이전의 도움이 되지 않는 대인관계를 재작업, 즉 재구조화하기 위해 '역사적인 역할 놀이' 또는 '사이코드라마'를 이용하는 것에 대해 묘사하였다. Gilbert(2005) 내면의 비난을 감소하고 다정다감한 자기 자신에 대한 이미지를 형성하기 위한 기초로서 Gestalt 2개 의자 기법을 사용하는 것을 옹호하였다.

> Judy가 자신의 어머니의 영향력이 얼마나 도움이 되지 않는지 깨달았을 때, 그녀는 덜 불안하게 느꼈지만 화가 났고 이러한 감정들이 불편했다. 그녀는 불편한 감정을 회기 중에 먼저 빈 의자에 앉아 있는 어머니를 상상하는 것으로써 해결했다. 그리고는 어머니의 태도로 인한 결과와 지금 느끼고 있는 분노에 대해 어머니에게 '말했다.' 이 활동 가운데 Judy의 진술에 대해 반응하는 어머니의 역할도 맡아보기로 동의했다. 이 역할에서 '그녀의 어머니'는 자신이 예전에 그랬던 것처럼 Judy가 희생당하지 않도록 보호하기 위해 노력했다고 설명하였다. Judy가 자신의 어머니의 관점을 고려한 것은 처음이었으며 이것이 그녀의 분노를 사라지게 하는 데 도움이 되었다.

새로운 결론 내리기

이 시점에서 내담자는 최초의 부정적인 생각을 다양한 각도에서 바라보고, 더 폭넓은 관점을 형성하고(어쩌면 상상 활동을 포함해서), 새로운 가능성을 마음에 두고 있다. 이제는 이러한 인식을 간결하고 기억할 수 있고 믿을 수 있는 새로운 결론으로 응축해야 할 시간이다. Judy의 새로운 결론은 표 8.9에 각각의 진술에 대한 그녀의 믿음에 대한 평점과 함께 제시되어 있다.

그녀의 인지에 대한 분석에 대한 대부분의 지적인 과제는 감정은 사실이 아니며 다른 사람이 그녀를 미쳤다고 생각할 것 같지 않다는 믿음을 100% 발전시켰다는 사실은 흥미로웠다. 또한 비록 그녀가 새로운 결론을 발전시켰지만('다른 사람들이 쳐다본다는 내 느낌이 그걸 사실로 만들지는 않는다.'), 그래서 회기 동안 상황을 직면하게 될 때, 그렇게 자신 있으리라고 완전하게 확인하는 것은 아니라고 믿었다.

이러한 결과는 우리에게 치료가 인지를 전환시키는 지적인 성취와 함께 종결되는 것은 아니라는 점을 상기시킨다. 또한 행동실험에 있어서 실험의 정확도를 확립하고 현실적인 새로운 태도를 통합해야 하는 영역이 있다. 그러므로 우리는 항상 다음과 같은 질문을 해야 한다.

- "그리고 그것을 어떻게 확인하는가요?"
- "어떤 것이 새로운 신념에 대한 당신의 자신감을 도울 수 있을까요?"

이것은 종종 산뜻하게 행동치료(BT) 또는 행동실험(BE)으로 이끈다(9장 참고).

요약하면, 인지를 재평가하고 새로운 관점을 발전시키면서 우리는 다음의 활동을 권장한다.

• 중심에서 벗어나기, 감정적으로 실린 인지로부터 한 발짝 물러서기.

• 극단적 사고, 선택적 주의 집중, 직관에 대한 의존, 그리고 자기 책망을 다루는 것을 통해 인지적 편견 다루기.

• 이러한 과정을 강화하기 위해 상상과 역할 놀이 이용하기.

• 현실성을 검증할 수 있는 새로운 결론 도출하기.

표 8.9 │ Judy의 결론

(6) 새로운 결론
마치 내가 공황이 일어날 것 같은 느낌이 공황 발작이 일어날 것이라는 것을 의미하지 않는다. 전에 이런 기분이 들었지만 공황 발작이 일어나지는 않았다. **이러한 결론에 대한 믿음: 8/10** 다른 사람들이 쳐다본다는 느낌이 그것을 사실로 만들지 않는다. **이러한 결론에 대한 믿음: 10/10** (나는 이것을 알지만 내가 밖에 있을 때 자신감이 있을지는 잘 모르겠다.) 내가 공황 발작이 일어난다 하더라도, 사람들이 나를 미쳤다고 생각할 것 같지는 않다. 설령 사람들이 그렇다고 하더라도, 그러면 뭐 어때? 그들은 나를 모른다. **이러한 결론에 대한 믿음: 10/10**

▶ 동영상 자료 8.6: 새로운 결론 도출하기

——— 자동적 사고와 심상 검증하기 ———

새로운 가능성 또는 관점에 대한 검증의 중요성은 인지 · 행동치료에서 행동실험(BE)의 역할에 대해 설명하고 있는 9장에 상세히 설명되어 있다. 새로운 인지에 대한 타당성은 만일 '길거리 테스트'에 잘 맞선다면 보통은 강화될 것이다. 게다가 내담자가 개념화나 혹은 적극적인 경험을 통한 가능성으로부터 새로운 가능성을 이끌어낸다면, 그 새로운 가능성은 보다 기억이 될 것이다.

Judy는 새로운 결론을 확정하거나 새로운 결론의 부당성을 입증하는 정보를 수집함으로써 자신의 결론에 대해 '연구하기'로 결정했다. 공황 발작의 기분이 반드시 공황 발작을 예고하는 것은 아니라는 그녀의 새로운 결론에 관하여, 그녀는 공황 상태의 기분을 촉발하기로 계획을 세웠고 어떤 일이 일어나는지 기록했다. 그녀는 공황은 발생한다 하지 않는다 하는 성격의 것이 아니라는 점을 평가하기 시작했다. 그리고 변화의 정도를 측정하기 위해 공황의 감각 척도를 고안했다. 그녀는 또한 자신의 연구에 친구를 관여시키기로 계획을 세웠다. 가령 Judy가 시선을 한 몸에 받는 상황일 경우 친구들에게 다른 사람들의 반응을 관찰하고 기록해달라고 부탁하는 방식으로(표 8.10 참고).

표 8.10 Judy가 조사한 자신의 결론

(6) 새로운 결론	(7) 연구 조사
마치 내가 공황이 일어날 것 같은 느낌이 공황 발작이 일어날 것이라는 것을 의미하지 않는다. 전에 이런 기분이 들었지만 공황 발작이 일어나지는 않았다.	내가 공황의 기분을 느끼는 때에 집중하고 공황 발작이 일어나는 것을 예측하는 대신 어려운 상황에 직면할 것이다. 공황 발작 없이 나의 '공황이 일어날 것 같은' 스펙트럼을 따라 움직이는 때를 기록하기 시작할 것이다.
다른 사람들이 쳐다본다는 느낌이 그것을 사실로 만들지 않는다.	나는 내가 공황의 기운을 느낄 때 내 친구에게 이것을 확인해달라고 요청할 것이다. 그런 다음 내 생각에 정당성이 있는지 확인할 것이다.
내가 공황 발작이 일어난다 하더라도, 사람들이 나를 미쳤다고 생각할 것 같지는 않다.	나는 친구들에게 공황이 일어나는 사람은 미친 사람인지 생각하는지 물어볼 것이다. 그러나 이런 생각이 어디서부터 기원했는지 알기 때문에, 그것은 더 이상 나를 괴롭히지는 않는다.
설령 사람들이 그렇다고 하더라도, 그러면 뭐 어때? 그들은 나를 모른다.	

핵심 신념 수정하기

문헌에는 '핵심 신념'과 '스키마타' 사이에 일부 혼동이 있다. 스키마타는 일반적으로 핵심 신념보다 훨씬 복잡하다고 여겨지고 스키마타는 도식(스키마)의 '압축된 표현'이라는 점에서 이 두 용어는 서로 호환될 수 없다. 예를 들면, '나는 어리석다.'라는 핵심 신념은 누군가 정말 어리석다고 믿는 것과 관련된 인지, 감정 그리고 신체적 감각을 요약해주는 유용한 인지적 표제이다. 이 절에서는 핵심 신념을 초점을 맞추겠지만 17장에서는 스카마타의 본질에 대해 논의할 것이다.

우리는 핵심 신념이 자동적 사고로 표현될지 모른다고 해서 핵심 신념이 언제나 확인하기 힘들다고 가정해서는 안 된다. 앞서의 예에서처럼, 그 학생은 '나는 쓸모없어.'라는 생각을 쉽게 중요한 인지로 확인한다. 그리고 이것은 핵심 인지일 수 있다. 만약 핵심 신념이 자동적 사고로 표현되지 않는다면, 핵심 신념을 확인할 필요가 있을 경우 유도된 발견이나 하강 화살표 기법이 핵심 신념을 드러낼 수 있다.

핵심 신념은 반드시 변화에 저항한다고 가정하지 않는 것 또한 중요하다. Judy는 어머니가 인물 분석의 전문가가 아니라는 사실을 깨닫게 되자 오래 견지해오던 핵심 신념('나는 미쳤다.')

을 쉽게 이동시켰다. 자동적 인지를 대상으로 하는 치료의 결과로서 핵심 신념이 이동하는 것은 흔한 일이다(Beck et al., 1979). 그러나 일부 신념 체계는 상당히 견고해서, 강화된 기법이 구체적으로 이러한 신념 체계를 대상으로 하기 위해 발전하였다(17장 참고).

자가 학습서에서, Greenberger와 Padesky(1995)는 핵심 신념을 수정하는 것에 초점을 맞춘 전략의 모음집을 기술했다. 저자들은 핵심 신념이 강할 수 있기 때문에 이와 같은 전략은 상당한 영향을 발휘하기 전에 몇 개월에 걸쳐서 계속해서 사용되어야 할 것 같다고 강조했다. 그러므로 그들은 실망과 사기저하를 피하기 위해 신중하게 협상될 필요가 있다. 전략에는 다음이 포함된다.

- 핵심 신념의 예측을 검증하기 위해 행동실험(BE) 실행하기
- 핵심 신념이 100% 사실이 아니라는 증거 기록하기
- 대안적인(보다 유익한) 핵심 신념 확인하기
- 대안적 핵심 신념의 예측을 검증하기 위해 행동실험(BE) 실행하기
- 대안적 핵심 신념을 지지하는 증거 기록하기
- 새로운 핵심 신념의 역사적인 평가하기
- 새로운 핵심 신념에 대한 확신 평가하기

Judy는 다른 사람들이 비판적이라는 핵심 신념에 대해 알아볼 필요가 있다고 느꼈다. 그녀가 고안한 행동실험(BE)은 자료 수집 과제였다. 몇 주에 걸쳐서 그녀는 친구들에게 실수를 한 사람이나 또는 그녀에게 '멍청해'보였던 사람에 대해 어떻게 생각하는지 물었다. 그녀의 예상은 친구들이 다른 사람들을 나쁘게 평가할 것이라는 것이었다. 표 8.11은 그녀의 기록에서 발췌한 2개의 사례이다.

그런 다음 Judy는 그런 결과물을 기록해나갔고 여기에 '내 신념이 100% 사실이 아니라는 증거'라는 표제를 붙였다. 때때로 그녀의 여론 조사는 그녀의 예측을 지지하기도 했지만 그녀는 이제 이러한 예측이 언제나 100% 사실이 아니라는 것을 보여주는 자료의 맥락 안에서 이러한 예측을 받아들일 수 있었다.

물론, 여러분은 내담자의 예측이 반복해서 확인되어진다는 것을 발견할 수 있다. 만약 그렇다면, 조사할 만한 가치가 있는 것이다. 당신의 내담자는 이와 같은 마음의 사람들과 섞여 있습니까?

Sion의 아내와 가족은 그에게 매우 비판적이었고 계속해서 그래왔다. 그러므로 비난에 대한 그의 예측이 확증된다는 것이 이상할 것이 없었다. 그는 자신이 "멍청하고", "공간을 낭비하는 사람"이라는 말을 듣는 경험이 정말 있었다.

결론에 도달하기 전에 당신의 내담자가 반박하는 증거를 걸러내고 있는가?

    Genna는 좋은 경험을 갖고 있지만, 그녀가 이러한 경험을 기록할 수 있기 전에는 '그녀의 머릿속에 있는 목소리'는 그녀에게 이것은 별로 중요하지 않다고 말해오곤 했다.

표 8.11   Judy의 자료 수집

사건	예측	일어난 일
Harry가 부서 파티에서 조금 취했다. 말이 많았고, 춤을 과도하게 췄다.	다른 사람들은 그가 유약하고 어리석은 사람이라고 생각할 것이다. 부서 내에서의 그의 권위는 손상받을 것이다.	Sue는 그가 좀 취한 모습을 보는 것이 귀엽다고 생각했다. Ron은 Harry가 직장 일에 너무 진지했기 때문에 긴장을 풀 수 있어서 그가 좋았을 것이라고 말했다.
중년의 여성이 거리에서 넘어졌는데 다친 것 같아 보이지 않았는데도 불구하고 상당히 신경질적이었다.	Sue(나와 함께 있는)는 그녀가 어리석고 관심을 찾는다고 생각할 것이다.	Sue는 이 여성에 대해 우려의 마음이 들었고, 내부적으로 어디 다친 데는 없을지 걱정이었다고 말했다.

    부정적인 핵심 신념이 특히 복원할 것 같으면 스키마–포커스 기법이 보다 유용할 수 있는 사실은 고려할 수 있다(17장 참고).

    그러나 Judy는 자신이 수집한 반응을 검토하고 결론을 내렸다.

    일부의 사람들이 비판적이라는 것은 사실이지만 대다수의 나의 친구들의 다른 사람들에 관한 평은 실제로 상당히 관대하였다. 더군다나 좀 더 비판적인 사람들은 내가 가장 소중하게 생각하는 내 친구들 가운데는 없었고 나는 그들의 호된 평가를 무시하는 경향이 있다는 사실을 알았다.

    그런 다음 그녀는 새로운 핵심 신념을 확인할 수 있었다. 즉, 일부 사람은 격하게 비판적이지만, 대부분의 사람은 관대하다. 처음에 그녀는 이것을 50% 정도 믿었다. 이러한 새롭고 보다 평안한 신념을 강화시키기 위해 자신의 새로운 신념을 지지하는 증거를 기록하기 시작하였다. 그녀는 이 기록을 유지하는 데 부지런했고, 몇 주 지나서 자신의 새로운 진술에 관한 확신에 있어서의 평점은 98%에 이르렀다.

    과거의 별 도움이 되지 않는 신념에 대응하는 새로운 핵심 신념을 강화하기 위해 Greenberger와 Padesky(1995)는 새로운 핵심 신념에 관한 역사적 평가의 사용을 옹호했다. 내담자가 새로운 신념에 일치하는 증거를 찾는 삶의 역사를 고찰해보는 것이다.

비록 Judy가 새로운 근본적인 개념을 발전시키는 데 이미 성공했지만, 그녀는 자신의 진보를 몹시 강화시키고자 했고 이러한 회고적 분석을 실행하기로 선택했다. 이제 그녀는 자신의 새로운 신념을 지지하는 증거를 더 잘 '볼' 수 있게 되었고 그녀가 이전에 경험했던 것 중 상당수가 새로운 확신을 강화시켰다는 것을 알게 되었다.

문제점

내담자는 인지를 탐색하는 것을 회피하는 것 같다.

때때로 사람은 단순히 감정과 경험에 대해 이야기하기를 원한다. 그런 경우 중 일부는 지지적인 상담이 더 적절할 수 있다. 예를 들면, 사람들이 처음으로 상실이나 외상을 받아들이게 될 때 혹은 문제의 범위를 깨닫게 될 때, 사람들은 단지 그것들을 말로 풀어낼 시간이 필요할지 모른다. 대안적으로, 치료에 대해 양가감정이 있는 내담자는 '동기부여 인터뷰'를 강조하는 접근 방법이 필요할지 모른다(Miller & Rollnick, 2002).

다른 사람들은 감정에 초점을 맞춘다. 왜냐하면 이 방법이 치료를 최상으로 잘 이용하는 것이라 믿기 때문이며, 그래서 인지 · 행동치료의 방법과 강점과 이러한 접근 방법이 말로 진행되는 치료 형식과 어떻게 다른지 상기될 필요가 있다.

인지를 탐색하는 것을 회피하는 경우는 내담자가 대화의 내용에 대해 두려움을 갖고 있을 때 또한 발생한다. 때때로 인지는 결코 적절하게 검토되지 않는다. 고통을 받는 사람은 불편한 마음을 갖고 있거나 다른 고통스러운 감정, 예를 들면 성적학대 희생자의 수치심을 촉발할 수 있는 인지를 다시 돌아보기를 꺼린다. 이런 경우 내담자가 고통스러운 생각에 천천히 직면할 수 있도록 회기 중에 안전한 느낌을 만들어주는 데 시간을 투자할 필요가 있다.

인지는 순식간에 일어나기 때문에 확인하기 힘들다.

통상적으로 그렇다. 내담자가 자동적 인지의 속성은 파악하기 힘들다는 것을 알아차린다면 도움이 된다. 부정적 인지를 검증한다기보다는, 부정적 인지를 유발하기 위해 시행되는 행동실험이 부정적 인지를 명백하게 해주는 데 유용할 수 있다(9장 참고). 그러나 모든 사람이 인지를 쉽게 파악하는 것이 아니기 때문에 때때로 우리는 인지를 파악하는 기술을 가르치기 위한 시간을 고려해야만 한다.

어떤 생각은 언로로는 쉽게 표현되지 않지만 신체적인, '느껴진 감각'으로는 더 잘 묘사될 수 있다(Kennerley, 1996). 예를 들면, 신체 이형 장애를 갖고 있는 내담자는 외형이 훼손되는 '느낌'을 보고할 수 있고, 강박 장애를 갖고 내담자는 '느낌'이 더럽다고 묘사할 수 있고, 혐오감에 기초를 둔 외상 후 스트레스 장애를 갖고 있는 내담자는 이것을 신체적으로 '느낄' 수 있다. 이러한 느껴진 감각은 격려와 시간이 주어진다면, 다뤄질 수 있고, 언어적으로 표현될 수도 있다.

신념을 돌아보고 검증하는 것은 영향이 거의 없거나 전혀 없다.

이런 경우 자신에게 던져야 할 첫 번째 질문은 "치료의 초점이 정확한가?"이다. 이것은 필요하다면 개념화를 다시 살펴보고 재조정하는 것을 요구한다.

내담자와 함께 내담자가 오래된 생각을 믿도록 하는 것이 무엇인지 또는 새로운 대안적 생각을 믿지 못하도록 하는 것이 무엇인지 점검하는 것 또한 중요하다. 충분히 다뤄지지 않은 안전 행동 또는 반응 억제 등 증거들이 있을 수 있다. 혹은 어쩌면 '뜨거운' 생각에 초점을 맞추지 않고 있을지도 모른다. 행동실험(BE)은 새로운 학습이 단순히 지적으로 전달되기보다는 신체적 수준에서 느껴지는 것을 보장하는 데 결정적이다.

마지막 가능성은 문제가 특히 엄격하고 확고한 신념 체계에 의해 파생되어서 보다 스키마에 초점을 맞춘 접근 방식이 요구된다는 것이다. 그러나 이러한 결론을 너무 빨리 내리면 안 된다. 먼저 다른 가능성들을 고려해야 한다.

───── 요약 ─────

- 인지·행동치료의 인지적 기법은 중요하기도 하고 다양해서 이 장의 내용이 길었다. 다음을 위한 기법이 있다.
  ◦ 핵심적인 인지를 관찰하기
  ◦ 문제의 인지로부터 주의 분산하기
  ◦ 문제의 인지 분석하기
  ◦ 새로운 가능성을 종합하기
  ◦ 행동실험을 통해 평가할 수 있다.
- 첫 번째 단계는 주로 소크라테스 문답법 또는 사고 기록을 통해 핵심적인 인지를 확인하는 것이다. 시간이 경과함에 따라 정보를 관찰하고 분석하고 그리고 종합하는 데 사고

기록이 사용될 수 있지만, 사고 기록의 사용은 내담자의 요구와 능력에 맞게 조정되어야 한다.

- 내담자가 문제의 인지를 확인하는 데 도움을 주기 위해 사용하는 인지적 전략과 이후에 실행되는 실험은 당신의 개념화에 따라 결정될 것이다. 각각의 중재는 정당화될 필요가 있으며, 내담자와 공유할 합리적 근거를 필요로 한다. 기법을 '너무 쉽게' 끌어오지 않는 것이 중요하다.
- 비록 지배적인 초점은 현재에 있지만, 일부 인지적 전략은 과거를 돌아보거나 심지어는 과거에 직면한다는 것을 알 수 있다. 그리고 지배적인 초점이 자동적 사고와 기저에 깔려 있는 가정에 맞춰져 있지만, 인지적 기법은 핵심 신념을 다루는 데 사용될 수 있다.
- 중재는 언어적으로, 시각적으로 그리고 경험적으로 제시될 수 있고, 인지적 내용이나 인지적 과정에 초점을 맞출 수 있다. 인지적 기법을 창의적으로 사용할 수는 있지만 이러한 의사결정을 정당화할 수 있는지 항상 확실하게 해야 한다.

다음 학습 활동은 SAGE publishing 사이트(https://study.sagepub.com/kennerley3e.)에서 내려받기 할 수 있다.

복습과 성찰:

- 물론 인지적 기법은 인지 · 행동치료의 핵심이다. 이 장을 읽으면서 어떤 절이나 어떤 문장이 당신을 놀라게 했는가. 만약 그렇다면, 기대하지 못했던 내용은 무엇인가? 이 장의 내용 가운데 어떤 것에 의해 놀랐다면, 그것은 환영할 만한 내용이었는가? 우려스러운 내용이었는가?
- 전반적으로 문제적 인지를 확인하고 검증하는 전략에 대해 읽고 난 반응은 무엇인가? 기법들이 당신이 선호하는 치료 스타일에 맞는 것 같은가? 앞서 읽은 장들로부터 획득한 지식의 내용을 이 장이 어떻게 강화시키는지 확인할 수 있는가? 문제적 인지를 확인하거나 검증하는 데 있어서 당신에게는 잘못되었다고 느껴진 측면이 있는가. 만약 그렇다면 무엇이 불편했는가? 당신의 의심과 불확실함을 꺼내어 알아내려고 시도해보자.
- 이러한 기법을 사용하는 데 있어서의 당신의 능력에 의심을 갖고 있는가? 만약 그렇다면, 걱정은 무엇인가? 계속해서 연수받을 필요가 있는 이러한 주요 인지적 치료의 특정 측면이 있는가?

한걸음 더:

- 인지적 기법을 적용해볼 경험을 얻는 탁월한 방법은 당신 자신에게 사용해보는 것이다.
  - 당신의 문제적 쟁점을 확인해보자. 아마도 특정 주제에 대한 회피, 대담자로부터의 특정 반응에 대한 두려움이거나 인지적 기법을 사용하는 데 있어서 당신이 갖고 있는 불안을 당신이 다룰 수 있을까 하는 문제일 것이다.
  - 당신의 어려움과 관련된 인지(생각과 심상)를 기록하자.
  - '한 발자국 물러서서', 인지적 편견을 확인하고 인지의 내용을 살펴보도록 시도하자.
  - 그런 다음, 당신의 문제적 인지를 재평가해보도록 시도하자.
- 스스로 이것을 어떻게 적용했는지 고찰해보자. 당신이 갖고 있는 어려움에 대해서뿐만 아니라 이 과제를 수행하는 것에서 무엇을 배웠는가? 내담자가 이와 비슷한 것을 하도록 요청받을 때 어떻게 느낄 것인지 생각해보자. 이 과제를 내담자가 가장 수용적이고 성취할 수 있도록 하기 위해 어떻게 할 수 있는가?
- 만일 이 장에서 기술한 전략의 유효성에 대해 불확실함을 느낀다면, 또는 만일 추가적인 연수가 필요하다고 느낀다면, 당신이 받을 수 있는 교육과정, 워크숍, 수퍼비전이나 읽기 자료에는 무엇이 있을지 찾아보고 그것을 활용할 구체적인 계획을 수립해보자.

보충 읽기 자료

Beck, A.T., Rush, A.J., Shaw, B.F., & Emery, G. (1979). *Cognitive therapy of depression*. New York: Guildford Press.

이미 1장에서 소개했지만, 다시 여기서 다시 한 번 강조할 필요가 있다고 생각한다. 수년에 걸쳐 인지적 기법에 대해 정제된 내용이 소개되어 있지만, 이 책에는 인지적 치료를 사용하는 데 있어서의 기초가 있다.

Greenberger, D., & Padesky, C. (2015). *Mind over Mood*. New York: Guildford Press.

이 자가 학습서는 20년 전에 출판되었는데 지금은 2판이다. 이 책은 문제적 인지를 확인하고 검증하기 위한 가장 분명하게 기술되고 체계적인 접근 방법을 담고 있다. 이 책은 내담자나 치료 종사자 모두에게 유용하다. 특히 이 책의 내용을 자기 자신에게 적용하여 이득을 얻을 수 있는 초보 치료사에게 유용하다.

Burns, D. (1980). *Feeling Good: the new mood therapy*. New York: Morrow.

우울증을 위한 자가 학습서인 이 책은 훨씬 더 오래 되었다. 하지만 이 책은 검증의 시간을 거쳤고, 치료 종사자나 내담자에게 훌륭한 자료로서 남아 있다. 이 책은 또한 독자들에게 인지·행동치료 전반에 대해 안내해주는데 Burns가 우울증(그리고 다른 문제들)을 가속시킬 수 있는 일반적인 가정의 일부를 다루는 부분이 특히 유용하다. 예를 들면, 완벽주의와 수행과 가치를 동일시하는 가정이 상세하게 탐색되고 있고 독자에게 그러한 도움이 되지 않는 가정을 물리치는 데 필요한 많은 아이디어를 소개하고 있다.

동영상 자료

- 8.1 내담자와 생각 일지 공유하기
- 8.2 내담자에게 주의 분산 소개하기
- 8.3 걱정과 반추 다루기
- 8.4 이분법적 사고 다루기
- 8.5 상상과 역할 놀이 활용하기
- 8.6 새로운 결론 도출하기

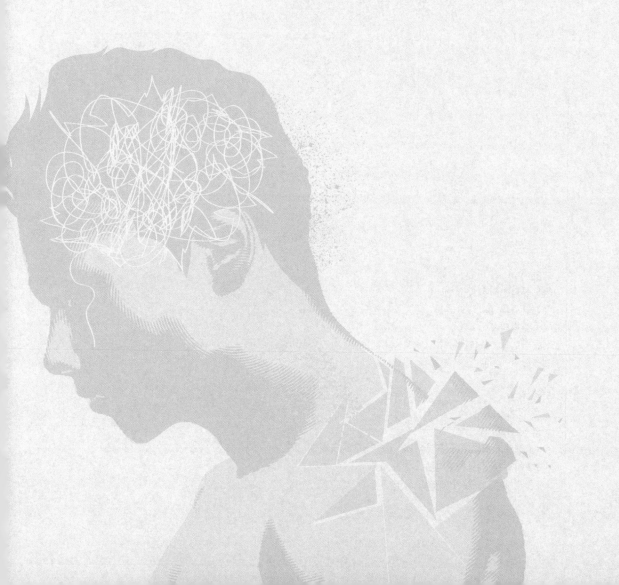

09

행동실험(BE)

도입

2004년도 인지·행동치료 유럽 협회 콘퍼런스에서 '인지·행동치료에서 B(행동)는 어디에 있는가?'라는 주제의 심포지엄이 있었다. 이 장에서는 이 문제, 즉 현재 인지·행동치료에서의 행동주의의 방법의 위상에 대해 다룰 것이다. 우리는 행동의 변화가 중요한 특정 영역에 초점을 맞출 것이다. 즉, 모든 문제에서 그런 것은 아니지만 대부분의 영역에서 상당한 효과를 내는 데 사용될 수 있는 인지·행동치료의 전략 중 하나인 행동실험(BE)을 다룰 것이다. 우리는 소크라테스 방법이 행동실험을 구성할 수 있으며 우리가 다룬 일반적인 행동주의 기법/실험이 활동 계획이라는 것을 이미 살펴봤다(7장에서). 그러나 활동 계획은 우울증에 관한 장(12장)에서 자세히 설명하고 있다. 왜냐하면 우울증에서 이것이 가장 폭넓게 사용되기 때문이다.

행동실험(BE)은 무엇인가?

다음의 논의 내용은 인지·행동치료에서의 행동실험의 적용에 헌신한 종합적인 서적을 비중 있게 다루고 있는데, 3인의 저자가 모두 여기에 기고하였다(Bennett-Levy, Butler, Fennell, Hackmann, Mueller & Westbrook, 2004). 우리는 Bennett—Levy 등의 행동실험의 조작적 정의를 채택한다.

행동실험은 인지치료 회기 중에 또는 회기 사이에 환자가 착수하는 실험이나 관찰에 근거한 계획된 실험적 활동이다. 행동 실험의 설계는 문제에 대한 인지적 개념화로부터 직접적으로 도출되며, 실험의 주요 목적은 다음의 활동을 수행하는 데 도움이 될 수 있는 새로운 정보를 획득하는 것이다.

- 환자 자신, 타인 그리고 세계에 관한 환자의 현재 신념의 타당성을 검증하기
- 새롭고 보다 적응적인 신념을 구성하기 그리고 또는 검증하기
- 인지적 개념화의 전개와 증명에 기여하기(2004: 8)

이것은 과학 실험처럼 행동실험이 어떤 가설이 가장 잘 지지되는지 결정하는 데 도움을 줄 증거를 생성하기 위해 설계된다는 의미다. 그러나 과학적 이론을 검증하는 대신 인지·행동치료에서의 행동실험은 도움이 되지 않는 인지에서부터 파생된 예측을 검증할 수 있는 증거를 수집하기 위해서 또는 개념화의 구성요소를 검증하기 위해서 설계된다. 7장과 8장에서 이미 인지를 탐색하고 고려해야 할 증거의 범위를 확장시키기 위한 주로 언어적으로 이루어지는 방법을 다뤘다. 행동실험은 단지 토론을 통해서라기보다는 행동과 관찰을 통해 신념을 탐색

함으로써 그리고 새로운 증거와 새로운 가능성을 생산해냄으로써 우리에게 이것을 한 단계 더 진일보시킬 수 있는 방법 중 하나를 제공한다. 회기를 진행하는 동안 특정 부정적인 인지를 탐색하고 가능성 있는 대안적 관점을 생성하기 때문에 행동실험(BE)은 이러한 결론을 검증하고 심지어는 통합할 수 있는 유용한 방법을 제공한다. 행동실험은 최초의 부정적 인지나 또는 새로운 대안이 상황에 대한 최고의 (가장 정확하거나 가장 도움이 되는) 관점을 제공해주는지 여부에 관한 보다 설득력 있는 정보를 수집하는 데 도움을 줄 수 있다.

사회 불안 장애가 있는 남성은 자신이 '유별나게' 보인다는 (그리고 다른 사람들이 자신을 인정하지 않는다는) 신념을 갖고 있었다. 이러한 신념에 대한 증거 중 하나는 직장 구내식당에 갈 때 다른 사람들이 자신을 '응시한다'라는 것을 알아차린다는 것이다. 그의 반응은 그들의 시선을 회피하기 위해 고개를 숙이고 앉아서 혼자서 식사하며 식기만 가까이 쳐다본다는 것이다. 인지·행동치료 회기 동안에 대안적 설명이 개발되었다. 즉, 아마도 다른 사람들은 구내식당에 들어오는 사람들이면 누구든 쳐다보는 경향이 있다. 왜냐하면 사람들이 호기심을 갖고 있어서이지 이러한 행동이 그에게만 배타적으로 그런 것은 아니며, 게다가 그의 '유별남' 때문에 다른 사람들을 쳐다보지 않는 것으로 이어지는 후속 행동은 이것이 사실인지 아닌지 확인할 기회를 갖지 못한다는 것을 의미했다. 이러한 결론은 어떤 설명이 가장 확신할 수 있는지에 관한 증거를 수집하기 위해 행동실험(BE)이 설계되도록 이끌었다. 평소처럼 구내식당에 그가 들어가되 고개를 들고 대충 몇 명이 자신을 쳐다보는지 세보도록 동의했다. 그런 다음 자리에 앉아 계속해서 주변을 둘러보려고 노력하기로 하면서 얼마나 많은 사람들이 구내식당에 들어오는 사람을 쳐다보는지 세려고 했다. 그는 이것을 할 수 있었고, 그가 놀랍게도 새로운 신념은 충분히 지지할 수 있다는 사실을 알게 되었다. 구내식당에 있는 일부 사람들은 식당에 들어오는 사람들을 쳐다보는 것 같았고 그가 다른 사람들보다 더 많은 호기심을 유발한다는 증거는 아무것도 없었다. 그는 이러한 사실이 자신이 '유별나다'라는 신념을 의심하기 시작하는 데 도움이 된다는 것을 알게 되었다.

사회 불안 장애가 있는 또 다른 사람은 사회적 상호작용 동안에 수줍어서 얼굴이 붉어지는 것에 대해 걱정을 하고 있었다. 그녀는 자신이 수줍어 얼굴이 붉어지면, 다른 사람들이 자신에 대해 가령, 자신이 어리석다 또는 비정상적이라며 부정적 판단을 할 것 같다고 믿었다. 비록 그녀는 가끔 얼굴이 붉어지는 것에 대해 놀림을 받았지만, 누구도 그것 때문에 부정적인 평가를 실제로 표현하지는 않았다. 하지만 그녀는 사람들이 단지 자신에게 친절한 것뿐이라는 근거에 기초하여 이를 무시하는 경향이 있었다. 이 내담자는 여론 조사 실험을 하는 것이 도움이 될 것이라 생각했다. 얼굴이 붉어지는 사람에 대한 반응에 관한 질문은 내담자와 치료사 모두 이것은 합리적으로 편향되지 않았다는 사실에 동의할 수 있도록 신중하게 구성되었다(예: 부정적 또는 긍정적 반응의 둘 중 하나를 분명하게 기대하지 않기, 즉 "이러한 사람을 나쁘다고 생각하시나요?"와 같은 질문으로 시작하지 않기, 이보다는 보다 중립적인 "얼굴이 붉어진 것이 그 사람에 대한 의견에 있어서 영향을 미치는가?"와 같은 질문으로 시작한다.). 그런 다음 치료사는 질문지를 회사 동료와 친구에게 배부하고 반응을 수집하였다. 이 내담자의 경우, 여론조사에 참여한 사람들이 그녀를 모르고, 그래서 반응에 있어서 '덜 친절할 것' 같다는 것이 중요했다. 그녀는 대부분의 사람들이 얼굴이 붉어지는 것이 꽤나 매력적이고 가장 최악의 반응을 보인 사람들의 생각이란 것이 얼굴이 붉어지는 사람은 불안할지 모르니 동정적으로 느껴진다는 정도라는 것을 알게 되었다.

행동실험(BE)은 어떻게 행동주의 치료에 비유되는가?

행동실험(BE)은 인지·행동치료의 행동주의의 유산에서 기원한다. 만일 이러한 진화에 관심이 있다면, 우리는 여러분에게 인지·행동치료에서 행동주의에서 인지·행동을 강조하는 것으로 이동한 극단적으로 매력적이고 학문적인 설명을 하고 있는 Rachman(2015)의 책을 읽어보라고 적극적으로 권하고 싶다.

일부 행동실험은 불안을 촉발하는 상황에 대한 노출인 생체 실험과 같이 전통적인 행동주의 방법처럼 보인다. 그러나 행동실험의 목적과 행동실험을 둘러싼 개념의 틀은 전통적인 행동주의 치료와는 상당히 다르다는 것을 기억하는 것이 중요하다. 후자의 경우 가장 흔한 개념적 모델은 습관을 유도하는 노출이다. 이것은 단계적 또는 집중적으로, 짧게 또는 연장되어 진행될 수 있다. 매우 조잡한 용어로 말한다면(이것보다는 실제로 훨씬 더 복잡한 학습 이론의 개념을 다루는 학습 이론가에는 사과의 뜻을 전하며), 이 개념은 불안을 유발하는 자극에 대한 노출이 사람이 점차 그 상황에 익숙해지면서 불안의 반응이 점차 사라지게 이끈다는 것이다. 때때로 사용되는 비유가 있는데 만일 내가 갑자기 큰소리를 지른다면, 여러분은 놀랄 것이다. 하지만 만일 내가 반복해서 10분마다 10초간 큰소리를 지른다면 아마도 여러분은 점차 놀라는 것을 멈출 것이고 덜 반응할 것이다. Craske, Treanor, Conway, Zbonzinkek, Vervliet(2014)는 인지·행동치료에서의 노출치료의 기제를 매우 상세하게 설명했다. 이 종합적인 논문을 통해 특히 불안 장애나 심리적으로 덜 영향을 받는 사람을 다루고, 이 기법을 수용하는 데 있어서 상당한 이유가 있다는 사실을 알 수 있다. Craske와 동료들은 순수한 형태에서 노출 치료가 어떻게 수행되는지 기술하였지만 평가와 학습 통합을 보다 강조하는 방식으로 수정하였다. 이것이 우리가 행동실험을 사용하는 것을 가장 잘 반영한다.

인지·행동치료에서의 행동실험은 단순히 불안 반응에 대한 습관을 촉구하는 것이 아니라 정보를 발생시키고 및 또는 신념을 검증하는 데 명백하게 목표를 설정한다는 점에서 본질적으로는 인지 전략이다. 만약, 슈퍼마켓을 두려워하는 광장공포증이나 공황 장애를 갖고 있는 사람의 치료를 고려한다면, 전통적인 행동주의 치료나 인지 · 행동치료는 이 사람이 슈퍼마켓을 방문하는 것이 도움이 될 것이라고 제한할 것이다. 하지만 이 전략이 숨어 있는 목표와 사고(그러므로 다음에 이어질 정확한 절차도)는 서로 다르다.

- 행동주의 노출은 슈퍼마켓에 관한 새로운 반응을 학습하도록 하는 데 목표를 두는데 이는 불안 반응이 사라지고 새로운 학습이 일어나기에 충분할 만큼 오랫동안(그리고 그러기에 충분할 정도로 자주 자극을 반복) 그 상황에 머물도록 하는 것에 관여하는 것이다. 사고나 신념에 특별히 주의를 기울이지는 않는다. 필요하다고 생각되는 것은 내담자가 습관이 발생하기에 충분할 만큼 오랫동안 이러한 회피를 극복하는 것이다. 이것을 지원하기 위해서는 보통 노출은 단계적으로, 즉 불안 수준의 증가가 위계적으로 구성되어 어떤 시점이라도 내담자가 너무 불안해하지 않도록 해야 한다(비록 처음부터 가장 극심한 공포를 유발하는 상황으로 내담자를 노출하는 홍수법이라 불리는 노출 형태가 있긴 하지만).

- 인지 · 행동치료에서 행동실험(BE)을 사용한다면, 슈퍼마켓을 방문하는 것에 앞서 어떤 일이 생길지에 관한 내담자의 부정적 예상에 대한 인지적 이해가 선행되어야 한다. 이러한 방문의 목적은 예컨대 그가 정말로 쓰러지거나/죽거나/기절하는지 아니면 그 밖에 무슨 일이 되었든 그가 두려워하는 일이 실제로 발생하는지 아닌지를 살펴봄으로써 이러한 부정적 신념을 검증하도록 그를 돕는 데 있다. 물론 비록 임상적으로는 중요한 관심이지만, 그의 불안의 수준은 실험 중에는 주요 관심사가 아니다. 혹은 최소한 불안해하는 것이 그의 부정적 신념에 있어서 일정 부분 역할을 하지 않는 것이 아니라면(예: "만일 내가 매우 불안해진다면, 나는 이성을 상실하고 미쳐버릴 것이다."), 후자의 경우 이 신념을 검증하기 위해서는 그가 정말 매우 불안해지는 적당한 행동실험이 정말 중요할 수 있다. 그러므로 단계적으로 상황을 다루는 것이 임상적으로는 필요할지 모르지만, 이러한 것이나 단계적 노출이나 행동실험에 있어서 필수적인 것은 아니다. 문제의 핵심은 가능한 한 철저하게 그리고 확실할 수 있게 생각과 신념을 단지 검증하는 것이다. 그리고 이러한 과정은 단 하나의 실험만으로 발생할 수 있다.

이런 두 가지 행동적 접근이 효과적일 수는 있지만, 행동실험을 사용해야 하는 하나의 이유는 행동실험이 인지 · 행동치료를 떠받치고 있는 '과학적 종사자' 접근 방식(특정 가설을 설정하고 검증하는 것)을 명백하게 가르치기 때문이다. 인지 · 행동치료사에게 행동실험이 흥미를 끄는 또 다른 이유는 이것이 주로 언어적 수단에 의존하는 치료 과정에서 직면하게 되는 장애물, 즉 "예, 지성적으로는 이것이 사물을 바라보는 이성적 관점이라는 것을 알 수 있지만, 여전히 제 부정적 생각이 사실인 것 같다는 느낌인걸요."와 같은 반응을 우회에 갈 수 있는 방법을 제공하기 때문이다. 단지 말로 하는 것이 아니라 작동 중인 생각과 신념을 검증함으로써 행동실험은 보다 '직감'의 유형의 학습을 발전시키는 데 도움을 줄 수 있다. 또한 행동실험은 불안 문제에 초점을 맞추고 있는 노출과 대조적으로 거의 모든 심리적 문제에 유용하다.

───── 행동실험의 효과 ─────

행동실험(BE)이 노출보다 다소 효과적인지 아닌지에 관한 증거는 현재는 제한적이다. 체계적인 고찰에서 ─ 이러한 관점에 관한 최초의 ─ McMillan과 Lee(2010)는 공황 장애, 강박 장애, 특정 공포 장애를 포함하는 14개의 관련 연구를 취급하였다. 다양한 연구방법상의 문제로 인해 결론을 내는 데 있어서 적절하게 주의하였지만, 요약하자면 "단순 노출보다는 행동실험이 더 효과적임을 입증하는 증거가 있다."라는 것이다(McMillan & Lee, 2010. 논문 요약 마지막 문장). Rachman(2015)의 연구는 이들의 관점을 지지하고 있다. 따라서 더 많은 더 좋은 증거가 필요하지만, 현재로서는 지금의 결과가 최선의 것이라 할 수 있다.

───── 행동실험의 유형 ─────

행동실험(BE)은 행동실험이 변경할 수 있는 두 가지 차원에 따라 유용하게 구분할 수 있다. 즉, 가설 검증 대 발견의 행동실험 그리고 활동적 대 관찰적 행동실험이 그것이다(Bennett-Levy et al., 2004). 이 유형을 하나로 합치면, 다음과 같은 행동실험 유형이 나온다(그림 9.1 참조).

가설 검증형 행동실험 대 발견형 행동실험

가설 검증형 행동실험은 아마도 고전적인 과학 실험에 가장 근접한 형태이다. 이러한 실험에서는 하나의 가설에서 출발하거나 또는 종종 이론 A와 이론 B로 알려진 상대적으로 분명한 두 개의 가설에서 출발한다. 이론 A는 '내가 유별나기 때문에 사람들이 나를 쳐다본다.'와 같은 내담자의 최초의 신념이나 설명이다. 이론 B는 종종 인지·행동치료 개념화에 기초하거나 또는, 가령 '사람들은 누구나 방에 들어오는 사람을 호기심에 쳐다보지, 저에 대해 특별한 것은 없어요.'와 같이 내담자와 치료사 사이에 회기 도중에 만들어지는 것이다. 우리가 이러한 가설들 중의 최소한 하나를 이성적으로 분명하게 말할 수 있을 때, 가설에 관한 분명한 증거를 찾는 것을 목표로 하는 행동실험(BE)의 필요조건을 갖는다. 우리는 이론 A와 이론 B를 따로 검증할 수도 있다(그럴 경우 검증해야 할 질문은 "이 이론이 이 상황에서 무엇이 일어날지를 정확하게 예측하는가?"). 또는 앞서 구내식당 실험에서와 같이 관찰된 결과를 가장 잘 예측하는 이론은 무엇인지 두 개의 이론을 비교할 수도 있다. 목표는 내담자가 어느 예상이 실현될지 말할 수 있도록 원칙적으로 관찰 가능한 가설의 일부 예상된 결과를 발견하는 것이다.

그림 9.1 행동실험(BE)의 유형

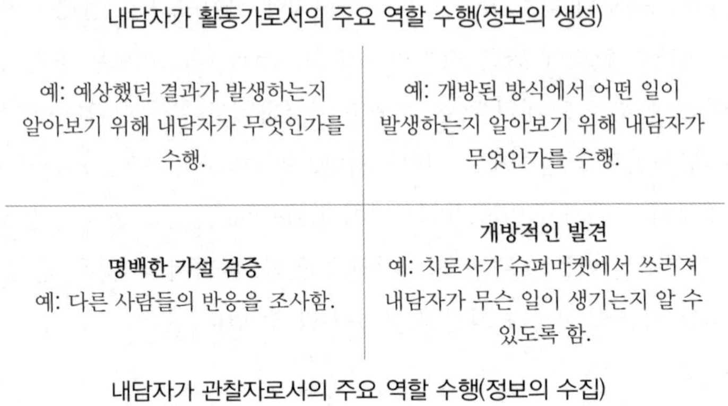

내담자가 활동가로서의 주요 역할 수행(정보의 생성)

예: 예상했던 결과가 발생하는지 알아보기 위해 내담자가 무엇인가를 수행.	예: 개방된 방식에서 어떤 일이 발생하는지 알아보기 위해 내담자가 무엇인가를 수행.
명백한 가설 검증 예: 다른 사람들의 반응을 조사함.	**개방적인 발견** 예: 치료사가 슈퍼마켓에서 쓰러져 내담자가 무슨 일이 생기는지 알 수 있도록 함.

내담자가 관찰자로서의 주요 역할 수행(정보의 수집)

가설 검증 실험은 가장 흔하며, 종종 가장 유용하다. 하지만 내담자는 때때로 검증해야 할 가설이 없는 경우도 있다. 어쩌면 부정적 인지에 대한 분명한 진술을 하지 못해서일 수도 있고 어쩌면 아직 대안을 고안해내지 못해서 일수도 있다. 이런 경우 "만일 내가 X를 한다면, 어떤 일이 발생할까?"와 같이 개방적인 방식으로 탐색하는 데 목표를 두는 발견형 행동실험을 수행하는 것이 유용할 수 있다. 예를 들면, "내가 만일 다른 사람들에게 나 자신에 대해 공개적으로 더 많이 말을 한다면, 나는 어떻게 느낄까? 그들을 어떻게 반응할까? 어쩌면 나는 알 수 있을 거야."

행동형 행동실험 대 관찰형 행동실험

두 번째 특징은 이 둘 사이에 있다.
- 정보를 수집하기 위해 밖으로 나가 대개는 평소 자신의 행동과는 다른 무엇인가 적극적으로 한다는 점에서 행동실험 안에서 내담자가 적극적이다.
- 행동실험 안에서 내담자는 무엇인가 다른 것을 적극적으로 하기보다는 사건을 관찰하거

나 이미 이용 가능한 증거를 수집한다.

구내식당 실험은 행동형 실험의 한 예이다. 얼굴 붉어짐 여론조사는 관찰형 실험의 예이다. 관찰형 실험은 내담자 자신에 대한 '위험' 없이 내담자가 무슨 일이 일어나는지 알 수 있도록 치료사가 무엇인가를 하는 것을 내담자가 관찰하는 치료사의 시범을 포함한다.

공공장소에서 기절하는 것에 대한 공포를 갖고 있는 남성이 자신의 치료사가 쓰러졌을 때 무슨 일이 일어나는지 관찰하는 것이 도움이 된다는 사실을 알게 되었다. 부정적인 예측, 즉 '만일 내가 기절을 하면, 주의를 끌 것이고 다른 사람들의 반응에 의해 굴욕을 당할 것이다'라는 예측을 확인하고 나서 내담자와 치료사는 함께 붐비는 슈퍼마켓으로 갔다. 거기서 치료사는 기절한 척했고, 반면에 남성은 사전에 떨어지기로 약속한 거리에서 관찰하였다. 이런 식으로 남성은 조심스럽게 실제로 일어나는 일을 관찰했고, 주변 사람들이 걱정스런 반응을 보였고, 비웃지 않았으며, 누구도 주의를 끌 만한 야단법석은 떨지 않았다고 결론 내렸다. 사실 전체적인 상황은 다소 차분했으며, 남성은 주변 사람의 걱정에 안심하였다.

어느 10대 소녀는 땀을 많이 흘려서 자신이 팔을 들 때 사람들이 이것을 알게 될까 두려워하고 있었다. 더군다나 사람들이 자신의 땀 흘린 흔적을 보면, 불결하고 받아들이지 못할 것이라고 판단할 것이라고 확신하고 있었다. 그녀와 그녀의 여성 치료사는 치료사가 짙은 색의 티셔츠를 입고 겨드랑이에 물을 충분히 적신 다음 시내로 가서 치료사는 양팔을 올릴 기회를 최대한 이용하고 반면에 소녀는 주변 사람들의 반응을 관찰하기로 했다. 약 40분 동안 치료사는 슈퍼마켓의 꼭대기 선반으로 팔을 뻗거나, 카페의 벽면의 윗부분을 가리키는 등의 행동을 했다. 이런 식으로 몇 군데 장소에서 겨드랑이의 땀을 드러내는 행동을 했다. 그녀와 소녀는 그런 다음 무엇을 배웠는지 상세하게 토의했다. 10대 소년은 아무도 알아차리지 못하고 신경 쓰지 않는 것에 대해 놀랐다. 그리고 이러한 사실이 소녀를 다소 편안하게 해주었다. 사실 시간이 경과함에 따라 소녀는 그것이 점점 즐거워진다는 것을 알게 되었고 혼자서 가는 것도 꺼려하지 않는다고 말했다.

정보 수집의 많은 방법이 가능하다.

점점 자신감을 느끼자, 이 소녀는 12명의 반 친구를 상대로 조사를 했다. 분명히 땀을 많이 흘리는 소녀에 대해 어떻게 생각하는지 물은 것이다. 소녀는 한 명의 동료를 제외한 모든 친구들이 자신을 나쁘게 생각하지 않으며, 그들도 역시 그러한 걱정을 경험한 적이 있었던 까닭에 모두가 동정적이라는 사실을 알게 되었다. 이로 인해 소녀의 자신감은 더욱 강화되었고, 다른 사람도 비슷한 걱정거리가 있다는 것이 알게 된 것 또한 도움이 되었다. 한 친구만이 비판적이었지만 자신감을 느꼈고, 자기 자신의 신념이 변했기 때문에 소녀는 이제 이 친구의 부정적 의견에 대해 스스로 대응할 수 있음을 발견하였다.

사회 불안을 갖고 있는 남성이 딱히 말할 만한 중요하거나 또는 현명한 소재가 없는 것에 대해 걱정하고 있었다. 남성은 사람들이 대화를 어떻게 하는지를 관찰하는 것을 통해 대부분의 일상적인 대화는 상당히 일상적이며, 반드시 심각한 주제나 깊은 사고를 담고 있는 것이 아니라는 것을 깨달을 수 있었으며, 이러한 관찰이 도움이 된다는 사실을 알게 되었다. 남성은 또한 그가 대화의 흐름을 유지하는 데 도움이 될 만한 '사회적 문구'나 행동을 골라놓았는데 이것이 계속해서 남성의 자신감을 향상시켜주었다.

책이나 인터넷에서 정보를 수집하는 것 또한 유용하다.

광장공포증 내담자가 밀폐된 공간에서의 질식사의 위험에 관해 밀폐된 방에서 사람이 얼마나 오래 생존할 수 있는지에 관한 계산을 포함한 상세한 정보를 발견했다. 이러한 정보는 자신이 예측했던 것보다 훨씬 안전하다고 그를 안심시켰다.

외상 후 스트레스 장애를 갖고 있는 한 여성은 조건에 관해 치료사가 자신에게 준 자료를 읽은 것이 도움이 된다는 사실을 알게 되었다. 이 자료를 사용하면서, 그녀는 플래시백 현상이 제정신이 아님을 드러내는 징후라는 자신의 공포를 이것은 외상을 겪고 난 후의 정상적인 반응이라는 현실인식으로 전환하기 시작할 수 있었다.

대부분의 고전적인 행동실험(BE)은 그림 9.1의 상부의 좌측(이론 A)에 해당한다. 하지만 나머지 유형에도 또한 유용한 사례가 있다. 종합적인 정보 수집을 위해서는 Bennett & Levy et al.(2004)을 참고하라. 이러한 접근 방법의 한두 개를 사용할 때 목표는 회기 중에 또는 회기와 회기 사이에 내담자의 부정적 인지와 관련된 보다 많은 증거를 생성하거나 수집하는 데 도움이 될 만한 내담자가 할 수 있는 무엇인가를 고안하는 것이다.

───── 행동실험의 계획과 실행 ─────

계획하기

대부분의 성공적 행동실험(BE)에는 앞서 신중한 계획이 따른다. 치료사로서 역할을 최소화하여 내담자와 함께 행동실험을 고안할 때, 코치와 양성가의 역할을 해야 한다는 것을 기억해야 한다. 때때로 자발적인 실험을 수행할 수 있어야 하며 그 실험은 회기로부터 발전되어 진행될 수도, 회기 안에서 진행될 수도 있다. 예를 들면,

- 심장박동수가 증가하면 심장 발작이 일어날 것이라고 예측하는 한 남성은 치료실 현장에서 달림으로써 이러한 예측에 대한 검증을 실시하기로 동의했다.

- '덩어리로 된' 음식을 먹으면 질식할 것이라고 믿는 10대 소녀는 자신의 치료사의 병원 구내식당에서 과일이 들어 있는 요구르트를 먹기로 동의했다.

자연스러운 실험의 장점은 예상하는 불안을 최소화할 수 있다는 것이다. 그러나 이러한 행동실험(BE)은 계획을 수립하는 데 있어서 상당한 주의를 요구한다.

여기 고려해야 할 필수적인 요소가 몇 가지 있다.

- 치료사와 내담자 모두 실험의 목적과 합리적 근거를 분명하게 이해하도록 해야 하고, 항상 협력적으로 실험을 계획해야 한다. 행동실험은 회기의 마지막 2분에 일방적으로 수행돼서는 안 되며, 단지 절차에 따라 치료사가 그래야만 해야 한다고 해서 행동실험이 진행되어서도 안 된다. 상황이 진전되는 것에 따라 합리적 방식으로 회기 밖으로 전개되어야 한다. 내담자가 행동실험과 과제에 대해 생각하도록 참여시키는 것이 바람직하다는 사실을 기억해야 한다. 예컨대, "회기 동안 우리가 논의한 내용을 고려했을 때, 지금과 다음 회기 사이에 앞으로 이것을 어떻게 전개하는 것이 유용할 수 있다고 생각하나요?"

- 특별히 가설 검증 실험의 경우에는 검증해야 할 인지가 무엇인지, 어떤 일이 발생할지 모른다는 내담자의 부정적인 예측이 무엇인지를 분명하게 하는 데 상당한 시간을 투자해야 한다. 이 단계는 중요한데, 빈약하게 정의된 인지에 목적을 둔 행동실험은 거의 효과가 없기 때문이다. 예를 들면, 내담자가 안전 추구 행위(SB)가 없이 특정 상황에 접근하는 것에 대한 두려움을 갖고 있고 그의 최초의 예측은 "끔찍할 것 같아요."처럼 다소 모호할 수 있다. 정확하게 정의되지 못했기 때문에 당신은 이 예상을 검증할 수 있을 것 같지 않다. 그것이 '끔찍한지 아닌지' 내담자나 치료사가 어떻게 말할 수 있겠는가? '끔찍하다'를 구성하는 것은 무엇인가? 더군다나 이런 유형의 행동실험은 적어도 내담자가 불안을 느낀다는 점에서 실제로 '끔찍한' 것으로 판명될지 모른다. 가령 "내가 쓰러질 거야." 또는 "사람들이 날 비웃을 거야."와 같이 (a) 검증되어야 할 신념과 가능한 한 대안을 구분해주는 또는 (b) 내담자와 치료사 모두 명백하게 어떤 상황이 발생했는지 아닌지 결정할 수 있도록 해주는 합리적이고 분명한 기준으로 전개될 수 있는 분명한 예측을 다루는 것이 훨씬 좋다.

▶ 동영상 자료 9.1: 행동실험(BE)을 구성할 때 분명하게 예측하기

- 분명한 인지를 확인한 다음, 측정될 수 있는 변화에 대한 기초선을 제공하기 위하여 내담자에게 척도로(예: 0~100%, 0% = 전혀 믿지 않음, 100% = 그것이 사실이라는 것이 전적으로 확실함.) 얼마나 강력하게 신념을 믿는지 평점하도록 한다.

• 예컨대 적극적 실험 또는 관찰형 실험이든 인지를 검증할 수 있는 실험의 최선의 유형을 선택한다. 부분적으로는 이러한 결정은 내담자가 생각의 변화에 있어서 어느 지점에 이르는지, 실험이 내담자에게 얼마나 위협적으로 보이는지에 달려 있다. 관찰형 행동실험은 종종 덜 위협적이어서 그러므로 적극적인 행동실험으로 옮겨가기 이전에 유용한 첫 번째 단계일 수 있다.

신체 이형 장애를 갖고 있는 남성을 위한 여론 조사에는 그 사람을 모르는 사람들이 남성의 사진을 보도록 했고, 몇몇 사람들에게는 그가 추하다고 느끼는 것처럼, 남성의 코가 '추한지' 선택해서 추려지는지 알아보도록 했다. 이런 실험에서 흔히 있는 것처럼, 반응하는 사람에 대한 질문의 표현은 특정 반응으로 유도하지 않은 채 의미 있는 질문이 될 수 있도록 신중한 고려를 요구한다. 이 경우 남성이 사람들이 특별히 자신에게만 집중하지 않도록 또는 처음에 코에만 집중하지 않도록 처음의 질문들은 "여기 사람들의 얼굴 중에서 다소 특이하게 보이는 얼굴이 있는가? 만약 그렇다면 어떤 면에서 그런 것 같나?"의 순서로 질문을 구조화했다. 이처럼 조사에서는 특별히 코에 대한 평가는 나중에 하도록 요청했다.

• 행동실험(BE)을 설계할 때, 안전과 위험에 대해 합당한 주의를 기울일 필요가 있다. 인지 · 행동치료는 현실적인 생각에 관한 것이지, 일반화된 긍정적 또는 부정적 생각에 관한 것은 아니며, 특정 행동실험을 하는 것에 관한 위험은 실험을 하지 않았을 경우의 위험에 견줄 필요가 있다(잠재적인 감소된 치료 효과 그리고 계속해서 심각한 불안 문제를 갖게 될 위험의 증가의 차원에서)는 점을 명심하며, 안전과 위험을 균형을 잡아가며 처리해야만 한다. 과도한 주의를 제공함으로써 내담자의 불안을 단순히 가중시키지 않는 것도 중요하지만, 심각한 위험을 무시하지 않는 것 또한 중요하다. 예컨대 만일 내담자가 신경 써야 할 신체적 문제(예: 폐 또는 심장 문제, 만약 그렇다면, 일반 개업의나 의사에게 신체적 평가를 의뢰해야 한다.)를 갖고 있다고 가정해야 할 이유가 있다면, 실험에 격렬한 신체적 활동을 포함시키는 것은 신중할 필요가 있다. 또는 실험이 공격받는 것에 대한 두려움을 검증하기 위해 길을 따라 걷는 것과 관련이 있다면, 거리가 정말 안전한지(예: 대부분의 사람들이 걷기 주저하는 거리) 합리적으로 확신할 수 있어야 할 필요가 있다. 비율에 대한 감각을 유지해야 한다. 심각한 위험을 고려할 필요가 있지만, 또한 내담자에게 주는 메시지를 기억해야 할 필요도 있다. 실제 생활에서는 완벽하게 100% 안전하지는 않다.

내담자가 일련의 성공적인 활동에 기초하여 행동실험의 토대를 쌓을 수 있는 속도로 도전에 직면할 수 있도록 행동실험을 단계적으로 시행해야 한다. 행동실험을 통해 배울 수 있다고 하더라도 계획을 세울 때는 좌절을 피할 수 있도록 시도해야 한다. 다음과 같은 질문이 도움이 될 수 있다. "당신이 X를 할 수 있다는 것을 고려할 때, 지금 긴장하고 있다면, 무엇을 할 수 있을까요? 현실적으로 비록 그것이 당신을 긴장시킬 것이라는 것을 알지만, 자신감을 갖고 무엇을 수행할 수 있나요?" 이것은 내담자가 너무 멀리 너무 빠르지 않게 진전할 수 있도록 보장해준다.

> 정원사 훈련생인 Lucas는 개구리 공포증으로 밖에서 일하는 데 방해가 되는 것으로 인해 의뢰되었다. 그는 맏형이 자신의 셔츠 속으로 개구리를 떨어뜨렸던 3~4살 이후로 줄곧 개구리에 대한 공포증을 품어 왔다. 그는 장기간에 걸친 회피 전략으로 대응해왔는데, 회기 중에 자신이 두려움에 직면하는 가능성만으로도 구역질나는 느낌이 들었다. 자신이 개구리라는 단어를 언급할 때는 심지어 'ㄱ'으로 시작하는 단어조차 말하려 하지 않았다. 이렇듯 오래 지속된 공포증과 높은 수준의 회피 전략을 갖고 있었기 때문에 자신의 두려움에 맞서는 행동실험(BE)은 단계적으로 실시될 필요가 있었다. 그와 치료사는 불편함을 느끼지 않으면서 'ㄱ'으로 시작되는 단어를 그가 말할 수 있는 것부터 다루기 시작하였다. 이 과제는 먼저 계속해서 편안함을 느끼게 하면서 'ㄱ'을 쓰고 나서 전체 단어를 쓴 다음 단어를 말하는 것이었다. 이러한 과정은 2주 정도에 걸쳐 진행되었고 그가 '개구리'라는 단어를 사용할 수 있게 되자, 항상 신중하게 속도조절을 내기로 하며, 단계별로 진행할 프로그램의 나머지 프로그램의 구체적인 내용에 대해 상의할 수 있었다.

- 치료의 최종 목표가 명확해야 하고, 문제에 대해 단계적으로 접근하는 계획을 세운다면, 가능하면 최종 목표가 조작될 수 있도록 확실히 해야 한다. 치료사와 내담자는 목표를 향한 진전을 관찰할 수 있어야 하며 그래서 언제 목표가 성취되었는지 인식할 수 있을 필요가 있다. 최종 지점에 대한 모호한 언급은 목표 달성을 용이하게 하지 않으며, 더욱 안 좋은 것은 성공이 분명하게 정의되지 않는다면, 자기 비하의 내담자는 성취를 하향조정하기가 매우 쉽다는 것이다. 위의 사례의 경우에서 정원사 훈련생의 궁극적 목표는 '혼자서, 묘목을 옮기기 위해 손을 사용하며, 네모 모양의 저습한 묘목장에서 일하는 것이다. 만일 내가 개구리를 보고 놀라도, 내가 있던 곳에 머무를 수 있으며, 다시 일을 할 수 있을 정도로 나를 진정시킬 수 있다.'로 하였다.
- 행동실험(BE)을 가능한 한 '틀림없이 잘 되도록', 즉 무슨 일이 일어나더라도 내담자와 치료사 모두 무엇인가 얻을 수 있도록 설계해야 한다. 만일 부정적인 예측이 나타나지 않는다는 의미에서 행동실험이 '효과'가 있다고 할 수 있다면, 마찬가지로 부정적인 예측의 일부가 확인된다고 하더라도 무엇인가 배웠고 차례로 보다 생산적인 탐색과 행동실험을 유도할 수 있게 해주는 이제 부정적 예측을 야기한 것에 대해 생각할 필요가 있다면, 그러한 결과도 여전히 유용하다. 그리고 그 결과 생산적인 탐색과 행동실험을 유도

할 수 있게 되는 것이다.

- 같은 이유로 해서, 행동실험의 결과에 대해서는 순수하게 개방적인 마음을 갖도록 시도 해야 한다. 치료사가 무슨 일이 일어날지 이미 알고 있다고 내담자에게 제안하는 방식으로 접근해서는 안 된다. 만일 행동실험이 치료사가 예측한 대로 실행되지 않는다면, 내담자는 치료사에 대한 확신을 잃고 자신이 실패할 것이라고 느낄 수 있다. 순수하게 호기심을 갖고 있는 것이 훨씬 좋다. 즉, "여기서 무슨 일이 일어날지 저도 확실히 잘 몰라요. 하지만 아마도 당신이 느끼는 것만큼 나쁘지는 않을 거예요. 한번 찾아보는 것이 어떨까요?"

- 이와 비슷하게 내담자와 함께 무엇이 힘들거나 잘못될 것 같은지 예측하도록 시도해야 한다. 그런 다음 그러한 역경에 어떻게 대처할지 전략을 세우고 예행연습을 시도해야 한다. 만약 다른 사람의 반응이 연루된 행동실험을 한다면, 만일 실제로 내담자가 부정적인 반응을 받았을 때 내담자는 무엇을 해야 할까? 만약 행동실험이 슈퍼마켓에 혼자 가는 광장공포증을 갖고 있는 사람과 관련된 것이라면, 그가 만약 공황 발작이 발생한다면, 그는 어떻게 대처할 것인가? 앞서서 이런 문제들을 치료사가 고려한다면, 행동실험은 훨씬 유용할 수 있을 것이다.

- 위에서 언급한 사실에도 불구하고, 회기 안에서 발생되는 무엇인가에 의해 촉구되는 자연스러운 행동실험의 잠재적 가치를 무시해서는 안 된다. 어떤 사람들은 즉흥적으로 무엇인가를 더 하려고 한다. 하지만 이것은 신중하게 실행할 필요가 있다. 그리고 내담자는 자신이 원하면 거부할 수 있다는 것을 분명하게 해야만 한다.

▶ 동영상 자료 9.2: 자발적인 행동실험(BE) 고안하기

실험 그 자체

실험은 내담자에 의해 독립적으로 예를 들면, 회기 중에서이든 실제 세상 밖에서든 숙제의 일부로서 혹은 치료사인 당신과 함께 실행된다. 후자의 생체 내 실험은 매우 유용할 수 있는데 치료사가 내담자를 지지하고 격려할 수 있어서이기도 하고, 치료사가 문제에 대해 배울 수 있는 소중한 기회를 제공해주기 때문이기도 하다. 즉, 생체 내 행동실험(BE)은 사전에 알려진 생각과 신념, 안전 추구 행위(SB) 등을 종종 발생시킨다. 만일 내담자와 동행한다면, 성공적인 결과가 발생할 기회를 늘리기 위해 알아야 할 몇 가지 것들이 있다. 즉, 내담자가 혼자서 행동실험을 수행하려고 한다면, 내담자가 다음의 요인을 알게 해주어야 한다.

- 내담자가 단지 '시늉만 내기'보다는 상황에 충분히 관여할 수 있도록 권장한다. 보통 행동실험(BE)은 어떠한 분노도 유발하지 않는다면(예: 자기 자신의 주의를 다른 데로 돌리거나, 자신의 한계까지 진정 밀어붙이지 않기 때문이다.), 그럼 행동실험은 덜 유용할 것 같다는 사실을 내담자는 이해할 필요가 있다.

- 당신 그리고 또는 당신의 내담자는 긍정적이든 부정적이든 일어나는 어떠한 변화를 인식하기 위해서 그리고 행동실험이 적절한 선을 따라 진행되고 있다는 확신하기 위하여 내담자의 생각과 감정을 지속적으로 관찰할 필요가 있다. 예를 들면, 행동실험 동안에 최소한 일정 정도의 불편함을 느끼지 않고 행동실험을 거친다는 것은 내담자에게 흔치 않은 일이다. 만일 내담자가 완벽하게 평온한 상태로 유지한다면, 그가 미묘하게 회피하는 것은 아닌지 혹은 안전 행동을 실행하는 것은 아닌지 살펴보는 것이 현명한 처사이다. 다른 한편으로 만약 행동실험 동안에 내담자의 생각이나 감정에 긍정적인 변화가 하나도 없다면, 어쩌면 인지가 제대로 다뤄지지 않았음을 가리킬 수 있다. 그리고 조금 더 실험을 진척시키거나 무엇인가 다른 것을 시도하는 것에 대해 생각해보는 것이 더 유용할 수 있다.

- 위에서 언급한 바와 같이 행동실험 고유의 특성상 행동실험은 어느 정도 예측할 수가 없다. 그리고 예상하지 못한 일이 일어날 수도 일어나기도 한다. 치료사 그리고 또는 내담자는 예상하지 못한 일에 대해 유연하게 대처할 필요가 있다. 만일 행동실험이 예측하지 못한 방향으로 간다면, 이러한 결과를 통해 배우고 적절하게 접근 방식을 수정해야 한다.

Lucas는 자신의 궁극적인 목표를 향해 치료 활동을 하면서 일련의 행동실험(BE)에 대해 협상을 했다. '개구리'라는 단어를 말하는 것에 관한 자신감을 얻은 이후에 그는 치료사와 함께 회기 중 개구리에 관한 기록을 한 동영상 자료를 보는 것으로 협의했다. 그와 그의 치료사는 이것을 계획했고, 함께 자료를 보았다. 매우 빠르게 그는 불안에 의해 압도당했다. 분명히 이들은 너무 멀리 너무 빠르게 진행했다. 이런 일이 발생하면 무엇을 해야 할지에 대해 이미 논의를 거쳤기 때문에 모든 것을 잃은 것은 아니었다. 치료사는 단지 비디오의 전원을 껐다. 그리고는 Lucas가 안정을 취하도록 촉구했다. 그들은 사전에 이완 학습의 형태로 일부 기초 작업을 수행했기 때문에 그는 매우 빠르게 안정을 찾았다. 그런 다음 이들은 그의 단계별 실행 프로그램을 살펴보았다. 이들은 그의 단계를 더 나눠서 비디오 자료를 직접 보는 것 대신에 단순한 개구리 그림을 바라보는 행동실험(BE)으로 계획을 수립했다. 만일 이것이 잘 진행된다면, 이들은 조금 더 실물 같은 그림을 보는 것으로 하고 궁극적으로는 실제 생활에서의 생생한 행동실험을 수행하기 위한 목적으로, 결국에는 비디오를 보는 행동실험으로 돌아갈 것이다.

▶ 동영상 자료 9.3: 생체 내 실험 수행하기

표 9.1 행동실험(BE) 기록지

날짜	치료대상 인지	실험	예측	결과	내가 배운 것
	어떤 생각, 가정 또는 신념을 평가하려고 하는가? 대안적 관점이 있는가? 인지에 대한 신념을 평점하라(0~100%).	인지를 검증할 실험을 설계하라(예: 평소에는 피했을 상황에 직면하기, 예방조치 취하기, 다른 방식으로 행동하기)	어떤 일이 생길 것이라고 예측하는가?	실제로 어떤 일이 생겼는가? 무엇을 관찰했는가? 결과가 당신의 예측과 어떻게 일치하는가?	이것이 당신의 최초 가정/신념에 있어서 어떤 의미인가? 이것을 얼마나 믿는가(0~100%)? 이것이 수정될 필요가 있는가? 어떻게?

이 표는 SAGE publishing 사이트(https://study.sagepub.com/kennerley3e.)에서 다운받을 수 있다.

실험 이후

실험을 잘 활용하기 위해서는 '상세하게 설명'할 수 있는 시간을 갖고 일어난 일에 대해 고찰하는 것이 중요하다.

- 첫째, 내담자와 함께 실제로 일어난 일을 살펴볼 필요가 있다. 무엇이 그의 생각/심상이었는가? 그가 어떻게 느꼈는가? 일들이 예측대로 진행되었는가 아니면 그의 예측과는 상당히 달랐는가? 그렇다면, 다른 점들은 무엇이었는가? 어떤 재앙을 막기 위해 아직 안전 행동을 사용하는가(만약 그렇다면, 안전 행동을 감소하거나 제거한 상태에서 다시 시도하는 것이 중요할 수 있다.)?

- 둘째, 행동실험(BE)에 관한 의미를 성찰해보는 것을 권장하는 것이 중요하다. 이 의미가 (자기 자신이나 다른 사람 또는 일반적인 세상에 대해) 내담자에게 말해주는 것은 무엇인가? 일어난 결과에 대해 내담자가 어떻게 이해할 수 있는가? 이 의미가 미래에 이와 비슷한 상황을 어떻게 다뤄야 할지에 관한 어떤 암시를 하고 있는가? 내담자의 결론을 확장하거나 또는 일반화하는 데 유용할지 모를 이어지는 후속 행동실험이 있는가? 마지막으로, 내담자와 치료사 모두 어떤 변화가 있었는지 살펴볼 수 있도록 검증받는 인지에 대한 내담자의 신념을 재평점해보도록 한다.

이러한 실험 사후의 성찰은 실험을 통해 가능한 최대의 가치를 얻는다. 그리고 자신의 오래된 습관이 자신을 다시 확인함에 따라 실험의 결과를 평가절하하는 위험을 줄이는 데 도움이 될 수 있다.

표 9.1은 치료사와 내담자가 계획을 기록하고 행동실험을 실행하는 데 있어서 도움이 될 수 있는 기록지를 제시하고 있다.

─── 행동실험에서의 일반적 문제 ───

행동실험(BE)은 인지와 정서를 수정하는 극단적으로 강력한 방법이 될 수 있다. 하지만 위에서 언급한 바와 같이 실험의 복잡성과 예측불가성은 또한 예측하지 못한 방향으로 전개될 많은 범주의 것들이 있음을 의미한다. 때때로 '예측하지 못한 방향'은 매우 가치 있는 정보와 이해를 만들어주기도 한다는 사실을 꼭 기억해야 한다. 그래서 항상 예측에 따라 일이 진행되지 않을 경우에는 상세하게 보고하기 절차를 활용해야 한다(아래 내용 참고). 그럼에도 불구하고 많은 도움이 되지 않는 위험은 신중한 계획으로 줄일 수 있고 이 절에서는 행동실험에 있어서의 일반적인 문제를 어떻게 다룰 것인지에 관한 추가적인 아이디어를 제공하고자 한다.

'실패'하는 실험

역경으로부터 배워라. '실패한' 실험 같은 것은 정말 없다는 사실을 이해할 수 있도록 격려하는 것은 매우 중요하다. 결과가 무엇이었든 간에, 내담자의 강점, 요구 또는 치료사의 계획 과정에 관해 배울 수 있는 무엇인가가 항상 존재한다. 만약 부정적인 예측이 실제로 일어난다면, 실제로 일어난 일을 신중히 조사함으로써 아직까지 무엇인가 유용한 것을 배울 수 있다. 단지 운이 좋지 않아 일어난 일인가? 혹은 내담자가 그러한 결과를 유도한 무엇인가를 했는가? 인지나 행동의 효과를 충분히 고려하지 못한, 인지나 행동의 다른 측면들이 있는가? 실험의 영향력을 감쇠시킨 미묘한 형태의 회피 또는 안전 추구 행위(SB)가 있었는가? 이와 같이 '실패'를 건설적으로 사용하는 것이 중요하다. 심지어 부정적인 정보조차도 치료를 궁극적으로는 보다 효과적으로 만들기 위해 우리가 이용할 수 있는 그 무엇인가를 우리에게 말해줄 수 있다.

우아한 탈출전략을 찾아야 한다. 주장해왔듯이 심지어 가장 잘 수립한 계획도 때때로 무엇인가 어긋난다. 평가가 치료사나 내담자가 생각했던 것보다 더 힘든 것으로 판명된다. 다른 사람들이 정확하게 '잘못된' 방식으로 반응한다. 또는 내담자의 짜증이 그를 실패하게 만든다. 내담자가 완벽하게 '실패했다'라고 느끼지 않는 방식으로 우아하게 물러설 수 있는 방법을 찾기 위해서 치료적 기술이나 창의성이 가장 필요로 할 때가 바로 이때이다. 성공이 얼마나 작더라도 항상 성공으로 마무리하도록 시도하라는 것이 일반적인 좋은 규칙이다. 만일 최초의 목적이 분명하게 모호하다면, Lucas의 사례에서 확인할 수 있듯이, 활동을 마치기 전에 내담자가 성취할 수 있는 더 작은 목표를 발견하도록 시도해야 한다. 만일 치료사가 계획을 수립했다면, 우아한 퇴각을 하는 것은 더 쉽다. 항상 대체 계획을 준비해놓고, 그것이 계획에 따라 상황이 진행되지 않을 경우 치료사나 내담자가 무엇을 해야 할지 아는 것이 행동적 요소라는 것을(예: "좋아요! 이번에 부드럽게 잘 진행되지 않네요. 그렇다면 제 계획은 차로 돌아가 안정을 취할 거예요. 그리고 치료사와 상의할 것을 적어야겠어요."), 그리고 내담자가 말할 건설적인 무엇인가를 갖게 될 것이라는 인지적 요소라는 것을(예: "상황이 계획대로 돌아가지 않을지 모른다는 점을 우리는 고려하고 있었어요. 그래서 내가 대체 전략을 준비해놓았다는 것과 이 계획을 해볼 수 있도록 제 자신에게 믿음을 줄 수 있다는 것은 좋아요.") 확실히 해두도록 한다.

치료사와 내담자의 관계

3장에서 언급한 바와 같이, 전형적인 사무실 중심의 인지·행동치료와 예컨대 내담자와 함께 슈퍼마켓에 가서 내담자가 다른 사람들이 어떻게 반응하는지 관찰할 수 있도록 매장에서 넘어지기도 하는 행동실험(BE) 사이에 있어서 치료적 관계에 대한 서로 다른 요구가 있다. 어떤 전문적인 쟁점이 이러한 관계를 올려줄 수 있을까요? 사무실이 아닌 곳에서 '근무 중'이 아닐 때 어떤 유형의 대화가 수용될 수 있을까? 이러한 쟁점에 대해 성찰해보고 내담자와 함께 그리고 임상 수퍼비전에서 논의하여 핵심적인 전문성과 윤리적인 경계를 존중하는 동시에 치료사와 내담자 모두가 합리적 수준에서 편안함을 느끼게 해줄 수 있는 지점에 이를 수 있도록 하는 것이 중요하다(3장 참고).

치료사의 우려

내담자뿐만 아니라 치료사도 행동실험에 대해 우려를 갖고 있다는 것을 인식하는 것이 중요하다. 이러한 우려가 너무 강하다면, 이러한 의심을 내담자와 이야기할지 모른다. 그러면 내담자의 두려움은 강화된다. 가끔은 가령, 치료사 자신의 사회적 불안을 촉발할 수 있는 것을 공개적으로 수행함으로써 치료사 자신의 한계를 밀어붙이는 것도 수용할 만하다. 어쩌면 더 바람직하기도 하다. 하지만 행동실험에 대해 긍정적으로 고무적인 방법으로 접근하는 것 또한 중요하다. 즉, "이것은 어쩌면 조금 두렵기도 해요. 하지만 우리는 이것을 철저하게 생각했고 신중하게 계획을 세웠어요. 그러니 재앙의 결과가 되지는 않을 거예요." 어떤 행동실험을 수행하는 데 있어서 당신이 갖고 있을지 모를 장애를 확인하고 극복하는 것을 도울 수 있는 수퍼비전 시간을 활용해야 한다.

요약

- 행동실험(BE)은 내담자의 또는 우리 자신의 생각과 신념을 검증하는 데 도움이 되는 증거를 적극적으로 수집하거나 발생시키는 것과 관련이 있다.
- 그러므로 행동실험은 실제 생활에서 사고를 검증하기 때문에 순수하게 언어로 진행되는 인지에 관한 조사 그 이상의 가야 할 길을 제시한다. 이처럼 행동실험은 보다 '직관적인 수준'의 학습을 유도할 수 있다.
- 가설 검증 행동실험 대 탐색적 행동실험, 활동형 행동실험 대 관찰형 행동실험형을 포함하여 다른 유형의 행동실험이 있다.
- 비록 회기 밖에서 일어난 일에 대한 반응에 따라 즉흥적으로 시행되는 즉석에서 종종 시행되는 행동실험의 유용한 역할도 있기는 하지만, 내담자가 행동실험으로부터 최대한 활용하도록 돕기 위해서는 신중하게 계획을 세우고 실행하는 것이 보통 가장 최고의 방법이다.
- 행동실험은 분명한 목표를 설정해야 하고 이러한 목표를 성취하는 과정은 단계적으로 세분화될 필요가 있다.
- 행동실험은 때때로 치료사 사무실 밖에서 내담자와 함께 무엇인가를 하는 데 있어서 치료사에게 적극적인 역할을 요구한다. 이것은 내담자의 두려움뿐만 아니라 치료사의 두려움을 직면하게 할 수 있다.

학습 활동

다음 학습 활동은 SAGE publishing 사이트(https://study.sagepub.com/kennerley3e.)에서 내려받기 할 수 있다.

복습과 성찰:
- 여러분이 행동실험(BE)이 생소하다면, 행동실험과 관련하여 당시의 생각과 느낌에 대해 몇 분만 생각해보라. 앞서 언급한 바와 같이, 당신은 행동실험을 수행하는 것에 관한 특히 자신만의 걱정을 갖고 있지는 않은지 생각할지 모른다. 만약 그렇다면, 그것에 대해 무엇을 할 수 있는가? 대안적인 관점을 제시할 수 있는가? 당신의 우려를 지지하거나 또는 반박할 수 있는 증거를 갖고 있는가? 이것은 부정적 사고와 신념에 대한 우리 자신의 취약성이 어쩌면 분명할지 모르고 그래서 우리가 효과적인 절차를 시도하는 것을 가로막을지도 모르는 그러한 영역의 것들 중 하나라는 점을 기억해야 한다.
- 당신이 치료 사무실 밖에서 내담자와 함께 행동실험(BE)을 할 때, 내담자와 어떻게 관련시킬 것인가에 관한 당신의 관점은 무엇인가? 이러한 질문에 대해 성찰하고 어쩌면 당신의 수퍼바이저와 논의해라.

한걸음 더:
- 여러분이 행동실험(BE)이 생소하다면, 혹은 위에서 언급한 것처럼 의심을 갖고 있다면, 행동실험에 관한 행동실험을 수행할 수도 있다. 수퍼바이저와 함께 당신의 사례를 살펴보라. 즉, 당신이 검증할 수 있을 것 같은 내담자의 신념 중 어느 하나를 생각해보자. 적절한 행동실험을 고안해보자. 그런 다음 수퍼바이저와 함께 결과를 검토해보자.
- 행동실험(BE)을 시행할 때, 행동실험이 내담자에게 우리가 앞서 제안한 효과 중 어느 하나라도 제공하는 것 같은가? 곤란스러운 일이 따르진 않는가? 모든 것을 고려했을 때, 행동실험을 적용하는 것은 유용한가 그렇지 않은가?

Bennett-Levy, J., Butler, G., Fennell, M., Hackmann, A., Mueller, M., & Westbrook, D. (Eds). (2004). *The Oxford guide to behavioural experiments in cognitive therapy.* Oxford: Oxford University Press.
행동실험(BE)을 개념화하는 것에 관한 개념 소개와 함께, 행동실험에 대한 핵심적 안내를 하고 있는 이 책은 행동실험을 서로 다른 장애에서 사용하는 방법에 대해 안내하고 있고, 내담자에게 적용한 행동실험에 관한 실제적 예가 많이 소개되어 있다.

동영상 자료

- 9.1 행동실험(BE)을 구성할 때 분명하게 예측하기
- 9.2 자발적인 행동실험(BE) 고안하기
- 9.3 생체 내 실험 수행하기

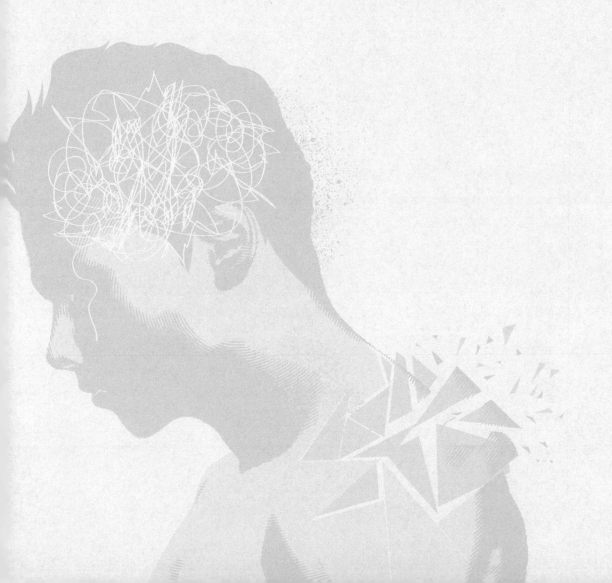

10

신체적 기법들

도입

이 장에서는 인지와 행동적 레퍼토리를 보완하는(supplement) 일부 신체적 접근들을 다룰 것이다. 특히, 이완과 호흡조절기법, 운동과 응용된 긴장(applied tension) 등이다. 수면 문제를 다루는 것 또한 고려된다. 생리 반응은 인지, 감정 및 행동과 함께 CBT 모델의 상호작용 시스템 중 하나이다.

내담자의 개념화에서 유지 주기의 한 부분일 수 있기 때문에 CBT에는 내담자의 신체적 증상들에 중점을 둔 중재가 포함될 수 있다. 물론, 신체적 문제는 인지적, 행동적 또는 신체적 방법(예: 이명(tinnitus)이 재앙적인 생각을 변화시킴으로써 완화될 수 있음)을 사용함으로써 잘 해결할 수 있다. 토큰(경제) 사용과 같은 방식으로 인지적, 행동적, 정서적 문제를 신체적 방법을 사용하여 해결할 수 있다. 중요한 점은 어떤 형태의 개입이든지 그 개념화로부터 도출되어야 한다는 것이다. 우리는 이완기법에서 시작하여 여러 가지 가능한 신체적 개입을 살펴볼 것이다.

이완기법

신체적 긴장은, 특히 불안 장애, 우울증 및 수면 장애와 같은 많은 문제의 순환을 유지시키는 부분이 될 수 있다. 그것은 더욱 각성을 증가시키는 것으로 증가된 심박수, 가벼운 현기증, 무거운 다리와 떨림과 같은 다른 신체적 증상들이 여기에 포함된다. 그런 고양된 각성은 이완기법을 사용함으로써 감경될 수 있다. 예를 들어 목욕이나 마사지같은 진정시키는 활동을 통해서 구체적인 이완 연습을 하거나 즐겁고 이완된 활동을 구축함으로써 완화시킬 수 있다.

이완은 그것 자체만으로도 하나의 치료적 접근으로 사용되어 왔지만 CBT 치료사들은 그것을 CBT안으로 통합시키려는 경향이 있다. 왜 그런가? 순수한 이완 훈련은 일부 불안 장애를 다루는 데 실제로 CBT만큼 도움이 될 수 있다는 좋은 지표들이 있지만 더 많은 경감효과(drop-out)와 관련될 수 있다(Norton, 2012). Cuijpers와 그의 동료들의 GAD trial(2014)과 같은 다른 연구들은 CBT 접근 방식에서 사용된 이완기법이 단독으로 사용되는 것보다 훨씬 더 효과적이라는 것을 보여준다.

따라서 이완기법의 이점은 절대로 평가절하되어서는 안 되지만 CBT 도구의 일부로 사용하는 것이 가장 좋으며 이완 활동이 개념화와 얼마나 잘 맞는지에 대해서 당신과 당신의 내담자 모두 분명히 할 필요가 있다. 우리는 일부 치료 접근에서 이완 훈련은 불안 관리 프로그램의 일부로서 거의 대부분 '처방되어 왔기' 때문에 사고와 행동과의 긴장 상호작용 또는 논리적 근거에 거의 주의를 기울이지 않았다는 점을 강조한다.

아래의 예를 통해서 우리는 이완기법을 실행하는 것이 CBT 내에서 얼마나 적절한지와 신념들을 점검하고, 증상을 직접적으로 줄이는 강력한 도구가 될 수 있다는 것을 알 수 있다.

Aaron이라는 젊은 남성은 다양한 상황에서 불안 증상을 겪고 있었고, 임박한 시험으로 인해 매우 스트레스를 많이 받고 있었다. 그림 10.1은 자신의 과제에 대한 그의 신념, 신체적 증상, 걱정스러운 생각 및 행동과 관련된 그의 문제의 초기 상황을 보여준다.

신체적 증상을 줄임으로써 악순환으로부터 벗어날 수 있다면 그리고 그가 자신의 신념을 변화시킬 수 있다면 집중력은 향상되고 보다 더 생산적으로 작업할 수 있을 것이고 결과적으로 그가 덜 불안을 느끼게 될 것이다.

그림 10.1 우울에서의 일반적인 유지 과정

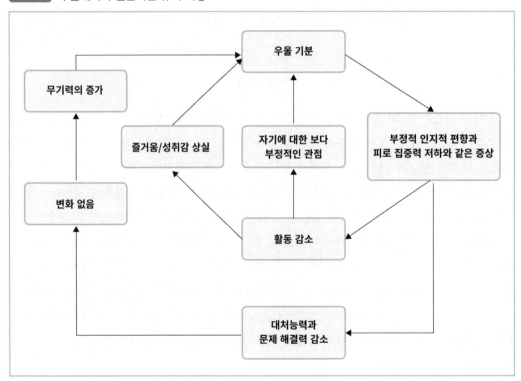

인지 · 행동치료 개론

이완기법을 가르치는 다음과 같은 많은 접근법이 있다.

- Jacobson의 Progressive Muscular Relaxation과 같은 체계적인 근육 이완 요법(1970) 또는 Öst의 응용된 이완기법(1987)
- 편안한 이미지의 사용
- 명상

이러한 세 가지 접근 방식은 흔히 안정된 이완 반응처럼 이완의 영향을 극대화하기 위해 결합된다(Benson, 1975). 이 장에서, 우리의 주된 초점은 신체 이완에 있지만, 편안한 이미지나 명상을 결합함으로써 훈련의 효과를 향상시킬 수 있다는 것을 명심하라.

이완 방법을 개인의 증상을 향상시키는 결과(예: 주로 생리학적 증상을 보이는 내담자들에게 적용시키는 이완기법)와 일치시킬 수 있다는 일부 증거가 있지만 그 증거는 결코 분명하지 않으며 (Michelson, 1986), 그것에 대해 논의하여 당신의 내담자에게 적합한 접근 방식을 찾고 시도해 보는 것이 더 나을 것이다. 활용하기 좋은 녹음된 이완 교수법들의 많은 형태들이 있는데, 우리는 당신이나 내담자가 좋아하는 것을 선택하기를 제안한다. 또한 당신은 Kennerley(2014b) 와 같은 자가 학습 책 등을 이용해서 당신의 내담자를 위해 녹음을 할 수도 있고 그들 자신이 스크립트를 만들 수도 있다.

다음은 구체적인 방법을 설명한다기보다는 이완 기술을 습득하기 위한 몇 가지 일반적인 지침이다.

- 이완하는 것을 배우는 것은 다른 기술을 습득하는 것과 같으며, 규칙적인 연습이 필요하다.
- 안정되어 있거나 단지 약간 불안하거나 긴장될 때 연습을 하는 것이 중요하다. — 긴장되어 있으면서 어떤 새로운 기술을 배우기는 쉽지 않다. 특히 이완기법을 배울 때 그러하다.
- 일상생활과 거의 비슷한 상황에서 연습을 하는 것이 나을 수 있는데, 예를 들어 누워서 하는 것보다는 편안한 의자에 앉아 있는 것이 더 낫다.
- 그럼에도 불구하고, 주의가 분산되는 것을 막기 위해서 눈을 감고 연습하는 것이 좋다.
- 연습을 위해서 전화나 다른 방해물이 없는 조용한 장소를 선택하는 것이 좋다.
- 배고플 때는 긴장을 유발하기 때문에 좋지 않고 식사 후에는 잠이 올 수 있기 때문에 피하는 것이 좋다.
- 일단 기술이 어느 정도 습득되면, 불안이나 긴장감이 경미해지거나 누그러진 듯한 징후들을 살피는 것이 유용할 수 있다. 이완은 더 높은 수준으로 발전하기 전에 증상들과 싸우도록 사용될 수 있다.

당신은 OCTC 웹사이트(www.octc.co.uk/resources)에서 이완기법 스크립트를 볼 수 있다.

만약 이완이 긴장을 줄이는 데 성공적이라면, 효과에 대한 내담자들의 해석이 안전 추구 행위(SB)로 발전되지 않았는지를 확인할 필요가 있다. 비록 오디오 녹음은 이완을 배우는 데 유용한 보조물로 언급되기는 하지만, 단순히 그들에게 녹음 내용을 따라하라고 하기보다는 내담자와 함께 이완 훈련을 하는 것이 좋다는 것이다(Borkovec &Sides, 1979). 이것은 부분적으로 당신이 그의 행동을 관찰함으로써 처음부터 실수를 만회할 수 있기 때문이다. 예를 들어, 그가 다리를 꼬고 앉아 있거나, 팔이나 어깨를 단단히 조이고 있거나 다른 부분에 집중되기만 한다면 당신은 이것에 대해 코멘트를 하고 처음부터 그것을 수정할 수 있다. 또한, 당신은 이완 연습을 함께 정교하게 하기 위해서 질문이나 의문을 표현할 수 있다. 예를 들어, 많은 내담자들은 그들의 근육 군에 지속적으로 집중할 수 없고 정신이 산만해질 것을 걱정한다. 당신은 이것은 예상될 수 있는 것이고 단순히 어떤 생각이든 그들의 마음에 떠오르는 것을 메모하도록 하고 천천히 스스로를 이완에 대한 생각으로 되돌릴 수 있도록 할 수 있다.

아마도 5~6회기 이상 응용된 이완(Öst, 1987) 접근법을 치료의 주요 구성요소로 사용하게 된다면 회기마다 10~15분 정도를 이완 훈련에 소요하는 것이 유용하다. 나머지 회기들은 다른 안건 항목에 사용될 수 있다. 다른 경우에는, 이완이 보다 작은 역할을 할 수 있고 단지 이완절차를 몇 번만 수행할 수도 있다. 이완 효과는 규칙적인 연습 후에 내담자에게 얼마나 이완되었는지를 느끼는지와 이완을 적용하는 상황이 무엇이든 그가 느끼는 바에 대해 관찰하도록 요구함으로써 확인될 수 있다. 그림 10.2는 매일의 이완 연습과 그 효과를 기록하기 위한 일지의 예시이다.

그림 10.2 이완 운동 및 효과 일지

날짜	이전 이완 횟수	몇 분 정도 이완하나	이후 이완 횟수
6번째 월요일	2	20	4
7번째 월요일	3	16	7
8번째 월요일	3	22	5

척도: 0 = 전혀 이완하지 않음 / 10 = 최대한 이완됨

모든 이완 운동이 오래 걸리는 것은 아니다. Aaron은 간단한 이완 운동을 배웠는데 그것은 매우 다방면에서 활용될 수 있다는 것을 알게 되었다.

Aaron의 치료사는 먼저 편안하게 의자에 앉아서 고르게 숨을 쉬는 것을 확인하고 나서 눈을 감으라고 지시하는데 이는 Aaron에 의해 정교화되고 이후에도 그들은 지속했다. 치료사는 호흡의 리듬을 유지하면서 한편으로는 몸이 무겁게 느껴지고 의자에 가라앉는 느낌을 상상하도록 촉진한다. 그리고 나서 발에 집중하라고 지시했다. 그리고 너무 무거워서 땅에 쓰러져 있는 것처럼 상상해보라고 했다. 그다음, 점점 다리가 무거워지고 의자로 '가라앉는다'라고 상상하고, 그의 몸통과 어깨도 뒤따라 무거워지고 가라앉는다고 상상하도록 한다. Aaron은 이것을 할 수 있었고 결국 그의 머리가 기분 좋게 무거워지는 것을 상상했다. 이완을 깊게 느끼도록 하는 데 도움이 되기 때문에, 파트너와 함께 시골을 산책하는 것을 즐기는 것과 같은 편안하고 고요한 기억을 선택했다. 집에서의 규칙적인 연습 때문에 Aaron은 신체적 긴장을 감소시키고 매우 빠르게 정신적 안정을 기하기 위해 이 전략을 사용했다. 그리고 나서 그는 필요할 때마다 간단한 운동을 활용할 수 있었다. 기차에서, 대기실에서, 시험 전에. 그는 그것을 내려둠으로써 신체적 긴장감에 대처하는 법을 배웠다.

▶ 동영상 자료 10.1: 이완 연습 소개

CBT에서 이완의 적용

불안할 때 과도한 각성상태의 관리하기, 욕구 또는 분노

일단 당신이 불안의 순환 유지 주기(예: 공포증이나 공황)나 흥분(예: 중독성 행동) 또는 분노 문제에 대한 생리학적 요소를 확인하기만 한다면, 당신은 이것을 이완에 대한 비각성 활동(de-arousing activity)을 통해 그 주기를 깨뜨리기 위한 방법들을 설계하기 위한 근거로 활용할 수 있다. 이런 식으로 당신은 내담자가 과도한 각성을 다루고 감당할 수 있는 기술을 가르치고 가설을 검증할 수 있다.

내담자가 행동실험(BE)을 실행하기에 너무 까다로운 장소

행동실험(BE)은 종종 많은 용기가 필요하다. 특히, 검증되고 있는 예측에 '만약 내가 이러저러하게 행동한다면, 나는 아마도 불안감을 느낄 것이지만 쓰러지거나/호흡곤란을 겪거나/가장자리를 뛰어넘거나 하지는 않을 것이다'(혹은 내담자가 두려워하는 다른 재난이 무엇이든 간에). 이완이 안전 추구 행위(safety-seeking behaviour)로 고착될 위험 때문에 종종 임시 해결책으로 간주되는 점이 없지 않지만 이완은 공포스러운 상황에 직면하도록 도움을 줄 수 있다 (Rachman, Radomsky & Shafran, 2008).

공포증을 가지고 있는 키가 큰 남자는 절벽에 기어올랐을 때 떨어질지도 모른다는 그의 예측(생각)을 점검해볼 계획을 가지고 있었다. 그는 너무 긴장해서 차가운 칠면조가 된 것 같았다. 그래서 절벽에 자신을 붙들어 놓기 위한 방법으로 첫 번째 단계(instance)에서 이완을 하기로 했다.

증상의 존재 여부와 상관없이 신념 테스트하기, 유기적 기초 또는 불안 관련

유용하지 못한 신념이 증상의 병인학(aetiology)에 초점이 맞춰진다면 그것은 아마도 이완을 사용함으로써 경쟁가설을 검증할 필요가 있다.

한 여성은 심한 두통이 뇌종양의 증상이 아닌지 걱정하고 있었다. 그녀는 매일 이완을 연습했고, 보다 이완하는 방법이 능숙해지면서 점차적으로 스트레스를 더 받는 상황에 그것을 적용함에 따라, 두통의 강도와 빈도는 감소한다는 것을 알게 되었다. 그녀는 이것이 종양 때문이 아니라 불안과 관련 있다는 것을 알았다.

악순환의 고리를 끊기, 각성은 수행을 방해한다

신체적 불안증상이 과제나 기능의 수행에 직접적인 영향을 미치는 많은 문제가 있다(그림 4.8 참조). 이 경우 이완기법을 적용하는 것이 유용할 수 있다. 예를 들어, 대중 앞에서 말할 때 떨림, 발성 문제(erectile problems), 글을 쓸 때 떨림, 삼킬 때의 긴장감 등이 이런 식으로 완화될 수 있다. 각각의 영역에서, 이완은 각성과 신체적 긴장을 감소시키고 방해받지 않고 과제를 수행하는 데 기여한다.

긴장/각성 상태로부터 휴식 취하기

각성이 증가된 상황에서 확실한 이완의 사용은 그 자체로는 불쾌한 경험이다. 만성적으로 불안하거나 신체적인 증상 자체를 참을 수 없는 사람이라면 그럴 수 있다. 그러한 경우, 증상이 당신의 내담자에게 독특한 의미를 가지고 있는지 여부를 확인하는 것이 중요하다. 예를 들어, 만성적으로 긴장 상태를 보이고 있다는 것은 면역 체계를 손상시키고 있다는 것을 의미하는 것인가, 아니면 그가 체질적 결손으로 아이를 갖지 말아야 한다는 징조인가, 아니면 결코 변화의 기미가 없다는 것을 의미하는가? 만약 증상의 의미가 왜곡되었다면 9장에서 설명한 대로 잘 계획된 행동실험(BE)을 사용하여 해결할 수 있다. 그러나 그것은 당신의 내담자가 그것 자체로 불쾌한 증상이 문제를 키우거나 보유하는 것이 될 수 있다. 그러나 이것을 줄이는 하나의 방법은 숙달감을 증가시키는 것이다. 그것은 그것이 차례대로 자존감을 고양시키고 차후에 선순환이 될 수 있도록 할 것이다. 늘 그렇듯이, 당신과 내담자의 신체 증상의 어떤 부분이 문제 상황에서 작용하는지를 이해하도록 하는 것이 중요하다. 즉, 공식화된 도표를 꺼내거나 화이트보드에 그려서 신체 증상들과 맞아 떨어지는지를 명확히 하고 그런 다음 이완이 어떤 역할을 하는지를 분명히 하라.

스트레스 대처 회기를 시작하고 끝내기

당신의 내담자가 힘들고 스트레스가 많은 것을 예상하거나 경험한다면(예: 외상적 이미지의 재구조화 이전 또는 이후) 그때는 이완 훈련을 통해 진정시킬 수 있다. 치료가 시작될 때 이완은 참여를 돕고 회기가 끝나 갈 때는 회기를 끝내기 전 일상생활로 재진입하는 것을 돕는다. 이처럼 신체적 긴장을 관리하는 것은 강한 감정을 경험하고, 견딜 수 있고, 다룰 수 있다는 자신감을 높일 수 있기 때문에, 당신의 내담자와 그것에 대해 고려해볼 가치가 있다.

즐거움을 위한 기회 제공

내담자들의 일부는 즐거움과 보상을 받을 기회가 부족하다. 많은 사람은 근육 또는 다른 이완기법*을 즐기는데 그러면서도 바쁜 스케줄에 맞추고 자신을 위해 무언가를 하는 것은 기분을 고양시키고 다른 활동을 위한 에너지를 증가시킨다.

수면 개선하기

이완은 수면개선 프로그램에서 하나의 유용한 파트가 될 수 있다. 취침 바로 직전까지 활동을 하는 습관이 있는 사람의 경우가 특히 그러하다(이어지는 수면 회기 참조).

---

* 역자 주: 이완기법에는 대표적으로 근육이완법, 호흡법 등이 있다.

CBT에서의 이완기법사용과 관련된 일반적인 문제

이완이 안전 추구 행위(SB)가 되는 것

이완은 많은 다른 전략들과 마찬가지로 '대처 기술'로 언급되는데, 안전 추구 행위(SB)로 정립될 수 있다. 전형적으로, 내담자는 성과는 전략 탓이라는 신념에 사로잡히는데, 예를 들어 내담자는 내가 이완되지 않는다면 나는 공황 상태가 될 것이고 그래서 나는 자제력을 잃게 될 것(혹은 의식을 잃고 기절하거나 미쳐버릴지도 모른다 등)이라고 생각할 수 있다. 내담자는 가까스로 빠져나가기 위해 이완되지 않는다면, 압도될지도 모른다는 두려움에 휩싸이게 된다. 이것의 함축적인 의미는, 심지어 그런 상황에서 부정적인 감정을 느낄지라도, 어떤 재앙적 결과는 존재하지 않는다는 것을 보여주기 위해서 궁극적으로는 이완기법을 사용하지 않은 채 문제상황에 직면해야 한다는 것이다. 안전 추구 행위(SB)는 분명히 '해롭지 않다'라는 점을 유념할 필요가 있다. 안전 행동을 적절하게 사용하면 치료 기간 중 공포 대상이나 상황에의 노출이 용이해질 수 있으며, 이것이 부정적 결과를 초래하지 않는다는 일부 증거가 있다(Rachman 등, 2008).

이 요법들을 사용함으로써 어떤 사람들은 도전적인 과제를 시도할 용기를 얻게 되고 그러면서 점차 이것들의 사용이 체계적으로 감소하여 단계적으로 자신감을 쌓아가게 된다.

높은 각성 상태로 인한 이완의 불능

각성이 일정수준을 초과했다면, 높은 각성에 이완이 대항하는 것이 어려울 수 있다. 내담자가 공황 상태에 있거나, 예를 들어 PTSD와 같은 다른 이유로 인해 각성상태가 매우 높은 경우가 이에 해당된다. 이 경우, 예를 들어 증상들은 무관심하게 바라보거나 무시하는 방식으로 기분 전환(distraction)(8장 참조) 또는 마음챙김(mindfrulness) 접근 방식(17장 참조)과 같은 다른 전략들을 사용하는 것이 보다 유용하다. 물론 내담자가 이 단계에 이르기 전에 신체적 긴장을 감지하고 관리하는 것이 이상적이다.

통제력을 상실했을 때 이완을 경험하는 것

일부 내담자들은 이완이 불안 유발 시에 긴장을 감소시키는 것이 아니라, 불안의 유발로 인해 이완을 경험한다. 이는 마치 그들이 통제력을 잃거나 일부 트라우마의 생존자들처럼 스스로를 취약하게 느끼도록 만들기 때문이다. 만약 당신의 내담자가 통제력을 잃는 것을 두려워한다면, 통제력을 상실하는 것의 의미가 무엇인지 탐색해보는 것이 좋다. 그러고 난 후 이완을 통해 통제력을 잃게 되면 어떤 일이 일어날지 예측해보도록 한다.

Debbie는 통제에 대한 강한 신념이 있다. 이런 생각은 즉각적으로 통제할 수 없는 일상의 금융 문제에 관한 많은 침투적 사고와 관련되어 있었다. 그녀는 항상 자신이 규칙 내에 있는지를 확인하면서 너무 지나칠 경우에도 쉴 시간을 주지 않았다. 그녀는 자신이 통제력하에서 스스로를 지키지 않는다면 '자제력을 잃게 되고' 무책임하게 될까를 두려워했다. 처음에 그녀는 통제들을 얼마나 많이 선택했는지를 알기 위해 이완을 연습할 시간을 줄 실험을 하는 데 동의했다.

Chaim은 아동기에 신체적으로 학대를 당했고 그 결과 만성적으로 과잉경계를 앓게 되었다. 이로 인해 그는 많은 신체적 긴장을 갖게 되었지만 긴장을 푸는 것을 두려워했다. 그는 이완이 마치 경계를 내려놓는 것처럼 느껴져 20년 동안 감히 할 수 없었다. 그와 치료사는 이완을 위한 점진적인 접근에 대해 논의하고 매우 짧은 동작부터 시작하기로 했다.

이 동작은 단순히 Chaim이 목과 어깨의 긴장을 내려놓고 몇 초 동안 고르게 숨을 쉬게 하는 것 정도만을 요구했다. – 그는 이 기간 동안 그의 주변 환경에 대해 충분히 인식할 수 있었다.

이것은 이완 운동을 좀 더 길고 전환시키는(distracting) 것을 도입함으로써 이완에 대한 위험과/안전을 체계적으로 검증하는 행동실험(BE)의 일련의 시리즈로서의 기초를 형성했다. 몇 주 후, Chaim은 두려움을 내려놓고 스스로 이완할 수 있게 되었다. 이것은 신체적 긴장을 극복하기 위해 이완을 사용하는 것을 가능하게 했다.

작은 신체 변화에 대한 과민성

처음으로 이완을 연습하기 시작하면, 많은 내담자들이 이전에는 의식하지 못했던 작은 신체 변화를 알아차린다. 이는 때때로 건강 적신호를 나타내는 것으로 해석될 수 있는 신체 변화에 대한 주의 편향을 만들어내거나 증가시킬지도 모른다(4장 참조).

만약 이런 현상이 나타난다면, 그것은 다른 왜곡된 사고와 마찬가지로 탐구되고 검증되어야 한다. 이는 부정적인 인지를 평가할 유용한 기회를 제공할 것이다.

Charles는 이완을 연습할 때 손가락이 화끈거린다는 것을 인식하고 이것이 뇌졸중의 징조가 아닐지 두려웠다. 그는 처음에는 7을 거꾸로 세는 등 산수로 주의를 분산시켰다. 그리고 의자에 기대고 있는 팔꿈치 압력과 그가 느낀 감정에 집중하며 치료사와 함께 손가락이 화끈거리는 원인을 탐색하였다. 그 다음에 생리학적 '증상'에 대한 지각에 주의를 기울이는 것의 효과와 그것이 그의 손가락 화끈거림 증상에 어떻게 적용될 수 있는지에 대해 논의하였다.

이러한 결함들에도 불구하고, CBT 내에서는 내담자들에게 어려움을 야기시키는 유지 주기를 끊기 위해 이완이 많은 창의적인 방식으로 사용되어져 왔다.

호흡조절법

빠른 호흡은 우리의 몸이 움직이기 위한 준비의 일환이다. 그래서 우리는 두렵거나 흥분할 때 모두 과잉호흡을 하게 되는 것이다. 이러한 호흡의 변화는 가벼운 현기증, 뜨거운 느낌, 불안정 등과 같은 다양한 양성 반응(benign sensation)을 촉발할 수 있다. 이러한 반응들이 위험하거나 견딜 수 없을 것이라고 성급하게 결론을 내리는 것은 불안감을 부채질하는 것이다. 양성적 신체 증상을 재앙으로 오해석하는 것은 잘 정립된 공황 모델(Clark, 1986년)의 핵심 과정이며, 공황 상태에서 자주 수반되는 양성 증상 중 하나는 과호흡(즉, 높은 빈도와 많은 양의 호흡)이다. 이것은 그 사람의 공황 발작과 유사한 반응들을 야기할 수 있고 임박한 죽음, 쓰러짐, 정신착란 등을 가리키는 지표로서 재앙적으로 해석되기 쉽다.

비록 이러한 생리적 반응들은 내담자에게는 압도적으로 느껴질 수 있지만, 그것들은 호흡을 조절함으로써 쉽게 치유할 수 있다. 호흡조절은 내담자의 개념화와 일치하는 분명한 근거를 가지고 있어야 한다. 실제 기법은 다음을 요구한다.

- 가능한 한 상체 부위인 흉부를 이완시킨다.
- 되도록이면 (5초 정도) 입보다는 횡격막과 코를 이용하여 천천히 숨을 내쉰다.
- 코를 통해 천천히 숨을 들이쉬고, 횡격막 바로 아래쪽을(5초 정도) 공기로 채운다.
- 횡격막과 코를 사용하여 천천히 숨을 내쉰다(5초 정도).
- 반복한다.

Salkovskis, Jones 및 Clark(1986)는 과호흡을 하는 내담자가 자신의 불쾌한 감정을 보다 양성의 원인(즉, 불안 증상)에 재귀인하도록 하기 위해 호흡조절 사용 전략을 개발했다. 그리고 공황 발작을 유지시키는 오해석의 악순환의 고리를 끊었다(아래 참조).

이 전략은 과호흡의 영향에 대한 공통의 이해를 발전시키기 위해 사용될 수 있는데, 이것은 내담자의 개념화에 도움을 줄 수 있다. 또한 이 전략은 공황 발작을 다루기 위한 점진적 접근으로 사용될 수 있다.

▶ 동영상 자료 10.2: 호흡조절 소개

CBT에서 호흡조절 응용

호흡조절을 활용한 공유된 개념화(shared formulation) 개발하기

다음 단계에서는 공황 발작 시 과호흡의 역할에 대한 내담자의 개념화를 발달시킬 수 있다.

1. 이유를 설명하지 않은 채, 내담자에게 과잉호흡을 요구한다. "일어서서 가능한 한 빠르고 깊게 이와 같이(시범보이기) 숨을 쉬시오. 가능한 한 깊고 빠르게 숨을 쉬시오."
2. 2~3분이 경과하거나 내담자가 멈추거나 계속하기를 원치 않을 때는 그에게 자신의 상태를 살펴보도록 요구하고 공황 발작을 경험했을 때 그것과 유사한 점과 다른 점을 묘사하도록 한다. "신체적으로 자신이 어떻게 느끼는지 설명해 주시겠습니까? 무엇이 변했는지 알아차리겠습니까? 공황 발작 시 얼마나 유사하게 느꼈는지 다르게 느꼈는지를 어떤 방식으로 설명해줄 수 있나요?"
3. 무엇이 그를 그렇게 만들었는지를 물어본다. 그것을 어떻게 설명할 수 있는지, 만약 그가 스스로 그렇게 느끼는 것이라면 그는 어떻게 반응할 것인지 묻는다.
4. 공황 증세가 과호흡과 관련이 있는지 여부를 논의한다.

호흡조절을 통한 공황 증상 관리

호흡의 역할을 포함하는 개념화를 도출한 후, 내담자는 증상을 관리하는 법을 배울 수 있다. 처음에, 치료사는 전술한 바와 같이 호흡조절을 가르친다. 그리고 나서 치료사는

• 내담자에게 과호흡을 한 후 호흡조절을 통해 증상을 완화하도록 요구한다.
• 공황 증상에서 호흡의 역할을 검토하고, 자신감을 높이기 위해 필요한 경우 연습을 반복한다.
• 내담자에게 이것으로부터 무엇을 배웠는지 검토하도록 요구한다.(놀람 반응(alarming sensation)을 관리하는 자신의 능력에 관해).

- 적어도 하루에 두 번은 집에서 호흡조절하기를 연습하도록 한다.
- 그리고 나서 호흡조절을 통해 과호흡의 영향을 전환시키는 연습을 하도록 한다.

이 접근 방식은 Clark(1989)에서 더 자세히 설명된다.

내담자가 지속적으로 지나치게 겁을 먹었을 경우 행동실험(BE)에서 호흡조절을 사용하기

이완과 마찬가지로, 호흡조절은 내담자가 너무 두려워서 아무것도 할 수 없을 때 행동실험(BE)을 수행하기 위해서 단기대처전략으로 사용될 수 있다. 그리고 나서 점진적으로 호흡조절을 하지 않고도 점진적인 방식으로 시도할 수 있었다.

CBT에 호흡조절을 사용하는 것과 관련된 문제

안전 추구 행위(SB)의 개발

규칙적으로 부드러운 호흡을 하는 습관을 기르는 것은 그 자체로 좋다. 그러나 이완과 마찬가지로 내담자가 호흡조절을 안전 행동으로 오용하지 않는 것이 매우 중요하다. 만약 공황 상태이거나 불안함을 느낄 때마다 항상 호흡조절을 한다면, '내가 숨을 쉬지 않는다면 나는 기절하거나 미쳐버릴지도 모른다.'라고 지속적으로 믿게 될지도 모른다. 궁극적으로 호흡조절 없이 증상과 직면해야만 하는데, 불편함을 느끼더라도 그 느낌은 견딜 만하고 치명적인 결과는 없다는 것을 알게 하기 위해서이다.

불안하거나 공황 상태에 있다고 느낄 때 호흡조절 사용하기

어떤 내담자들은 불안하거나 공황 상태일 때 호흡조절을 사용할 수 없다. 그러나 만약 그들이 불안하지 않을 때 훈련을 해둔다면 그렇게 하는 법을 배울 수 있다. 이것이 유용한지에 대해 공동의 이해가 있는 것이 중요한데 그렇지 않다면 당신의 내담자는 훈련에 대한 동기를 부여받지 못한다.

신체적 장애에는 사용을 금하는 존재

의료적 관리를 받을 수 없다면, 많은 신체적 상황하에서는 과호흡은 권장되지 않는다. 심방세동(fibrillation), 천식(asthma) 및 만성 폐질환(pulmonary), 간질(epilepsy) 및 임신 등이 이에 포함되는데 항상 앓고 있는 질환에 대해 물어보고 필요하다면 내담자의 주치의와 상의해야 한다(동의하에).

호흡 시 작은 변화에 대한 과민 반응

내담자는 호흡을 할 때 사소한 변화에 대한 높은 자각을 갖게 될 수 있으므로 이러한 증상들을 기능장애나 공황의 전조로 해석하지 않도록 주의해야 한다(예: 그림 4.5에 표시된 재앙적 오해석과 14장에 기술된 공황 장애 관리 참조).

균일하게 숨 쉬기 너무 긴장된 상태

어떤 사람들은 너무 긴장해서 제대로 숨을 쉴 수 없다고 말할지도 모른다. 이때 당신이 내담자에게 초기에는 날숨에 집중하도록 제안한다면, 폐는 '텅 빈' 상태가 되기 때문에 몸은 자연스럽게 숨을 들이쉬게 될 것이고 호흡조절의 순환을 시작하기가 상대적으로 용이하게 될 것이다.

──── 신체적 운동 ────

지난 20년간 광범위한 연구들은 우울증 치료 시 운동의 효과를 입증해왔다(Craft & Landers, 1998; Szuhany, Bugatti & Otto, 2015). 그리고 NICE 가이드라인(2004a)은 우울증 치료에서 경미한 우울증을 가진 모든 내담자에게 구조화된 운동프로그램을 권장하도록 한다. 우울증에 대한 운동의 효과는 엔도르핀의 증가와 기타 신경화학 변화(Szuhany et al., 2015)에 의해 중재될 수 있다. 그러나 증가된 운동으로 인한 다른 영향과 관련될 수 있으며, 또한 이들 중 다수는 불안 장애를 가진 내담자에게도 중요할 수 있다(Taylor, 2000). 예를 들어, 경쟁적인 스포츠에 참여하거나 단순히 더 건강하다고 느낄 때처럼 운동은 기분을 전환시키거나(distraction) 자존감을 고양시킬 수 있다.

CBT 치료사에게 있어, 문제는 운동에 대한 중재가 내담자의 문제를 유지하는 순환을 깨뜨리는 것인지 아닌지에 대한 것이다. 그리고 일단 기본 기술을 습득하게 되어서 특히 운동이 자기 유지가 될 수 있기 때문에, 이런 식으로 해결될 수 있는 증상들을 찾는 것은 가치가 있다.

신체적 운동의 선택은 광범위하다. 걷기, 수영, 자전거 타기, 달리기, 개인 운동, 단체 운동 등. 이것은 특정한 활동이 그 사람의 체력과 선호도, 그 선택이 유용한지 등을 반영하도록 조정될 수 있다는 것을 의미한다. 보다 맞춤형 활동일수록 당신의 내담자가 더욱더 잘 그것에 관여할 것이다.

CBT에서의 운동의 적용

저조한 기분

운동을 가장 잘 적용한 것은 우울증이다. 엔도르핀의 증가의 직접적인 효과와는 별도로 운동이 즐겁고 만족스러운 활동에 대한 기회를 제공할 수 있기 때문에 기분을 개선시킨다. 우울한 내담자들은 많은 시간 피곤함을 느낄 수 있고 그들이 운동을 할 만한 에너지가 없다고 느끼기 때문에 운동을 포기했을 수 있다. 따라서 점진적인 방법으로 시작을 하는 것이 도움이 된다. 이것은 하나의 실험으로 검증될 수 있고 치료 시 초기에 있을 수 있기 때문에, CBT의 경험적 특징으로서의 역할을 할 수 있다.

낮은 자존감

운동 능력은 자존감이 낮은 사람들에게 적절하다(Fox, 2000).

만성피로증후군(CFS)

만성피로증후군(CFS)은 운동과 무관하게 휴식으로 해소되지 않는 만성적인 피로로 정의되며, 두통과 근육통, 관절통 등의 증상이 동반된다. 운동은 내담자가 피로에 대한 예측을 검증할 수 있는 단계적 프로그램의 중심일 수 있다(Silver, Surawy & Sanders, 2004).

긴장 완화

만성적인 긴장 상태에 있거나 만성적으로 스트레스를 받는 상황에 있는 사람들에게, 긴장 수준에 따라 운동의 효과를 시험하는 것은 유익할 수 있다. 이것은 특히 휴식을 취하지 않는 젊은 사람들에게 도움이 될 수 있다.

수면 장애

정기적으로 잠잘 시간에 근접해서 사용하지 않는다는 전제에서 각성이 되려고 할 때, 운동이 수면에 영향을 미친다는 훌륭한 증거가 있다(아래 참조).

건강 염려 또는 공황 장애

건강 염려나 공황 장애를 가진 많은 사람들은 운동이 건강에 위험을 초래할 수 있다고 믿는다. 예를 들어, 한 남자는 운동을 하면 심장 박동수가 증가할 것이고, 이것은 심장 마비의 위험을 증가시킬 것이라고 믿었다. 운동에 초점을 맞춘 실험을 통해 이러한 믿음을 검증하고 논박하는 것은 매우 중요하다.

분노 조절

분노 문제가 있는 사람들에게 긴장도에 따라 운동의 효과를 검증하는 데 도움이 될 수 있는데, 특히 목욕이나 샤워와 같은 진정 활동이 뒤따를 때 그렇다. 일반적으로, 분노 관리를 위해서는 공격적인 운동을 피하는 것이 최선이다. 이것이 분노를 유발할 수 있기 때문이다.

CBT에 운동사용과 관련된 문제

운동을 과대평가하기

섭식 장애와 신체이형장애(body dysmorphic disorder)와 같은 일부 장애에서는 체형과 체중 조절에 대한 지각된 효과 때문에 운동이 과대평가되는 경향이 있다. 이 경우에, 당신은 긴장이나 낮은 자존감과 같은 관련된 문제들을 다루기 위해 그것을 사용하는 것에 대해 신중을 기할 필요가 있다.

신체 장애의 존재

운동 또는 특정 유형의 운동은 심혈관 질환(cardiovascular)과 같은 많은 신체적 상태에서 권장되지 않는다. 당신은 당신의 내담자들에게 운동을 금해야 하는(contra - indication) 어떤 상태에 대해 인식하고 있는지 여부를 묻고 필요하다면 의사의 조언을 구해야 한다.

─── 응용된 긴장 ───

비록 많은 불안한 내담자들이 곧 기절할 것처럼 느낀다고 하더라도 대개 그들은 불안의 신체적 긴장감이 그들을 의식하도록 유지시키기 때문에 그렇게 되지 않는다.

그러나 일부 사람들, 특히 혈액이나 손상에 대한 공포증을 가지고 있는 사람들은 그들의 불안에 대한 반응으로 종종 기절하기도 한다(Öst, Sterner & Fellenius, 1989). 혈압(전형적 불안)이 초기에 상승했다가 갑자기 떨어져 기절하게 되는 것이다(Öst, Sterner & Lindhal, 1984). 응용된 긴장으로 내담자들은 몇 초 동안 팔, 다리, 몸통의 근육을 조여 혈압을 높이고, 과도한 이완 없이 근육을 정상으로 되돌리는 것을 배운다. 그런 다음 혈압 저하 징후(예: 혈액이나 기타 손상 사진에 노출됨으로써 감정이 올라옴)를 확인하고, 응용된 긴장을 사용하여 감소를 전환시키는 방법을 배운다(Öst & Sterner, 1987).

CBT에 적용된 긴장과 관련된 문제들

안전 추구 행위 개발

다시 한 번, 응용된 긴장을 사용할 때 가장 큰 위험은 그것이 안전 추구 행위(SB)로 발전할 수 있다는 것이다. 도로를 건너기 전에 양쪽을 보는 것이 도움이 되는 것처럼, (즉, 그렇게 하지 않을 경우 발생하는 결과에 대해 적당한 주의에 근거를 둠) 혈압이 떨어질 때 내담자가 응용된 긴장을 검토하는 것이 도움이 된다는 것은 중요하다.

신체 장애의 존재

치료사들은 응용된 긴장을 사용하기 전에 임신 중이거나 특히 고혈압(hypertension)이나 심혈관 질환(cardiovascular)으로 알려진 신체 장애를 가진 내담자에 대해 의료적 조언을 구해야 한다.

——— CBT와 수면 ———

이제 우리는 일반 사람들에게 흔하게 보이는 문제뿐 아니라 많은 정신건강문제와 관련된 수면 관련 문제로 눈을 돌릴 것이다. Morin와 연구진(2006)은 수면 문제가 있는 사람들에게 심리치료가 도움이 될 수 있다는 증거를 광범위하게 검토했다. 그들은 '신뢰할 만한 변화'가 일어날 수 있고 CBT가 효과적인 접근법들 중 하나라고 결론지었다.

불면증은 성인들의 10%, 65세 이상의 성인들 중 20%가 한 번은 경험하는 문제로(Espie, 2010년) 수면 지연(잠이 늦게 드는 것), 수면의 어려움, 여러 번의 잠에서 깨어나는 것, 그리고 너무 일찍 일어나는 것 등이 포함될 수 있다.

비록 대부분의 심리학적 개입에 대한 평가는 일차적인 상태로서 불면증에 초점을 맞추지만, 그것은 다양한 신체적, 정신과적 상태에서는 이차적인 것이 될 수 있다. 불면증에 대해 내담자들은 정신적 각성을 강조하고 있음에도 불구하고 예를 들어, '나는 침대에 가만히 누워있지만, 나의 생각은 경주를 하고 있다.' 또는 '오늘의 모든 걱정들이 머릿속에 떠오른다.' 와 같은, 많은 초기 CBT 치료법들은 신체적 각성 수준을 낮추는 방식과 같이 이완에 초점을 맞추었다. 따라서 다른 생리학적, 행동적 측면에 대한 관심뿐만 아니라 수면 문제에 대한 인지적 접근의 중요성이 증대되어 왔다(Harvey, 2002). 그러므로 우리는 Cara(아래 참조)의 예를 들어, 수면 부족과 관련되어 있다고 여겨지는 현재의 사고 과정을 살펴볼 것이다. 그녀는 그녀의 10대 자녀들에게 헌신해왔을 뿐 아니라 사업적으로도 매우 성공했다. 그러나 그녀는 만성적으로 잠을 잘 수 없었고, 또한 밤에 반복적으로 깨어나서 겨우 몇 시간 정도만 잠을 잘 수 있었다.

수면 부족과 관련된 프로세스

수면 또는 낮에 도움이 되지 않는 자동적 사고(ATs)와 신념

Cara는 8시간 수면을 취하지 않으면 자기 가족이나 동료들과 친하게 지내고 생산적으로 생각할 수 없다고 믿었다. 그래서 그녀는 자신의 다른 측면을 통제하듯 그녀의 수면을 조절해야만 하고 낮에 경험한 피곤함은 불면증 때문이라고 믿었다(휴식을 계획하지도 휴식도 없이 바쁜 하루의 결과라기보다는).

내외적으로 모니터링을 포함하는 안전 추구 행위(SB)

침대에 누워서 Cara는 반복적으로 시간을 확인했다. 그녀는 귀마개를 하고 수면에 도움이 되는 특수 쿠션을 사용했다. 그녀는 불면 증세가 있는지 자신의 몸을 관찰했다.

그녀는 잠을 잘 자지 못한 다음 날 몸이 피곤하거나 집중력이 떨어지는 것을 관찰한 후 복잡한 일을 피하려고 했다.

수면 행동에 대한 부적절한 자극과 일시적 통제

Cara는 잠자리에 들 때, 잠이 들지 않을 경우를 대비해서 책과 iPod을 가져갔다. 그녀는 침대에서 깨어 있으면서 책을 읽고 음악을 들으며 오랜 시간을 보냈다(부적절한 자극조절).

만약 그녀가 지난밤에 방해를 받았다면, 그녀는 졸리지 않아도 가능하면 다음 날 일찍 잠자리에 들 것이다(빈약한 일시적 통제).

증가된 정신적 각성 혹은 신체적 각성

Cara는 누워있으면서도 많은 걱정스러운 생각을 하고 있었고 해결책을 찾기 위해 노력했다(정신적 각성).

열악한 수면 위생

스스로를 지치게 하려고 Cara는 저녁 식사 후에 체육관에 갔다. 그녀는 잠자기 전에 안정시키려고 위스키 한 잔을 마시고 그녀는 집안일로 바쁘게 지냈다.

잠에 대한 왜곡된 지각

Cara는 그녀가 얼마나 오래 잠을 잤는지, 얼마나 잘 잤는지를 평가절하했다. 그녀가 깨어 있을 때도 많은 사람들이 몸이 무겁고 피곤할 때 느끼는 '수면 무력증(inertia)'을 겪었다.

수면 장애에 대한 중재

다른 문제와 마찬가지로, 개입은 특정 내담자에게 가장 적절해보이는 유지 주기(maintaining cycle)가 무엇이든 고려하여 상세한 평가 및 개인화된 개념화 기초하여 계획된다. 가장 일반적인 개입은 다음과 같다.

유용하지 못하거나 왜곡된 사고와 신념의 재평가

도움이 되지 않는 인지는 언어 및 행동 테스트를 사용하여 해결될 수 있다.

Cara는 특히 고통스러울 때 자기 통제하에 있어야 한다는 생각을 확인하고, 수면 조절에 대한 다른 관점을 살펴봄으로써 이러한 사고를 구두로 검토했다. (다른 사람들이 잠을 잘 때 조절하는 것이 일반적인가? 그들이 할 수 있거나 할 수 없는 증거는 무엇인가? 수면을 조절할 수 있어야 한다고 말하는 친구에게 그녀는 뭐라고 말할까? 그런 식으로 생각하는 것에 대해 찬성인가 반대인가?)

Cara는 또한 행동실험(BE)을 하면서 8시간의 수면이 필요하다는 생각의 정확성(accuracy)을 검증했다. 며칠 동안 그녀는 자신이 몇 시간 동안 수면을 취했는지를 기록했고, 그리고 나서 그녀가 일할 때 얼마나 피곤했는지 매일 아침과 오후에 그녀가 얼마나 생산적이었는지를 평가했다.

비록 그녀가 얼마나 많은 수면을 취했는지 깨닫지 못한 것은 아니었지만, 그녀는 여전히 대부분의 직장에서 자신이 상당히 생산적이라는 것을 발견했다. 그녀는 어떤 날들은 피곤했다고 하더라도, 생산성에 가장 큰 차이를 만든 요인은 그녀가 점심 식사 후에 '사무(desk)' 일을 하고 있었는지, 집중력이 떨어질 때는 지난밤을 잘 보냈는지 아닌지 여부였다. 반대로, 그녀는 잠을 잘 잤든 아니든지 간에 '사람'과 관련된 일을 하고 있다면 매우 효율적이었다.

안전 추구 행위(SB)의 감소

안전 추구 행위(SB)가 수면을 방해한다면(예: '나는 귀마개 없이는 절대 수면을 조절할 수 없고 수면의 질이 매우 나쁠 것이다') 수면의 중요성에 대한 믿음이 유연해지기 위해 그런 생각들은 제거되어야 한다.

> Cara는 시계를 보이지 않음으로써 시간을 확인할 수 없도록 하였다. 또한 귀마개를 사용하지 않기로 했다. 몇 시인지를 알지 못하는 것이 처음에는 힘들었지만, 그것이 수면에 대한 부담감을 줄인다는 것을 깨닫게 되었다. 마찬가지로 귀마개를 하지 않아도 문제가 될 것이 없다는 것을 알게 되었고, 이것은 그녀가 불면증에 대한 감각을 감소시켰다.

개선된 자극과 일시적인 통제

이러한 개입은 Bootzin의(1972년) 논문 발표 이후 광범위하게 평가되었다. 이 접근법은 내담자가 환경적이고 행동적인 수면 단서들과 비수면 단서들을 명확하게 구별하고 신체가 규칙적인 수면 리듬을 획득할 수 있도록 하기 위해 일관된 단서가 필요하다는 생각에 근거하고 있다. 이 가설이 옳은지 아닌지에 대해 논란이 있음에도 이 접근법이 입면시(sleep-onset) 대기 시간을 빠르게 줄이는 데 효과적이라는 것이 밝혀졌다. 절차의 초기 단계에서는 피로가 증가할 수 있기 때문에 내담자가 따라하기 어려울 수 있다. 내담자들에게는 지속적으로 많은 격려가 필요할 수 있다. 절차에 대한 적절한 설명은 Espie(1991, 2011), Morin와 연구진(2006) 또는 Espie의 디지털 수면 개선 프로그램인 슬리피오(www.sleepio.com)를 통해 확인할 수 있다. 주요 사항은 다음과 같다.

1. 안정적이고 규칙적인 수면 스케줄 설정한다. 수면 습관을 길러서 매일 같은 시간에 자고 일어나기, 매일 아침 같은 시간에 알람을 맞춰놓고 잠을 얼마나 잤는지와 관계없이 그 시간에 일어난다.
2. 나중에 잠자리에 들기 한두 시간 전에 편안한 'wind down' 루틴을 개발하는 것보다는 그날 하루의 초기에(운동, 자극 등을 통해) 활력을 불어넣는다.
3. 침실은 잠잘 때만 사용한다(섹스는 예외).
4. 15분에서 20분 이내에 잠들지 않는다면 일어나서 다른 방으로 들어간다. 당신을 위해 준비되어 있는 것(예: 잡지, 책, 담요)으로 졸음이 올 때까지 이완을 하고 나서 침실로 돌아간다. 침실에서는 잠잘 수 있도록 한다.

5. 만약 빨리 잠들지 않는다면, 다른 방에서 휴식을 취한다. 이것은 초기에는 반복될 수 있다.

6. 낮이나 저녁에는 짧은 시간 동안이라도 잠을 자지 마라.

정신적 각성 줄이기

불면증은 잠자리에 들기 전에 남은 일을 처리하지 못함으로써 유지될 수 있기 때문에 하루의 해결되지 않은 문제들이 마음속으로 몰려들게 되는 것이다. 당신의 내담자가 저녁시간의 일부시간을 할애하여 그날 겪었던 문제를 적거나 생각하는 것이 도움이 될 수 있다(자러가기 직전이 아니라고 하더라도). 여기에는 정서적 충격도 포함된다. 이것이 충분치 않고 주제들이 반복되거나 더 골칫거리가 된다면, 이러한 생각(8장에서 설명한 대로)의 인지 재평가를 리허설하여 내담자가 미리 준비할 수 있도록 하는 것이 도움이 될 수 있다.

> 한 여성은 불만족스러운 부모가 되고 이로 인해 그녀의 아이들에게 영향을 미치지 않을지 걱정하고 있었다. 그녀가 자려고 할 때 이러한 생각들은 더욱 심해졌다. 그녀는 그녀가 자신의 걱정을 결코 해결할 수 없고 그런 생각이 잠들지 못하게 한다는 것을 알게 되었다. 그래서 어느 날 아침, 그녀는 자신이 나쁜 부모라는 증거와, 그녀의 아이들의 미래의 성공 요인을 체계적으로 살펴보았다. 그리고 나서 그녀는 다른 관점을 정리한 문장으로 이것을 요약했다. '나는 충분히 훌륭하다. 아무도 완벽해질 수 없다. 그들에게 사랑을 주는 것이 가장 중요한 것이다.' 그녀는 치료 노트에 더 상세한 증거를 기록해 두었다. 밤에 걱정거리가 떠오르자 그녀는 그저 극복하는 말을 반복했다. 이것은 그녀가 걱정거리를 '정렬(park)'할 수 있게 해주었고, 필요하다면 그녀의 인생에서 특히 좋았던 시간에 대한 편안한 기억에만 집중함으로써 기분 전환을 할 수 있었다.

신체적 각성의 감소

불면증에서 신체적 각성이 증가한다는 증거는 불분명하지만, 많은 연구들은 체계적 근육 이완이 입면시 대기 시간, 총수면 시간, 수면의 질에 어느 정도 영향을 미친다는 것을 보여주었다. 게다가 많은 고객들은 근육 이완을 즐긴다. 어떤 이완 접근법이 사용되는지는 중요하지 않은 것 같다. 이것은 기분 전환을 시켜주고 사람들이 운동을 끝내기도 전에 잠에 빠지도록 한다.

열악한 수면 위생

많은 내담자들을 위한 일반 정보와 조언은 다음과 같다.

- 수면 패턴, 단계 및 변이성, 수면 기능과 효과, 그리고 불면증에 대한 사실 및 수치에 대한 정보(Espie, 2010 참조)
- 운동에 대한 조언(즉, 건강을 목표로 하는 정기 프로그램의 일부로서 유용, 그러나 취침시간 전까지는 아님), 다이어트(카페인 섭취 방지, 만성 또는 중량의 알코올 섭취는 유용하지 않음, 따뜻한 음료의 이점)
- 주의 분산을 최소화하는 조용하고 편안한 침대와 환경에 대한 조언

이러한 요소들 중 어느 것도 만성 불면증을 치료하기에 충분하지 않을지라도, 그들은 각각 수면 문제를 효과적으로 관리하는 데 기여할 수 있다.

수면 관리 문제

안전 추구 행위(SB)

처음에 수면 위생을 위해 유용한 전략은 안전 추구 행위(SB)로 발전할 수 있다. 당신의 내담자 성공 경험에서 얻은 것의 의미를 검토하라. 만약 그것이 가능하다면, 모든 것이 괜찮지만, 만약 당신의 내담자가 제대로 된 방법으로 어떤 전략을 사용했기 때문에 단지 잠을 잘 수 있었다고 믿는다면, 이것은 재고할 필요가 있다.

그가 융통성 있게 전략을 사용하는 것을 실험하도록 격려하고, 전략 자체가 그의 안녕에 핵심이라는 믿음을 검증하라.

약물 사용

당신의 내담자가 불면을 촉진하는 약물을 사용한다면, 당신의 내담자는 심리적인 개입에 반응하지 않을 수 있다. 항상 자가치료와 처방된 약에 대해 물어보라.

불면증이 아니거나 다른 문제로 인한 이차적 수면 문제

다른 정신적인 또는 신체적 조건에 의한 이차적인 수면 문제는 심리적 개입에 반응하지 않을 수 있다. 그러한 경우 일차적인 장애를 치료해야 하며, 만약 이에 해당 되는 경우(예: 우울증) 인지 행동 접근법을 사용해야 한다. 만약 그것이 불면증으로 분류되지 않은 수면 장애라면 그것은 반응하지 않을 것이다(수면 무호흡증(sleep apnoea), 야행성 근위축증(nocturnal myoclonus) 또는 안절부절못한 다리(restless legs)).

악몽과 수면 중 보행장애

악몽과 수면 중 보행장애는 종종 스트레스, 불안감 또는 정신적 외상과 연관되어 있기 때문에 이러한 어려움을 직접적으로 해결하는 접근법을 사용하는 것이 최선이다(13장 및 14장 참조).

─── **요 약** ───

- 인지적 요소들이 분명히 내포되어 있다고 하더라도 신체적 개입이 가지는 역할에 주의를 기울이는 것은 의미가 있다. 신체적 기법은 개입이 개념화에 주목하여 계획되고 내담자에게 타당한 방식으로 유지 주기가 중단되는 한 다양한 장애에서 많은 기여를 할 수 있다.
- 이완기법은 유용하다. 그리고 즐거우면서 이완이 되는 활동이 포함된다면 그 어떤 기법이 사용되는지는 중요치 않은 것으로 보인다. 이완 운동이 사용된다면 따라할 수 있는 기술 습득에 관한 명확한 지침들이 있다. 다음과 같은 경우 이완기법을 사용할 수 있다.
  - 일반적인 각성 감소
  - 즐거움을 제공
  - 불안 유발 상황에 쉽게 노출
- 그러나 치료할 때 이완의 사용이 문제가 없다는 것은 아니다. 일반적인 문제는 다음과 같다.
  - 안전 추구 행위(SB)로서의 이완 기능
  - 통제력을 상실로 경험되는 이완
  - 작은 신체 변화에 대한 과민성

- 호흡조절은 공황 장애의 치료에서 근본적 역할을 가지고 있지만 그것은 다른 불안 장애와도 관련되어 있을 수 있다. 잠재적인 문제는 그것의 안전 추구 행위(SB)로서의 기능이다.
- 창의적으로 사용되는 신체 운동은 종종 유지 주기를 직접적으로 막을 수 있다.
- 응용된 긴장(긴장 조절) 혈액 손상 공포증(다른 공포증보다 덜 흔함) 치료에 사용될 수 있다.
- 마지막으로, CBT는 수면 장애 관리에서 역할을 할 수 있다. 신체적, 행동적, 인지적 전략은 더 나은 수면을 촉진하는 데 사용될 수 있지만, 개념화와 분명하게 연계되어야 한다.
- 인지적 요소들이 분명히 관련되어 있음에도 불구하고 문제들에 있어서 신체적 개입을 한다는 것에 관심을 가질 필요가 있다.

다음 학습 활동은 SAGE publishing 사이트(https://study.sagepub.com/kennerley3e.)에서 내려받기 할 수 있다.

복습과 성찰:
- 이 장을 읽으면서 당신의 반응은 어떤 것인가? 이 전략들 중 특별히 도움이 되는 것이 있는가? 어떤 걱정거리들이 당신을 괴롭히는가? 당신의 반응을 잘 돌이켜보시오.
- CBT는 심리치료법이고 인지적, 행동적 측면을 강조하기 때문에 생리학적 변수와 신체적인 개입을 고려하는 이유가 무엇이라고 생각하는가?
- 당신의 이전의 심리 작업에서, 당신은 일반적인 흥분과 같은 생리적 변수를 고려하지 않았을지도 모른다. 그렇지 않은 경우 이 영역의 소개 텍스트를 읽는 것이 도움이 되는지 고려하시오.

한걸음 더:
- 현재의 케이스 로드에서 이완과 함께 음의 사이클을 시작하는 것이 도움이 되는 공식 다이어그램을 그리시오.
- 만약 여러분이 이완 운동에 익숙하지 않다면, 일주일 동안 규칙적으로 그것들을 연습하고, 그리고 나서 가볍거나 적당한 스트레스를 받는 상황에 그것을 적용하도록 노력하라. 내담자들과의 작업에서 도움이 될 만한 점은 무엇이라고 생각하는가? 만약 당신이 하루 종일 당신이 적당한 수준의 이완을 취하고 있다는 것을 확실히 하고 싶다면, 어떻게 당신은 당신 자신에게 기억하라고 촉구할 수 있는가? 일상적인 물건이나 사건을 단서로 사용할 수 있는가? 만약 당신이 이틀 동안 그것을 하려고 한다면, 당신은 그것으로부터 무엇을 배우는가?
- 만약 당신이 호흡조절에 익숙하지 않다면, 직접 그것을 살펴본 후, 당신이 어떤 느낌을 받게 되는지 알아보라. 어떻게 하면 내담자가 공황 증상을 재현할 수 있도록(즉, 지나치게 방어적이지 않고 지나치게 높지 않음) 지원할 수 있는가?
- 안전 활동으로 통제된 호흡을 사용하지 말아야 한다고 내담자에게 설명할 수 있는 방법은 동료/단체와의 역할극이다(즉, 언제 사용해야 하는지, 얼마나 자주 사용해야 하는지 등).
- 현재의 내담자들을 위해 두세 가지 치료 계획에 신체 운동을 맞추도록 노력하라. 그것이 개념화의 관점에서 맞는가? 내담자들은 그것을 수행했는가, 그리고 만약 그렇지 않다면, 왜 하지 않았는가?
- 응용된 긴장에 익숙하지 않은 경우 동료와 함께 절차를 검토하시오. 사용 방법을 이해했는지에 대한 피드백을 받으시오. 그것을 직접 연습하고, 그 기법이 제시하는 어려움들에 주목하라. 내담자와 함께 극복하는 방법에 대해 브레인스토밍을 하거나 수퍼바이저에게 문의하시오
- 인지 수면 질문지(Morin, 1993; Espie, 2010) 중 하나를 작성하고 수면에 대해 왜곡된 믿음이 있는지 확인하시오. 만약 그렇다면, 생각을 구두로 수정하고, 그 결과로 여러분의 믿음의 수준이 얼마나 변하는지 보라. 여러분의 왜곡된 믿음을 시험하기 위해 행동실험(BE)을 만들 수 있는지 확인하고, 그 결과로 여러분의 믿음의 수준이 얼마나 변하는지 보라. 그것으로부터 무엇을 배울 수 있는가?

보충 읽기 자료

Benson, H. (2000). *The relaxation response*. New York: Avon Books.
이것은 1970년대의 체계적인 이완과 명상을 위한 고전적 지침의 개정판이다. 그것은 다양한 이완 운동을 발전시키기 위한 아이디어를 제공한다.

Espie, C.A. (2010). *Overcoming insomnia and sleep problems: a self—help guide using cognitive behavioural techniques*. London: Constable Robinson. An easy to read self-help book which is based on practical applications of CBT.

- 10.1 이완 연습 소개
- 10.2 호흡조절 소개

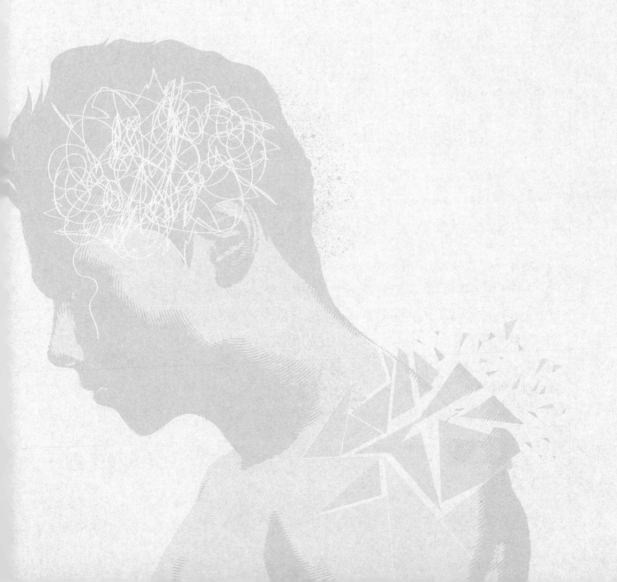

11

치료의 과정

─── 도입 ───

지금까지 우리는 CBT의 다양한 요소들을 소개했다. 그러나 본 장에서는 여러분이 이미 배운 것을 토대로 전체 치료 과정의 개요를 설명할 것이다. 우리는 다양한 단계에서 발생할 수 있는 과제와 문제들을 강조할 것이다.

─── 전체 회기 방식 ───

본 책에서 설명된 대부분의 단순한 종류의 문제들의 경우에는 전형적으로 1시간, 6~15회기가 걸린다. 그러나 각 회기 시간이나 몇 회기를 해야 하는지에 대한 엄격한 규칙이 있는 것은 아니다. 내담자에 적합한 치료법을 만들기 위해 노력한다는 정신에서, 이상적인 CBT 치료사는 '맞춤형(bespoke)'으로 개입할 만큼 충분히 유연해야 한다. 예를 들어, 내담자가 치료의 많은 부분을 담당하게 될 경우 치료가 종결될 때가 되어감에 따라 회기 시간은 짧아질 수 있다. 반면에 치료 회기 내에서 행동실험(BE)이 길어질 경우, 해당 회기는 60분보다 상당히 오래 지속될 수 있다. 마찬가지로 문제가 더 복잡하거나 내담자가 어려움에 처할 경우 회기 수가 연장될 수 있으며, 문제가 치료하기에 매우 적합할 경우 줄어들 수 있다. 회기는 보통 매주 진행되지만, 정식적인 치료가 종결된 후 몇 번의 후속 회기(follow-up sessions)의 경우에는 간격이 점차적으로 길어진다.[*]

어떤 서비스의 경우는 제공되는 개입의 양과 형태가 다른 요인에 의해 결정된다. 예를 들어 IAPT 서비스 또는 보험 회사가 개입 수준을 설정하거나 내담자가 제한된 치료만 받을 수 있는 상황이 그러하다. 당신은 제한된 시간을 잘 활용하는 방법을 터득해야 하고 본 장의 마지막 부분에서 이에 대해 다시 검토할 것이다. 여러분 중 일부는 좀 더 자율적인 환경에서 일하고 있을 것이고, 여러분은 유연성의 호사를 누리게 될 수 있지만 치료 기간에 대해 변호할 수 있는 결정을 내려야 하는 부담은 갖게 될 것이다. 이후의 것들은 당신이 이러한 결정들을 내리는 것을 돕는 것이 목표이다.

처음 두세 번의 회기에서 당신은 대개 공유 개념화를 도출하기 위한 목적으로 문제를 평가하는 것에 초점을 맞출 것이다. 이것과 병행해서 당신은 내담자에게 CBT를 교육하려고 시도할 것이고 예상되는 그의 역할은 능동적이고 숙련된 협력자로서 치료적으로 시도하려 할 것

---

[*] 역자 주: 대부분의 상담은 상담자와 내담자가 종결에 대해 합의를 하고 나서 2주나 3주 간격으로 회기를 진행한 후 최종 종결을 하는 경우가 대부분이다.

이다. 목표 문제에 대한 대부분의 활성 작업은 2단계부터 12단계까지 진행되며, 마지막 두 회기는 퇴원 후 당신의 내담자가 앞으로 나아갈 청사진을 작성하는 것에 관심을 가질 것이다.

치료 과정 전체에 걸쳐 나타나는 몇 가지 특징은 다음과 같다.

- 안건 설정
- 자기 감찰
- 좌절 다루기
- 개념화 수정

자기 모니터링, 좌절 처리 및 개념화 수정 등은 다른 장(각각 5, 6 및 4장)에서 다루지만, 우리는 지금부터 안건 설정이란 중요한 과제에 대해 상세히 살펴볼 필요가 있다.

안건 설정

각 회기의 시작에서 상호 합의한 안건의 설정은 CBT의 핵심 특징이다. 상대적으로 단기 치료이기 때문에 시간을 효과적으로 사용하는 것이 중요하며, 안건은 다음을 통해 이 목표에 기여한다.

- 당신과 내담자가 회기 내에서 다룰 문제의 우선순위를 정하기
- CBT의 특징인 구조화하기
- 관련 문제에 초점을 유지할 수 있도록 돕기
- 치료 과정에 능동적인 참여자로 내담자를 끌어들이기

협력적 관계(collaborative relationship, 치료적 관계 또는 동맹의 의미)의 발전을 위해, 첫 번째 회기나 두 번째의 회기에서 다음과 같은 말을 함으로써 안건 설정을 다루는 것이 도움이 된다.

치료가 유용하고 도움이 되는 것으로 보이는 것은 중요하고 각 회기는 시간이 제한되어 있기 때문에 회기를 시작할 때 목표를 정하는 것이 도움이 된다. 나는 보통 내가 포함하고 싶은 것에 대해 의견을 가지고 있지만, 당신은 종종 그 주에 일어났던 일이나 당신에게 일어났던 생각 등에 대해 토론하기를 원할 것이다. 우리가 그것들을 위해 시간을 내는 것은 정말 중요하기 때문에, 각 회기 전에 당신이 포함하고 싶은 것을 단지 생각하는 것에 대해 몇 분만 시간을 할애한다면 도움이 될 것이다. 그러면 우리는 우리 사이의 안건에 동의할 수 있다. 그 이야기가 사리에 맞다고(sensible) 생각합니까? 당신은 기꺼이 그 일에 참여할 수 있나요?

▶ 동영상 자료 11.1: 안건 소개 / 동영상 자료 11.2: 상호 합의된 안건 설정

뒤를 이어 각 회기를 시작할 때 내담자가 안건에 포함되기를 원하는 것이 무엇인지를 질문함으로써 안건에 포함시킬 항목을 질문하고, 그다음에 당신이 포함시키고자 하는 항목을 제안하라(당신이 먼저 항목을 정한다면 내담자가 자신의 항목을 제안할 가능성이 낮아짐*). 각 항목은 두 사람(상담자와 내담자)이 문제에 대해 이야기할 때 집중해야 할 것이 무엇이고 진행상황을 검토할 수 있는지를 알게 하기 위해서 회기 내에서 집중도 검토도 할 수 없게 만드는 모호한 개념들을 구체화할 필요가 있다. 이 과정은 각 회기를 시작할 때 최대 5분까지 걸릴 수 있다. 이 과정은 충분한 시간을 필요로 하지만 다른 항목에 사용할 수 있는 시간을 결정할 때는 이것을 고려할 필요가 있다.

일반적으로 안건에 포함할 항목은 다음과 같다.

- **지난주에 있었던 일들에 대해 간단히 검토하기**: 너무 광범위해서는 안 되고 주요 안건으로 결정된 사항만 간략하게 확인한다. 내담자들은 이러한 간단한 검토에 익숙하지 않을 수 있으며, 지나치게 상세히 이야기할 수 있다. 이럴 경우 당신은 부드럽게 중단시키면서 주요 사항만 요약함으로써 유용한 모델링을 해줄 수 있다. 예를 들어, "당신이 그 주에 있었던 일의 대부분에 대해서 말하는 것처럼 보인다면 당신의 불안 수준은 이전보다 높다는 것이고 그 주요 원인은 아버지의 결혼 계획인 것으로 보입니다. 그러나 당신은 매일 일하러 갈 수 있었고 긍정적인 기분을 느꼈습니다. 이 시점에서 전반적인 개요만 말해주면 됩니다. 그런데 내가 전체적인 상황을 잘 이해하고 있는 건가요? 우리의 안건에서 결혼식을 넣는 것이 도움이 될까요?"라고 묻는다.
- **마지막 회기 검토하기**: 이것은 논의된 것들이 가지는 문제들, 포인트의 확장 등이 포함된다. 많은 내담자들은 과제의 일부로서 자신들의 회기를 기록한다. 그 결과로 새로운 관점을 갖게 된다. 만약 당신이 내담자에게 치료 노트에 회기에 대한 메모를 남길 것을 요구하면, 그는 또한 다음에도 이어서 검토하게 될 것이다. 이 과정은 안건에 포함될 수 있는 문제들을 제기할 수 있도록 할 것이다. 예를 들어, 그가 정직하게 이야기하는지 당신이 듣고 싶어 하는 것을 말하는지를 잘 살펴보라. 후자의 경우, 당신은 이 시점에서 그것에 관심을 두는 것이 치료 관계를 약화시킬 것인지 아니면 강화시킬 것인지를 결정할 필요가 있다. 만약 당신의 내담자가 이전 회기에서 있던 일을 기억하지 못한다면, 이것은 또한 문제로 다루어져야 하고, 그것을 해결하는 방법을 알아낼 필요가 있다.

---

* 역자 주: 상담에서 무엇에 대해 이야기할지를 정하는 데 상담자나 치료자가 주도적이 된다면 상대적으로 내담자는 자신의 이야기를 하지 않을 가능성이 크다.

- **현재 기분 평가하기:** Beck의 우울증 척도(BDI)(Beck, Ward, Mendelson, Mock & Erbaugh, 1961) 또는 Beck의 불안 척도(BAI)(Beck, Epstein, Brown & Steer, 1988)와 같이 표준화된 측정치를 사용해서 공식적으로 평가될 수 있고, 질문 등을 통해 비공식적으로 더 많은 것들을 평가할 수 있다. 마지막 회기 이후 내담자의 기분이 변화했는가? 안건에 포함시킬 필요가 있는가? 내담자에게 매주 같은 척도(scale)를 사용해서 자신의 기분을 평가할 것을 요구하는 것이 도움이 될 수 있다. 예를 들어, 지난주 동안에 당신의 기분은 0에서 10까지 어디에 해당된다고 생각하십니까? 0은 가능성이 가장 낮고 10이 절대적으로 좋은 것, 즉 문제가 전혀 없는 것인가? 또는 불안한 사람의 경우 0은 전혀 문제가 없는 점수이고 10은 항상 매우 불안한 나쁜 상태라고 하는 것이 더 합리적인가?(측정 개발 방법에 대한 자세한 내용은 5장을 참조). 노트에 어떤 척도를 사용하고 있는지 반드시 기록하시오!
- **과제 검토하기:** 이것은 그것은 그날의 주요 주제와 깊게 중첩될 수 있다(이것이 종종 '과제'로 언급되는 반면, 일부 내담자들은 그 단어에 대한 나쁜 연합을 가지고 있다. 예를 들어, 학교 경험에서 나온 것들, 대안적 용어로는 '할당된 것(assignment)', '행동실험(BE)', '다음 주에 할 업무', '계획', '조사'와 같은 특정 업무에 대한 설명 등이 포함된다.)
- **논의를 위한 주요 주제들:** 이것들은 증상을 포함할 수 있다(예: 저조한 기분, 불안, 불면). 또는 당면한 외부적인 문제(예: 직장 내 문제 또는 대인관계 문제) 당신은 아마도 특정 CBT 기술(예: 부정적 자동적 사고(NAT)를 확인하는 방법 또는 문제 유지에 있어 안전 행동의 역할을 알게 되는 것)을 수행할 계획을 가지고 있을 수 있다. 그리고 이것은 종종 내담자의 증상이나 문제를 다루는 동시에 문제를 해결할 가능성이 있다.
- **과제/할당(assignment):** 이것은 논의된 주요 주제에서 비롯되어야 하며, 그것의 일부로 이미 협상되었을 수도 있다. 하지만 과제를 내는 데(setting up homework) 10분이 걸릴 수 있다는 것을 명심하라.
- **피드백:** 내담자가 어떻게 경험했는가. 당신은 이것을 위한 안건에 시간이 남아있는지 확인할 필요가 있다. 예를 들어 다음과 같이 말할 수 있다. 만약 당신이 오늘은 어땠는지 무엇이 잘되었고 어떤 것은 훨씬 더 잘 되었는지에 대해 나에게 피드백을 준다면 매우 도움이 될 것이다. 만약 실망스러웠다거나 내가 당신을 불편하게 하는 말을 했다면 처음에는 나에게 말을 하기가 어려울 것이다. 그러나 우리가 당신의 문제를 해결하기 위해 함께 노력하기 때문에 당신이 도움이 되거나 아니거나를 말할 수 있다고 느끼는 것은 중요하다. 오늘부터 집에 가져갈 수 있는 메시지는 무엇입니까? 도움이 된 다른 건 없나요? 내가 했던 말의 어떤 것이 당신의 머릿속을 맴돌거나 도움이 되지 않았던 것이 있는가?

오늘의 다른 의견은?

안건을 정하고, 과제에 동의하고, 피드백을 받는 등, 하루의 주요 주제들을 다루는 데 35~40분 이상의 시간은 필요치 않다. 즉, 추가 주제에 5분 정도 할당할 계획이 없는 한 일반적으로 두 개 이상의 주제를 포함할 수 없다.

안건 설정 동안 어떤 문제에 우선순위를 둘지 결정하기 위해 다음 요소를 고려할 수 있다.

• 아이들을 포함해서 내담자와 다른 사람들에게 위험한 문제들
• 긴급한 문제(예: 실직 위험, 시험 임박)
• 개념화에서 고난 중심의 수준(level of distress centrality)
• 변화의 가능성
• 습득되어야 할 기술의 적절성
• 그 문제가 치료 외 다른 누군가와 함께 다루어질 수 있는지의 여부

초기 단계에서는, 내담자들이 효과적으로 대처하는 기술을 가지고 있지 못하기 때문에 너무 고통스럽고 복잡한 문제들을 다루는 것은 좋지 않다. 마찬가지로 단단하게 유지되거나 핵심 신념과 직접적으로 관련된 이슈는 피해야 한다. 그러나 이는 내담자가 중요하게 여기는 문제를 다루는 것에 대한 중요성이 균형을 이루어야 한다.

일단 안건 항목의 우선순위가 결정되고 합의되면, 여러분은 각각 문제에 얼마나 많은 시간을 할애해야 하는지를 대략적이라도 고려해야 한다. 예상치 못한 요구에 대응해야 하기 때문에 타이밍이 확정된 것은 아니지만, 시간 할당에 대한 '대강의 어림(ballpark)'에 대한 생각을 가지고 있으면 좋으며, 그렇지 않으면 시간이 쉽게 부족해질 수 있다.

안건이 정해지면 당신은 그것을 따르는 것이 목표이며 그것으로부터 벗어나는 것을 분명히 할 필요가 있다. 예를 들어 내담자가 다른 주제로 이동하고 그것에 대해 화가 나면, 새로운 주제로 우선순위를 선택한 것이라고 가정해서는 안 된다. 대신 다음과 같이 말하면서 딜레마에 대해 논의하라. 예를 들어, "이 주제가 당신을 화나게 한 것처럼 보이는데, 그것은 중요한 문제라는 생각이 듭니다. 우리가 이 문제에 대해 생각하는 데 시간을 좀 할애하고 싶은가요? 아니면 우리가 초반에 합의한 대로 대신에 집중하기를 원하나요?"

이는 내담자가 선택할 수 있게 하고, 때로는 놀라운 결과를 얻을 수 있게 한다. 문제가 예상보다 더 많은(또는 더 적은) 시간이 필요하다는 것이 분명하면 항상 안건을 검토할 수 있도록 미리 준비해야 한다. 마찬가지로, 토론이 위험과 관련된 주제를 가지고 온다면, 그다음 당신

은 안건을 수정하고 다른 항목보다 위험 문제의 우선순위를 정해야 한다. 그러나 다시, 당신이 안건에서 벗어나고자 하는 의도를 분명히 해야 한다.

의제를 다루는 것은 내담자의 입장을 존중하고 이해한다는 측면에서 민감할 필요가 있다. 사람들은 가끔 어려운 상황에 대한 감정을 단순히 표출하는 것을 원할 수 있다. 어쩌면 문제 해결에 대한 어떠한 기대도 하지 않은 채. 내담자가 이러한 방식으로 각 회기의 상당 부분을 차지하기를 원한다면 아마도 추가 조사가 필요할 것이다.

안건을 유지하기 위해서, 주제나 문제와 관련된 요점에 대해 빈번하게 요약을 해주거나 내담자에게 요약을 요청하는 것이 도움이 될 수 있다. 요약은 하나 또는 두 개의 문장으로 논의 핵심을 다루어야 하며, 예를 들어, 중요한 부정적 자동적 사고(NAT)를, 내담자의 언어를 포함해야 한다. 이것은 치료사와 내담자가 같은 주파수(wavelength, 사고방식)을 유지하도록 하는데 이것은 또한 안건의 주제들 사이에서 유용한 휴식처를 제공한다. 처음 5~6회 회기에서는 5~10분마다 요약을 해주고 내담자에게 정확히 이해했는지 물어보는 것이 도움이 된다.

- "'당신은….'이라고 말하는 것 같다. 내 말이 맞나요? 혹시 놓친 거라도 있나요?"
- "우리가 논의했던 것에 대한 핵심이라고 당신이 본 것을 당신의 언어로 설명해줄 수 있나요?"

안건 설정에 있어서 공통된 어려움

안건 설정 시 발생할 수 있는 일반적인 어려움

- 모호한 안건 설정: 이것은 주제가 구체적으로 조작되기보다 큰 틀(broad outline)에서만 기술될 때 발생한다. 예를 들어, 한 여성이 그녀의 가족과의 관계에 대해 이야기하고 싶다고 말한다면, 당신은 그녀에게 관계의 어떤 측면을 확인하도록 요구할 필요가 있다. 혹은 남자가 그의 몸무게에 대해 이야기하기를 원한다면, 당신은 그의 몸무게의 어떤 측면이 그를 걱정시키는지와 관련된 것인지 분명히 할 필요가 있다. 그리고 '체중'이 핵심 이슈인지 또는 폭식(binge-eating)과 같이 그것에 기여하고 있는 어떤 것이 있는지를 분명히 할 필요가 있다.
- 안건에 너무 많은 이야기를 넣는 것: 당신은 보통은 주요한 이야기를 두 개 이상을 다루지 않을 수 있고 다음으로 넘겨야 할 경우 당신과 내담자는 좌절감을 느낄 수 있다. 만약 당신과 내담자가 심사숙고해서 우선순위를 정한다면 당신은 당신이 초점을 맞춰야 할 하

나 또는 두 개의 이야기를 쉽게 결정할 것이다.

- **다루어야 할 이야기의 우선순위를 정하지 않음**: 당신의 우선순위를 따르기 위해 위에 설명된 요소를 사용하여 주요한 주제를 먼저 다룬다.

- **조급하게 문제를 다루기**: 문제를 언급되는 즉시 처리하려 하지 말고, 대신 안건을 정하고 이야기를 명확히 하도록 노력해야 한다. 많은 내담자들이 안건을 설정하는 연습을 필요로 하며, 언급된 첫 번째 이야기에 대한 구체적인 논의를 즉시 시작할 수 있다. 부드럽게 이야기를 중단하면서, 예를 들어 "이것이 오늘의 주요 주제인 것처럼 보입니다."라고 말할 수 있는 어떤 문제에 대해 분명하게 동의하는 것이 중요하다는 것을 상기시켜준다. 모든 작업에 충분한 시간을 할애할 수 있도록 하기 위해서, 추가로 포함시키고 싶은 사항을 결정할 수 있습니까?

- **내담자로부터 진정한 정보를 얻지 못함**: 이것은 안건을 떠나 나중에 그의 선호 아이템을 소개하거나 전혀 그렇지 않을 위험을 감수하는 것이다.

- **내담자의 문제의 의미 오해**: 계속해서 질문을 하고, 요약을 사용하여 의미를 명확히 하고, 올바르게 이해했는지 확인하고, 내담자에게 피드백을 요청해야 한다.

- **먼저 논의하지 않고 안건에 포함되지 않는 문제들을 다루기**: 안건은 유연할 수 있지만, 변화는 명백하고 협력적인 것을 필요로 한다.

- **마무리를 하지 않고 회기마다 다른 주제로 넘어가는 것**: 회기 간에 진전을 이룰 수 있는 광범위한 전략이 있는지 확인해야 한다. 이러한 어려움을 확인하고 다룰 수 있도록 정기적으로 안건 설정을 검토하는 것은 유용하다.

비록 처음에는 불편함을 느낄 수도 있지만, 특히 덜 구조화된 접근에 익숙하다면, 여러분이 두려워하는 결과가 실제로 발생하는지를 검증해볼 가치가 있다. 이제 초기 단계의 특징부터 시작하여 치료 과정의 단계를 살펴보도록 하겠다.

▶ 동영상 자료 11.3: 초기 목표 설정

──── **초기 단계** ────

목표 설정

시간제한적 치료로서의 효율성을 유지하는 데 기여하는 CBT의 또 다른 측면은 상호 합의되고 분명하고 구체적 목표를 향하여 작업을 하는 계약(agreement)이다. 이것은 치료 회기들을 구조화하고 초점을 유지하는 데 도움이 된다. 목표는 공동 노력으로서 확립되고, 이것은 CBT의 협력적 특성을 더욱 강조한다. 치료에 대한 목표는 치료사의 노력과 더불어 내담자와 관련되어 있다.

목표 설정이란 변화의 가능성을 내포하며, 이것은 극복할 수 없는 문제로 보이는 문제에 직면하여 무기력함을 줄이고 희망을 갖는 데 도움이 된다.

그것은 또한 치료 종결 대한 예상을 높여주며, 따라서 종결이 임박했을 때 개방적이고 명시적인 방법으로 협상하도록 돕는다.

목표 설정 방법

목표는 공유 개념화(shared formulation)를 반영해야 한다. 예를 들어, 만약 누군가가 우울하다면 그래서 당신이 비활동적이고 반추적인 유지 주기를 확인했다면, 당신의 목표는 이것을 반영해야 한다. 때로 내담자들은 '체중 빼기', '파트너와 더 잘 지내기'와 같은 목표를 표현하기도 한다. 이 목표를 목표로 삼기 전에, 이 목표들이 개념화에서 제시되는, 치료에 적절한지를 확인해야 한다. 저조한 기분은 먹는 것으로 위안을 삼는 것(comfort-eating)에 의해 체중의 증가됨으로서 악화될 수 있는데 이것은 목표로 삼기에 적절한 문제가 될 수 있다. 반면에, 어떤 것들은 내담자에게 바람직할 수도 있지만 치료와는 관련이 없는 단순한 '바람들(wishes)'이다. 따라서 만약 내담자 과체중이라고 하더라도 그의 식습관과 체중이 우울증에 적극적으로 기여하지 않는다면, 체중 감량은 다른 곳에서 다루어질 필요가 있다.

목표는 SMART, 즉 다음과 같아야 한다.

- Specific 구체적인
- Measurable 측정 가능한
- Achievable 달성 가능한
- Realistic 현실적인
- and have a realistic Timeframe(i.e. a date for completion) 현실적인 시간의 틀(계획) 갖기 (예: 마감기한)

구체적인 내용으로 목표를 정하는 것은 문제의 전체의 구성요소의 일부로 한정시키게 되면 보다 다루기 쉽다고 느낄 수 있기 때문에 내담자가 통제감을 갖게 하는 데 도움이 된다.

(큰 덩어리를 조각 작은 단위로 쪼개는 개념) 다음과 같은 일반적인 질문으로 시작할 수 있다.

- 치료 종결시에 어떻게 하고 싶은가?
- 치료가 성공적이었는지 어떻게 알 수 있겠는가?
- 치료가 성공적이었다고 한다면, 무엇이 달랐고 어떤 변화가 있을 것인가?
- 종결이 되면 당신은 무엇이 달라졌다고 말하고 싶은가?

소위 말하는 '기적의 질문(miracle question)'은 때때로 목표를 달성하기 위한 좋은 방법이다.

- 당신이 잠들어 있는 동안 기적이 일어난다고 생각해보라. 당신의 모든 문제가 그렇게 사라진다. 그러나 당신은 잠들어 있었기 때문에 그것이 일어났다는 것을 알지 못한다. 다음 날 아침에 일어나 하루를 보내면서 기적이 어떻게 일어났는지를 당신은 어떻게 알게 될 것인가? 당신과 다른 사람들에 달라졌다는 것을 어떻게 알아차리겠는가? 기적이 일어났다는 것을 어떻게 알 수 있을까?

자신의 삶이 건강 염려에 의해 통제된다고 느끼는 한 여성은 그녀의 치료사와 다음과 같은 이야기를 나누었다.

치료사: 치료가 성공적인지를 어떻게 알 수 있을까요? 무엇이 달라질 수 있을까요?

내담자: 나는 내 몸에 혹이 있는지 확인하는 것을 그만둘 것입니다. 항상 암에 대해 생각하지는 않을 것이고, 그것으로 인해 가족을 지치게 하지 않을 것입니다.

치료사 : 그 밖에 다른 변화는?

내담자 : 중요한 것은 암에 대해 들을 때마다 당황하지는 않을 것 같아요.

이 내담자의 반응은 일반적인 문제를 보여준다. 그녀는 자신이 어떻게 되고 싶은지보다는 그녀가 어떻게 되고 싶지 않은지를 묘사했다. 이것은 '죽은 사람(dead man)'의 해결책이라고 한다(즉, 목표는 죽은 사람-아무런 공포감을 느끼지 않고, 혹을 점검하지도, 암과 관련된 어떤 것도 이야기할 수 없는-에 의해 달성될 수 있다). 내담자에게 회피하고 싶은 것이 아니라 자신이 되고 싶은 것 또는 성취하고 싶은 것을 설명해달라고 요구하라.

'기적의 질문'은 그녀가 성취하고자 하는 목표들을 정하는 것을 도왔다. 그녀와 치료사는 다음에 동의했다.

- 매월 유방 검사를 실시한다.
- 시간의 95%를 남편과 증상 이외의 다른 화제를 가지고 이야기한다.
- 입원한 친척을 (혼자서 또는 다른 사람과 함께) 방문한다.
- 이완에 의해 증상이 나타나면 침착하게 대응하고(10점 만점 중 5점 이하) 스스로를 안심시킨다.

여기에 4가지 구체적인 목표가 있다. 그녀와 치료사 둘다 무엇이 성공을 의미하는지에 매우 분명하다. 이러한 목표를 향한 그녀의 진전을 측정하기 위해서, 그녀는 '우리가 이것을 더 작고 세부 단계로 나눌 수 있을까?'와 같은 요구를 받는다. 또는 '진전을 보이고 있다는 첫 신호는 무엇인가?' 이것은 그녀가 현재 할 수 있는 것으로부터 시작하는 성취의 위계를 만들 수 있게 했다. 그녀의 목표에 대한 단계는 그림 11.1에 나와 있다.

그림 11.1 목표 달성을 위한 단계의 예

현재 행동 : 매일 잠자기 전과 일어나서 유방검사 하기. 하루 동안 추가 시간에 미니 검사하기	
1단계	매일 잠자기 전과 일어나서만 유방 검사하기
2단계	매일 잠자기 전에만 유방 검사하기
3단계	하루 걸러 한 번 잠자기 전에 검사하기
4단계	월요일과 목요일에만 검사하기(시간은 내담자가 정함)
5단계	일주일에 한 번만 검사하기(시간은 내담자가 정함)
6단계	이주일에 한 번만 검사하기(시간은 내담자가 정함)

일련의 과제는 변경 가능하다. 각 단계마다 내담자의 자신감과 관점이 검토되고 그 단계들은 다듬어지고 변경될 수 있다. 그러나 시작과 함께 목표의 좌절은 희망을 주기도 하고 동기를 불어 넣는다. 그것은 불가능을 가능한 것처럼 보이게 할 수 있다.

당신이 해야 할 역할은 목표가 현실적인지를 확인하는 것이다. 내담자들은 비현실적인 극단적인 목표를 가질 수 있다. 사회 불안증을 가진 사람들이 치료가 끝날 때쯤 삶의 동반자를 만나고자 하는 것과 같이 또는 손 씻기를 하루에 4시간으로 줄이기를 원하는 강박 장애 남성과 같이 목표가 제한적일 수 있다.

때로는 내담자와 치료사가 목표에 합의하는 것이 어려울 수 있다. 예를 들어, 신경성 식욕부진증(anorexia nervosa)*을 가진 내담자는 체중을 감량하는 데 도움을 원하거나 강박증(OCD: Obssesive-compulsive disorder)을 가진 내담자는 그의 의식(ritual)**을 좀 더 철저하게 수행하기 위해 도움을 원할 수 있다. 이 경우 정교한 합의가 요구되는 데 그 과정을 통해 당신과 내담자가 치료를 통해 달성할 수 있는 것과 없는 것이 무엇인지를 분명하게 할 수 있다.

공적 서식과 관련된 강박증을 가진 한 남자는 자신이 세금관련 서식을 정확히 작성했다는 것을 확신하는 방법을 배우고 싶어 했다.

---

* 역자 주: 흔히 '거식증'으로 잘 알려져 있는 섭식 장애 중 하나다.
** 역자 주: 강박 장애 환자들은 강박 사고를 줄이기 위한 일환으로 강박 행동을 하는 경우가 많은데 이 경우 엄격한 자기만의 '의식(ritual)'에 따라 진행되어야 하기 때문에 이를 지키는 것이 또 다른 문제가 되기도 한다.

치료자: 흥미롭군요. 당신은 불안을 사라지게 하기 위해, 세금 서식에서 어떠한 오류도 없다
는 것을 확신하는 방법을 알고 싶어 하는 것 같습니다. 그 이야기는 여전히 강박 문
제를 가지고 있는 사람의 시각에서 나온 것처럼 들립니다. 강박 장애를 가지고 있지
않은 누군가의 입장이 되어 보시겠습니까? 그러면 어떤 상황이 벌어질 것 같나요?

내담자: 아마도 회계사에게 확인해달라고 할 수 있을까요?

치료사: 그리고 만약 당신이 양식 작성에 대해 걱정하지 않는다면, 당신이 확인할 필요성에
어떤 영향이 있을까요?

내담자: 어떤 확인도 없이 단지 양식 작성만이 목표가 될 수 있겠죠.

치료자: 그게 합리적인 목표인 것 같나요? 확인 없이 양식을 작성하려면?

내담자: 나는 모든 사람들이 아마도 한 번쯤은 확인한다고 생각합니다.

치료자: 그래요. 그럴지도 몰라요. 그래서 당신은 합리적 목표가 무엇이라고 생각하나요?

내담자: 나는 내가 양식을 잘 작성하는 것을 목표로 해야 한다고 생각해요. 그러고 나서 내 머
릿속으로나 그 어떤 것으로도 검토하지 않고 딱 한 번만 확인해야 한다고 생각해요.

치료를 하는 동안, 그가 점검 없이 양식을 제출하는 것이 필요할 수도 있지만, 성공적인 치
료를 위한 그의 목표는 이 경우에 덜 엄격하지만 보다 현실적이었다.

목표는 한 개인의 통제하에서 목표는 달성 가능해야 하고 변화를 수반해야 한다는 것이 또
한 중요하다. 특히, 내담자들은 다른 사람들이 아닌 그들 자신에 대한 것들을 바꾸는 것에 초
점을 맞춰야 한다. 예를 들어, 취업은 목표로서 합리적일 수 있지만 특정 직업을 갖는 것은 궁
극적으로 다른 사람에 의해 결정되므로 성취 가능한 목표가 아닐 수 있다. 또한 그 사람이 그
목표를 달성하기 위해 자금, 기술, 지구력, 시간, 사회적 지원과 같은 자원을 가지고 보유하고
있는지 여부를 고려하는 것이 필요하다.

회기 내 우선순위의 주제들과 관련된 유사한 요소들을 고려하여 시간의 틀 내에서 먼저 해
결해야 하는 목표의 문제에 접근할 수 있다. 희망을 주고 참여와 동기 부여를 위해 빠른 변화
가 가능한 목표를 먼저 해결하는 것이 좋다. 고려해야 할 다른 요인으로는 위험 또는 긴급성,
내담자의 고충의 수준과 중요성 그리고 다른 목표를 다루기 전에 논리적으로 접근해야 할 어
떤 특별한 목표가 있는지 여부 등이 있다(예: 면접을 보려면 먼저 면접을 보러 갈 수 있어야 하므로 면
접에 대한 불안감을 해소하기 전에 여행에 대한 걱정을 해결해야 할 수 있다.). 치료사에게 있어서, 그
밖의 고려사항들은 개념화에 있어서 목표의 중심과 목표의 윤리적인 수용 가능성의 문제들이
다(예: 한 내담자는 이미지 자체보다는 타인을 해치는 폭력적인 이미지가 침투해 들어올 때 느끼는 고통을
줄이기를 원했다. 이 사람에게는 이미지의 개인적 의미를 고려하고 분노 관리에 집중할 것을 권장했다.).

——— 과제 또는 할당 ———

과제를 완수한 사람들이 그렇지 않은 사람들보다 더 큰 향상을 보인다는 명백한 증거가 있다(Kazantzis, Deane & Ronan, 2002; Schmidt & Woolaway-Bickel, 2000). 이것은 아마도 그들이 배운 것을 일상생활에서 일반화할 수 있는 더 많은 기회를 가졌기 때문일 것이다. 대부분의 문제는 클리닉(상담소나 병원) 밖에서 발생하며 내담자들은 정보를 수집하기 위해 과제를 활용할 수 있고 새로운 사고와 행동의 패턴을 검증하고, 직접적인 경험을 통해 배울 수 있다. CBT의 일반적인 스타일은 내담자에게 기술을 전수하는 것을 포함하고 있기 때문에 이러한 부정적 자동적 사고가 포함되는지 여부에 관계없이, 특정 상황에서 안전 행동을 줄이는 방법이나 자기주장을 향상시키는 방법을 연습하며 내담자가 실제 생활에서 그 기술을 연습할 기회를 갖는다는 것은 중요하다.

회기 간 과제는 CBT에 매우 중요하기 때문에 회기 설정에는 시간이 할당되어야 하며, 이는 치료 진행 중이나 종료 시에 5 내지 10분이 필요할 수 있다. 과제는 종종 안건에 있는 주요 주제로부터 직접적으로 수행될 것이고 논의의 일부로 치료 중에 고안될 것이다. 예를 들어 안건의 세부 항목이 불안을 촉발하는 부정적인 사고의 역할에 대한 것이라면, 과제는 다음 주에 불안과 연관된 촉발 요인이나 사고를 감찰하는 것으로부터 시작할 것이다. 사회 불안을 가진 내담자에게 내적 자기 초점의 역할에 대해 논의를 했다면, 과제는 외적 초점을 시도하거나 모니터링하고 불안에 대한 영향을 기록하는 것이 될 것이다.

가능한 과제의 범위는 무한하며, 적절한 작업 설정은 당신과 내담자의 독창성에 달려있다. 그것은 관련 자료를 읽기, 치료 기록 듣기, 감정, 생각, 행동의 자기 감독(또는 자기 모니터링(self-monitoring), BE)의 수행 등이 포함된다. 사고 기록(thought records) 또는 자기 주도적 반응(assertive responses)과 같은 새로운 기술 연마하기, 지나간 경험에 대한 과거력 검토 또는 활동 스케줄 수립. 그것이 내담자에게 합리적이고 이후의 치료 또는 특정한 목표 달성 모두에 유용하다는 것이 중요하다. 예를 들어, 안전 추구 행위(SB)를 제거하는 것은 다음 치료에 바로 시도되고 그 결과는 개념화에 영향을 미치게 되고 그 다음 전략(manoeuvre)을 이끌어낼 수 있다. 한편 내담자는 장기적 과제로 낮은 자존감을 다루기 위해 긍정적인 자료 일지를 쓸 수 있다(keeping a positive data log). 그것이 안건의 주요 주제로 확인되지 않는다면 치료회기 간 그것에 대한 논의는 미미할 수 있다.

내담자들의 종종 과제를 하지 않을 수 있는데 이것은 여러 가지 이유로 발생할 수 있고 당신은 과제를 소홀히 하는 이유를 탐색할 시간을 갖도록 해야 한다.

이런 탐색을 통해 많은 것들을 얻을 수 있는데 그럼에도 불구하고 다음의 원칙들은 과제가 수행의 가능성을 높이는 데 도움이 될 것이다.

- 과제는 치료 중에 어떤 일이 일어났는지를 논리적으로 따라가야 한다. 잘 맞아떨어진다면 당신이 과제할당을 위해 치료가 끝날 때까지 기다릴 필요가 없이 치료 중에 고안될 수 있다.

- 과제는 적절하고 내담자와 관련되어 있는 것이어야 한다. 이것이 이치에 맞다고 생각하십니까? 어떻게 도움이 되는지 간단히 설명해주실 수 있나요?와 같은 질문으로 검증할 수 있다. 내담자가 치료 사이에 과제를 설정하는 데 역할이 증가함으로써 나중에는 치료하는 데 덜 문제가 되지만, 초기에는 치료사가 적절한 과제를 끌어내야 할 수도 있다.

- 내담자는 치료 이외의 삶을 살고 있는 것을 상기할 필요가 있다. 비로 그들이 치료를 우선순위에 두고 있다고 하더라도 기대할 수 있는 것에는 한계가 있고 과중한 부담을 갖게 되면 과제완성도가 떨어질 가능성이 높다. 과제가 적당한지를 그들에게 물어보라.

- 과제는 끝내야 할 일을 언제, 어디서, 누구와 함께 해야 하는지 등을 상세히 기술하면서 계획해야 한다. 과제를 완수하지 못하게 하는 위험과 난관에 대해 주의 깊게 질문함으로써 이를 확인하고 논의해야 한다.

> 한 여성은 자신의 어머니와 자매를 '신발 매트(doormat)'로 비유한 것에 대해 걱정하고 있었다. 그러나 역할극이 끝나고 나서 후속으로 자기주장 과제(assertiveness task)가 그들과의 상호작용하기 위해 결정됐을 때 그녀는 그녀가 다음 달에 어느 누구도 만나지 않을 것이라고 언급했다. 그래서 하나의 대안으로 보다 즉각적인 주장 과제를 계획하였고 과제를 할 기회를 놓치지 않았다.
> ▶ 동영상 자료 11.4: 과제 협상

난관들은 직장에서 자기 모니터링 형식 사용의 거북함에서부터 사회적 상황에서 행동실험(BE)을 수행할 충분한 돈이 없는 것에 이르기까지 다양하다. 과제를 방해하는 근본적인 믿음/신념에 주의하라. 예를 들어, 완벽주의적 신념을 가진 사람은 활동 스케줄을 끝내기가 어렵다고 생각할 수 있다. 왜냐하면 그의 활동 중 어느 것도 충분히 도전할 만한 것이 못 된다고 생각할 수 있다. 자존감이 낮은 내담자는 결과가 치료사의 '바람'에 미치지 못하는 것으로 해석될 수 있는 과제라면 수행하기 어렵다고 느낄 수 있다. 치료의 초기 단계에서, 이러한 근본적인 믿음/신념을 수정하려고 시도하기보다는, 지금 여기에서 예상되는 문제들을 다루어야 한다.

- 결과가 어떻든 간에, 과제가 '실패'하지 않도록 오히려 유용한 정보의 원천이 되도록 하라. 예를 들어, 내담자가 특정 상황에 대한 회피를 줄이려고 하는 경우, 회피를 줄일 수 없다면 불안한 생각과 감정에 대한 유용한 정보를 수집할 수 있는 과제를 정한다.
- 적어도 치료 초기에 일지 양식이나 읽기 자료와 같은 관련 자료를 제공하라.
- 합의된 과제를 당신과 내담자 모두 기록해야 한다. 비록 당신이 고객을 위해 그것을 적어두는 것이 더 빠르겠지만, 그의 적극적인 치료 역할을 정립하는 데 도움이 되고 이런 종류의 개입은 그 방향의 초기 단계가 될 수 있다.
- 과제 검토는 항상 다음의 안건에 포함되어야 한다. 부분적으로 이것은 그것이 그 치료에 적합하도록 설계되어야 하지만, 더 일반적인 수준에서, 내담자가 당신이 후속조치(follow up)하지 않는 과제를 지속할 가능성은 낮다.

만약 과제가 완료되었거나 거의 완성되었다면, 상세히 검토되어야 한다. 예를 들어 책을 읽었다면 무엇이 도움이 되었는지, 그에게 어떤 반응을 불러 일으켰는지(What rang bells for him?), 이해하기 어려운 부분이 있었는지, 만약 그가 활동 스케줄을 소화했다면, 기쁨과 어떤 형태인지, 무엇을 배웠는지, 어떻게 진행될 것인지 등을 상세히 검토해야 한다.

반면에, 만약 과제를 완료하지 않았다면, 그 이유를 찾고 결론을 내리는 것이 중요하다. 실질적인 이유가 있었을지도 모른다(예를 들어, 갑자기 업무량이 증가해서 병가를 내야 했음). 내담자가 잘못 이해했을 수 있다. 충분히 자세히 논의되지 않았거나 적은 것을 잃어버렸거나 그 과제가 어떤 면에서는 너무 어려웠기 때문일 수 있다.

이러한 모든 경우에, 과제는 이후의 과제를 위해 수정될 수 있으며, 또는 아마도 당신이나 다른 사람의 도움을 받아 수행될 수 있다.

만약 기본 믿음/신념이 과제의 완료를 방해한 것이라면, 전술한 바와 같이, 이것은 빠른 신념의 변화를 시도하기보다는, 적어도 치료 초기에, 실용적으로 다루어져야 한다. 예를 들어, 내담자가 특정 과제에 의해 활성화되는 통제나 자율성에 대한 믿음이 있다면, 그 작업은 그에게 더 많은 통제감을 주기 위해 수정될 수 있다. 이는 신념이 개념화에서 상세히 논의되지 않았거나 치료가 그러한 신념이 현재에 초점인 지점까지 진행되지 않는 한 반드시 명시되지 않을 수 있다.

> 한 남자는 2주 연속 과제를 하지 않았는데 자세히 보면, 그가 과제 협의할 때는 언급하지는 않았지만 과제에 대한 적절성에 대한 우려가 있었다. 치료사는 그에게 자율성이 문제가 될 수 있는지 의아해했지만, 치료의 초기 단계에서는, 특히 그가 제시한 문제와 관련이 없는 것처럼

보였기 때문에, 그것을 제기하지 않았다. 대신 그 내담자가 과제를 설정하는 데 보다 많은 역할을 할 것이라는 데 동의했다. 이것은 종종 과제가 치료사가 제안하는 것보다 더 과하다(weightier)는 것을 의미하지만, 대체로 그것들은 완성되었다.

대략적인 요점은 처음부터 과제가 치료의 필수적인 부분이며, 그것이 제공하는 정보와 피드백 없이는 진행하기가 어렵다는 것을 규명하는 것이 중요하다는 것이다. 이는 이용 가능한 치료의 양이 자원 제약에 의해 제한될 때 특히 그러하다. 대부분의 작업이 치료 밖에서 이루어지기 때문에 잘 고안된 과제는 매우 제한적인 치료가 내담자에게 엄청난 변화를 가져오도록 이끌 수 있다는 의미가 될 수 있다.

─── **초기단계에서의 문제** ───

변화에 대한 낮은 동기

치료를 시작할 때는 내담자가 치료에 관여하지 않는 것처럼 보일 수 있지만 '열악한' 동기 같은 특성이라기보다는 관여하는 것을 꺼려하는 것이라고 이해하는 것이 좋다. 이는 생각, 감정, 행동의 측면에서 분석하여 관리하고자 하는 생각이 따라오도록 하기 위한 시도가 있어야 한다는 의미이다. 다음과 같은 가능성을 고려해야 한다.

- **변화에 대한 양면성**: Prochaska와 DiClemente(1986)는 변화에 대한 개인의 준비에 있어 단계 범위를 정의했다. 사전 구상(pre-contemplation, 변화의 의도는 없음, 문제에 대한 인식 없음), 구상(contemplation, 문제를 인식하고 변화를 고려함), 준비(변화를 시작함), 조치(action, 성공적인 인지 및 행동 변화) 및 유지 관리(재발 방지 작업). 어떤 단계가 당신의 내담자를 가장 잘 설명하는지 고려할 필요가 있다. 이는 치료가 진행됨에 따라 동기가 변화할 수 있기 때문에 검토되어야 한다. 즉, 내담자가 더 많은 성공적인 경험을 자연스럽게 하게 되면 (동기가) 증가할 수 있다. 또는 결실을 얻기 위해 더 열심히 노력해야 한다는 것을 알게 되거나 치료에서 어려움을 겪을 때 감소할 수 있다(예: 불안감이 예상한 대로 감소하지 않는 경우). 내담자가 성취할 수 있다고 믿는 것에 그것이 영향을 미치는 한, 자기 효능감(self-efficacy)의 부족은 또한 중요할 수 있다. 이것을 다루는 방법은 6장에서 논의하였다.
- **치료법의 특성에 대한 잘못된 기대**: 이것은 특히 다른 심리치료 접근의 경험이 있는 사람들 또는 CBT에 대한 믿음이 부족한 사람들에게 문제가 될 가능성이 있다. 이것은 CBT에 대한 정확한 정보와 치료와 관련된 것이 무엇인지에 대한 분명한 지침을 제공하는 것

이 중요하다는 것을 우리에게 상기시킨다.

- **개념화에 대한 이해 또는 수용 부족:** 우리가 볼 때, 내담자와 치료사가 치료가 4회기가 될 때까지 개념화 또는 인지행동 접근 방법에 동의가 이루어지지 않는다면, 치료의 효과는 떨어진다. 그러므로 개념화를 분명하게 하고 피드백을 요청하고, 내담자의 걱정을 잘 듣고 그것을 고려하는 데 시간을 들일 필요가 있다. 단순한 개념화라고 하더라도 내담자와 치료자가 공통된 이해를 할 수 없다면, 이 치료를 추구할 가치가 없고 다른 형태의 치료법을 검토할 필요가 있을 것이다.

- **무기력(Hopelessness):** 우울한 내담자에게 흔한 무기력감은 별도로, 무기력감은 또한 성공적이지 못한 심리치료의 경험을 가진 내담자들에게서 발생할 수 있다. 이것은 표준화된 CBT 기법을 사용하는 접근이 될 것이다. 무기력에 초점을 둔 자동적 사고(ATs)와 행동실험(BE)을 확인하고 평가하는 것을 포함하여.

'나는 아무 생각이 없다.'

만약 내담자가 생각이나 또는 이미지를 의식하지 못한다면, 인지에 초점을 둔 개념화를 이해기가 쉽지 않다. 비록 그들이 자동적 사고(ATs)를 쉽게 식별할 수 없더라도, 그들이 생각을 찾고, 이미지를 찾거나, 그들에게 어떤 상황이 그들에게 의미하는지를 확인하려고 노력하는 것이 도움이 될 수 있다. 제8장은 이 문제를 다루는 방법을 논의하지만, 인지가 이 접근법의 중심이기 때문에, 문제를 회피(circumvent)하기보다는 다루는 것이 중요하다.

CBT와 양립할 수 없는 신념을 보유하기/지키기?

내담자들은 다른 설명을 공격하지 않으면서 인지적 행동적 관점과는 다른 자신들의 문제에 대한 이해를 갖고 있을 수 있고 그것은 하나의 시도로서 이것과 함께 작업을 하는 방식을 알게 되는 것은 의미가 있다. 예를 들어, 신체 증상을 가진 내담자들은 종종 신체적 질병으로 그것을 이해한다. CBT 개념화에 근거한 다른 접근 방식을 사용하여 협상하는 것은 유용하다. 신체적 질병 개념화보다 그것이 더 나은지 아닌지를 특정한 시간 동안 실험함으로써('이론 A/이론 B' 접근법: 9장과 13장 참조). 마찬가지로, 강박적 염려를 가진 내담자들은 그것의 침입을 하나의 틀로 그리고 유용한 유사한 접근법으로 설명할 수 있다. 반면에, 어떤 사람들은 치료사와 내담자의 역할과 책임에 대해 다른 신념을 가지고 있을 수 있다(예: 나를 치료하는 것은 당신의 직업이다.). 이에 대한 인식은 치료사가, 예를 들어 내담자가 변화 과정에 할 수 있는 중요한 기여에 주의를 끌 수 있는 과제를 고안하는 데 도움이 될 수 있다. 이 경우에 있어서 지도는 적당한 비유가 될 수 있다. 즉, 치료사의 지식이 당신을 지도 위의 맞는 페이지에 올려놓을 수 있지만, 당신은 자세한 정보가 필요하고 그것은 오직 내담자가 바른 길을 따라가도록 당신에게 지지를 해야만 하는 것이다. 그런 다음 이 방법이 유용하다는 것을 보여주는 시도를 할 필요가 있다.

장점보다 중요하게 보이는 치료의 단점

치료는 얻는 것도 있지만 대가를 치러야 한다는 것을 기억할 필요가 있다. 즉, 정서적 긴장, 시간 투자 및 가능한 돈, 그리고 내담자 삶에서의 다른 변화에 대한 (위험한) 영향(implication). 때로 비용과 편익의 균형을 잘 맞추도록 내담자를 돕는 것이 필요하며, 항상 필요에 따라 동기 부여 작업을 수행할 준비가 되어 있어야 한다.

특정 과제를 꺼리는 것은 변화를 원하지 않는다는 증거로 즉각 받아들여져서는 안 되며, 오히려 작업을 위한 상황이 만들어지지 않았거나 방해가 될 것을 두려워하는 것일 수 있다.

우리는 종종 내담자에게 엄청난 용기가 필요한 변화를 요구하는데, 그들은 균형 잡힌 상태에서만 가용한 이익이 비용보다 더 많다는 것을 알게 될 것이다. 비용 편익 매트릭스는 내키지 않거나 모호한 것을 잘 보여준다. 그들은 단기 및 장기 영향에 대한 고려를 촉구함으로써 즉각적인 장단점을 단순하게 나열하는 것 이상의 의미를 갖도록 하였다.

> 심한 구토 공포증을 가진 한 내담자는 그녀가 그렇게 행동하는 이유를 이해했다고 하더라도 안전 추구 행위(SB)를 포기하는 것이 매우 어렵다는 것을 알게 되었다(예: 가방 안에 박하 소지하기, 자동차 창문을 연 채로 운전하기, 가방 안에 젖은 헝겊을 넣기, 필요할 때 욕실로 바로 찾아가기 위해서 불을 켜고 자는 것 등). 단기 효과와 장기 효과를 차별화하는 안전 행동을 포기하기 위한 비용 편익 분석이 그림 11.2에 나와 있다.

이 분석(그림 11.2 참조)은 내담자가 단기적인 두려움을 극복하고 장기적인 혜택을 고려할 수 있도록 했다. 이 새로운 관점으로 그녀는 자신의 안전 추구 행위(SB)를 그만둘 수 있었다. 비록 이런 유형의 분석이 종종 사람들을 앞으로 나아가게 할 수도 있지만, 여러분은 또한 때때로 내담자들이, 균형 있게, 치료 대가가 지금 당장에는 이익을 앞서고 따라서 치료를 지속하지 않을 수 있다는 것을 명심해야 한다.

그림 11.2 비용 – 편익 메트릭스 – 안전 추구 행위(SB)를 포기했을 때의 결과 탐색하기

단기적 대가(cost)	단기적 이득
• 그 당시에 당황할 것이다. • 하루종일 불안할 것이다 • 메스꺼움을 느낄 것이다. • 아플지도 모른다. • 혼란스러울 것이다.	• 그 문제로 인해 무언가를 하고 있다고 느낄 것이다. • 덜 아프고 통제로부터 벗어날 것이다.
장기적 대가	장기적 이득
• 더 어렵고 힘들다고 느낄 것이다. • 가고 싶지 않은 장소를 피하기 위해 변명하지 않을 것이다.	• 그 문제에 대처하는 자신의 능력에 대한 자신감을 얻게 될 것이다. • 나의 구토 공포를 극복할 좋은 기회를 얻게 되고 그리고 나서 나는 자유로워질 것이다. 자유롭게 여행하고 음식을 많이 먹어도 불안해하지 않고, 공식행사에서 당황하지 않고, 휴일에는 해외에 나가고, 레스토랑에서 식사를 하고, 좀 더 어른스럽다고 느끼고, 집에서도 청결에 대해서 편안해질 것이다.

재발 관리

당신은 왜 이 부분을 예방이라기보다는 재발 관리라고 부르는지, 그리고 왜 우리가 그것을 치료 과정에서 초기에 배치했는지를 궁금해할 수도 있다. 우리는 '예방'을 목표로 하는 것이 때때로 비현실적일 수 있기 때문에 '관리'라는 용어를 사용하는 것이다.

일반적으로 우리는 사람들이 좌절을 겪고 그것을 다루는 데 필요한 기술을 배울 필요가 있다는 것을 알고 있다. 실수는 치료 초기에도 발생할 수 있으며 내담자들은 잘 준비할 필요가 있다. 재발 관리는 6장에서 자세히 설명되어 있다.

검토할 점들

CBT는 시간제한적, 초점화되어 있고 구조적이기 때문에 치료 내내 정기적인 검토가 필요하다. 이것은 치료의 초점을 유지하는 데 도움이 되고 치료의 지속을 보증하기에 충분한지, 접근법의 변화가 필요한지의 여부를 확인하는 데 도움이 된다. 검토는 치료 시작 시 합의된 목표와 관련되어야 하며, 중간 목표가 확인된 경우, 마지막 목표치뿐만 아니라 질문지나 기타 자기 감찰 등과 같이 사용된 다른 측정치들도 검토와 관련되어 있다면 유용하다.

처음에는 CBT가 도움이 될 수 있는지 평가하기 위해 4~5개 치료회기의 진행 상황 검토에

처음부터 동의하는 것이 현명하다. CBT를 지속하지 않기로 한 결정이 그것의 효능에 대한 높은 기대를 가진 사람에게 좌절감을 줄 수 있지만, 20번의 치료 후 거의 변화가 없을 때보다는 초기 단계에서 이것을 다루는 것이 더 쉽다.

이 초기 검토 후 추가 검토는 5개 회기 간격 또는 장기 개입을 통한 10개 회기 간격으로 수행해야 한다. 한두 번의 치료회기에서 만들어진 개념화는 임시적인 것임으로 치료가 진행됨에 따라서 활용 가능한 새로운 정보를 고려하여 정규적인 검토를 하는 것이 중요하다. 이것은 과제할당으로부터, 치료 내에서 수행되는 행동실험(BE) 등에서 비롯될 수 있다. 개념화의 기본 틀은 변화하지 않을 수 있지만 구체적인 유지 주기는 어떤 개입이 유용할지에 대한 함의와 함께 치료 동안 드러날 수 있다.

> 광장공포증을 앓고 있는 한 남자는 재앙적인 생각의 내용이 분명하지 않았는데 그 이유는 촉발시킬 수 있는 상황을 오랫동안 피했기 때문이었다. 일단 그가 인지를 '포착(catch)'하는 방법을 하는 것을 배우자, 그는 다른 사람들의 도움을 받지 않아도 된다는 생각을 하고 있었고 이것을 개념화하고 그것들을 시험해보기 위한 실험을 할 수 있었다.

변화가 거의 없거나 난관에 봉착할 경우 진행상황을 검토하는 것이 특히 중요하다. 이는 여러 가지 이유 때문일 수 있지만, 개념화가 유용하지 않거나 중요한 것의 누락을 의미할 수 있으므로 항상 공유 개념화를 검토해야 한다. 내담자의 문제에 대한 개념화의 적용을 방해하는 문제가 있는지 여부를 알아보기 위해 치료관계를 살펴볼 가치가 있다. 그러한 문제들은 당신의 맹점들을 포함할 수 있으며, 그것은 여러분의 수퍼바이저와 논의되어야 한다. 해결책을 찾을 수 없다면, 이 시점에서 치료를 중단해야 한다는 결론을 내릴 수 있고 내담자와 대안을 모색할 수 있다.

후기 단계

치료가 진행됨에 따라 초점은 평가에서 개입으로 이동하지만, 수정이 필요한지 확인하기 위해 어떤 개입의 결과는 항상 초기 개념화와 관련되어 있어야 한다.

내담자는 점점 더 독립적이 될 것이다. 논의에서 어떤 주제를 할 것인지를 결정하고 각 주제에 얼마나 시간을 할당할 것인지, 어떤 과제를 뺄 것인지, 더 많은 CBT 기술들을 내담자들이 습득함에 따라 새로운 관점에서 검증하기 위한 행동실험(BE)을 고안하고 부정적인 사고를 평가하는 등에서 주도적인 역할을 하게 된다.

당신은 당면한 상황에서 자동적 사고, 감정 및 행동의 세부사항에 대해 치료에서 대부분의 시간을 보낼 것이다. 그러나 치료의 종결이 다가옴에 따라 당신은 유용하지 않은 가정이나 핵심 믿음들을 확인하고 평가하기 시작할 것이다. 특히, 그러한 신념들이 수정되지 않고 재발의 위험성이 있다고 당신과 내담자가 생각하고 있다면. 그러나 항상 근본적인 믿음을 직접적으로 수정할 필요는 없다. 어떤 사람이 치료의 안팎 모두에서 부정적 자동적 사고(NAT)를 재평가하는 데 성공했다면 보다 일반적인 신념, 특히 역기능적 가정의 수준에 대한 자동적 재평가가 있는 경우가 매우 많다. 그렇다고 해서, 우리는 이것을 가정해서는 안 된다. 그것을 이행하기 전에 항상 내담자에게 그들의 새로운 생활 규칙과 새로운 일반적인 관점에 대해 물어봐야 한다.

> 한 여성은 절대 분노를 표현해서는 안 된다는 강한 신념을 가지고 있었다. 사람들이 비합리적으로 행동하는 상황을 포함한 다양한 상황에서 좀 더 자기주장적이 되도록 시도했다. 그녀의 경험을 통해서, 분노 표출에 대한 그녀의 믿음은 비록 직접적인 언급되지는 않았지만 수정되었다는 것이 명백해졌다.

기술을 휴대하는 것을 강조하는 것은 내담자가 치료 중에 어떤 일이 일어났는지를 되돌아보는 것은 중요하다는 의미이다. 그래서 '우리가 그곳에서 무엇을 하고 있었는가?', '당신이 그곳에서 보여준 비뚤어진 생각을 확인할 수 있는가? 다른 상황에서 어떻게 그것을 사용할 수 있는가?'와 같은 질문을 하는 것이 도움이 된다. 진행 상황을 내담자의 노력에 귀속시키는 것이 중요하다. 특히 내담자가 의존적이고 내담자의 노력보다 당신의 주의와 기술이 변화에 기여한다고 보인다면 중요하다(6장 참조).

치료가 진행됨에 따라 치료의 빈도가 줄어들어 아마도 2주 또는 3주 사이의 간격으로 벌어지고 치료가 종료되기 전에 3주 또는 4주간의 휴식이 뒤따를 것이다.

종결하기

치료목표가 잘 정립되고 치료에서 좋은 진전이 있다면, 치료종료를 위해 작업하는 것은 수월하다. 마찬가지로 치료 과정의 단기적 특성 때문에 목표와 진행과정에 대한 정기적인 검토를 통해 치료가 마무리된다는 것을 점을 명심할 필요가 있다. 내담자는 치료 중에 습득한 기술을 사용하여 자신의 문제에 CBT 접근법을 적용할 수 있는 능력에 대해 점차 자신감을 얻어야 한다.

치료의 종결이 다가옴에 따라, 재발 관리 기술을 검토하는 것이 중요하며, 이미 함께 수행해왔던 재발 관리 작업에 기초하여 미래에 발생할 수 있는 문제를 처리하기 위한 청사진을 내담자와 함께 개발하는 것이 도움이 될 수 있다(6장 참조). 여기에는 다음과 같은 것들이 포함될 수 있다.

- 미래에 어떤 상황들에서 어려움이 있을 것인가
- 또는 문제의 재발을 초래할 가능성
- 치료 중 습득된, 이에 대응하는 방법
- 필요한 경우 치료사와 간단한 검토를 포함한 중요한 문제를 처리하는 방법

어떤 상황에서는 도움을 요청하는 것이 합리적일지라도, 내담자가 발생할 가능성이 있는 대부분의 문제를 처리할 준비가 되어 있다는 생각에 중점을 두어야 한다. 치료를 갑작스럽게 종료하기보다는 후속 치료나 보조 치료 회기를 다음 해에 걸쳐 계획하는 것이 합리적일 수 있다.

그런 다음 진행 상황을 검토하고, 내담자가 문제 해결에 대한 성공 경험에 보상을 주고 이전 치료회기에서 예상한 문제를 어떻게 처리했는지 확인하고, 도움이 되지 않는 사고 또는 행동 패턴(예: 안전 행동)의 재발생을 확인하고, 필요에 따라 문제 해결을 위해 협력할 수 있다.

치료로부터 점차 철수되고, 기술 습득에 대한 강조에도 불구하고, 일부 내담자들은 치료가 끝난 후에도 스스로 대처하지 못할 것을 계속 우려한다. 걱정스러운 생각들이 무엇인지 확인하고 그것들을 다루는 것을 도와줌으로써 표준화된 인지 행동 방법으로 이런 문제들을 접근할 수 있다. 여기에는 대안적 관점을 시험하기 위한 행동실험(BE)도 포함될 수 있다. 내담자가 혼자 대처할 수 없다는 일반적인 믿음을 가지고 있는 경우, 공식적인 치료 종료 후 1년 동안 보조 회기를 이용하여, 아마도 긍정적인 자료 일지(positive data log)를 통해 그 믿음을 시험해 볼 수 있다.

59세의 한 내담자는 직업환경의 급속한 변화와 같은 여러 일들을 겪으면서 우울증을 앓고 있었다. 그는 치료에 잘 반응했고 몇 달 동안 진전을 보였다. 그럼에도 불구하고 그는 다음과 같은 생각을 했다. '만약 내가 진짜 문제에 직면한다면, 나는 대처할 수 없을 것이고, 모든 것이 내 눈앞에서 무너질 것이다. 과제 때문에 그는 유사한 상황에 있는 친구에게 어떤 말을 할지를 생각했다. 그는 지난 몇 달 동안 새 직장을 구하고, 아내의 예상치 못한 병에 대처하고, 약을 복용하면서 악몽을 극복하는 등 어려운 상황에 성공적으로 대처했던 여러 가지 상황을 떠올렸다. 그는 지나치게 어려울 때만 집중할 위험에 대해 치료사와 논의하고 이에 대응하기 위해, 그가 성공적으로 대처한 예들을 기록하기로 했다.

일부 내담자들은 치료로부터 혜택을 받지 못할 것이고, 다른 치료법으로는 거의 성공을 거

두지 하고 CBT를 받으러 온다면 특히 그들에게 어려울 수 있다. 만약 진전의 부재가 초기 검토 단계에서 확인되었다면, 내담자에게 그 시점에서 끝내는 것은 덜 불쾌할 수 있다. 여기서 진전의 부족은 내담자가 아닌 CBT의 실패에 기인할 수 있다. 예를 들어, 치료사는 다음과 같이 말할 수 있다.

> 우리는 당신의 문제에 큰 변화를 주지 못하고 있는 것 같다. 인지치료는 많은 사람들에게 유용한 것으로 밝혀졌지만, 그것이 감정을 완화시키지 못하는 것 같은 경우가 있다. 그러나 의뢰인이 이런 방식으로 일하는 것이 헌신적이다. 더 많은 사람들이 믿음이나 행동을 바꾸는 새로운 방법을 찾는 방법에 대한 연구가 여전히 필요하지만, 이 시점에서 우리는 인지 요법이 당신이 필요로 하는 것을 제공하지 않는다고 말해야 한다. 아마도 우리는 당신이 기분이 나아지도록 돕기 위한 몇 가지 전략을 없앨 수 있도록 도움을 준 것을 살펴봐야 할 것이다. 예를 들어, 우리는 당신이 문제를 다른 요소로 분해하는 것을 잘한다는 것을 알게 되었고, 그리고 나서 어려운 상황을 더 쉽게 해결할 수 있다는 것을 알게 되었다. 그것이 미래에 당신이 가지고 가서 사용할 수 있는 것인가?

이익을 위해 치료를 거의 하지 않고 끝내는 것은 어려울 수 있지만, 도움이 될 것 같지 않은 사람에게 거짓 희망을 갖는 것은 불공평하다. 만약 다른 접근법이 더 유용해보이면, 가능한 한 빨리 논의되어야 한다. 예를 들어, 결혼에 심각한 문제가 있다면 커플 치료나 어쩌면 전신 요법이 제안될 수도 있다. 또는 이전에 이것이 고갈되지 않았다면 약물 치료를 고려할 가치가 있을 수도 있다. 하지만, 행복하게도, DSM 축 I 장애*의 상당수의 CBT의 결과는 좋고, 대부분의 내담자들에게 이 청사진에 기초한 계획은 치료를 종결하는 것에 대해 더 긍정적인 부분이 될 것이다.

───── 시간 제한적 CBT 제공 ─────

그것의 장단점

알다시피, CBT는 시간제한적이고 집중적인 개입을 위한 것이었다. 여러분 중 일부는 아마도 적절한 개입을 할 수 없을 정도로 매우 시간제한적인 치료법을 제공하는 것이 여러분의 서비스에 필요하다는 것을 알게 될 것이다. 반면에 여러분 중 일부는 제한을 두지 않는 시스템에서 일할 수도 있다. 두 상황 모두 고려되어야 한다.

---

* 역자 주: DSM-IV에서는 문제를 평가하는 데 있어서 간과될 수 있는 여러 정신장애, 의학적 상태, 사회적, 환경적 문제, 기능 수준 등 다각적으로 평가하도록 하고 있다. 총 5개의 축(axis)이 있고 축 I 에서는 임상적 장애(임상적 관심의 초점이 되는 기타장애)를 기술하도록 하고 있으나, DSM-5에서는 이런 다축체계를 더 이상 사용하지 않고 있다.

제한된 회기틀 내에서 작업하기

IAPT(보건부, 2008)의 설립 이후 잉글랜드와 웨일즈에는 상대적으로 짧고 집중적인 CBT의 영향을 평가하는 시스템이 마련되어 있다. IAPT는 잘 정의된 단계별 관리 프레임워크 내에서 작업해야 하는 치료사에게 매우 명확한 지침을 제공한다. 유사한 경계 구조가 다른 곳, 예를 들어 보험 회사가 개입의 길이와 유형을 지시하는 민간 조직 내에서 운영될 수 있다.

요약하자면 IAPT의 단계적 시스템은 다음과 같다.

- 1단계(초기돌봄서비스): 최소의 개입, 평가, 조심스럽게 기다리기
- 2단계(저강도(LI) 서비스): 컴퓨터화된/전산화된 CBT, 안내된 자가치료, 심리교육 그룹, 행동 활성화
- 3단계(고강도(HI) 서비스): CBT(PTSD를 위한 EMDR, IPT 및 우울증을 위한 커플 치료)
- 4단계(정신 건강 전문가 서비스): 복잡한 심리치료와 결합된 치료
- 5단계(입원환자 정신 건강 서비스): 복잡한 심리치료와 결합된 치료

IAPT의 많은 장점 중 하나는 각 단계에서 일하기 위한 지침의 명확성이고 다른 하나는 양심적인 결과 데이터 수집이다. IAPT 검토의 데이터는 조명되고 있으며 다른 서비스 및 실무자와 관련이 있을 수 있다. 초기의 평가는 회복률에 있어서 엄청난 지역적 변화를 보여주었고 더 면밀한 조사로 이것을 조명했다(Layard & Clark, 2014 참조). 요약하면, 다음과 같은 경우 최상의 복구 비율이 나타났다.

- 경험적으로 권장되는 CBT 접근 방식에 대한 훌륭한 충실도가 있었다.
- 치료사들은 더 많은 경험을 쌓았다/더 많은 훈련을 받았다.
- 클라이언트는 더 많은 회기를 수신하였다(복구율 50%의 경우 많은 서비스에서 평균 8개 이상의 회기가 필요함).
- 초기 개입이 충분하지 않을 때 더 많은 전문적 서비스에 대한 좋은 의뢰가 있다.
- NICE 지침을 주의 깊게 준수하였다.

따라서 우리가 치료사 역량 개발, 치료 충실도 및 내담자의 요구에 대해 양심적이라면 상대적으로 짧은 개입이 효과적일 수 있다. 최근 OCTC 의회(Clark, 2015년)에서 IAPT의 주요 선동자 중 한 명인 David Clark 교수는 IAPT 개입은 내담자에 민감한 CBT 공식에 의해 유도되며 내담자는 서비스에 의해 지시된 임의의 수의 회기가 아닌 필요한 치료법을 받아야 한다고

주장했다. 정말 좋은 충고다.

장기간 개입 제공하기

일부 내담자들은 다른 내담자들보다 더 많은 회기를 필요로 한다는 것에는 의심의 여지가 없으며, 또다시 민감하게 공식화하려는 Clark 교수의 호소는 관련이 있다. 일단 CBT에 참여하게 되면, 다음과 같은 것들이 있다면 사람들은 더 오래 필요할 것이다.

- 복잡한 제시 문제(지적성, 동시성, 성격 장애로 인한 문제)
- 부족한 자원(좋은 문제 해결 기술과 같은 내부 리소스 또는 사회적 지원과 같은 외부 리소스)

즉, CBT가 당신의 내담자에게 적합하다면 당신의 개념화는 이것에 대한 통찰력을 줄 뿐만 아니라 당신의 작업을 함께 지시하기 시작할 것이다. 거의 모든 내담자들이 우리가 만들어낼 수 있지만 모든 것이 CBT에 준비가 되어 있는 것은 아니라는 것을 기억하라.

때때로 긴 CBT 과정은 단순히 성과 없는 개입 단계를 반영한다. 내담자 참여를 위해 시간을 더 투자해야 할 필요가 있는 경우도 있지만, 이는 면밀한 검토를 거쳐야 한다. 사실, 면밀한 검토는 더 긴 치료법에 대한 지침이다. 분명한 목표를 향한 진보는 6~10회마다 면밀히 조사되어야 한다. 정확하지 않은 목표물에 대한 목표 게시물이 너무 쉽게 이동할 수 있고 내담자의 이익에 부합하는 CBT인지 여부를 적절히 평가하기 어렵게 만들 수 있으므로 목표와 진행상황에 대한 모호한 개념을 가지고 있는 함정에 빠지지 마라. 독립성을 경험할 필요가 있는 내담자에게 책임을 지우지 않거나 더 나은 것을 필요로 사람을 다른 곳에 의뢰하지 않음으로써 피해를 입힐 수 있다.

─── **요 약** ───

CBT가 구조화되고 초점화되어 있기 때문에 전형적인 치료 과정을 설명하는 것은 비교적 간단하다.

- 그것은 더 복잡한 문제들로 인해 6개에서 15개의 회기 사이에 더 오래 지속될 것 같다.
- 회기의 길이는 다르지만 평균은 50~60분이다.
- 처음 두세 번의 회기는 작업 동맹을 발달시키는 동시에 초기 개념화의 평가와 도출에 초점을 맞추고 있으며, 내담자가 적극적이고 협력적인 참여자가 되도록 격려한다.

- 다음 회기는 내담자의 문제를 해결하는 데 초점을 맞춘다.
- 마지막 회기는 재발 관리를 위한 수정과 더 많은 문제가 발생할 경우 어떻게 할 것인지에 대한 청사진을 작성하는 데 초점을 맞추고 있다.

치료 과정 내내 각 회기는 다음을 포함한다.
- 안건 설정
- 자기 감찰
- 좌절 다루기
- 개념화 수정보완
- 내담자와 치료사를 위한 요약 정리

안건 설정은 회기의 구조를 용이하게 하기 때문에 중요하다. 안건에는 일반적으로 다음이 포함된다.
- 이전 치료 이후에 일어난 일 검토
- 이전 치료회기의 검토
- 기분 평가
- 과제의 검토
- 현재 주제에 관한 작업(약 35분)
- 과제/할당(homework/assignment)
- 회기에 대한 반응

안건 설정의 어려움은 다음과 같다.
- 너무 모호함
- 우선순위 지정 안 함
- 안건이 너무 많음
- 내담자로부터의 정보(input) 없음
- 안건으로부터의 일탈
- 내담자의 오해
- 안건을 설정하는 동안 치료 시작하기
- 화제 건너뛰기(hopping around from topic to topic)

목표 설정은 중요하며 목표는 다음과 같아야 한다.
- 구체적인
- 측정 가능한
- 성취 가능한
- 합리적인
- 기간이 정해진(timeframed)

과제는 치료의 성공과 관련이 있는 것으로 알려져 있기 때문에 가치가 높다. 다음과 같은 경우에 과제가 수행될 가능성이 더 높다.
- 치료로부터 나온
- 관련성이 있는
- 너무 부담스럽지 않은
- 논의된 어려움이 세부적으로 계획된
- 실패할 것 같지 않은
- 기록되어 있는
- 자세히 검토한

CBT 모델 내에서 '낮은 동기 부여'를 분석한다. 그것은 다음과 같은 결과일 수 있다.
- '변화 준비'에 비해 너무 이른 상태
- 치료에 대한 잘못된 기대
- 개념화의 이해/수용 부족
- 무기력
- CBT와 모순된 믿음
- 장점을 앞선 변화의 단점

치료의 중간 단계는 감정, 인지, 행동 및 생리학 등 네 가지 시스템의 측면과 내담자가 사는 환경의 측면에서 현재 상황에 대한 세부 사항을 논의하는 데 사용된다.

후기 단계는 향후 문제가 발생할 경우 조치를 위한 청사진을 고안하는 데 사용된다. 이 단계에서 당신은 당신의 고객이 당신만큼 그들의 문제에 대해 CBT에서 유능해지는 것을 바랄 것이다.

다음 학습 활동은 SAGE publishing 사이트(https://study.sagepub.com/kennerley3e.)에서 내려받기 할 수 있다.

검토와 반영:
- 만약 당신이 다른 종류의 치료에 경험이 있고, CBT가 당신이 익숙한 것보다 더 조직적이라면, 당신은 치료 회기에 구조를 부과하는 것에 얼마나 편안함을 느끼는가?
- CBT가 그들의 요구를 충족시키지 못하는 것 같아서 누군가를 방출하는 것이 얼마나 편안할 것 같나?
- 의제에 포함되지 않은 것에 대해 이야기할 예정이라면 명시적일 수 없다고 생각하는 교량이 있는가?
- 단기 또는 장기 CBT에 대한 제안에 대해 어떻게 생각하는가? 당신의 임상 경험에서 이것을 고려하는 것이 적절한가?
- 만약 당신이 이 장의 관련 부분을 검토한다면, 그것이 당신을 더 편안하게 하는가? 그것을 시도할 만큼 충분히 편안한가?

한발 더 나아가기:
- 검토 활동에서 발생할 수 있는 불편함의 지점 중 하나를 취하고, 서너명의 내담자에게 제안된 형식을 채택하도록 노력하라. 사고 기록을 유지하면 언제든지 일하려고 하는 방식에 불편함을 느낄 수 있다. 핵심 단어/문구를 메모할 때만 마음이 바뀌었는지 생각나게 할 수는 있지만, 주의를 기울여야 한다. 부정적 자동적 사고(NAT)를 사용하면 회기가 끝날 때 더 완벽하게 기록 할 수 있다. 치료가 끝나면, 본인 또는 수퍼바이저/동료와 함께 자신의 인식을 평가하는 데 시간을 할애하라.
- 여러분 자신의 삶에서 바꾸고 싶은 것을 생각해 보라. 그리고 목표를 세우기 위해 목표를 설정하는 연습을 할 수 있는지, SMART 목표를 이끌어 낼 수 있는지를 연습 수행 과정에서 배운 모든 사항을 기록하라.
- 서로 다른 내담자의 다음 5가지 치료 회기에서 비율(자체 설계 등급 포함, 5장 참조)을 통해 얼마나 많은 작업을 선택 및 설계할 수 있는지 알아보라. 이것이 허용 가능한 수준인지, 그리고 특별한 경우가 아니라면 어떤 방식으로 상황을 개선할 수 있었는가? 얼마나 많은 내담자들이 과제를 수행했는지 보고, 이것이 어떻게 개선될 수 있는지 생각해보라.

보충 읽기 자료

Beck, A.T., Rush, A.J., Shaw, B.F., & Emery, G. (1979). *Cognitive therapy of depression*. New York: Guilford Press.
이 고전적인 본문은 초기 치료와 후속 치료 회기의 구조와 과정을 설명하고 치료의 진행에 대해 좋은 느낌을 준다.

Padesky, C.A., & Greenberger, D. (2015). *Clinicians guide to mind over mood*. New York: Guilford Press.
이 책은 치료 과정에 대한 명확한 설명을 제공하며, 특히 당신이 내담자를 위해 동봉된 설명서를 읽는다면 더욱 그러하다.

동영상 자료

- 11.1 안건 소개
- 11.2 상호 합의된 안건 설정
- 11.3 초기 목표 설정
- 11.4 과제 협상

12

우 울

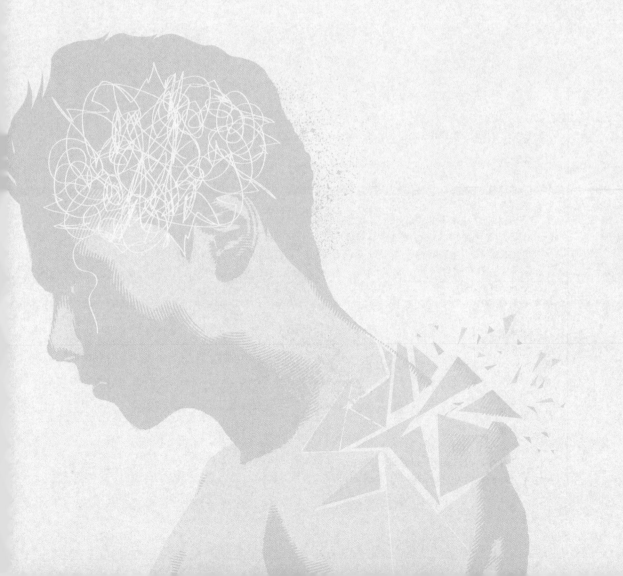

도입

CBT의 초기 성공적인 결과들은 주로 이 새로운 접근법의 효과를 보여주는 연구들의 시도와 더불어 Beck 등(1979)의 우울증 관련 책의 영향으로부터 광범위하게 시작되었다. 이 챕터에서는, 우리는 우울증에 대한 고전적인 CBT 전략을 설명할 것이다. 행동 활성화(behavioural activation), 주의 집중 치료(rumination-focused) 및 마음챙김 기반(mindfulness-based) CBT를 포함한 우울증 관련 작업에 있어서는 이후의 혁신에 대한 간략한 설명은 17장을 참조하라.

당신은 일과 관련해서 어느 시점에 우울증을 가진 내담자들과 작업하고 있는 자신을 발견하게 될 것이다. 질병 통제 예방 센터(CDC: 날짜 없음), 건강 및 사회 복지 정보 센터(HSCIC: 날짜 없음) 및 정신 건강 재단(MHF: 날짜 없음)과 같은 유병률 및 재발 수치에 대한 다양한 출처원들이 있다. 그것들은 보다 높은 유병률에 대한 그림을 보여주는데, 남성보다 우울증에 더 취약한 여성들이 비교적 높은 유병률을 보이고 있으며, 이는 종종 약 10%로 추정된다. 평생 위험 추정치는 상당히 크다. 영국에서 한때 150만 명의 사람들이 우울증으로 고통받고 있다고 추정되었다. 다소 충격적이게도, 한 번의 우울 삽화(episode) 후에 다시 고통을 받을 가능성이 50%이고, 두 번 반복되면, 이것은 70~80%로 증가한다. 따라서, 당신의 작업에서 스트레스 재발 관리 훈련은 중요하다. 우울증은 보통 불안과 동반이환(co-morbid)되기 때문에, 우울증을 그 자체로 개념화할 수 있도록 증상을 인식하는 것이 특히 중요하다.

우울증의 특성

미국정신의학회(APA, 2013)의 정신장애 진단 및 통계 편람에 따르면, 주요 우울 장애, 파괴적 기분 장애, 월경 전 불쾌감 장애, 기분부전장애* 등을 포함하는 몇 가지 우울증 관련 장애가 있기 때문에 우울증에 관한 문헌이 압도적인 것처럼 보일 수 있다. 그러나 APA는 또한 모든 우울증 장애에 대한 일반적인 증상이나 요인을 분명히 하고 있다. 즉 흥미나 즐거움의 상실, 체중과 식욕의 변화, 수면 패턴의 변화, 좌불안석 또는 비활동성(agitated or slowed up)**, 활

---

* 역자 주: 우울 장애에는 파괴적 기분조절부전장애, 주요 우울 장애, 지속성 우울 장애(기분저하증), 월경 전 불쾌감 장애 등이 포함되고 아동에서 양극성 장애가 과잉 진단 및 치료될 잠재적인 우려로 인해 아동의 지속적인 과민한 기분과 극단적인 행동 통제 곤란을 의미하는 '파괴적 기분조절부전장애(Disruptive Mood Dysregulation disorder)'라는 새 진단이 12세 이상(18세 이하)의 아동의 우울 장애에 추가되었고 부록 B에 소개되었던 월경 전 불쾌 장애가 DSM-5의 본문에 등장한다. 이전에 기분저하증(dysthymia)은 만성적인 주요 우울 장애와 기존의 기분부전장애 모두를 포함하는 지속성 우울 장애(persistent depresive diorder)로 명칭이 변경되었다(DSM-5 기준).

** 또는 게으름.

력 손실, 무가치한 느낌 또는 죄책감, 낮은 집중과 우유부단함, 자살적 사고와 이미지들. CBT
에서 우리는 문제를 제시하기 위해 노력하고 있다. 우리가 집중하고 개념화하는 것은 이러한
증상들이다. CBT 치료사로서 당신은 우울증의 제시와 상관없이 당신은 프레젠테이션 문제를
개념화할 수 있다고 확신할 수 있다.

전형적인 우울증에 대한 벡의 모델은 '우울의 인지 삼제', 즉 다음과 같은 부정적인 생각에
대한 패턴이다.

- 자기 자신(죄책, 비난, 자기비판) – '나는 쓸모없고, 가치 없고, 무능하고, 게으르다.'
- 타인 / 세상, 그리고 현재와 과거의 경험(부정적인, 전반적인 부정에 대한 선택적 주의) – '가
  치있는 일은 없다. 모든 일은 잘못되었다. 아무도 나를 걱정하지 않는다.'
- 미래(비관, 절망) – '항상 이런 식으로 될 것이다. 결코 좋아지지 않을 것이다. 내가 할 수
  있는 일이 없다.'

최근 이미지 형태에서 우울한 인지가 연구의 초점이 되어 왔다(Holmes, Blackwell, Burnett-Heyes,
Renner & Raes, 2016 for an outstanding review 참조). 이미지는 과거의 사건에 대한 부정적인 시각
과 미래의 부정적인 이미지 형태를 취한다. 후자가 특히 강렬하고 자살 충동을 반영할 때 우
리는 그들을 '플래시 포워드(flashforwards)*'라고 부른다. 이것들은 높은 자살 위험과 연관되
어 있으므로, 평가 시 그것들에 대해 질문해야 한다. Holmes 외 연구진(2016년)은 우울증은
빈곤한 긍정적인 이미지와 자발적으로 특정 이미지를 생성할 수 없는 것과 관련이 있다고 주
장한다. 이미지가 특히 정서적으로 연상되기 때문에, 긍정적인 이미지가 거의 없는 우울한 사
람은 긍정적인 영향을 덜 경험할 수 있고 그것을 만드는 데 더 어려울 것이다. 치료가 함축하
는 것은 우울한 내담자가 단지 긍정적인 진술을 하는 것이 아니라 새로운 가능성의 시각적인
이미지를 생성하도록 도와야 한다는 것이다.

우울증을 앓고 있는 사람은 내면 세계에 있는 부정적인 내용뿐만 아니라 도움이 되지 않는
인지 과정과도 싸워야 한다. 사건에 대한 지각, 해석 및 회상 모두 부정적으로 편향될 수 있으
므로, 우울한 사람들은 그들의 부정적인 견해와 일치하는 정보에 더 주목하고, 정보를 더 부
정적으로 해석하며, 부정적인 사건을 더 잘 기억할 가능성이 높다. 부정적인 사건은 일반적으
로 안정적, 전반적, 내부적 요인으로 귀속되고 자기가치감에 지속적인 결과와 함의를 갖는 것
처럼 보인다(Abramson et al., 2002). 예를 들어 '이것은 내 잘못이다.', '나는 항상 이렇게 엉망진
창이다.', '나는 쓸모가 없다.', 반면, 긍정적인 사건은 일시적이고 특정한, 외적인 요소들, 지속

---

* 역자 주: 갑자기 과거장면이 떠오르는 영화의 기법인 '플래시백(flashback)'의 상대적 의미로 미래의 장면을 보는 것을 말한다.

적인 결과가 없는 요소들로 귀속된다. ― '그건 그저 행운이었어.', '그건 규칙의 예외일 뿐이야.', '아내가 도와줬기 때문에 해결된 거야.'

게다가, 반추적 인지적 과정은 우울증의 특징이다. 걱정하는 것과 같이 적당한 반추는 유용한 인지과정일 수 있지만 우울한 사람들에게는 자기 비난과 의심의 악순환이 될 수 있다. 이것은 우울증을 심화시키고 문제 해결을 약화시킨다.

> 앨런은 애인이 떠난 직후 의기소침해졌다. 그는 관계가 끝나는 순간에 대한(그를 슬프게 하는) 장면(flashback)과 그의 즐거운 시간들을 방해하는(그의 감정을 빼앗아가는) 장면들과 싸우고 있었다. 그 기억들은 선입견을 불러일으켰다. '이런 일이 발생할 것을 내가 알았더라면, 나에게 어떤 잘못이 있었지? 나는 다시는 행복해질 수 없을 것이다. 나는 다른 누군가와 함께 있는 그를 생각하는 것을 멈출 수 없다.

이런 종류의 생각들과 이미지들은 밤낮을 가리지 않았다. 하나가 오면 그것이 그다음을 삼켜버리는 것처럼 그는 점점 커지는 슬픔의 소용돌이 속에 자신이 갇혀버렸음을 알게 되었다. 이 일이 일어나고 나서, 그는 잠을 이루지 못했고, 시간 감각도 잃었고, 어떤 것을 할 동기도 상실했다. 우울증의 주된 증상은 종종 우울증의 증상에 대한 부차적인 부정적 혹은 자기 파괴적인 생각에 의해 악화되고 악순환을 야기한다. 예를 들어,

- 활력과 흥미를 상실은 '그것은 가치가 없다. 나는 내가 좋아질 때까지 기다릴 것이다.'와 같은 생각들로 이어진다.
- 기억력 부족, 집중력 부족 등으로 인해 내담자는 '나는 바보다.' 또는 '내가 늙어가고 있는 것이 틀림없다.'라고 생각할 수 있다.
- 성적 흥미와 민감성의 상실은 '내 결혼 생활에 큰 문제가 있다.'라는 의미로 해석될 수 있다.

─── 일반적인 유지 과정 ───

그림 12.1은 우울증에 걸린 사람들의 일반적인 유지 관리 주기 중 일부를 보여준다(항상 그렇듯이, 이것들은 내담자들을 복종하도록 강요하는 규칙이 아니라, 탐색할 수 있는 가능성이다!). 첫째, 우울한 기분을 부정적인 편향과 증상에 대한 부정적인 해석과 연관시키는 악순환이 있을 수 있는데, 이것은 자신에 대한 부정적인 관점으로 이끌어 우울한 분위기를 유지하게 한다. 둘째, 그러한 부정적인 편향과 우울증의 증상은 활동 감소를 초래할 수 있다('너무 피곤하고 아무것도 소용이 없다'). 이것은 저조한 기분을 유지시키는 데 이전의 즐거움을 주던 활동이나 성취감이

상실되었기 때문이다. 마지막으로, 우울한 편향과 증상들은 문제를 다루고 대처하려는 시도를 감소시키는 결과를 가져올 수 있으며, 이것은 무기력(hopelessness)을 증가시켜 우울증을 심화시킨다.

그림 12.1 우울증에서의 일반적인 유지 과정

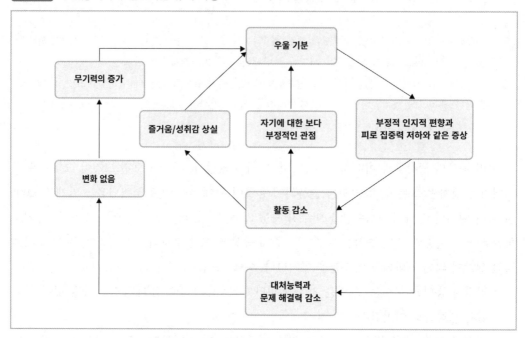

Moorey는 우울증에 공통적인 6개의 유지 주기를 정립했고, 그는 4장에 기술된 '악의 꽃을 기르기(Growing a vicious flower)'(2010년)의 기초로 보고 4장에 묘사된 '악의 꽃'과 유사한 간략한 유지 개념화를 고안했다. 순환은 다음과 같다.

- 자동적 부정적 사고
- 반추/자기 공격
- 철회/회피
- 도움이 되지 않는 행동
- 기분/정서
- 동기/신체적 증상

이것들은 진단 특정에 있어 악의 꽃을 형성하는 '우울증'이라는 주요한 경험을 둘러싼 피드백 루프를 형성한다. 비록 모든 우울한 내담자들이 이 꽃의 모든 '꽃잎'을 경험하는 것은 아니지만, 이 6개의 주기는 탐색할 가치가 있다.

위의 설명에 따르면 우울증에 대한 CBT의 목표는 보통 다음을 포함한다.

- 내담자가 부정적인 인지를 확인하고 식을 확인하고 철회할 수 있도록 지원
- 내담자가 부정적인 인지적 편향에 대응하고 자신과 세계, 미래에 대한 보다 균형 잡힌 시각을 개발할 수 있도록 지원
- 활동 수준 복원, 특히 기쁨이나 성취감을 주는 활동들
- 능동적 참여와 문제 해결 증가시키기

항상 그렇듯이, 치료사로서 당신의 임무는 이치에 맞는 개념화를 만들어내고, 그다음 유지 주기를 깨뜨리는 데 도움이 되는 인지 행동 전략을 고안하는 것이다. 우울증에 대한 인지 전략과 행동실험(BE)에서 주된 접근법은 7장, 8장, 9장에 요약된 표준 접근법과 대체로 유사하다. 그러므로 이 장에서는 광범위한 치료법의 개요를 통해 활동과 문제해결을 목표로 하는 중재에 중점을 둘 것이다. 그것은 특히 우울증 치료의 특징이기도 하다.

——— 치료과정 ———

우울증에 대한 CBT는 보통은 다음과 같은 요소들을 포함하고 있지만, 물론 이 목록은 당신이 작업하는 각각의 내담자들과 함께 조정할 필요가 있다. 예를 들어, 심각한 우울증을 겪고 있는 내담자들은 특히 치료 과정의 초기에 더 많은 행동적 전략을 필요로 할 수 있다.

1. 초기 대상 문제 목록을 확인하시오(예: '우울감'과 같은 일반적인 설명이 아닌 특정한 문제들의 목록, 문제 목록에는 '숙면', '결혼 관계의 어려움', '즐거운 활동의 부족' 등과 같은 항목이 포함될 수 있음).
2. (4장에서와 같이) 개념화의 구축을 통해 인지 모델을 소개하고 이 모델을 내담자에게 어떻게 적용할 수 있는지 설명하시오.
3. 행동이나 간단한 인지 전략을 통해 증상을 줄이는 작업을 시작하고 가능한 한 빨리 재발 관리 교육을 소개하시오.
4. 치료의 주요 부분으로, 주요 업무는 보통 사고 기록, 논의 그리고 BS를 통해 문제 인식을 확인하고 시험하는 것이다.
5. 치료가 종료단계에 근접함에 따라 재발 위험을 줄이기 위해 도움이 되지 않는 기본 가정 또는 핵심 믿음을 확인하고 필요에 따라 수정하시오.

우울증에 대한 CBT의 구성요소

우울증에 대한 CBT는 일반적으로 다음과 같은 구성요소를 포함한다.

• 활동 스케줄 및 점진적 과제 할당을 포함한 기본 행동 전략
• 주의 전환과 생각 세기(counting thoughts)를 포함한 초기 단계의 인지 전략
• 자동적 사고(ATs)를 모니터링하고 테스트하는 주요 인지 행동 작업
• DA 및/또는 핵심 신념에 대한 작업 및 이전 전략을 수정하는 작업을 포함한 재발 관리
  (더 근본적인 믿음 시스템을 가지고 작업하는 방법에 대한 아이디어를 위한 스키마 중심 작업에 대한
  17장 참조)

Beck 외 연구진(1979)은 15~20회의 지속적인 치료 과정을 장려했고, 처음 몇 번의 회기는 일주일에 두 번 실시되었다. 많은 일반적인 임상 환경에서는 이를 표준 주 1회의 패턴으로 수정하고 총 회기 수를 줄일 수 있다. 임상 경험에 따르면 프로토콜은 그러한 변경을 견딜 수 있을 만큼 충분히 강력하지만, 특정 경우에 더 빈번한 치료 횟수가 바람직하고 실현 가능한지 고려할 필요가 있다.

활동 스케줄

활동 계획 수립은 우울증에 대한 CBT의 핵심 치료 기법 중 하나이다(Beck et al., 1979). 그것은 그림 12.1에서 보여지는 '활동 감소' 악순환에 구체화된 아이디어, 즉 저조한 기분을 유지시키는 요소는 보통 그것과 동반하는 활동의 감소라는 개념에 기초한다. 즉, 기쁨과 성취의 상실로 이어지며, 따라서 저조한 기분을 유지시키는 것이다. 활동 일정 수립은 보강 활동을 강화할 필요성에 대한 기본적인 행동 아이디어에서 도출되었지만, 그 이후로 정교한 인지 전략으로 발전했다. 사실, 현재의 개념은 활동 일정 계획을 부분적으로 행동실험(BE)의 전문화된 형태로 제약할 것이다(9장과 Fennell, Bennett-Levy & Westbrook, 2004 참조).

주간 활동 스케줄(WAS)

그림 12.2에 도시된 주간 활동 일정(WAS)은 활동 모니터링 및 관리를 위한 필수 도구이다. 그것은 단순 격자 시간 테이블 또는 격자 시간표로 아래로는 하루의 시간을 위쪽을 가로질러서는 한 주의 요일들이 있는데, 그날의 매 시간마다 칸들이 있다. 여기에 표시된 판은 대부분의 내담자들을 수용할 수 있는 충분한 시간별 칸들이 있지만, 예를 들어 당신의 내담자가 아침 일찍 깨서 6시가 아닌 새벽 4시에 시작해야 하는 경우 조정가능하다. 또한 WAS 템플릿을 만들 경우, (a) 쓸 공간이 더 많이 있도록(일반적으로 A4 또는 문자 페이지가 충분하도록) 이 템플릿을 훨씬 더 크게 만드는 것이 가장 좋으며, (b) 여러분이 가령 수요일에 만나고 있는 내담자가 그날이나 그 다음 날부터 '요일' 칸에 적절하게 일정을 채워 넣으며 WAS를 시작할 수 있도록 요일 칸은 비워두는 것이 좋다.

그림 12.2 주간활동일정표(WAS)

시간	날짜						
	수	목	금	토	일	월	화
오전 6~7							
7~8							
8~9							
10~11							
11~12							
오후 12~1							
1~2							
2~3							
3~4							
4~5							
5~6							
6~7							
7~8							
8~9							
9~10							
10~11							
11~12							
오전 12~1							

※ 다음 표는 SAGE publishing 사이트(https://study.sagepub.com/kennerley3e.)에서 다운받을 수 있다.

WAS를 기록으로 활용하기

활동 스케줄링의 첫 번째 단계는 WAS를 자가 모니터링 도구로 사용하여 내담자의 활동에 대한 정보를 수집하는 것이다. 이 정보는 9장에서 설명한 행동실험(BE)에 대한 두 가지 접근 방식에서와처럼 두 가지 방법으로 사용될 수 있다.

- WAS는 단순히 무엇이 일어나고 있는지, 내담자가 시간을 어떻게 보내고 있는지, 어떤 활동이 즐거움이나 성취감을 주고 있는지를 알기 위해 발견의 관점에서 사용될 수 있다 (아래 참조).
- WAS는 또한 가설 검증의 정신으로 사용될 수 있다. 예를 들어, '쓸모없는' 혹은 '애처로움'과 같은 대응으로 그의 노력을 부정적인 생각들이 무산시켜버리는 내담자가 있다면, WAS는 그가 실제로 하고 있는 일에 대한 더 정확한 기록을 얻기 위해, 그의 '쓸데없는' 이라는 믿음을 검증하기 위해 사용될 수 있다.

어느 경우든 WAS를 사용하는 내담자를 위한 일반적인 지침은 다음과 같은 사항을 포함해야 한다.

- 매 시간이 끝날 때마다 또는 가능한 한 그것에 가까울 때 기록을 완성한다(나중 실행할 경우에 발생할 부정적인 기억 편향을 피하기 위해).
- 각 시간 간격은 다음을 포함해야 한다.
  ◦ 당신이 그 시간 동안 어떻게 시간을 보냈는지에 대한 간략한 설명.
  ◦ P와 A로 표기하는 두 개의 숫자.
- 이 숫자를 사용하여 그 시간 동안 한 일을 얼마나 즐겼는지(즐거움), 그리고 당신에게 힘들었던 어떤 것을 얼마나 관리할 수 있다고 느꼈는지(성취)를 표현하기 위해 사용해야 한다. 이 숫자는 0(없음)에서 10(가장 가능성이 높음) 사이 어디쯤일 수 있다. 그래서 P1은 그것이 단지 약간 즐거웠다는 것을 의미하고, P8은 그것이 매우 즐거웠다는 것을 의미할 것이다. 당신의 즐거움과 성취도를 평가할 때, 현재의 활동 수준을 기준으로 삼는 것을 기억하라. 여러분이 상태가 좋을 때는 일어나서 옷을 입는 것은 큰 성과는 아닐 수도 있지만, 여러분이 우울할 때(아마도 A8이나 A9가 될 수 있음) 상당한 성과일 수 있다.
- 'P'와 'A'가 반드시 같이 가는 것은 아니라는 점에 유의해야 한다. 일부 활동은 즐거우면서도 성취감을 많이 주지 않는다(예: 초콜릿 바를 먹는 것). 어떤 것은 성취일 수 있지만 반드시 즐겁지 않을 수 있다. 어떤 활동은 두 가지를 모두 줄 수 있다(예: 기분이 좋지 않을 때

사교행사를 가서 결국 그것을 즐기게 될 때).

Beck의 원래의 WAS 평가를 위한 지침 이후로, 단순히 즐거움이 아닌 '목표성(purposefulness)'
이 기분을 높이는 데 중요한 것으로 나타났다(Lejuez, Hopko, Acierno, Dades & Pagoto 2001;
Lejuez, Hopko & Hopko, 2011).

그림 12.3은 완성된 WAS의 일부를 보여준다.

그림 12.3 주간활동일정표(WAS)

시간	월요일	수요일	......
오전 7~8	기상, 우울 P0 A5 목표성 2		
8~9	아이들을 위한 아침, 등교하기 P1 A6 목표성 8		
9~10	강아지랑 산책하기 P3 A4 목표성 6		

기록 사용하기

완성된 WAS를 제출할 때 당신과 내담자가 알아야 할 세 가지 주요 사항은 다음과 같다.

1. 내담자가 실제로 얼마나 적극적인지 더 잘 알게 할 수 있다. 때때로 이것은 실제로 어떤
   사람이 처음에 지시했던 것보다 더 많이 하고 있다는 것을 보여준다 ─ 어쩌면 과도할
   수도 있다. 반면에, 그 기록은 실제로 정말로 거의 하고 있지 않다는 것을 보여줄 수 있
   다(이런 경우 활동의 증가는 후에 유용할 것이다).
2. 둘째로, 이 기록은 어떤 활동이 내담자에게 최소한의 성취감과 목표성, 즐거움을 주는지
   를 알게 하는 데 도움이 된다. 당신이 변화한다고 생각할 때 이러한 것들은 그것이 증가
   시킬 가치가 있을 지도 모르는 활동들이다.
3. 마지막으로 이 정보를 사용하여 변경 계획을 세울 수 있다. 그것은 무엇을 바꿔야 한다
   고 제안하는가? 내담자는 저조한 기분 이외에 거의 활동 없이 긴 시간을 보내고 있는가?
   해야 할 잡다한 일이 많지만 거의 즐겁지 않은 활동인가? 내담자가 조금이라도 즐기는
   활동이나, 자신의 기분을 조금이나마 개선시키는 활동들이 있는가?

▶ 동영상 자료 12.1: WAS에서 결과 가져오기

이러한 활동 특별 관찰 외에 여러분과 내담자가 자동적 사고(ATs)와 이미지를 관찰할 수
있는 훌륭한 실험으로써 인식과 행동이 서로 어떻게 영향을 미치는지 인식하고, 이를 사용해
내담자가 인지를 행동으로 옮기도록 격려함으로써(예: 활동을 차단하는 경우) WAS는 우수한 결

과를 제공한다. 이런 종류의 사고에 주의하고 토론이나 행동실험(BE)을 통해 그것에 대해 작업할 수 있다. 예를 들어, 특정한 일을 하려고 하는 시도가 '나는 즐기지 않을 거야.' 또는 '나는 그것을 엉망으로 만들 거야.'라는 예측에 의해 차단된다면, 당신은 그것이 어느 정도 진짜인지를 알아보기 위해 행동실험을 구성할 수 있다.

> 마리아의 WAS는 현재 그녀의 삶은 거의 대부분 필수적이지만 보상받지 못한 집안일로 구성되어 있고, 그녀 말에 의하면, 앉아서 허공을 볼 때 '더미가 붕괴되는 것'이 따라오는 (종종 그녀가 얼마나 쓸모없는지를 반복하면서) 바로 보여준다. 이 모니터링은 그녀와 그녀의 치료사가 다음을 확인하도록 도왔다. (1) 그녀가 즐겁고 유쾌하게 여기는 활동을 찾을 필요성, 그리고 (b) 그녀의 끊임없는 집안일에도 불구하고, 그녀는 이 활동에 아무런 가치를 두지 않았고, 여전히 자신을 '쓸모없는' 사람으로 여겼다는 사실.

계획 도구로서 Was 사용하기

다음 단계는 당신과 내담자가 당신이 배운 것을 사용하여 미래의 활동을 계획하는 것이다. 활동을 통해 분위기를 개선하는 세 가지 일반적인 방법이 있다.

1. 활동 수준이 낮을 경우 전체 활동 수준을 증가시킨다.
2. 특히 내담자에게 즐거움, 목표성, 성취감을 주는 일들에 더 많은 초점을 맞춘다. 만약 그 순간에 어떤 것도 큰 즐거움을 주지 않는다면, 내담자가 즐기던 것에 대해 생각하고 그 중 일부를 다시 시작할 계획을 세울 필요가 있다.
3. 활동 스케줄은 활동에 대한 부정적인 인식을 시험하기 위해 행동실험(BE)을 수행하는 한 가지 방법으로 사용될 수 있다. 예를 들어, 즐거움, 목표성 및 성취감을 모니터링하고 평가하기 위해 WAS를 사용하는 당신의 내담자가 성취를 완전한 성공 또는 완전한 실패로 보는 경향이 있는 '흑백논리' 사고와 싸울 수 있도록 해줄 수 있다.

이 단계에서, 단순히 그가 무엇을 하는지 점검하는 대신 내담자는 WAS를 활동의 증가를 계획하는 일정표, 특히 약간의 즐거움이나 성과를 제공하는 것으로 확인된 활동으로 사용한다. 얼마나 많은 세부 사항이 필요한지와 얼마나 많은 활동을 목표로 해야 하는지는 개인 내담자에 따라 달라진다. 일반적으로, 내담자가 더 많이 우울할수록, 더 상세한 계획이 필요할 수 있고 요구되는 활동의 초기 목표가 더 낮을 수 있다. 초기에, 당신은 계획에 밀접하게 관여해야 할 필요가 있을 수 있지만, 나중에 내담자는 스스로 이 일의 더 많은 부분을 떠맡을 수 있다.

Maria는 치료사와 함께 필요한 집안일을 할 시간은 있지만 DVD로 영화를 보는 것과 같이 그녀가 즐겨하던 활동을 위한 활동 계획(그림 12.4)을 구축하는 데 동의했다. 그녀에게 중요한 것은 비록 어렵기는 하지만 사회적 접촉을 다시 구축하는 것이었다. 비록 그녀는 전반적으로 다른 사람들과의 접촉을 즐긴 사교적인 사람이었지만, 그녀는 수년간의 우울증을 겪은 후 거의 완전히 사회적으로 철수되어 있었다.

시간	월요일	화요일
...	...	....
오후 7~8	저녁식사 만들고 먹기 : 내가 평소 좋아하고 준비하기 쉬운 음식으로 선택하기	
8~9	어디론가 가기 위해서 자매에게 전화하고 시간 잡기	
9~11	영화 보기 : 보고 싶은 DVD 선택하기	
...	...	

단계별 과제 할당

활동을 계획하는 데에서 가장 기본적인 원칙은 '단계별 과제'이다. 즉, 활동이 낮거나 아예 없는 상태에서 매우 바쁜 상태로 한번에 도약하기보다는 단계적으로 활동을 구축하는 것을 목표로 하라. 우울한 사람들은 실패에 대해 지나치게 예민한 경향성이 있기 때문에 과도한 과제들은 역효과를 낳을 수 있다. 이 과제가 완성되지 않으면 실패로 간주되고 희망을 잃을 수 있다. 더 작지만 다루기 쉬운 과제에 동의하는 것이 더 낫다. 예를 들어, 만약 당신의 내담자가 집중력 부족으로 포기한 후에 다시 독서를 하고 싶다면, 그가 다음 주까지 소설 전체를 읽을 수 없을 것이다. 다음 주까지 한 페이지만 더 읽는다고 하더라도 그가 달성할 수 있다고 생각하는 목표와 협상하는 것이 낫다(그러나 목표가 너무 작아져서 내담자가 그것을 사소한 것으로 보지 않도록 확인 하라).

위험하고 도전적으로 보일 활동에 내담자가 참여하도록 동기를 부여하는 근거를 공유했는지 확인하라. 시작점(내담자가 현재 수행하고 있는 작업)과 끝나는 지점(이것이 현실적이라 확신)에 대해 명확히 하라. 그런 다음, 이 둘을 연결하는 일련의 관리 가능한 단계를 함께 만들어야 한다. 기본적인 규칙은 하나의 단계는 사람에게 긴장을 주되, 지나치게 압박해서는 안 된다는 것이다.

다음 단계에서 동의하는 데 있어서 유용한 질문은 'X를 할 수 있다는 것을 고려할 때, 만약 여러분이 자신을 긴장시킬 수 있다면 지금 무엇을 할 수 있다고 생각하는가?'이다. 그런 다음 가능한 한 관리 가능한 경험을 극대화하기 위해, 이 단계(상상으로 시연을 하거나 적절한 경우 신체적으로)를 수행을 계획하고 어려움의 조정과 비상시 대책을 도입하여야 한다.

Maria는 비록 다시 사회관계로 돌아가고 싶었지만, 그녀는 그녀가 어떻게 대처할지, 그리고 그녀가 연락을 한다면 다른 사람들이 어떻게 반응할지 매우 걱정했다. Maria는 단계적인 프로그램을 실시하는 데 동의하였다. 그녀는 여전히 약간의 연락을 하고 있는 그녀의 자매와 짧은 통화를 했고, 그녀가 연락이 끊긴 친구들과 만나려고 노력하는 것으로 시작했다. Maria의 접근법에 대해 단 한 번만이 긍정적이지 못했다. 그녀가 경험한 많은 긍정적인 반응들을 유지할 수 있도록 했다.

활동

일부 연구는 적당히 높은 수준의 신체적 활동이 항우울제와 필적할 만한 효과를 발견하면서 우울에 상당한 영향을 미친다는 많은 증거들이 있다(Greist & Klein, 1985; Martinsen, Medus & Sandvik, 198). 현재 NICE 지침(2009)에는 '지속적 하위경계(sub-threshold) 우울 증상 또는 경미한 중간 우울을 가진 사람들을 위한 가능한 저강도 개입으로 구조화된 신체적 활동에 대한 권고사항이 포함되어 있다.

- 그룹별로 유능한 의사의 지원을 받아 보급되어야 한다.
- 일반적으로 평균 12주 동안 적당한 기간(45~60분)의 주 3회 회기로 구성된다. 따라서 특히 종종 목적이 있거나 즐거운 것으로 경험되기 때문에, 활동 회기를 활동 계획의 일부로 만들 것을 내담자에게 권장할 가치가 있다(10장 참조).

우리가 경험한 바로는 일부 내담자들은 더 많은 지적 응용이 필요한 CBT 개입보다 처음에 신체적 활동에 더 쉽게 관여하는 경향이 있다. 예를 들어, 일부 청소년이나 학습 부진이 있는 사람들은 더 쉽게 신체 활동을 받아들이고, 그런 식으로 CBT에도 참여하게 된다.

───── 활동 계획에서의 일반적인 문제 ─────

즐거움의 부족

우울증과 싸우는 초기 단계에서, 사람들은 우울하기 전만큼 어떤 것도 즐기지 않는다는 것을 깨닫는 것이 중요하다. 비록 그들이 그것들로부터 큰 기쁨을 얻지 못하더라도 처음에 그들은 스스로에게 강요해야만 한다는 것을 미리 알려주는 것이 필요하다. 인내는 적어도 그들에게 성취감을 주어야 하며, 결국 기쁨도 다시 돌아와야 한다. 즐거움의 개념을 '전부 아니면 전무'가 아닌 연속체로서 전달하는 것 또한 중요하다. 우리는 즐거움의 증가를 찾고 있다. 바로 완전한 즐거움으로 돌아오는 것이 아닌 즐거움이 증가하는 것을 바라고 있다.

과다한 기준

또한 성취가 노벨상을 수상하는 수준의 가치에 이를 필요는 없다는 것을 인식하는 것이 중요하다. 지저분한 부엌 서랍을 정리하는 데 10분을 보내는 것은 그 사람이 오늘 뭔가 유용한 일을 했다고 느끼게 하는 데 도움이 될 수 있고, 그것은 상당한 성과일 수 있다. 업무와 활동을 평가할 때 현실적인 기준을 장려하는 것이 중요하다.

당신의 내담자가 건강했을 때 쉬운 것(더 높은 성취도를 보장한다.)은 그가 우울할 때 어려울 수 있다.

모호한 계획

활동을 계획할 때는 구체화하는 것이 좋다. 다시 말해서, 내담자가 '특정 시간에 특정 활동에 더 많은 일을 해야 한다.'와 같은 애매한 목표에서 벗어나도록 돕기 위해 노력하라(예: '수요일 아침에 가서 생일 카드를 구입하러 가기'). 만약 목표가 모호하다면('나는 더 해야 한다.'), 우울한 사람이 성과를 평가절하하거나 목표를 이동하기 쉽다. '나는 실제로 아무것도 하지 않았다. 나는 마을에서 몇 가지 물건을 샀을 뿐이다.' 그래서 어떻다는 건가? 누구든지 그렇게 할 수 있다. 카드를 구입하는 것이 특정한 과제로 설정된다면, 특정 목표가 달성되면 그것을 사라지게 하는 것이 더 어렵다.

────── 단계적 과제 할당과 관련된 일반적인 문제들 ──────

너무 많이 너무 빠른

내담자들이 다소 과도한 단계에 동의하도록 하는 것은 드문 일이 아니다. 이것은 그들이 그들 자신에게 너무 많은 것을 기대하기 때문일 수 있는데, 왜냐하면 그들은 그들의 치료사를 기쁘게 해주려고 노력하고 있기 때문이고 또는 이분법적인 생각이 그들을 극한의 위치에 놓이게 했기 때문이다. 그 결과는 만약 과제가 달성되지 않는다면 실패로 느껴질 수 있고, 만약 그것이 엄청난 정서적, 신체적 대가를 치렀다면 실망스러울 수 있다.

내담자가 꾸준히 작업을 수행할 수 있는 다양한 활동이 있다는 것을 인지하고 있는지 확인하라. 그리고 이것은 당신에게도 좋다. 만약 그들이 지나치게 욕심으로 좌절을 겪는다면, 재발 관리 원리를 개정하고 실수로부터 배울 기회로 삼아라.

너무 적은

때때로 문제는 진전이 경계에 의해서 보류된다는 것이다. 만약 내담자가 회피한다면, 이것과 결탁하지 않는 것이 중요하다. 만약 당신(그리고 당신의 내담자)이 그들의 능력에 대해 불확실하다고 생각한다면, 과욕을 수용할 수 있는 충분한 비상 계획을 가진 행동실험(BE)을 설정하라. 이런 식으로 당신은 소심한 사람이 위험(안전)을 감수하고 그의 능력에 대해 더 알도록 격려할 수 있다.

——— JACOBSON의 해체 연구와 행동 활성화 접근법 ———

우울증 치료에서 활동 일정과 행동 방법의 가치를 의심할 수 있는 사람은 고전적인 Beckian 치료를 '해체'하는 것에 기초해 우울증에 대한 세 가지 버전의 CBT의 결과를 비교하는 Jacobson 외 연구진(1996)의 매력적인 연구를 읽어야 한다. 한 가지 치료는 통상의 Beckian 치료법이며, 이것은 불필요한 것들을 걷어낸 두 개의 버전과 비교되었다. 하나는 CBT의 구성 요소에서 오직 행동적인 것만을 사용하고(활동 스케줄을 포함) 하나는 행동적이고 인지적 방법을 둘다 사용한다. 그러나 오직 자동적 사고(ATs) 수준에서, 가정이나 믿음을 직접 겨냥한 것은 아니었다. 그들이 발견한 것은 이 세 가지 치료법이 모두 유사한 결과와 부정적인 인식의 측정에 유사한 변화를 가져왔다는 것이다. 한 가지 가능한 결론은 다른 방법들이 다른 경로들에 의한 인지적, 정서적 변화의 동일한 최종 결과를 달성할 수 있다는 것이다. 이 연구에 따르면, Jacobson의 동료들은 그들의 우울증에 대한 행동적 치료를 '행동 활성화'라고 알려진 우울증에 대한 새로운 치료법으로 상세히 설명했다(17장 참조).

——— 우울증에서의 인지 전략 ———

우울증에 대한 고전적인 CBT에서의 인지 작업은 두 단계가 있다. 첫 번째 단계에서 목표는 내담자가 기분에서 부정적인 인지의 영향을 줄이기 위한 간단한 전략을 사용하여 증상을 완화하도록 돕는 것이다(생각과 이미지가 어떻게 기분에 영향을 미칠 수 있는지에 대한 증거를 제공하는 유용한 이차적인 목표와 함께). 두 번째 단계에서, 도움이 되지 않는 인지는 보다 직접적으로 다루어지는데, 내담자가 좀 더 신중하게 그것들을 생각하도록 돕고, 적절한 경우 대안 찾기, 증거 찾기, 행동실험(BE) 개발 등 이 책의 앞부분에서 논의된 방법을 통해 대안적인 관점을 찾는 것을 목적으로 한다.

초기 단계 인지 전략

이러한 전략의 목표는 부정적인 인지로부터 내담자를 벗어나도록 하거나 그것에 대한 태도를 변화시키는 것이다. 예를 들어, 반추사고는 우울증에 있어서 강력한 인지 과정이며, 사람을 우울증에 더 깊이 빠트리고, 기분 전환의 단순한 개입이 우울증에서 반추사고를 감소시키는 것으로 나타났다(1991년). 이것과 다른 활동들은 부정적 자동적 사고(NAT) 및 부정적인 이미지에 대한 태도 변화를 촉진하기 위해 고안되었다. 그것들에 의해 삼켜지기 전에, 목표는 내담자들이 그들 자신과 세상에 대한 명백한 진실이 아닌 '단순한 생각' 또는 '단순한 이미지'로 그것들을 보기 위해 그것들과 거리를 두는 것이다. 인지를 세는 것은 도움이 될 수 있다. 그것에 대해 다른 주의를 기울이는 것이 아닌, 단지 세는 것만이 아니라 주변에 얼마나 많은 비둘기가 있는지 알아내는 것과 같은 태도로, 예를 들어 '하나 … 그리고 또 다른 … 오, 그리고 다른 것도 있어!'라고 생각할 수 있다. 이 접근 방식을 설명하는 한 가지 은유는 모든 종류의 쓰레기가 들어있는 다소 더러운 강물처럼 생각의 흐름이라고 상상하는 것이다. 처음에, 당신의 내담자는 강물에 빠졌고 온갖 쓰레기에 둘러싸여 그것에 의해 휩쓸려가는 누군가와 같을지도 모른다. 새로운 태도는 강에서 올라와 모든 것이 지나가는 것을 지켜보며 둑에 서 있는 것과 같다. 쓰레기는 여전히 그곳에 있지만, 내담자는 그것에 덜 영향을 받을 것이다. 이는 17장에 요약된 마음챙김 접근법과 유사하다.

주요 인지 전략

우울증에 대한 CBT 과정의 대부분은 8장과 9장에 요약된 접근 방식을 사용한다. 회기는 치료 단계와 치료에 대한 내담자의 반응에 따라 다양한 부분들을 포함된다.
- 자기 모니터링, 사고 기록, 회기 내 기분 변화 등을 사용하여 도움이 되지 않는 인지 확인

- 현실적 대안을 식별하는 정확성과 유용성을 검사하기 위해인지에 대해 구두로 논의하기
- 내담자가 부정적인 인지와 새로운 가능성을 시험하는 데 도움이 될 증거 수집을 위해 행동실험(BE)을 사용하기

인지적 변화를 지원하기 위한 대처 이미지 개발

▶ 동영상 자료 12.2: 긍정적인 이미지 개발: 미래에 대처하기

동영상 자료 12.3: 긍정적인 이미지 개발: 안전한 신체 이미지

일단 Alan이 그의 부정적인 반추를 '제동을 걸기' 위해 주의를 전환하는 것을 배웠을 때, 그의 기분은 안정되었고, 그의 수면은 나아졌고 그의 흥분은 완화되었다. 그는 여전히 우울했지만 지금은 치료에 더 잘 참여할 수 있다. 처음에, 활동 스케줄은 또한 그가 다시 활동할 수 있도록 도와주었고, 더 통제되고 더 목적적이게 느껴졌다. 이것만으로도 그는 다시는 행복할 수 없을 것이라는 예상을 극복하는 데 도움이 되었다. 다음으로, 그는 생각과 이미지 일지를 쓰기 시작했고 그와 그의 치료사는 여러 가지 인지적 편향과 인지에 대해 확인하고 언급했다. 부분적으로 그의 기분은 나아지고 있고, 부분적으로는 그의 치료사가 그를 잘 지도하고 있었기 때문에, 그는 곧 그의 골치 아픈 생각과 이미지로부터 떨어져서 그것들을 다르게 볼 수 있다는 것을 알게 되었다. 그는 침투적인 생각으로부터 전환할 수 있었고 그의 우울한 생각들 중 많은 것에 대항하기 시작했다. 그가 파트너로서 가치가 없다는 그의 생각은 쉽게 제거되었다. '이제 나는 내가 이 관계에서 많은 것을 줬다는 것을 깨달았고 그의 요구는 합리적이지 않다. 내가 친구들과 이야기한 적이 있고 그들은 오래전에 이것을 보았다. 더 나아가서 부정적 자동적 사고(NAT)는 전환이 더 어려웠다. 그는 이전 파트너에 대해 너무 잘못했기 때문에 관계에 대한 자신의 본능을 신뢰할 수 없었다. 그의 대인관계 본능의 모든 시간을 기록으로 남기는 것은 그가 자기 의심을 떨쳐버리도록 했다.

—— **약 물** ——

물론, CBT만이 우울증에 대한 유일한 효과적인 치료가 아니다. 특히 항우울제는 우울한 내담자들에게 도움이 된다. 불안 완화제에 비해 현재 항우울제의 의존과 금단에 대한 우려가 줄어들고 있으며, 약물 치료와 심리치료 사이에 갈등도 없다. 실제로, 더 심한 우울증을 앓고 있는 사람들의 경우, 두 가지 형태의 치료의 조합이 둘 중 하나보다 낫다는 일부 증거가 있다 (예: Thase et al., 1997; NICE, 2009).

자살 다루기

　우울증에 걸린 내담자의 자살 위험은 과대평가되어서는 안 된다. 즉, 대부분의 우울증에 걸린 사람들은 자살을 하지 않는다. 하지만 이것은 분명히 감시되고 심각하게 받아들여질 필요가 있다. 때로는 비밀보장을 어기는 것이더라도 자살 사고의 징후에 대응해야 한다. 이러한 이유로, 당신은 치료를 시작할 때 만약 당신이 당신의 내담자가 그들(또는 다른 사람들)에게 위험하다고 생각한다면, 비밀을 깨야 하는 규칙의 경계에 있음을 분명히 해야 한다. 내담자에게 이 말을 하는 것을 미루지 마라. 치료를 시작할 때 윤리적 의무를 밝히면 치료 관계에 지장을 줄 가능성이 줄어든다.

　자살에서 가장 위험한 요소들 중 전문적 합의는 다음이 포함된다(Peruzzi & Bongar, 1999년).

- 급성 자살 사고, 특히 계획된
- 자살 시도 과거력 또는 자살 가족력
- 이전 시도의 의학적 심각성
- 심각한 무기력
- 죽음에 대한 유혹
- 최근의 상실 또는 이별
- 알코올의 남용

　우리가 이미 언급했듯이, '플래시 포워드'의 형태로서의 자살 이미지 또한 위험을 높인다.

특별한 내담자 관리하기

　CT를 안전하게 계속하려면 기본 관리 계획을 세워야 한다. 그러한 계획의 요소에는 다음이 포함될 수 있다.

- 내담자가 필요시 언제든지 지원을 받을 수 있도록 감독하거나 즉시 접근할 수 있도록 보장하기
- 쉽게 접근할 수 있는 자살 수단(예: 잠재적으로 유독성 의약품, 독극물, 로프, 총, 자동차 키 등)을 제거하는 데 도움이 되는 단계 수행
- 예를 들어, 내담자가 친구나 가족에게 연락을 취하도록 주선하거나 가능하면 위기 팀에 연락하는 등, 자살 위기가 발생할 경우 이를 관리하는 방법을 수립하기. 계획이 구체적

이고 명확한지 그리고 아마도 내담자가 가지고 다니는 글씨가 쓰인 사본이 있는지 확인하기

- 내담자가 당신을 신뢰할 가치가 있고 이해하며 확실한 희망을 줄 수 있는 사람으로 볼 수 있도록 치료 관계를 구축하는 작업하기
- 내담자가 적어도 자살을 연기하고 일정 시간이 지나기 전까지는 자살하지 않기로 동의하는지를 검토하기(예: 다음 회의 전에는 자살하지 않음.)
- 위기가 지나갈 때까지 '시간을 벌기' 위한 치료의 측면 사용하기. 예를 들어, 치료에 대한 참여를 격려하고, 회기에서 회기 사이에 그것이 어디로 가고 있는지에 대한 호기심을 다리로 연결하기('다음에 우리가 무엇을 할지 흥미롭지 않나?')

자살 이유를 탐색하고 작업하기

내담자에게 자살 생각에 대해 말할 수 있는 여지를 주는 것이 중요하며, 당신이 이해하고 있고 어떤 주제도 이야기할 수 있다는 분명한 메시지를 주는 공감적이면서 실질적인 방법으로 그 주제에 접근하는 것이 중요하다. 당신은 자살에 대한 생각을 물어봄으로써 누군가를 자살하지 않도록 할 수 있고, 만약 그 주제가 드러난다면, 자살을 예방할 기회를 가질 수도 있다. 이 논의의 중요한 측면은 다음과 같다.

- 생각과 이미지를 탐색하면서 '플래시 포워드' 자살 이미지가 위험을 증가시킨다는 점을 기억하기
- 자살의 원인을 탐구하기(두 가지 주요 범주가 있다.)
  ◦ 견딜 수 없는 삶으로부터 탈출하는 것(예: 나는 계속 할 수 없어. 이것이 유일한 방법이야.). 이것은 아마도 자살의 가장 흔한 이유일 것이고, 가장 위험한 것이다.
  ◦ 외부 문제 해결하기 위해서(예: 관계를 유지하거나, 복수를 하거나, 보살핌을 받기 위해)
- 미래에 다시 유효하게 될 수도 있는 과거의 살아야 하는 이유를 포함하는 내담자가 죽어야 할 이유에 대비한 살아야 할 이유를 구축하기
- 이러한 믿음과 일치하지 않을 수 있는 정보를 도출하기 위하여 무기력으로 이어지는 믿음을 탐색하고 안내된 발견을 사용하기
- 빨리 해결될 가능성이 높은 문제 영역에 대한 작업하기. 무기력을 감소시키기 위해 현실적인 희망을 촉진하는 것은 자살 관리에 있어 중요하다.
- 무기력으로 이어지는 '실제 삶'의 문제에 대한 문제 해결하기(아래 참조)

구조화된 문제 해결

우울한 사람들이 사회 문제 해결에 있어서 결손을 가지고 있고 구조화된 문제 해결을 가르치는 것이 이들에게 효과적인 치료법이 될 수 있다는 증거가 있다(Nezu, Nezu & Perri, 1989; Mynors-Wallis, Davies, Gray, Barbour & Gath, 1997; Mynors-Wallis, Gath & Baker, 2000 참조). 이는 특히 그림 12.1에 나타난 빈약한 대처/무기력 유지 주기와 같은 것을 포함하는 경우 유용할 수 있으며, 위에 설명된 대로 자살 아이디어를 다루는 데에도 도움이 될 수 있다.

문제 해결의 주요 단계는 다음과 같다.

- **해결해야 할 문제를 파악하라**: 문제의 정확한 본질에 대해 명확하게 밝히는 것이 중요하다. 예를 들어, '내 결혼의 문제'뿐만 아니라 '내 아내와 나는 충분히 대화하지 않는다.' 또는 '우리는 함께 외출할 시간이 없다.'와 같은 좀 더 정확한 것을 말한다.

- **브레인스토밍을 하라(일관성 차원에서) – 이 문제를 해결할 수 있는 가능한 방법**: 이 단계는 특히 오랫동안 존재해온 문제들로 인해 어려울 수 있다. 내담자들은 그들이 생각하는 모든 해결책에 대해 즉각적인 부정적인 반응을 보일지도 모른다. '그건 먹히지 않을 것이다.' 또는 '나는 그것을 시도해 보았다.' 이것을 극복하기 위해서, '브레인스토밍'으로 시작하는 것이 도움이 될 수 있다. 다시 말해서, 내담자는 그것이 유용한지, 현명한지, 심지어 가능한지에 대한 어떤 판단 없이 이 단계에서 가능한 한 많은 아이디어를 떠올리려고 한다. 목표는 아무리 엉뚱하고 비실용적으로 보일지라도 많은 접근 방식을 생성하는 것이다. 그 규칙은 어리석게 보이더라도 그의 마음에 떠오르는 것은 무엇이든 가능한 해결책으로 적는 것이다. 그 이유는 엉뚱한 해결책조차도 유용한 다른 생각을 이끌어낼 수 있기 때문이다. 더 심각한 우울증을 앓고 있는 내담자들의 경우, 만약 내담자가 완전히 궁지에 몰린 경우에는 치료사는 몇 가지 제안으로 시작하는 것이 도움이 될 수 있다.

- **가능한 해결책 목록을 생성한 후 어떤 해결책 또는 해결책의 조합이 가장 적합한지 파악하라**: 다시 말해, 내담자가 가능한 각 솔루션을 너무 일찍 폐기하지 않고 신중하게 생각할 수 있도록 이 과정을 구성하는 것이 가장 좋다. 분명히 받아들일 수 없는 해결책만이 즉시 폐기되어야 한다.

- **해결책을 평가하라**: 각각의 장단점을 체계적으로 생각해보고, 장기 및 단기 해결책을 모두 고려하도록 하라. 첫 번째 가능한 해결책을 가지고 와서 그 해결책의 장점과 단점을 목록으로 만들어라. 그런 다음 가능한 다음 솔루션에 대해서도 동일한 작업을 수행한 후 다음 솔루션에 대해서도 동일한 작업을 수행하라. 이 장점과 단점 목록을 사용하여 가장

좋은 몇 가지 솔루션을 선택하고 순위를 정하라.

- 가장 유리한 균형을 제공하는 것으로 보이는 해결책을 선택하라: 여기서 두 가지 문제가 발생할 수 있다.

  ◦ 어떤 해결책도 모두 긍정적인 것으로 나타나지 않을 수 있다: 그들은 모두 긍정적인 것보다 부정적인 것을 가지고 있다. 만약 그런 경우라면, 그리고 당신이 정말로 가능한 모든 해결책을 검토했다면, 내담자는 그가 가장 덜 나쁜 것을 선택할 수 밖에 없다는 것을 받아들일 필요가 있다 − 그것은 좋지 않을 수도 있지만, 여전히 다른 것들보다 낫다.

  ◦ 당신은 당신이 목록을 검토할 때, 당신의 내담자가 확실한 더 나은 것이 없다고 느끼면서, 그들 모두가 거의 비슷하다는 것을 알게 될 것이다. 만약 그렇다면, 그리고 다시, 만약 여러분이 정말로 가능한 모든 해결책을 검토했다면, 그때는 그냥 무작위로 한 가지 해결책을 선택하고 그것을 시도해보라. 때때로, 이렇게 하는 과정은 내담자가 실제로는 하나의 해결책을 선호한다는 것을 깨닫게 하는 데 도움이 될 것이다. 왜냐하면 그는 그 해결책을 선택했으면 하는 자신을 발견하기 때문이다.

- 해결책이 확인되면 '작은 단계'의 원칙을 사용하라: 항상 그렇듯이 작은 단계는 큰 도약보다 좋다. 왜냐하면 작은 단계는 성공할 가능성이 더 높고 따라서 희망을 만들어내기 때문이다. 내담자에게 선호하는 해결책을 수행하기 위한 첫 번째 단계가 무엇인지에 대해 생각하도록 요구한다. 예를 들어, 그가 문제에 대한 해결책을 새로운 직업을 찾는 것이라고 결정했다면, 첫 번째 단계는 지역 신문을 사서 현재 어떤 종류의 직업을 구할 수 있는지 보는 것이다. 새로운 직업을 얻기까지 전체 과정을 상상하는 것보다 아마도 그 첫 단계를 하는 것이 훨씬 더 쉬울 것이다.

- 해결책의 첫 번째 단계가 무엇이든 실행에 옮긴 후 어떻게 진행되었는지 검토하라: 이 해결책이 올바른 방향을 따르고 있는 것 같은가? 그렇지 않다면, 왜 그런가? 발생한 일에 비추어 초기 계획을 수정할 필요가 있는가? 이론상으로는 좋아 보이는 해결책이 실제로 효과가 없을 수도 있다. 이런 일이 있어도 걱정하지 마라. 그것을 시도함으로써, 내담자는 아마도 그가 더 나은 해결책을 찾는 데 도움을 줄 수 있는 유용한 어떤 것을 배울 것이다. 만약 그가 그의 해결책을 실행에 옮기려고 할 때 어떤 주요 문제가 발생한다면, 당신은 그것을 새로운 문제로 식별해야 할 것이다. 그런 다음 먼저 해당 문제에 대한 해결책을 찾을 수 있도록 전체 과정을 다시 시작하라.

- 문제가 해결될 때까지 또는 가능한 다른 해결책이 없다는 것이 분명해질 때까지 이 과정을 계

속하라: 당신은 문제가 개선될 때까지 문제, 해결 방법 및 단계를 식별하는 사이클을 빙글빙글 돌 수 있다. 물론, 일부 문제는 실질적인 해결책이 없을 수도 있지만, 너무 빨리 결론을 내리는 것을 주의해야 한다. 만약 정말 해결책이 없다면, 여러분은 아마도 내담자가 상황에 반응할 다른 방법을 찾도록 돕기 위해 인지 전략으로 돌아가야 할 것이다.

─── 우울증이 있는 내담자와 작업할 때 발생할 수 있는 잠재적인 문제 ───

우울의 특성

우울한 사람은 종종 생각에서 부정적이고, 추진력과 에너지가 부족하며, 변화의 가능성에 대해 희망적이지 않다는 것을 기억하는 것은 중요하다. 우울은 또한 '우울한 환경'으로 귀결될 수 있다. 예를 들어, 당신의 우울증은 그의 직업을 잃게 하거나 결혼 생활의 어려움으로 이어지는데, 그것은 그의 낮은 기분을 좌지우지하는 경향이 있다. 그러므로 당신이 내담자들을 참여시키기 위해 고군분투하는 당신 자신을 발견하는 것은 놀랄 일이 아니다.

그들은 어떤 행동을 취하거나, 모든 제안을 환영하는 것이 어렵다는 것을 알게 될 것이다. '그것은 결코 효과가 없을 것이다.' 그리고 모든 '현실'에서 포기하고 싶은 유혹을 느끼거나 '실패'를 상상할 것이다. 치료사들도 우울증을 치료하는 데 많은 어려움을 겪을 수 있다.

당신은 아마도 내담자의 비관론에 '전염'되었다고 느낄지도 모르며, 조용히 그가 생각하는 하는 것만큼 상황이 나쁘다고 생각할 것이다. 물론, 그것은 정확한 견해일 수도 있지만, 증거 없이 너무 쉽게 그것을 수용하는 것에 주의해야 한다.

여러분의 내담자가 진정한 어려움에 직면하고 있고 적어도 그의 부정적인 생각들 중 일부는 정확하지만, 대개는 여전히 의문을 제기하고 대안을 찾을 여지가 있다. 나쁜 것일 수도 있지만, 보통 100%의 사람들이 내담자가 느끼는 것만큼 그렇게 나쁘지는 않다. 그래서 다른 관점을 위한 여지가 있어야 한다. 반면에, 너무 회의적이고 긍정적인 것에 얽매이지 않는 것이 중요한데, 당신이 냉혹하거나 참을성이 없는 것처럼 보일 수도 있다. 내담자들은 그들이 어디로 가야할지를 알기 전에 그들이 어디서 왔는지를 알 필요가 있다. Kennerley, Mueller, Fennell(2010)은 이러한 어려움들이 미치는 영향을 관리하는 데 몇 가지 아이디어를 가지고 있다. 여기에 묘사된 문제들은 만성적이고 심각한 우울증을 다룰 때 특히 어려울 수 있다. (Moore & Garland, 2003 참조).

무기력과 '예, 그렇지만'

우리가 방금 말했듯이, 대부분의 우울한 내담자들은 어쩔 수 없이 그들 삶에 퍼져 있는 부정적인 생각을 치료하게 될 것이다. 그들은 변화의 가능성에 대해 절망적일 것이고 치료에 대해 부정적인 생각을 가지고 있는 경향이 있을 것이며, '예, 그렇지만'은 그들의 생각을 넓히려는 시도로서의 흔한 반응이다. 치료사로서 당신은, 이런 사고방식에 너무 많은 영향을 받지 않으면서 (현실적으로) 낙관적인 자세를 유지하는 것과, 치료에 대한 내담자의 반응이 우울 증상의 일부라는 것을 이해하는 것이 중요하다. 이 장의 앞부분에서 논했듯이, 단계적 과제 할당은 내담자의 자신감을 쌓기 위한 작은 성공을 얻는 좋은 방법이다.

행동실험(BE)은 또한 새로운 사고방식이 막연한 이론적 가능성일 뿐만 아니라 실제 행동으로 검증될 수 있도록 구두 토론을 유도하는 좋은 방법이다. 때로는 그러한 '예, 그러나'는 극도로 고정된 기본 믿음을 반영하므로, 17장의 스키마 중심 전략을 고려하는 것이 도움이 될 수 있다.

느린 페이스

우울한 내담자들은 그들의 생각과 행동에서 속도가 늦을 수 있다, 그들이 그렇지 않더라도, 회기의 속도와 치료 초기에 일어나는 변화의 속도는 느려질 것이다. 만약 여러분이 이것에 대해 준비가 되어 있고 그것에 적응한다면 도움이 되지만, 그것에 의해 낙담할 필요는 없다. Beck의 우울 척도(5장)와 같은 일부 측정 사용한 진행상황 모니터링도 작지만 꾸준한 변화를 포착하는 데 유용할 수 있다.

회기 내에서 피드백

11장에서 언급한 바와 같이, 내담자에게 회기에 대한 피드백을 요청하는 것은 CBT의 표준이다. 그러나 그의 부정적인 편향은 특히 당신의 일부 단어나 행동이 그를 비판적이거나 거부하는 것으로 잘못 해석될 가능성이 있기 때문에 우울한 내담자에게 이를 공개적으로 하도록 권장하는 것이 특히 중요할 수 있다. 같은 이유로, 회기 중에 명백한 기분의 하락에 대해 항상 주목하고 질문하는 것이 가치가 있다. 즉, 그 일이 일어났을 때 내담자의 마음에 어떤 일이 일어났는가? 질문하는 것이 좋다.

재 발

우리가 이미 언급했듯이, 재발은 우울증의 특별한 문제로서, 우울한 내담자의 50%가 '성공적인' 치료 종결 후 2년 이내에 재발할 것이라고 추산한다.

따라서 재발 관리 계획을 개발하는 것이 특히 중요하며(6장 참조), 일부에게는 효과적임을 보여주었기 때문에 이득을 유지하고 통합하는 데 도움이 되도록 저강도로 '지속적인' 치료법을 제공하는 것도 고려할 수 있다(Vittengl, Clark & Jarret, 2010).

―――― 요약 ――――

• 우울증에서 인지의 핵심 특징은 자기 자신, 세계, 미래에 대한 부정적인 생각으로 구성된 '인지 삼제'이다.
  ◦ 사건에 대한 지각, 해석 및 회상 모두 부정적으로 편향되는 경향이 있다.
• 우울증에 대한 CBT의 주요 구성요소는 다음과 같다.
  ◦ 활동 스케줄과 같은 행동전략
  ◦ 주의 전환과 같은 초기 부정적 인지 관리 전략
  ◦ 논의와 행동실험(BE)을 통해 부정적인 인지를 검증하는 주요 인지 작업
  ◦ 역기능적 가정 및 핵심 신념에 대한 가능한 작업을 포함한 재발 관리
• 주간 활동 일정(WAS)은 모니터링을 하는 유용한 도구로, 그리고 후기 대응에서, 우울증의 일반적인 특징인 활력 손실뿐 아니라 부정적 사고에 대한 유용한 데이터를 제공한다.
• 자살 사고는 우울증에서 특별한 도전을 나타내며 솔직하고 조심스럽게 다루어질 필요가 있다.
• 구조화된 문제 해결은 진정으로 부정적인 상황을 다루는 데 도움이 될 수 있다.

학습 활동

다음 학습 활동은 SAGE publishing 사이트(https://study.sagepub.com/kennerley3e.)에서 내려받기 할 수 있다.

검토와 반영:

- 치료사들은 때때로 심한 우울증을 다루는 것이 도전임을 안다. 우울증을 앓고 있는 내담자들과 함께 작업할 때 당신 자신의 반응은? 어떤 생각이나 신념이 이 그룹과의 작업에 영향을 주는가? 자살할 수 있는 사람과 작업할 때 당신의 반응은? 여기서 도움이 될 만한 것을 배운 적이 있는가?
- 물론 보통의 저조한 기분과 임상적 우울 사이에는 상당한 차이가 있지만, 그럼에도 불구하고 우리들 대부분은 기분이 좋지 않은 경험을 가지고 있다. 우울증의 높은 확산은 이 책의 일부 독자들도 우울증을 경험할 수 있다는 것을 의미한다. 당신의 낮은 기분이나 우울증에 대한 경험에 비추어 볼 때, 어떤 생각과 행동 변화가 가장 두드러졌는가? 그것들은 이 장의 개요와 잘 맞아 떨어지는가? 어떤 차이점이 있었는가? 만약 그렇다면, 그것들은 무엇이었는가?
- 일부 치료사들은 활동 스케줄을 우울증에 사용하지 않는 경향이 있는데 우울증에 대해 '충분히 인지하고 있지 않다'거나 '너무 단순하다'라고 생각한다. 그것의 가치에 대해 어떻게 생각하는가? 우울한 내담자들과 함께 그것을 사용하는 것의 가용한 이점은 무엇인가?
- 여러분은 치료사로서 내담자 우울증에 '전염(infected)'되어 있다고 느낀 적이 있는가? 즉, 상황이 내담자가 생각하는 것만큼 나쁘다고 확신한 적이 있는가? 이것이 치료에 어떤 영향을 미쳤는가?

한발 더 나아가기:

- 활동 스케줄이나 문제 해결 방법을 많이 사용하지 않았다면, 그다음에 적절한 내담자와 함께 사용해보기 위해 어떤 계획을 세울 수 있는가? 이 내담자에게 그것이 얼마나 유용한지를 어떻게 평가할 수 있는가?
- 만약 여러분이 우울증에 걸린 내담자에게 생각뿐만 아니라 이미지들에 대해서도 일상적으로 물어보지 않았다면, 그것을 시험해보라. 무슨 일이 일어나는지 보고, 그것이 어떻게 당신의 개념화에 영향을 줄 수 있는지 보고, 그것이 미치는 영향을 관찰하라.

의사소통과 치료의 관계

- 미래의 '우울 전염(depressive infection)'을 예방하기 위해 다르게 무엇을 하고 다르게 어떻게 생각할 필요가 있는가?
- 모든 회기가 끝날 때마다 모든 내담자에게 피드백을 요청하고 어떤 내용이 표시되는지 확인하시오. 우울한 내담자로부터 어떤 피드백을 받는가? 공통된 주제가 있는가? 이것으로부터 미래를 위한 어떤 교훈을 얻을 수 있을까?

Beck, A.T, Rush, A.J., Shaw, B.F, & Emery, G. (1979). *Cognitive therapy of depression*. New York: Guilford Press.
1장에서 언급했듯이 CT의 고전이다.

Martell, C, Addis, M., & Jacobson, N. (2001). *Depression in context: strategies for guided action*. New York: Norton.
이 장에서 논의된 제이콥슨 해체 연구에서 나온 내용(이 책 17장 참조)이다.

Moore, R., & Garland, A. (2003). *Cognitive therapy for chronic and persistent depression*. Chichester: Wiley.
표준 'Beckian' CBT를 유용한 임상 예를 포함하여 만성 또는 치료 내성 우울증의 특정한 도전에 적응시키기 위한 매우 유용한 가이드다.

Wenzel, A., Brown, G.K., & Beck, A.T. (2009), *Cognitive therapy for suicidal patients*. Washington, DC: American Psychological Association.
이것은 자살하는 고객들과 함께 일하는 치료사들을 위한 최고의 CBT 텍스트이다. 명확하게 쓰이고, 매우 잘 알고 있으며, 실용적이다.

동영상 자료

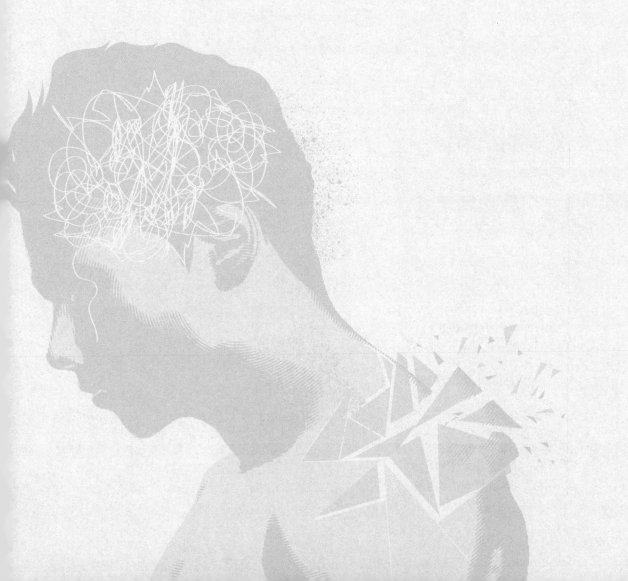

13

불안 장애

───── **도입** ─────

불안 장애에 대한 CBT의 첫 번째 치료 매뉴얼은 1985년 Beck과 그의 동료들에 의해 출판되었고, 이것은 CBT의 세계에서 흥미로운 발전이었다. 그것은 CBT를 점점 더 다양한 문제들에 CBT를 적용하게 한 혁명의 서막을 여는 것이었다.

불안 장애에 대한 CBT의 적용은 그 유병률(prevalence, 미국 NIMH, 2001년 13.3%에 해당)을 고려할 때 이해할 만하고, 불안 장애를 치료하는 데 효과적이라는 증거는 오랫동안 거부할 수 없는 것이었다(예: Clark & Beck, 1988; Heimberg, 2002 참조).

불안 반응

불안 반응은 위협에 대한 정상적이고 필수적인 반응이다.* 우리가 위험을 지각할 때 우리의 몸은 위험한 상황에 반응하도록 준비시키기 위한 신경화학물질(신경전달물질)을 재빠르게 생성한다. 세 번째 반응인 '얼어붙음'(신체적 또는 정신적으로 움직일 수 없는 상태)도 있긴 하지만 전형적인 반응은 '싸움'(공포에 직접적으로 맞서는 것) 또는 '도망'(공포를 피하거나 도망가기)이다. 위협에 직면했을 때 우리는 두려움을 느끼고 마음과 몸이 그것에 대처할 준비를 한다. 정신은 최악의 경우를 고려하고, 몸은 그것을 해결하기 위해 대비하고 호흡은 더 많은 산소를 공급하기 위해 증가하고, 심장은 산소가 풍부한 혈액을 핵심 근육으로 가져오기 위해 더 빨리 뛰고, 땀샘은 활동 중에 몸을 식히기 위해 작용하고, 혈액은 피부에서 (심장으로) 이동하기 때문에 불편한 감각과 창백함을 야기시킬 수 있다.

반응은 4장에서 언급한 4가지 시스템(정서적, 인지적, 생리적, 행동적)을 반영한다. 꽤 복잡한 이 반응은 매일 빠르고 효율적으로 일어난다.

> 한 어머니가 어린 아들과 길 가장자리에 서 있다. 버스가 그들을 향해 가고 있다. 그 어머니는 그녀의 아들이 버스 앞에 있는 길로 걸어 들어가는 모습의 스쳐지나가는 이미지를 떠올린다. 그녀는 두려움을 느낀다. 그녀의 아드레날린이 증가하면, 그녀는 긴장하고, 집중하며, 행동할 준비를 한다. 순식간에, 그녀는 아들의 저항에도 불구하고 아들의 팔을 잡고, 버스가 안전하게 지나칠 때까지 아들을 끌어당긴다.

---

* 역자 주: 불안은 우리에게 위험을 알리는 신호이며 그 자체로는 불쾌한 경험이지만 동시에 유익한 것이라고 할 수 있다. 공포는 실제적이고 즉각적인 위협에 대한 것이고 불안은 앞으로 일어날 것에 대한 예측에 대한 반응으로 전자는 또피, 후자는 회피 반응과 연결되어 있다.

그러므로 불안 반응은 정상적인 것이고 일상적으로 발생하고 우리를 보호하기 위한 반응으로 거의 무의식적인 과정이다. 불안은 정상적인 반응이 과장되거나 실제 위협이 없을 때에도 발생할 때만 문제가 된다.

> Sally는 종종 그녀의 아이들이 거리에서 다치는 것에 대해 침투적인(intrusive)* 이미지와 생각을 했다. 하루에 여러 번, 그녀는 이런 생각으로 매우 긴장하게 되었다. 그녀는 절대 그들을 혼자 밖에 나가지 못하게 했고 차 안으로 어디든 데려가려고 했다.
> Geoff는 공황 발작을 겪은 후에 또 다른 것이 있지 않을까. 가능성을 최소화하기 위해, 과호흡을 두려워하여 호흡의 변화를 주지 않으려고 했고 가벼운 현기증을 피하기 위해 천천히 움직였다. 그리고 그는 예상되는 스트레스를 받을 상황을 피했다. 결과적으로, 그의 삶은 매우 제한되었다.

이러한 예에서, 공포는 과장되거나 과대평가된 위험으로, 사람들은 이를 완화하기 위해 상당히 극적인 조치를 취해야 한다고 느낄 수 있다. 그것들은 각각 불안 장애를 발달시킨다.

내담자들이 그들의 불안 반응은 근본적으로 정상이지만 과장되었다는 것을 인식하는 것은 중요하다. 치료의 목적은 불안 반응을 제거하는 데 있는 것이 아니라 그것을 잘 다루도록 하는 데 있다.

때로는 위험이 과대평가되기 때문에 병적인 두려움이 발생한다.
- '주방 장비를 점검하지 않으면 무언가가 과열될 수 있고 집에 불이 날 것이다.'
- '그 비행기는 추락할지도 모른다.'
- '강도를 당할 것 같다.'
- '난 HIV에 걸릴 수 있어.'

때로는 대응 능력을 과소평가하여 발생한다.
- '집이 불타버리면, 내 어리석음으로 가족을 홈리스로 만들었다는 수치심을 견딜 수 없을 것이다.'
- '나는 우리 가족을 홀로 남겨둘 거란 생각을 견딜 수 없어. 아이들은 어떻게 살아갈까?'
- '만약 내가 공격을 받는다면, 그것은 내가 십대에 강간당했던 때의 기억을 떠올리게 할 것이다. 나는 그때의 기억이 떠오르는 것을 참을 수 없다.'
- '만약 내가 HIV를 가지고 있다면, 사랑하는 사람들을 감염시켰을 수 있기 때문에 살 수 없을 것 같다.'

---

* 역자 주: '침투적인(intrusive)'이란 의미는 당사자에게 원치 않는 생각들이나 이미지가 떠오른다는 것으로 저항하기 어렵다는 의미가 내포되어 있다.

때로는 두 예측 세트가 모두 동일한 사람에게 발생하기도 하므로 평가에서 이를 확인해야 한다. 사건에 대한 해석이 반응을 결정하기 때문에 당신은 이 장 전체에 걸쳐 '지각된 위험' 또는 '지각된 위협'이라는 용어의 사용에 주목하게 될 것이다.

이것은 우리에게 두 사람이 정확히 같은 상황에 있을 수 있지만 다른 결과를 예상하고, 따라서 다른 방식으로 반응할 수 있다는 것을 상기시킨다.

> 두 음악가가 콘서트가 시작되기를 기다리고 있다. 첫 번째 음악가는 긴장감을 느끼고, 심장이 뛰기 시작하고, 이것이 나쁜 징조라고 결론짓는다. 자신이 실수를 할까 봐 두려워하거나 청중들이 호의적이지 않을 것을 두려워한다. 이것은 자신감을 더욱 손상시킨다. 다른 음악가는 긴장감을 느끼고, 심장이 뛰기 시작하고 이것이 공연에 필요한 에너지를 줄 것이라고 결론짓는다. 그는 즐거운 경험을 기대하며 공연할 기회를 기대하고 있다. 따라서 같은 상황에서, 첫 번째 음악가는 걱정하며 자신의 반응을 나쁜 것으로 해석하고, 두 번째 음악가는 흥분하고 그의 신체적인 반응이 도움이 된다고 가정한다.

─── 불안과 불안 장애의 특징 ───

전형적으로, 걱정을 다루는 것은 자연스러운 결론에 이르는 선형적인 과정이다. 예를 들어,

- 촉발 요인 → 지각된 위협 → 불안 반응 → 성공적인 대처 반응 → 불안의 해소
- 한 운전자가 한 아이가 자동차 앞으로 달려오는 것을 본다 → 아드레날린 생성 → 이것은 운전자가 제 시간에 브레이크를 밟고 벗어날 수 있도록 빠르고 집중적인 생각을 촉진한다 → 불안의 해결
- 임박한 평가 → 아드레날린의 생산 → 그 결과로 인한 집중적인 사고와 상승된 에너지 수준을 통해 학생들이 효율적으로 공부 → 불안의 해결

그러나 불안 장애는 인지 및 행동 반응이 불안을 유지하거나 악화시키는 순환 과정(그림 13.1 참조)으로 나타난다. 예를 들어,

- 한 불안한 운전사는 차 앞으로 달려오는 아이를 본다 → 그는 극도로 불안하고 신체적으로 긴장하며 제대로 생각할 수 없다 → 그는 실제로 도로에 있지 않은 아이를 피하려고 노력하고 그래서 위험하게 운전하는 것에 대해 다른 운전자로부터 질책을 받는다 → 이것은 운전이 위험하다는 것을 확인시켜 준다. 그는 매우 불안한 운전자가 된다.
- 불안한 학생은 임박한 구두 평가를 인지 → 위협을 느끼고 높은 수준의 불안을 느낌 → 시험에 지나치게 몰두하고 너무 긴장해서 제대로 시험을 볼 수 없음 → 평가에서 잘 수

행하지 못한다. 이것은 쓸모없다는 믿음을 촉진시키고, 매우 불안한 학생이 된다. '근본적인' 공포 주기는 아마도 '공포에 대한 공포'일 것이다. 불안 경험 그 자체가 혐오감이 되어 원래 불안의 자극이 사라진 지 한참 후에야 사라지게 된다.

Roger는 자신이 심장마비를 일으켰다고 생각했지만, 병원에서는 그가 공황 발작을 경험한 것이라고 안심시켰다. Roger는 공황 발작이 매우 불쾌했기 때문에 완전히 안심하지는 못했다. 이제 그는 그 일이 다시 일어날까 봐 두려워하고 있다. 이것은 물론 그의 두려움을 가중시켰고 그로 인해 그는 더욱 당혹감을 느끼고 공황 상태에 빠지기 쉬워졌다.

우리가 살펴본 대로, 불안은 정신과 몸이 위험에 대처할 수 있도록 준비시킨다. 즉, 정신은 일어날 수 있는 나쁜 상황들에 대비를 하고 있고, 몸은 행동할 준비를 한다. 그러므로 불안은 심리적, 신체적 증상을 포함하고 증상들은 과장되고 불안 장애에 도움이 되지 않는다. 이것은 그림 13.2에 요약되어 있다.

그림 13.1 불안의 악순환

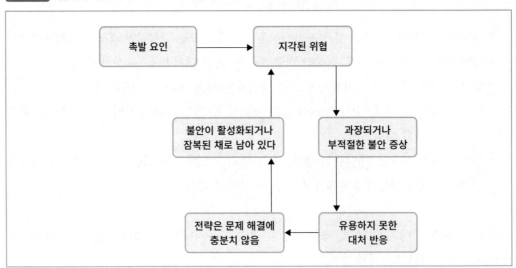

표 13.1 불안 증상

불안에서	불안 장애까지
위협감	위협에 대한 과대평가, 결과에 대한 과대평가, 대처능력 또는 가용한 자원에 대한 과소평가
위협에 집중하기	반추, 과도한 걱정, 유연하게 생각하지 못하고 지속적이고 위협적인 생각과 이미지
염려	통제력 상실, '미쳐가는' 또는 고생하고 있는 건강 문제에 대한 두려움. 일정한 점검
일시적으로 과장된 사고	습관적인 과장적 사고, 반복적인 파국화, 과도한 선택적 집중 광범위하게 퍼진 흑백논리와 같은 사고
신체적 증상의 연속	
불안에서	불안 장애까지
증가된 심장 박동비율	심계항진
근육 긴장	피로, 떨림, 근육통, 예를 들어 가슴, 머리.
호흡수 증가	현기증, 가벼운 어지러움증, 비현실감, 이인증(depersonalisation)
소화 시스템의 변화	메스꺼움, 화장실에 가고 싶은 욕구 증가
혈액순환의 변화	얼굴 붉어짐 또는 창백함, 불쾌한 피부감각
땀의 증가	과도한 땀 흘림
또한, 만성 불안은 수면 장애 및 우울증과 관련될 수 있다.	

우리는 이미 불안 장애가 특정 경험의 위험성에 대한 왜곡된 믿음으로 특징지을 수 있다고 언급한 바 있다. 그것들은 특정 상황(예: 높은 건물에 있거나 많은 사람들 앞에서 연설하는 것)이나 내부 자극(예: 가슴 통증이나 걱정스러운 생각)에 의해 촉발될 수 있다. 불안 장애는 많은 종류가 있는데, 항상 쉽게 구별되는 것은 아니다. 아래의 임상 현장에서 만날 수 있는 불안과 관련된 문제를 살펴보라. 이 목록은 불안 장애 및 기타 일반적인 불안에 대한 진단 및 통계 매뉴얼(DSM) 분류(APA, 2013)를 반영한다. 그것은 (비록 배제적이지는 않지만) 다른 프레젠테이션과 구별하기 위해 사용된다. DSM은 '장애'로 인식되기 위해서는 최소 6개월 동안 문제의 불안이 존재해야 한다.

이 목록에는 다른 의학적 상태로 인한 불안과 약물/의약품 유발된 불안은 포함되지 않지만, 건강 염려증(hypochondriasis, 현재 '신체증상 장애(somatic symptom disorder)' 또는 '질병 불안 장애(illness anxiety disorder)'로 정의됨), OCD(현재 '강박 및 관련 장애'로 분류됨), 급성 스트레스 장애 및 외상 후 스트레스 장애(현재 '외상 및 스트레스 관련 장애'로 분류됨)는 포함한다.*

---

* 역자 주: DSM-IV에서는 불안 장애에 강박 장애와 외상 후 스트레스 장애가 포함되었으나 DSM-5에서는 강박 장애와 외상 후 스트레스 장애가 각각 따로 분리되었고 불안 장애에는 분리불안 장애, 선택적 함구증, 특정 공포증, 사회 불안 장애, 공황 장애, 광장공포증, 범불안 장애 등이 포함된다.

불안 장애 및 기타 일반적인 불안의 DSM-V 진단

- **특정 공포증**(Specific phobia): 사물 또는 상황에 대한 지속적인 두려움, 그리고 종종 그것에 대한 반응에 대한 두려움으로 묘사된다. 진단(APA, 2013)을 받기 위해 불안이 과도하다는 것을 더 이상 인식할 필요가 없지만, 공포증은 종종 과장된 것으로 인식된다. 그러나 환자들은 여전히 공포증 자극(공공연하게 또는 은밀하게)을 피하는 경향이 있으며, 최적의 기능을 발휘하는 능력은 저하된다.

- **공황 장애**: 공황 발작의 반복된 경험으로 묘사된다(공황 발작은 갑작스러운 것으로서 심계항진(palpitation), 호흡 곤란, 어지럼증과 같은 증상을 동반한 불안의 급격한 증가로 묘사된다). 그러한 증상들은 종종 위협적으로 경험되며, 전형적으로 심장마비나 뇌졸중과 같은 임박한 혹은 현재의 질병의 징조로 오해석된다. 공황 장애는 광장공포증이 있든 없든 일어날 수 있고 광장공포증은 이제 별개의 장애이다.[*]

- **광장공포증**: 취약해지거나 도망치기 어려운 장소에 있을 때 지속되는 어려움으로 그러한 상황을 피하거나 그것을 참기가 어려운 경우 다른 불안 장애와 마찬가지로, 두려움도 과도하다.

- **건강 염려증**(Hypochondriasis): 지금이나 미래에 심각한 질병을 가지고 있다는 생각에 대한 집착과 두려움으로 특징지어지는 불안을, 신체적인 증상 장애는 만성적인 신체 증상에 대한 지나친 걱정으로 묘사된다. 질병 불안 장애는 의학적 소견이 있거나 그렇지 않을 수도 있지만 높은 신체적 감각과 진단되지 않은 질병의 가능성에 대한 강한 불안감을 가진 사람들을 말한다.

- **사회 불안 장애**: 타인에 의해 면밀히 관찰되고 사회적 또는 수행 상황에 대한 두려움 그리고 당혹감이나 굴욕감을 두려워하는 뚜렷하고 지속적인 두려움으로 특징지어진다. 공포는 사회적 상황에만 국한되며 신체적 증상과 행동적 수행에 매우 초점화되어 있다.

- **범불안 장애**(GAD): 미래에 대한 지속적이고 과도한 걱정, 공포, 부정적인 생각 등으로 나타나며, 이로 인해 고통/또는 수행능력의 손상으로 이어진다. 그것은 일반적으로 민감성, 근육 긴장, 수면 장애와 연관된다.

- **강박 장애**(OCD): 반복적인 강박 사고(지속적이고 침투적인 생각, 이미지 또는 충동) 또는 강박

---

[*] 역자 주: DSM-IV에서는 광장공포증은 단독으로 진단될 수 없는 장애였다. 즉 광장공포증이 있는 공황 장애, 광장공포증이 없는 공황 장애로 공황 장애와 연동하여 진단될 수 있었으나 DSM-5에서는 광장공포증과 공황 장애를 각각 다른 장애로 분리하였다.

행동(강박 사고를 바로잡거나(put right) 중화하기 위한 시도로 반복적인 행동이나 의식 또는 정신적인 행위들이 행해지는 것)으로 특징지어진다. 환자들은 그들의 두려움이 아마도 근거가 없다는 것을 깨닫지만, 그 행위들은 강박 사고를 무시하거나 억압하거나 다른 생각이나 행동으로 '중화'하려고 노력하면서 강요된 채로 남아있다.

- **급성 스트레스 장애**(ASD): 어떤 사람이 외상적 사건에 노출되었을 때 진단된다. 불안 증상이 유발되고 사건이 재현되는 느낌을 갖게 되고 외상의 회상을 촉발하는 자극에 대한 회피가 나타난다. 장애는 외상 사건의 4주 이내에 일어나며 만약 이보다 더 오래 지속된다면 그것은 PTSD로 재분류된다.

- **외상 후 스트레스 장애**(PTSD): 자신에게 심각하게 위협적이라고 여겨지는 사건 또는 일련의 사건 후에 발생한다. 증상으로는 외상 사건에 대한 침투적인 기억(예: 악몽, 플래시백), 회피, 부정적인 인지와 기분, 과각성(hyperarousal) 등이 포함된다.

명칭들은 모두 그럴 듯하지만, 불안 장애를 경험한다는 것이 어떤 것일까?

특정 공포증

공포증이 있는 사람들은 '위험'의 징후를 찾아다니는 경향이 있다. 그래서 거미공포증을 가진 사람은 항상 방의 모서리를 체크하거나 높은 곳을 무서워하는 사람은 다리를 가리키는 도로 표지판을 발견에 주의를 기울일 것이다. 공포증은 동물, 자연 환경, 특정 상황 등 다양한 것에 초점을 맞출 수 있다. 특정 공포는 혈압의 상승을 유발한다. 단, 혈압을 떨어뜨리는 혈액공포증은 예외다. 따라서, 다른 공포증과 달리, 혈액공포증은 실신으로 이어질 수 있다.

> Lucas는 개구리를 무서워했다. 그의 형이 그의 셔츠에 개구리 한 마리를 떨어뜨려서 놀라게 한 이후로, 그들의 끈적끈적한 피부와 무엇보다도 예측할 수 없는 빠른 움직임을 견딜 수 없어 했다. 그의 일 때문에 그를 시골로 데려갔을 때, 그의 두려움은 큰 문제를 일으켰다. 그가 습지에 갔을 때 그의 능력은 제한되었다. 그는 개구리들을 살피느라 너무 바빠서 집중할 수 없었고 신체적으로 예민해지고 또한 일로부터 분산되었다.

광장공포증

환자가 안전의 장소나 탈출이 쉬운 곳에서 떨어져 있는 것을 두려워하는 특별한 형태의 공포. DSM-IV에서 그것은 그 자체로 진단되지 않고 공황 장애(아래 참조)와 관련이 있었다. 광장공포증은 일반적으로 안전한 기지에서 멀리 떨어져 있는 동안 공황 발작이나 공황과 유사한 증상을 갖는 두려움과 관련이 있기 때문이다. 그러나 광장공포증은 DSM-V에서 그 자체로 불안 장애로 인식되었다. 광장공포증 같은 행동은 사회적 불안이나 외상 후 스트레스 장애(PTSD)(아래 참조)와 같은 다른 두려움과 연관될 수 있다. 예를 들어, 사회적 당혹감을 피하거나 플래시백의 촉발을 피하기 위한 안전을 추구하는 행동일 수 있다.

공황 장애

공황 장애 환자는 양성적인 경험을 재난(예: 임박한 죽음이나 미친 것)의 징조로 잘못 해석하는 지속적인 경향을 가지고 있으며, 이것은 반복되는 공황 발작으로 이어진다.

광장공포증은 환자가 공황 발작을 촉발한다고 믿는 상황을 피하는 수단이기 때문에 일반적으로 동반이환(공존질환 또는 공병)되는 경우가 많다.

Monika는 자신을 예민하고 신경과민이라고 표현했지만, 최근까지 그녀는 자신의 일에 자신감이 있었고 잘 대처하고 있는 것처럼 보였다. 몇 달 전 직장 스트레스를 받았고 그것으로 인한 불확실한 대가를 치르고 나서 그녀는 심계항진(palpitation), 현기증, 메스꺼움으로 의사를 찾았다. Monika는 심장마비가 왔다고 믿었다. 그녀의 일반의 그녀에게 이것이 공황 발작이라고 확인시켰다. 처음에 그녀는 자신의 경험이 심장 마비를 예고하는 것이 아니라는 것을 받아들이기가 어려웠는데, 특히 시간이 흐르면서 증상이 악화되고 가슴 통증이 더 심해지면서 그러했다. '발작(attack)'을 할 때마다 더 심각해지는 것 같았고 그녀의 두려움은 커졌다. 점차 그녀는 자신이 공황 상태에 빠졌다는 것을 고려하기 시작했지만, 이것은 그녀에게 거의 위로가 되지 못했다. 왜냐하면 그녀는 현재 그것의 끔찍한 감각에 두려움을 느끼고 있기 때문이다. 그녀는 가슴의 아주 작은 불편함도 매우 민감하게 되었고, 가슴 통증에 대한 의식이 보통은 공황 발작으로 확장될 것이다. 그녀는 가슴에 있는 감각에 신경 쓰지 않으려고 노력했고, 이것이 발작을 유발할 경우를 대비해서 그녀의 치료사와의 공황에 대해 말하기를 거부했다.

건강 염려증, 신체증상 장애, 질병 불안 장애 또는 건강 염려

이 모든 용어는 건강과 관련된 두려움을 묘사하기 위해 사용된다. 환자들은 질병의 징조로써 양성의 신체 증상에 대해 지나치게 민감하고 잘못 해석하는 경향이 있다.

그러나 공황 발작이 극도로 급작스럽고 즉각적인 반면에, 건강 염려를 가진 사람들은 더 많은 만성적인 걱정과 집착/몰두를 한다는 점에서 그 경험은 공황발작과는 다르다. 건강 염려를 겪는 사람들은 또한 매우 적극적으로 안심을 찾으려는 경향이 있지만, 전형적으로 그 안심은 지속적인 효과가 없고 건강에 대한 염려가 다시 찾아온다.

> Maya는 암을 걱정했다. 그녀는 정기적으로 검사했고 암을 가리키는 것으로 보이는 어떤 감각에도 주목했다. 특히, 두통에 주목했는데, 그것은 뇌종양으로 걱정했고, 복부 불편함(난소(ovarian) 암), 장운동 변화(대장(bowel) 암)를 나타내는 것으로 우려했다. 그녀는 건강에 관한 기사들을 읽는 것(새로운 관심사가 생기는 경우)을 피해 인터넷에서 암 증상에 대한 내용을 보는 것에 몇 시간을 보내는 쪽으로 방향을 바꾸었다. 그녀는 자신의 '증상'에 대해 논의하기 위해 정기적으로 자신의 일반의 의료서비스를 찾았다. 전형적으로 그녀는 자신이 건강하다고 확인받을 때 처음에는 안도감을 느꼈지만, 이것은 곧 사라졌고 의심과 걱정이 다시 밀려왔다. 그녀는 이것이 이제 친구들을 짜증나게 한다는 것을 알았기 때문에 안심시키기 위해 친구들에게 의지하지 않으려고 노력했다.

사회 공포 또는 사회적 불안

DSM의 사회 불안 장애에 대한 설명은 구체적이지만, 또한 DSM 진단 기준을 충족하지 못하는 사람들에게 있는 극도의 수줍음이 문제가 될 수 있다(Butler & Hackmanrn, 2004).

회피는 사회적 불안 장애와 병적인 수줍음(사회적 환경에 대처하기 위해 술을 이용하거나 눈을 맞춤을 피하는 것과 같은 교묘한 회피 포함)에서 공통적인 대처 전략이며, 이것은 문제를 유지시키는데 도움이 된다. 또한, 그것은 불안이 증상은 수행을 손상시키고(예: 명확하게 생각할 수 없거나 마음이 동요됨) 이것은 자의식과 사회적 공포를 강화시키기 때문에 유지된다.*

> Lilia는 동료들에게 말을 걸어야 하거나 장래의 고객에게 자신을 드러내야 하지 않은 한은 자신의 일에 대해 전적으로 자신감 있고 능력을 갖고 있었다. 그녀는 대중 앞에서 말하는 것을 피하려고 애를 썼다. 만약 그녀가 동료들에게 말을 한다면, 그들이 그녀가 무능하다는 것을 깨닫게 될 것이다. 그녀는 너무 긴장해서 집중하거나 잠을 이룰 수 없게 될 것이다. 그녀는 먼저 그 일을 다른 사람에게 위임하려고 했고, 그럴 수 없다면, 그녀는 '일시적으로 회피하면서' 도전을 하지 않는 경향이 있었다.

---

* 역자 주: 사회 불안 장애를 가진 사람들은 사회적 상황을 재앙적인 사건으로 오지각 오해석하기 때문에 이런 재앙적인 상황에서 자신을 보호하고 방어하기 위한 수단으로 '회피'전략을 사용하는 것으로 보이는데 따라서 '회피'는 이들에게는 불안을 일시적으로 잠재우는 수단임과 동시에 회피가 극복할 수 있는 기회를 차단함으로써 상태가 악화시키고 심화시키는 악순환을 낳는다.

그 결과, 그녀는 종종 발표 준비가 잘 되지 않았고, 그들은 그녀가 기대했던 것만큼 잘 되지 않았다. 이것은 그녀가 무능하고 이제 그것이 공공의 인식이라는 것에 대한 확신을 갖게 했다. 그녀가 새로운 고객을 만나야 할 때, 그녀는 비슷한 두려움을 가졌다.

범불안 장애(GAD)

전형적으로, GAD로 어려움을 겪는 사람들은 그들의 삶의 많은 측면들에서 '만약 내가 연결을 놓치면 어떻게 될까?', '만약 내가 질문에 대답할 수 없다면?', '내 아이가 다치면 어떻게 될까?'와 같은 '만약 ~라면'이라는 걱정거리들로 가득 차 있다. 걱정은 주요 인지적 특성이며, 그들이 미쳐가고 있다고 생각하는 것이나 걱정에 걱정으로 고통받는 것은 흔한 일이다. 반면에, 어떤 내담자들은 걱정에 긍정적인 자질을 부여한다. 예를 들어, 걱정은 내가 준비해야 된다는 것을 의미한다. 하지만 걱정은 문제 해결을 방해한다. 그래서 GAD를 가진 사람들은 도전을 잘 하지 못하는 경향이 있다. 그들은 또한 불확실성을 견디지 못하는 경향이 있고 이것은 재확인 추구 행동을 뒷받침한다.

> Colin은 때때로 신체적 긴장과 호흡 곤란으로 많은 당혹감으로 이어지는 높은 수준의 걱정과 불안감을 경험했다. 그는 '두려움'을 느끼며 깨어나 '모든 것에 대해 걱정'한다고 설명했다. "걱정이 다음 문제로 연결되는 것 같다."라고 말했다. 그는 딸의 건강과 학업성취, 재정적 문제, 그가 여유로워질 것인지 여부, 대출금 상환을 못하는 것, 자신의 건강에 대해 걱정했다. 그는 직장에서 결정을 내리는 것이 어려워서 빈번하게 그의 사장으로부터 확인을 구했다. 그의 걱정은 '정신적 붕괴'로 이어질 것에 대한 두려움이었다. 특히 건강과 재정을 위해서 그리고 그것에 자신이 집착하지 않도록 하기 위해서 그는 뉴스를 보지 않았고 신문을 읽지 않았다.

강박 장애(OCD)

강박 장애 환자는 자신이나 타인의 안전에 책임이 있다고 믿고 있다. 그리고 그들의 두려움은, 예들 들어 오염(예: 깨끗이 손을 씻지 않아서 세균을 전달하는 것), 무언가를 제대로 하지 못한 것(예: 스위치 끄기)으로 인한 재난, 부적절한 생각의 결과로서 부적절한 행동을 하는 것에 대한 것이다(예: 교회에서 욕하는 생각을 하면 욕을 하게 됨.). 일부 강박 행동(compulsion)들은 오염을 피하기 위해 지나치게 씻는 것과 같이 유용한 행동이 과장되어 표현되고, 다른 것들은 의식적인 세기(ritualistic counting)와 같은 미신적인 행동으로 나타낸다. DSM-V에서 OCD는 현재 신체이형장애(body dysmorphia), 저장 강박(hoarding), 머리카락 뽑기(발모광), 피부 뜯기 등과 같은 집착과 반복적인 행동의 장애로 분류된다.*

Joachin은 의식적 방식으로 물건을 만지고 싶은 충동을 느낄 수 없었던 순간을 기억하지 못했다. 그는 자신이나 사랑하는 사람에게 나쁜 일이 일어날 것이라는 끔찍한 예감을 받았다. 그것은 그가 팔꿈치로 표면을 두드렸을 때 경감되었다. 또는 만약 그가 출입구를 지나간다면, 그가 세 번 흔들었을 때(Joachin의 생각으로는 이것은 그의 발로 바닥을 두드리는 것과 같다.) 경감되었다. 그는 그것들이 비합리적이고 그로 인해 학교에서 놀림을 당해왔다는 것을 알기 때문에 그의 행동에 당황스러움을 느꼈지만 그렇게 하지 않음으로써 발생할지도 모르는 나쁜 어떤 것에 대한 생각은 매우 강했고 그래서 매우 불쾌하기는 했지만 그는 늘 정신적, 정서적 안도를 위해서 그 충동에 굴복할 수밖에 없었다.

급성 스트레스 장애(ASD)

ASD는 최대 4주 동안 지속된다. 이 기간이 지나면 이 장애는 PTSD로 진단된다**(아래 참조). 대부분의 ASD 사례들은 자연스럽게 완화된다(remit).

Alison은 성폭행을 당했다. 2주 후 그녀는 성폭행에 대한 기억을 없애기 위해 다음 날 그 일이 있었던 곳을 새로 꾸몄음에도 잠을 잘 수 없었다. 그녀는 집중할 수 없고, 눈물을 흘리면서 모든 사람에게 적대적으로 대했기 때문에 학업을 중단해야 했다. 하지만 집에 있는 것이 상황을 더 악화시켰다. 그녀는 흥분해서 제대로 먹지도 잠을 잘 수도 없었다. 그녀가 눈을 감았을 때, 자신을 공격한 사람의 얼굴이 보였고 밤마다 모든 소음에 두려워했고 때때로 그녀는 마치 그가 그곳에 있는 것처럼 그녀가 그의 냄새를 맡을 수 있는 것처럼 느껴졌다.

외상 후 스트레스 장애(PTSD)

PTSD에서, 비록 수치심, 혐오, 분노 또한 보고되지만, 걱정들은 지속적인 위험에 대한 감각에 초점을 맞춘다. 전형적으로, PTSD 내담자들은 외상성 사건의 파편들, 또는 사건들을 상세하게 기억할 수 있지만, 전체적인 그림은 잘못 배치되거나 뒤죽박죽이거나 불완전하다(Fova & Riggs 1993). 일반적으로 무서운 충격의 기억은 매우 생생한 '플래시백'으로 이 충격적인 사

---

* 역자 주: DSM-5에서는 강박 장애는 불안 장애에서 분리되어 강박 및 관련 장애로 분류되었다. 이 장애군에는 강박 장애, 신체이형장애(기존 '신체형 장애'에 포함) 저장 강박 장애(신규), 발모광(기존에는 달리 분류되지 않는 충동조절장애에 속하였음) 등이 새로 포함되었다.

** 역자 주: 급성 스트레스 장애의 주요 특성은 한 가지 (그 이상의) 외상성 사건에의 노출에 따르는 3일에서 1개월까지 지속되는 증상의 발달이고, 외상 후 스트레스 장애(PTSD)가 1개월 이상 지속되어야 진단된다.

건을 재현하도록 하지만 PTSD 환자들은 악몽과 다른 덜 생생한 기억을 경험할 수도 있다. 일반적인 대처 전략은 이러한 기억의 발생을 피하는 것이다. DSM－V는 PTSD 해리성 하위 유형을 소개했는데 그것은 그 상태가 현저한 해리증상을 가지고 있을 때 사용된다.

> Anton은 치명적인 총격을 목격했다. 6개월 후에도 그는 여전히 그 사건에 대한 악몽을 꾸었고 심지어 깨어있는 시간에도 그는 그 살인에 대한 짧은 회상을 경험했다. 그는 지속적으로 신체적 긴장 상태에 있는 것처럼 느꼈고, 아주 사소한 도발에도 놀라게 되었다(jump). 총성처럼 들리는 무엇이든 공황 반응과 플래시백을 유발하였다. 그는 총격 사건이 발생했던 쇼핑가를 지나 걸을 수 없었고, 최근에는 쇼핑 지역의 그 부분을 완전히 피하기 시작했는데, 그것은 너무 많은 기억을 되살렸기 때문이다. 그는 자기가 미쳐가고 있다고 생각했다.

또한 공식적인 진단 범주를 벗어나는 불안 장애가 있는데, DSM－V에서는 '달리 설명되지 않은 불안 장애(불안 장애 NOS)' 범주를 사용한다(APA, 2013). 이것은 내담자들이 깔끔하게 카테고리로 들어갈 것이라고 가정하지 않으며, 우리는 확실히 그들을 하나로 묶으려고 하지 않는다. 그러나 그들이 묘사하는 대로 각 개인의 어려움을 공식화하거나 개념화해야 한다는 것을 명심해야 한다.

───── **유지 과정** ─────

불안 장애는 왜 계속되는가? 이에 대한 (문제를 유지시키는) 열쇠는 지속성을 설명하는 유지 주기를 확인하는 것이다.

불안 문제의 유지에는 공통적인 패턴이 있다(그림 13.3 참조). 내부 또는 외부의 촉발 요인에 대응하여, 불안한 사람은 위협이나 위험을 가정하고, 비극적인 결론을 도출하거나(나쁜 일이 일어났고, 이것은 미래에 대한 공포를 내포함) 재앙적인 예측을 한다(나쁜 일이 일어날 것이다). 당연히 사람은 지각된 위협으로부터 자신을 보호하려고 한다. 예를 들어, 광장공포증이 있는 사람은 '안전한' 기지로 퇴각하거나 건강 염려를 가진 내담자는 안정을 추구한다. 그러한 반응은 즉각적인 안도감을 주기 때문에 그 믿음의 타당성에 대해서 도전하지 않는다. 따라서 광장공포증을 가진 사람은 끔찍한 일이 일어나지 않은 채로 공공장소에 있는 것이 가능하다는 것을 학습하지 못하게 되고 건강 염려를 가진 내담자는 자신의 건강에 대해 확신할 수 없게 된다.

요컨대 원초적인 공포는 그대로 남아서 언제든 발생할 준비가 되어 있다. 본질적으로, 불안 장애는 우리가 어떻게 느끼고 어떻게 생각하고 무엇을 하는지에 따라 영속된다. Clark(1999)는 세계가 안전한 곳이라는 증거에도 불구하고, 여섯 가지 과정이 특정 상황에 대한 (불합리한) 위험성에 대한 왜곡된 믿음을 유지시킨다고 보았다. 이것들은 아래에 요약되어 있으며, 당신에게 내담자 문제의 특성에 대한 몇 가지 가설을 제시한다.

그림 13.2 불안 유지 주기

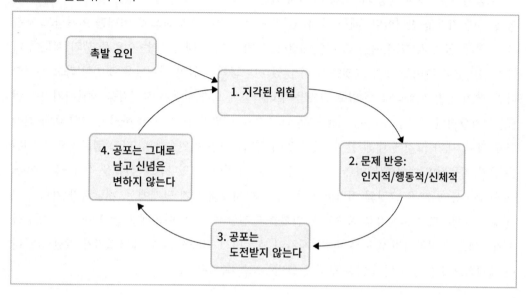

안전 추구 행위(SB)

안전 추구 행위(Salkovskis, 1988)는 나쁜 일이 발생하는 것을 방지하거나 최소화하기 위한 시도로 수행되는 행동 또는 정신적 활동이다(4장 참조). 물론, 안전한 방식으로 행동하는 것은 역기능적이지 않다. 우리가 길을 건너기 전에 양쪽을 보는 것은 매우 적응적인 안전 추구 행위(SB)이다. 그러나 길가에 서서 반복적으로 차들을 체크하고 길을 건너는 위험을 감수하지 않는 행동은 과장되고 도움이 되지 않는 안전 추구 행위이다. Salkovskis가 묘사한 것은 후자다. 그림 13.3에서 그것들은 박스 2에 해당한다. 이러한 반응은 각각의 안전 경험이 안전 추구 행위의 성공에 기여하기 때문에 위험을 과대평가한다는 것을 학습하지 못한다. 결론은 '내가 대처했다!'가 아니라 '행동 때문에 겨우 살아났다.'가 된다.

예를 들어, 구토 공포증을 가진 젊은 여성은 메스꺼움을 느끼지 않고 확실히 아프지 않고 하루를 버틸 수 있다. 이것은 그녀가 구토할 위험이 없다는 확신을 줄 것이다. 하지만 만약 그녀가 안전 추구 행위로써 민트 사탕을 물고 있다면, 그녀는 자신의 안녕을 사탕 때문으로 생각할 것이다. 대신에, 심장 마비를 두려워하는 공황 장애를 가진 남자는 안전을 위해 천천히 움직인다. 그는 자신의 건강을 건강한 심장 때문이 아니라 느린 움직임의 탓으로 돌릴 수 있다. 이전의 사례에서 Colin과 Maya는 둘 다 안심을 추구하기 위한 비유용한 안전 추구 행위를 사용했고 Joachin의 의식적인 접촉이 그의 안전 추구 행위(SB)였다.

'도움이 되는 대처 행동'과 '도움이 되지 않는 안전 행동'의 구별은 행동에 대한 의도와 결과에 대한 지각을 반영한다. 예를 들어, 남자는 긴장에 대한 반응으로 어깨를 이완하고 호흡을 늦출 수 있었고, 그 후에는 더 편안해졌다. 만약 그가 이것을 '나는 이완을 했기 때문에 기분이 나아졌을 뿐이고 내가 그것을 하지 않았다면 끔찍한 일이 일어났을 것이다'라고 해석한다면, 그가 긴장을 관리할 수 있고 그것을 두려워할 필요가 없다는 자신감을 발달시키기는 어렵다. '일상적인 이완(relaxation routine)'은 안전 추구 행위가 될 것이다. 하지만 만약 내가 긴장하게 되면, 내가 그것에 대해 할 수 있는 일이 있다. '나는 이완을 한다'라고 결론지으면, 이완은 단지 기능적인 대처 행동일 뿐이고, 그는 그가 대처할 수 있다는 자신감을 갖게 될 것이다. Rachman 등(2008)은 그것의 적절한 사용은, 특히 치료의 초기 단계에서, 내담자가 치료의 첫 단계를 수행하도록 자신감을 줌으로써 변화를 촉진할 수 있기 때문에 모든 안전 추구 행위를 항치료제로서 거부하지 않도록 한다. 시간이 흐르면서 적응적 대처 레퍼토리가 발달함에 따라 체계적으로 도움이 되지 않는 행동을 그만두도록 촉진된다.

주의의 초점

주의의 초점은 위협 단서를 향하는 주의와 그것에서 멀어지는 주의라는 두 가지 범주로 나뉜다. 전자의 예로는 개구리 공포증 때문에 개구리가 숨을 수 있는 덤불이나 습한 지역의 징후를 살피는 Lucas 또는 사회 불안으로 직장에서의 자신의 행동에 반추하고, 그 모든 불만족스러운 면들에 집중하는 Lilia가 여기에 해당된다. 항상 마음속에 있는 것처럼 그리고 위협을 검색하는 사람은 최악의 경우를 가정하기 쉽기 때문에, 증가된 주의 초점은 공포를 가중시킨다. 따라서 이끼 덩어리는 개구리, 물 표면에 있는 기포는 개구리 알이 된다. 이런 식으로, 부적절하게 증가한 공포가 경험된다.

위협 단서로부터 멀어지도록 하는 주의의 예로는 Lilia의 '모래에 머리 박기' 전략이나 시선을 회피하는 사회적으로 불안한 사람, 또는 사고 현장에 가까이 접근했을 때 시선을 돌리는 교통 사고 희생자가 있다. 이렇게 할 때, 근본적인 두려움은 직면되지 않고, 어떤 경우에는 심지어 명명조차 되지 않으며, 지각된 위협에 대한 믿음을 검토하고 검증하는 것은 불가능하게 된다.

자동적 이미지

여러 연구들은 정신적 이미지가 위협에 대한 감각을 강화시킬 수 있다는 것을 보여준다 (Ottavani & Beck, 1987; Clark & Wells, 1995). 예를 들어, 사회 공포증을 가진 사람은 자신이 무능해보이는 생생한 정신적 이미지를 가지고 있을 수 있고, 공황 장애를 가진 내담자는 통제력을 상실하는 것에 대한 재앙적인 이미지를 가지고 있을 수 있다. 그러한 이미지들은 불안감을 고조시키는 것으로 보인다. 심상은 특히, PTSD 유지와 관련이 있다. 생생한 외상적 침입들은 현재의 위협을 유지시키는 것으로 생각되어 불안을 유지시킨다.

정서적 추론

정서적 추론은 '내가 그것을 느낀다면, 그래야 한다'라고 믿는 과정을 가리킨다(8장 참조). 1995까지, Antz, Rauner 그리고 van den Hout은 불안한 내담자들은 심지어 그들에게 안전을 보장하는 정보가 있을 때조차도 상황을 통제 대상보다 더 위험하다고 평가한다. 불안한 사람들은 불안감을 느끼기 때문에 반드시 위협이 있을 것이라고 결론짓는다. 그러므로 감정에 기초하여, 극도의 긴장은 위험을 확인할 수 없도록 할 수도 있지만 그것이 존재한다고 가정할 수도 있다. 또는 그의 생각에 대해 불안감을 느끼고 그의 생각이 위험하다고 가정할 수도 있다. 종종 그러한 가정들은 불안감을 더 고조시킨다.

기억 과정

Clark는(1999)는 문제적 불안의 영구화를 설명하는 기억의 왜곡, 즉 위협에 대한 선택적 회상과 불안 유발 상황을 제시한다. '선택적 회상'은 상황이 어떠했는지를 제한적이고 협소하게 기억한다는 것을 의미한다. 불안한 사람들은 그렇지 않은 사람들에 비해 자신의 과거 경험에 대해 더 부정적이고 충격적인 회상을 잘하는 경향이 있다(Mansell & Clark, 1999). 이것은 개인적으로 위협적인 세계관을 유지하는 데 기여한다. 선택적 회상은 또한 더 크고 균형 잡힌 그림을 평가할 수 없게 한다. 이것 없이는, 두려움이 전망될 수 없다. 이 과정의 가장 주목할 만한 예는 외상 후 스트레스 장애(PTSD)이다. PTSD는 환자가 현재 위협감을 유지시키는 강렬한 회상이나 플래시백을 가지고 있고, 반면 전체 사건에 대해서 회상은 부정확한데 그것은 맥락상 강력한 회상에 도움이 되고 현재의 위험한 인상과 싸우는 데 도움이 되는 것이다.

위협적 사건에 대한 반응의 해석

불안 증상을 경험할 때 사람이 그리는 결론은 문제를 악화시킬 수 있다. 예를 들어, 어떤 사람이 위협에 대한 초기 대응이 완전히 정상적인 것에서 '이것은 내가 미쳐가고 있다는 것을 의미한다!' 또는 '이것은 죽는다는 것을 의미한다!'라는 재앙적인 결론에 도달한다면, 두려움은 고조되고, 예상된 불안감이 자극되며, 이는 공포를 연장시킬 가능성이 높은 회피 전략의 사용으로 귀결된다.

장기화되거나 과장된 불안과 연관된 또 다른 심리학적 과정은 걱정이다(Borkovec, 1994). 비록 짧은 기간의 걱정은 그것이 우리의 잠재적인 위협에 대한 주의를 이끌기 때문에 도움이 되지만(Davey & Tallis, 1994), 장기간의 걱정은 비생산적이고 심지어 우리를 약화시킨다 (undermining). 예를 들어, 휴가 중에 여권을 잃어버릴까 봐 걱정할 수도 있다. 이것은 나의 생각에 초점을 맞춘다. 나는 여권이 있는지 확인하고 안전을 위해 그것을 어디에 둘지 생각한다. 더 불안하기 쉬운 사람은 여권을 분실하는 것에 대해 걱정할 수도 있지만 그가 여권을 소지하고 있다는 것을 확인했음에도 불구하고 이러한 걱정의 순환을 계속한다. 그는 계속해서 '하지만 만약 그렇다면'을 생각을 유지하고 (보통 답이 없는) 이 질문을 반복할 때마다 불안 수준은 증가한다. 이것은 걱정 자체는 주의를 분산시키고 문제를 야기하는 수가 있어 여러 가지 면에서 도움이 되지 않는다(여권에 대해 걱정하면서, 여행자는 입장권을 잊어버리고, 게이트 변경을 놓치고, 짐을 두고 떠날 수 있다.). 걱정은 문제 해결에서의 장애물이다(여권에 대한 집착은 여행자의 집중력과 보안에서 발생하는 사소한 문제를 분류하는 능력을 훼손시킬 수 있다.). 걱정은 더 많은 중요한 문제를 해결을 막기 때문에 종종 문제를 악화시킨다(여권에 대해 걱정한 나머지, 여행자는 결혼 문제에 직면하는 것을 멈추고 관계 상태를 고려하는 것도 미루었다.).

> Tom은 동유럽 마을에 있는 성병(STD)에 감염되는 것에 대한 걱정으로 치료를 받으러 왔다. 그의 걱정에 대한 탐색과 재검토는 '만약 병에 걸린다면, 나중에 그것이 나타난다면?으로 항상 끝났다. 여러 회기 동안 그는 STD에 걸렸을 때 경험하게 될 수치심에 대해 말하기 시작했고, 나중에 군경찰차를 보았을 때 마을에서 도망쳤던 자신의 수치심에 대해 이야기하기 시작했다. 그는 나중에 그의 가족 중 여러 명이 그날 군 경찰에 의해 총에 맞았다는 것을 알게 되었고 감염에 대한 그의 적극적인 우려는 그가 이것으로 인한 주거의 고통을 피하는 데 도움을 주었다. 그러나, 그것은 또한 그의 슬픔을 막고 고통과 수치심의 해결을 방해했다.

분명히 8장에서 설명된(선택적 주의, 극단적 생각, 직관에 의존하기, 자기 비난) 생각 편향 그룹들은 또한 문제적 불안을 유지시키는 데 역할을 할 수 있으므로, 여러분은 또한 내담자의 문제를 이해할 때 그것들을 명심할 필요가 있다. 요컨대 문제적 불안을 일으키는 유지 주기를 이해하는 것이 그것을 관리하는 데 필수적이다.

그렇다면 이것이 치료에서 갖는 함의는 무엇인가? 유지 주기를 확인하는 것의 장점은 우리가 이것을 깨기 위한 개입을 계획할 수 있다는 것이다. 도움이 되지 않는 패턴들, 그리고 다음 회기에서 우리는 이것을 살펴볼 것이다.

——— 치료 방법 ———

이 장의 앞부분에서 언급했듯이, 내담자의 문제를 분류하기 전에 철저한 평가를 수행하는 것이 중요하다. 당신은 4장에서 평가에 관한 상세한 지침을 찾을 수 있으며, McManus(2007)와 Butler 외 연구진(2008)은 불안의 평가에 대한 간략하지만 유용한 지침을 제공한다. 어려움이 실제로 인지 가능한 DSM 범주에 속하는 것이 분명해진 경우에, 해당 장애에 대해 확립된 인지 모델과 치료 프로토콜을 사용해야 한다.

이것들은 다음 장에 상세하게 기술되어 있다. 앞서 우리는 일반적인 불안 주기에 대해 약술했다. 두려움을 건드리는 촉발 요인, 자기 보호적인 방식(일반적으로 회피의 형태)으로 반응사람, 두려움은 문제 해결되지 않고 그대로 남아 있고, 미래에 촉발될 준비가 되어 있다.

John은 제한된 공간을 너무 무서워해서 더 이상 비행기나 대중교통으로 여행할 수 없고, 리프트를 사용할 수 없고, 다른 사람의 차를 타지 않을 것이다. 그의 걱정스러운 예측은, 좁은 공간에서, 그는 충분한 공기를 얻을 수 없을 것이고 질식할 것이라는 것이다. John은 가능한 한 최선을 다해 자신을 보호한다. 예를 들어, 여행을 해야 한다면 자기 차를 이용할 것이다. 그는 자신이 필요하다고 느낄 때 멈출 수 있는 길을 선택할 것이다. 그는 충분한 공기를 얻을 수 있도록 창문을 열어 놓을 것이다. 그가 안전 행동을 사용한 결과는 그가 두려워하는 공기의 부재를 피하고, 따라서 어떤 끔찍한 일이 일어날 것이라는 그의 믿음은 그대로 남아있다는 것이다.

Pamela는 자신과 사랑하는 사람들이 오염될 것을 두려워하고 오염의 결과로 누군가 죽을 수도 있다는 재앙적인 예측을 하고 있었다. John과 마찬가지로, 그녀는 두려움을 없애기 위해 최선을 다하며 꽤 정교한 청소 의식을 치르고, 먼지를 피하려고 가구에 플라스틱 덮개를 사용한다. 그녀는 또한 그녀의 가족에게 집 밖에서 신발을 벗고, 즉시 문 옆에 있는 방으로 들어가서 주요 생활 구역으로 들어가기 전에 '세척'을 하도록 요구한다. 이러한 각각의 전략들은 Pamela가 그녀의 두려움에 직면을 피하도록 하고 결과적으로 그녀는 그녀의 청결에 대한 기준을 완화시킬 수 있다는 자신감을 결코 얻지 못한다. 그녀의 문제는 가족 구성원들이 회피와 결탁함으로써 더욱 악화되고 있다.

그림 13.3 유지 주기 깨기

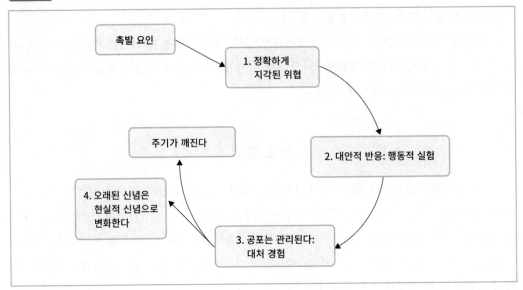

기본적으로 John과 Pamela가 그들의 불안을 극복하려면, 그들은 그들의 두려움을 다룸으로써 주기를 깨뜨릴 필요가 있다(그림 13.4 참조).

John은 치료사의 도움으로 그의 안전 추구 행위(SB)의 일부를 놓아버릴 것을 동의했다(그것들 모두를 포기하기는 너무 어려웠다). 그는 창문을 닫고 운전하기 시작했다. 그는 공기가 충분하고 숨이 막힌다고 느껴지는 유일한 시간은 차에 공기가 부족해서가 아니라 운전에 도전하기 때문에 불안감이 커졌을 때라는 것을 알게 되었다. 이것은 그의 두려움과 관련된 믿음을 침식시키기(undermine) 시작했고 그는 대담하게 유용하지 못한 행동을 더 많이 포기했다. 그와 그의 치료사는 행동실험(BE) 프로그램을 고안해냈고, 휴식을 취하기 전에 몇 마일을 머물 수도 있는 고속도로를 운전하기 시작했다. 그는 점점 더 도전적인 일을 떠맡았고 곧 고속도로의 어느 구간에서도 편하게 운전하게 되었다. 지금은 두려운 재앙에 예측은 크게 약화되고 그의 두려움에 대한 유지 주기는 깨졌다. 그 결과, 그는 비교적 쉽게 대중교통을 이용할 수 있었다.

John의 예에서, 행동 변화의 결과가 인지적 변화를 촉진시켰다. 그의 행동적 성취는 치료사의 조언이 거의 없이 그의 초기 믿음에 도전했다.

Pamela의 지나친 청결과 가족에 대한 그녀의 요구는 참을 수 없는 상황이 되었고 그녀의 남편과 아이들은 그녀를 설득하여 치료를 받게 했다. 처음에 Pamela는 치료에 회의적이었고 변화를 만드는 것을 매우 두려워했다. 그녀가 위험을 감수할 만한 가치가 있다는 설득력 있는 확신 없이 자신의 행동을 변화시킨다는 것은 불가능해보였다. 따라서, 치료는 행동실험(BE)의 조사

방법을 사용하여 인지적 강조(8장 참조)와 자료 수집에서 시작되었다(9장 참조). 그녀는 친구들에게 집 안의 오염을 막기 위해 어떤 예방 조치를 취했는지를 물어보기 위해 체크리스트를 만들었다. 그녀는 다음과 같이 옵션을 주었다. 플라스틱으로 가구를 덮기, 가족들에게 신발을 밖에 두고 들어오게 하기, 기타 등등. 그녀는 또한 얼마나 자주 그들이나 그들의 가족들이 아팠는지 물었다. 이 방법을 통해 그녀는 처음으로 자신들의 친구들은 정교한 예방책을 사용하지 않을 뿐 아니라, 그들과 그들의 가족들이 아프지도 않고 치명적이지도 않다는 것을 알게 되었다. 이것은 그녀가 그녀 자신의 행동 변화를 두려워하는 것을 경감하도록 기여하였고 그리고 나서 그녀는 그녀의 안전 추구 행위(SB)를 체계적으로 제거하기 위한 일련의 행동실험(BE)에 참여할 수 있었다.

▶ 동영상 자료 13.1: 단계적 실행 계획 수립

생산적이지 못한 주기를 깨뜨리려고 할 때, 당신은 항상 어떤 개입을 사용해야 하는지에 대한 질문과 마주해야 한다. 인지 행동치료사로서, 우리는 우리의 임의대로 인지, 행동 및 신체적 전략을 수집한다(8장, 9장 및 10장 참조). 핵심은 유지 주기의 관련 구성요소를 확인하고 이에 따라 기법을 '매칭'하는 것이다.

이완과 같은 신체적 전략은 불안의 신체적 결과가 수행을 저하시키거나(예: 떨림) 신체 활동이 신체적 불편으로 인해 혐오스럽고 기피되는 경우 특히 유용하다. 행동 기법은 회피에 정면으로 대응하는 데 매우 유용하며, 활동 스케줄과 같이, 자체 모니터링 및 계획에도 사용할 수 있다. 인지적 접근법은 내담자들이 그들의 문제로부터 '뒤로 물러서서 생각하도록(stand back)' 돕고 유지 주기의 요소들을 확인하도록 하며, 그들이 정보를 처리하는 특정한 방식에 대한 유용성을 평가하도록 하고, 도움이 되지 않는 관점을 재평가하는 것을 돕는 데 유용하다.

▶ 동영상 자료 13.2: 이론 A 대 이론 B 실제

또 다른 적응 가능한 기법은 '이론 A 대 이론 B' 전략이다. Salkovskis와 Bass(1997)에 의해 개발된 이러한 협력적 개입은 행동실험(BE)으로 치료를 촉진하고 두 개의 반대 이론을 시험할 기회를 제공한다. 본래, 한 이론은 '위험이 존재한다.'이고, 다른 이론은 '나는 위험에 대해 지나치게 걱정하고 있다.'이다. 치료사로서, 당신은 이 두 이론을 고려하는 호기심 많고 실험적인 접근법을 채택할 필요가 있다. 내담자가 가지고 있는 특정한 믿음이 틀렸다고 하기보다는 대신, 내담자가 옳을 수도 있지만 다른 가능성이 있을 수도 있다고 제안한다. 이러한 대안들은 치료에서 탐색된다. 이론 A는 내담자가 예측하는 믿음(예: '나는 심각하게 아프다')을 반영하는 반면, 이론 B는 대안적 설명(예: '이러한 증상들은 불안에 기인한 것이다')을 제시한다. 당신과 내담자는 이 이론들을 소급해서 (과거의 믿음, 행동 및 결과를 검토함으로써) 그리고 장기적으로 (행동 테스트를 설정함으로써) 모두 검증할 수 있다.

이 두 가지 모두 양성 이론을 내담자의 인식으로 끌어들이고 이를 뒷받침하기 위해 잠재적으로 자료를 수집한다. 요약하자면, 불안 장애는 스트레스나 위협에 대한 정상적인 반응을 반영한다. 그것(스트레스나 위협)은 신체적 반응의 고조, 왜곡된 사고 또는 문제 행동에 의해 과장된다. 이것은 문제적 감각, 인지와 행동에 대응하기 위한 기술을 도입함으로써 해결될 수 있는 유용치 못한 않는 주기를 구성한다. 표 13.1은 CBT 기법의 몇 가지 예와 그것들이 관련될 수 있는 문제의 유형을 보여준다.

표 13.2 문제들과 기법들

문제의 예	기법의 예
	신체적
근육의 긴장은 수면이나 대중 연설에 지장을 준다.	이완
건강의 위협에 대한 예측으로 인한 노력의 회피	운동
	행동
지각된 위협의 회피	단계적 연습
관련 패턴의 무지 또는 불안의 변동 진정되고 편안한 활동에 대한 제한적 참여	활동 스케줄
최악의 예상에 초점을 맞추기. 행동 도전 회피	행동실험 (이론 A 대 이론 B)
	인지적
불안을 유지하는 과정에 대한 빈약한 통찰력 '생각'을 생각으로 볼 수 없음	탈중심성
만성적이고 비생산적인 걱정의 순환	주의 전환
불안을 영속시키는 왜곡된 믿음이나 이미지	인지테스트
어려움을 정의하고 결정을 내리며 미리 계획을 세울 수 없음	문제 해결

불안한 내담자와 작업할 때의 문제

자기 충족적 예언: 인지적인

분명한 생각을 방해하는 불안의 상승이 정신에 영향을 미친다는 것은 드문 일이 아니다. 우리 모두는 아마도 자신의 마음을 '눈앞이 캄캄해지는 것' 같다고 묘사하거나 또는 머릿속의 많은 걱정거리들로 똑바로 생각할 수 없다고 불평하는 내담자를 만났을 수 있다. 어려운 상황에 직면하기 위한 점진적인 접근은, 스트레스 수준을 줄이는 전략에 의해서(건설적인 자기 대화 등과 같은) 뒷받침 되고, 당신의 내담자들이 불안 수준을 다루는 것, 그러므로 현실적인 속도로, 분명하게 생각하는 능력을 관리하는 것을 학습하도록 도울 수 있다. 이런 방식으로 그들은 체계적으로 그들의 예측을 검증하고 두려움에 직면할 수 있다.

자기 충족적 예언: 신체적 또는 행동적

유사하게 우리는 종종 불안의 신체적 영향이 그들의 수행에 영향을 미친다고 보고하는 사람들을 만난다. 대중 앞에서 분명한 발음으로 말하거나 공공장소에서 글을 쓰려고 고군분투하기. 다시 한 번, 불안으로 인한 신체적 영향을 최소화하기 위한 자기 평정(self-calming) 전략을 학습하도록 지원하고, 점진적이고 체계적인 행동실험(BE)을 통해 촉진함으로써 자신감을 강화시키는 긍정적인 자료를 몸에 축적시킬 수 있다.

회피가 갖는 힘

회피가 가장 중요하고 설득력 있는 안전 추구 행위(SB)이다. 그것은 종종 단기간의 엄청난 보상을 제공함으로써 가장 편한 길을 선택하는 것일 수 있다. 회피는 단순히 자신의 두려움에 관련되지 않는 내담자와 마찬가지로 수동적일 수 있다. (예: 집을 떠나지 않거나, 대중교통을 이용하지 않거나, 사회 행사에 참여하지 않는 경우). 또는 내담자가 두려움을 직면하지 않도록 적극적인 노력을 기울일 때(예: 오염이나 해로움을 야기하는 공포에 직면하는 것을 피하기 위해 정교하고 시간소모적인 의식을 수행하는 OCD를 가진 사람)는 적극적일 수 있다. 회피는 또한 교묘할 수 있는데, 예를 들어, 술을 한두 잔 마시지만 놀라운 일을 수행하는 사람, 적절한 대화에 참여하는 것을 피하기 위해 '여주인의 역할'을 돕는 사회적으로 불안한 사람 또는 외출을 하고 있으면서도 휴대전화를 안전한 기지와의 지속적인 연결 고리로 사용하지만 광장공포증을 앓고 있는 사람. 철저한 평가는 회피의 복잡성을 분류하기 위해 필요하다. 다음과 같은 질문을 기억하라. '그리고 그러한 시간을 이겨내는 데 도움이 되는 다른 어떤 것이 있는가?', '이런 문제가 없다면 무엇을 하지 않을 것인가?', '이 문제를 가진 결과로 무엇을 하지 않을 것인가?'

내담자가 회피의 유용성을 재평가하는 것을 돕기 위해 우리는 다음과 같이 할 수 있다.

- 회피의 장기적 결과를 모니터링하는 것을 포함한 자기 모니터링을 장려
- 대처의 선택으로 인한 단점을 명확하게 설명하는 개념화 공유
- 특히 저항하는 내담자(행동실험을 사용하는)에 대한 회피 사용의 단계적 감소를 협상 성공에 대한 긍정적인 피드백은 추가적인 감소를 지지

나는 항상 불안하다.

이 흔한 진술은 거의 자기 모니터링을 의미하지 않는다. 회상적 평가는 '나는 항상 두통을 가지고 있다.' 또는 '이미지가 항상 떠오른다.'일 수 있지만 '일상 사고 기록(8장 참조)과 활동 표(9장)'는 신체적 긴장과 시각적 침입의 수준의 변화를 보여준다. 이러한 변화가 분명해지면, 패턴과 상관관계를 구축하고 주기들은 이해되고 궁극적으로 관리된다.

'나는 우리가 동의하는 모든 것을 한다. 그런데 나의 불안은 결코 감소하지 않는다.'

만약 그렇다면, 교묘한 형태의 회피와 안전 추구 행위(SB)를 찾아라, '운명에 도전하지 않는' 행동이나 말과 같은 미신적 행동들을 포함한 이것은 주의 전환의 오용을 포함할 수 있는데, 그것은 '나는 내 걱정을 잊어서 마음을 가라앉혔어.'가 아니라 '나는 이것을 주의를 분산시킴으로써 극복했다.'라고 귀결될 수 있다. 추가적으로, 두려운 상황에 직면하는 비율을 고려하는 것이 도움이 될 수 있다. 비록 점진적인 연습이 도움이 될 수 있지만, 만약 그것이 너무 온화하고 조심스러우면, 내담자들은 성취감을 거의 얻지 못할 것이다. 또한 환자를 안심시키는 의사, 비판적이고 상처를 주는 파트너, 내담자의 쇼핑을 도와주는 이웃 등 다른 사람이 그 문제를 유지하는 데 도움을 주고 있는지 여부를 확인하라.

두려움에 실제로 직면하지 않는 것

이것은 당신이나 내담자 모두에게 적용될 수 있다. 당신의 내담자가 도전을 꺼릴 때, 당신은 '이것이 현재 이 사람에게 적절한 과제인가?'라고 의문을 가질 필요가 있다. 도전적인 과제에 참여하도록 격려하는 것이 중요하지만, 이것은 혼란과 종결을 야기할 수 있으므로 내담자들에게 너무 많은 부담을 주어서는 안 된다. 그러나 작업이 적절하지만 내담자가 작업 수행에 대한 거부감을 극복하지 못할 수 있다. 이것은 '불안을 느끼는 것은 나쁘거나 위험하며 나는 그것을 피해야 한다.'와 같은 불안을 억제하기 때문일지도 모른다. 불안을 느끼는 것이 실패 또는 정신적 또는 육체적 위협과 동일하지 않으며, 두려움에 직면하는 행동적 임무를 수행하는 동안 예상될 수 있다는 것을 이해시킨다. 또한, 작업의 불편함을 용인하는 이점을 명확히 하는 근거를 공유했는지 확인한다. 마찬가지로, 당신은 행동 할당에 도움이 되지 않는 가정 (예: '이것은 나에게 도움이 되지 않을 것이다. - 나의 부란은 다른 사람과는 다르다.' 또는 '요점은 무엇인가?

나는 이론을 알고 있고 그리고 충분해야 한다.')을 설명할 필요가 있다. 아마도 그러한 가정을 시험하기 위해 특정한 행동실험(BE)을 포함한 치료사로서 우리도 또한 '이것은 나의 내담자에게 효과가 없을 것이다. 그녀의 걱정은 다른 사람들과 다르다.' 또는 '요점이 무엇인가'와 같은 방해적인 믿음을 가지고 있지 않은지 확인할 필요가 있다. 치료사로서 당신은 불편함을 수반하는 업무와 관련하여 당신 자신의 믿음을 고려할 필요가 있다. 당신은 때때로 단순히 당신의 내담자가 스트레스를 견딜 수 없을 것이라고 가정하고 있는가? 당신은 때때로 내담자의 회피와 결탁하는가? 당신도 가끔 회피를 하는가?

불안을 다루는 약물 치료에 대한 의존

만약 당신의 내담자가 실제로 약을 신뢰하고 CBT 개입이 내담자의 신뢰나 동기를 얻지 못한다면 문제다. 또한, 일부 항불안제(anxiolytics)가 불안을 위한 CBT를 방해한다는 증거가 있다(Westra & Stewart, 1998). 만약 내담자가 약물에 지나치게 의존한다고 느낀다면, 그가 심리학적 접근에 보다 신뢰를 갖도록 도와줄 수 있는 행동실험(BE)에 그를 참여시키는 것이 가능한지 알아보기 위해 약물과 CBT에 대한 그의 가정을 탐색하라. 동기부여가 잘된 내담자들도 치료를 시작할 때 항불안제를 복용하는 것은 드문 일이 아니지만, 그들은 종종 쉽게 인지 행동 기법을 배우고 체계적으로 그들의 약을 줄인다. 그러나 이것은 항상 의료전문가와 함께 이루어져야 한다.

──── **요 약** ────

- 불안 장애는 스트레스나 위협에 대한 정상적인 반응을 반영하는데 그것은 높은 신체적 반응, 왜곡된 사고 또는 문제 행동에 의해 과장된다.
- 문제의 불안은 인지적 편향과 일반적으로 회피 행동에 의해 야기되는 도움이 되지 않는 주기에 의해 유지된다.
- 불안 장애에 대한 많은 설명들이 있고, 주의 깊은 평가는 내담자의 상태를 가장 잘 묘사하는 장애를 당신에게 말해줄 것이다. 일부 불안 장애는, 그러나 진단 그룹에 정확히 맞지 않을 수 있다. 어떤 내담자들은 하나 이상의 불안 장애를 보일 것이다. 즉, 여러분은 이에 대비할 필요가 있다.
- 인지치료사로서 당신은 내담자가 그들의 불안과 관련된 문제들을 관리하는 데 도움을

줄 수 있는 다양한 개입방법을 가지고 있다. 여기에는 신체적, 행동적 및 인지적 전략이 포함된다. 적절한 개입에 대한 결정은 적절한 개념화를 구축하는 것에 달려 있으며, 이는 정확한 평가에 근거할 것이다.

• 당신의 내담자들이 고군분투하고 있는 불안은 때때로 치료를 방해할 수 있지만, 이것은 종종 도움이 되지 않는 생각과 행동에 집중함으로써 쉽게 극복된다.

다음 학습 활동은 SAGE publishing 사이트(https://study.sagepub.com/kennerley3e.)에서 내려받기 할 수 있다.

검토와 반영:

- 불안 장애 묘사를 통해서 당신의 내담자들을 이해할 수 있는가? 당신의 내담자들은 어떤 면에서 비슷하거나 다른가?
- 불안 장애에 대한 설명이 '정상적인' 불안에 대한 유용하지 않은 발달이라는 전제가 당신의 경험과 맞는가? 당신의 내담자를 보다 잘 돕기 위해 이런 지식을 어떻게 활용할 것인가?
- 이 장에서 설명되고 있는 인지적 편향을 당신의 내담자에게서 볼 수 있는가? 당신의 작업에서 (적절한) 사례를 생각해 낼 수 있는가?
- 걱정과 관련된 문제들을 관리하기 위한 전략들을 요약해서 살펴보라. 당신은 그것에 대해 잘 알고 있는가? 당신의 지식에는 차이가 있는가?

한발 더 나아가기:

- 당신의 불안한 내담자들을 점검하고 이 장을 읽고 그에 비추어 그들의 어려움을 재구조화하라.
- 당신이 어떻게 문제의 불안에 대한 I 발전에 대한 이해를 공유할 것인지 고려하시오.
- 당신과 내담자에게 유지 주기가 적합한지 확인하시오. 악순환을 유발할 수 있는 인지, 행동, 신체적 및 체계적 요소를 고려했는지 확인하시오.
- 불안 관리를 위한 전략에 대해 자세히 알아보기 – 원자료로 돌아가서 올바르게 이해했는지 확인하라.
- 당신의 개념화를 수정보완하라. 불안이 아주 높은 사람들과 작업할 때 약간의 어려움이 있을 수 있고, 개념화를 개정할 준비를 해야 하고, 왜 이러한 어려움들이 치료가 효과가 없거나 당신의 내담자가 응하지 않는다고 가정하기보다는 이치에 맞는지를 이해하도록 하라.

보충 읽기 자료

Butler, G., Fennell, M., & Hackmann, A. (2008). *Cognitive—behavioural therapy for anxiety disorders: mastering clinical challenges.* New York: Guilford Press.
이 책은 매우 읽기 쉽지만 불안 장애의 관리를 지나치게 단순화하지는 않았다.

Clarke, D.A.,&Beck, A.T.(2009). *Cognitive therapy of anxiety disorders.* New York: Guilford Press.
이론적 지식과 임상적 지혜를 결합한 포괄적이고 통합적인 텍스트다. 불안의 모델들에 대한 개요와 읽기 쉬운 요약을 제공한다. 이 텍스트는 접근 가능하고, 최신의 실용적인 텍스트다.

- 13.1 단계적 실행 계획 수립
- 13.2 이론 A 대 이론 B 실제

14

불안 장애의 특정 모델들과
치료 프로토콜

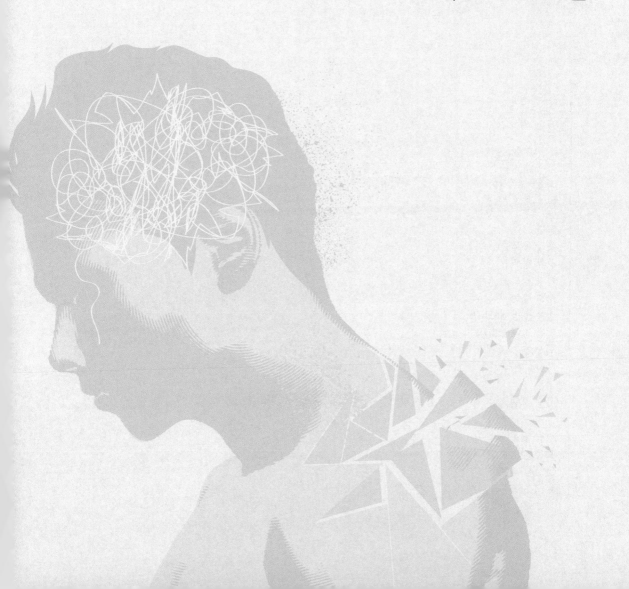

도 입

많은 불안 표출은 임상 실험에서 발전한 특정 인지 모델과 치료 프로토콜이 있는 진단 범주로 분류될 것이다. 주요 모델 및 프로토콜에 대한 주요 참고문헌은 표 14.1에 요약되어 있다. 이러한 참고문헌의 발행일자는 이러한 모델 중 다수가 오랫동안 정립되어 있으며 현재의 DSM-V(APA, 2013)를 미리 업데이트하는 진단 그룹을 기반으로 하기 때문에 DSM-V 이전 명칭을 유지했음을 보여준다.

이 장에서는 관련 치료 지침과 함께 이러한 각각의 장애에 대한 인지 모델을 소개할 것이다. 여러분은 아마 모델들 간에 유사점을 발견할 것이다. 하지만 그들 사이의 때로는 미묘한 차이점에 주목하는 것이 중요하다. 경험적으로, 미묘한 차이가 중요한데, 다른 모델에 기초한 치료 프로토콜을 나중에 검토할 때 알 수 있을 것이다.

표 14.1 불안 장애에 대한 핵심 모델과 프로토콜

불안 장애(Anxiety disorder)	참고문헌
특정 공포증(Specific phobia)	Kirk & Rouf(2004)
공황 장애와 광장공포증 (Panic disorder and agoraphobia)	Clark(1986, 1999); Wells(1997)
건강 염려(Health anxiety)	Salkovskis&Warwick(1986): Warwick& Salkovskis(1989)
사회 불안(Social anxiety)	Clark(2002); Clark & Wells(1995); Wells(1997)
범불안 장애(GAD) (Generalised anxiety disorder(GAD))	Borkovec&Newman(1999); Borkovec, Newman, Pincus & Lytle(2002); Wells(1997, 2000)
강박 장애(OCD) (Obsessive-compulsive disorder(OCD))	Salkovskis(1985, 1999); Wells(1997)
외상 후 스트레스 장애(PTSD) (Post-traumatic stress disorder(PTSD))	Ehlers & Clark(2000)

특정 공포증

비록 예비 모델이 Kirk와 Rouf(2004)에 의해 제안되긴 했지만, 아직까지 특정 공포증에 대한 '인지 모델'은 평가되지 않았다. 간단히 말해서, 그들은 특정 공포증(예: 특정 동물 또는 상황 또는 혈액에 대해)을 가진 사람들이 위협적인 단서들을 매우 경계한다고 주장한다.

따라서 주기는 다음과 같이 시작한다.

- 공포 단서에 대해 선택적인 주의를 기울이면서 지각된 위협에 초점을 맞추기. 이것은 위협을 지각할 가능성을 높인다.
- 위협이 그들이 실제로 두려워하는 것(예: 거미나 혈액)이든 잘못된 해석(예: 카펫 위의 보풀 조각을 거미로 또는 토마토케첩이 튄 것을 피로)이든 위협을 지각하기. 이것은 공포증의 반응을 유발한다. 그것은 심리적인 요소와 생리적인 요소를 모두 가지고 있다. 이것은 차례로 위해성의 가능성을 과대평가하고 대처능력을 저평가(Beck et al., 1985)하기를 강화한다.
- 위해성의 가능성을 과대평가하고 대처능력의 저평가(Beck et al., 1985)하기, 그것은 과잉 경계(hypervigilance)를 유발하는 공포를 유지한다.

기본 인지들이(물체 또는 상황에 대한 두려움) 악화시킨다.

- 생리적 흥분은 보다 더 위협적인 것으로 해석된다.
- 특정 장소(예: 상점, 동물원) 또는 상황(예: 공공장소에서 글씨 쓰기)을 공개적으로 피하거나 (예: 공공장소에서 글을 쓰는 것) 공포스러운 상황(예: 거미를 막기 위해 너무 많은 양의 방충제를 사용하는 것)을 은밀히 피하는 것과 같은 안전 추구 행위(SB). 이것들은 불안한 예측의 불합리함을 확인하는 것을 방해하고, 공포는 도전받지 않은 채 환자는 과민한 상태로 남게 된다.

공포증의 의미(이차적 인지들)에 대한 믿음 또한 '나는 어리석다' 또는 '나는 미쳐가고 있다다'와 같은 믿음으로 불안감을 고조시킬 수 있다(그림 14.1 참조). Katya는 항상 말벌들을 두려워했었다. 그들을 생각하면 그녀는 오싹해졌다. 그리고 그것을 보는 것은 공포를 불러일으켰다. 만약 그녀가 그것을 보았다면, 그녀는 똑바로 생각할 수 없고 도망쳤을 것이다. 최근 그녀는 도망쳤을 때 자신의 막내 아이를 가게 밖에 놔두었다. 그녀는 말벌을 피하기 위해 할 수 있는 모든 일을 다했다. 여름 동안 정원으로 결코 들어가지 않고, 말벌을 끌어들일 경우를 대비해 아이들이 밖에서 단 음식을 먹지 못하게 했다. 그리고 집 안의 문과 창문을 닫아두었다. 무엇이 그녀를 그렇게 두렵게 했는지 말하기는 어려웠지만, 그녀의 머릿속에는 화난 말벌들을 피할 수 없다는 이미지가 있었다.

그림 14.1 특정 공포증의 인지 모델

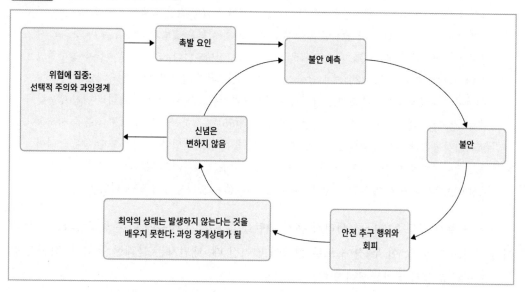

특정 공포증 극복은 다음을 포함한다.

- **노출**: 사람은 두려움을 직면해야만 극복할 수 있다. 실제 상황에서의 노출이 보통 더 효과적이지만, 이것은 현실뿐만 아니라 상상에서도 이루어질 수 있다. 두려움에 직면하는 것은 일반적으로 점진적인 방식으로 수행되어진다. 그래서 내담자는 도전에 직면하지만 과제에 의해 압도되지 않고, CBT에서 노출은 내담자와 치료자가 인지적, 정서적 기회를 가장 활용할 수 있도록 하기 위해 재평가와 노출로 인한 변화의 보고를 따른다.

- **지각된 위협에 대한 집중 감소시키기**: 이는 주의를 전환함으로써(8장 참조) 최악의 상황을 예상하거나 점검에 소요된 시간을 줄이는 결과를 평가하기 위해 행동치료(9장 참조)를 설정함으로써 달성할 수 있다. 많은 내담자들은 '만약 내가 거미를 찾지 않는다면, 그것으로 인해 나는 깜짝 놀랄 것이다.'와 같은 믿음을 유지할 것이다. 그리고 종종 그 생각은 비극적인 방향으로 지속된다. '나는 대응하지 않을 것이다.' 그들은 행동실험(BE)을 사용하여 이 예측을 점검하도록 권장받을 수 있으며, 이러한 방식으로는 종종 과민한 상태로 있을 필요가 없다는 확신을 얻을 수 있다.

- **안전 추구 행위(SB) 감소시키기**: 이것은 또한 위해성에 대한 예측을 검증하기 위해 행동실험을 통해 달성될 수 있다.

- **오해석을 다루기**: 상황에 대한 인지적 재판단과 거리두기를 가르치는 것에 의해 이것은 일차 및 이차 인지 모두와 관련이 있다.

Katya는 그녀의 공포증을 정면으로 다루고 싶었고 말벌에 맞설 준비가 되어 있었다. 그녀와 그녀의 치료사는 점진적 행동실험(BE)의 위계를 고안했고 말벌 관련 과제에 도전업무를 점차적으로 늘려갈 때의 그녀의 가능한 반응에 대해 예측했다. 실험은 말벌의 사진을 보는 것으로 시작해서 항아리에서 정원으로 말벌을 내보내는 것으로 진행되었다. 그녀가 말벌들을 놓아주었을 때, 그녀는 말벌들이 그녀에게로 날아오기보다 그녀로부터 날아간다는 것을 깨달았다. 그리고 나서 그녀의 머리카락에 걸려든 말벌의 이미지가 줄어들었다. 이 성공은 그녀의 안전 행동을 없애도록 하는 데 용기를 주었다. 각 안전 추구 행위(SB)는 그것 스스로가 행동 검증을 하도록 하고 이것을 통해 과도한 과잉경계로 인해 고조되었음을 알게 되었다. 그녀는 또한 창문을 열어 두거나 아이들이 밖에 나가서 단 음식을 먹게 하면 말벌과 마주치게 되지만 그녀가 그 숫자가 예상했던 것보다 훨씬 더 적다고 생각보다 더 잘 대처할 수 있다는 것을 알게 되었다.

혈액과 주사 공포증은 다른 생리적 유지 패턴을 갖고 있기 때문에 다른 공포증과는 구별되어야 한다(10장 참조). 이 두 장애 모두 혈압이 떨어질 때, 내담자는 불쾌한 육체적, 정신적 감각을 경험하고 실신할 가능성이 있다.

―――― **공황 장애** ――――

공황 장애의 대표적인 인지 모델(그림 14.2 참조)은 Clark(1986년)의 모델이며, 이는 유지 요인을 다음과 같이 보여준다.

그림 14.2 공황 장애의 인지 모델

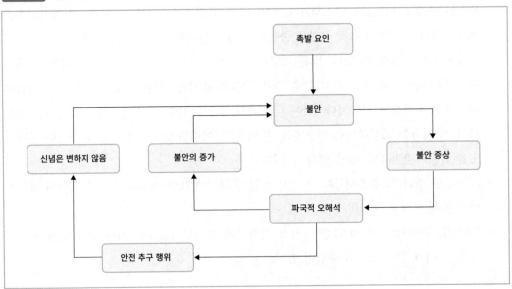

- 곧 뇌졸중이나 심장마비와 같은 정신적 또는 육체적 위해가 임박한 것을 암시하는 신체적 감각(특히 불안과 연관된 감각)의 재앙적 오해석.
- 재난 발생 가능성을 줄이기 위해 안전 추구 행위(SB) 채택. 여기에는 특정 장소나 행사에 가지 않는 것과 같은 솔직한 회피와 쓰러지지 않도록 누군가를 붙잡고 있거나 구토를 피하기 위해 생강을 씹는 것과 같은 교묘한 회피가 포함된다.
- 선택적인 주의는 환자들이 '위험한' 감각이나 상황에 매우 민감해짐으로써 그들의 주의는 편향된다.

웬디가 공황 발작을 일으켰을 때, 그녀의 가슴은 조여졌고, 그녀는 숨을 쉬려고 버둥거렸다. 그녀는 가슴과 팔에 통증을 느꼈고 시야가 좁아지는 것(tunnel vision)*을 경험했다. 그녀는 심장마비가 왔고 죽을지도 모른다고 생각했다. 그녀는 심장마비를 일으킬까 봐 두려웠기 때문에 예상되는 어떤 상황도 피했다. 예를 들어, 그녀는 매주 가던 슈퍼마켓에 가지 않았고, 그녀의 아이들을 공원으로 데려가지도 않았다. 그녀는 자신이 신체적으로 건강하지 않다고 생각했고, 이것은 그녀의 두려움을 증폭시켰다.

공황 장애의 관리는 일반적으로 다음을 포함한다.
- 덜 재앙적인 설명을 생성하는 것: 두려움 증상의 근원과 그 결과에 대한 덜 치명적인 예측에 대해, 예를 들어 가슴 통증이나 심장 두근거림을 불안의 탓으로 돌리는 것은 해롭지 않다.
- 행동실험(BE) 설정: (1) 불쾌한 느낌의 양성적 기원을 찾기, 예를 들어, 내담자에게 근육통이나 심계항진과 같은 두려운 감각을 유발하도록 요구하고, (2) 인지 테스트를 통해 생성된 새로운 지각의 타당성을 확립하기. 그리고 '이것은 지나갈 것이다. 나는 불안증상을 느끼고 있지만 이 또한 지나가리라'와 같은.
- 안전 추구 행위(SB) 감소: 이것은 인지 및 행동적 작업을 통해 달성될 수 있다. 인지적 개입은 안전 추구 행위(SB)가 아닌 새로운 가설적 대처 방법을 생성하고 탐구하는 데 사용될 수 있다. 이는 다시 행동 검증을 통해 강화될 수 있다. 예를 들어, 예비 인지 작업을 통해, 내담자는 안전을 위해 손수레에 기대지 않고 슈퍼마켓을 돌아다닐 수 있다는 가능성을 고려하기 시작했다. 하지만 손수레가 없는 실제 쇼핑은 그녀의 자신감을 실제로 강화시켰다.

---

* 역자 주: 'tunnel vision' 편협함 또는 시야가 좁아지는 것, 시야협착증을 의미한다.

Wendy의 치료사는 그녀의 근육통과 호흡곤란이 그녀의 고조된 불안 상태와 관련된 근육 긴장에서 기인한 것인지에 대해 의문을 제기했다. Wendy는 결국, 그 전망이 그녀를 두렵게 했고, 예측된 증상을 유발시켰음에도 불구하고, 그녀가 그 회기에서 운동하기로 동의했을 때 이것을 확신하게 되었다. 일단 그녀가 회기에서 운동을 했고 그녀가 약간 숨이 차긴 했지만 괜찮다는 것을 알았을 때, 그녀의 믿음은 '나는 심장마비는 없지만 나는 매우 불안하다. 그리고 그것은 지나갈 것이다.'로 바뀌었다. 일단 그녀가 이 새로운 관점을 갖게 되면, 그녀는 신체적으로 점점 더 많은 것을 요구하는 활동에 참여했다. 그녀는 치료 중에 운동을 시작한 다음 치료 사이에 운동을 시작했고, 마구 뛰는 심장이나 근육의 긴장감이 그녀에게 해롭지 않다는 자신감을 갖게 되었다. 결국, 그녀는 정기적으로 체육관에 다녔고, 과도하게 두려워했던 상황을 회피하는 것을 그만두었다.

건강 염려증 또는 건강불안

건강 염려에 대한 인지적 이해는 미래의 건강 문제와 신체적 증상에 대한 선입견에 관한 (즉, 인식된 위협에 대한 주의 집중) 지속적인 재앙적 예측에 초점을 맞춘다. 그 자체로, 신체 질환의 발생에 대한 두려움은 심각한 신체적 증상을 악화시킬 수 있는데, 이것은 또한 선택적인 인식일 가능성이 있다. 이것은 높은 수준의 불안으로 이어진다. 건강 염려로 고통 받는 사람들은 안심 추구 행동이나 그들의 불안이 고조될 것이라고 예상하는 상황을 회피하는 경향이 있다. 안심 추구는 외부 지원에 대한 의존을 반영하기 때문에 불안을 변화시키는 데 효과가 없다.

환자들은 스스로를 안심시키는 법을 배우지 못하고, 건강 염려는 온전하게 남는다. 항상 의심할 여지가 있다. '내가 내 증상을 의사에게 충분히 설명하지 않았을지도 모른다.', '아마 나는 그가 말한 것을 완전히 이해하지 못했을 것이다. – 아마도 그는 내가 암에 걸릴 수도 있다고 말했을 것이다!' 게다가 불건강의 증거로 해석될 수 있는, 잠재적으로 해로운 신체적 증상에 대해 반복적으로 호소하는 사람이 다양한 테스트를 받는 것은 드문 일이 아니다.

유지 주기에는 다음과 같은 몇 가지 형태가 있을 수 있다.

- 건강에 대한 두려움을 유발하는 상황을 회피하면, 이는 환자가 지나친 걱정을 할 필요가 없고, 그러한 상황이 견딜 수 있다는 것을 배울 수 없다는 것을 의미한다.
- 안심(안전 추구)을 보장하기 위해 의료 전문가나 가족과 같은 다른 사람들에게 의지하는 것.
- **스캔**: 심박수, 무감각, 통증 등과 같은 신체적 감각의 과민성으로 인식된 위협에 집중하는 것. 이것은 양성적 감각이 오해석될 수 있고 건강에 대한 염려를 조장할 수 있다는 것을 의미한다.
- **점검**: 이것은 환자의 신체(예: 점, 혹 등을 찾는 것) 또는 외부 정보(예: 의료 문헌을 읽는 것)와

관련될 수 있다. 어느 쪽이든, 경보체계를 악화시키는 것들은 너무 많다.

　　Tina는 매일 아침 유방암에 걸렸을지도 모른다는 생각으로 깨어났다. 그녀는 완벽하게 미디어를 피하려고 했으나 실패했고, 그녀의 높은 우려 때문에, 암에 관한 모든 기사에 노출됐다. 매일 그녀는 그녀의 가슴, 겨드랑이, 그리고 목에서 혹이나 확대된 임파선의 징후를 체크해야 한다고 느꼈다. 그녀는 누락된 종양이 악성이 될 수 있기 때문에 확인하지 않는 것은 위험할 것이라고 믿었다. 그녀는 항상 자신에게 걱정거리가 되는 것을 발견했기 때문에, 자신의 파트너를 설득하여 '이중 확인'하도록 했다. 그녀가 안도할 때마다 비록 일시적이긴 하지만, 신나는 일이었다.

GAD와 마찬가지로, 일부 내담자들은 '만약 내가 병의 징후를 방심하지 않는다면 나는 괜찮을 것이다' 또는 '내 병에 대해 생각하면 그것을 가져올 것이다.'와 같은 그들의 지속적인 관심에 대한 믿음을 가지고 있기 때문에 선입견에 대한 해석도 탐색될 필요가 있다.

그림 14.3은 다음은 건강 염려가 어떻게 유지되는지를 보여준다.

- 회피
- 안전 추구
- 스캔

건강 염려에 대한 치료 접근은 이러한 유지 주기를 반영하고 통합한다.

- 재앙적 예측에 대한 내용을 정의하고 점검하기. 치료사로서, 당신은 내담자에게 예상되는 최악의 결과(예: 포기 또는 장기간의 신체적 또는 정신적 고통)를 알아낼 필요가 있을 것이다. 어떤 사람들에게는 최악의 시나리오는 단순한 질병이나 사망이 아니라 질병이나 죽음의 종류와 결과이다. 그러므로 내담자에게 질병이나 죽음이 의미하는 바를 이해하는 것이 중요하다. 예를 들어, 그는 심장마비(빠르고 위엄 있게 지각되는)로 죽는 것을 걱정하는 것이 아니라 신경학적 장애로 천천히 죽는 것에 대한 두려움에 사로잡힐 수 있다. 즉, 심장마비에서 살아난 후 장애를 갖게 되는 것에 대해 걱정하는 것만큼 심장마비는 걱정하지 않을 수도 있다.
- 또한 '만약 내가 그 병에 대해 생각하지 않는다면, 나는 그것으로부터 보호받을 것이다.'와 같은 가능한 미신적 사고(초 인지)를 탐구하는 것이 현명하다.
- '가슴 통증은 내 심장이 약함을 의미한다.' 또는 '모든 걱정스러운 증상은 내 주치의에 의해 확인되어야 한다.'와 같은 유용하지 않은 건강 관련 믿음을 검증하기. 이것은 인지적 개입과 행동실험(BE)을 통해 달성될 수 있다.

- 안전 추구 행위(SB, 안전 추구, 스캐닝 및 회피) 감소시키기. 때때로 이런 행동의 역할에 대한 설명은 내담자가 이런 행동을 줄이도록 한다. 다른 경우에는 행동실험(BE)을 통해 안전 행동에 관한 믿음을 검증할 필요가 있다. 이것은 또한 도움이 되지 않는 행동과 결탁하는 보호자들에게도 적절할 수 있다.
- '이론 A 대 이론 B'는 대안적 관점을 얻기 위한 유용한 접근이다(9장과 13장 참조).

그림 14.3 건강 염려증의 인지 모델

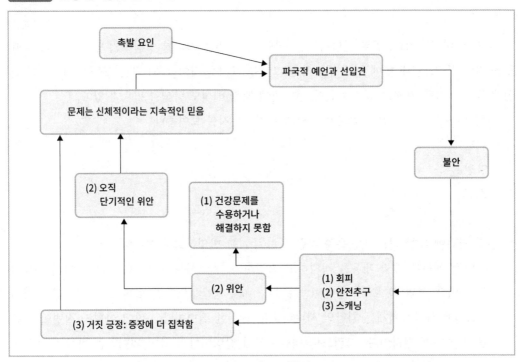

Tina의 가장 끔찍한 생각은 그녀와 사랑하는 사람들 모두를 괴롭히며 오래 질질 끄는 죽음을 맞이할 것이라는 것이었다. 그녀는 도움을 받아 이 예측을 재검토할 수 있었지만, 그녀가 안도할 수 있었던 것은 암 사망위험에 대한 통계자료에서 비롯되었다기보다 자신의 대처 자원에 대한 재평가로부터 비롯되었다. 일단 그녀가 일정기간 지속되는 죽음을 견딜 수 있다고 믿게 되자, 그녀는 자신의 건강에 덜 집착했고, 그녀의 선입견도 줄어들었다.

그녀는 또한 자신이 안심하지 않는다면, 불확실성을 견딜 수 없을 것이고, 이것은 그녀의 기능을 손상시킬 것이라고 믿었다. 그녀는 어떤 활동이 손상될 것인지 그리고 어떻게 손상되는지를 구체화함으로써 '기능'에 대한 정의를 개선했다.

그리고 나서 그녀는 그녀의 예측의 타당성을 검증하기 위해 행동실험(BE)를 수행했고 그녀가 완수해야 할 어떤 일이든 돕기 위해 주의 전환을 사용할 수 있고 종종 그녀의 건강상의 걱정을 차단했을 때 더 잘 기능한다는 것을 알게 되었다. 그리고 나서 그녀는 미디어를 접하게 되면 걷잡을 수 없을 정도로 암에 대한 생각에 압도될 것이라는 예측을 검증하기 위한 행동실험(BE) 시리즈를 구축했고 그녀가 대처할 수 있다는 것을 알게 됐다.

게다가, Tina의 파트너는 그녀에게 안도감을 주지 않기로 했고, 처음에 Tina는 이것에 대해 불편함을 느꼈지만, 그녀는 재빨리 스스로를 안심시키는 법을 배웠다. 그녀의 첫 번째 검토 회기에서 Tina는 이론 A(유방암에 걸릴 것이고 대처할 수 없을 것) 및 이론 B(그녀의 선입견과 안전 추구가 그녀의 마음속에 가장 중요해서 건강 염려를 유지시킴)에 대한 그녀의 신념을 반영했다. 그녀는 이제 이론 A는 가능하지 않다고 느꼈고 이론 B를 80% 믿는다고 결론지었다.

——— 사회 불안 ———

우리가 13장에서 말했듯이, 사회 불안은 더 심각한 형태의 사회 불안 장애나 더 가벼운 '수줍음'이다. 예를 들어, 어떤 사회적 불안은 매우 구체적이며, 단지 새로운 사람이나 매력적인 사람을 만날 때, 또는 글씨 쓰기나 공공장소에서 먹는 것과 같은 특정한 일을 할 때만 발생한다.

때때로 불안감이 더 만연하다. 사회 공포증에 대한 인지 모델이 개발되었고(그림 14.4 참조), 가장 주목할 만한 모델인 Clark와 Wells(1995년)가 이 모델을 '수줍음'에 쉽게 적용할 수 있다고 제안하다. 사회 공포증 모델은 다음을 포함한다.

- **사회적 위험 지각**: 사회 불안자의 일반적인 가정과 예측은 '내가 그들과 이야기하면 그들은 나를 지루하게 생각할 것이고 거절할 것이다.' 또는 '내가 이것을 제대로 이해하지 못한다면, 나는 굴욕감을 느낄 것이다.'이다. 본질적으로, 이것들은 부정적으로 평가되는 것과 대처하지 못할 것에 대해 초점화된 두려움이다.
- **자기 초점화 주의**: 사회 불안 주기는 강한 자의식에 의해 추진되는데, 이는 또한 자기 지시 이미지로 나타날 수 있다(Hackmann, 1998). 이렇게 고조된 자의식은 주의를 분산시키고, 따라서 상황을 적절히 검토하고 생산적인 문제 해결에 참여하는 것이 불가능하기 때문에 무능력하게 된다. 예를 들어, 친구들 앞에서 공연하는 그들의 능력에 압도되는 사람들은, 그들의 모든 주의가 자기 평가로 집중되기 때문에, 작은 위기에도 대처할 수 없을지도 모른다. 자기 자신에게 지나치게 집중하는 것은 또한 내담자가 객관적으로 상황을 검토하는 것을 방해하고, 그러면서 다른 사람들의 반응을 오해석하기 쉽다.

- **정서적 추론**: 불안한 감각에 대한 강한 내성은 떨림과 홍조와 같은 증상을 심각하게 인식하게 만든다. 이것은 그의 자기 인식을 높이고 그는 점점 더 자신을 의식하게 된다. 그는 자의식을 느끼기 때문에 다른 사람들이 자신의 증세를 자신이 느끼는 만큼 분명하게 볼 수 있다고 생각하고 다른 사람들이 자신을 부정적으로 판단할 것이라고 추측한다.
- **안전 추구 행위**(SB): 당연하게도, 사회 불안자들은 사회적 접촉을 피함으로써, 예를 들어 파티 중 부엌일을 돕거나 대화 중에 눈을 마주치는 것을 피하는 것에 초점을 맞추면서, 예상되는 굴욕이나 당혹감을 피하려고 할 것이다. 물론, 그렇게 함으로써 사회적 두려움은 다루어지지 않은 채 다음 사회적 도전에 대한 준비로 온전히 남는다. 어떤 경우에는 안전 행동이 두 배로 비생산적인 경우도 있다. 예를 들어, 파티에서 부엌에서 저녁 시간을 보내거나 눈을 마주치는 것을 피하는 것은 다소 이상하다는 인상을 줄 수 있다.

그림 14.4 사회 불안의 인지 모델

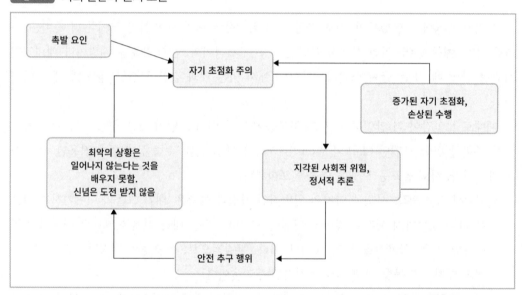

사회적 상황에 대한 그녀의 예측은 다른 사람들이 그녀가 제공할 것이 아무것도 없다는 것을 알게 될 것이고 사람들이 그녀에 대해 알기를 원치 않는다는 것이었다. 만약 누군가가 관심을 보인다면, 그녀는 그것을 무시했다. '그들은 진짜 나를 모른다.' 또는 '그들은 그저 예의를 보였을 뿐이다.' 가능한 한, 그녀는 사교 모임을 피하고, 그 모임에 참석했을 때 눈을 마주치지는 않았지만 다른 사람들의 비판적인 시선을 느낄 수 있었다. 그녀는 손님들의 실제적인 요구에 주의를 기울이며 바쁜 척 했다. 만약 그녀가 대화에 참여하게 되면, 그녀의 부정적인 침투적 사고들이 강하게 그녀를 대화할 수 없게 만들었다.

사회 공포증 치료법은 다음과 같다.

- 내성으로부터 주의를 재초점화하기. 이 전략은 Wells와 Mathews(1994)에 의해 특히 정교화되고 평가되었으며, 다른 감각 정보 원천(청각, 시각, 감각 등) 간에 주의를 전환하는 것을 포함한다. 이것은 처음에 치료회기에서 시행된 후, 내담자가 자신의 주의를 다른 곳으로 옮기는 데 능숙해질 때까지 회기 사이에서 시행된다.

- 내담자들이 다른 사람들로부터 예측한 가혹한 비난에 맞서기 위해 주장적이거나 온정적인 내면의 목소리를 개발한다(Padsky, 1997; Gilbert, 2005). 따라서 당신은 당신의 내담자들이 공감적이고 이해심 있는 방법으로 말하도록 격려해야 한다. 예를 들어, '내가 이렇게 느끼는 것은 이해할 만하고 나는 아직 자신감이 없다. 내 페이스를 맞추는 것은 괜찮다. 지금 당장 가장 어려운 상황을 해결할 수 없다.'

- 행동실험(BE)을 포함한 지각된 사회적 위험 및 감정적 추론과 관련된 인지의 인지적 재평가. 특히 유용한 것은 (1) 내담자들이 그들의 명백한 불안 증상의 심각성을 평가할 수 있도록 하는 비디오녹음 회기의 사용과 (2) 치료사에 의한 두려워하는 결과에 대한 모델링하기이다. 후자는 치료사가 공공장소에서 얼굴을 붉히거나, 땀을 흘리거나, 심지어는 오줌을 싼 것처럼 보여야 할지도 모르지만, 다른 사람들이 이를 눈치 채지 못할 것이기 때문에 안심해도 된다는 의미이다(9장 참조).

- 또한 종종 사회 불안자들이 얼굴을 붉히거나 떨거나 말을 더듬는 등의 문제에 대해 보다 균형 잡힌 시각을 갖도록 하는 데 도움이 되는 유용한 일련의 질문들이 있다.
  - 당신이 두려워하는 증상들이 실제로 당신이 예측한 것처럼 발생할 가능성이 있는가?
  - 설사 그런 일이 일어난다 하더라도, 그것은 실제로 당신이 상상한 것만큼 심각할 것인가?
  - 그렇다고 해도, 다른 사람들은 실제로 알아차릴까?
  - 그들이 알아차릴지라도, 그들은 당신이 두려워할 방식으로 그것을 해석할 것인가?
  - 그들이 그렇게 본다고 해도, 그래서 뭐가 어떻다는 건가?
  - 보다 오래 살아남아서 당신 멋대로 살아갈 가능성은?

Bette는 사회 불안과 싸우기 위한 몇 가지 전략을 습득했다. 첫째, 그녀는 (1) 거의 확실하게 비판받고 배척당할 것이라는 예측과 (2) 비판에 대응하지 못하고 받아들이며 깊은 우울증에 빠질 것이라는 최악의 시나리오를 기술하고 예측을 검증했다. 인지적 재구조화와 강하지만 사려 깊은 내면의 목소리와 치료사와 함께 역할극을 전개하는 것은 그녀가 공개적으로 비난받지 않을 것이고 비록 그녀가 그랬더라도 하더라도 그녀는 스스로 일어설 수 있었고 절망의 소용돌이에 빠지지 않을 수 있다는 결론을 내리는 데 도움을 주었다. 그녀는 또한 자신의 부정적, 자기 지시적 생각으로부터 초점을 돌리기 위한 전략을 배웠다. 추가로 그녀는 행동 테스트를 수행했는데 그녀는 치료사가 사회적 모임에 참석할 때 자신을 비판적으로 바라보는 사람들의 수를 기록하도록 허락했다. 놀랍게도 치료사는 아무도 기록하지 않았다. 마지막으로, 그녀는 손님들의 실제적인 요구에 응하지 않는 일련의 과제(즉, 주요 안전 추구 행위(SB)를 떨어뜨리는 것)를 수행했다. 그녀는 단계적(위계적) 과제를 진행함으로써 사회적으로 잘 섞일 수 있다는 자신감을 키웠다.

─── 범불안 장애(GAD) ───

이전 장에서 설명한 것처럼 GAD는 DSM−V에서 다수의 사건 또는 활동과 관련된 만성적, 과도한 불안 및 걱정으로 정의된다(APA, 2013).

> Sam은 64세였고 은퇴를 기다려야만 한다고 생각했다. 그의 아내는 확실히 은퇴를 기다리고 있었다. 그러나 늘 그렇듯이 그는 은퇴에 대한 걱정에 휩싸여 있었다. 만약 그와 그의 아내가 은퇴까지 잘 지내지 못하다면 어떻게 될까? 만약 그들의 재정 계획이 불충분하다면 어떻게 될까? 그는 자신의 걱정이 부끄럽지만 익숙하다는 것을 알았다. 그리고 걱정이 다소 더하거나 덜한 적은 있었어도 단 한 번이라도 그런 걱정으로부터 자유롭던 때를 기억할 수 없었다.

GAD의 인지 모델은 핵심적인 인지 요소로서 걱정이 현저하다는 것을 보여준다. 지속적인 걱정에 대한 가능한 몇 가지 기제가 있다.

- '만약 ~이라면 어떻게 될까?'와 같은 유형의 진술은 실제 걱정거리에 대해 피상적이기 때문에 지각된 위협에 대해 주의를 기울이는 것은 보다 고통스러운 두려움을 다루는 것을 회피하려는 시도일 수 있다. 실제 걱정거리는 '만약 ~이라면 어떻게 될까?'라는 질문에 대답함으로써 드러날 것이다.
- 또한 작은 양으로도 견딜 수 없다고 느껴지는 불확실성에 직면하는 것을 피하려는 시도를 반영할 수 있다(Ladouceur et al., 2000; Dugas, Buhr & Ladouceur, 2004).
- 걱정 그 자체의 의미(메타 인지)는 걱정을 지속시킬 수 있다(음, 1997, 2000). Wells는 이것을 일상의 걱정과 구별하기 위해 '제2유형 걱정'이라고 부른다. 제1유형은 '내가 충분한 돈이 없으면 어떡하지!'와 같은 걱정거리들이 제2유형 걱정거리들에 의해 지속될 수 있다. 유형 2의 걱정은 미신과 같은('걱정하면 나쁜 일이 발생하지 않는다.') 긍정적일 수 있고 또는 걱정에 대한 오해('걱정하는 것은 도움이 된다.')같은 것일 수 있다. 그러한 믿음은 걱정에 관여할 가능성을 증가시키고 걱정을 지속하는 것은 하나의 안전 추구 행위(SB)가 될 수 있다. 샘의 경우, 그는 걱정이 대처하기 위해 더 잘 준비하게 한다고 믿었다. 그것은

그가 불행에 의해서 태연해지지 않게 할 것이다. 그래서 불편했지만 그는 걱정할 수밖에 없다고 느꼈다. 제2유형 걱정은 또한 부정적이고 불안스러울 수 있다(예: 나는 미칠 것이다.). 이것은 더 많은 걱정을 유발한다(Wells, 1997, 2000년). 다시, Sam의 경우, 그는 걱정하려는 성향이 약하고 남답지 않다고 느꼈기에 이에 대해 부끄러워했다. 그러므로 이것은 그를 걱정시켰고, 그의 불안 수준이 높아졌고, 걱정에 대한 그의 취약성을 증가시켰다. 결국, 악순환이 되었다.

- 걱정은 문제 해결 능력을 저하시켜, 문제 해결 능력에 대한 자신감을 잃게 한다. 그것은 더 많은 걱정을 양산한다(Dugas et al., 2004). GAD에 대한 치료는 도움이 되지 않는 걱정을 이해하고 제거하고 그다음 근본적인 두려움을 해결함으로써 걱정 주기를 깨뜨리는 것에 초점을 맞춘다. GAD의 인지 모델은 그림 14.5를 참조하라.

그림 14.5 범불안 장애(GAD)의 인지 모델

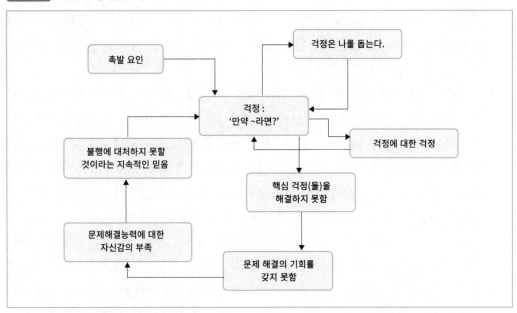

요구되는 단계는 다음과 같다.

- 걱정을 정상화하고 걱정 인식 훈련하기. 전자는 내담자들의 걱정의 정도가 정상이며 심지어 도움이 되지만 그들의 걱정의 정도가 아마도 도움이 되지 않을 정도로 과도하다는 것을 이해하도록 돕는 것을 의미한다. 걱정 인식 훈련은 걱정이 습관적인 사람들에게 특히 유용하다. 걱정의 빈도, 촉발 요인 그리고 패턴을 명확하게 하기 위해 단순한 자기 모니

터링을 포함한다.

- '만약 그렇다면 어떨까?'라는 질문으로 두려움(예: 사랑하는 사람에 대한 피해 또는 위해)을 표현하도록 격려함으로써 회피를 극복한 다음, 여러분의 내담자가 이러한 두려움을 해결하도록 돕는다.

- 불확실성 수용하기. Butler와 Rouf(2004)는 실제로 발생할 수 있는 두려움의 가능성을 검토하기보다는 불확실성의 받아들이지 못하는 인지를 검증하는 데 초점을 맞출 것을 권고한다. 그러므로 그들은 내담자들이 단순히 불확실성을 받아들이도록 돕는 것이 중요하다는 것을 강조한다. 이것은 최악의 경우 시나리오의 가능성을 논하기보다는 '만약 그렇다면 어떨까?'라는 걱정스러움에 대한 답을 명확하게 하는 데 초점을 맞춘다는 것을 의미한다. 지속적인 불확실성에 대한 그들의 부정적인 예측을 검증하는 내담자와 관련된 행동실험(BE)은 의심이나 모호성을 받아들이는 데 사용될 수 있다(Butler and Rouf, 2004 참조).

- 걱정과 관련된 도움이 되지 않는 인지 확인 및 검증. 이것은 '걱정하는 것은 내 심장을 손상시킨다.' 또는 '내가 준비되지 않은 상황에 처하지 않도록 걱정해야 한다.'와 같은 메타인지를 먼저 확인하는 것을 포함한다. 행동실험(BE)의 목적은 걱정을 통제하는 것이 아니라 그것에 대한 믿음을 바꾸는 것이다.

- 문제 해결이나 주의 전환 등 걱정에 대한 대안적 대응을 가르치거나 걱정에 허용되는 시간을 제한하는 것은, 이 경우 목표는 내담자가 걱정에서 벗어나는 것을 경험하고 모든 것이 정상이라는 것을 배우는 것이다. 예를 들어, 일반적으로 저녁에 5시간을 다음 날의 사건에 대해 걱정하며 보낸 내담자는 집에 도착하고 저녁 식사 사이에 30분 동안만 걱정하는 계획을 세울 수 있으며, 다른 걱정스러운 생각들은 다음 날까지 '붙들어 둔다.' 주의 전환은 그녀가 걱정에 빠지는 것을 막는 데 도움을 주는 유용한 전략일 수 있고, 따라서 그녀는 그녀의 걱정에 너무 사로잡히지 않고 저녁 시간을 보낼 수 있다는 것을 학습하는 경험을 할 수 있다. 내담자들이 '걱정을 제쳐두다.'라는 것을 돕기 위한 또 다른 유용한 전략은 종이에 걱정거리들을 쓰고 나서 그것을 파쇄하는 것이다(Butler& Rouf, 2004). 이러한 전략이 안전 추구 행위(SB)로 사용되지 않는지 확인하기 위해 면밀한 보고가 필요하다.

- 걱정스러운 의사결정 나무(Butler & Hope, 2007)는 이러한 전략들을 걱정 관리를 위한 구조화된 수단으로서 우아하게 결합한다. 그것은 '내가 걱정하는 것은 무엇인가?'로 시작하는 일련의 질문들을 통해서 차례로 안내한다(이것이 공포를 정확히 지적하고). 그 뒤에 '내가 이것에 대해 할 수 있는 어떤 것이 있을까?'가 뒤따른다. 답이 '아니오'라면, 주의를 전환

시키는 것이 가장 좋은 선택이다. 만약 대답이 그렇다면, 세 번째 질문은 '내가 지금 당장 할 수 있는 일이 있는가?'이다. 다시 한 번, 만약 결론이 '아니오'라면, 주의 전환이 순서다. 만약 결론이 '예'라면, 이제 문제 해결과 계획을 세워야 할 때이다. 일단 계획이 세워지면, 주의 전환은 더 많은 걱정거리를 막을 수 있다.

Sam은 자신의 두려움을 분명히 말하도록 격려받았다. 그는 자신이 그녀에게 제공할 것이 없기 때문에 그를 떠날 것을 두려워했고, 그들은 돈이 부족하고 적절한 의료 서비스를 받을 여유가 없을 것이다. 은퇴 후 잘못된 결정이 그의 결혼과 안전을 잃게 하고 무엇보다 최악인 것은 그가 쓸모없다는 것을 증명할 것이라고 말했다. 인지 전략을 사용함으로써 그는 특정 부정적인 생각을 탈재앙화할 수 있었고 (과거에 많은 개인적 및 비즈니스 위기를 관리해왔던) 그의 탄력성을 인식하고 미래의 불확실성을 용인할 수 있었다. 전체적으로, 수치심, 무가치함, 책임이라는 주제들이 있었고, 이러한 일반적인 부정적인 주제들도 재평가되었다.

Sam은 자신의 걱정에 초점을 맞추었을 때와 그것들로부터 주의를 분산시켰을 때 그의 문제 해결에 대한 자신의 능력을 비교해서 행동실험(BE)을 수행했다. 그는 걱정으로 불운을 피할 수 있다고 믿음으로써, 걱정은 비생산적이고 그것이 습관이자 위안의 원천이 되었다는 것을 인식하게 되었다. 그가 이것을 이해하면서, 그는 쉽게 걱정에서 멀어지게 되고, 도움이 되지 않는 패턴을 깨뜨렸다.

—— 강박 장애(OCD) ——

단어, 이미지, 충동 등의 원치 않는 침투적인 생각들은 그 자체로 병적인 것이 아니기 때문에(Rachman & de Silva, 1978), 우리는 그들에게 도전하려 하지 않았지만, 그것들에 대한 반응은 유용하지 않을 수 있다. OCD의 인지 모델은 침투적인 생각은 그 자체로 정상이라는 기본적인 전제를 공유하지만, 그것들이 어떤 나쁜 일이 일어날 수 있고 내담자가 그것을 예방할 책임이 있다는 것을 나타내는 것으로 해석될 때 문제가 된다. 이러한 두려움을 관리하기 위해, 사람들은 안전 추구 행위(SB, 피, 안심 추구, 인지적 운동적 의식)에 참여한다. 안전 추구 행위(SB)는 걱정들이 정확하지 않거나, 의식적 없이도 불안이 실제로 감소할 것이라는 것을 배울 기회를 박탈한다. CBT의 목적은 그러한 침투적인 생각이 행동의 필요성을 나타내지 않으며 안전하게 (의식적으로) 무시될 수 있다는 것을 내담자가 배우도록 하는 데 있다.

가장 일반적인 강박적 걱정은 다음과 같다.

- 오염에 대한 두려움(예: 더러운 천이나 표면과의 접촉으로 인한 감염)으로 인해 씻기 또는 청결 의식이 따라오는 것

- 잠재적으로 위험한 것을 놓칠 것이라는 두려움(예: 열려 있는 전기 스위치 또는 잠금 해제된 전면 도어)은 점검 또는 반복 의식으로 연결
- 질서정연함과 완벽함에 지나치게 집착하여 '올바르게 느껴질' 때까지 반복되는 행동으로 연결
- 통제할 수 없고 부적절한 행동에 대한 두려움(예: 공공장소에서 욕을 하거나, 성적 또는 공격적인 행동을 하는 것)은 생각을 통제하려는 도움이 되지 않는 시도로 이어짐

가장 일반적인 안전 추구 행위(SB)는 다음과 같다.
- 행동적 의식(예: 청소, 점검 및 반복 조치)
- 인지적 의식. 다른 생각을 생각하여 '나쁜' 생각을 중화한다(예: 기도, '안전한' 주문 또는 기타 '좋은' 생각).
- 강박적 걱정을 유발하는 상황, 사람 또는 물체의 회피
- 가족, 의사 또는 다른 사람의 걱정에 대한 확신을 구하는 행위
- 생각의 억압

대부분의 강박 장애 환자들은 행동적 또는 운동적 의식을 가지고 있지만, 일부는 대부분, 만약 있다면, 운동적인 의식들이 거의 없는 인지적 의식들을 가지고 있다(소위 말하는 순수한 강박 치료가 더 어려운 프레젠테이션).

> Vince는 항상 매우 신중했고 자신의 높은 안전 기준을 자랑스러워했다. 그러나 (부서의 안전을 보장하는 책임을 지고) 승진한 이후 안전점검이 과장돼 지금은 야간에도 건물에 남으려고 하고 있다. 그는 자주 재점검을 위해 5, 6번 돌아온다. 때때로 집에서 차를 몰고 오기도 한다. 그는 걱정스러운 생각을 떨쳐버리려고 했으나 실패했다. 그의 두려움은 불충분한 주의는 비난을 받게 될 재앙을 초래할 것이라는 것이었다. 그는 이런 수치심이 자신을 파멸시킬 것이라고 생각했다.

강박적 인지 작업 그룹(1997)은 OCD의 핵심 인지를 다음과 같다고 제안했다.
- **사고 행동 융합**: '나쁜' 생각은 '나쁜 결과'를 초래할 수 있다는 생각(예를 들어, 누군가가 해입는 것을 생각하면, 실제로도 해가 발생할 수 있다) 또는 '나쁜' 생각을 하는 것은 나쁜 행동을 하는 것만큼 도덕적으로 나쁘다는 생각
- **과장된 책임감**: 나쁜 일이 일어나지 않도록 할 힘과 의무가 있다는 가정
- **생각의 통제능력에 대한 믿음**: 예를 들어 '나쁜' 생각을 통제할 수 있어야 한다는 믿음

- **완벽성**: 최고만이 효과적이거나 수용될 수 있다는 이분법적 가정
- **위협의 과대평가**: 그것은 ~과 관련된다.
- **불확실성의 불수용**: 확실해야 한다는 믿음(예: '행동이 안전한지 확신할 수 있어야 한다.')

다른 불안 장애와 마찬가지로, 부정적인 생각에 대한 생각(예: 그러한 생각을 하는 것에 대해 근본적으로 잘못된 어떤 것이 있음)은 불안감을 고조시킬 수 있다(Wells, 2000).

정서적 추론(감정은 상황에 대한 믿을 수 있는 정보의 원천이라는 가정, 예를 들어 '불안해, 그러므로 위험한 상황임이 틀림없어.') 또한 OCD 환자들 사이에서 흔하다(Emmelkamp & Aardema, 1999년 참조).

그림 14.6 강박 장애(OCD)의 인지 모델

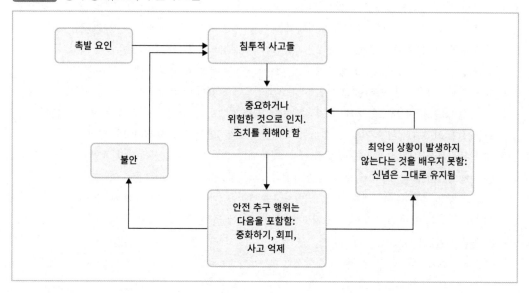

OCD에 대한 개입 통합은 다음과 같다.

- **노출 및 반응 방지**(ERP): 이것은 OCD에 대한 잘 구축된 개입이다. 목표는 환자가 자신의 안전 행동(예: 세척)을 하지 않고 두려운 상황(예: '오염된 어떤 것')에 자신을 노출시키는 것이다. 원래 행동적 개입으로 간주되었지만, ERP는 내담자 자신의 재난에 대한 강박적 예측이 정당화될 수 없으며 그가 고통을 견딜 수 있다는 것을 배움을 통해 하나의 행동실험(BE)으로써 인지적 접근에 쉽게 적용된다. 의식은 본질적으로 안전 추구 행위(SB)이다. 그러므로 ERP는 다른 불안 장애에서 안전 추구 행위(SB)를 줄이는 것과 매우 비슷하다. 가족, 친구 또는 전문가는 도움이 되지 않는 행동과 결탁하거나 도울 수 있으며, 따라서 치료의 이러한 측면에 그들을 참여시킬 필요가 있을 수 있다.

- 앞에서 설명한 인지적 행동적 전략을 사용하여 '생각하면 일어날 것이다.' 또는 '다른 사람들의 복지에 대한 책임이 있다.'와 같은 침입과 관련된 도움이 되지 않는 생각과 믿음을 검증하기. 연속체 방법 또는 크기 조정은 특히 완벽주의자의 극단적인 관점을 다루는 데 도움이 될 수 있다(13장과 17장 참조). OCD에서 침투적인 생각 자체는 이러한 방식으로 직접적으로 도전받지 않는다(그들은 정상적인 현상으로 보기 때문에). 그것은 검증이 필요한 침투에 대한 부정적인 생각이다.
- 이론 A 대 이론 B: 건강 염려와 마찬가지로, 이러한 개입은 긍정적인 관점을 강조하는 데 유용할 수 있다. 목표는 강박 장애가 실제 위협을 예방할 필요성에 대한 것이 아니라 오히려 그러한 위협에 대한 과도한 걱정이라는 것을 알게 하는 것이다.

    Vince의 가장 도움이 되지 않는 믿음은 '직장에서 발생하는 모든 위기에 전적으로 책임이 있다.'라는 것이었다. 그는 자신의 생각에서 인지적 편향을 인식하고 '책임감 파이'(17장 참조)를 구성함으로써 이를 검증했고, 이것은 그가 보다 현실적으로 책임감을 분산하도록 도왔다. 그러나, 그는 또한 비현실적으로 높은 기준을 뒷받침하는 이분법적 사고에 대해 작업해야만 했는데 연속체 작업 (17장 참조)이 그가 좀 더 유연해지도록 도왔다.

    그는 표준 인지 개입을 통해 '내가 잘못하면 파멸할 것이다.'와 같은 다른 핵심 믿음에 대해 언급했다. 최악의 상황을 견딜 수 있다는 확신이 든 그는 안전 추구 행위(SB)를 줄이는 프로그램에 동의했다. 이것은 그가 집에 있을 때 그의 아내가 그의 부서의 안전에 대해 불안해할 때 그를 안심시키지 않을 것이라는 합의를 포함했다. 그는 처음에 자신의 생각을 재앙적인 가능성으로부터 방향을 바꾸는 데 애를 썼다. 그는 자신의 경험을 (매우 세심하게) 일기에 적어두었는데, 이것들은 그가 안전 행동과 재앙적 사고를 줄이는 날에 덜 불안하고 더 많은 만족했다는 것을 분명히 보여주었다. 그는 또한 이 시기에 재앙이 결코 연속해서 일어나지 않았다는 것을 알게 되었고 그에게 그의 안전 행동이 필요하지 않다는 증거가 되었다.

외상 후 스트레스 장애

PTSD는 DSM−V(APA, 2013)가 무엇이 '외상'을 구성하는지 정의함에 따라 흥미로운 진단 범주로서, 이는 진단을 특별히 구체화한다. DSM−V는 외상성 스트레스 요인을 실제적이거나 위협적인 죽음이나 심각한 부상 또는 자신과 다른 이들의 신체적 위협과 관련된 사건으로 정의한다. 이것은 이제 대리(vicarious) 외상을 포함한다. 사건이 '외상'에 대한 DSM−V 기준을 충족하지 못할 경우, 얼마나 고통스러워 보이는지 또는 얼마나 괴로운 사건인지에 관계없이 PTSD의 진단을 내릴 수 없다.

지난 10년 동안 PTSD에 대한 몇몇 인지 모델이 개발되었지만, 가장 두드러진 것은 아마도

Ehlers와 Clark(2000)일 것이고, 그것은 PTSD에 대한 DSM−IV(APA, 2000) 기준에 기초한다. 인지 모델은 다음 사항에 중점을 두는 경향이 있다.

- 모델의 주요 감정적 요소로서 (DSM-IV와 일치하는) 두려움이나 공포의 정서, 비록 DSM−V(APA, 2013)는 죄책감, 슬픔, 혐오, 분노, 수치심과 같은 정서도 두드러질 수 있다는 점을 인식
- 여전히 현존하는 것으로 위험의 경험을 촉진하는 생생한 기억
- 이러한 기억들은 외상에 대한 지적 이해와 단절되어 있고, 멀리 떨어뜨림으로 인해서 보다 결딜 만한 것이 될 수 있다.
- 비록 외상성 사건의 기억이 다른 감각적 형태(예: 소리, 신체적 감각 및 냄새)에서도 경험될 수 있지만, 대개는 시각적으로 침투적인 기억들
- 악몽으로 경험되는 기억들

정신적 외상의 생생한 기억은 정서적으로 매우 자극적이고 여러 가지 이유로 인해 남아 있다.
- **안전 추구 행위(SB):** 높은 불안감을 관리하기 위한 시도로, PTSD 환자들은 종종 기억을 억제하기 위해 행동적, 정신적 회피적 행동을 한다.
- 이것은 기억의 처리를 방해한다(즉, 충격적 내용물을 검토함으로써 시간, 장소, 결과에 대한 정보와 연결될 수 있게 하기 위해서 그리고 과거에로 집어넣기 위해서). 그래서 기억은 그 자체로 높은 수준의 고통과 자극을 유발하는, 단절되고 정서적으로 충만된 기억으로 남는다.
- **기억 처리의 신경학적 억제:** 정서의 과각성 플래시백이 일어나는 동안 뇌의 일부(변연계, limbic system)를 생성하는 것 그 자체로 기억의 자연적 처리를 막을 수 있다. 따라서 그 기억은 감정적으로 지나치게 예민하고 현재의 현실과 단절된 채로 남는다(Kennerley & Kischka, 2013 참조).
- **오해석:** 외상의 경험에 대한 도움이 되지 않는 평가(예: 아무도 믿을 수 없다는 것을 증명함, '부주의로 인해 이런 결과를 초래했다.') 또는 PTSD 증상(예: '나는 약하다.', '나는 미쳐간다.')은 침투와 관련된 고통을 더욱 악화시킬 수 있고 따라서 각성과 안전 행동을 증가시킨다. 게다가 PTSD의 순환은 다음과 같이 유지될 수 있다.
- 강력하게 기피될 수 있는 자발적이고 생생한 이미지로, 따라서 환자들이 촉발하는 상황을 피하려고 할 것이다. 선택적 기억 과정. 그것은 외상의 부정적인 측면에 편향된 기억의 왜곡으로 고통을 증가시킨다.
- **위험의 과대평가:** 외상 피해자들이 안전에 대한 현재의 위협을 과대평가하는 것은 드문 일이 아니며, 그 결과 고조된 각성과 안전 행동을 모두 촉진한다.

PTSD의 인지 모델은 그림 14.7을 참조하시오.

그림 14.7 외상 후 스트레스 장애(PTSD)의 인지 모델

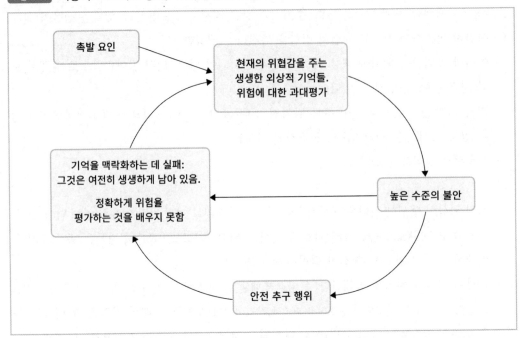

Alistair는 그의 자동차 타이어가 고속으로 폭발하면서 교통사고를 당했었다. 그는 운이 좋게도 탈출했다. 8개월 후, 마치 다시 일어나는 것처럼 그는 여전히 그의 차가 뒤집힌 것, 그 광경, 소리, 그리고 냄새 등 생생한 기억들을 경험했다. 그에게 있어 모든 것이 다시 검게 변했고, 연료 냄새가 나고, 길가를 따라 금속이 긁히는 소리가 들렸고, 오래된 기차브레이크와 같은 소리, 마치 거꾸로 매달려 있는 것처럼 느껴졌고, 매번 그는 '나는 죽을 거야.'라는 생각을 했다. 그는 특히 휘발유 냄새를 맡거나 사고가 발생한 지역으로 돌아갈 때 플래시백이 나타날 가능성이 있었다. 그러므로 비록 그가 여전히 그의 차를 운전했지만, 그의 파트너는 항상 차에 연료를 주입했고, 그는 충돌 지점 근처에서 결코 운전하지 않았다.

인지 모델에 기초한 PTSD 치료는 다음의 사항을 다루는 것이 포함된다.
- **자발적 이미지**: 이미지들과 관련된 매우 높은 수준의 각성을 감소시키기 위한 전략이 도입되어 영상들이 처리되고 문맥에 맞게 조정될 수 있다. 이것은 합리적인 평가를 받을 수 있는 기억을 형성한다는 의미이다. 그런 다음, 현재 위협의 감각은 이미지를 시간, 장소 및 장기 결과에 따라 배치함으로써 제거된다. 이는 흔히 내담자가 외상을 '되새기는'

동안 인지적 재구성을 사용함으로써 달성된다(Grey, Young & Holmes, 2002). 또는 인지 처리 치료(Resick & Schneicke, 993; Ehler 등, 2003)는 내담자가 인지적 검토를 위해서 외상 경험에 대한 보고서를 상세하게 작성하는 것으로 달성된다. 외상 기억에 대한 보다 유용한 해석을 통해서 내담자는 그들 자신을 외상과 관련된 실제 삶의 현장에 노출시키도록 격려 받는다. 그럼으로써 그들은 불안을 유발하는 인지를 생체 내에서 관리할 수 있게 된다.

- 안전 추구 행위(SB)는 다른 불안 장애와 마찬가지로 도움이 되지 않는 믿음을 검토하고 새로운 가능성을 현장 검증함으로써 줄일 수 있다.
- 이러한 결론을 검토하고 '표준' CBT 개입을 다시 사용하여 타당한 대안을 생성함으로써 잘못된 해석을 재검토할 수 있다.
- 선택적 기억 처리는 모든 인지 편향이 할 수 있는 것처럼, 탈중심화 기술을 가르치거나 뒤로 물러서서 멀리에서 있는 인지를 조망함으로써 유용하게 다루어질 수 있다. 이것은 환자가 더 넓고 더 균형 잡힌 시각을 가질 수 있도록 해주며 덜 고통스럽다.
- **당신의 삶 교정하기**: 많은 외상 피해자들은 외상이전(pre-trauma)의 건강함에 기여하는 활동인 사회화, 운동과 같은 활동들을 무시한다. 그러므로 과제는 의미 있는 활동으로 생존자들을 다시 끌어들이기 위해 협상된다. 이것의 목적은 그들의 삶의 질과 기분을 향상시킬 뿐만 아니라 그들이 보다 정상적인 생활 방식을 다시 확립하도록 돕는 것이다.

　　Alistair의 침투적인 기억은 인지적 재구조화에 잘 반응했다. 즉, 그는 자신의 기억을 '업데이트'했다. 결국, 그의 치료사는 그가 현재 일어나고 있는 것처럼 그의 경험을 통해 말하는 것을 도왔고, 인지적 검토를 위해 정서적인 '과열점'에서 잠시 멈추었다. 이렇게 함으로써 Alistair는 그의 가장 현저한 생각에 맞설 수 있었다. '나는 곧 죽을 것이다.' 그는 부상이 거의 없이 추락한 차에서 내렸다는 것을 스스로 상기시킬 수 있었고, 그렇게 함으로써 그는 플래시백의 강도를 줄였다.

　　그는 또한 사고 이후 발전된 수치스러운 믿음, 즉 사고에 대한 책임이 있다는 믿음을 수정할 수 있었다. 이것은 그 기억들이 불러일으킨 불안이 더욱 감소되었다. 그는 점차적으로 처음에는 그의 파트너와 함께 그리고 나중에는 홀로 추락사고 현장을 다시 방문할 수 있었고 사고에 대해 이야기하고 읽을 수 있었다. 플래시백에 대한 그의 예측은 맞지 않았고 그의 자신감은 회복되었다. 냄새와 관련된 두려움은 특히 회복력이 강하기 때문에, 다루기 더 어려웠지만, 플래시백을 덜 두려워하게 되었다는 것을 알게 되었기 때문에, 그는 이따금씩의 생생한 기억을 과도한 고통 없이 참아냈고, 더 이상 휘발유 냄새를 피할 필요성을 느끼지 못했다.

PTSD의 침전물은 천재지변과 같은 인간에 의한 것이 아니거나, 어떤 사람이 어떤 방식으로 폭행을 당한 경우와 같이 매우 인간에 의한 것으로 인식될 수 있다. 인간에 의한 공격의 경우, 치료 환경 내외에서의 대인관계에 대한 민감성이 더 커질 수 있다. 일부 내담자는 성폭행을 경험할 수 있고 분명히 이 문제와 다른 성관계를 논의할 때 민감성이 필요하다.

▶ 동영상 자료 14.1: 외상성 기억에 대한 간단한 신경심리학적 설명

동반이환/공존질환

불안 장애는 별개의 문제로 나타날 수도 있고 다른 불안 장애와 결합되거나 다른 문제들과 동반이환되어 나타날 수 있다. 예를 들어, 강박 장애를 가진 사람의 높은 기준과 완벽성은 그녀를 섭식 장애에 빠트릴 수 있고, 불안 장애의 만성성은 우울 기분을 유발하며, 반면 먹거나 마시는 것으로의 위안을 삼는 것과 같은 전략적 대응은 어려움으로 발전할 수 있다.

결 론

이전 장에서는 불안 장애에 대한 포괄적 지식을 검토했으며, 이 장은 불안 장애와 관련된 특정 모델과 치료 방법에 초점을 맞추었다. 실무에서 당신은 내담자의 요구에 유연하게 잘 반응할 수 있도록 일반적이고 구체적인 접근 방법 모두를 알아야 할 필요가 있을 것이다.

모델은 특정 불안 장애에 대한 우아하고 귀중한 지식을 제공하는 반면, 포괄적인 개요는 모델과 프로토콜이 내담자의 요구를 충족시키지 못할 경우 의지할 수 있는 '첫 번째 원칙'을 제공한다.

특정 모델 및 치료 프로토콜로 작업할 때 발생할 수 있는 잠재적인 문제

완전한 평가 없이 치료 프로토콜을 고수하지 않으면서 진단의 타당성을 가정하기

많은 내담자가 특정 진단 그룹에 대한 기준을 충족하고 프로토콜 주도 접근 방식이 이롭다고 하더라도 적절한 평가를 먼저 수행하지 않고 추정해서는 안 된다. 의뢰자의 진단이나 당신의 첫인상이 잘못된 때가 있을 것이다.

특정 모델로 내담자의 경험을 강요하는 것

평가를 할 때는 호기심을 갖고 많고 열린 마음을 유지해야 한다. 만약 당신의 내담자의 프레젠테이션이 당신이 적절하다고 생각하는 모델에 딱 들어맞지 않는다면, 아마도 그 모델은 이 사람에게는 유효하지 않다. 그러한 경우 포괄적인 개념화(Beck et al., 1979)가 적합할 것이며 이는 어떤 개입이 최선인지를 결정하는 데 도움이 될 것이다.

내담자가 잘 반응하지 않을 때 계획안 변경하기

프로토콜을 따르는 것은 중요하지만, 내담자와 그들의 프레젠테이션의 양상 사이에는 개별적인 차이가 있을 것이며, 어떤 시점에서는 계획안과 맞지 않을 수도 있다. 경우에 따라서는, 편차가 충분히 표시되므로, 내담자를 재평가하고 그 계획안이 최적의 접근 방식을 제공하는지를 고려해야 한다. 경우에 따라서는, 그 계획안에 머무르는 것이 내담자에게 최선이 될 수 있지만, 당신은 그것을 약간 조정해야 할 수 있다. 예를 들어, 특정 기술 훈련(자기주장, 시간 관리 등)에 대한 것이거나, 과도한 분노, 해결되지 않은 슬픔, 아니면 플래시백과 같은 진행을 방해하는 것으로 보이는 문제를 일시적으로 해결하기 위해 전환한다.

─────── **요 약** ───────

- 일반적으로, 불안 장애의 다양한 프레젠테이션을 이해하기 위한 잘 확립되어 있고 매우 구체적인 모델들이 있으며, 그것들을 관리하기 위한 시도되고 검증된 계획안들이 있다.
- 가능한 경우 계획안의 사용은 개입의 첫 번째 선택이 되어야 한다. 그러므로 당신은 그것들과 친숙해질 필요가 있다.
- 당신은 또한 불안의 '첫 번째 원칙'에 친숙할 필요가 있다. 즉, 다음을 수행해야 한다.
  - 표준 모델을 충족하지 않는 내담자의 문제를 개념화할 수 있도록 불안과 관련된 어려움에 기여하고 유지하는 요소를 전반적으로 이해한다.
  - 불안 장애를 지속시키는 주기를 깨기 위해 적용할 수 있는 관리 전략의 범위에 대한 이해. 필요한 경우 접근 방식에 유연해야 한다.

학습 활동

다음 학습 활동은 SAGE publishing 사이트(https://study.sagepub.com/kennerley3e.)에서 내려받기 할 수 있다.

검토 및 반영:

- 그 모델들이 불안 장애를 뒷받침하는 것을 보고 반응은 어떤가? 그것들은 당신의 경험과 잘 맞는가? 그게 말이 된다고 생각하는가? 만약 그렇지 않다면, 이 이론을 당신의 임상 경험과 연결시키는 데 어떤 어려움이 있는가?
- 계획안은 어떤가? 다시 한 번 말하지만, 그게 이치에 맞는가? 당신은 그들을 더 적극적으로 적용함으로써 이익을 얻을 수 있는 내담자들을 생각할 수 있는가? 그것들이 얼마나 내담자들을 위해 효과가 있는지에 문제가 있다고 보는가? 그렇다면 어떤 어려움을 예상하는가?

한발 더 나아가기:

- 모델 및 계획안에 대한 자세한 내용을 읽어 보고 원자료로 돌아가서 적절히 이해했는지를 확인하라.
- 불안 장애를 뒷받침하는 인지적 모델에 대해 더 잘 이해하는 관점에서 불안해하는 내담자를 점검하라. 그들의 어려움들에 대한 당신의 개념화를 검토하라.
- 내담자가 모형에 적합할 경우, 해당 계획안을 최대한 활용하고 있는지 확인하라.
- 계획안을 따르는 데 익숙하지 않은 경우 '테스트 케이스'를 사용해보라. 관련 개입에 대해 정말로 숙지하고 가능한 한 계획안에 가깝게 따르라. 당신과 내담자에게 어떻게 작동하는지 알아보라. 내담자와 작업하는 계획안을 준수하는 데 어려움이 있다면 모델 및 계획안에 대한 자신의 가정을 탐색하라.
- 만약 당신의 내담자가 모델에 맞지 않는다면, 개념화를 어떻게 했는지를 고려하고 내담자를 관리하고 불안 장애의 특성을 이해하고 가능한 전략들을 통해서 내담자가 문제를 해결하도록 도와야 한다.
- 수퍼바이저의 지원 및 필요한 경우 불안한 내담자들과 함께 작업하는 것에 대한 어려움을 논의하라.

Wells, A. (1997). *Cognitive therapy of anxiety disorders: a practical guide.*: London: Wiley Blackwell.
다양한 불안 장애를 실질적이고 유익한 방법으로 다루는 잘 확립된 '기본' 텍스트다. 그것은 포괄적이고 이론과 실제와 성공적으로 결합한다.

Butler, G, Fennell, M., & Hackmann, A. (2008). *Cognitive—behavioural therapy for anxiety disorders: mastering clinical challenges.* New York: Guilford Press.
불안 장애 치료에 대한 현명하고 훌륭한 개념화 기반 접근법은 개입 권고안에 근거하고 있다. 그것은 매우 읽기 쉽지만 불안 장애의 관리를 지나치게 단순화하는 것은 피하고 있다.

동영상 자료

• 14.1 외상성 기억에 대한 간단한 신경심리학적 설명

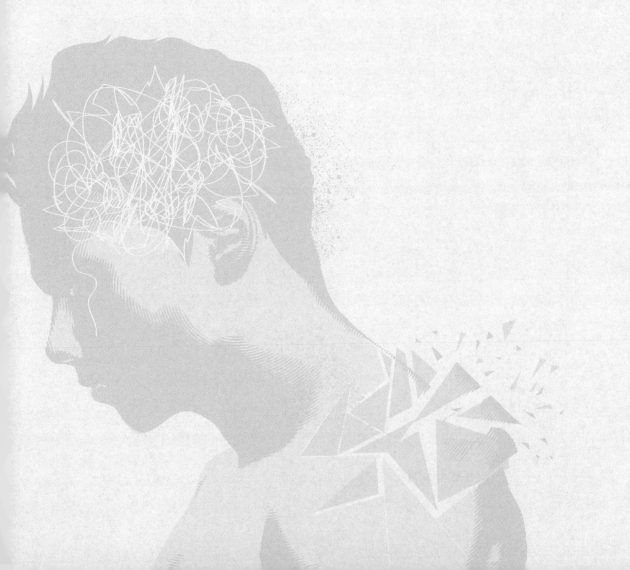

CBT의 광범위한 적용

─── 도입 ───

지난 35년 동안 CBT는 불안과 우울증을 넘어갈수록 광범위한 심리문제에 적용되고 있다.

이 장에서는 그러한 일부 다른 문제들에 대한 CBT의 적용을 간략히 검토할 것이다. 우리의 의도는 두 부분이다.

- 당신이 그들이 인식을 돕기 위해 장애의 현저한 측면을 강조하는 것
- 당신이 내담자를 직접 수용할지 의뢰를 할지를 결정하기 위해 그런 문제를 관리에 무엇이 포함되는지를 개략적으로 설명하는 것

이러한 장애들을 다루기 위해서는 추가적인 훈련과 수퍼비전이 요구될 수 있다는 것을 기억하라.

각 회기가 끝날 때, 우리는 당신에게 더 많은 독서를 참고할 참고자료를 제시할 것이다. 우리는 CBT가 적용된 모든 심리적 장애를 다루려고 하는 것은 아니지만, 아마도 가장 일반적인 것들을 간단히 검토할 것이다.

- 섭식 장애
- 심리적 외상
- 분노
- 정신병
- 대인관계 곤란
- 물질 오용

─── 섭식 장애 ───

섭식 장애를 가진 사람들과 작업해온 오랜 행동적 전통이 있다. 이러한 개입은 체중 회복과 안정, 식습관 개선에 비교적 효과적이었다. 그러나 효과는 제대로 유지되지 않았고, 1980년대에는 인지를 수정하는 쪽으로 강조되었다(e.g. Fairburn, Kirk, O'Connor & Cooper, 1986).

CBT는 섭식 장애(EDs), 특히 신경성 식욕부진증(bulimia nervosa)을 위한 인지중심치료 중 가장 철저하게 연구되어 왔고, 그것은 옹호할 수 있는 치료(see Hay, 2013 for a review)이고 좋은 결과들은 일상적인 임상적 수행에서 달성될 수 있고 EDs의 성공적인 관리는 공존하는 어려움

들*에도 영향을 줄 수 있다는 합리적인 증거가 있다(Turner, Marshall, Wood, Stopa & Waller, 2016). 시간이 흐르면서 인지치료사들은 ED(Waller, 1993; Fairburn, Cooper & Shafran, 2003)에 대한 초진단적 이해와 모델과 접근 방법을 정교화했지만, CBT 치료사의 주된 초점은 신경성 식욕부진증(anorexia nervosa), 신경성 폭식증(bulimia nervosa), 폭식 장애(binge-eating disorder)였다. 일반적인 특징들에도 불구하고, 이러한 상태가 보여주는 것에는 뚜렷한 차이가 있으며, 이 차이는 그들의 이해와 치료에서 고려되어야 한다.

DSM−V(APA, 2013)는 이들을 '급식 및 섭식 장애(Feeding and eating disorders)'로 정의하고, 이제는 이전에는 잠정적인 범주에 속했던 폭식 장애(BED)를 정식으로 인정했다.

- **신경성 식욕부진증****(AN): 저체중으로 정의되며, 체중과 몸매에 대한 과도한 걱정, 그리고 신체 이미지의 혼란을 의미한다. 제한형 AN(칼로리 섭취에 대한 순수한 제한)과 폭식/제거형 AN(과식에 대한 극단적인 에피소드)의 두 가지 아형이 있다. 과도한 운동은 AN에서 일반적이지 않다.
- **신경성 폭식증**(BN): 진단 기준에는 체중과 체형에 대한 과도한 관심이 포함되지만, 핵심적인 기준은 폭식의 반복된 에피소드이다. BN에서는 폭식에 대한 유의미한 보상행위가 있다. 예를 들어, 스스로 구토를 유도하거나, 제거행동, 단식 또는 과도한 운동.
- **폭식 장애**(BED): 이것은 극단적인 보상 행위 없이 폭식을 반복하는 에피소드를 묘사한다. 이것은 과체중과 연관되거나 연관되지 않을 수도 있지만, 통제 불능의 느낌과 관련이 있고 종종 혐오나 수치심과 같은 감정과 관련이 있다.
- **기타 진단 가능한 ED**: DSM−IV−TR(APA, 2000)에는 '달리 분류되지 않은 섭식 장애' 또는 'EDNOS'라는 범주가 있었다. EDNOS가 섭식 장애 서비스에 사용되는 가장 일반적인 진단인 것으로 밝혀졌다(Palmer, 2003). 이제 DSM−V에서 광범위하게 개정되었고 EDNOS는 더 이상 존재하지 않는다.
- **다른 ED는 보다 정확하게 정의된다**: 이식증(pica), 되새김 장애(rumination disorder), 회피적/제한적 음식 섭취 장애(ARFID), 기타 특정 음식 또는 ED(OSFED), 분류되지 않은 음식 또는 ED(UFED).
- **비만**: 비록 종종 정신과적 조건에 포함되지만, 비만은 오직 과체중으로 인한 의학적 상태만을 의미하는데, 이것은 심리적인 또는 비심리적 요인으로부터 기인할 수 있다.

---

* 역자 주: 섭식 장애는 양극성 장애, 우울 장애, 불안 장애 등이 동시에 있을 수 있고 강박 장애는 일부 보고되고 알코올 사용장애와 다른 물질사용장애도 동반이환(comorbidity)하기도 한다(DSM-5기준).
** 역자 주: 흔히 '거식증'이라고 한다.

ED는 일반적으로 젊은 여성들에게 발생하지만, 남성과 나이든 여성들도 간과하지 않도록 주의하고, 그들을 우울증이나 높은 불안으로 인한 '진정한' 거식증이나 음식 섭취에 대한 과도한 통제에 초점을 맞춘 강박 장애와 같은 다른 장애들과 혼동하지 않도록 주의하라.

임상에서 체질량은 체질량 지수(BMI-kg/m²)를 사용하여 추정한다. 저체중 및 과체중 분류는 표 15.1에서 볼 수 있다. ED를 가진 사람과 작업할 때, 특히 BMI가 낮거나 특히 높을 때 BMI를 따라가는 것이 필요하다. 일부 내담자들은 과도하게 체중을 재는데 이것은 안심추구의 한 형태로 다루어져야 한다. 다른 이들은 그렇게 하는 것을 꺼려하는데 이는 치료에 잠재적인 걸림돌이 될 수 있어 조기 개입이 필요하다. 행동실험(BE)의 사용은 내담자 스스로 체중을 잴 수 없다면 제한된다. 치료적 동맹은 타협될 수 있고 중요한 것은, 과도한 체중은 건강 위험을 수반하며, 반드시 검토되어야 한다. 이것은 치료사로서 당신에 의해서, 일반의(GP) 또는 많은 전문분야 팀의 다른 구성원에 의해 이루어질 수 있다. 내담자 자신의 크기를 정확하게 추정할 수 있다고 가정하지 마라. 뚱뚱하다는 느낌은 신뢰할 수 없는 것으로 악명이 높다.

ED에서 공유하는 특성은 아래에 요약되어 있다.

표 15.1 Body-mass index 체질량 지수

BMI(kg/m^2)	WHO 분류
<18.5	저체중
18.5~24.9	정상체중
25~29.9	등급1 과체중
30~39.9	등급2 과체중(비만)
≥40	등급3 과체중(병적 비만)

1. 인지, 정서, 행동의 상호작용

그러한 패턴을 확인하는 것은 진단이나 프레젠테이션이 무엇이든 ED를 가진 사람들을 돕는 데 필수적이다. 내담자의 어려움이 명확한 진단 범주에 속하지 않을 경우 인지 행동 유지 주기가 치료의 지침이 될 것이다. 그림 15.1에는 세 가지 예가 제시되어 있다. 자기 기아(self-starvation)의 주기, 먹는 것에 대한 과잉보상행위 주기, 과식 주기.

2. 공통 핵심 주제

당신도 알다시피 자동적 사고(ATs)는 종종 '그게 뭐가 그렇게 나쁜가?'라는 질문을 구한다. ED는 순수하게 체형과 체중에 대한 우려에 의해 기인하는 것만은 아니다. 우리는, 정상 체중/

체중 과다/초고도 체중을 갖는 것이 무엇을 의미하는지 물어봐야 한다. 임상 보고서와 연구에서 나오는 주제는 다음과 같다.

- **사회적 및 대인 간 문제:** 버려지는 것에 대한 두려움, 사회적 평가에 대한 두려움, 수치심, 낮은 자존감이 포함된다(Waller & Kennerley, 2003, 참조). 따라서 평가 시 체계적(특히 가족) 요인들을 고려해야 하며, 파트너 또는 부모가 치료에 유용하게 포함될 수 있다.
- **통제:** 이는 오랫동안 ED의 역학 및 유지에 있어 강력한 요인으로 인식되어 왔으며, 그 역할은 정교해졌지만(Fairburn, Shafran & Cooper, 1999) 내담자들은 대개 과도한 통제를 시도하여 통제력을 상실할 위험에 처한다.

3. 인지 과정

극단적인 인지 과정은 다른 심리학적 문제들과 마찬가지로 ED의 발전 및 유지와 관련이 있다. 특히 완벽주의와 해리는 그들의 유지에 강력한 역할을 하는 것으로 확인되었다.

그림 15.1 섭식 장애의 유지 주기

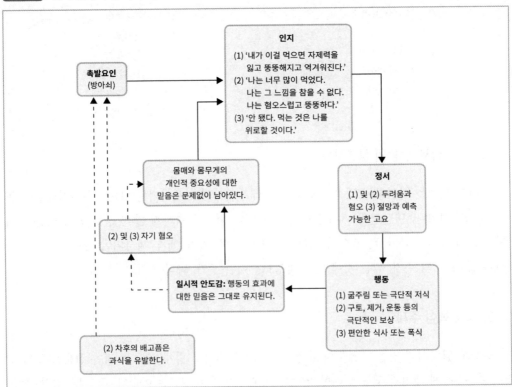

- 이분법적 사고(Dichotomous thinking)는 '전부 아니면 아무것도 아님'이란 관점은 흔하고 완벽주의로 표현되는 경향이 있다. 이는 야윈상태에 대한 극단적인 목표와 극단적인 과식 또는 과소섭취로 명백해진다. 그것은 종종 부정적인 자기 평가에 의해 지지되는데, 이것은 과잉보상에 의해 시도되는 보상 행동을 유발한다. 지각된 '성공은' 수행은 가치와 동일하다는 신념에 부채질을 하고 부정적인 자기 관점은 도전하지 않는다. 지각된 '실패'는 낮은 자존감을 제공한다(그림 15.2 참조).
- 해리, 말 그대로 '주의를 기울이지 못하는 것', 즉 현재의 정서적 또는 인지적 경험이 분리되는 것은 해리가 자기 기아 또는 과식에 의해서 유발될 수 있기 때문에 ED와 연결되어 있다. 지각된 부정적 감정에 직면에서 반복되는 해리는 한 개인이 정서들을 견딜 수 있다는 것을 학습하지 못하게 하는 결과를 낳는다. 그리고 해리는 음식의 오용으로 주요 대처 전략으로 남는다.

그림 15.2 섭식 장애를 유지시키는 완벽주의

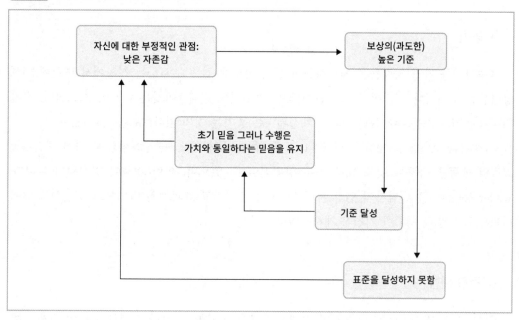

4. 효과

섭식 행동을 이끄는 감정의 역할에 대한 실질적인 증거가 있다(e.g. Waters, Hill & Waller, 2001). 이것은 과식과 과소섭취 모두와 관련이 있고, 연구는 배고픔이나 포만감이 감정에 의해

묵살된다는 것을 제시한다.

내담자 정서의 정확한 역할은 정동*의 설명을 포함하는 사고 기록의 면밀한 분석을 통해 확인될 수 있지만, 간단히 말하면 다음 사항을 고려해야 한다.

- 기분 또는 정동 불관용: 폭식이나 제한적인 섭취가 내담자들이 참을 수 없는 정서를 완화시키는 것. 이것은 단기적으로 매우 효과적일 수 있고 따라서 극단적인 섭식행위에 대한 설득력 있는 이유이다.
- 기아나 포만감에 대한 감각들을 억누르는 정서들: 불안, 분노 또는 흥분 같은 형태의 높은 각성은 먹을 필요성과 먹는 것을 멈출 필요성에 대한 인식을 방해할 수 있다.
- 배고픔으로 오인되는 감정들: 분노, 불안, 스릴 또는 고통을 배고픔으로 오해하는 내담자들은 전형적으로 이것에 대한 반응으로 먹는다. 먹는 것은 진정 효과가 있기 때문에, 그들은 그런 감각들이 감소하는 것을 경험함으로써 그것은 그들이 정말로 배고프다는 믿음을 강화시킨다.

5. 동기

종종 ED를 가진 사람들은 치료사들이 동기 향상에 집중해야 하는 상황에서 변화에 대해 양면성을 보이거나 심지어 노골적인 저항을 보이기도 한다. 이것은 시간이 소요되며, 현재 CBT에 동기 요소를 추가하면 결과가 개선된다는 증거는 거의 없다(Treasure, Katzman, Schmidt, Troop, Todd & de Silva, 1999). 그러나 ED(특히 신경성 식욕부진증 제한형의 경우)를 가진 내담자는 그들의 행동을 바꾸는 것에 대해 매우 양면적일 수 있으며, 이런 것들이 인정되어야 한다. Waller 등(2007)은 내담자의 입장을 이해하고 온정적이고 효과적인 방법으로 양면성을 극복하도록 돕기 위한 명확한 지침을 제시하였다.

6. 건강 위험

급성 ED와 만성 ED 모두 심각한 신체적 문제를 야기한다. 따라서 치료는 주의 깊게 수행해야 하며, 영국에서 시행되는 대부분의 치료사들 의사들과의 협의 아래 이루어지며, 이것은

---

* 역자 주: 본서에서는 emotion을 정서로 affect는 정동으로 mood는 기분으로 번역하였다. 정동(affect)은 주관적으로 느끼는 감정상태(정서)가 표현된 관찰 가능한 행동양식이고 기분(mood)은 광범위하고 지속되는 정서의 "기후"라고 한다면, 정동은 보다 변동이 있는 정서의 "날씨"라고 비유할 수 있다(정신질환의 진단 및 통계편람, 제5판, 권준수 외 공역, 2013).

당신의 내담자의 일반의(GP)가 될 것이다. 주요 관심사는 다음과 같다.

- **기아, 폭식 그리고/또는 제거**: 영양실조와 그로 인한 결과, 심혈관 합병증, 위장 장애, 면역 체계의 결함, 생화학적 이상, 중추신경계의 변화, 무월경, 골다공증, 신부전증.
- **비만**: 신진대사 합병증, 심혈관 합병증, 호흡기 질환, 골관절염.

ED에 CBT 사용하기

진단이 무엇이든지 간에, 우리는 항상 당신이 철저한 평가를 수행할 것을 주장할 것이라는 것을 지금쯤은 알게 될 것이다. 당신의 개념화는 결과적으로 적절한 인지적 행동적 개입으로 당신을 인도할 것이다. 이는 클라이언트가 DSM 진단과 관련하여 정립된 모델 중 하나에 맞지 않는 경우 특히 중요하다. ED를 가진 사람들의 특징인 이분법적 사고방식은 연속체 작업을 통해 해결할 수 있으며(8장 참조), 재발 관리는 특히 누군가를 폭식이나 자기 기아의 위험에 처하게 할 수 있는 강력한 욕구와 절대적 사고방식을 관리하는 데 도움이 된다(6장 참조).

다른 문제들과 마찬가지로, 치료는 문제를 유지하는 순환을 깨는 것을 포함한다. ED를 관리하기 위한 가장 두드러진 CBT 프로토콜은 매우 구체적인 '유지 모델'에 기초한다(Vitousek, 1996 참조). 스키마 수준 의미를 포함하는 모델과 일반적인 모델 또한 관련이 있는 것으로 입증되었다(Waller & Kennerley, 2003년 참조). 임상적으로, 당신은 섭식 장애를 가진 내담자들이 특별히 필요로 하는 것을 알고 그들을 도울 충분한 자원이 있는지 자문해볼 필요가 있다. AN 치료는 다음을 고려할 필요가 있다.

- **장기간의 저체중으로 인한 결과**: 거식증을 앓고 있는 사람들은 정기검진을 받아야 한다는 일반적인 합의가 있다(Zipfel, Lowe & Herzog, 2003).
- **기아의 영향**: CBT에 참여하기 위한 동기부여를 줄이고 능력을 손상시키는 행동적 및 인지적 변화를 포함한다.
- 거식증의 의학적 위험에 대한 내담자의 부인이나 인식 부족은 치료 능력을 감소시킨다.

내담자들이 그들의 행동이 적절하고 전혀 역기능적이지 않다고 느낄 때, 참여는 더욱 저조해진다. BN에 대한 치료는 다음을 고려해야 한다.

- 지각된 과식(구토, 제거 등)에 대한 극단적인 보상행위로 인한 의학적 위험

폭식 및 비만에 대한 치료는 다음을 고려해야 한다.

- 과식과 과체중의 의학적 위험

추천 도서 목록

Treasure, J., Schmidt, U., & van Furth, E. (2003). *Handbook of eating disorders*(2nd ed.). Chichester: Wiley.

Waller, G., Cordery, H., Corstorphine, E., Hinrichsen, H., Lawson, R., Mountford, V., & Russell, K. (2007). *Cognitive behavioural therapy for eating disorders: a comprehensive treatment guide.* New York: Cambridge University Press.

Vitousek, K.B., & Brown, K.E. (2015). Cognitive-behavioural theory of eating disorders. In L. Smolak & M.P. Levine (Eds.), *The Wiley handbook of eating disorders.* Chichester: Wiley-Blackwell.

심리적 외상

심리적 외상은 여러 가지 형태를 취할 수 있다. 즉, 급성 또는 만성적일 수 있고, 다양한 수준의 심각성을 가질 수 있으며, 어린 시절이나 성인기에 발생할 수 있으며, 많은 사건(예: 잔혹 행위 목격, 자연 재해, 성폭행)에 의해 유발될 수 있다. 일부는 생존자의 결과가 PTSD가 될 것이다. 외상 경험이 복잡할 때도, 우선 더 진단적으로 복잡한 것보다는 PTSD를 고려해야 한다. 우리는 PTSD가 일반적으로 경험되고 내담자를 돕기 위한 잘 확립된 모델과 프로토콜을 가지고 있기 때문에 그러나 PTSD가 항상 외상성 경험의 결과물은 아니며 임상가들은 외상 후유증이 매우 다양할 수 있다는 것을 알아야 한다. 우리는 DSM에 정의된 '외상'을 경험하지는 않았지만 나쁜 경험의 심리적 결과에 대처하기 위해 분투하는 내담자들을 보게 된다. 우리는 또한 인식 가능한 '외상'을 견뎌낸 사람들을 보지만, 그들은 외상의 재현이나 정서적 무감각 같은, PTSD에 대한 DSM 기준을 충족시키지 못한다. 외상의 심리적 유산은 외상을 훨씬 더 넘어설 수 있고, 외상 후 반응들에 대한 더 많은 범주를 구별하기 위한 임상의와 연구자들의 시도로 반영된다. 예를 들어 '복잡한 PTSD'(Herman, 1992년), '복잡한 외상'(Courtois, 2004년), '발달적 외상 장애'(Van der Kolk, Roth, Pelcovitz, 일요일 & Spinozol, 2005).

Terr(1991)는 그녀가 두 가지 유형의 외상 희생자를 인식하고 매우 적절하게 구별을 했다.

- 유형 1: 단 한 번의 충격적인 사건을 겪은 사람들.
- 유형 2: 반복적으로 충격을 받은 사람들.

Terr는 원래 아이들에 관해서 이런 구별을 사용했지만, 그 구분은 어른들에게도 적용되었다. Rothschild(2000)는 안정적인 배경이 있는 사람과 없는 사람을 구별하고, 별개의 외상 사건을 회상하는 사람과 전반적인 외상을 회상 사람을 구별하기 위해 성인 제2유형 분류에 대한 추가적인 개선을 제안했다. Scott과 Stradling(1994)은 더 나아가서, 특정한 유형의 외상보다는 아동기의 만성 질환이나 정서적 학대와 같은 지속적인 스트레스에 대한 반응을 설명하는 장기간의 압박 스트레스 장애(PDSD)를 범주에 추가하자고 제안했다.

이러한 구별은 외상 생존자들이 동종의 그룹이 아니며 PTSD만이 유일한 임상적으로 중요한 외상에 대한 반응은 아니라는 것을 상기시킨다. 그러나 연구 인지치료사들은 외상 환자에 초점을 맞추는 경향이 있었으며, 이 모집단에 대한 잘 발달된 치료법이 있다(14장 참조). PTSD 기준을 충족하지 못하는 외상 생존자들과 함께 작업하고 있다면, 첫 번째 원칙으로부터 작업을 해야 한다. PTSD 프로토콜이 모든 외상 생존자에게 적합하다고 가정하기보다 개념화가 중재를 이끌어야 한다.

아동기에 의한 외상을 겪은 사람들은 성인이 되었을 때 심리적 어려움을 겪을 가능성이 더 높다는 것이 잘 알려져 있다(Mullen, Martin, Anderson, Romas & Herbison, 1993).

발달적 트라우마의 생존자들은 ED, 우울증, 대인관계 곤란과 같은 어떠한 심리적 문제들의 조합을 보여준다. 따라서 소아 트라우마 생존자가 보여주는 어려움 중 많은 것은 인지치료사에게 익숙하며, 문제에 대한 인지적 이해는 이미 존재한다.

정신적 외상의 생존자들과 함께 작업할 때 고려해야 할 몇 가지 중요한 문제들이 있다.

이것들은 아래에서 논의되고 Kennerley에 의해 더욱 상세하게 설명된다.

1. 외상의 기억

우리가 이미 말했듯이, 비 PTSD 외상의 프레젠테이션은 다양하다. 이것의 한 징후는 외상성 경험에 대한 활용 가능한 기억의 범위다.

- **외상에 대한 기억 부족**: 어떤 사람들은 단지 외상에 대한 접근 가능한 기억이 없다. 때때로 희생자는 너무 주의가 분산되거나 해리되어서 절대 모든 기억을 내려놓을 수 없다. 내담자들은 '내 마음이 얼어붙었어, 나는 그가 무엇을 말했는지 기억이 나지 않아.' 또는 '나는 칼을 볼 수 있지만 다른 것은 기억할 수 없어.'와 같은 말을 할 것이다. 이러한 경우, 더 이상 회상할 기억이 없을 수 있다. 부정확한 기억을 생성할 위험이 있기 때문에 강압적으로 회상을 하도록 해서는 안 된다(아래 참조). 또한 충격적인 기억이 억압될 수 있고(영국 심리학회, 1995년) 그 외상의 기억들은 저장될 될 것이다. 그러나 다시 한 번 왜

곡을 부추길 위험 때문에 기억을 강요하지는 않는다.

- **침투적인 기억**: 피할 수 없는 것은 아니지만, 많은 외상 생존자들은 감각의 일부 또는 전부를 포함할 수 있는 침투적인 기억을 가지고 있다. 어떤 사람들에게는 이러한 기억들이 플래시백의 특성을 가지고 있을 것이다. 어떤 기억들은 특정한 사건들을 상당히 정확하게 반영할 것이다. 어떤 기억들은 시간이 흐름에 따라 부정확해질 것이다(우리 모두에게 해당되는 정상적인 현상임). 반면에 일부는 사건의 의미가 유지되지만 특정 사건의 특이성이 사라지는 '대표적 회상'을 생성시키는 여러 사건들의 합성물이 될 것이다. 유형 I PTSD(예: Ehlers & Clark, 2000)의 침투 기억 관리에 대한 경험 기반 방법은 유형 II 및 / 또는 발달 장애 외상 침입을 관리하기 위한 최선의 선택이 아닐 수 있다.

- **부정확한(False) 기억력**: 이것은 잘 연구되고 존재하는 것으로 인식된다(영국 심리학회, 1995). 모든 기억은 왜곡에 취약하다. 그것들은 비디오 녹화하듯 뇌에 저장되는 것이 아니라, 기억이 소환될 때마다 변경되는 톱의 조각들의 모음과 더 비슷하다. 이것은 우리가 무언가를 기억할 때마다 '(기억) 조각들의 오배치'의 위험이 있다는 것을 의미하며, 우리가 상황을 더 많이 기억할수록 세부 사항들이 조금 더 왜곡될 가능성이 더 높아진다는 것을 의미한다. 그러나 우리는 또한 세밀한 기억은 신뢰할 수 없지만, 일반적인 기억력은 그렇지 않다는 것을 안다. 따라서 우리는 휴가를 즐겼거나 싫어했던 것을 정확히 회상할 수 있다. 비록 휴일의 세부 사항에 대한 기억이 상당히 덜 신뢰할 수 있을지라도 말이다. 임상적으로, 지침은 희미한 기억의 세부 사항에 과도하게 집착하기보다는 내담자에게 남겨진 의미에 초점을 두는 것이다.

2. 자기 감각(및 다른 도식에 의한 신념)

아동기의 정신적 외상은, 특히 만성적인 경우, 한 사람의 자아 감각, 타인 그리고 미래에 근본적인 영향을 미칠 수 있으며, 이것은 성인기에 이르러서도 강력한 믿음체계(또는 스키마타)의 발달을 초래한다. 고정되고 유용하지 않은, 특히 이런 믿음 체계는 부정적인 경향이 있다. 스키마타와 스키마 치료는 17장에 기술되어 있다. 당신은 내담자가 자신과 그들을 둘러싼 세계와 미래에 대한 융통성 없는 (기본적으로 부정적인) 믿음 시스템에 의해 뒷받침되는 광범위한 어려움을 표현할 가능성을 명심해야 한다.

다른 자기 관련 발단 외상의 결과는 파편화되거나 자기감각이 부재할 수 있다. 예를 들어, 한 남자는 자신을 하나의 '나'에서 또 다른 '나'로 끊임없이 바꾸는 것이라고 묘사했다. 가끔

나는 내가 비열하게 굴고 있다는 것을 알지만 내 자신을 멈출 수 없다. 다른 때는 편안함을 피부로 느끼기도 하고, 그다음 순간 나는 무섭고 상처받기 쉽다고 느낀다. 만성적인 유년기 방치를 경험한 한 여성은 '나는 내가 정말 여기 있는 것처럼 느껴지지 않는다. 나는 단지 껍데기일 뿐이다.'라고 다른 경험을 묘사했다. 나는 인생을 살아가지만 내가 진정으로 목적이나 정체성을 가지고 있다고 느끼지 않는다. 치료사를 위한 메시지는 외상 생존자들은 건강한 자기 의식을 갖지 못할 가능성에 대해 민감해야 한다는 것이다. 첫 번째 단계는 자신에 대한 믿음 체계를 풀어내기 전에 자신이 누군지에 대한 인식에 대한 자신감을 구축하는 것이다. 우리 동료(Gillian Butler) 박사는 '내가 누군지도 모르면서 내가 어떻게 생각하는지 알 수 있겠는가?'라고 말한다.

3. 대인간 그리고 체계적인 문제

대인관계 외상의 생존자들은 치료사로서 당신을 포함하여 타인과의 신뢰로운 관계를 발전시키는 데 어려움을 겪는다. CBT 자체를 준비하기 위해 작업동맹을 구축하기 위해 치료에 '투자'해야 하는 것은 드문 일이 아니다(3장 참조).

그러나 사고나 인간에 의한 것이 아닌 공격, 자연재해의 생존자들은 관계를 구축하는 것이 훨씬 더 쉽다는 것을 알게 될 것이다. 대인관계 외상 생존자들은 종종 그들의 실제 관계에서 어려움을 겪으며, 내담자의 상황에 대한 체계적 검토가 도움이 될 수 있다. 이는 그들의 자녀(자녀들이 방치나 학대의 위험에 처해 있는가?) 또는 중요한 다른 사람들(위험에 당신의 내담자가 노출되어 있는가, 그들의 파트너가 위험에 처해 있는가?)과의 관계에 대한 당신의 이해를 빈번하게 새롭게 하는 것을 의미한다. 당신은 한 걸음 더 나아가서 어려움을 유지시키는 직업적, 제도적, 문화적 요인들을 고려하는 것이 적절하다고 생각할 수 있다.

더 고려해야 할 것은 반복된 초기 인생의 외상이 성격 장애(Terr, 1991년; Layden et al., 1993년; Beck, Freeman, Davis & Associates, 2004)와 종종 연관되어 왔으며 성격 장애는 일반적으로 대인 간 어려움과 관련이 있다는 것이다.

임상가는 이러한 다양한 가능성에 대비하고 개인의 인지와 행동을 뛰어넘는 '더 큰 그림'을 고려해야 한다. 이것은 개념화 기술을 확장시키고 개념화의 기본 원칙(4장 참조)은 복잡한 프레젠테이션에도 적용된다.

4. 프레젠테이션의 복잡성

때때로 복잡하거나 만성적인 외상 생존자들과 함께 작업할 때, 당신은 '더 큰 그림'이 복잡해진다는 것을 알게 될 것이다. 내담자들이 여러 가지 문제를 보여주는 것은 드문 일이 아니다. 많은 사람들은 몇 가지 심리적 어려움을 겪고, 몇몇은 정신적 외상으로 인한 신체적 어려움을 동시적으로 겪으며, 많은 이들이 역기능적 환경에서 살고 있으며, 이런 모든 것들이 치료를 훼손시킨다. 당신은 더 많은 정보를 끌어낼 수 있도록 '다른 어려움은 없는가?', '이것에 영향을 미치는 다른 것은 없는가?', '직장생활은?' 그리고 '가정생활은?'과 같은 질문을 함으로써 '더 큰 그림'을 개념화시켜야 한다는 것을 다시 명심해야 한다.

TRAUMA의 생존자들과의 CBT

PTSD에 초점을 맞춘 연구를 제외하고, 더 넓은 의미에서 외상의 생존자에 대한 CBT의 평가는 풍부하고 체계적으로 이뤄지지 않았고, 안타깝게도 소수의 RCTs만 남아있다.

그러나 인격 장애를 가진 외상 생존자들과 함께 작업하기 위해 당신의 접근 방식을 발달시키도록 돕기 위해 고도로 숙련된 전문가들의 지침이 있다(e.g. Layden et al., 1993; Davidson, 2000; Beck et al., 2004; Arntz & van Genderen, 2009). Gilbert의 온정 치료(CMT) 이면에 이 이론을 지지하는 연구가 증가하고 있으며, 이것은 고착된 자기 비난과 자기 공격적 신념을 가진 사람들에게 효과적인 개입이 될 수 있다(Gilbert & Irons, 2005 참조). 또한 내담자 프레젠테이션의 특정 측면(예: Arnz & Weertman, 1999; Geisen-Blu et al., 2006)과 특정 범주의 외상에 대한 개입(예: Resick & Schneicke, 1993)에 인지 기법의 사용을 지지하는 증거가 있다.

복잡한 외상과 발달상의 외상이 있는 사람들에게 인지적 행동적 치료법을 가장 잘 제공할 수 있는 방법에 대해 우리가 평가를 한다면 그 핵심은 점진적 또는 '단계적 치료'의 출현이라고 할 수 있다(Herman, 1992; Chard, Weaver & Resick, 1997; Cloitre, Koenen, Cohen & Han, 2002).

이 옹호자들은 외상 중심 작업으로 이동하기 전에 안정화 기간을 갖는 것으로부터 시작한다. 안정화 단계에는 종종 기본적인 기분과 스트레스 관리 기술을 배우고, 주제(도움이 되지 않는) 도식을 가지고 작업하며, 대인관계 기술을 개발하는 것이 포함된다. CBT 치료사를 감독한 우리의 경험에서, 우리는 종종 개업 의사들이 감정적으로나 인지적으로 강건하지 못한 내담자들을 위해 좀 더 단계적이고 신중한 접근을 선호한다는 것을 발견했다. 보다 최근에, 예후에 관한 연구는 좀 더 복잡한 외상 관련 프레젠테이션을 하는 내담자를 위한 치료상의 이점이 있다는 것을 보여주었다(예: Cloitre 등, 2010).

요약하자면, 타입 II 또는 발달 외상과 함께, 따라야 할 단일하게 정립된 프로토콜은 없으며, 당신은 현재 이용 가능한 이론과 연구에 의해 알려진 CBT의 일반적인 기술을 요구해야 할 것이다. 그러나 다음과 같은 지침을 촉진할 수 있다.

- 특히 만성적 및 아동기 외상의, 완전한 영향을 평가하기 위해 큰 그림을 구상하고, 대인간, 체계적, 문화적으로 생각하라.
- 기억의 특성에 대해 상기하고 회상을 강요하지 마라.
- 해당되는 경우 치료 프로토콜을 사용하여 가능한 한 접근 가능한 DSM Axis I 문제에 초점을 맞추어라.
- 대인관계의 어려움, 스키마 중심의 문제, 그리고 다중 문제 프레젠테이션을 수용해야 하는 가능성을 염두에 두어라.
- 내담자가 감정적으로 압도될 경우 스스로를 '안정'시킬 기분, 스트레스 및 대인관계 기술에 초점을 맞춘 단계별 접근 방식을 일찌감치 고려하라.
- 위험 평가를 안건으로 유지하라.

추천 도서 목록

Beck, A.T., Freeman, A., Davis, D., & Associates (2004). *Cognitive therapy of personality disorders* (2nd ed.). New York: Guilford Press.

Cloitre, M., Stovall-McClough, K.C., Nooner, K., Zorbas, P, Cherry, S., Jackson, C.L., Gan, W., & Petkova, E. (2010). Treatment for PTSD related to childhood abuse: a randomized controlled trial. *American Journal of Psychiatry, 167,* 915-924.

Grey, N. (2009). *A casebook of cognitive therapy for traumatic stress reactions.* Hove: Routledge.

Kennerley, H. (in press). Special Issue of *the Cognitive Behaviour Therapist* on the theme of Complexity within Cognitive Behavioural Therapy, Supervision and Services.

Layden, M.A., Newman, C.F., Freeman, A., & Byers-Morse, S. (1993). *Cognitive behaviour therapy of borderline personality disorder.* Needham Heights, MA: Allyn & Bacon.

McNally, R.J. (2003). *Remembering trauma.* Cambridge, MA: Harvard University Press.

Petrak, J., & Hedge, B. (2002). *The trauma of sexual assault: treatment, prevention and practice.* Chichester: Wiley.

분노

분노는 하나의 정서로서, 다른 감정들과 마찬가지로 반드시 문제가 되는 것은 아니다. 그러나 분노는 빈도나 심각성이 과도할 때, 그리고 자기 자신이나 타인에게 위험한 행동으로 이끌거나 목표를 달성하는 데 도움을 주기보다는 방해하게 될 때 문제가 될 수 있다. 그것은 가정 폭력(물리적 또는 정서적)이나 직장에서, 이동 중, 사회적 환경 등에서의 공격적 폭발과 같은 광범위한 대인관계의 문제의 중심에 있을 수 있다. 이것은 또한 외상 후 반응일 수도 있다. 때때로 플래시백의 정서적인 주제는 분노, 또는 사별의 지배적인 감정은 분노이다.

분노가 다른 정서들에 비해 주목을 덜 받아왔지만, CBT가 분노 문제에 대한 효과적인 치료법이 될 수 있다는 증거가 있다(Beck & Fernande, 1998; Clarke & Kingdon, 2009; Henwood, Chou & Browne, 2015). 그래서 이 문제를 이해하고 다루는 '표준' 접근 방법으로 사용되기 위한 충분한 근거가 있다. Beckian 접근법은 분노가 사람들이 중요한 '규칙'에 대해서 느끼는 상황에서 발생한다고 본다. 다른 사람이 침해받는 행동에 대해서 어떻게 하는지, 위협을 지각했을 때 방어 반응으로써 Beck은 분노의 이면에는 상처와 두려움이 내재해 있다고 말한다. 그러므로 여러분의 소크라테스식 기술을 사용하여 초조와 분노 이면의 의미를 발견하고 그 결과를 개념화하되, 여러분의 내담자가 지각된 비판에 특히 민감할 수 있다는 것을 명심하여야 한다. 따라서 비판단적 입장을 채택하고 대인관계적 교환에 좀 더 많은 주의를 기울여야 한다.

분노 관리에 대한 Beckian 접근은 Greenberger와 Padesky(2015년)에 의해 분명히 표현된다. 또한 이런 반응으로서 죄책감과 부끄러움을 표현하는 사람들은 종종 분노 폭발과 연결된다. 죄책감과 부끄러움이 두드러질 때, Gilbert의 compassionate 중심 CBT 통합 지침을 살펴보라. 자기주장 훈련은 또한 분노 관리에 매우 적절하다. 시중에는 자기주장 관련 많은 텍스트가 있는데 특히 자기치료 가이드가 그렇다. 하지만 명백하게 인지행동 접근을 하고 있는 것은 Kennerley(2014b)에서 찾을 수 있다. 이것은 자기주장적으로 되는 것에 대한 매우 짧은 지침이지만, 그것은 간단한 시작점이고 당신의 CBT 작업을 쉽게 보충할 수 있다.

그러나 가장 잘 알려진 분노 조절 CBT 접근법은 Novaco(1979, 2000)에 의해 발전되었다. 그리고 Beckian 인지 모델보다 Meichenbaum의 스트레스 예방 훈련(1975년)에서 더 많이 도출되었다.

요컨대 치료는 전형적으로 세 단계로 구성된다.

- **준비**: 내담자는 일반적인 평가 및 개념화를 통해 촉발 요인, 대표적인 사고와 감정 및 행동을 포함한 분노의 패턴을 확인할 수 있도록 지원받는다.

- **기술 습득**: 내담자는 화가 났을 때 각성을 낮추는 기술을 배운다. 여기에는 이완기법과 '자기 지시 훈련 기법'이 포함될 수 있다(아래 참조).
- **응용 훈련**: 내담자는 점진적으로 더 어려운 상황에서의 기술을 시연한다. 아마도 상상에서 연습을 시작하고 역할극을 통해 실제 적용으로 진행한다.

Novacos 접근법에서는 자기교시 중심은 분노를 일으킬 수 있는 잠재적 상황이 서로 다른 단계에 대한 관리를 가르친다. 이러한 단계들은 이 책 이전에 존재했던 것으로 인식할 인지적 및 신체적 접근법이 포함된다.
- 도발에 대비한 준비(예: 어려움에 처할 수 있는 상황 인식하기, 다른 사람에 대한 과도한 기대 줄이기)
- 신체적 각성 다루기(예: 이완 및/또는 호흡조절을 통해)
- 인지적 각성 다루기('화나는 것은 나에게 도움이 되지 않는다.'와 같은 자기 지시적 표현을 사용)
- 직면 후 반영(결과 평가 및 앞으로 나아갈 방법에 대한 작업)

물론, 이것은 내담자와의 협력이 가능할 때만 유용하다. 불행하게도, 분노 치료에서 공통적인 어려움은 긴장된 작업 동맹이다. 내담자들은 그들의 공격적인 반응을 수정하는 것에 대해 양면적인 태도를 가지고 있기 때문에 참여에 대해 양면적인 반응을 보일 수 있다. 분노는 과거에 종종 그들에게 유용한 것으로 인식되어졌고 그것은 단기간에 보상을 줄 수 있다. 이것은 단지 분노한 폭발의 결과만이 아니라 그 의미를 탐구하는 평가를 수행하는 것의 중요성을 우리에게 상기시킨다. '이 기분이 당신에게 어떤 의미가 있는가?' 혹은 '화를 내는 것이 무슨 이득이 있는가?'와 같은 질문을 함으로써 노출시킬 수 있고 분노가 주는 매력을 이해하는 데 도움이 된다.
- 나는 어렸을 때 두려움 속에 살았지만, 분노의 소리를 들으면 두려움이 사라지고 기분이 최고로 좋았다. 나는 안전하다고 느낀다.
- 나는 빨간 안개를 보기도 하고 마치 손이 닿을 수 없는 존재처럼 느껴진다. 두려움도 없고, 고통도 느끼지 않는다.
- 내가 자신감을 가질 수 있는 유일한 때는 화가 났을 때이고 그때 강하고 자신감에 차 있다는 것이다.

이 내담자들이 안전하고 강하고 자신감에 찬 느낌을 포기하는 것을 꺼릴 수 있다는 것은 이해할 만하다. 목표 자체로는 훌륭하기 때문에 우리는 그것들을 보존하기를 원하지만, 우리는 내담자들이 다른 방식으로 그것들을 성취하는 수단을 개발하도록 도울 필요가 있다. 일단 어떤 사람이 다른 수단에 의해 안전하고, 강하고, 자신감을 느낄 수 있는 능력을 갖게 되면, 그들은 분노한 폭발을 내려놓을 수 있는 위험을 기꺼이 감수할 것이다.

어떤 사람들은 다른 사람들이(예: 가족이나 법원) 자신의 분노가 문제라고 생각하기 때문에 치료에 의뢰되었을 수도 있다. 이러한 경우에, 내담자에게 동기를 부여하는 것은 특히 어려울 수 있으며, 우리는 동기 접근 방식에 대한 더 많은 지침을 위해 7장과 11장으로 다시 돌아가도록 권한다. 물론, 개념화는 분노가 관계를 어떻게 손상시키는지 설명하기 위해 대인관계와 사회적 상호작용의 '더 큰 그림'을 포괄해야 한다. 그러나 분노하는 경향이 있는 사람(항상 그런 것은 아니지만)은 이것을 비판으로 인식한다('내 잘못이다. 그렇지?'). 그러면 분노 관리의 선순환에 대한 긍정적 개념화를 가지고 시작하는 것이 필요하고 내담자가 따라할 수 있는 협력적인 패턴을 보여주는 것은 그것이 직면하는 것처럼 보이지 않으면서 변화의 이점을 유용하게 설명할 수 있다.

참여의 어려움에 대한 또 다른 이유는 치료사의 반응이다. 우리들 중 일부는 다른 사람들에 대한 가혹하고 비판적인 평가를 들을 때 격한 폭발이나 불편함에 용기를 잃는다. 그리고 우리는 Rogerian의 자세와 인지적 호기심을 잃게 될 수도 있다. 만약 여러분이 이런 상황에 처한다면, 여러분의 반응에 어떤 개인적인 의미로 설명할 수 있는지 알아내려고 노력하고 필요하다면 이 문제를 수퍼비전으로 다루어야 한다. 치료적 난국에 봉착하기 전에 이 문제를 다루어야 한다. 진정한 협력적 동맹 없이는 거의 치료의 진전을 이루지 못할 것이고 최악의 경우, 당신의 내담자는 더욱 분노를 느낄 수 있다. 모든 일은 내담자와 당신을 둘러싼 위험을 예리하게 인식하면서 수행되어야 한다는 것은 두말할 필요도 없다.

그러므로 최대한 당신이 안전한 상황에서 실행하고 있는지를 확인한다. 분노 문제를 가진 사람을 보고 있다면 동료에게 알리고, 알람에 접근할 수 있고 분명한 출구를 갖고 치료 내에서 행동에 대한 기대를 제시하는 계약을 고객과 체결하도록 한다. 분노의 초기 징후가 무엇인지, 어떻게 대응할 것인지에 대한 '기초 작업'을 한다.

예를 들어, 당신은 내담자가 분노를 느끼기 시작하는 즉시 그들이 당신에게 말할 수 있고 당신은 호흡조절을 수행하기 위해 휴식을 갖거나 침착하고 통제감으로 되돌리기 위해 주의를 분산시키거나 또는 내담자가 휴식을 취하거나 당신 없이 밖에서 산책하는 데 동의할 수 있다.

추천 도서 목록

Beck, A.T. (1999). *Prisoners of hate*. New York: HarperCollins.

Henwood, K.S., Chou, S., & Browne, K.D. (2015). A systematic review and meta-analysis of the effectiveness of CBT informed anger management. *Aggression and Violent Behaviour*, 25, 280-292.

Novaco, R.W. (1979). The cognitive regulation of anger and stress. In P.C. Kendall& S.D. Hollon (Eds.), *Cognitive—behavioral interventions: theory, research, and procedures*. New York: Academic Press.

Novaco, R.W. (2007). Anger dysregulation. In T. Cavell & K. Malcolm (Eds.), *Anger, aggression, and interventions for interpersonal violence*. Mahwah, NJ: Erlbaum.

───── 심리적 증상 ─────

정신과적 증상은 여러 가지 정신적 질병으로 특히 조현병과 조울증 환자에게서 흔하다. 조현병은 망상, 환각, 와해된 언어 및 행동 그리고 사회적 또는 직업적 역기능을 일으키는 다른 증상들로 특징지어진다. 재발률은 높고, 일생 동안 여러 번 재발하는 경우가 많다. DSM 진단의 경우 증상이 6개월 동안 존재해야 하며, 최소한 1개월 이상의 활성화 증상을 포함해야 한다(APA, 2013). 이는 인구의 1% 미만에게 영향을 미치며, 자살할 위험이 높다(Birchwood et al., 2014).[*] 양극성 장애는 우울 기간과 조증 시간이 교대로 나타나는데, 즉 비정상적으로 의기양양하고 흥분되어 있고 주관적인 사고들의 폭주 그리고 지나친 낙관주의로 특징지어진다. 조증으로 진단하기 위해서는 이 기간이 최소한 1주일 이상 지속되어야 하며 사회 또는 직업적 기능에 현저한 손상을 입히거나 입원치료가 요구된다(APA, 2013). 인구의 약 2%가 조울증을 겪고 있으며, 2년 이내에 60%의 높은 재발률을 보인다(Geddes & Miklowitz, 2013).

비록 조울증의 CBT에 대한 관심이 점차 증가했지만, CBT에서의 초기 작업의 대부분은 정신병(CBTp)에서 조현병의 약물 내성 증상에 초점을 맞추어져 있었다(예: Basco & Rush, 1996; Lam, Jones, Bright & Hayward, 1999; Scott, 2001 참조).

정신증을 위한 1세대 심리치료의 효과 규모가 약 0.4(Wikes, Steele, Everitt & Tarrier, 2008)에 불과하지만, '정신분열증'과 같은 진단보다는 특정 독립적인 정신과적 증상에 초점을 맞춘 '정밀 의료 패러다임(precision-medicine paradigm)' 채택은, 보다 큰 효과 크기를 가져오기 시작했

---

[*] 역자 주: 이들은 상당수가 자살 사고를 갖고 있고 자살 행동은 자신이나 타인을 해치라는 환각에 반응해 나타나는 경우가 많다.

다(Freeman et al., 2015). 우리 동료는 '초기이긴 하지만 신나는 시간이다!'라고 말한다.

고무적인 CBTp의 최근 검토와 양극성 장애는(Thase, Kingdon & Turkington, 2014) 답해야 할 중요한 질문이 남아있긴 하지만, 지금까지 증거는 부가적인 CBT가 임상적이고 통계적으로 유의미한 편익을 전달했음을 시사한다. 조현병이나 조울증을 가진 사람들은 종종 약물 요법의 보조치료로 CBT를 받는데, 따라서 당신은 규칙적으로 약물에 대해 질문하고 그들의 효과와 부작용에 대해 잘 알아야 한다. 또한 의사의 조언 없이 그들이 약을 줄인다는 것의 의미를 알 가치가 있다(이런 일들이 때때로 일어나기 때문에).

연구자와 임상의사는 실제 경험(정신적 및/또는 신체적)에 대한 평가가 중요하다는 점을 인식해야 한다. 목소리가 들리거나 비현실화 또는 폭주하는 사고와 같은 비정상적인 경험 자체가 정신증이나 조울증 장애를 나타내는 것이 아니라 오히려 중요한 고통이나 기능 장애, 행동 결과의 관련 수준과 함께 그러한 경험을 통해 구성되는 평가이다. 더욱이, 과대평가된 생각, 환각, 망상의 경험은 인지이며 '전부 혹은 전무'와 같은 현상이 아니다. 그들은 다른 내담자들에게 다른 정도의 고통을 야기시키는 연속체를 따라 앉아있다. 다시 한 번 임상가들이 결론을 성급히 내리는 함정에 빠지지 않도록 각 개인의 어려움을 민감하게 평가할 필요가 있다는 것을 명심해야 한다.

정신증이나 양극성 장애로 고통 받는 사람들을 CBT가 종종 예상된 정신증이나 양극성 장애의 증상 이상의 다양한 어려움을 도울 수 있다는 것을 이해하는 것이 중요하다.

- 환각, 특히 환청(예: 외부에 존재하지 않는 것으로 보이는 비정상적이거나 왜곡된 감각 지각 경험)
- 망상(불충분한 증거에도 불구하고 지속되는 문화적 규범에 의해 설명되지 않는 잘못된 믿음)
- 우울 또는 불안과 같은 기분 문제, 그것은 일반적으로 환각, 망상 또는 정신병 또는 양극성 장애의 정신 사회적 후유증으로 흔히 발생할 수 있다.
- 수면 문제, 물질 오용, 낮은 자존감, 대인관계 문제, 사회적 철수와 같은 다른 관련된 어려움들

게다가 가족 또는 다른 보호자와 협력하는 데 중요한 역할이 있을 수 있다. 양극성 장애와 관련해서는 Geddes와 Miklowits(2013)를 조현병에 대한 CBT 및 가족 치료는 Pilling 등(2002)을 참조하라. 정신증이나 양극성 장애를 겪는 사람들은 종종 망상, 환각, 조증을 뛰어넘는 어려움과 고군분투하는데, CBT 치료사가 제공할 수 있는 많은 것들이 있다.

비록 당신이 현재의 에피소드(삽화)를 경험하고 있는 누군가를 도울 준비가 되어 있다고 생각하지 않더라도, 당신은 여전히 다른 정신 사회적 어려움으로 지속적으로 고군분투하고 있

는 그 사람이 치유되도록 유용하게 도울 수 있다.

그럼에도 불구하고, 이 작업은 충분한 위험과 복잡해서, 우리는 당신이 더 간단한 프레젠테이션과 함께 CBT를 사용하는 것에 매우 익숙해지고 적절한 수퍼비전과 정신적 지지에 의지할 것을 촉구한다. CBTp의 거의 모든 시도와 양극성 장애에서의 CBT의 활용은 독립적인 치료로 사용하는 대신에 약물과 정신건강팀 지원을 포함하는 치료 패키지의 일부로 CBT를 사용한다.

정신증 및 양극성 장애에 대한 심리치료는 지속적으로 표적 진단에서 벗어나, 그 대신 특정 증상과 유지 주기에 초점을 맞추었으며, 특히 CBT가 피해 망상에 효과적이고 조현병 환각을 억제한다는 좋은 증거(Birchwood et al., 2014)와 함께, 그리고 CBT가 양극성 장애에서 GAD, PTSD와 같은 불안 관련 어려움을 관리하는 데 효과적임을 보여주는 지표들이 증가하고 있다(Stratford, Cooper, Di Simplicio, Blackwell & Homes, 2015).

다른 CBT 작업과 마찬가지로, 무엇보다 중요한 목표는 내담자가 장애물을 극복하고 복지에 이르는 공동의 목표를 달성하도록 돕는 것이며, 치료의 목표는 그들의 경험과 유용하지 못한 평가를 유지시키는 패턴을 평가하는 것이다.

극단적인 평가를 유지시키는 것으로 간주되는 핵심 과정은(즉, 정신병의 망상과 양극성 장애의 과대평가된 생각들) 다음을 포함한다.

- 추론 편견
- 안전 추구 행위
- 걱정
- 부족한 수면
- 부정적인 자기 인지
- 강렬한 이미지

변함없이, CBT 임상의로서 당신의 업무는 관계를 수립하고, 개념화를 구축하고, CBT 치료 전략을 그 개념화에서 유지시키는 요인들에 적용하는 것이다. 그 목적은 증상에 의해 야기되는 고통과 장애를 줄이고 재발 위험을 줄이도록 노력함으로써 내담자가 스스로의 가치 있는 목표를 달성하도록 돕는 것이다.

이 책의 앞부분에서 설명한 CBT의 대표적인 특징 중 일부는 특히 이 작업과 관련이 있다. 증상에 대한 대안적이고 위협적이지 않으며 오명을 남기지 않는 설명을 제공할 수 있는 협력적 관계와 개념화를 구축하는 것은 필수적이다. 개념화는 그다음 증상의 원인, 의미 및 관리 가능성에 대한 인지를 검증하고 확인하기 위해 사용된다. 행동실험(BE)은 이 탐색의 핵심 부분이 될 수 있지만(Close & Schuller, 2004 참조), 특별한 민감성을 가지고 계획되고 수행될 필요가 있다.

특별한 관리가 필요할 수 있는 다른 요인들로는 내담자들의 참여인데, 의심스러워하거나 때때로 자신을 정신 의학 시스템에 의해 학대받은 것으로 인식하기도 한다. 경조증을 가진 내담자의 즐거운 경험은, 그것을 관리하기를 원하는 것을 막을 수 있는, 특이한 사고 과정들, 그것은 내담자의 사고를 따라가는 것이 어려울 수 있다(그리고 때때로 내담자 가족과 보호자들의 빈곤).

이러한 모든 합병증은 CBTp가 비교적 느린 속도로 복용되는 장기 치료일 수 있다는 것을 의미하며, 당신은 숙련된 수퍼비전과 지원이 필요하다.

┃ 추천 도서 목록

Chadwick, P, Birchwood, M., & Trower, P. (1996). *Cognitive therapy for delusions, voices and paranoia*. Chichester: Wiley.

Birchwood, M., Michail, M., Meaden, A., Tarrier, N., Lewis, S., Wykes, T., Davies, L., Dunn, G., & Peters, E. (2014). Cognitive behaviour therapy to prevent harmful compliance with command hallucinations (COMMAND): a randomised controlled trial. *The Lancet Psychiatry*, 1, 23-33.

Deckersbach, P., Eisner, L.,& Sylvia. L. (2016). Cognitive behavioural therapy : for bi-polar disorder. In T. J. Petersen, S.E. Sprich, & S. Wilhelm (Eds.), *The: Massachusetts General Hospital handbook of cognitive behavioural therapy*. New York: Springer.

Freeman, D. (2016). Persecutory delusions: a cognitive perspective on understanding and treatment. *The Lancet Psychiatry*, 3, 685-692.

Geddes, J. R., & Miklowitz, D.J. (2013). Treatment of bipolar disorder. *Lancet, 3813*, 1672-1682.

Kingdon, D., & Turkington, D. (2004). *Cognitive therapy of schizophrenia*. New York: Guilford Press.

Lam, D., Jones, S., & Hayward, P. (2010). *Cognitive therapy for bipolar disorder: a therapist's guide to concepts, methods and practice*(2nd ed.). Chichester: Wiley.

Larkin, W., & Morrison, A. (2006). *Trauma and psychosis*. Hove: Routledge.

Morrison, A.P, Renton, J.C, Dunn, H., Williams, S., & Bentall, R.P. (2004). *Cognitive therapy for psychosis: a formulation−based approach*. Hove: Brunner Routledge.

Scott, J., Colom, F., & Vieta, E. (2006). A meta-analysis of relapse rates with adjunctive psychological therapies compared to usual psychiatric treatment for bipolar disorders. *International Journal of Neuro−psychopharmacology, 10*, 123-129.

대인관계 어려움

대인관계에서의 어려움은 도움을 요구하는 내담자에게서 흔한 문제이다. 때때로 이것이 주된 문제, 혹은 적어도 확인된 어려움이지만, 때때로 내담자의 불안이나 우울, 또는 ED 또한 관계에 영향을 끼쳤다는 것을 알게 될 것이다. 이것은 최근 발병한 불연속 장애뿐만 아니라 장기간 문제를 가지고 있는 사람들, 심지어는 성격 장애를 가진 사람들에게도 해당이 된다.

예를 들어, 사회 불안을 가진 남자는 자기주장하는 데 어려움을 겪을 수 있다. 자존감이 낮은 사람은 다른 사람들에게 지나치게 의존할 수도 있고, 우울한 내담자는 사회적으로 철수될 수 있다. 지나친 건강 염려를 하는 여성은 만성 강박증을 앓고 있는 남자와 마찬가지로 그녀의 남편과 아이들에게 스트레스를 주고 있다. 인지 행동 개념화는 인지 및 감정, 행동과 신체적 상태 사이의 상호연계를 살펴봄으로써, 인지와 행동이 대인관계에 관련되어 있는, 이와 같은 이슈를 다른 문제와 유사한 방법으로 접근하게 한다.

> 몇 달 동안 우울증을 앓았던 한 여성은 점차 친구들과 보내는 시간을 줄였다. 만약 그녀가 누군가를 만나도록 초대받았다면, 그녀의 자동적 사고(ATs)는 '나는 지루할 것이고 할 말이 없을 것이다.'일 것이다. 이런 상태로 친구들을 만난다면, 그들을 잃게 될 것이다. 그래서 그녀는 대부분의 초대를 거절했고, 그 결과 그녀의 친구들이 그녀와 연락을 덜 했고 그녀의 기분이 나빠졌다. 자동적 사고(ATs)가 그녀의 우울한 상태를 전형적으로 보여주지만 전반적인 그녀의 생각은 아니었다. 그 문제는 자동적 사고(ATs) 수준에서 성공적으로 접근될 수 있었다.

인격 장애를 가진 사람들에게, 관계의 어려움은 더 광범위하고 지속되며, 그 장애의 핵심적인 특징일 가능성이 있다. 그러나 CBT 접근법은 여전히 자기, 타인, 대인관계, 그리고 그들의 행동과 감정과의 연관성에 대한 인식의 중심 역할을 강조한다. 비록 그것은 근본적인 믿음을 또한 다룰 필요가 더 많음에도 불구하고. 정서적인 학대를 받아온 한 남자는 '나에게는 아무도 없다.'라는 강력하고 광범위한 신념을 가지고 있었다. 이에 대한 반응으로 그는 '내 실수에 대해 솔직하면 거절당할 것이다.'라는 규칙을 만들었고 결과적으로 자신을 보호하는 방법으로 거짓말을 자주 했다.

> 단기적으로는 이것이 그의 두려움을 진정시켰지만 시간이 흐를수록 자신이 한 거짓말을 덮기 위해 점점 더 복잡한 이야기를 짜내야 했기 때문에 그에게 진정한 어려움을 주었다.
> 치료는 부분적으로는 작은 실패를 고백하고, 다른 사람들, 특히 그의 아내로부터 받은 반응을 주의 깊게 기록하는 실험이 포함되었다.

관계 문제가 그것들이 발생했을 때 관찰할 수 있는 하나의 설정은 치료적 관계이다. Safran 과 Muran(1995)은 치료 관계에서의 상호작용이 관계에 대해 유용하지 못한 믿음을 없애는 데 어떻게 사용될 수 있는지에 대해 썼다(3장 참조).

Safran과 Segal(1990)은 다른 사람들이 반응하는 방식이 관계에 대한 역기능적 사고의 유지에 중요한 역할을 할 수 있다고 제안했다. 그들은 타인을 향한 내담자의 대인관계 행동이 상대방의 예측 가능한 반응을 이끌어낼 수 있다고 제안했고, 이는 내담자의 근본적인 믿음을 확인시켜준다.

> 학교에서 괴롭힘을 당했던 한 여성은 함께 있는 것이 쉽지 않고, 만약 그녀가 참여하려고 해도 거절당하고 고립되고 쓸쓸함을 느낄 것이라는 근본적인 믿음을 가지고 있었다. 그녀는 그룹 내에서 환영받지 못할 것이라고 생각했기 때문에 (예: 전문 회의에서) 단체 상황에 있게 될 때, 무관심하고 거만한 태도를 취했다. '나를 원하지 않는다면, 내가 너를 원하는 것처럼 바라보면서 내 자신의 품위를 떨어뜨리지 않을 것이다.'라는 생각에 기초해서 그녀의 동료들은 이런 태도에 대해 접근하기 쉬운 다른 사람들에게 관심을 돌림으로써 자신이 환영받지 못한다는 그녀의 믿음을 확인시켰다.

유용하지 않은 믿음이 확인되었다면, 치료 설정을 할 때 치료사가 예측된 방식으로 반응하도록 '끌려'가지 않음을 시도할 수 있으며, 치료사와 내담자는 이것이 내담자의 믿음에 미치는 영향력을 반영할 수 있다. 내담자는 그의 수정된 믿음에 따라 다른 대인관계 행동 사용을 시도할 수 있다.

> 이 여성의 치료사는 교직 때문에 정해진 치료 시간을 바꿀 필요가 있었다. 이 여성은 치료사가 자신과 함께 하지 않을 방법을 찾으려 한다는 뜻으로 해석했기 때문에, 그녀는 다른 날짜로 변경하는 것에 대해 냉담하고 경직되었다. 치료사는 '글쎄, 그건 당신에게 달렸어요!'라고 대답하면서 '끌려'가지 않았고 그 대신 시간 재조정의 어려움에 대해 진심으로 걱정했고 비언어적으로 자신이 문제를 해결하길 원하고 내담자를 볼 수 있기를 원한다는 것을 보여주었다. 실제 문제가 해결된 후, 치료사는 내담자에게 상황을 어떻게 해석했는지, 그리고 치료사의 반응이 그녀의 근본 믿음에 어떤 영향을 미쳤는지 생각해보도록 했다(그것은 이 경우에는 초기 치료회기에서 광범위하게 논의되었다.).

Beck 등(2004, 2015), Young, Klosko, Weishaar(2003)은 또한 대인관계 문제를 다루는 방법에 대해 창의적으로 저술을 했고(17장 참조), Linehan, Heard and Armstrong(1993)은 경계성 장애(BPD) 내담자들을 돕기 위해 '변증법적(dialectical) 행동치료'(DBT)라는 그룹 프로그램을

개발했다(16장 참조). 이 프로그램은 1년까지 걸리는, 장기적 시간이 들지만, 지금까지의 결과는 대인관계와 사회 적응에 상당한 영향을 미치는 것으로, 고무적이라 할 수 있다.

마지막으로, Dattilio와 Padesky의 커플들과의 작업으로 통합된 관계 문제를 다루는 데 많은 유용한 아이디어들이 있다. 실제로 인지행동 커플(부부)치료(CBCT)에 대한 이론과 연구가 풍부해지고 있고 체계적 CBT에 대한 관심도 증가하고 있다.

Baucom과 Boeding(2013)은 설득력 있는 증거 기반을 구축하고 있는 커플 작업에 대한 인기 있는 접근 방식과 그들의 기사에서 성공을 극대화하고 재발률을 최소화하는 방법을 제시한다. Koch, Stewart 및 Stuart(2010)는 CBT의 체계적 측면을 설명하는데, 즉 CBT가 회복을 촉진하는 방법과 시기를 설명한다.

▎추천 도서 목록

Baucom, D.H., & Boeding. S (2013) The role of theory and research in the practice of cognitive-behavioral couple therapy: if you build it, they will come. *Behaviour Therapy*, 44, 592-602.

Dattilio, F.M., & Padesky, C.A. (1990). *Cognitive therapy with couples. Sarasota*, FL: Professional Resource Exchange.

Koch, C., Stewart, A., & Stuart, A. (2010). Systemic aspects of CBT In M. Mueller, H. Kennerley, F. McManus, & D. Westbrook (Eds.), *The Oxford guide to surviving as a CBT therapist*. Oxford: Oxford University Press.

Safran, J.D., & Muran, J.C. (1995). Resolving therapeutic alliance ruptures: diversity and integration. *In session: psychotherapy in practice*, 1, 81-92.

Safran, J.D., & Segal, Z.V. (1990). *Interpersonal process in cognitive therapy*. New York: Basic Books.

───── 약물 남용 및 중독 장애 ─────

사람들이 물질 오용에 대해 이야기할 때, 그들은 일반적으로 술의 오용, 항정신성 약물과 흡연 가능성에 대해 생각한다. 도박, 과식, 강박적 소비와 같은 다른 행동들도 '추가적'으로 간주되어, 물질 오용에 대해 약술된 관리를 수용할 수 있다.

DSM-Ⅳ(APA, 2000), 두 가지 범주 구분:

- 약물 남용은 상당한 손상이나 고통을 초래하는 잘못된 사용 패턴을 의미한다(예: 책임, 법적 또는 대인적 문제를 충족하지 못함).
- 물질 의존은 더 심각하며, 인체에 대한 부정적인 결과를 인식하더라도 허용오차 증가, 금단 증상, 물질의 양 증가, 물질의 사용에 대한 지속적인 욕구가 포함된다.

DSM-Ⅴ(APA, 2013)는 이를 '중독 장애' 조건을 추가하면서 가벼운 증상부터 심각한 연속체까지 측정한 단일 장애로 결합한다. 이 '부위 관련 중독성 질환'의 집단은 도박 장애가 임상표현, 뇌출산, 동시 정신질환, 생리학, 치료의 물질 관련 질환과 유사하다는 연구 결과를 반영한다. Kennerley의 자기 비윤리적인 행동에 대한 임상 모델(2004)도 그러한 유사성을 인정한다.

왜 물질 남용, 중독 그리고 해로운 행동을 하는가?

부정적인 결과에도 불구하고, 사람들은 왜 부득불 역효과를 일으킬까? 가장 일반적인 이유들 사이에서 빠른 감정 처리(신체적 또는 정서적)가 있다. 예를 들어,

- 기분조절, 우울과 불안을 통제하거나 행복과 같은 긍정적인 기분을 증가시키는 것
- 욕망 조절, 그것은 생리학적 또는 심리학적으로 될 수 있다.
- 역경(예: 학대적 관계, 빈곤)에 대처하기
- 심한 정신과적 증상을 내포

사람들이 그와 같이 즉각적인 영향을 미치는 행동을 포기하는 것은 매우 어렵다. 부분적으로는 그들은 물질의 긍정적인 효과(스릴, 기분 고양, 문제 해결)와 경쟁하는 것이 없다고 보고하기 때문이다. 이것은 금단 증상이 있는 신체적 의존이 있을 때 악화된다. 일부 내담자들은 단기적인 개입으로 도움을 받을 수 있지만, 많은 내담자들은 특히 의존성을 가진 고객들 중에서 더 장기적인 투입을 필요로 할 것이다. 이상적으로 치료는 단지 약물 오용이나 중독만이 아니라 내담자와 관련된 문제들을 다루어야 한다.

많은 프로그램들은 심리학적 입력뿐만 아니라, 일반적으로 약물과 심리사회학적 도움 등한 가지 이상의 치료 방식을 포함하고 있다. 그다음 효과성에 대한 훌륭한 증거가 있다(예: 허바드, 2005 참조). 물질 오용에 대한 CBT 접근법은 행동 유지에 있어 도움이 되지 않는 사고의 추가적인 역할을 강조한다(Beck, Wright, Newman & Liese, 1993; Marlatt & Gordon, 1985). 이것은

이제 고려될 것이다.

물질 남용 및 중독 행동에 대한 인지 행동적 접근

약물 오용에 대한 Liese와 Franz의 발달 모델은 중독 행동에 노출되고 시도하여(예: 약을 사용하는 가족 구성원, 약물 사용을 권하는 친구) 그 결과 약물 관련 신념이 발달한다(예: 약물을 사용하면 덜 불안할 것이다, '약품을 사용하면 더 쉽게 적응할 수 있을 것이다).

일반적인 CBT 접근법은 다른 종류의 문제들과 함께 사용된다는 점이 유사하다. 모델에 대한 사회화, 구조화된 치료회기, 8, 9, 10장에 설명된 인지, 행동 및 신체적 기술의 범위 등을 포함하는, Daley와 Marlatt(2006)에는 유용한 임상 사례가 있으며, Mcheson 등(2010)에서 찾을 수 있는 훌륭한 가이드가 있다.

이런 내담자 그룹과 함께 개념화를 구축하는 반면 자율성과 책임감 개발 격려를 강력히 강조한다. 이 작업의 도전들을 감안하면, 적응적 대처 스타일이나 강력한 사회적 지지와 같은 내담자의 자원을 강조하는 것이 특히 도움이 된다.

협력적 치료적 동맹은 분명히 중요하며 치료의 수용과 관련된다(Petry & Bickel, 1999). 이것은 잦은 재발과 때로는 반사회적이고 불법적인 행동, 부정직 등으로 인해 어려울 수 있다.

따라서 우리에게 중요한 도전은 진정으로 온정적이고 공감하는 자세를 유지하는 것이다. 이것은 개념화 측면에서 어려운 행동을 진정으로 이해하고 대인관계 수준에 따라 일할 준비를 하고 필요한 경우 수퍼비전을 받음으로써 촉진된다.

종종 문제 행동을 유도할 수 있는 대인관계, 사회, 가정, 제도적 또는 문화적 요인을 포괄하는 광범위한 체계적 개념화를 고려하는 것이 생산적이다. 예를 들어, 한 젊은이가 약물을 제공하고 사용을 돕는 무리들과 끊임없이 섞일 경우 약물 남용을 포기하기는 매우 어렵다.

변화에 대해 분명한 양면성을 가진 내담자에게 적합한 중요한 개념은 변화에 대한 준비(Prochaska et al., 1994)(11장 참조)와 이 연속선상에서 그들의 입장을 바꾸기 위해 그들과 함께하는 작업의 중요성이다.

행동변화를 감수할 준비는 충동이나 욕망의 정도에 따라 달라질 수 있다. 남용하고자 하는 강력한 생리학적 욕구는 치료에 대한 약속을 저해할 수 있으며, 당신은 이것을 예상하고 내담자들이 충동에서 벗어나도록 도울 수 있는 대체 행동을 개발하도록 격려할 필요가 있다. 예를 들어, 충동을 촉발하는 내외적 요인을 모니터링하고 그리고 나서 자가 진정 또는 주의 전환, 신체적 활동, 사회적 상호작용 또는 '충동 타기(urge surfing)'를 사용한다(Daley & Marlatt, 2006;

Mcheson et al., 2010).

변화에 대한 준비는 종종 동기부여 작업과 함께 이루어진다. 어떤 사람이 변화의 위험을 감수할 가치가 있다고 생각하게끔 동기를 부여함으로써, 그들을 변화 준비의 스펙트럼을 따라가도록 할 수 있다(11장 참조, ▶ 동영상 자료 15.1: 내담자 동기부여하기 참조).

이것은 때때로 특정 행동에 저항하기 위해 애쓰는 사람들과 작업하는 데 있어 핵심이다. MI의 아버지인 Bill Miller의 연구를 들여다보는 것은 가치가 있다. 그는 온정적이고 공감하며 고무적인 접근을 '말에게 속삭임(horse whispering)'(Miller, 2000년)에 비유한다. 이것은 고압적인 설득이 아니라 비판단적인 방식으로 이해하고 안내하는 것이다.

당신이 문제 행동의 통제를 격려해야 하는지 아니면 전적으로 금욕(금주동맹(Alcoholics Anonymous)과 같은 주요 협회에 의해 주도됨)을 권장해야 하는지에 대한 문제는 이 분야에서 일하는 사람들을 계속해서 분열시켰다. 통제된 행동은 덜 심각한 문제를 가진 매우 큰 그룹에 보다 적합할 수 있다(Sobell & Sobell, 1993).

위해 감소 접근법은 내담자가 도달한 단계를 고려할 필요성을 인정하는 동시에 이 문제를 회피하기 위한 하나의 시도다. 치료의 목적은 완전한 금욕을 목표로 하기보다는 행동의 영향을 제한하는 것이다(Marlatt, Larimer, Baer & Quigley, 1993).

인지 행동 접근법은 통제를 행사할 수 있는 개인의 능력을 강조한다. 이것의 또 다른 중요한 측면은 고위험 상황의 식별 및 회피, 문제 행동을 유발하는 결정의 탐색, 생활양식 변화 및 미래에 발생할 상황을 줄이기 위해 재발에 대해 배우는 것을 포함한 재발을 최소화하는 것이다(Daley & Marlatt, 2006년)(회기 6 참조).

이미 확인된 해로운 행동들도 참여하지 않을 수 없다고 느끼는 사람들과 작업할 때의 몇 가지 문제점들은 변화에 대한 뚜렷한 양면성과 비준수, 부정직과 같은 곤란한 행동들이다. 일부 문제 행동 역시 확인하기 어려울 수 있다. 그 징후(예: 야간 약물 오용에도 불구하고 잘 기능하는 사람, 도박을 하면서도 (아직까지는) 경제적 어려움에 처하지 않은 여성)를 인식하기가 어려울 수 있고 또는 물질 오용(예: 수면 장애, 공황 장애)으로 쉽게 귀인시킬 수 없기 때문이다. 내담자들이 다른 문제들에 대한 도움을 요청할 때 이것을 가설로 받아들이는 것이 중요하다.

추천 도서 목록

Beck, A.T., Wright, F.D., Newman, C.E., & Liese, BS. (1993). *Cognitive therapy of substance abuse*. New York: Guilford.

Daley, D.C. & Marlatt, G.A. (2006). *Overcoming your alcohol or drug problem. Effective recovery strategies: therapist guide*. Oxford: Oxford University Press.

Liese, B.S., & Franz, R.A. (1996). Treating substance use disorders with cognitive therapy: lessons learned and implications for the future. In P.S. Salkovskis (Ed.), *Frontiers of cognitive therapy*. New York: Guilford.

Miller, W.R. (2000). Motivational interviewing: some parallels with horse whispering. *Behavioural and Cognitive Psychotherapy*, 28, 285-292.

Mitcheson, L., Maslin, J., Meynen, T., Morrison, T., Hill, R., & Wanigarantne, S. (2010). *Applied cognitive and behavioural approaches to the treatment of addiction*. Chichester: Wiley-Blackwell.

—— CBT의 기타 적용 ——

CBT의 적용은 여기에 설명된 몇몇 이상으로 확장된다. 아동, 청소년, 성인, 학습 부진, 성적 문제, 그것은 법의학, 신체적 건강, 직업 등 다양한 임상 집단과 함께 사용된다. 이런 적용에 대한 흥미는, CBT의 다용도성을 경고하고 싶기는 하지만, 이러한 것들을 묘사하는 것은 이 책의 범위를 벗어난다. 당신을 안내할 교육 행사, 전문적 수퍼비전, 교재 등이 있을 것이며, 내담자에게 전문적 요구가 있다면 이를 활용하기를 강력히 촉구한다. 그러나 이 책에 기술된 원칙들은 모든 CBT 개입과 관련이 있으며, 우리가 설명했던 방법들이 내담자들에게 유용할 것이라는 것을 기억하라. 1장에서 11장에 제시된 기초가 인지 평가를 수행하고, 개념화를 제공하고, 적절한 경우 다양한 내담자들과 함께 작업할 수 있도록 도울 것이다.

학습 활동

다음 학습 활동은 SAGE publishing 사이트(https://study.sagepub.com/kennerley3e.)에서 내려받기 할 수 있다.

검토 및 반영:
• 다음 중 어떤 접근 방식이 당신의 작업 방식과 내담자 그룹에 적합할 것인가?
• 비록 당신이 (전문 서비스 내에서가 아니라) 일반적인 CBT 서비스에서 작업한다고 해도, 당신은 이 장에 요약된 CBT에 의해 발전에 고무될 수 있는가? 만약 그렇다면, 당신은 이것을 일반적인 실천을 위해 어떻게 사용할 것인가?
• 이러한 접근 방식에 어떤 단점이 있는가? 그들은 무엇이고, 얼마나 많은 문제를 나타내는가?

한발 더 나아가기:
• 이러한 접근 방식 중 어떤 것을 시도해볼 수 있는 것이 임상 실습 또는 당신이 일하는 서비스 내에서 있는가?
• 이런 일이 일어나게 하려면 어떻게 해야 할까? CBT 접근법에 대해 누구와 상의해야 하는가? 어떻게 당신의 사례를 최고로 만들 수 있는가?
• 이 장의 아이디어를 실무에 도입했을 때 미치는 영향을 어떻게 평가할 것인가?

인지 · 행동치료 개론

- 15.1 내담자에게 동기부여하기

제공방식의 대안적 방법들

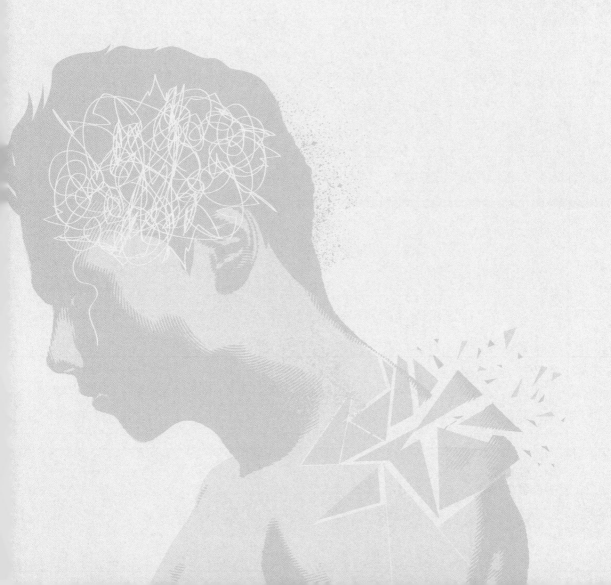

도입

일반적으로 '전통적인' 심리치료는 치료사와 내담자가 면대면으로 매주 50분의 '치료 시간'으로 구성된다. CBT는 종종 이러한 방식을 따랐지만, 또한 다른 치료 방식이 기존의 모델보다 더 이점이 있는지에 대해서도 조사해왔다. 이러한 대안적 접근법은 대개 다음 목표 중 하나 이상을 달성하고자 하는 욕구에 의해 동기화된다.

더 많은 치료 비용효과 만들기

이것은 건전한 목표다. 사적인 경험으로 우리는 '돈에 대한 가치'를 주고 싶다. 그리고 대부분의 공공 기금으로 조성된 건강 관리 시스템에서는 요구에 부합하는 가용한 심리치료 자원이 불충분하고 치료를 받기 위해서는 오랜 대기를 피할 수 없다는 지속적인 문제가 있다.

대기 시간에 대해 다음과 같이 상식적인 '방정식'을 도출하는 것은 꽤 쉽다.

$$대기시간 \propto \frac{의뢰\ 횟수 \times 의뢰당\ 평균\ 치료사\ 시간}{사용\ 가능한\ 치료사\ 시간}$$

이것은 진짜 수학 방정식이 아니지만 그럼에도 불구하고 원칙적으로 대기 시간을 다음과 같이 줄일 수 있다는 것을 기억하는 데 도움이 된다.

- 치료를 찾는 사람 수 줄이기(예: 의뢰를 제한하거나 모집단의 일반적인 심리적 복지를 개선하여 의뢰가 덜 발생하도록 함)
- 사용 가능한 치료사의 치료 시간 증가시키기(예: 더 많은 치료사를 제공하거나 치료사가 치료하는 데 사용하는 시간의 비율을 늘림)
- 각각의 내담자에게 소요되는 평균 치료사 시간 감소시키기(예: 더 짧은 시간 동안 내담자를 보거나 한 번에 그룹으로 더 많은 내담자들을 보는 방법)

우리가 고려해야 할 몇 가지 접근법들은 마지막 변수를 반영한다. 즉, 내담자당 치료사 접촉의 양을 줄임으로써, 그들은 내담자의 처리량을 증가시킬 것으로 예상하고, 따라서 더 많은 혹은 더 빠른 치료를 제공한다.

치료의 접근성 및 / 또는 편의성 향상

이것은 또 다른 좋은 목표이다. 근무 시간 동안 일주일에 한 시간씩(여기에 긴 이동시간까지 더해지고)을 찾는 것은 많은 내담자들에게 쉽지 않은 일이다. 그들은 쉽게 휴가를 낼 수 없는 직업을 가질 수도 있고, 그렇게 하면 급여가 줄어들 수도 있고, 돌봐야 할 아이나 다른 사람들이 있을 수도 있고, 치료받기가 어렵고 비용이 많이 드는 곳에서 살 수도 있다. 이러한 어려움들은 많은 사람들이 치료에 접근하기 어렵게 만들고, 우리는 그것들을 극복할 방법을 생각할 필요가 있다. 제공 방식에 대한 더 큰 융통성에 대한 주장을 요약한 고전적인 논문은 Lovell과 Richards(2000)에 의해 작성되었으며, 여기서 그들은 다중 접근 지점과 진입 수준을 의미하는 'MAPLE'이라는 약자를 만들었다. 본질적으로, 그들은 CBT가 그 개인을 위한 효과, 접근성, 그리고 경제성을 가장 잘 결합하는 치료 방식을 제공해야 한다고 주장했다.

치료의 효과 향상시키기

치료의 전달 방식에 대한 일부 '비표준적' 방법은 추가 자원을 이용하는 것을 주된 목표로 삼고 있으며, 그것은 임상가는 치료의 효과를 높일 것으로 믿고 있는 것이다. 따라서 단체 또는 짝 치료(아래 참조)의 실무자들은 이러한 접근법이 경제적이고 편리할 뿐만 아니라 임상가가 기존의 일대일 치료 방식으로는 다룰 수 없는 방식으로 문제를 해결할 수 있도록 한다고 믿는다.

낮은 APT 개입

상기 제목에 따라 일부 구체적인 전략을 논의하는 것뿐만 아니라, 우리는 영국 내에서 심리학적 치료법에 대한 접근성 개선(IAPT: Improving Access to Psychological Therapies) 프로젝트인 저강도(LI) CBT로 알려진 프로그램적 접근법에 대해서도 간략히 다룰 것이다.

—— CBT 제공 방식 ——

이 장에서는 자가치료, 대규모 그룹, 전토 그룹, 커플 치료 및 짝 치료의 다섯 가지 주요 대안적 치료들을 고려한다(표 16.1 참조).

표 16.1 다양한 배송 방법의 주요 목표

방법	가격	접근성	효과
자조	V	V	
큰 집단	V	V	
전통적인 집단	V		V
커플 치료			V
공기 치료		V	V

——— **자가치료** ———

여기서 우리는 전통적인 치료법과 비교해서, 치료사와의 접촉이 부재하거나 또는 크게 감소하는 상황에서 CBT 치료 전략을 가르치기 위하여 내담자들이 미디어를 사용하도록 하는 다양한 접근법을 언급하고자 한다. 따라서 '자가치료'에 다음과 같은 접근들을 포함한다.

- **독서치료**: 즉, 내담자들이 CBT 책을 사용하여 그들 자신의 치료를 수행하는 것. CBT 책들이 치료사들이 보조자로서 자주 사용되기는 하지만, 우리는 여기서 전통적인 치료법의 거의 완벽한 대체물로서 독서치료 사용에 초점을 맞추어야 한다. 여기서 중요한 목적은 치료사의 접촉 시간을 줄이는 것이다. 독서치료는 치료사와 실제로 접촉 없이도 사용될 수 있고 그런 점에서 순수 자가치료라고 칭할 수 있다(치료사가 내담자에게 치료 대신 책을 사용하라고 추천하기 때문이거나 또는 내담자가 매장에서 책을 집어 들기만 하면 되기 때문에). 또는 여전히 치료사를 보기는 하지만 그 치료 시간은 줄어든다(보조적 자가치료). 비록 여기서는 특별히 치료에 관한 책에 초점을 맞추지만, 치료적 조언을 직접적으로 제공하지 않는 소설이나 다른 책들이 치료 과정에 도움이 될 수 있다.

- **컴퓨터화된 CBT**: 즉, CD나 DVD−ROM 또는 인터넷을 통해 전달되는 컴퓨터 프로그램의 사용은 사람들에게 CBT 사용법을 가르치는 것을 목표로 한다. 이러한 프로그램은 예를 들어 비디오 클립, 텍스트 쓰기, 사용자 완성 설문지 또는 일기 등을 포함한 멀티미디어 접근 방식을 사용하는 경우가 많다. 정신 건강 앱의 선택은 빠르게 증가하고 있으며, 더 많은 연구가 필요하지만 이미 스마트폰 보조 치료법이 효과적일 수 있다는 증거가 있다(Donker et al., 2013 참조). 그러나 우리가 그것의 사용에 대해 지나치게 흥분부터 할 것이 아니라, Lawlor−Savage와 Prentice(2014년)의 윤리적인 우려를 반영하는 것이 현명하고, Wiederhold가 관찰한 '행동 건강 앱은 풍부하지만 증거 기반 연구는 거의 존재하지 않는다.'(2015: 309)라는 것을 유념해야 한다.

- 최근 자가치료 개발 접근에는 소위 책 처방 계획의 사용이 포함된다. Frude(2005)가 개발한 이 접근 방식에서 지역의 공공도서관은 사람들이 1차 보건 의료 종사자로부터 '서적 처방'을 받아 장기 대출로 빌릴 수 있는 자가치료 목록을 보유하고 있다. 또 다른 '조명' 접근법은 1차 보건에서 보조 자가치료 클리닉으로, 내담자는 CBT 독서치료 자료의 사용을 안내하고 지원하는 정신 건강 담당자와 간단한 약속을 한다(Love II, Richards & Bower, 2003).

이러한 접근법에 대한 증거는 최소한 조금은 희망적일 수 있으며, 이는 독서치료와 CCBT 모두 치료에서 우수한 1차 치료 환경에서 결과를 제공할 수 있다는 것을 제시한다(TAU). 안내된 자가치료에 대한 한 검토는 이 치료법이 직접 대면 치료만큼 효과적일 수 있다는 결론을 내렸고(Cuijers, Donker, van Straten, Li & Andersson, 2010), 보다 최근의 시도에서는 안내된 자가치료가 통상적인 치료법보다 상당히 우수하다고 결론지었다(Williams et al., 2013). 그러나 증거는 여전히 상대적으로 제한적이며, 연구 결과가 상충되고, 연구의 길이 높지 않은 경우가 많으므로, 추가 평가가 요구된다(Bower, Richard & Lovell, 2001; Lewis et al., 2003; Richardson & Richards, 2006). 예를 들어, 보조 자가치료 클리닉에 대한 통제되지 않은 초기 파일럿 연구가 매우 유망했지만(Lovell et al., 2003), 보다 최근의 통제된 임상 실험은 동일한 장점을 보여주지 않았다(Richards et al., 2003). 게다가 지금까지의 대부분의 연구 결과는 1차 치료에서 나왔다는 것을 주목해야 한다. 그래서 2차 치료 또는 3차 치료에서 보다 심각하거나 복잡한 문제에 대해 이런 접근들의 사용을 뒷받침할 증거가 더 적다는 점에 유의해야 한다.

이러한 불확실성에도 불구하고 자가치료 접근법은 계속 개발되고 있으며 단계적 치료 프로그램의 한 단계로서 권장된다(예: NICE, 2004a). 비용 효율성 및 기존 치료를 받으러 오지 않는 광범위한 사람들에 대한 접근성 측면에서의 이점과 더불어 자가치료 접근은 다른 이점들을 가질 수 있다. 그것들은 내담자들이 정신과적 시스템에서의 광범위한 연결, 아마도 낙인과 의존성 같은 것들을 피하도록 하고, 자기 효능감을 촉진하며, 내담자들의 미래를 위해 영구적으로 개선 가능할 수 있도록 일종의 도움을 제공한다. 물론, 일부 잠재적이 부정적인 효과도 있다. 효과가 없을 가능성은 별도로 하고, 일부 사람들은 '실패한' 자가치료 시도가 CBT에 반하는 내담자들에게 '접목'될 수 있다고 제안한다. 그들은 CBT가 무용하다고 결론을 내리고 효과적인 치료가 무엇인지에 대해 놓칠 수도 있다(이 이론상의 위험이 실제 임상 실습에서 중요한지 여부에 대한 증거는 없음).

우리의 관점은 자기 치료 접근이 시도해볼 만한 가치가 있지만, 특히 1차 치료에서, 가능할 때마다 그 효과를 검증해야 한다는 것이다. 임상 경험에 따르면 기존 치료의 전체 또는 부분적 대체로써 이런 접근들에 대한 주요 지침은 다음과 같다.

- 내담자들은 글을 읽고 쓸 줄 알아야 하고, 읽기에 익숙해야 하고, 읽기를 방해하는 신체적 또는 정신적 장애가 없어야 한다(또는 CCBT를 위해서 컴퓨터를 사용할 수 있어야 함).
- 자가치료는 CBT 접근의 첫 번째 단계로 사용되어야 한다(CBT를 이미 가지고 있는 내담자에게는 해당되지 않음. 단, CBT 전략을 상기하고자 시키고자 추가적인 경우는 제외).
- 내담자들은 기꺼이 자가치료를 시도할 필요가 있다. 항상 자가치료에 대한 내담자의 생각을 점검하고 상당한 의심을 통해 생각하도록 돕는 것이 아마도 현명한 일일 것이다.
- 자가치료는 상대적으로 복잡하고 지속적인 문제보다 경미하고 제한적인 문제일 경우 성공적일 가능성이 높다(그러나 복잡하고 지속적인 경우에도 일부 측면에서 도움이 될 수 있다.).
- 적어도 일부 치료사와의 접촉(즉, '지원' 또는 '안내된' 자가치료)은 성공의 기회를 증가시키는 것처럼 보인다(예: Gellatly, Bower, Hennessy, Richards, Gilbody & Lovell, 2007 참조). 이 접촉은 매우 제한적일 수 있다. 예를 들어, Lovell의 자가치료 클리닉은 15분간의 예약을 사용했고, '치료' 과정에서의 평균 치료사 접촉 시간은 겨우 1시간 남짓이었다. 이러한 제한적인 접촉은 대개 적절한 문헌을 제안하고, 내담자가 자가치료를 시도하는 것을 지지하고 격려하며, 어려움이 발생할 때 문제를 해결하도록 돕는 데 초점이 맞춰진다.
- 독서치료에서, 다른 책들의 상대적인 효과와 비교하기에 충분한 증거가 없지만, 전술했던 책 처방 계획은 임상의들의 지지를 얻어 여러분을 책으로 안내할 수 있다(예: Devon Book Prescription Scheme, 2004에서 인터넷에서 사용할 수 있는 목록 참조). CCBT의 경우 국립보건의료원(National Institute for Health and Clinical Excellence)은 우울과 관련해서는 '우울과 싸우기(Beating the Blues)'를, 공황과 공포증에 대해서는 '공포파이터(FearFighter)'를 추천한다(NICE, 2006).

치료사들은 그 자료를 추천하기 전에 반드시 그것을 검토해야 한다. 이것은 당연하게 들리겠지만, 우리는 책이나 앱을 광고하는 열정적인 '추천문'을 단순히 믿을 수 없기 때문이다.

일부 자료는 다소 혼란스럽고 최악의 경우 잘못 인도하거나 엉망으로 만들 수 있다. 이러한 사항에 대한 자세한 내용은 Williams(2001)를 참조하라.

IT 인터페이스 사용하기

점점 더 많은 내담자들이 컴퓨터, 태블릿, 스마트폰에 접근할 수 있으며, 비록 Prentice와

Dobson(2014)이 이 치료 방식의 위험과 이점에 대해 주의 깊게 고려할 것을 엄중히 경고하고 있기는 하지만, 그중 어떤 것이라도 가상 대면 치료에 사용될 수 있다.

어떤 경우에는 전체 치료 과정이 이러한 유형의 인터페이스를 사용하여 수행될 수 있지만, 더 일반적인 방법은 다른 사람이 약속을 취소해야 할 때 이를 사용하는 것이다(예: 예기치 않은 아이돌봄 또는 교통문제로 인해). 또한, 그것은 행동실험(BE)을 위한 적절한 매개체가 될 수 있다. 예를 들어, 치료사는 내담자와 의사소통하거나 동행할 수 없을 때 체내에서 수행되는 행동을 관찰할 수 있다.

——— 대 집단 ———

'경제적인 CBT'에 대한 또 다른 접근법은 White의 불안을 위한 스트레스 조절 프로그램이다(White, Keenan & Brooks, 1992; White, 1998, 2000). 이 접근 방식은 20~50명의 내담자 그룹에게 전달되며, 이들은 과정 중과 후에 작업할 수 있는 과정 내용의 서면 버전을 받는다.

비록 이 접근을 '대 집단'이라고 부르는 것이 그것의 독특한 특징들 중 하나를 전달하는 것이기는 하지만, 단지 관련된 사람의 수가 너무 많다는 것이다. 하지만 다른 면에서는 그것은 일반적인 의미에서 집단 치료법이 아니라, 교육적이며, 저녁 수업과 더 비슷하기 때문에 오해의 소지가 있을 수 있다. 이 과정은 6개의 2시간 치료회기로 구성되는데, 보통 저녁시간에, 1차 치료 또는 비건강 치료 환경에서, 내담자가 원한다면 동반자를 데려오도록 권장한다. 결과에 대한 연구는 이 프로그램이 불안 장애에 대해 좋은 결과를 보여주며, 개선사항이 후속조치에서도 잘 유지된다는 것을 제시한다(White et al., 1992; White, 1998).

White(2000)는 수업의 구성 및 운영 방법에 대한 실질적인 조언을 포함하여 접근 방식을 포괄적으로 설명한다. 이 형식의 가능한 장점은 임상의와 내담자들을 위해 시간을 절약하는 매우 경제적인 방법으로 많은 사람들에게 도움을 제공할 수 있는 명백한 수용능력이다.

학습 가능한 기술을 사용하여 관리되는 '스트레스'로 개념화되는 불안 문제에 대한 그것의 접근은 또한 기존의 심리치료법에 접근할 가능성이 떨어지는 사람들에게도 어필할 수 있다. White는 원래 그러한 그룹에 호소하기 위해 이 접근법을 부분적으로 개발했다.

대형 그룹의 규모와는 별도로, 원하지 않는 한 어느 누구도 눈에 띄지 않다는 것을 의미하며, 과정의 지침 중 하나는 회원들이 그들의 특정 문제의 세부 사항에 대해 논의하도록 권유받지 않는다는 것이다. 일부 내담자들을 매우 안심시키는 규칙으로, 수업의 단순한 크기로 인해 특별하지도 낙인찍히지도 않은 이득이 있을 수 있다. '40명의 다른 사람들이 같은 문제를

가지고 있다면 나는 그렇게 이상지 않아!'

다른 한편으로, 상대적으로 비인간적인 접근에 응답하지 않을 내담자들도 있고, 많은 수의 사람들을 상대하는 것을 어렵게 여길 수도 있다. 파트너 동반이 반작용할 수 있다.

저강도의 개입

1장에서 언급한 바와 같이, 지난 몇 년간의 주요 개발은 England와 Wales의 IAPT 프로젝트에서, NHS 1차 치료 환경에서 일반적인 정신 건강 문제에 대한 심리치료의 가용성을 개선하는 것을 목표로 한다. IAPT의 첫 번째 단계는 두 가지 다른 CBT 접근 방식, 즉 고강도(HI) 치료(이 책의 대부분에 해당하는 치료)와 이 절에서 간단히 다루는 저강도(LI) 치료를 포함한다. 우리는 LI를 심층적으로 다룰 수 있는 충분한 공간이 없기 때문에, 만약 당신이 관심이 있다면 우리는 이 장의 보충 읽기 자료에서 그 출처를 찾아보라고 권한다.

LI 접근법은 위에서 이미 설명한 몇 가지 특징을 포함한다. 그것은 CBT에 대한 명백한 '대용량, 저강도' 접근 방식이며, 그것의 목표는 내담자들에 대한 제약과 희귀하고 값비싼 전문 자원의 사용을 최소화하는 방법으로 그것을 제공함으로 CBT의 접근성을 증가시키는 것이다. IAPT 방식의 LI 개입의 주요 특성은 다음과 같다.

- 그것은 단계적 관리 모델을 사용하는데, 서비스와 접촉을 해야 하는 내담자가 우선적으로 분류되고, 효과적이지만 가장 제한이 적은 치료 형태에 할당된다. 내담자들은 정기적으로 결과 측정으로 모니터링되고, 필요하면 좀 더 집중적인 형태의 치료로 이동할 수 있다.
- 그것은 서로 다른 전문적 기여가 조정되도록 협력적인 관리를 사용하고, 내담자와 확고한 접촉을 유지한다.
- 그것은 위에서 설명한 경제적인 치료를 보급하는 많은 방법을 사용한다. Richards(2010년)는 임상적으로 LI를 '적은 수의 치료회기로 특징지을 수 있음, 자기 관리에 더 중점을 둠, 단순히 부수적 치료가 아닌 핵심 전략으로서 서면 자료의 구조적이고 중심적인 사용, 전화나 컴퓨터를 통한 보급과 같은 관리 방법의 다양성'이라고 설명한다.

대표적인 LI 개입에는 생각 작업 또는 불안감을 유발하는 상황에 대한 노출과 같은 CBT 전략에서 안내되는 자가치료(종종 장시간의 면대면이 아닌 간단한 전화 연락 사용), 간단한 형태의 행동 활성화(17장 참조), 약물 지원 및 CCBT가 포함된다. 내려받기 가능한 자원과 LI 작업자 훈련에 대한 커리큘럼은 IAPT 웹 사이트(IAPT, 2010)를 참조하라. IAPT 결과에 대한 첫 번째 학술 간행물에서 Clark 등(2009)은 평균 2.6시간의 치료 접촉으로 내담자에게 좋은 성과와 이러한 내담자들을 치료하는 서비스에 대해 인상적인 수용능력을 달성할 수 있는 일부 자료를 제시했다.

LI 작업에 대한 두 가지 다른 점은 기억할 만한 가치가 있다. (1) 기존의 CBT의 '효과가 떨어지는' 버전으로 생각해서는 안 된다. 그보다는 치료와 치료사가 모두 표준 CBT 및 표준 CBT 실무자와 중요한 방식에서 다르다. (2) 치료 접근 방식과 내담자의 수가 다르기 때문이다(작업자당 50건의 담당 건수). 수퍼비전에 대한 접근법은 이 책의 19장에 기술된 것과는 달라야 한다. 예를 들어, 컴퓨터 시스템의 감독을 위해 내담자 사례를 모니터링하고 자동으로 플래그를 설정할 것을 권장한다(Richards, 2010). 이러한 이유들 때문에, 전통적인 CBT 치료사들이 훌륭한 LI 치료사나 감독자를 만드는 것이 반드시 필요하지 않다.

——— 전통적인 집단 ———

내담자와 보다 능동적인 임상적 관계를 유지하면서 비용을 절감하는 또 다른 방법은 CBT 접근법을 개별적인 것과 함께 소그룹 형식으로 일반화하되 심리역동 그룹의 원칙을 모방하지 않으면서 CBT 그룹을 개발하는 것이다. 특정 장애를 위해 개발된 다양한 그룹 프로토콜 프로그램이 있다(Bieling, McCabe & Antony, 2006). 이 CBT의 안건 설정 구조는 감정, 생각 및 행동 모니터링하기, 역기능적 믿음의 재평가, 과제 수행 및 BEs는 집단 설정에서 유지된다(Freeman, 1983). 처음에는 우울한 내담자를 위한 집단(예: Hollon & Shaw, 1979년)에 초점을 맞추었지만, 이는 점차 광범위한 다른 장애로 확장되었다(Ryder, 2010 참조). 경제적인 고려 사항은 별도로, 다음과 같은 방법으로 작업할 때의 다른 장점도 있다.

- 치료사 시간의 경제성(아래의 토론 참조).
- 다른 사람의 증상과 문제를 공유함으로써 집단 구성원들의 경험이 평범해짐.
- 내담자는 다른 사람에게서 자기 스스로는 명확하지 않은 것들, 예를 들면 생각과 감정의 연관성을 인식하는 능력의 증가 또는 다른 사람의 인지적 왜곡과 같은 것을 종종 감지한다(Rush & Watkins, 1981).
- 어려운 작업을 수행하기 위한 단체 지원. 예를 들어 용기가 필요한 행동실험(BE)
- 과제 완료 등과 같은 문화 발전
- '뜨거운 인지'를 추적하는 등의 기술 획득을 촉진하는(Hope & Heimberg, 1993) 공동 치료사로서의 역할

- 집단 내에서 행동실험(BE)을 수행하는 능력, 특히 사회적 불안을 위한(배타적이지 않은)

단, 다음과 같은 여러 가지 가능한 단점(Tucker & Oie, 2007)에 대해 이점을 상쇄할 필요가 있다.
- 각각의 내담자의 고유한 신념/행동에 맞게 조정할 수 있는 능력 저하
- 부끄러운 믿음을 드러내는 것을 꺼릴 가능성
- 한두 명이 독점하거나 실제로 참여하지 않을 위험
- 집단 간의 서로 다른 개선 비율이 일부에게 실망을 줄 가능성
- 탈락은 집단에 좋지 않은 영향을 줄 수 있음
- 유용하지 않은 문화를 개발할 수 있는 가능성(목표가 없는 토론 또는 과제 비준수)

우리는 또한 특정 그룹 멤버에 대한 위기 관리가 때때로 타협될 수 있음을 추가한다. 그럼에도 불구하고, 치료사 시간의 잠재적인 절약은 매우 매력적이고 많은 다른 종류의 집단들이 개발되었다.

CBT 집단의 형태

집단들은 다양한 목적(예: 입원 환자 대 외래 환자)을 위해 개발되었으며, Morrison(2001)은 다음과 같이 분류했다.
- **개방형**: 내담자들은 언제든지 여러 치료에 참여할 수 있다. 강한 교육적 어조를 지닌 집단과 같이. 그들은 광범위한 문제들에 초점을 맞추는데, 예를 들어 정서와 인지 사이의 연결과 같은, 개별적인 이슈를 고려할 기회는 적다.
- **개방적이고 순환하는 주제**(예: Freeman, Schrodt, Gilson & Ludgate, 1993): 미리 계획된 프로그램이 있으므로 모든 치료회기가 개별 내담자에게 적합한 것은 아니다. 빈도가 더 높다(예: 일주일에 세 번).
- **프로그래밍됨**: 위에서 설명한 대규모 집단 형식과 유사한 매우 교훈적이고 낮은 상호작용.
- **폐쇄형**: 모든 사람이 동시에 집단에 참여하고 전체 프로그램을 거친다. 그래서 모든 사람은 CBT와 비슷한 수준의 기술을 보유.

집단의 구성원들

이것은 주로 집단의 기능에 달려있다. 만일 이 단체가 공황 장애나 경계선 인격장애(BPD)와 같은 문제들을 다루기 위해 고안되었다면, 심사 과정이 필요할 것이다. 반면에, 개방형 내담자 그룹의 경우와 같이, 진단 전반에 걸쳐 문제 관리에서의 기술을 향상시키기 위한 것이라면, 진단과는 무관하게 광범위한 내담자들이 포함될 수 있을 것이다. 관련 질문은 그룹의 목적이 무엇이고 누가 가장 이득을 볼 것인가이다. 그룹의 성공은 부분적으로 그 구성원에게 달려있기 때문에, 누구를 참여시켜야 하는지를 결정하는 문제가 중요하며, Ryder(2010년)는 집단을 구성할 때 고려해야 하는 포함 기준(예: 사회적으로 집단으로부터 얻을 수 있는 이익)과 배제 기준(예: 적극적 자살)에 대한 유용한 제안을 제시한다.

치료사의 투입

일반적인 견해(예: Freeman 등, 1993)는 부분적으로 기술적인 투입을 제공하는 두 가지 작업 때문에 한 명 이상의 치료사가 그룹을 진행하는 것이 보다 더 쉽다는 것이다.

집단 참여자 간의 상호작용에 참여하는 것과 동시에(예: 생각 기록을 사용하는 방법을 가르치는 것) Hollon과 Shaw(1979)는 6명의 그룹 구성원이 보조 치료사가 없는 경우 한 명의 치료사가 다룰 수 있는 최대한도라고 주장한다.

Ryder(2010)는 집단의 진행과정에 참여할 수 있도록 할 뿐 아니라 기술적인 측면을 가르치기 위해서 치료 기술자의 수가 증가하는 한, 더 많은 사람이 포함될 수 있음을 지적한다(Yalom, 1995). 치료자의 역할은 중복되거나 거리를 두지 않도록 하기 위해서 그들 사이에서 차별화되거나 일치되어야 한다.

유용한 분업은 한 치료사가 집단의 '내용'(명백한 과제)에 참여하는 반면 다른 한 사람은 '과정'(대인관계 상호작용, 과잉 또는 과소 개입)을 주시하는 것이다. 이러한 역할은 회기 동안 고정될 필요가 없으며, 치료사들은 전환할 수 있다. 우리가 심리역동 집단처럼 치료적으로 과정을 '사용'하지는 않지만 가능한 한 대인관계의 문제를 파악하고 조기에 해결함으로써 그룹의 생산성을 향상시킬 수 있다.

한 치료사는 Shia가 집단 회기가 진행됨에 따라 말수가 줄어들었으며 이 문제를 보조 치료사에게 말했다는 것을 주목했다. 그들은 회기의 주제가 상대적으로 단순한 기술 훈련에서 근본적인 문제인 개인적인 이슈의 탐색으로 이동함에 따라 주제가 점점 더 까다로워지고 있다는 것을 직감했다.

그들은 다음 회기에서 안건에 항목을 추가하여 가설을 검증하기로 했다. '회기가 개인적인 것이 되어가는 것을 어떻게 느끼는가 그리고 나에게 그것을 보다 회기가 좀 더 개인화되고 이제는 나를 더 편하게 만드는 어떤 것이 있는가?' 이런 식으로 분명히 그를 구별하지 않고 그의 어려움을 말하도록 하고 다른 사람들이 그의 감정을 공유하고 그들의 관심을 끌어올리기 위해서 그들은 Shia에게 기회를 주었다.

횟수

열린 집단은 무기한으로 지속될 수 있지만 폐쇄 집단은 일반적으로 외래 환자 세팅에서 주 단위로 12~20회의 회기를, 입원환자의 경우 보다 많은 회기를 진행하는 경향이 있다. 그들은 일반적으로 1시간 반이나 2시간 동안 지속되는데, 교훈적이고 기술적인 요소 외에도 집단 토론을 위해 충분한 시간을 허락한다. 두 시간 동안 진행되는 회기의 집단 참여자들은 동의하에 갖는 휴식을 얻을 수 있다.

집단 규칙

집단 참여자는 비밀 유지, 출석, 시간 엄수, 다른 참여자에 대한 존중, 위기 대응 등과 같은 규칙을 따르는 것이 도움이 된다. 유용한 시작은 모든 집단 참여자가 집단 환경이 적절히 사용할 수 있고 안전하게 느끼도록 필요한 사항에 대한 생각을 제공할 수 있는 기본 규칙을 설정하는 것이다. 이것은 종종 집단 문제 해결로 이어질 수 있는데, 이것은 공동 작업을 강조하고, 책임을 공유하며, 기술을 개발하고 유대 경험을 할 수 있다.

어떤 결과를 CBT로부터 기대할 수 있는가?

Morrison(2001)은 다양한 종류의 집단에 대한 결과 연구, 진단 및 형식 전반에 걸쳐 조사했으며, 이는 그녀의 논문에 간명하게 요약되어 있다. 전반적으로, 연구가 목적에 대체적으로 부합하지 않았기 때문에 개별 치료보다 집단치료의 이점을 설명하기는 어려웠다.

많은 연구들에서 표본이 너무 작았거나(예: Rush & Watkins, 1981, 우울증 치료를 위한 Scholing & Emmelkamp, 1993, 사회 공포증) 동일한 문제와 관련된 다른 출판된 연구들보다 개별 치료에 대한 결과들이 저조했다(예: Telch, Luxcas, Schmidt, Hanna, Jaimez & Lucas, 1993, 공황 장애에서).

또는 제공된 집단 프로그램이 일관된 CBT가 아니었다(예: Enright, 1991, OCD 포함). 그럼에도 불구하고 Morrison는 결과 연구들은 비록 그것은 아마도 더 심각한 장애를 가진 내담자, 심각한 우울증을 가진 내담자, 또는 강박증(OCD) 내담자가 개별 치료에 더 적절하다고 보일지라도 집단 내에서 제공되는 CBT의 효과를 지지한다고 결론 내렸다.

우울 상태의 CBT 집단에 대한 검토는, 실망스럽게도, 2012년까지도 "증거는 빈약하다."(Huntley, Arata & Salisbury, 2012: 184). 전반적으로 TAU에 비해 CBT 집단의 우월성이 있는 것으로 보였지만 3개월 추적 관찰 기간 동안 지속되지 않았다.

정신병(CBTs)에 대한 CBT 집단(Owen, Speight, Sarsam & Sellwood, 2015)에 대한 더 최근의 검토는 비록 그 접근법이 기대를 나타내지만, 여전히 강한 결론을 도출하기에 충분한 증거가 없다는 결론을 이끌어낸다. 이 검토는 최근의 문헌 조사를 대표하는 것으로, 우리는 계속해서 더 오래된 연구가 필요하다.

그룹 CBT의 비용 효용성

그룹 CBT를 선호하는 주장의 대부분은 비용 효율성에 있지만 다음과 같은 이유가 현실적으로 보다 더 분명하다.

- 집단 회기는 대개 전형적인 개별 치료의 한 시간이 아니라 1시간 반 또는 2시간 또는 2시간 지속된다.
- 스캔 과정은 매우 시간 소모적이고 내담자에게 기회를 주는 의뢰자가 집단에 부적절할 가능성이 있다.
- 유인물, 질문지/평가 등과 같이 집단을 위한 많은 자료를 준비하는 경우가 종종 있다.
- 보조 치료자와 함께 집단 프로그램의 준비를 위한 시간을 가질 수 있다.
- 각 회기가 끝난 후에 보조치료사와 함께 보고를 위한 시간이 요구된다.
- 내담자가 근무 시간 외 2시간을 더 소비하는 것이 더 어려울 수 있다. Antonuccio, Thomas와 Danton(1997)은 이 비용을 비교 비용을 보고 고려해야 한다고 주장했다.
- 집단 내 각 개인의 치료 이득이 적을 수 있으며, 치료사 시간 단위당 이득이 고려되어야 한다.

반드시 CBT 집단을 개발하라. 하지만 집단에서 개인들이 이룬 성과를 평가하고 이것을 여러분 자신이나 발표된 연구에서 개별적으로 본 유사한 내담자들에 의해 이루어진 진행상황과 비교하는 것이 중요하다.

당신의 내담자들이 진전을 보이는 한, 당신은 적은 수의 내담자 개인의 치료를 제공하는 것보다 더 많은 사람들에게 치료를 제공하는 것이 더 유효하다고 생각할 수 있다. Morrison(2001)은 내담자에게 집단으로 이동하기 전에 2~3회의 개별 치료를 제공하고, 집단 내에서 주의를 기울일 수 있는 특유한 특징을 식별하며, CBT 접근법에 따라 이들을 사회화하는 것이 유용할 수 있다고 제안했다. 그러면 당신은 양쪽의 장점을 모두 가질 수 있다.

─── 커플 치료 ───

커플에 대한 CBT 접근은 치료의 효과성을 높이는 또 다른 방식이다. 한 명 또는 두 명의 내담자들에 의해서 보여지는 그들의 관계가 문제의 중심에 있을 때. 커플에 대한 CBT 접근은 각 내담자가 그들 자신, 그들의 관계 그리고 전반적으로 관계에 대해 어떻게 느끼고, 어떻게 서로 행동하는지를 이해하는 것이 중요하다고 가정한다. 이러한 믿음은 어릴 때 학습되었을 수 있고 말로 표현되지 않을 수 있으므로, 주요 과제는 커플이 이러한 믿음을 식별하는 데 도움을 주는 것이다(Beck, 1988). 관계에 대한 각 파트너들의 기대와 그러한 기대들이 그들의 현재 관계에 대한 지각을 어떻게 왜곡시킬 수 있는지에 대해 동등한 주의를 기울이는 것이 중요하다. CBT의 일반적인 원칙과 특성은 이러한 종류의 작업에 적용되며, 구조화된 회기와 회기 간 할당에 중점을 둔다. 평가에는 공동 회기와 각 파트너와의 개별 회기가 포함된다. 예를 들어, 회기 외부의 전화 통화와 회기 내에서 논쟁하는 것에 대한 기본 규칙이 정해져 있다(see Dattilio & Padesky, 1990). 문제 목록과 개념화를 구축하였다면, 치료는 아래에 설명된 바와 같이 세 가지 광범위한 영역에 초점을 맞출 가능성이 있다.

1. 비현실적인 기대 수정하기

비현실적인 기대 수정은 앞장에서 전술했던 개인을 위한 원칙과 기법에 따라 수정된다.

자신의 결혼 생활에 절망감을 갖고 있던 한 여성은 '내가 그의 삶의 중심이 아니라면, 우리의 관계는 아무 의미가 없다.'라는 믿음을 가지고 있었고, 그녀의 파트너가 독립적으로 활동에 참여할 때마다 '우리는 함께 아무것도 하지 않는다.'와 같은 자동적 사고(ATs)를 가졌다. 각 파트너의 부정적 자동적 사고(NAT)에 대한 증거를 살펴보고 현재 관계에 대한 그들의 경험을 고려한 믿음을 공동으로 정의하기 위해 점진적으로 작업을 했다. 예를 들어, '우리의 삶은 중요한 영역에서 상호 연결되고 중복될 수 있으며 다른 영역에서 분리될 수 있다. 그리고 우리의 관계는 여전히 의미 있다.'

Beck(1988)은 대표적인 인지 왜곡의 예와 이를 다루는 방법을 제시한다.

2. 비난에 대한 오귀인 수정하기

커플들이 상호 간의 비난과 재비난의 악순환에 갇혀 있는 것은 흔한 일인데, 모두 관계의 어려움에 대해 책임을 수용하려고 하지 않는다. 그들이 자신들의 문제를 작업하는 데 협력할 수 있도록 책임에 대한 그들의 믿음을 확인하고 재평가할 수 있도록 돕는 것은 우선적이다.

3. 커뮤니케이션 훈련과 문제 해결

부부들은 전형적으로 그들이 파괴적인 상호작용을 줄이도록 돕는 새로운 기술을 개발하는 것이 필요하다. 의사소통 훈련은 훌륭한 경청의 기술을 강조하며, 자신의 요구를 분명히 표현하고 자신의 감정에 책임을 지는 것이다. 그리고 Burns(1999)가 잘 묘사하고 있다. 부부들이 효과적인 의사 소통을 배우면서 한편으로는 격렬한 분노를 다루는 법을 배우는 것이 중요하다. 그리고 이것은 치료 시간에 유용하게 시연할 수 있다.

일단 그들이 좀 더 효과적으로 의사소통을 할 수 있게 되면, 많은 커플들은 의견 차이가 있는 영역을 다루기 위해 문제 해결 방법을 배울 필요가 있다. Jacobson과 Margolin(1979)은 다음과 같은 부부들의 문제 해결을 위한 일반적인 원칙을 세웠다.

- 문제를 구체적으로 정의한다.
- 비난보다는 해결책에 초점을 맞춘다.
- 타협을 배운다.

부부 치료에 대한 행동적 접근법(예: Stuart, 1980년)은 각 파트너가 상대방을 만족시키기 위해 특정한 방식으로 행동하는 긍정적 행동의 교환을 강조한다. CBT 내에서, 이 전략은 역기능적 믿음을 확인하고 행동실험(BE)으로 통합되어 사용될 수 있다.

부부 치료에서 특별한 주의가 필요한 문제에는 최근 폭로된 부정행위나 관계 내에서 새롭게 전개된 폭력과 같은 위기가 포함된다. 위기를 해소하는 것이 치료의 초기 단계에서 우선할 것이다. 다른 문제 영역은 한 파트너가 관계가 끝나기를 바라는 영역이다. 한 파트너가 비밀을 가진 경우(예: 부정) 그는 알려지기 원치 않을 것이고, 한 파트너가 또 다른 진행 중인 관계를 가지고 있는 경우, 그리고 한 파트너가 심각한 정신과적 장애를 갖고 있는 경우. 이와 같은 문제는 Dattilio와 Padesky(1990년)에서 다루어지고 수퍼바이저와 상의해야 하며, 이상적으로는 부부 작업에서 경험하는 것이 좋다.

Baucom은 수년 동안 커플 작업에 대한 증거 기반의 접근을 개발해왔고 가장 최근에는 부부간의 관계 고충과 개인의 심리적 어려움을 결합시키는 커플 CBT 접근법을 정립했다.

이것은 설득력이 있고 대중적인 개입으로 입증되고 있지만, Baucom은 당연히 이러한 집단 특정 접근 방법을 사용하는 데 적절한 훈련을 하는 것의 중요성을 강조한다(Baucom & Boeding, 2013).

──── **짝 치료** ────

이것은 유사한 어려움을 가진 두 내담에게 동시에 전달되는 CBT 짝 치료법을 설명한다. 우리에게 알려진 CBT에서의 짝 치료는 Kennerley(1995)에 의해서 처음 제시되었다. Kennerley는 처음에 그것을 구조적이고 치료적인 환경에서 다른 사람들과 그들의 어려움을 공유하기를 원하지만 CBT 치료 그룹에 참여할 수 없는 외상 피해자들에게 그것을 제공했다. 다른 외상 생존자들과 함께 일하기를 원하는 주요 이유는 아동학대의 경험을 낙인찍지 않고 다른 사람들이 치료 그룹에서 부합되는 목표들을 어떻게 다루는지 깨닫게 하기 위해서였다. 그룹에 참여하지 않는 주된 이유는, 사회 불안이 너무 심해서 그룹에 참여하기 어렵거나, 그룹에서 배제되는 성격 장애가 있거나, 또는 다음 그룹을 위한 긴 기다림에 직면하는 것이다.

외상 과거력과 현재의 어려움의 유사성에 따라 매치된 쌍들은 한 명의 치료사가 그들을 집단 개입에 사용되는 동일한 프로그램을 진행했다(Kennerley, Whitehead, Butler & Norris, 1998/2014 참조). Norris(1995)는 두 여성의 짝 치료 경험에 대한 상세한 설명을 제공하며, 당신은 OCTC 웹사이트에서 접근 방법의 요약을 찾을 수 있다(www.octc.co.uk/innovations). 비록 아동기 외상과 관련된 문제들을 관리하기 위한 짝 치료법이 통제된 실험에서는 사용되지 않았지만, 예비 징후는 내담자들은 그것을 받아들일 수 있고, 그룹에 가입하지 않고도 그들의 문제를 공유함으로써 사회적 이득을 얻었으며 그룹 치료에서와 마찬가지로 치료를 받았다는 것이다. 짝 치료는 당신의 내담자들 중 누구에게 이득이 될 수 있는지 고려할 가치가 있다.

- CBT는 '1시간 동안 1명의 내담자와 1명의 치료사'라는 전통적인 형식을 넘어 다양한 방식으로 보급될 수 있다.
- 이 장은 다음을 포함하는 다양성을 검토한다.
  - 자가치료
  - IT 인터페이스
  - 대그룹
  - IAPT 저강도 접근법
  - 소그룹
  - 커플
  - 짝
- 이러한 모든 변화는 기존의 일대일 CBT에 비해 비용, 접근성 또는 효과성을 개선하는 데 유용할 수 있다.

특정 형식의 찬반양론을 신중하게 고려할 필요가 있다.

다음 학습 활동은 SAGE publishing 사이트(https://study.sagepub.com/kennerley3e.)에서 내려받기 할 수 있다.

검토 및 반영:
- 이러한 접근 방식 중 어떤 부분에서 어떤 단점이 있는가? 그것들은 무엇이고 얼마나 많은 문제를 대표하는가?
- 이러한 접근 방식 중 일부에 대해 반대하는 이유로 종종 언급되는 의견은 일부 접근 방식이 내담자가 '적절한' CBT를 받는 것에 대해 일종의 '예방접종' 효과를 낼 수 있다는 것이다. 다시 말해, 낮은 강도로 접근하거나 집단 접근법이 효과적이지 않을 경우, 내담자들은 완전한 CBT 시도를 하지 않을 수 있으며, 따라서 그들을 도울 수 있는 치료법을 놓치게 될 수 있다는 것이다. 우리는 이 아이디어를 지지하거나 반박할 어떤 증거도 없다. 그것이 당신에게 얼마나 가능성이 있는 것처럼 보이는가?
- 다음 중 어떤 접근 방식이 당신의 업무 방식과 내담자 그룹에 적합할 것인가?

한발 더 나아가기:
- 이러한 접근 방식 중 어떤 것을 시도해볼 수 있는 범위는 당신 자신의 의료 실무 또는 당신이 일하는 서비스 내에서 있는가?
- 이런 일이 일어나게 하려면 어떻게 해야 할까? CBT 접근법에 대해 누구와 상의해야 하는가? 어떻게 하면 당신의 주장을 가장 잘할 수 있을까?
- 만약 '예방 접종' 효과에 대한 걱정이 여러분에게 의미 있는 것처럼 보인다면, 여러분은 그것이 실제로 얼마나 많은 문제인지 어떻게 확인할 수 있는가?
- 일반적으로, 당신은 다른 CBT 접근법을 채택하는 것의 영향을 어떻게 평가할 것인가?

보충 읽기 자료

Bennett-Levy, J., Richards, D., Farrand, P., Christensen, H., Griffiths, K., Kavanagh, D., Klein, B., Lau, M., Proudfoot, J., Ritterband, L. White, J., & Williams, C. (Eds.). (2010). *The Oxford guide to low intensity CBT interventions.* Oxford: Oxford University Press.

IAPT (2010). Web page: Training resources for low intensity therapy workers. Retrieved 27 January 2010 from www.iapt.nhs.uk/2009/01/20/training- resources- for- low- intensity- therapy- workers/

Richards, D. (2010). Low intensity CBT. In M. Mueller, H. Kennerley, F. McManus, & D. Westbrook (Eds.). The Oxford guide to surviving as a CBT therapist. Oxford: Oxford University Press.

Ryder, J. (2010). CBT in groups. In M. Mueller, H. Kennerley, F. McManus, & D. Westbrook (Eds.). The Oxford guide to surviving as a CBT therapist. Oxford: Oxford University Press.

내담자들을 위한 자가치료에 대한 유용한 자료들은 다음과 같다.

- Robinson의 CBT치료사들을 이끄는 자가치료서적 시리즈인 '극복하기'
  참조: www.constablerobinson.com/?section=books&series=overcoming

- 내담자를 위한 Oxford의 인지치료센터의 소책자
  참조: www.octc.co.uk/product-category/booklets (accessed 22 May 2016).

- Chris Williams의 다섯 가지 영역접근, 내려받기 가능한 자료들
  참조: www.fiveareas.com/ (accessed 22 May 2016).

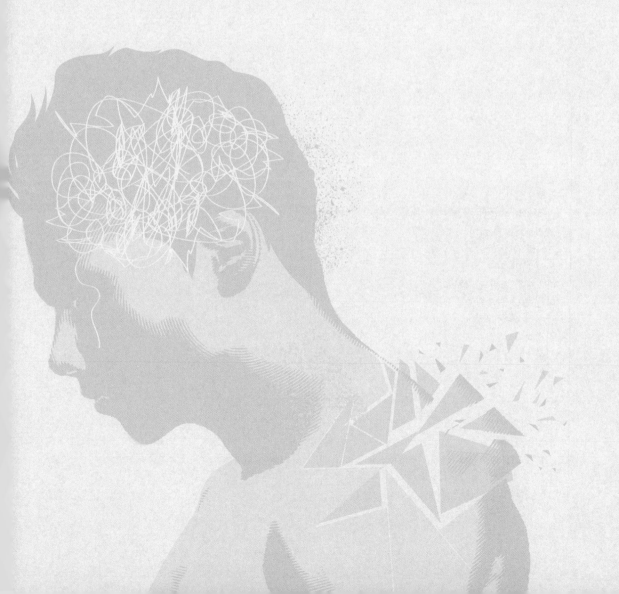

17

CBT의 발달

도입

CBT는 처음에는 임상적으로 우울로 고통 받는 사람들을 돕기 위해 개발되었고, 점차적으로 광범위한 정신 장애로 확장되었다. 1990년대까지, 이 모델은 인격 장애를 포함한 보다 복잡한 문제들을 경험하는 사람들의 어려움을 지원할 수 있는 인지, 정서, 행동 과정을 포함하기 위해 정교하게 개발되었다.

복잡한 문제에 대한 임상적으로 가장 탁월한 모델은 인지와 행동적 어려움에 대한 스키마타(또는 스키마)의 역할을 강조하며, 이러한 모델들은 명백한 스키마 중심적인 CBT와 문제 스키마를 간접적으로 겨냥한 CBT에 대한 접근을 야기했다(Beck et al., 2004; Young, 1990).

이러한 스키마 중심의 개발은 이 장에서 두드러질 것이고, 그뿐만 아니라 다른 중요한 모델과 이론들은 개입의 중요성을 강화하거나 변화시키기 위한 흥미로운 가능성을 야기하는 것들이다.

여기에는 마음챙김 기반 인지치료(MBCT)를 뒷받침하는 상호작용하는 인지 서브시스템(ICS) 모델(Teasdale & Barnard, 1993)과 수용-전념 치료(ACT)에 대한 이론적 토대를 제공하는 관계 프레임 이론(Hayes, Barnes-Holmes & Roche, 2001)이 포함된다.

지난 10년 동안 우울증에 대한 CBT의 단일 요소에 초점을 맞춘 치료인 행동 활성화(BA)(Jacobson, Martell & Dimidjian, 2001)도 등장했다(12장 참조). 이러한 각 개발은 이 장에서만 간략히 검토할 수 있으므로 자세한 지침은 사용 가능한 교육 매뉴얼 또는 간행물을 참조하라.

왜 전통적인 CBT의 틀을 벗어나는 것을 고려하는가?

첫째로, 임시적으로, 전통적인 CBT는 효과적이 되기 위해 수정이나 정교화가 필요하다. 이는 치료 프로토콜이 지시하는 횟수 이상으로 치료 회기를 연장하거나, 예를 들어 내담자가 뜻하지 않은 생활 사건을 처리하기 위해 프로토콜을 보충하기 위한 별도의 개입을 '추가'하는 것을 의미할 수 있다.

게다가 CBT는 모든 심리적 문제에 대한 최적의 치료법이 아니며 모든 사람들에게 접근 가능하지도 않다. 어떤 경우에는 다른 형태의 심리치료가 더 유용하다. 예를 들어, 신경성 식욕부진증 치료에는 가족치료가 더 유용하다(Eisler, Ie Grange & Asen, 2003; Watson & Bulik, 2013 참조).

둘째, 일부 실무자들은 만성적이고 복잡한 문제를 가진 사람들에 대한 접근성과 효과성을 높이기 위해 CT를 실질적인 방식으로 정교하게 다듬었다. 여기에는 오랫동안 지속되어 온 낮은 자존감(Fennell, 1997)에 대한 관심의 확장, CT에서 대인관계 처리과정(Safran & Seal etal, 1990), 스키마 중심 인지치료의 개발(SFCT)(Beck et al., 2004), 스키마 치료(Young et al., 2003), CBT와 마음챙김 훈련을 결합한 MBCT(Segal et al., 2002) 등이 포함된다.

셋째, 일부 실무자들은 특정 측면에 초점을 맞춤으로써 전통적인 CBT를 간소화했다. 예를 들어, BA(Jacobson 등, 2001)는 우울증 치료에서 전통적인 CBT의 인지 요소를 덜 강조한다.

치료사는 CBT의 전통적인 틀을 벗어나는 것을 고려할 수 있다. '고전적인' 접근법은 불충분한 것처럼 보이긴 하지만 아직은 내담자에게 CBT가 적합해보이므로 내담자 문제에 대한 개념화는 인지적 행동 개입을 지지한다. 어떤 경우에는 누가 이런 식으로 도움을 받을 수 있는지를 가르치는 지침이 있다. 예를 들어, MBCT는 반복되는 우울 장애에 대한 치료, 자기 비난과 수치심에 사로잡힌 것처럼 보이는 사람들에 대한 온정적인 마음 훈련, 그리고 오랫동안 지속되어 온 부정적인 믿음 시스템의 탄성에 '빠진' 내담자들을 위한 SFCT 등이 지지되고 있다. 이러한 접근법은 이 장의 뒷부분에서 논한다.

——— 치료에서의 스키마 ———

스키마(SCHEMA)란 무엇인가?

스키마(도식)는 들어오는 정보를 분류하고 사건을 예측할 수 있게 해주는 정보 처리 구조로써 믿음 이상의 것이다. 일부 사람들은 이것이 순전히 인지적인 구조라고 주장하는 반면, 다른 이들은 이것이 더 복잡한 다중모형이라고 주장한다. 우리 모두는 우리 자신에 대한 도식, 사건에 대한 범주 등을 가지고 있다. 이러한 지식 구조는 우리가 현재 일어나고 있는 일을 신속하게 처리할 수 있게 해주고 우리가 환경을 예측 가능하게 하는 데 도움을 준다. 일반적으로 스키마는 사람이 자신, 세계 및 미래를 특정한 방식으로 해석하는 지속적인 경향으로부터 형성된다.

Williams, Watts, McCleod 및 Mathews는 스키마에 대한 간명한 설명을 내놨는데, 스키마는 '저장된 지식의 본체로써 그것은 부호화, 이해 또는 그것의 영역 내에 있는 새로운 정보를 벌충하고, 주의를 기울임으로 인해서, 기대, 해석 그리고 기억 탐색 등과 상호작용한다. [a] 새로운 정보를 조직하기 위한 주형으로 사용되는 일관된 내부 구조'(1997:211). 여러분은 '실제로 이것이 무엇을 의미하는가?'라고 물을지도 모른다.

> Mary는 통로를 걸어 내려갔고, 신도들은 조용했고 그녀의 어머니는 자랑스럽게 바라보았다.
> 그녀는 예복용 각모를 약간 재조정했다.

당신은 아마도 졸업에 대한 언급이 없더라도 이것이 Mary의 졸업식이라고 빨리 결론지었을 것이다. 예식들에 대한 당신의 사전 지식은 당신이 '행간을 읽고' 무슨 일이 일어나고 있는지 예측하는 데 필요한 정보를 제공했다. 이 지식의 본체는 스키마에 있다. 그러므로 스키마는 기능적이고 유동적이다('대학 각모'를 보고 다른 가능성으로 바꿀 때까지 결혼식이라고 주장할 합리적 기회가 있다). 제한된 정보에 기초하여 빠른 추론을 하는 이러한 능력은 일반적으로 우리에게 도움이 되지만, 문제는 스키마의 내용이 편향되거나 융통성이 없을 때 발생한다. 이런 일이 일어날 때, 사람은 부정확하게 '행간을 읽을' 수 있다.

> Rosie의 상사가 '당신 오늘 좋아보인다!'라고 제대로 말하지 못한 채 그녀는 엄청난 고통을 느끼고 방에서 나가야 했다. 그녀의 머릿속에 돌아다니는 생각은 '그는 나를 뚱뚱하게 본다!'라는 것이었고 그녀가 경험한 감정은 두려움과 자기혐오였다.

Rosie의 자기 스키마는 부정적으로 치우쳐 있어서 그녀의 상사가 그녀의 외모에 대해 언급했을 때 그녀는 '행간을 읽고 있었고' 그녀는 그녀가 칭찬을 받은 게 아니라, 그녀가 비판받았다고 믿었다.

Beck 등(1979)은 우울증의 인지 모델에서 스키마타(schemata) 지위를 깨달았다. Beck은 자동적 사고(ATs)가 '더 깊은' 스키마타에 의해 채색된다는 것을 인정했다. 예를 들어, '무기력'이라는 이름으로 표현되는 자기 도식은 '시도할 필요가 없다.'거나 '내게 결코 좋을 것이 없다.'와 같은 자동적 사고(ATs)를 잘 뒷받침할 수 있다. 어떤 대인관계 도식은, '불신감'으로 표현되는 '그는 나를 조종하기 위해서 그렇게 말하는 것일 뿐이다.' 또는 '다른 사람들은 결국 나를 떠날 것이다.'와 같은 자동적 사고(ATs)를 설명할 수 있다.

스키마타는 오랫동안 '지식의 영속적인 구조(Neisser, 1976)'로 인식되어 왔지만, 그것들은 다양한 정도로 유연해서 우리가 새로운 경험을 할 때 우리의 태도와 기대를 바꿀 수 있다. 예를 들어, 관리 경험은 자기에 대한 사람의 관점이 '나는 사람을 관리할 수 없다.'로 이동할지도 모른다. '나는 다른 사람들을 관리할 수 있다.'를 위해 대인관계 갈등에 대한 염려와 예측이 한데 묶이면서 자기 자신감과 희망적인 전망이 주입된다. 외상경험을 한 이후에, 그들 자신에 대한 관점은 그 세계 내에서 자기에 대해 '기본적으로 안전한'에서 취약한 존재로 미래는 '위협적이고 위험한' 것으로 이동한다. 그리고 두려움과 걱정이 수반된다. CBT는 '지금, 여기에'에서 작업함으로써 내담자들에게 새로운 가능성을 제공하고, 스키마 수준에서 영향을 미칠 수 있는 새로운 경험을 장려함으로써 이러한 유연성을 이용한다. 우리 모두는 스키마타를 가지고 있고, 내담자의 문제들은 이러한 더 깊은 구조들에 의해 뒷받침될 것이다. 그러나 이것은 스키마타가 직접적으로 표적이 되어야 한다는 것을 의미하지는 않는다.

현재 경험의 일관적인 변화는 대개 중간 수준의 스키마에 영향을 미치므로, 자동적 사고를 점검하고 행동실험(BE) 수행이 일반적으로 비결이 될 것이다. 외상 장소를 다시 방문하고 이 사건이 관리 가능하다는 것을 알게 되는 것은 종종 이전에 두려움과 회피로 이끌었던 도식을 변화시키기에 충분할 것이다. 성공적인 모험을 반복하는 것은 종종 '할 수 없다.' 스키마를 '할 수 있다.'로 바꾸기에 충분하다. 대부분의 작업에서 기본 스키마는 직접적인 초점 없이 반응한 다. 이러한 이유로 먼저 '고전적'이고 보다 잘 정립된 접근 방식을 시도해야 한다.

스키마 중심 작업

그러나 일부 내담자들은 새로운 증거에 직면하였음도 변화에 저항하는 것처럼 보이는 근본적인 신념을 가지고 있다. 이것은 인격 장애와 관련된 문제들을 포함한 만성적인 심리학적 문제의 유지에 있어 중추적인 역할을 하는 것으로 보인다. 전형적으로, 변화 저항적 스키마를 가진 내담자들은 부정적인 믿음에 반하는 긍정적인 경험을 수용할 수 없다. 대신, 그들은 '그렇지만 그것은 동정일 뿐이다.', '그렇지만, 단지 운일 뿐이다.'와 같은 말들로 반복해서 그것을 무시한다. Rosie와 같은 일부 사람들은 칭찬을 결코 감사하지 않는다. 그들은 그것을 내면의 부정적인 관점으로 부정적인 의견으로 빠르게 왜곡한다.

이것은 스키마 중심 내담자 그룹이고, 또는 '2세대'인 CBT(Perris, 2000)가 개발되었다. 도움이 되지 않는 스키마의 탄력성은 그들을 좀 더 직접적으로 겨냥할 수 있는 전략의 개발과 이것을 촉진할 수 있는 접근 방식을 요구했다. 그러므로 스키마 중심의 작업은 강조점의 전환과 함께 전통적인 CBT를 정교화한 것이지만 뚜렷한, 새로운 접근법이 아니다.

이 접근법은 심리적인 문제에 대한 어린 시절과 사춘기의 기원을 이해하는 데 보다 중점을 두고, 내담자 치료자 관계를 보다 과거력과 대인관계적 맥락 속에 개념화한다. 1979년에 Beck 등은 '어린시절 자료의 사용은 급성 우울이나 불안 단계를 치료하는 데 결정적이지 않지만, 만성적인 인격 장애에서는 중요하다.'라고 제안했다.

실무자들은 민감하거나 파악하기 어려운 핵심 주제를 보다 쉽게 파악하고, 대인관계의 어려움이나 심각한 무기력감을 가진 내담자를 참여시키고, 변화의 매개로 관계를 활용하기 위해 내담자 치료사 상호작용을 강조해왔다(Perris, 2000; Beck et al., 2004). CBT에서 전이는 작용하지 않는 것으로 추정되지만 탐색될 수는 있다. 스키마 치료의 특별한 실행에서 Young 등 (2003)은 치료적 관계가 변화의 매개체임을 가정하는 '부분적 재양육(re-parenting)'과 '공감적 직면(empathic confrontation)'의 치료적 가치를 특히 강조한다.

Beck의 스키마에 중심 CBT(SFBT)와 Young의 스키마 치료(ST)는 공통된 목표를 가지고 있다. 즉, 내담자가 자신의 문제를 극복할 수 있도록 기능적이고 균형 잡힌 스키마타를 개발하는 것이다. 둘 다 개념화 주도적이고 가능한 한 투명하며, 둘 다 인지적 및 행동적 개입을 사용한다. 그러나 이 치료적 접근들은 두 가지 근본적인 방식에서 다르다. 첫째, SFCT는 협력적 경험주의(전통적인 CBT처럼)의 입장을 취하고, ST는 '부분적 재양육'의 관계를 시작한다. 둘째, SFTC는 먼저 전통적인 CBT 전략을 사용하면서 스키마 중심 작업에 대한 접근법에 더 많은 단계를 밟는 경향이 있는 반면, ST 접근 방식은 초기에 스키마 중심 개입을 도입할 가능성이 더 높다. 우리는 당신이 치료의 충실성을 유지하기 위해 실무자들을 안내하기 위한 매뉴얼들이 있고 우리는 당신에게 이것을 사용하라고 촉구할 것이다. 스키마타 작업은 내담자의 이익에 부합할 새롭고 유용한 믿음 체계를 개발하는 것이며, 내담자를 인지 정서적 결핍 속에 남겨둘 수 있는 오래된 믿음을 간단히 무너뜨리는 것만으로 오래된 관점과 경쟁하게 될 것이다. 이러한 전략 중 다수는 여러분이 직접 볼 수 있는 '전통적인' CBT 기법을 정교화한 것이다 (표 17.1 참조). 이 구역에서는 단지 스키마 중심 작업에 대한 간략한 개요를 제시하기 때문에, 보다 보편화된 기술 몇 가지만 강조한다. 그러나 여러분 중 일부는 복잡한 어려움을 겪고 있는 내담자들에게 스키마 중심의 치료의 사용과 더 광범위한 전략에 대해 배우고 싶어 할 것이며, 만약 그렇다면 우리는 여러분에게 먼저 '전통적' CBT에 많이 익숙해져야 한다는 것을 강력히 권하는 바이다. 그리고 나서 우리는 여러분에게 Young 등(2003), Riso, du Toit, Stein & Young(2007)와 Beck 등(2015)의 자료 참조를 권한다.

긍정적인 자료 일지

긍정적인 자료 일지(Padesky, 1994)는 새롭고 더 건설적인 믿음 체계를 구축하는 데 기여하고 오래되고 덜 유용한 관점에 저항하는 경험의 목록을 체계적으로 정리한 것이다.

> Rosie는 '나는 매력적인 사람이다.'라는 새로운 가능성과 일치하는 정보를 수집했다. 첫째, 그녀는 자신이 다른 사람들에게 매력적으로 보일 것이라 생각되는 자질 목록을 작성했다.
> - 준비된 미소
> - 진실한 따뜻함
> - 친절
> - 포용력
> - 공정성

Rosie는 자신의 목록에 신체적 외모에 대한 설명이 포함되지 않은 것을 알고 관심을 갖게 되었고, 다른 사람들도 비슷한 견해를 가질 수 있다고 생각했다. 그녀는 이 목록을 체크리스트로 사용했고 그녀가 자신의 기준 중 하나를 충족했다는 것을 알게 될 때마다, 혹은 누군가가 그녀에게 매력적이라는 칭찬을 해줬을 때마다 기록했다. 처음에는 긍정적인 면을 인식하기가 어려웠으며, 계속해서 일지 쓰기를 유지하도록 격려할 필요가 있었지만, 연습을 통해 Rosie는 칭찬과 성취를 알아차리는 데 더 능숙해졌다. 이런 식으로 그녀는 새로운 믿음 체계를 구성하기 위해 정보를 수집했고 그녀는 긍정적인 사건들을 알아채는 기술을 발전시켰다.

이 기법은 근본적으로 새로운 전략이 아니라 전통적인 CBT에서 사용하는 데이터 수집 연습을 정교화한 것이다. 그러나 그것은 일반적으로 내담자에게 더 많은 노력을 기울이며 더 긴 기간이 걸린다.

연속체 작업 또는 '점수 매기기'

연속체 작업 또는 '점수 매기기(Pretzer, 1990)'는 도움이 되지 않는 이분법적 사고방식과 싸우기 위한 전략이다. 고전적인 CBT에서, 우리는 종종 내담자들이 그들의 '흑백논리'적 사고를 인식하도록 돕고, 그들이 극단들을 연결하는 넓은 가능성을 살펴보도록 한다. 연속체 작업은 이것을 상세히 설명하고, '흑백논리' 관점의 타당성을 논의하고 평가하면서 극단의 스펙트럼을 끌어내는 것을 포함한다(8장 참조).

Rosie의 경우, 그녀는 '못생겼다 또는 매력적이다'라는 이분법을 가지고 있었고, 그녀가 매력적이라는 아주 분명한 메시지를 받지 않는 한, 그녀는 자신이 못생겼다는 것을 확증하는 평가로 인식했다. 치료에서, 그녀는 매력의 연속체가 존재하고 그것이 신체적인 외모 이상을 포함한다는 것을 깨닫기 시작했다.
▶ 동영상 자료 17.1: 이분법적 사고방식

과거력 기록

과거력 기록(Young, 1984)은 본질적으로 회고적인 사고 기록이다. 왜 믿음이 설득력이 있어 보였는지와 대한 역사적 이유와 그것의 타당성이 이제 와서 의심을 받게 되는지를 검토함으로써 과거의 주요 사건들은 체계적인 방법으로 재평가되고 있다.

Rosie는 자신이 과거에 겪은 몇몇 사건으로부터 그녀가 못생겼다는 그녀의 믿음을 적었다. 그 사건 중에는 8살 때 아이들이 그녀를 에워싸고 '혐오스럽다.'라고 외쳤던 일이 있었다.

그녀는 그 당시 왜 그런 것들을 그대로 믿었는지 되돌이켜 생각했다.

'나는 뚱뚱했고 부모님은 나를 비난하는 것 외에는 아무 것도 하지 않으셨어.'

하지만 이제 그녀는 '현명한 마음'을 사용하여 8살 때 내린 결론에 도전할 수 있다.

'나는 평범했고, 잘 알지 못하는 아이들 무리에게 희생된 약간 통통한 소녀였다.'

그런 다음 그녀는 새로운 결론을 내렸다.

'나는 내 가정으로 인해 비판에 취약했지만, 이제 그 아이들이 피상적이고 잔인하다는 것을 알게 되었고 그것은 나보다 그들에게 좋지 않은 영향을 준다.'

▶ 동영상 자료 17.2: 내담자와 과거력 검토

책임 파이

책임 파이 기법(Greenberger & Padesky, 2015)은 사람들로 하여금 누가 또는 무엇이 어려운 상황에 처하도록 했는지를 고려하도록 한다. 때때로 내담자들은 발생한 나쁜 일들에 대해 대체로 책임이 있다고 생각하고 그들은 고통스러울 정도로 부끄러워한다.

▶ 동영상 자료 17.3: 책임 파이 차트 사용

Rosie의 경우, 그녀는 자신을 뚱뚱하다고 비난했고, 이것은 자기혐오, 수치심, 우울한 기분을 부채질했다. 치료사는 그녀가 과체중이 되도록 기여한 사람이 누구인지, 그 밖의 것이 무엇이 있는지를 생각하도록 촉진했다. 처음에 그녀는 고군분투했지만 천천히 리스트를 만들었다.

1. 식품 회사측, 그것은 매력적으로 보이도록 음식을 포장하고 광고한다.
2. 내 우울, 그것은 내가 먹음으로써 위안을 받도록 한다.
3. 나의 부모, 그들은 나를 지지해주지 않았고 그래서 나는 음식으로 위안을 삼았다.
4. 나의 엄마, 그녀는 항상 다이어트 중이었지만 자기가 먹고 싶은 음식을 먹였고, 그것은 나를 과체중으로 만들었다.
5. 나를 뚱뚱하다고 놀린 아이들, 그것이 내 몸무게에 강박을 촉발시켰다.
6. 나의 댄스 스쿨, 그것은 날씬함만 수용된다는 생각을 주입하고 몸무게에 대한 나의 강박에 기여했다.
7. 몸무게에 대한 나의 강박, 나는 음식에 압도되어 있다.
8. 나의 이모, 비록 내가 그녀를 정말 사랑하지만, 그녀는 초콜릿으로 나를 격려해주려 했다. 그것은 아마도 내가 초콜렛이 특히 매력적이라고 생각하는 이유이다.

그녀는 모든 가능성을 다 써버렸을 때 자신의 이름을 목록의 맨 아래에 추가했다.

이 목록을 작성하는 것은 훌륭한 하나의 소크라테스식 기법이다. 그리고 일부 내담자들에게는, 이것만으로도, 책임에 대한 극단적인 관점을 수정하기에 충분하다. 왜냐하면 그들은 자신의 문제에 많은 기여자들이 있다는 것을 지금 인식했기 때문이다. 그러나 Greenberger와 Padesky는 연습을 더 수행하여 내담자에게 얼마나 많은 개인/상황이 기여했는지 추정하고 이를 파이 차트로 전환할 것을 제안한다. 이런 요구는 일부 내담자들에게 다소 무리일 수 있지만, 다른 내담자들에게 도움이 될 수 있다.

> Rosie의 경우 그녀의 등급은 다음과 같았다.
> 1. 식품 업체 5%
> 2. 내 우울증 10%
> 3. 부모님 40%
> 4. 우리 어머니 10%
> 5. 아이들 10%
> 6. 내 댄스 학교 5%
> 7. 나의 몸무게에 대한 집착 15%
> 8. 나의 이모 1%
> 9. 내 자신 4%

그림 17.1 Rosie의 책임감 파이 차트

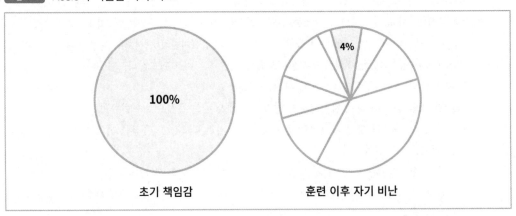

초기 책임감 / 훈련 이후 자기 비난

> 그녀가 목록의 맨 아래에 다다랐을 때, Rosie는 자신에게 할당해야 할 부분이 4%밖에 남지 않았다는 것을 알게 되었고, 그 결과, 그녀 자신에게 수치스럽고 화가 덜 난다는 것을 느꼈다. 그녀의 파이 차트는 그림 17.1에 나와 있다.

만약 내담자가 이것이 속임수이고 당신이 그 수치를 조작했다고 생각한다면, 당신은 그들에게 그들의 추정치를 검토하고 그들이 행복하지 않은 수치를 바꾸라고 요구할 수 있다.

일반적으로, 당신의 내담자는 여전히 그들이 원래 예상했던 것보다 책임이 적은 사람이 될 것이다. '나는 책임이 없다. 따라서 그것에 대해 내가 할 수 있는 일이 없다.'라는 결론을 내리지 못하게 하는 것이 중요하다.

비록 그들에게 발생되는 어떤 것에 대해 더 이상 지나치게 책임감을 느끼지 않더라도, 그들은 앞으로 나아갈 책임이 있다. 즉, 중앙난방 장치가 고장난 것은 책임지지 않을 수도 있지만, 수리하는 것은 책임질 수 있다.

실험적 기법

스키마 변화 전략에는 또한 고전적 CBT에 사용된 역할극과 시각화를 반영하는 '실험적 기법'의 개발과 더불어 게스탈트 기법 및 복잡한 이미지 훈련도 포함되어 있다.

예를 들어, Rosie는 Padesky가 '사이코 드라마'(Padesky, 1994)라고 불렀던 역할 놀이를 통해서 그녀는 죽은 아버지와의 상호작용을 할 수 있었고 자신의 정서적이고 신체적 학대에 직면할 수 있었다. 그녀는 또한 이미지 재구조화하기(Layden et al., 1993)에 참여함으로써 도움을 받았다. 그녀는 학교친구들에게 조롱당하는 이미지를 검토하고, 그녀의 반응과 결론을 재고한 후 긍정적인 함축으로 결말을 다시 썼다. Rosie에게 있어서, 이 새로운 이미지는 그들이 틀렸고 도덕적으로 우월하다는 그녀의 인식으로 자신감을 갖게 하고, 그녀가 키가 크고 매력적으로 느끼면서 걸어가고 있는 모습이었다(소심하고 추한 것이 아니라).

> 그녀는 특히 키가 크고 매력적으로 느껴지는 신체적 감각에 초점을 맞추었는데, 이것이 그녀의 추함에 대해 '느껴지는 감각'에 도전했기 때문이다.

그러한 신체 이미지 변화는 매력적이지 않거나 불편한 존재에 대한 오래 지속되는 '감각'을 가진 사람들에게 특히 유용할 수 있다(Kennerley, 1996).

스키마 대화

또 다른 실험적 기법은 스키마 대화(Young et al., 2003)이다. 스키마 대화는 내담자가 오래되고 도움이 되지 않는 믿음 체계와 적응력이 더 높은 체계 간의 대화를 수행하는 것이다.

> 한 치료회기에서, Rosie의 치료사는 그녀가 못생겼다는 그녀의 가정 중 일부를 연기했고, Rosie는 그녀가 매력적이라는 믿음을 뒷받침하는 온정적이고 긍정적인 진술로 된 반응을 연습

했다. 처음에 치료사는 부정적인 관점의 타당성을 떨어뜨리기 위한 주장을 보여주었고, Rosie 는 곧 이 역할을 맡을 수 있었고, 토론에서 그녀가 매력적이라는 설득력 있는 주장을 만드는 데 능숙해졌다.

스키마 플래시 카드

스키마 검토의 초기 단계에서 내담자를 돕기 위해 Young 등(2003)은 그 과정을 요약한 스키마 플래시 카드를 사용할 것을 권고한다. 이는 본질적으로 내담자에게 그 감정이 무엇인지를 이해하는지, 그것에 대해 그들이 무엇을 할 수 있는지를 숙고하기 위해 문제 감정(위험, 분노, 충동 등)을 사용하도록 유도한다.

> Rosie의 스키마 플래시 카드는 Young의 형식의 수정된 간단한 버전이다.
> • 지금 나는 .... (이)라고 느낀다.
> • 그것은 놀랄 일이 아니다. 왜냐하면, ...
> • 하지만 ....
> • 그러므로 나는 .... 할 것이다.

Rosie는 자신의 카드를 가지고 가서 그녀가 고통스러웠을 때 그것을 사용했다. 그녀는 그것을 잠시 멈추고, 무슨 일이 일어나고 있는지 인식하고 자신에게 가장 좋은 것이 무엇인지 생각하라는 의미로 사용했다. 예를 들어, 그녀는 어느 날 저녁 집으로 운전하는데 매우 불안해져서 초콜렛을 사기 위해 주차장으로 향했다. 그녀는 주차장에 차를 세우고 스키마 플래시 카드를 꺼냈다.

- 지금 나는 좌불안석하고 연약하다고 느낀다. 나는 이 감정을 떨쳐버리고 싶다.
- 그것은 놀랄 일이 아니다. 왜냐하면 나는 내가 직장에서 정말 엉망이었고 너무 부끄럽기 때문이다. 그것은 나 자신을 미워하게 만든다.
- 하지만 이것은 내가 최악의 상황을 가정하고 기분이 나쁘도록 만드는 나의 부정적인 스키마이다. 그것은 나에 대한 나의 낡은 관점이고 나는 내가 합리적으로 능력이 있고 괜찮은 사람이라는 것을 인정하기 시작했다.
- 그러므로 나는 이 고통을 빠져나가기 위해 먹으려고 하지 않을 것이다. 나는 활기찬 음악을 틀고 내 자신의 성취를 떠올리고 나는 폭식하지 않고 견뎌낼 수 있을지 지켜볼 것이다.

이렇게 함으로써 Rosie는 자신의 감정과 충동을 불러일으키는 스키마 활성화에 대해 알아차리게 되었고, 그래서 그녀는 도움이 되지 않는 자동적 사고(ATs)에 맞서고 스스로 실험을 설계할 수 있게 되었다.

기본적인 믿음을 다루는 데 사용되는 기법은 '전통적' CBT 전략의 눈에 띄는 발전이며 이는 표 17.1에 요약되어 있다.

실험적 기법은 스키마 수준의 변화를 달성하는 데 특히 효과적이라는 것이 밝혀졌다(Arnz & Weertman, 1999; Giesen-Bluu 등, 2006). 그러나 그들은 강한 정서를 불러일으킬 수 있어서, 주의해서 사용해야 한다. 즉, 분명한 근거가 있을 때 그리고 내담자가 결과적인 감정을 견딜 수 있다고 확신했을 때뿐이다. 종종 스키마 중심의 작업의 보다 야심찬 목표는 때때로 여러 해가 걸리는 보다 장기간의 치료법을 제공할 필요성을 만든다(Young et al., 2003).

그러므로 당신은 '내가 스키마 중심의 치료에 참여할 수 있는 능력이 있는가?'뿐만 아니라 '내담자와 내가 장기적인 개입을 수행할 수 있는가?'라는 질문을 할 필요가 있다.

표 17.1 '전통적' 그리고 스키마 중심 CBT 전략

전통적인 CBT	스키마 중심 CBT
행동실험(BE)의 일부로 자료 수집하기	긍정적 자료 일지
이분법적 사고 식별 및 인식	연속체 또는 스케일링 기술 단계
사고 기록	과거력 기록
비난에 질문하기	책임감 파이
역할극	사이코 드라마
단순 이미지 변환	초기 기억의 의미 변화, 복잡한 이미지 변환
신체적 기법	신체 이미지 변환
도움이 되지 않는 생각에 도전하기	스키마 대화
과정 검토	핵심 신념 기록
측근 메모	스키마 플래시 카드

스키마 중심의 치료법이 실질적인 경험적 근거 없이 CBT의 세계와 다양한 장애(Riso et al., 2007)에 걸쳐 유행한다는 것은 인상적이다. 단일 사례 보고들(예: Morrison, 2000)이 있었는데, 특정 스키마 변경 방법(예: Arnz & Weertman, 1999) 및 개방형 임상 시험(Brown, Newman, Charlesworth, Crits-Christoph & Beck, 2004)이 있었지만, 비교적 최근에야 무선통제 임상 시험(RCT)의 결과를 볼 수 있었다. 2006년, Giesen-Bloo 등은 3년 동안 Young의 ST가 BPD를 가진 내담자에게 전달 중심 심리치료보다 우수하다는 연구결과를 발표했다. Davidson과 동료들은 같은 해에 스키마 중심의 CBT가 TAU와 결합된 것보다 더 짧다는 연구 결과(1년 치료 및 1년 후속 연구)를 발표했다. 다시, 이 연구는 BPD를 가진 내담자들에게 초점을 맞추었고 그 결과는 TAU에 대한 결합된 개입의 우세를 보여주었다. 비록 두 가지 개입이 Young의 ST(영 외, 2003년)를 사용했고 다른 하나는 Beckian 스키마 중심의 CBT 접근법을 결합했다는 점에서 다르지만, 그들

은 각각 설득력 있는 결과를 도출했다. 그러나 두 연구가 매우 특정한 모집단에 초점을 맞춘다는 것을 명심해야 하고 우리는 그 결과가 BPD가 아닌 모집단에 일반화될 것이라고 가정할 수 없다. 최근 RCT에서도 BPD(Farell, Shaw&Weber, 2009)가 있는 내담자에게 집중되어 있다. 본 연구는 30회기 스키마 중심 그룹 치료(SFT)가 TAU에 추가될 때의 영향을 조사했다. 그 결과는 또다시 TAU 그룹에 비해 SFT - TAU 그룹의 참가자들의 기능이 상당히 향상되었다는 것을 보여주었다.

요약하자면, BPD 내담자에게는 스키마 중심의 개입이 이론적으로 근거가 있고 임상적으로 옹호할 만하지만 BPD가 아닌 모집단에서는 스키마 중심의 접근 방식을 조심스럽게 사용해야 한다. 우리는 전통적인 CBT가 CBT에 적합하다고 평가되고 고려된 내담자들에게 우선적으로 선택이 되어야 한다고 제안한다.

온정 기반 치료

이것은 무엇일까?

심리치료를 받으려는 사람들 사이에서 흔히 알려진 정서는 수치심이다(Gilbert &Andrews, 1998). 예를 들어, 그것은 오랫동안 우울 장애(Gilbert, 1992년)와 EDs와 아동학대와 관련이 있었다(앤드류, 1997). 높은 자기 비난을 하는 사람들은 전통적인 CBT를 잘 따라오지 못한다는 증거가 있는데(Rector, Bagby, Segal, Joffe & Levitt, 2000), 이는 오랫동안 지속되어온 부정적인 스키마의 특성과 관련이 있다는 설명이다.

온정 기반 치료는 내적 수치심, 자기비판, 자기 책망을 하는 사람들이 자신에 대한 연민을 형성하도록 돕고, 따라서 그들의 수치심을 줄이거나 없애는 것을 목표로 한다. 수치심과 자기비판이 그들의 반응에 만연되었기 때문에 수치심이 많은 내담자들은 종종 CBT의 기술을 채택하지만 정서적인 변화를 느끼지 못한다.

한 가지 이유는 그들이 도움이 되지 않는 인식에 맞서려고 할 때 거친 어조를 사용하기 때문일 수 있다.

이것은 아마도 단호한 어조로 '두려워하지 마라'라고 말하면서 아이를 위로하는 부모에 비유될 수 있다. 마치 두려움은 어리석은 것인 것처럼. 같은 단어이더라도 동정심과 진실된 배려가 담긴 어조로 사용하는 부모들과 대조될 수 있다. Gilbert(2005)의 접근은 친숙한 인지 행동 개입과 자기비판과 수치심을 해소하기 위한 온정 마인드 훈련을 결합한다. 이것은 인지 재평가의 기술적 측면과 보살핌과 관심의 태도를 결합한 것이다.

사회 정신 이론

동정심 훈련은 Gilbert의 사회 정신 이론(1989년)에 기초한다. Gilbert는 자기 관련 정보는 종종 사회적 관계를 위해 진화한 시스템(사회 정신성)을 통해 처리된다고 주장한다. 따라서 우리 각자는 자기 자신과 내부적인 관계를 가지고 있으며, 우리의 생각과 느낌은 이러한 '자신과 자신의' 관계를 반영할 수 있다. 예를 들어, 어떤 사람은 자신을 공격하고 공격받았다고 느낄 수도 있고, 어떤 사람은 보살핌과 자신을 진정시키는 것을 필요로 할 수 있다.

온정 기반의 치료는 내담자들이 효과적으로 자기 공격에 맞설 수 있도록 내면의 연민과 온기를 발전시키도록 훈련시키는 내적 관계에 초점을 맞추고 있다.

실전에서의 온정 기반 치료

온정 기반 치료는 고전적인 CBT와 많은 유사점을 공유한다. 건전한 치료 관계는 치료에 중요하다. 치료사는 안내된 발견과 사고 감시를 사용하여 수치심과 자기비판과 관련된 주요 인지 정서 처리 과정을 확인한다. 개념화는 공유되고, 이를 통해, 패턴이 확인되고 그뿐만 아니라, '자기비판은 나에게 좋은 것이다. 그것은 인격을 형성시킨다'와 같은 믿음처럼 치료를 막는 것들이 확인된다. 문제가 어떻게 발생했고 왜 계속 발생했는지에 대한 공통된 이해는 Gilbert가 '탈−수치심과 탈−죄책감(de-shaming and de-guilting)'이라고 하는 것으로, 이것은 Linehan(1993)의 유효성 검증 개념과 다르지 않다.

그는 돌봄을 받는 존재의 경험을 붙들기 위해 이미지를 사용하는 것을 옹호하며, 따라서 수용, 안전 및 자기 진정의 감정을 촉진한다. 이 온정적인 마음의 상태는 도움이 되지 않는 자동적 사고(ATs)에 대한 온정적 재구성을 촉진하는 데 사용된다. 온정 기반 치료는 스키마 중심의 치료에 사용되는 것과 유사한 경험적 개입을 사용한다.

기술에는 온정적 자아의 이미지를 촉진하고 과거, 외상적 경험을 재구성하고, 중요한 과정을 명명하는 법을 배우면서 부정적 자동적 사고(NAT)의 정서적 영향으로부터 벗어나고, 때로는 Gestalt의 두 개의 의자 기법을 사용하여 적대적인 자기와의 내적 대화를 개발하는 것이 포함된다.

온정적인 명상 또한 주장되며, 변증법적 행동치료(DBT)와 MBCT의 마음챙김 연습의 형태와 목적에서의 유사성이 있다(아래 참조). 온정적 마인드 훈련의 인기는 꾸준히 증가해왔고 매년 더 많은 훌륭한 자료들과 훈련 기회들이 있다. CMT를 추진하고자 한다면 웹사이트 www.compassionatemind.co.uk가 가장 좋은 출발점이다.

이 접근법은 우울증(Gilbert, 2005), PTSD(Lee, 2005) 및 불안 장애 치료에 적용되었다(Bates, 2005; Hackmann, 2005). 온정적 접근 방식을 채택하는 것에 대한 논쟁은 항상 이론적으로 강했고, 점차 임상 실습에서 온정 중심주의에 대한 경험적 논거가 형성되고 있다.

그것의 사용을 지지하는 자유로운 시도들(Gilbert & Proctor, 2006), 사례 시리즈(예: Mayhew & Gilbert, 2008), RCT(예: Neff & Germer, 2013)들이 있다. 그럼에도 불구하고 스키마 중심의 접근 방식을 고려할 때 이전에 제안했던 주의와 제약 사항들을 사용해야 한다.

마음챙김 기반 인지치료

이것은 무엇일까?

마음챙김(MBCT)의 새로운 치료법은 우울증에 대한 재발 방지 개입으로 개발되었다(Segal et al., 2002). 그것은 고전적인 CBT의 요소와 '마음챙김' 훈련을 결합하는데, 치료적 명상접근으로 Kabat-Zinn에 의해 개발된 치료 명상 접근 방식인데 그는 마음챙김을, 특별한 방식으로 의도적으로, 현재의 순간에 비판단적으로 주의를 기울이는 것'으로 묘사한다(1994: 4).

1995년까지만 해도 Teasdale, Segal, Williams는 CBT가 부정적인 인지의 내용에 대한 믿음 변화 때문에 효과적이라는 가정에 대한 대안을 제안했다. 그들은 CBT가 내담자들이 멈추도록 촉진함으로써, 인지들을 확인하고 그것의 내용의 유용성과 정확성을 평가하기 때문에, 문제 인지로부터 '뒤로 물러서도록' 돕는다고 제안한다.

이것은 '거리두기' 또는 '분산시키기'를 허용한다. Teasdale, Moore, Hayhurst, Pope, Williams & Segal(2002)은 우울증의 재발 감소를 위한 효과적인 개입으로서 분산시키기와 메타 인지 인식의 증가를 강조했다.

이는 내담자들이 도움이 되지 않는 생각과 느낌을 적절한 시각으로 볼 수 있는 정신 상태로 전환하도록 도와줌으로써 심리적 고통에서 벗어날 수 있는 가능성을 제기한다. 마음챙김 훈련의 명상적 자세가 탈중심화를 강화하면서, CBT에 통합되었고, MBCT가 개발되었다.

하위 인지체계의 상호작용(ICS)

마음챙김(MBCT)은 상호작용하는 인지 하위체계(ICS)로 알려진 정보 처리 모델을 기반으로 하며, 이 모델은 마음을 상호작용하는 구성요소들의 집합으로 간주한다(Teasdale & Barnard, 1993). 이러한 각 요소들은 감각이나 마음의 다른 요소들로부터 정보를 받는다. 그런 다음 각 구성요소는 이 정보를 처리하고 변환된 정보를 다른 구성요소로 전달한다. 따라서 특정 자극에 반응하여 나타나는 반복되는 패턴 내에서 상호작용 네트워크가 있다.

특히, 과거 우울 장애를 경험한 사람들은 주요 우울증을 경험하지 않은 사람들보다 더 쉽게 인지 정서적 반추의 자기 영속적 주기에 휘말린다. 이러한 반추적 패턴은 우울증의 재발 가능성을 높인다(Teasdale, 1988).

Teasdale은 정신적 구성요소들 사이의 상호작용의 반복된 패턴을 '마음의 양식'이라고 칭하며 그것들을 자동차의 기어에 비유한다.

> 각 장치가 특정한 용도(시동, 가속, 순항 등)를 가지고 있는 것과 마찬가지로 각 정신 양식은 고유한 기능을 가지고 있다. 자동차에서 기어 변속은 자동으로(자동 변속기, 엔진 속도가 특정 임계값에 도달할 때를 감지하는 장치에 의해), 또는 의도적으로(특정 목적으로 시연을 의식적으로 선택하거나 특정한 방식으로 주의를 전개하는 것을 의식적으로 선택하는 개인에 의해) 유도될 수 있다(2004: 275).

그는 계속해서, 자동차와 마찬가지로, 마음이 두 개의 장치나 방식에서 동시에 일어날 수 없다고 말한다. 그러므로 한 가지 마음의 방식으로 작동하면서 동시에 다른 마음의 상태에 있는 것을 막는다. MBCT는 내담자가 도움이 되지 않는 '정신적 기어'를 인식하고 이를 해방시키고 보다 기능적인 인지 모드로 전환할 수 있도록 돕는 것을 목표로 한다. 마음챙김은 대안적인 유용한 인지적 방법으로 보여지는데, 그것은 반추와 정반대되는 것이기 때문이다.

우울한 반추는 부정적인 요소들을 반복적이고 자동으로 생각하는 것으로 특징지어진다. 그리고 마음챙김은 내담자가 반추와 양립할 수 없는 정신 상태에 놓이게 함으로써 다시 우울증에 빠질 가능성을 감소시키는 것으로 보인다.

- 의도적: 과거 또는 미래에 대한 생각을 처리하는 것보다 현재의 경험에 초점을 맞춘다.
- 생각을 현실에 대한 근거가 확신한 반영보다는 정신적 사건으로 간주한다.
- 비판단적: '좋은' 또는 '나쁜'보다 사건을 사건으로 본다.
- 완전히 존재하는 것: 즉, 순간을 경험하는 것은 인지적, 경험적 회피를 감소시킨다.

실전에서의 MBCT

MBCT는 반복된 우울로부터의 완화된 내담자들을 위한 매뉴얼화된 집단 기술 훈련 프로그램이다(Segal et al., 2002). 그것은 CBT의 호환 가능한 요소와 마음챙김 요소를 통합한다. 그러나 도움이 되지 않는 생각의 변화에 대한 강조는 거의 하지 않고 오히려 그들에 대한 더 큰 주의깊음(mindfulness)을 계발하는 것에 중점을 둔다. 이것의 핵심은 비판단과 급진적인(radical) 수용이라는 입장을 달성하는 것이다. MBCT는 사람들이 그들의 인지적, 감정적, 신체적 경험에 대해 더 잘 인식하도록, 다르게 관련시키도록, 돕는 것을 목표로 한다.

내담자들은 미래의 우울증에 대한 재발과 반복을 감소시키기 위한 방법으로 내담자들은 우울증의 미래 재발과 재발을 줄이기 위한 방법으로 습관적이고 역기능적인 인지적 상투성으로부터 벗어나는 것을 배운다. 집단들은 모임 사이에는 과제를 하면서 두 시간 8회의 만남을 갖는다. 이것들은 일상생활에 인식 기술의 적용을 통합하기 위해 고안된 인식 훈련과 과제 형태를 취한다. 처음 8회에 이어 후속 회기는 점점 간격이 증가되도록 예정되어 있다.

초기의 두 RCT는 MBCT가 재발하는 우울증에 미치는 영향을 평가했고 재발 위험이 50% 감소했음을 보여주었다. 보다 최근의 무선 통제 연구에서, Kuyken 외 연구진(2008)은 15개월간의 후속조치 기간에 걸쳐 MBCT가 항우울제 약물만큼 재발을 방지하는 데 효과적이며, 이후 RCT가 MBCT의 효과와 비용 효과 모두를 확립되었음을 보여주었다(Kuyken et al., 2015).

또한 만성 우울과 자살 사고를 가진 내담자의 증상을 줄이는 데 효과적이라는 소 연구(e.g. Barnhofer, Crane, Hargus, Amarasinghe, Winder & Williams, 2009)도 있다(Barnhofer et al., 2015). 지금까지의 실험 결과는 MBCT가 3회 이상 우울 삽화(episode)를 경험한 사람들의 재발과 재발 위험을 줄일 수 있는 비용 효율적인 예방 프로그램이라는 것을 보여준다.

MBCT는 또한 양극성 장애, 만성피로, 불면증, GAD, 암과 같은 다른 문제들을 가진 사람들을 돕기 위해 사용되고 있다. 그것은 학교와 주산기(perinatal)* 환경에 도입되었고, 우리는 이 모델이 지속적으로 정교해지고 많은 임상 시도들을 기대하고 있다.

---

* 역자 주: 주산기(per·i·na·tal) - 분만 전후의, 주산기(周産期)의《임신 20주 이후 분만 28일 사이》이다.

다른 메타 인지치료

이것들은 무엇인가?

앞 장에서 본 바와 같이, 메타 인지 인식은 생각과 이미지를 인지로서, 처리과정으로서, 경험할 수 있는 마음속의 단순한 사건으로서, 그 치료상의 이점이 MBCT와 더불어 CBT의 다른 발전에 적용되었다. 그것은 ACT와 DBT의 부분으로(아래 참조) 1995년 Wells는 불안 장애와 추후 불안과 우울 모두(2008)를 위해 메타 인지치료(MCT)를 소개했다. 인지의 내용보다는 인지적 과정에 초점을 맞춘 다른 개입에는 걱정 중심치료가 있는데 그것은 8장과 14장에 설명된 것 이상의 것으로(Watkins et al., 2007 참조), 망상에 대한 걱정 개입 시도 WIT(Warning interaction Test, Freeman et al., 2015), 우울증의 잔류 증상에 대한 반추 중심치료 RFCT(Rumination-ocused todes)(see Watkins et al., 2007)와 같은 치료들이 있다. 이러한 접근법은 일반적으로 CBT의 핵심 원칙과 기법에 기초를 두고 있지만, 특히 인지 과정의 형성 및 표적에 주의를 기울인다.

이러한 메타 인식 접근법의 임상적 지위는 매우 고무적이다(예: Watkins et al., 2007; Freeman et al., 2015; Normann, Van Emmerik & Morina, 2014).

메타 인지치료(MCT)

이러한 임상적 접근의 이론적 근거는 다음과 같은 인지 주의 증후군(cognitive attentional syndrome, CAS)에 의해 심리적 장애가 지지된다고 주장하는 자기 규제 집행 기능 모델(S-REF: Wells & Mathews, 1994)이다. 그것은 다음을 포함한다.
- 걱정과 반추
- 위협 모니터링
- 도움이 되지 않는 대처 행동

MCT 접근법은 다음을 가르친다.
- 무관심한 태도
- 주의 훈련
- 상황적 주의의 재초점화

이러한 전략은 인지에 대한 메타 의식을 높이고, 인지 관계를 변화시키며, 걱정, 반추 및 위협 모니터링의 유용성과 필요성에 대한 믿음을 다루는 것을 목표로 한다. 타당성을 고려하여 자동 인식이나 스키마의 내용을 수정하기보다는 메타 인식의 내용과 사고가 경험되고 규제되는 방식을 다룬다.

MCT는 여러 가지 개방형 시험, 사례 시리즈 및 RCT에서 평가되었으며, 이때 비치료 대기 기간보다 우수하다고 입증되었고, 경우에 따라 CBT보다 우수한 것으로 보인다(Wells, 2008 참조, Normann et al., 2014). 그러나 Normann 외 연구진(2014)은 고전적 CBT에 대한 우월성을 나타내는 아직 제대로 입증되지 않은 연구에 대한 신중한 해석을 촉구한다.

——— 급진적 행동 개입 ———

이것들은 무엇인가?

일부 전문가들과 연구자들은 명확한 인지 요소를 가지고 있지만 치료의 행동적 측면의 중요성을 강조하는 인지 행동 개입을 개발했다. 이것들은 Linehan의 변증법적 행동치료(1993년), ACT(Hayes, Strosahl & Wilson, 1999년) 그리고 Jacobson의 BA(행동 활성화)를 포함한다. 아래는 점점 인기를 얻고 있는 각각의 접근법에 대한 간략한 요약이다.

변증법적 행동치료(DBT)

Linehan 등(1993)은 특히 치료 결과가 열악한 것으로 알려진 BPD, 자살극을 시도 여성을 위해 이러한 개입을 고안했다. 변증법적 행동치료(DBT)는 자살 행동을 포함하여 BPD와 관련된 문제를 해결하도록 구성된 광범위한 인지 및 행동 전략으로 구성된다. 핵심 기술은 다음과 같다.

- 감정 조절
- 대인관계 효과
- 고통을 참기
- 마음챙김
- 자기 관리

치료는 개별과 그룹을 동시에 실행할 것을 요구한다.

변증법적 행동치료(DBT)의 정의 특성은 '변증법(dialectics)', 또는 양극단의 조화를 강조하는 것이다. 예를 들어, 자기 수용을 달성하는 동시에 변화 필요성을 인식하거나 BPD를 가진 사람들에게 흔히 번갈아 나타나는 높은 포부와 낮은 포부의 균형을 맞추는 것이다. 이러한 변증법적 과정에 초점을 맞춤과 함께, 구조와 내용보다 과정에 더 많은 강조를 한다.

DBT는 여러 가지 측면에서 CBT와 다르다. 인식의 타당성을 시험하는 것을 목표로 하기보다는, 그것은 내담자의 행동과 현실의 수용과 효용성을 촉진한다. 치료적 관계는 DBT의 핵심으로 간주되며, 치료를 방해하는 행동의 식별 및 처리에 주안점이 있다.

DBT는 현재 여러 번의 검증으로 평가되었으며, 흔히 TAU와 비교된다(예: Bohus 등, 2004 및 Burmeister 등, 2014년 RCT의 최근 메타분석 두 가지를 검토할 경우 참조). 전반적으로 보존율 향상과 연계되어 있으며, 자해 행위 감소에 효과적이다. 비록 DBT가 BPD를 가진 사람들의 특히 위험한 행동을 감소시키는 것처럼 보이지만, 그것의 효과는 최근까지 매우 특정적인 것으로 보인다.

이제, 우리는 청소년(MacPherson, Cheavens & Fristad, 2012)과 ED가 있는 사람들(Bankoff et al., 2012)과 같이 점점 더 다양한 인구에 사용되고 있음을 알게 되었다. 흥미롭게도, 단순히 DBT 기술(다른 DBT 양식의 부재에서 사용하는)을 사용하는 것 또한 단독 중재로서 가능성을 보여주고 있다(Valentine, Bankoff, Poulin, Reidler & Pantalone, 2015, 참조).

수용전념 치료(ACT)

ACT는 심리적 문제가 행동적 유연성과 효과성의 부족에 기인하는 것으로 가정하며, 치료의 목적은 내담자들이 생각과 정서를 간섭하는 상황에 직면했을 때도 효과적인 행동을 선택할 수 있도록 돕는 것이다.

치료는 Hayes 등(2001)의 관계 틀 이론에 기초하고 있는데, 이 이론은 심리적 문제를 심리적 경직성과 경험적 회피의 반영으로 본다. 이 모델은 두 가지 주요 구성요소, 즉 수용과 마음 충만 과정과 전념과 행동 변화 과정으로 구성되어 있다. 그래서 '수용전념 치료'라고 한다.

ACT에서 이러한 과정은 더 큰 '심리학적 유연성'을 생산하기 위해 균형을 맞춘다(그것은 Hayes 등은 이것을 현재 순간을 완벽하게 경험하는 능력으로 본다. 의식적으로 역사적인 존재로) 그리고 상황에 따라, 선택한 가치가 제공하는 행동을 변화하거나 지속한다.

치료사들은 Gilbert의 치료 지침을 따르면서, 내담자에 대해 온정적인 태도를 취해야 한다.

Hayes는 또한 마음챙김(MBCT)과 변증법적 행동치료(DBT)를 따르면서, 마음챙김의 치료적 사용을 옹호하며, 현시점의 존재의 중요성을 강조한다. ACT를 지원하기 위해, 예를 들어 정신병적 증상(Bach & Hayes, 2002년)과 특정 불안 장애(Zettle, 2003)에 대한 효과성을 나타내는 여러 무선 통제 연구가 있다.

행동 활성화(BA)

BA는 CBT의 구성요소 분석 연구 후 우울증에 대한 독립형 치료로 부상했다(Jacobson 등, 1996). BA는 유효성이 보다 완벽한 CT 버전과 같다는 것이 밝혀졌는데, 이것은 또한 우울한 사고를 대항하기 위한 대처 기술을 통합했다.

BA는 우울한 사람들이 집중적인 활성화 전략을 통해 그들의 삶에 재참여할 수 있도록 한다. 이것은 추가적인 2차 문제를 발생시킴으로써 우울증을 악화시킬 수 있는 회피, 철수 및 비활동성의 패턴을 무효화한다.

BA는 또한 내담자들이 항우울 효과를 가질 수 있는 긍정적인 강화를 재도입하도록 돕기 위해 고안되었다. 이 접근법은 또한 12장에서 언급되었고, 여기에서 우울증의 관리에 있어 활동 스케줄 수립의 역할을 보다 상세히 기술한다. BA에 대한 자세한 설명은 Martell 외 연구진(2001)을, 최신 검토는 Chartier & Provencer(2013)를 참조한다. 또한 우울증에 대한 효과를 보여준 간략한 버전의 BA도 있다(Lejuez et al., 2011).

신경과학

이것은 무엇일까?

신경과학은 뇌 기능에 대한 연구로서, 흥미롭게도, 지난 10여 년간 CBT 문헌에 점점 더 많이 등장하였다(뇌에 대한 CBT 영향 연구의 경험적이고 방법론적인 검토는 2008년, Frewin, Dozois & Lanius 참조). 이론가들과 실무자들은 근본적인 수준에서 정서적, 인지적 반응을 이해하는 것에 더 관심을 가지게 된 것 같다.

예를 들어, Brewin(2001)과 Ehlers and Clark(2000)는 외상적 기억의 형성에 대한 이해를 기술하는 데 뇌 메커니즘을 언급했으며, Gilbert의 사회적 심리 이론(1989)의 모델을 개발하는 데 있어 신경화학을 결합했다. Young et al.(2003)은 '정서적 뇌'에 대한 신경생물학을 이해하는 것의 중요성을 언급한다. 그리고 LeDoux의 신경학적 발견을 언급했다.

MBCT에서 연구자들은 훈련에 대한 신경생리학적 영향에 대해 점점 더 많이 연구하고 있다 (e.g. Barnhofer, Duggan, Crane, Hepburn, Fennell & Williams, 2007). Beck은 2008년에 우울증에 대한 인지적 모델 및 신경생물학적 상관관계와 2년 후에는 Beck CBT의 신경생리학적 모델을 출간했다(Clark & Beck, 2010). 최근에는 신경과학 정보에 근거한 CBT 모델(n-CBT)이 제안되었다(Field, Beeson & Jones, 2015). 그래서 당신은 뇌와 CBT에 대한 관심이 증가하고 있는 것을 볼 수 있다.

이것이 흥미로운 이유는 무엇인가?

인지치료사들은 감정과 정서적 처리에 집중한다. 그것은 우리가 CBT 치료에서 평가하고, 다루고, 감시하는 것이다. 기본적인 감정 반응은 뇌의 원시 변연계(limbic system)와 특히 편도체(amygdala)에 의해 생성된다는 것은 오래 전부터 알려진 사실이다.

변연계 시스템에서 피질로의 연결은 그것들을 '맥락화'(이전 지식과의 상호 참조)를 통해 우리의 감정 반응을 알리도록 하고 고도로 발달된 전전두엽 영역과의 다른 연결을 통해 우리의 감정을 인지하고 조절하도록 한다.

2008년에 Beck은 우울에 대한 신경과학을 더 잘 이해할 것을 요구했고 McNally(2007)는 불안 장애의 신경심리학적 이해를 보다 잘 이해할 것을 요구했다. 두 사람 모두 뇌 기능에 대한 이해를 향상시키는 것은 심리적 문제에 대한 보다 포괄적인 이해를 제공하기 때문에 심리 치료를 개선할 수 있다고 주장했다.

하지만 더 나은 이해는 우리의 개입에 대한 정보를 준다. 예를 들어, 우리는 감소된 전두엽 피질(PFC) 기능이 열악한 정서 조절과 관련이 있다는 것을 알고 있다. BPD와도 연관된다(Berlin, Rolls & Iversen, 2005). 그러므로 BPD를 가진 내담자들이 충동적이고 정서를 인식하고 관리하는 데 어려움을 갖는다는 것은 놀랄 일이 아니다. 그리고 우리는 이것을 고려하고 우리 자신과 내담자들에게 현실적인 기대를 가질 필요가 있다.

부실한 전두엽 기능은 발달 외상과 연관되어 있으며, 이것은 왜 충격적인 어린 시절을 보낸 우리의 일부 내담자들이 정서적으로 매우 자극적인 이미지 작업이나 역할극에 대처하기 위해 고군분투 하는지를 이해하는 데 도움이 될 것이다.

우리는 또한 뇌의 이러한 영역의 기능 강화가 명상(Lazar et al., 2005)과 운동(Colcombe et al, 2003)과 관련이 있으며, 신체적 운동 또한 기분과 불안을 완화시킬 수 있는 모노아민의 수준을 증가시킨다는 것을 알고 있으므로, 이러한 활동들은 치료에 있어서 표준화된 인지적 요소에 참여하는 데 초기 어려움을 갖고 있는 내담자에게 자신 있게 권장할 수 있다.

뇌의 공포 회로(McNally, 2007)와 우울 회로(Bhagwagar & Cowan, 2008)가 튼튼하다는 것이 입증되었으며, 이는 재발에 대한 내담자의 취약성을 이해하고 재발 관리 작업의 중요성을 인식하는 데 도움을 줄 수 있다(6장 참조).

만성적인 스트레스는 해마(hippocampus)의 축소를 야기하고 이것은 기억의 형성과 기억을 손상시킨다. 그것은 여러분이 기억 보조장치를 치료에 도입함으로써 보상할 수 있는 것이다.

두뇌 기능은 학습에 매우 중요하며, 우리는 이것을 용이하게 할 수 있다. 여러분은 7장에서 우리가 신경 네트워크 내의 복잡한 변화가 영구적인 기억을 만들어내고 뇌가 더 열심히 작용할수록 기억력이 튼튼해질 가능성이 더 높다고 언급한 것을 기억할 것이다.

이것은 7장에서 언급되었다. 왜냐하면 소크라테스식 방법(행동실험(BE) 포함)은 두뇌를 자극하여 더 열심히 작동하게 하여 더 깊은 학습을 만들기 때문이다. 그것을 기억하는 능력은 당신이 그것을 읽은 후에 당신의 신경 네트워크가 얼마나 활동적이었는지를 반영한다.

한 세기가 넘는 기간 동안, 신경학적 기억 모델은 기억이 시간에 따라 안정화(또는 통합)되며, 이 상태에 도달할 때까지 기억은 망각이나 왜곡으로 이어질 수 있는 붕괴에 매우 취약하다는 것을 제시해 왔다.

보다 최근의 이론은 기억 회복이 능동적이고 재구성적인 과정이라고 주장한다(Hardt, Einarson 및 Nader, 2010 참조). 이를 위해서는 PFC가 관련 피질의 다른 부분에 저장되거나 위치된 기억의 조각들을 재조립해야 한다.

시각 조각은 시각피질, 운동 조각들은 운동피질 등에 저장될 것이다. PFC는 서로 다른 메모리 조각을 모으고 재구성하여 일관성 있는 기억을 만드는 '지그재그 퍼즐 매트'이다.

기억 조각의 이러한 지역화와 기억의 재구성 특성은 효율적이지만, 우리는 그것이 왜곡과 암시에 취약한 기억을 만들어낸다는 것을 알아야 한다. 이것이 의미하는 것은 우리가 처음 새로운 기억을 생성할 때 그리고 우리가 그것을 회상할 때 모두 기억이 왜곡될 수 있다는 것이다.

불가피하지는 않더라도, 특히 연결 단계에서 제3자가 잘못된 자료를 공급하는 경우에는 '거짓' 기억이나 혼란이 발생할 수 있다. 치료에서 우리는 내담자들에게 기억하라고 빈번하게 요청하기 때문에, 우리는 유도적 질문이나 암시를 주는 것을 피하도록 해야 한다.

소크라테스식 방법의 가장 큰 장점은 내담자들이 자신들의 자료를 생산하도록 유도하여 왜곡된 기억을 촉진시킬 가능성을 최소화한다는 것이다. 우리는 또한 내담자들이 새로운 자료에 비추어 기억을 '업데이트'하도록 격려함으로써 이러한 자연스런 재검토 현상을 이용한다.

이것은 그들이 이전에 골치 아픈 기억과 연결된 보다 기능적이고 견딜 수 있는 수단을 개발할 수 있게 해준다. 연구자들에게 있어, 다른 장애에 대한 다른 뇌 메커니즘에 대해 더 많이 이해하는 것은 약리학적, 심리학적 또는 통합 치료—특히 더 심각한 정신 질환에서—를 알려줄 수 있다.

이것들은 단지 뇌 기능의 몇몇 '첫 번째 원리'를 이해하는 것이 어떻게 당신의 심리치료를 강화하는 데 도움을 줄 수 있는지를 보여주는 몇 가지 예에 불과하다. 당신이 CBT, 기억, 뇌에 대해 더 많이 알고 싶다면, 빠르게 성장하는 연구기관이 있다. 그러나 간단한 개요는 Kennerley & Kischka(2013년)를 참조하라.

결론

1970년대에 CBT가 등장한 이후, 연구자들과 임상가들은 CBT를 더 효과적으로 더 많은 사람들에게 적용하기 위해 노력해 왔다. 그 결과, 우리는 이제 필요와 문제가 서로 다른 다양한 내담들과 함께 일할 때 채택할 수 있는 다양한 CBT, 기반 개입을 가지고 있다.

그러나 우리는 당신이 증거 기반의 개입으로부터 어떠한 이탈도 주의 깊게 고려하고 당신의 내담자의 어려움에 대한 당신의 이해가 그것을 정당화할 것을 촉구한다.

문제들

치료 전문가는 치료법을 제공하기에 충분하지 않다

임상가들은 CBT의 기본 원칙과 확장에 대해 잘 알아야 할 뿐만 아니라, 대인관계에 어려움이 있을 수 있고 다양한 문제를 일으킬 수 있는 내담자들과 함께 일할 수 있어야 한다—일부는 자신과 다른 사람들에게 위험하다. 따라서, 치료사로서, 당신은 추가적인 훈련을 받을 준비가 되어 있어야 하고, 이것이 좋은 수퍼비전과 지원과 결합되도록 해야 한다.

치료사는 치료의 요구와 복잡성에 의해 압박받는다

이 장에 기술된 치료법은 더 복잡한 문제를 가진 사람들을 위해 남겨지는 경향이 있으며 이것은 치료사의 기술과 자원을 부과할 수 있다.

위에서 지적한 바와 같이, 복잡한 어려움과 함께 일하는 치료사에게 수퍼비전이란 필수적이며, 추가적인 동료 지원 역시 스트레스 중 일부를 상쇄할 수 있다(감독이 아니라 감독에 추가되어야 한다). 그럼에도 불구하고, 치료사들은 현실적이어야 하며, 필요할 때 장기 또는 집중 치료를 제공할 수 있다고 합리적으로 확신하는 경우에만 내담자를 돌봐야 한다.

또한 치료사의 기술과 자원에 맞는 내담자들의 균형 있는 담당 건수를 확보하는 것이 중요하다. Kennerley 외 연구진(2010)은 치료사 스트레스에 대처하는 유용하고 실용적인 장을 작성했다.

끝날 것 같지 않은 사례

복잡한 요구를 가진 내담자들은 '장기간' 치료를 필요로 할 수 있는데, 이것은 문헌에서 보면 20회기부터 몇 년 이상을 의미할 수 있다. 불필요한 장기간 치료와 의존성의 키우는 것을 경계하기 위해, CBT가 유용하거나 필요하다는 징후가 거의 없는 경우, 수퍼비전을 사용하고 치료를 종료하기 위해 정기적으로 경과를 검토할 것을 권고한다.

간접적 외상

더욱 복잡한 사례작업 중 일부는 항상 충격적인 사건을 설명하는 내담자과 함께 작업하는 것과 관련이 있으며, 이에 노출된 치료사에게 간접적인 외상이 발생할 수 있다(McCann & Pearlman, 1990).

훌륭한 수퍼비전과 지원은 정신적 외상을 경험하거나, 정신적 외상을 일으키지 않기 위한 조치를 취하는 것과 같은, 간접 외상의 초기 징후를 식별하는 데 도움을 줄 수 있다. ―술을 마시는 것과 같은 행동― 좋은 수퍼비전과 지원은 또한 당신을 대처하는 데 필요한 아이디어 개발로 안내하는 데 도움이 될 수 있다. 위에 언급된 Kennerley 등(2010)의 최근 장은 간접적 외상 관리에 대한 몇 가지 조언을 서술했다.

─── 요약 ───

- CBT는 증가하는 다양한 임상 모집단과 증가하는 복잡성 또는 만성적 내담자 그룹에 사용되어 왔다. 이것은 인지치료의 발전과 CBT의 증대를 요구했고 우리는 다음과 같은 증가를 보았다.
  - 스키마 중심의 접근법: Young의 스키마 치료(ST)와 'Beckian' 스키마 중심 인지치료(SFCT)
  - CMT, MBCT 및 MCT의 메타 인식 접근법
  - DBT, ACT, BA의 급진적인 행동치료법
- 스키마타의 관련성, 메타 인식의 인식 및 수용을 포함하여 몇 가지 새로운 접근법에 공통적인 주제들이 있다는 것은 흥미롭다. 또한 심리적 기능의 기초가 되는 신경학적 과정을 이해하는 것은 시대적이다.
- 이러한 발전이 흥미롭고 열정에 넘쳤다는 것에는 의심의 여지가 없다. 그러나 일반적으로 일부 개입의 임상적 상태는 여전히 좋지 않으며, 임상적 지원이 있는 일부 치료 실험은 매우 구체적이다. 예를 들어, 스키마 중심의 접근법의 경우 BPD와 DBT의 경우 BPD를 사용하는 경우 BPD를 사용하는 경우 매우 구체적이다. 추가 증거가 있을 때까지, 우리는 접근 방식이 다른 모집단을 일반화할 것이며, 따라서 그것들은 적절한 의구심과 함께 사용되어야 한다고 가정할 수 없다.

학습 활동

다음 학습 활동은 SAGE publishing 사이트(https://study.sagepub.com/kennerley3e.)에서 내려받기 할 수 있다.

검토 및 반영:

- 이 장에는 몇 가지 뚜렷한 부분이 있으며, 각각은 매우 간략한 개요이므로, 여러분의 관심사를 더 발전시킬 수 있는 여지가 많다. 따라서 먼저 어떤 측면이 당신과 가장 관련이 있는지를 고려하고, 도움이 될 경우 메모를 하면서 해당 부분을 검토하라.
- 관심사를 파악한 경우 다음과 같은 질문을 하라.
  - "이것이 실제로 내 임상 실습과 내담자의 요구와 어떻게 관련되어 있는가?"
  - "이것이 내 일하는 방식과 얼마나 잘 맞는가?"
  - "이것이 나의 수퍼비전, 연구 기회, 관심사와 어떤 관련이 있는가?"
  - "이 새로운 접근법이 정말로 내담자의 치료를 향상시킬 수 있을까?"
  - "이 접근 방식은 고전적인 CBT에 비해 어떤 이점을 가질까?"
- 스스로에게 물어보라. "내가 새로운 작업 방식을 채택하는 것을 정당화할 만큼 충분한 이론적 지원이나 경험적 데이터가 있는가?" 그리고 당신의 사례 개념화가 새로운 접근 방식을 나타내는지를 알기 위해 당신의 내담자의 개념화를 검토하라.
- 당신이 당신의 능력을 최대한 발휘하기 위해 '고전적' CBT를 사용했다는 것이 확실한가?
- 여러분의 생각에 비판적이고 현실적이 되어야 한다. 단지 그것이 매력적으로 보인다고 해서 새로운 접근법을 채택하고 싶은 유혹을 받지 마라.

한발 더 나아가기:

- 만약 당신이 이 장의 몇 가지 아이디어를 채택하기로 결정했다면, 어떻게 당신의 지식과 기술을 개발할 수 있을지를 고려하라. 첫 번째 단계는 더 많은 독서를 하거나 훈련을 받거나 수퍼바이저를 찾는 것일 수 있다.
- 이것은 훈련 기회가 상대적으로 드물 수 있기 때문에 약간의 기초 작업이 필요할 것이다. 이 일을 하려면 시간과 돈이 필요하다. 그러니 자원 확보를 위한 구체적인 계획을 세우고 이 프로젝트를 시작하고 진행 상황을 점검하기 위한 마감일을 정하라.
- 여러분이 서로 '부드럽게' 할 수 있고, 지지와 격려를 줄 수 있기 때문에 동료가 CBT의 발전에 대해 더 많이 배우는 데 관심이 있는지 보는 것이 도움이 될 수 있다.
- 개입을 평가하라. 치료의 영향을 평가하는 방법을 개발하는 것은 항상 좋은 습관이며, 상대적으로 새로운 접근법 또는 아직 경험적 근거가 거의 없는 접근 방법을 사용할 때 이를 수행하는 것이 훨씬 더 중요하다.

The CBT Distinctive Features Series (Ed. Windy Dryden). Hove: Routledge.
이 시리즈는 신경 과학을 제외하고 이 장에서 언급된 모든 개발을 다룬 최근 출판된 텍스트를 포함한다.

Gilbert, P. (2005). *Compassion: conceptualizations, research and use in psychotherapy*. Hove: Routledge.
특정 임상 영역 내에서 상세 CMT 개입에 대한 전문가 기고자를 초빙하는 최초의 CMT '메뉴얼'이 텍스트는
임상적 지혜와 실질적인 지침을 많이 담고 있다.

Riso, L.P., du Toit, P.L., Stein, D.J., & Young, J.E. (2007). *Cognitive schemas and core beliefs in psychological problems*. Washington, DC: American Psychological Association.
이것은 다양한 정신과적 프레젠테이션에서 스키마 중심의 개입의 적용을 고려하는 유용한 포괄적 서적이다.
이 책의 기고자는 특정 분야의 전문가로, 스키마 중심의 접근 방식을 현명하게 사용할 수 있는 가능성을 설명
한다. 그 텍스트는 임상적 삽화가 풍부하다.

Segal, Z.V., Williams, M.J.G., & Teasdale, J. (2001). *Mindfulness—based cognitive therapy for depression: a new approach to preventing relapse*. New York: Guilford Press.
이것은 MBCT 실무자들을 위한 기본 텍스트다. 그것은 임상가에 매우 우호적이고, 사려깊고, 재발적 우울증
에 대한 MBCT 과정의 체계적인 개요를 제공한다.

동영상 자료

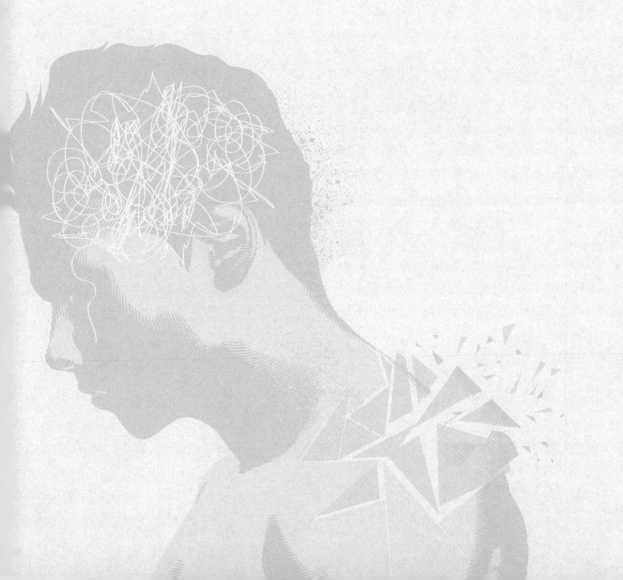

18

CBT 실행 평가하기

─── 도입 ───

평가는 무엇이며 왜 해야 하나?

실행을 평가함으로써, 우리는 치료법이 얼마나 효과가 있는지, 혹은 치료의 한 형태가 다른 것보다 더 나은지를 결정하기 위한 목적으로 자료를 수집하는 것을 의미한다.

우리는 CBT 치료사들이 다음의 여러 가지 이유로 치료의 효과를 평가하려고 노력해야 한다고 믿는다.

1. 그것은 우리를 '과학자-실천가'의 위대한 전통에 위치하도록 하는데(임상심리학 교육 위원회, 1947; Raimy, 1950), 실무자들의 '현실 세계' 연구를 통해 지식을 확장하려는 목표를 가지고 있다(Salkovskis, 1995, 2002; Margarison et al., 2000 참조). 이러한 접근법의 이면에 있는 생각은 전통적인 대학 기반의 통제된 연구가 진보를 위해 필수적이지만, 일부 질문은 임상 실무에 기반한 연구를 통해 가장 잘 답변될 수 있고 일반 임상가에 의해 수행될 수 있다는 것이다.

2. 그것은 우리가 내담자와 구매자 모두에게 내담자가 어떤 결과를 기대할 수 있는지에 대한 더 정확한 정보를 제공할 수 있게 해준다. 그러므로 그러한 평가는 실무 책임자들에 대한 임무와 정보에 입각한 내담자들의 동의를 위해서도 중요한 부분이다. 그것은 또한 내담자와 우리들 모두 예상한 만큼 잘하고 있는지, 우리가 개선시킬 필요가 있는 부분들인지를 알 수 있게 해준다.

3. 그것은 우리가 서비스를 실행할 때 우리가 꾀한 변화를 비교할 수 있는 기초 자료를 제공한다. 예를 들어, 만약 우리가 치료를 중단하는 사람들의 비율을 줄이기를 희망하면서 변화를 꾀한다면, 원래의 비율을 아는 것이 도움이 된다. 만약 우리가 훈련을 하고, 우울이 개선되는 것을 희망한다면, 훈련 전에 결과가 어땠는지 알 필요가 있다. 이러한 종류의 일상적인 자료는 임상 감사를 위한 매우 유용한 지원일 수 있다.

따라서 일상적으로 치료를 평가하기 위한 일부 시스템은 중요하며, 짧은 본 장에서는 이 분야에서 발생하는 연구 설계 문제의 일부만을 다룰 수 있지만, 우리는 당신에게 몇 가지 유용한 조언을 줄 수 있기를 바란다.

평가에는 두 가지 주요 초점이 있다.

- 개별 임상 사례 결과(단일 그룹 평가 포함)
- 전체 임상 서비스 결과(한 명의 임상가가 제공하든 100명이 제공하든)

우리는 차례로 이것들을 살펴볼 것이다.

개별 임상 사례 평가

개별 결과를 평가하는 주요 목적은 여러분과 내담자가 만약 있다면, 치료에서 어떤 변화가 일어났는지 볼 수 있도록 하는 것이다. 그리고 어떤 경우에는 임상적 개입의 효과를 좀 더 자세히 살펴볼 수 있도록 하는 것이다. 아마도 단일 사례 실험 설계라고 불리는 것을 사용할 수도 있다.

첫 번째 방법은 꽤 간단하다. 우리는 아마도 치료의 시작과 끝 부분에서, 얼마나 많은 변화들이 있는지를 보기 위해 적절한 측정을 할 것이다. 이 수준에서 사용되는 이러한 평가는 간단하며 양호한 임상 실행이다. 그것은 치료사와 내담자 모두에게 치료가 목표로 삼았던 문제와 얼마나 차이가 있는지에 대한 명확한 관점을 제공한다.

특정 단일 사례 연구 설계는 많은 독자에게 덜 친숙할 수 있으며, 비록 수박 겉핥기 정도에 그칠 수 있지만 우리는 이러한 접근법 이면에 있는 아이디어 중 일부를 간략히 소개할 것이다.

관심 있는 독자는 Barlow, Andrasik and Hersen(2006) and Kazdin(2010)과 같은 고전적인 자료를 참고하길 바란다. 이러한 설계의 목적은 치료의 영향 또는 치료의 일부 구성요소에 대한 평가에 대해 우리가 더 확신을 갖도록 하는 것이다.

단일 사례 설계에 대한 가장 일반적인 접근법은 정기적으로 반복되는 측정에 달려있다. 기본적인 논리는 우리가 관심 있는 문제에 대한 어떤 측정을 수립하고 그 측정을 충분히 자주 반복하여 개입을 시작할 때 이후의 변화를 비교할 수 있는 방향, 소위 기초선을 확립하는 것이다.

이 기초선은 우리가 관찰하는 변화가 실제로 우리의 개입이 아닌 우연이나 다른 요인에 기인할 가능성으로부터 우리를 보호한다. 만약 우리가 치료 전과 후에 오직 한 명만을 측정을 한다면, 치료의 외부적인 것(예: 복권에 당첨되었거나, 사랑에 빠졌거나, 또는 멋진 새로운 직업을 얻었음)이 우리가 보는 어떤 변화를 야기시켰을 가능성을 배제할 수 없다.

측정 횟수가 많으면, 우리가 개입을 변경했을 그 당시에 정확하게 외적 변화가 일어났을 가능성은 훨씬 낮아진다.

그림 18.1은 이러한 논리를 보여준다. 여기서 수직축이 우울 질문지 또는 하루 동안 강박 사고의 수, 특정 상황에서 두려움의 등급 등 몇 가지 관련 측정치를 나타낸다고 가정해보라.

왼쪽 그림은 치료 전과 후만으로 된 단일 측정으로는 점수의 감소가 치료와 관련 없는 어떤 외부적인 것에 기인하지 않는다는 가정을 하기 어렵다.

그림 18.1 '전과 후' 대 '반복된 측정'

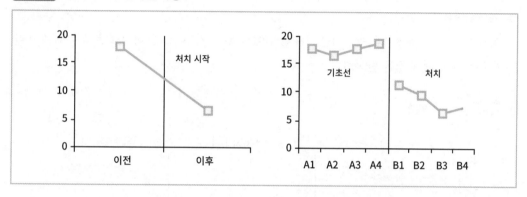

우리는 단지 두 번의 측정만을 했고, 즉 중간에 어떤 일이든 일어날 수 있었고 그 조치가 무엇이든 간에 영향을 미쳤다. 그러나 오른쪽 차트에서 빈번한 반복 측정으로 인해 치료가 변화를 야기했다고 믿을 수 있는 더 큰 이유가 된다. 연속된 반복 측정이 치료가 시작된 바로 특정 시점에 그러한 사건에 반응할 가능성이 낮기 때문이다.

많은 단일 사례 설계의 기본 논리는 이 원칙을 따른다. 우리는 변화가 치료의 변화와 일치하는지 여부를 알기 위해 측정 패턴을 살펴본다. 만약 변화가 있다면, 그것은 치료가 변화에 책임이 있다고 믿을 어떤 이유를 준다(그러나 일부 우연의 일치로 인해 변화가 발생하지는 않았는지 여전히 확신할 수 없다).

그림 18.1의 우측에 있는 단순한 디자인은 치료 전 기초선 및 치료 과정의 연속으로 구성된 A−B 설계로 알려져 있으며, 기초선은 조건 A이고 치료는 조건 B이다. 만약 치료법이 지속적인 효과가 없을 것으로 예상되지만 실행되는 동안에만 효과가 있을 것으로 예상되는 치료법(예: 수면 위생 프로그램)이라면, A−B−A와 같은 변형으로 A−B 설계를 확장할 수 있는 여지가 있으며, 이 경우 우리는 먼저 치료법을 도입한 후 철회한다. 이 예는 그림 18.2를 참조하라.

치료법 시작뿐만 아니라 철회에도 반응 측정을 강조하는 기본적인 논리가 강화된다. 이러한 극단의 반응이 우연에 의해 치료의 변화와 일치할 가능성은 훨씬 더 적으며, 따라서 치료로 인해 변화가 일어났다는 우리의 확신은 더 강하다.

물론 지속적인 효과(예: 우울증에 대한 CBT는 기분을 향상시킴)를 기대할 수 있는 치료라면, 이 A−B−A 모델은 사용할 수 없다. 치료가 철회되는 즉시 내담자의 기분이 떨어질 것으로 예상하지는 않기 때문이다.

우리는 두 가지 더 보편적인 설계를 간단히 설명할 것이다. 첫째, 교차 치료 설계는 두 가지 치료 중 어느 것이 더 효과적인지를 단일 사례에서 결정하는 방법이다(그러나 치료의 효과를 신속하게 측정할 것을 요구한다).

각 부분(예: 치료 회기 또는 일부 다른 시간 단위)에서 두 가지 치료 중 하나를 무작위로 선택하고 각 부분에 대해 측정을 반복한다.

그림 18.2 A–B–A 설계

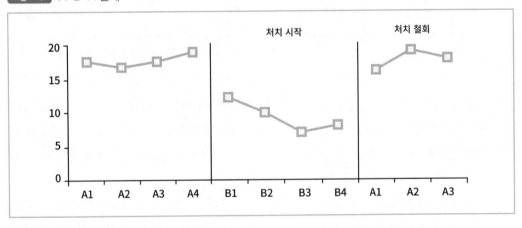

그림 18.3 대안적 치료 설계

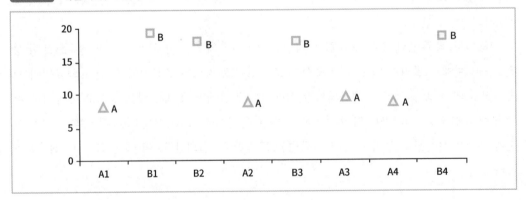

그림 18.3에서와 같이 두 조건의 명확한 차이를 보여준다면, 하나의 치료법이 다른 치료법보다 더 효과적이라는 증거이다.

예를 들어, 우리가 특정 주제에 대해 이야기하는 것이 내담자를 불안하게 만든다는 가설을 검증한다고 해보자. 그런 다음, 우리는 어떤 치료 회기에서 무작위로 선택된 주제에 대해 이야기하고 다른 회기에서는 그렇게 하지 않기로 한다. 그리고 불안에 대해 평가하기로 합의할 수 있다. 그림 18.3에서, A 회기에는 '회피'를 표시하고 B에는 '대화'를 표시하면, 이 패턴은 대화보다 회피의 척도에서 점수가 낮게 나온다는 것을 나타낸다.

또한 이 설계는 내담자의 행동실험(BE, 9장 참조)에 맞게 적절히 조정될 수 있다. 예를 들어, 강박증 내담자가 현관문을 반복적으로 점검하는 것이 단 한 번 신속하게 점검하고 나오는 것보다 실제로 불안을 더 유발하는지를 결정하는 데 도움이 된다.

마지막으로, 동시에 여러 가지 다른 측정치를 살펴보는 다중 기초선 설계(multiple baseline design)가 있다. 여러 변수들이 있는데, 행동, 상황 또는 대상자 간에 걸친 다중 기초선이 있다. 여러 행동에 걸친 여러 기초선의 간단한 예를 참고하라. 한 내담자는 두 가지 다른 강박 의식을 가지고 있는데, 우리는 이 두 가지 의식을 모두 기초선 기간 동안 정기적으로 관찰한다(그림 18.4에서는 삼각형이 하나의 의식의 빈도를 나타내고 사각형은 다른 의식을 나타낸다). 그리고 오직 하나의 행동에 대해서만 그 치료를 시작한다(이 경우 하나의 의식). 시간이 흐른 후, 우리는 다른 행동에 대한 치료를 도입한다(이 경우 두 번째 의식).

그림 18.4 여러 행동에 걸친 다중 기초선

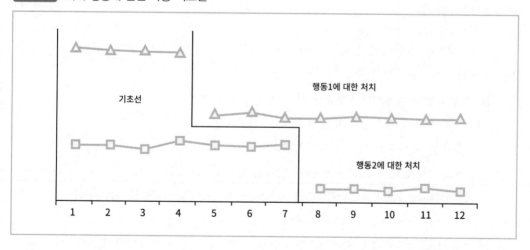

만약, 그림 18.4와 같은 패턴이 나타나고 각 행동이 치료가 시작된 바로 그 시점에 변화를 보인다면, 이것은 치료가 변화를 야기했다고 믿을 만한 근거를 제시한다(강박 사고의 치료에 대한 예는 1989년 Salkovskis & Westbrook을 참조).

동일한 원칙이 대상자나 상황 간에도 다중 기초선 설계에 적용된다. 물론, 위의 예와 같이 서로 다른 기초선의 수는 두 개일 필요는 없고 다른 숫자가 될 수 있다.

그림 18.4의 예에서, 각 자료는 하나의 행동을 나타낸다(우리의 예에서는 하나의 의식). 대상자 간 다중 기초선 설계(multiple baseline across subjects)의 경우, 각 자료는 한 사람을 나타내고, 이 사람을 기초선 이후에 각기 다른 시간에 치료를 시작한다. 상황 간 다중 기초선 설계(multiple baseline across settings)의 경우, 각 자료는 하나의 상황을 나타낸다(예: 학교 환경에서 먼저 시작되고 나중에 집에서 시작되는 파괴적 행동을 위한 프로그램).

이 설계는 행동, 대상자, 상황 간에 어느 정도 독립성이 예상되는 경우에만 작동할 수 있다는 점에 유의해야 한다. 치료가 이들 중 하나에서 다른 것으로 일반화될 가능성이 있는 경우, 우리가 기대하는 동시적인 변화는 일어나지 않을 것이다.

마지막으로, 여기서는 시각적 조사를 통해 이러한 단일 사례 설계의 결과를 분석하는 일반적인 접근 방식을 설명했다는 점을 주의해야 한다. 즉, 결과의 패턴을 살펴보고 그것들이 보여주는 것을 확인해야 한다. 지난 20년 동안, 단일 사례 설계의 통계 분석에도 진전이 있었지만, 그러한 통계는 대부분의 일반 임상가가 사용하기에 충분히 간단하지는 않다.

서비스 평가하기

또 다른 평가의 일반적인 형태는 전체 서비스, 더 많은 수의 내담자들에 대한 자료를 수집하는 것이다. 이러한 평가의 주요 목적은 다음과 같다.
- 집단(예: 연령, 성별, 문제의 만성성 등)에 대한 기술하기
- 서비스의 특성(예: 중간 탈락 비율, 평균 치료 회기 수 등) 기술하기
- 결과 측정을 사용하여 서비스 치료의 효과를 정립하기
- 일상적으로 수집된 자료를 서비스의 변화를 평가할 수 있도록 기초선으로 사용하기(예: 이러한 변화는 더 나은 결과를 낳을 수 있는가, 아니면 더 큰 내담자 만족도를 야기하는가?)

어떤 종류의 데이터를 수집해야 하는지 일일이 열거하는 것은 불가능하며, 이는 당신 자신의 서비스에 대한 관심과 목표에 달려 있기 때문이다. 그러나 대부분의 서비스는 다음을 포함

하여 다양한 형태의 자료를 수집한다.

- 내담자 결과 자료(예: 치료 전후에 관리되는 정신 건강 질문지 측정, 치료 전후 관리 관련, 아래 참조)
- 내담자 인구통계학적 자료(예: 연령, 성별, 문제 발생 기간, 고용 상태 등)
- 의뢰 날짜 등과 같은 서비스 매개 변수(대기 시간으로 계산될 수 있음)
- 치료 중도 탈락 또는 약속 불참과 같은 서비스 결과

몇 년 전, 본 저자들이 일했던 그 서비스 프로그램을 대기자 명단을 줄이려는 시도로 10회기 제한 치료를 시행하기로 결정했다. 이런 변화는 자연스럽게 약간의 걱정을 야기시켰고 그 효과를 평가해야 한다는 데 동의했다. 새로운 절차의 몇 가지 다른 측면이 평가에 포함되었다.

1. 회기 이용 제한이 내담자의 결과에 영향을 미쳤는가? 이 서비스는 수년 동안 일상적으로 결과 자료를 수집해왔기 때문에, 이러한 기존 데이터는 새로운 체제에서 얻은 결과를 비교할 때 '배경자료(historical control)'로 사용될 수 있었다.
2. 내담자의 만족도에 변화가 있었는가? 이번에도 우리는 비교를 위해 사용되었던 내담자 만족도 설문지(Larsen, Attkisson, Hargreaves & Nguyen, 1979)를 사용한 이전 자료를 가지고 있었다.
3. 치료사들은 그 제한에 어떻게 반응했는가? 우리는 임시 평가 척도를 사용하여 더 쉽거나 어렵다고 생각했는지, 그것이 치료에 어떤 영향을 미치는지 등을 평가하였다.

그 결과는 대체로 10회기 제한이 다른 결과를 가져오지 않았고, 내담자들은 만족했으며, 치료사들은 일부는 보다 힘들지만 일부는 더 쉽다는 점에서 '이익과 손해가 둘 다 존재하는 양면적인' 반응을 보였다. 대체로 비슷한 결과의 예외로는 '인격 장애'를 가진 내담자들이 단기간 치료에서 덜 반응했다는 일부 증거가 있었기 때문에, 이것은 더 자세히 조사되었다.

잉글랜드와 웨일즈에서는 CBT 서비스 평가가 IAPT 창시를 통해 전에는 볼 수 없었던 수준에서 수행되었다. CBT를 포함한 증거 기반의 심리치료들에 대한 체계적인 서비스 제공과 평가는 2008년에 시행되었다(Department of Health, 2008). 2013년까지 그것은 매년 약 40만 명의 사람들을 치료하고 매 회기마다 모든 내담자의 진행 상황에 대한 데이터를 수집했다(Layard & Clark, 2014). 이 자료는 얼마나 많은 사람들이 얼마나 오랫동안, 어떤 서비스를, 누구에 의해, 그리고 기타 등등의 것들을 보여주었다. 이 모든 것이 그 자체로 귀중한 정보지만, 어쩌면 훨씬 더 중요한 것은 그 자료가 서비스를 개선하기 위한 조언들을 생성해냈다는 것이다.

내담자 결과 분석은 국내 여러 부분에서 상당한 수행 변화가 있었던 것으로 나타났다(IAPT 결과의 개요는 Layard & Clark, 2014 참조). 매주 만나는 내담자의 진행상황을 평가하는 것이든, 국가적 서비스의 성과를 평가하는 것이든 상관없이, 우리는 초기 결과를 보고 우리 자신에게 더 많은 질문을 던져야 한다. 다음과 같은 실제 소크라테스식 질문을 했다.

- "이것이 우리에게 말해주는 다른 무엇이 있는가?"
- "이것으로부터 내가 무엇을 더 배울 수 있을까?"
- "내가 이것을 어떻게 진전시킬 수 있을까?"

David Clark 교수는 바로 그 일을 했고 결과 자료는 매우 교훈적이었다. IAPT 모델과 NICE 지침을 따를 때 성공률이 더 높았으며, 치료사들이 경험이 풍부해졌고 고도로 훈련되었으며, 내담자들이 더 많은 회기를 받을 때 그리고 필요하다면 더 집중적인 치료로 '강화'되었을 때 더 좋다는 것이 명백했다. 더 포괄적인 치료를 제공하는 대규모 서비스에서도 회복률이 더 높았다. 이는 서비스 개선을 위한 IAPT 훈련 및 제공 방식을 정교화하는 데 기여했으며, 추가적인 데이터 수집은 이것이 효과적인지 여부를 밝혀낼 것이다.

만약 당신이 IAPT로 작업한다면, 이런 종류의 평가는 당신 주변에서 진행될 것이다. 하지만 만약 당신이 하지 않는다면 당신은 이것으로부터 무엇을 배울 수 있는지 고려해보라. 아무리 당신의 서비스가 겸손하더라도, 그것은 정기적이고 의미 있는 평가로부터 얻는 이득이 있고 이것은 당신의 내담자에게 이로울 것이다.

자주 사용하는 질문지

어떤 결과 측정을 사용할지는 각 서비스가 필요에 따라 결정할 문제이지만, 다음과 같은 이유로 일상적인 임상 현장에서 사용하기에 적합하다. (1) 내담자가 완성하기에 너무 오래 걸리지 않는다. (2) 널리 사용되므로 다른 서비스 또는 연구와 비교를 위해 널리 사용된다. (3) 흔히 나타나는 정신 건강의 측면을 평가한다.

- Beck의 우울증 척도(BDI: Beck Depression Inventory, Beck et al., 1961)는 아마도 가장 잘 알려진 우울증 측정치이다. 최신 개정판인 BDI Ill(Beck, Brown & Steer, 1996)가 있지만, 원본은 여전히 이전 연구와의 비교 가능성을 유지하기 위해 연구에 사용된다.
- Beck의 불안 척도(BAI: Beck Anxiety Inventory, Beck et al., 1988)는 유사한 불안척도이다.
- 일상적인 평가에서 임상 결과 — 결과 측정(CORE OM: Evans et al., 2002; Barkham, Mellor-Clark, Connell & Cahill, 2006; Mullin, Barkham, Mothsole, Bewick & Kinder, 2006,website at www. coreims.co.uk 참조)은 영국에서 정신 건강의 일반적인 척도로 점점 더 많이 사용되고 있다(특히 1차 보건 환경에서). Mullin 외 연구진(2006)은 영국 전역의 다양한 서비스에서 추출한 10,000개 이상의 내담자 표본에 대해 평균 CORE 점수를 부여함으로써 몇 가지 유용한 국가 벤치마킹 기준을 제공한다.
- 병원 불안과 우울증 척도(HADS: Hospital Anxiety and Depression Scale, Zigmond & Snaith, 1983)는 그 이름에도 불구하고 지역사회 환경에 적합하다. 이 이름은 이것이 원래 일반

적인 병원 환경에서 사용하도록 설계되었기 때문에 생겨났으며, 따라서 신체 건강 문제와 정신 건강 문제를 혼동하지 않도록 하기 위한 것이었다. 이것의 특징은 특히 내담자가 상당한 비율의 신체적 건강 문제와 정신적 건강 문제를 가질 것으로 예상할 수 있는 상황에서 유용하다.

- PHQ-9(Kroenke, Spitzer & Williams, 2001)은 일반적인 정신 장애를 위한 큰 진단 도구의 우울 모듈이다. 그것은 우울증을 모니터링하고 고위험군에서 임시적인 진단을 하는 데 사용된다. 그것은 IAPT 서비스에서 일상적으로 사용된다(위 참조). 측정이 빈번하게 사용될 때 간략하게 사용할 수 있다는 이점이 있고 훌륭한 심리측정의 자산을 가지고 있다.
- GHQ-12(Goldberg&Williams, 1988)은 IAPT 서비스의 주요 산물로 간단한 질문지이다. 그것은 비정신과적 환경에서 경미한 정신장애를 식별하기 위한 선별 장치다. 질문지는 긴 버전(예: GHQ-60)도 있지만, 간단 GHQ-12은 신뢰도와 타당도가 잘 정립되어 있고 매우 간략하기 때문에 너무 까다롭거나 거슬리지 않는다.

문헌 조사에서는 거의 모든 특정 정신 건강 문제에 적합한 다른 측정들이 빠르게 나오지만, 심리측정 도구들은 신중하게 선택되어야 한다. 내담자에게 적절한지 고려하고 더 간결하고 덜 강제적인 선택지가 있는가? 선택한 설문지가 실제로 내담자(질문지에 의도된 모집단에 비해 나이가 어리거나 많거나 문화적으로 다른)에게 타당한가? 당신은 그 측정을 자신 있게 반복할 수 있는가? 이 측정은 특이한 프레젠테이션이 아닌 실제로 이 사람들을 목표로 하는가?

당신의 평가가 합리적이고 의미가 있다는 것을 확신하기 위해 스스로에게 물어봐야 할 많은 질문들이 있다. 우리는 단지 심리측정을 사용하는 것만으로 내담자나 서비스에 가장 이익이 될 것이라고 가정할 수 없다(Gilbody, House & Sheldon, 2001). 일상적인 측정은 신뢰할 수 없거나 민감하지 않다면 시간이 소요되고 치료적 동맹에 악영향을 줄 수 있다.

다른 측정방법들

표준화된 질문지는 흔히 개별 문제 평가, 특정 인지에 대한 믿음 평가, 문제 빈도수 또는 지속 시간 등과 같은 다른 측정들로 보완된다(5장 참조).

임상적으로 유의미한 통계

서비스 평가 자료는 표준 통계 접근 방식 중 하나를 사용하여 분석할 수 있다. 그러나 '임상적 유의도' 분석으로 알려진 접근 방식은 특히 임상 서비스, 특히 Jacobson이 개발한 접근 방식에 적합하다(Jacobson & Revenstorf, 1988; Jacobson, Roberts, Berns & McGlinchhey, 1999). 임상적 유의도 분석은 연구 참가자의 수가 충분히 많을 경우 평균 점수에서 거의 모든 변화가, 아주 작은 것일지라도, 유의미하게 나타나는 전통적인 통계 검증으로 문제를 다루는 것을 목적으로 한다. 전통적인 검증은 우리에게 그러한 변화가 우연에 의한 것이 아니라 점에서 '중요하다'는 것을 말해주지만 그것이 중요한 의미에서의 유의미함에 대해서는 말해주지 못한다. 따라서 큰 수치들이 주는 것은, 치료 시작부터 종료까지 두 지점에서의 내담자 평균 BDI 점수 변화는 통계적으로 유의미할 수 있으며, 우연에 의한 것이 아니라는 것이다. 그러나 이것이 그들이 기대할 수 있는 이득이라면 그들의 내담자들이 행복하지 않을 것이라는 점에서 임상가들은 이러한 점수 변화가 임상적으로 중요하다고 생각하지 않을 것이다.

임상적 중요성을 시험하는 Jacobson의 접근법은 연구의 각 참가자를 개별적으로 관찰하고 두 가지 질문을 한다.

1. "이 사람의 특정 척도에 대한 점수변화가 우연에 의한 것이 아닐 정도로 유의미한가?" 측정의 신뢰도 및 모집단에서 그것의 자연적 변화에 따라 '신뢰할 수 있는 변화' 지수가 계산된다. 내담자의 변화 점수가 계산된 기준보다 크면 그 내담자는 측정에서 신뢰할 수 있는 향상(또는 악화)된 것으로 설명될 수 있다.

2. "내담자가 신뢰로운 변화를 했을 경우, 변화가 준거 지점을 통과하여 이 검사상 정상 범위로 이동하였는가?" 만약 그렇다면, 우리는 그 사람이 향상되었을 뿐만 아니라 '회복'되었다고 생각할 수 있다. Jacobson 등은 이 '정상 준거' 기준을 설정하는 여러 가지 가능한 방법을 제시했는데, 예를 들어 내담자가 역기능적 집단보다 정상 집단에 속할 가능성이 더 높은 지점을 통계적으로 계산함으로써 그렇다.

그림 18.5는 각 내담자에 대한 이 분석으로부터 나온 결과를 보여준다.

표 18.1 내담자 유의도에 대한 변화 점수 분류

		신뢰할 수 있는 변화 기준보다 변화 점수가 더 큰가		
		네, 나쁜 방향으로	아니오	네, 좋은 방향으로
2. 정상범위로의 컷오프 점수를 했는가	네	악화됨	변화 없음	회복됨
	아니오			신뢰할 만한 향상 (회복은 아님)

위의 두 가지 계산에 따라 모든 내담자는 악화, 변화 없음, 신뢰할 만한 향상(회복은 아님) 또는 회복됨으로 분류된다. 분석의 결과는 대담자의 정도가 각 범주에 해당되는지에 따라 보고된다. 이 접근법의 장점은 다음과 같다.

- 그것은 우리에게 더 의미 있는 통계를 제공한다. 대부분의 임상가들은 Jacobson 기준을 모두 충족하는 내담자가 실제로 임상적으로 상당한 진척을 이루었다는 데 동의할 것이다.
- 결과적인 수치는 내담자 또는 서비스의 관리자가 더 잘 이해할 수 있다. 대부분의 사람은 평균적으로 내담자의 BDI의 점수가 17.3에서 11.2로 변화했다는 표현보다는 '평균적으로 내담자 중 56%가 회복'으로 이해하는 것이 훨씬 쉽다(Westbrook과 Kirk, 2005는 일상적인 임상 자료에 대한 분석의 예를 제공함).

부수적으로, 이러한 '벤치마킹 전략(Wade, Treat & Stuart, 1998; Merrill et al., 2003)'은 일반적으로 CBT가 연구뿐만 아니라 임상 실습에서도 효과적인 치료라는 것을 발견하지만, CBT(또는 다른 종류의 심리학적)는 만병통치약이라고 믿는 모든 사람에게 임상적 유의도 분석은 타당하다는 것은 주목할 필요가 있다. 대부분의 이러한 분석들은 오직 3분의 1에서 절반의 내담자만이 이러한 기준에 의해 회복된다는 것을 발견한다.

--- **평가의 어려움** ---

단순함을 유지하기

항상 더 많은 데이터를 수집하려는 유혹이 있다. '우리가 그것을 하는 동안 이것에 대해 알아보자. 그리고 이것... 그리고 이것...'이라고 생각하기 쉽다. 그 결과는 내담자의 부담을 가중시키고, 신뢰성 있게 수집하기에는 너무 많은 시간이 소요되며, 분석하는 데 훨씬 더 많은 시간이 소요되어 다루기 힘든 자료 덩어리로 남게 된다. 일반적으로 그것은 합리적이고 경제적으로 수집되고 분석할 수 있는 자료 항목의 수가 적은 것이 더 좋다.

측정을 반복하기

때로는 내담자가 정기적으로 하는 검사에 너무 익숙해지고 '의식하지 않고'에서 측정을 완료하기 시작한다. 응답의 타당성을 평가할 수 있도록 항상 1~2분 정도 내담자와 질문 결과에 대해 논의하라.

계속 유지하기

대부분의 일상적인 데이터 수집은 열성적으로 시작하지만, 이것은 지속될 수 없다. 우리는 데이터 수집을 지속하는 데 두 가지 요소가 중요하다고 제안한다.

첫째, 자료의 수집과 분석을 지지해주고 자료 수집 활동을 놓쳤을 때 촉구해줄 수 있는 상당한 고위급 수준의 '옹호자'를 갖는 것이다.

둘째, 자료를 수집하는 임상가는 어떤 조치가 취해졌고 그 결과가 주기적으로 그들에게 피드백되는 것을 확인하는 것이 중요하다. 분석되지 않은 데이터는 어쨌든 쓸모없어지게 되고, 어떤 결과도 나타나지 않을 때 사람들이 계속해서 자료를 수집할 가능성은 낮다.

연구 설계

임상 서비스 평가는 일반적으로 RCT와 같은 최고 연구 설계 기준에 도달할 수 없다. 모든 연구 설계는 (1) 가능한 한 많은 불확실성을 제거하지만 그렇게 함으로써 실제 임상 현장과 유사하지 않은 결과를 가져오는 엄격하게 통제된 연구와 (2) 임상 실습에 매우 가깝지만 결과적으로 우연적 요소 대한 모호성의 여지를 남기게 되는 '현실 세계' 연구 사이의 타협을 포함한다. 따라서 서비스 평가는 종종 어떤 증거가 없는 것보다 낫다는 원칙에 따라 작용하며 일상의 결과를 설명할 수 있도록 약간의 엄격성의 결여를 수용한다. Robson의 '현실 세계' 연구에 관한 책(2002)은 이러한 문제들을 더 자세히 살펴보는 데 유용한 자료다.

- CBT의 장점 중 하나는 실증주의, 즉 그것의 이론과 치료의 효과를 뒷받침할 좋은 증거가 있는지를 평가를 실행하는 것이다. 이 실행은 학자만이 아니라 임상 서비스에 포함될 수 있고 또 그래야 한다.

- 한 가지 일반적인 형태의 평가는 치료(또는 치료의 일부 요소)가 효과적인지 여부를 알기 위해 단순히 주관적인 의견보다 더 신뢰성 있는 개별 임상 사례를 검토한다. 소위 단일 사례 설계라고 불리는 이것은 특히 여기에 유용하며, 일반적인 CBT 실행에 큰 변화를 주지 않고 구현될 수 있다.

- 다른 일반적 형태의 평가는 보다 광범위한 관점을 취한다. 그리고 임상서비스 전체가 적절한 관점에서 '훌륭한 작업'을 하고 있는지 여부를 평가하는 것을 목표로 한다. 그뿐만 아니라, 일부 관련 비교 서비스를 제공하고 예전보다 나은 서비스를 얻는 것을 목표로 한다. 결과를 평가하기 위해 사용할 수 있는 많은 측정 도구가 있으며, 그중 일부는 다른 서비스 또는 연구들과의 비교를 가능하게 한다.

- 임상적 유의도 분석은 임상가가 내담자에게 의미 있고 이해할 수 있는 방식으로 결과를 요약하기 위한 유용한 도구가 될 수 있다.

학습 활동

다음 학습 활동은 SAGE publishing 사이트(https://study.sagepub.com/kennerley3e.)에서 내려받기 할 수 있다.

검토 및 반영:

• 당신의 서비스는 현재 어떤 형태의 일상적인 평가를 하고 있는가?

  만약 그렇지 않다면, 어떤 일을 하는 것에 대한 찬반양론은 무엇인가?

  동료 또는 관리자에게 그것이 좋은 생각이라고 어떻게 설득할 수 있는가?

• 치료에서 그들의 진전을 좀 더 평가할 수 있는가?

  그것이 당신과 그들에게 얼마나 유용한가?

  만약 당신이 더 많이 한다면 어떤 도전들이 있을까?

한 발 더 나아가기:

• 연구 및 평가에 대한 많은 흥미로운 생각들은 '이 문제에 대해 Y보다 X 치료법이 더 효과가 있는 것 같다.' 또는 '내담자들은 내가 Z를 하면 치료를 받지 못할 가능성이 더 적은 것 같다.' 등 임상적 실무에서 제기되는 질문에 대한 생각에서 비롯된다.

아마도 당신은 그와 같은 생각들을 적어두고, 몇몇 관련 증거를 모을 방법이 있는지 알아볼 수 있다.

• 서비스가 현재 일상적인 자료를 수집하지 않는 경우, 어떤 자료를 수집하는 것이 유용한지 등에 대해 동료에게 문의하라.

• 만약 당신이 자료를 가지고 있지만 그것을 분석하거나 대조하지 않았다면, 당신은 그렇게 하기 위해 어느 정도 시간을 미리 빼놔야 할 수도 있다.

Robson, C., & McCartan, K. (2016). *Real world research*(4th ed.). Chichester: Wiley
제목에서 알 수 있듯이, 이것은 학문적 상황의 외부인, 즉 '현실 세계'에서의 연구 수행을 위한 우수하고 포괄적인 소개서이다.

Field, A. (2009). *Discovering statistics using SPSS*(3rd ed.). London: Sage.
통계는 항상 우리 모두에게 위협적일 것이지만, Field는 인기 있는 통계 소프트웨어 패키지인 SPSS를 사용하여 통계 시험을 수행하는 방법에 대한 많은 상세한 예와 함께 그것을 흥미롭고 실용적으로 만드는 일을 한다.

Westbrook, D. (2010). *Research and evaluation.* In M. Mueller, H. Kennerley, F. McManus, & D. Westbrook (Eds.), The Oxford guide to surviving as a CBT therapist. Oxford: Oxford University Press.
임상 실습에서 평가 연구를 수행하는 것과 관련된 몇 가지 문제에 대한 간략한 소개이다.

CBT에서 수퍼비전 활용하기

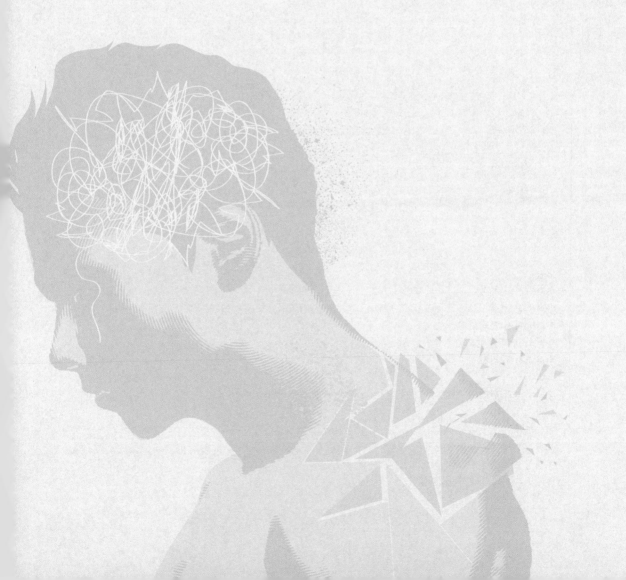

도 입

좋은 치료의 실행을 시도하는 사람이라면 누구나 곧 알게 되듯이 좋은 치료를 실행하는 것은 당신이 빠르게, 쉽게 배울 수 있는 것이 아니다. 여러분은 단지 책을 읽거나, 워크숍에 참석해서 좋은 CBT를 할 수 없다. 효과적인 임상 훈련은 이론과 치료 전략에 대해 배운 것을 여러분이 만나는 내담자의 복잡한 현실과 함께 결합시키는 훨씬 더 긴 배움의 과정을 필요로 한다. 임상 수퍼비전은 이러한 지속적인 학습을 발생시키는 주요 방법 중 하나이다.

다양한 형태를 취할 수 있지만(아래 참조), 기본적인 생각은 다른 사람이 당신의 치료를 직접적으로 관찰하고 논의하도록 함으로써 그것이 얼마나 잘 진행되고 있는지를 검증할 수 있고, 내담자가 최상의 치료를 받도록 문제를 파악하고, 해결책을 찾고, 기술을 발전시킬 수 있다. 수퍼비전의 필요성은 모든 수준의 CBT 실무자에게 적용되지만, 초보자들에게 가장 중요하다. 수퍼비전의 긍정적인 가치에 대한 이러한 견해는 아마도 대부분의 CBT 실무자들의 지지를 얻을 것이다.

그러나 CBT처럼 경험주의를 중시하는 접근 방법으로서는 당황스럽게도, CBT 수퍼비전이 실제로 실습생의 기술이나 내담자의 결과에 변화를 주는지 여부에 대한 중요한 증거는 아직 없다. 한 중요한 연구(Mannix et al., 2006)에 따르면 CBT에서 6개월간 훈련을 받은 후 계속해서 수퍼비전을 받은 임상가가 6개월 훈련 후 수퍼비전을 중단한 임상가보다 CBT 기술을 유지하고 향상시키는 데 더 효과적이었지만, 훨씬 더 많은 증거가 필요하다. 따라서 설득력 있는 증거에 기초하기보다는 자신과 다른 사람들의 임상 경험과 믿음에 주로 바탕을 두고 있다. 우리가 말해야만 하는 것들 중 상당수는 새로운 증거가 나타날 때 도전받을 수 있거나 도전받아야만 하는 것이다.

CBT 수퍼바이저를 위한 실무 지침(예: Padesky, 1996a, Pilling & Roth, 2008; Gordon 2012 참조)이 있지만, 이 장에서는 소비자의 관점과 어떻게 그것을 최대한 활용할 것인지에 대한 수퍼비전을 고려한다.

수퍼비전의 목적

여러분 각자는 수퍼비전 경험을 위해 목표를 고려할 필요가 있다. CBT에서 임상 수퍼비전에 대한 단일하게 합의된 정의는 없지만, '좋은' 임상 수퍼비전은 다음과 같은 목표의 일부 또는 전부를 달성하는 데 도움이 된다.

- **치료사의 기술 발전시키기**: 기존 기술을 연마하고 향상하고 새로운 기술을 배우는 것
- **내담자 보호하기**: 적절한 전략을 사용되고 있는지 확인하는 실무 수준과 치료 관계에 대한 외부적이고 객관적인 관점을 가능하게 하는 정서적 수준 모두에서 치료의 질을 통제하고 있는지를 제공하기
- 어려운 치료를 다루고 있는 치료사에게 지지를 제공하기
- 치료사 기술과 실행을 모니터링하고 평가하기

이러한 다른 요소들 간의 균형은 당신(치료사)과 수퍼바이저의 특성과 경험, 그리고 수퍼비전의 맥락 등과 같은 요인에 따라 달라질 것이다. 마지막 목표(즉, 평가)를 고려할 때, 종합평가와 형성평가의 구분을 고려할 가치가 있다.

- 종합평가는 요약판단을 구하는 것이 주된 목표인 평가를 말한다. 평가대상이 어떤 의미에서 '충분히 양호'한가(예: 연수생들이 코스를 통과하기에 충분한가)?
- 형태적 평가는 대상자들이 향상되도록 돕는 것이 주목표인 평가를 말한다. 즉, 핵심 포인트가 'X가 충분히 좋은가?'가 아니라 'X를 어떻게 더 좋게 만들 수 있는가?'이다.

거의 모든 임상 수퍼비전에는 형태별 평가 요소가 포함되어 있지만, 종합평가는 일반적으로 훈련 과정, 치료사 인증 또는 유사한 과정에서만 중요하다. 종합적 및 형태적 목적의 인지치료 기술을 평가하기 위한 유용한 도구로 인지치료 척도(CTS: Young & Beck, 1980; Dobson, Shaw & Vallis, 1985; 또는 개정판, CTS-R - Blackburn et al., 2001) 및 핵심 CBT 기술의 평가가 있다 (ACCS: Muse & McManus, 2013; www.accs-scale.co.uk).

——— 수퍼비전 방식 ———

우리는 수퍼비전의 두 가지 중요한 측면을 구별할 수 있다. 첫째, 수퍼비전이 개인 치료사를 위한 것인지 아니면 집단을 위한 것인지, 둘째, 전문적인 사람에서 덜 전문적인 사람에 대한 것인지 아니면 거의 동등한 전문지식을 가진 사람 사이에서의 수퍼비전인지 여부이다. 이 범주들을 결합하면 네 가지 수퍼비전 범주가 있는데, 표 19.1은 우리가 임의로 이름을 부여한 범주들을 보여준다. 때때로 우리의 관점에서는 잘못된 생각이지만 때때로 모든 수퍼비전이 공인된 리더(identified leader)를 갖춰야 한다고 생각된다.

우리는 비록 참가자들 중 어느 누구도 고도로 전문적이지 않더라도 동료 수퍼비전이 매우

유용하다고 생각한다. 우리는 CBT 치료와 유사한 것을 도출할 수 있다. 치료사가 아는 것이 거의 없는 분야에서 내담자를 도울 수 있는 것처럼, 동료들도 동일한 과정을 사용해서 수퍼비전에서 치료사를 위한 새로운 사고방식을 열어 갈 수 있다. 참가자들 중 어느 누구도 CBT 경험을 가지고 있지 않다면 '맹인이 맹인을 이끄는 것'의 위험이 있지만, 그러한 수퍼비전은 전문가 수퍼비전에 대한 접근이 제한된 상황에서 그 어떤 것보다 더 나을 수 있다.

표 19.1 수퍼비전의 방식

	개별	집단
공인된 리더	1. '도제식'	2. '지도 그룹'
공인된 리더 없음	3. '자문'(상호 또는 일방)	4. '동료 집단'

이러한 각 모드에는 장단점이 있으며, 사용 가능한 옵션이 있다면, 어떤 것이 당신의 요구를 가장 잘 충족하는지 고려해야 한다.

1. 도제식

숙련되고 경험 많은 전문가가 상대적으로 초보적인 치료사의 기술을 발전시키기 위해 일대일로 만나는 것은 아마도 대부분의 사람들이 생각하는 전형적인 수퍼비전일 것이다. 그것은 의심할 여지없이 실습생의 요구에 맞게 세밀한 검사와 치료 기술의 시연을 위한 훌륭한 영역을 가진 좋은 모델이다. 주된 단점은 리더의 시간을 사용하는 데 있어 상대적으로 비용이 많이 든다는 것이다(그러므로 비싸다). 그리고 한 명의 수퍼바이저가 있기 때문에, 실습생이 활용할 수 있는 견해와 전문지식의 범위가 제한된다.

2. 주도 그룹

주도 그룹의 방식의 주된 강점은 전문성을 제공하는 면에서 도제식 모델의 장점을 가지고 있는 반면, 더 경제적이고 따라서 많은 환경에서 더 실용적이라는 것이다. 또 다른 장점은 실습생들이 그들 자신의 경우뿐만 아니라 다른 실무자들의 사례를 듣는 것으로부터 배울 수 있다는 것이다. 가능한 단점으로는 그룹 내 각 개인의 개별 시간이 적어지고 설교적인 것을 지향하는 경향성으로 인해 때로는 세미나가 될 수 있는데 이러한 특성 역시 때로는 도움이 될 수 있다.

3. 상담

우리는 '자문'이라는 용어를 도제식을 위한 유사한 설정(즉, 두 명의 개인이 수퍼비전을 위해 만남)을 지칭하기 위해 사용하지만, 이 경우 그들은 거의 동등하게 숙련되어 있어서 어느 누구도 '수련생'이 아니다. 경험이 매우 풍부한 치료사에게는 자신보다 더 많은 전문성을 갖춘 사람을 섭외하기 힘들 수 있기 때문에 이 자문 방법만이 이용 가능한 수퍼비전 방식일 수 있다. 자문은 일방적일 수 있으며, 한 쌍의 하나가 다른 사람에게 수퍼비전을 맡긴다. 또는 상호적일 수 있다. 각자가 다른 한쪽을 수퍼비전한다.

4. 동료 집단

동료 집단의 장점은 상대적으로 저렴하고 구성하기가 쉽다는 점, 대리 학습을 허용한다는 점, 그리고 보다 평등하게 됨으로써 경험이 적은 참여자들이 창의적이고 그들의 생각을 공유하게 할 수 있게 한다는 점이다. 단점에는 '맹인이 맹인을 이끌 수 있다'라는 위험도 포함되어 있는데, 아무도 그들이 무엇에 대해 이야기하고 있는지 진정으로 알지 못한다. 즉, 그룹 수퍼비전의 형태와도 마찬가지로, 각 실습생들은 아마도 시간을 덜 갖게 되고 집단의 역동에 대해 책임을 질 지도자가 없다는 것이다.

수퍼비전을 위한 대안적 방향

위의 방식들 외에 추가적으로, 전화, 화상 회의, 이메일과 같은 다른 통신 수단을 사용하여 실행될 수 있다는 것을 고려할 가치가 있다. 이러한 대체 수단은 아마도 개별적인 수퍼비전과 가장 잘 맞을 것이다. 어떠한 직접 대면 접촉 없이 집단 상호작용을 관리하는 것은 쉽지 않다. 이러한 방법은 특히 정서적 문제와 오디오나 비디오 녹화 및 공유 자료 재생에 기술적 문제가 있을 경우 대면 커뮤니케이션의 미묘한 측면을 잃을 수 있으며, 인터넷을 통해 임상 자료를 재생하는 경우 데이터 관리법을 염두에 두어야 한다. 그럼에도 불구하고, 그것들은 당신의 요구를 충족시킬 수 있는 직접 대면하는 수퍼바이저가 없는 경우 유용한 대안을 제시할 수 있다.

우리 저자들은 우리에게 전화나 인터넷으로 임상 수퍼비전을 받는 몇몇 수련생들을 두고 있다(일반적으로 그들은 합리적인 이동 시간 내에 적절한 수퍼바이저를 구할 수 없기 때문에, 많은 경우 수련생은 해외에 거주한다). 많은 경우에 우리는 실제로 수련생을 직접 만나본 적이 없다. 이런 형식의 제한에도 불구하고 그러한 수퍼비전 관계는 잘 유지될 수 있다.

의사소통의 일부 비언어적 측면을 배제하는 어떤 방식과 같이 오해의 가능성이 증가하므로, 그러한 문제를 피하기 위해 명확하게 요약을 제공하고 그러한 문제를 줄이기 위한 피드백을 주는 것에 양 당사자의 특별한 주의가 필요할 수 있다. 당사자들이 서로 보고 들을 수 있도록 인터넷을 통해 수퍼비전을 수행하는 경우 이러한 필요성이 줄어든다.

그러한 시스템 중 일부는 녹음된 것을 재생할 수 있도록 허용하기도 한다. 이 접근법은 잘 작동할 수 있지만, 그것은 적절하고 강력한 기술과 양쪽으로 빠르고 믿을 만한 인터넷 연결이 필요하다.

수퍼비전 또는 치료?

치료사의 자신의 문제나 믿음이 치료에 영향을 줄 수 있다는 것은 모든 형태의 치료에서 인식되고 있는 문제다. 그러한 자료가 수퍼비전에서 탐색하기에 적합한가, 아니면 다른 환경에서 발생해야 하는 개인 치료로 간주되어야 하는가? 수퍼비전에서 다루는 개인적인 자료에 제한이 있는가? 만약 그렇다면, 합의된 자료가 수퍼비전의 일부가 아니라면 당신은 어떻게 할 것인가? 이러한 질문에 대한 정답은 없지만, 대부분의 CBT 실무자들은 그러한 자료가 내담자들과의 작업에 직접적인 영향을 미치는 정도까지는 수퍼비전의 일부일 뿐이라고 말할 것이다 (예: Padesky, 1996b). 자신의 신념 중 하나(예: '나는 내담자가 고통스러워하는 어떤 것도 해서는 안 된다.' 또는 '나는 내담자의 진전에 전적으로 책임이 있다.')가 다른 측면에서 관련이 있는 것으로 보이는 치료 전략을 실행하지 못하게 하는 방해하는 경우 수퍼비전에서 그것을 적절히 살펴보아야 한다. 만약 그 믿음이 더 큰 문제의 일부인 것처럼 보인다면, 그것은 아마도 수퍼비전에 가능한 제한된 시간 안에 다루어질 수 없을 것이다. 만약 그것이 당신의 의뢰인과의 작업에 직접적으로 영향을 미치지 않는다면, 그것은 아마도 다른 곳에서 다루어야 할 것이다.

녹음의 사용

내담자 회기의 오디오 또는 비디오 녹화를 사용하는 것은 항상 CBT 수퍼비전의 구별되는 독특한 특징이었다. 수퍼바이저는 수련생의 치료보고서에만 의존하는 대신, 수련생은 수퍼비전을 하는 동안 직접적으로 무엇이 발생했는지를 수퍼바이저가 관찰할 수 있도록 하기 위해 회기 내용을 기록하고 녹음한 것(그것의 일부)을 재생하여 보여준다. 비록 대부분의 사람들이 처음에는 이런 식으로 자신의 치료를 다른 사람들에게 공개하는 것에 대해 불안해하지만, 그것은 일단 초기의 불편함이 극복된다면 점점 더 쉬워지고 매우 도움이 될 것이다. 따라서 우리는 기록을 사용할 것을 강력히 권고한다. 장점은 다음과 같다.

- 자기 성찰: 항상 편한 것은 아니지만, 당신의 치료 회기들과 당신이 수행한 것에 대해 비판적으로 평가하는 것을 듣는 것은 좋은 연습이 된다. 또한 당신은 당신 수퍼바이저와 공유하기 위해서 수퍼비전 질문에 준비를 보다 잘하고 녹음에서 가장 관련성이 높은 부분을 확인하게 될 것이다.

- 치료사의 관점 및 내담자 보고에서 누락과 왜곡(긍정적 또는 부정적)을 피하기: 중요한 것은 여러분이 알아채지 못했거나 보고하기를 꺼리는 어떤 것일 수 있다. 녹화는 여러분과 수퍼바이저가 그것을 발견할 수 있는 기회를 준다.

- 그러므로 그것은 수퍼비전이 치료사의 보고서에만 근거한다면 거의 불가능할 수 있는 수퍼비전의 깊이와 정밀함을 허용한다. 불가피한 치료사의 부분적인 보고 대신에, 수퍼바이저는 상호작용의 전체적인 복잡성에 대해 많이 듣고 볼 수 있다. 몇 분간의 녹음을 듣고서 얻을 수 있는 것과 비교하면, 치료적 상호작용을 언어로 상세히 설명하기 위해 얼마나 많은 시간이 걸릴지를 생각해보라! 대부분의 사람들은 내담자가 어떤 사람인지를 언어로 설명하기 위해 모든 감각으로 전달하기는 어렵다. 녹화를 통해, 수퍼바이저는 당신의 내담자에 대한 훨씬 더 많은 인상을 얻을 뿐 아니라, 치료에서 무슨 일이 일어나는지, 따라서 내담자의 행동을 관리하는 방법에 대한 유용한 제안을 더 잘 제공할 수 있을 것이다.

- 영국 행동 인지 심리치료협회(BABCP: the British Association for Behavioural & Cognitive Psychotherapies)의 치료사 자격 인증을 받고자 한다면, 그들이 '실시간 수퍼비전'이라고 부르는 것 중 어떤 부분(즉, 수퍼바이저가 실제 내담자 치료 회기를 듣거나 보는 것, 직접적으로 또는 기록을 통해서)이 요구된다. 자세한 내용은 www.babcp.com을 참조하라.

녹화를 사용하는 경우라면, 당신은 효과적이고 윤리적으로 수행하기 위한 방법의 실제적인 면을 고려해야 한다.

- 실습생들은 회기를 기록하기 전에 충분히 정보에 입각한 동의를 해야 한다. 따라서 동의를 얻고 기록하는 절차를 수립해야 한다. 당신의 병원이나 다른 조직은 당신이 따라야

하는 방침이 있을 수 있다. 그렇지 않다면, 내담자에게 녹음으로 무엇을 할 것인지, 누가 들을 것인지, 그것을 저장하기 위해 어떤 조치를 할 것인지, 그리고 수퍼비전 후 그것들을 파괴하거나 안전하게 지운다는 것을 알리는 방침을 개발해야 한다. 오늘날 많은 전문 기관들은 디지털 녹음을 분실하거나 도난당할 경우 다른 사람이 들을 수 없도록 암호화된 형식으로 보관할 것을 요구한다.

- 만약 당신이 녹음을 사용하기로 결정했다면, 만약 당신이 어떤 것이 잘못되었거나 특정한 요구가 발생했을 때만이 아니라 모든 회기를 녹음하는 습관을 갖는 것이 훨씬 더 좋다.

특정한 어려움이 발생했을 때 내담자와 녹화하는 것을 협상하는 것보다 대개 치료 시작 시에 내담자와 일상적인 절차에서 대한 동의를 얻는 것이 훨씬 더 쉽다.

───── 수퍼바이저 선택하기 ─────

경우에 따라서는, 특히 훈련을 받을 때, 수퍼바이저가 당신에게 할당되어 있기 때문에 당신은 선택의 여지가 없지만, 만약 당신이 선택할 수 있다면, 당신은 다음을 원할 수 있다.

- 그 수퍼바이저는 당신이 믿을 수 있고 편하게 지낼 수 있다고 생각하는 사람인가? 여러분은 치료적 관계만큼 중요하면서도, 때로는 요구되는 것으로써, 좋은 작업 관계를 형성할 수 있어야 한다.
- 수퍼바이저가 당신이 배워야 할 기술을 가지고 있는가? 예를 들어, 당신은 특정한 문제를 다루는 데 있어 전문가이거나 치료 과정에서 더 작업할 수 있는 사람을 원할 수 있다. 어떤 사람이 여러분의 요구를 얼마나 잘 충족시킬지 초기에 판단하기는 어려울 수 있으며, 따라서 초기 시험 기간을 합의하는 것이 중요할 수 있다(아래 참조).
- 수퍼바이저가 당신을 수퍼비전할 동기가 있고 합의된 수퍼비전 기간을 준수할 의향이 있는가?
- 수퍼바이저는 수퍼비전을 받고 있는가? 수퍼바이저들이 그들의 실무에 대한 수퍼비전을 구하는 것이 점점 더 흔해지고 있다.
- BABCP는 이제 공인 치료사가 수퍼바이저로서도 또한 인정받을 수 있는 경로를 제공한다. 이 추가 자격을 갖춘 사람의 수는 글을 쓸 때 당시에는 상대적으로 적기 때문에, 인가된 감독을 갖는 것은 아직 요구되고 있지는 않지만, 적어도 당신은 잠재적인 수퍼바이저가 그와 같이 인가되었는지 여부를 조사하기를 원할 수 있다. 우리가 1장에서 언급

했던 CBT의 역량 구조를 가진 Roth와 Pilling은 당신과 수퍼바이저가 관심을 가질 만한 유사한 수퍼비전 역량 세트를 개발했다(Roth & Pilling, 2009).

——— 수퍼비전 약정 합의하기 ———

당신이 수퍼바이저를 선택하든, 아니면 당신에게 할당된 한 사람이든, 희망과 기대를 명확히 하기 위해 예비 미팅을 갖는 것은 항상 중요하다. 예비 미팅 시에는 다음 사항을 고려해야 한다.

- 실무적 조정, 언제, 어디서, 얼마나 오래, 얼마나 자주 수퍼비전을 할 것인지 등
- 비밀보장 문제
- 수퍼비전이 '일반적인' 것인가 아니면 구체적인 목표가 있는가(예: 개념화를 더 잘하기, 강박장애를 가진 내담자 다루기, 자해를 하는 내담자를 관리하기)? 만약 당신이 특정한 목적을 가지고 있다면, 수퍼바이저는 도울 수 있는 필요한 기술을 가지고 있다고 생각하는가?
- 수퍼바이저가 위에 약술된 수퍼비전 가능한 목표에 관한 우선순위를 가지고 있는가? 예를 들어, 당신은 종합평가를 수퍼비전의 중요한 부분으로 다루는 훈련 과정에 있는가?
- 수퍼비전 과정에서 어떤 일이 일어날지 미리 예측하는 것은 종종 불가능하지만, 수퍼비전과 개인 치료 사이의 경계에 대한 당신의 견해와 수퍼바이저의 견해를 고려해볼 가치가 있다.
- 일반적으로 시험 기간을 두고 그것이 잘 작동하지 않으면 약정이 변경될 수 있도록 검토하는 것이 현명하다.

당신의 수퍼비전 약정의 조건을 정의하는 검토 가능 계약서가 필수적인 기초다. 많은 기관들은 이것에 대한 그들만의 구조를 가지고 있거나 당신은 수퍼바이저와 맞춤형 계약을 고안해야 할 것이다. 계약 고안을 위한 유용한 제안서는 이 장의 부록을 참고하면 된다. 이것은 BABCP(2005)가 제공하는 수퍼비전 협정의 템플릿이다. 어떤 종류의 집단 수퍼비전에 대해서도 유사한 질문이 제기되며, 집단 환경에도 고유한 질문이 있을 수 있다.

예를 들어, 집단 구성원들 사이에서 이용 가능한 시간은 어떻게 나눌 것인가? 선택사항에는 모든 회기의 모든 집단 구성원에 대한 동일한 시간을 갖거나, 또는 각 회기에서 한 사람이(어떤 개인의 경우 수퍼비전 사이에 긴 간격이 있을 수 있음) 또는 한 사람이 회기에서 더 많은 시간을 소비하면 다른 사람은 더 적은 시간을 갖는 조합이 있을 수 있다.

수퍼비전 경험에 대한 그룹이나 리더에 대한 실습생들로부터의 분명한 피드백이 요구될 수 있다. 가끔 발생하기도 하는, 집단 구성원 대부분이 실습자의 접근에 동의하지 않을 경우, 그 실습생은 노출되고 고립된 느낌을 받게 될 수 있다. 실습생이 지나치게 고통스럽고 당황스러운 경험을 피하도록 하기 위해 집단 계약을 정의하고 집단 진행과정에 대한 세심한 주의가 필요할 수 있다.

───── 수퍼비전 준비하기 ─────

다음과 같이 주의 깊게 준비하면 수퍼비전으로부터 많은 것을 얻을 수 있다.
• 명확한 수퍼비전 문제
• 간략한 개념화 또는 개요

이것은 몇 시간이 걸리지는 않지만, 수퍼비전을 시작하기 전에 2분 이상 생각하라. 내담자의 기록을 가지고 수퍼바이저를 감독자를 만나기 위해 달려가기 전에, 우리는 항상 당신이 논의할 각 내담자에 대한 명확하고 구체적인 수퍼비전 질문을 확인하도록 권고한다. 그래서 '지금 내가 무엇을 해야 하나요?' 또는 '어디로 가야 하나요?'라는 모호한 말보다는, 여러분이 다루어야 할 특정한 주제나 요점을 다루는 질문을 하는 것을 목표로 한다.

잠재적인 질문 범위는 제한이 없지만 다음을 포함할 수 있다.
• "신경성 폭식증이 있는 내담자를 위해 어떻게 개념화를 개발할 수 있는가?"
• "이 내담자가 사회적 지지가 없는 상황에서 나에게 의지하는 경향을 어떻게 관리해야 할까?"
• "내가 공포증이 아주 심한 이 내담자에게 어떤 행동실험(BE)을 유용하게 사용할 수 있을까?"
• "나는 내 생각을 기록해두었다. 우리가 무엇이 나로 하여금 이 내담자에게 화가 나게 만드는지를 개념화할 수 있을까?"
• "학습부진이 있는 성인들의 강박 장애 치료에 대해 더 많은 것을 배울 수 있는 곳은 어디인가?"

수퍼바이저가 당신의 질문의 맥락을 이해하기 위해 필요한 최소한의 정보와 함께 당신이 구체적인 질문으로 보완한다면 제한된 수퍼비전 시간을 최대한 활용할 수 있을 것이다.

종종 이것은 단지 간단한 개념화가 되거나, 만약 당신이 아직 그것을 도출하지 않았다면, 상황에 대한 매우 간단한 개요가 될 것이다.

필요 없는 세부 사항을 재점검하는 것은 시간 낭비일 수 있다. 추가 정보가 필요할 경우 수퍼바이저가 요청할 수 있다. 여러분 자신의 수퍼비전을 준비하는 데에 수퍼바이저를 위한 Padesky의 예비적인 질문도 도움이 될 것이다. Padesky가 지칭하듯이, 이 '지도'를 통해 작업하는 것은 종종 여러분이 수퍼비전을 수행하기 위한 가장 좋은 질문을 설명하고, 때때로 이 체계적인 재검토가 여러분이 문제를 직접 해결할 수 있도록 여러분을 안내할 것이다(따라서 혼자서는 관리할 수 없는 문제에만 귀중한 수퍼비전 시간을 할애하시오!).

Padesky의 질문에는 치료의 어려움에 기여하는 다음과 같은 일련의 요인들을 포함하고 있다.

1. 이 내담자에 대한 CBT 개념화 및 그에 따른 치료 계획이 있는가? 그렇지 않다면, 그것을 개발하는 것은 수퍼비전의 질문이 될 수 있다.

2. 개념화가 있고 그에 따른 치료 계획을 준수하고 있는가? 만약 그렇지 않다면, 수퍼비전의 질문은 무엇이 여러분이 개념화와 치료 계획을 따르는 것을 막고 있는지 생각하는 것일지도 모른다(여러분의 신념에 있는 어떤 것, 혹은 내담자의 어떤 특성이나 행동).

3. 필요한 치료를 이행할 수 있는 지식과 기술을 보유하고 있는가? 만약 그렇지 않다면, 당신은 지식을 얻고 기술을 연습하거나, 그러한 목표를 달성하기 위해 어디로 가야 하는지에 대한 조언을 얻기 위해 수퍼비전을 활용하기를 원할 것이다.

4. 치료에 대한 내담자의 반응은 예상대로인가? 만약 그렇지 않다면, 당신은 내담자가 어떤 신념을 가지고 있는지, 삶의 상황, 발달력 등을 고려하기 위해 수퍼비전을 활용하기를 원할 것이다.

5. 위의 답변이 모두 만족스럽다면, 또 다른 무엇이 간섭할 수 있는가? 수퍼비전은 치료사 요인, 치료적 관계의 문제, 개념화가 수정이 필요한지 여부, 다른 치료 방법이 필요한지 여부 등에 대한 고려가 요구될 수 있다. 치료의 일반적인 어려움에 대한 보다 자세한 내용은 Westbrook, Mueller, Kennerley 및 McManus(2010)를 참조하라.

Michael은 그가 고군분투하고 있는 내담자와 관련하여 이 체크리스트를 살펴보는 것이 유용하다는 것을 알았다. 그렇게 함으로써 그는 문제가 4단계에 있는 것처럼 보인다는 것을 깨달았다. 그는 합리적인 개념화와 치료 계획을 세웠고, 그는 그것들을 따랐지만 그것은 효과가 없는 것처럼 보였다. 그 내담자의 지배적인 정서는 우울과 분노였고, 그녀는 분명한 치료목표를 향해 노력하기보다는 자신의 분노를 정당화하는 데 압도되어 있는 듯이 보였다. 이 점을 확인한 후, Michael은 '정당화된 분노'에 대한 이러한 몰두가 현재 적절히 설명되지 않았기 때문에, 개념화에서 중요한 무언가가 빠진 것을 인정했다. 이로 인해 그는 이 치료의 문제를 수퍼비전을 수행할 필요 없이 그의 내담자와 더 깊은 탐색을 시작하도록 했다. Michael은 곧 그녀가 자신의 요구를 주장할 수 있는 유일한 수단이 화를 내는 것이라는 믿음을 가지고 있었다는 것을 알게 되었다. 그리고 그녀의 분노가 때때로 과도할 수도 있다는 것을 인식하는 것은 그녀가 다른 사람에게 자신을 예속시키는 것처럼 여긴다는 것을 알게 되었다. 이런 재개념화를 통해서, 그들은 내담자가 자신을 주장할 수 있는 다른 방법을 탐색할 수 있었다.

그러나 Michael은 자기주장 훈련(assertiveness training)에 대한 지식과 기술에 대해 자신감이 없었고, 그래서 그는 이것을 수퍼비전으로 가져갔다. 그의 질문은 '그녀의 분노 성향과 정복에 대한 두려움에 비추어볼 때 어떤 주장 기술이 내 내담자에게 적절한 것인가?'이다.

수퍼비전을 위해 녹음을 사용할 때도 준비는 중요하다. 수퍼바이저가 당신의 내담자를 위해 모든 회기를 듣는다는 것은 거의 불가능하다. 그것은 많은 시간이 걸릴 것이기 때문이다. 그러므로 이것을 2단계 과정으로 만드는 것이 최선이다.

첫째, 녹음된 내용을 직접 들어 본다. 이것만으로도 당신이 어떻게 발전할 수 있는지에 대한 유용한 통찰력을 얻을 수 있을 것이다. 들으면서 당신은 문제가 어디에서 나온 것인지에 대한 어떤 포인트를 적는다. 이러한 문제들이 여러분이 수퍼비전에서 다루어야 할 문제들이다. 논의할 지점을 보여주는 몇 분의 구간을 선택한 다음, 수퍼비전을 하기 전에 해당 지점에서 기록을 실행할 수 있도록 준비한다. 이러한 준비로 시간은 효과적이고 경제적으로 사용될 수 있다. 또한 수퍼바이저들은 성공적인 것과 잘 진행되지 않은 것에 모두에 대해 듣는 것을 환영한다는 것을 기억하라. 그것은 여러분이 '성공' 사례나 가장 어려운 사례만을 가져왔을 때보다 여러분의 습관, 강점, 요구를 보여주는 데 도움이 된다.

─── **수퍼비전을 하는 기간** ───

수퍼비전 회기의 형식은 11장에 요약된 CBT 회기의 모델을 따라 유용하게 할 수 있다. 따라서 수퍼비전은 동일한 순서를 따를 수 있다.

- **안건 설정**: 오늘의 주요 주제는 무엇이며, 그것들 간에 사용 가능한 시간을 어떻게 분배할 것인가? 양측은 안건에 대한 주제를 제기할 수 있어야 하고, 수련생은 노련해질수록 의제에 대한 책임을 더 많이 가져야 한다. 과제를 검토하는 것은 항상 의제에 포함되어야 하며, 과제를 검토하는 데 포함되지 않을 경우 이전 회기의 수퍼비전에 대한 임상 결과를 검토할 기회가 있어야 한다.
- **연결 항목**: 이전 회기로부터 수행할 작업이 있는가? 미해결 결론? 후속조치 정보? 관련 피드백? 등등
- **주요 주제**: 회기의 대부분은 합의된 주요 안건들을 검토하는 것으로 마무리될 것이다. 이

들 항목 중 많은 부분이 특정 수퍼비전 질문의 형태를 띠게 될 것이다.

- **과제**: 수련생들은 종종 특정 기사를 읽는 것에서부터 내담자와 함께 특정 전략을 시도하는 것까지 수행해야 할 일부 합의된 업무 목록을 수퍼비전에 남긴다.
- **검토**: 치료에 대해 어떤 피드백을 받았는가. 무엇을 배웠고, 특히 무엇이 유용했는지, 무엇이 어려웠는지 등. 당신은 당신의 수퍼비전에 대한 질문에 대답을 받았는가, 수퍼바이저가 당신이 수퍼비전을 쉽게 활용할 수 있도록 했는지, 비공식적인 것과 경직성의 균형, 교훈적이고 비지시적인 것과의 균형, 혹은 지지와 건설적인 비판의 균형이 적절했는지를 스스로에게 물어보아야 한다. 긍정적인 피드백과 건설적인 비판을 하도록 노력해야 한다.

▶ 동영상 자료 19.1: 수퍼비전에서 안건 설정

성공적인 수퍼비전에 대한 기여의 다른 측면은 다음과 같다. 정상 궤도를 유지하는 것, 오직 능력만을 보여주려고 하는 것보다 가능한 한 개방적인 것, 그리고 어려움을 인정하는 것에 대해 방어적인 태도를 취하지 않는 것이다. 당신이 모든 것이 괜찮다고만 말하고 당신의 수퍼바이저도 좋아 보인다고만 말한다면, 당신은 수퍼비전으로부터 많은 것을 배우지 못할 것이다.

모든 사람은 불완전한 치료를 한다. 그래서 더 많은 기술을 습득할 수 있는 가장 좋은 기회는 무엇이 잘못하고 있는지에 대한 개방을 통해서이다. 마지막으로 수퍼비전에는 사례의 직접적인 구두 논의 이상의 다양한 기술이 포함될 수 있다는 점을 기억하라.

두 가지 방법 중 하나로 역할극을 사용하는 것이 유용하다. 당신이 내담자의 역할을 하고 수퍼바이저가 그 내담자에게 어떻게 반응하는지를 모델링을 하거나, 당신이 치료사로서 특정한 전략을 연습할 때 수퍼바이저가 내담자를 연기한다(여기서는 기록이 유용하므로 수퍼바이저가 내담자를 보거나 들은 경우 보다 쉽게 연기할 수 있음). 또한, 직접적인 교육적 가르침이나 권장되는 독서가 수퍼비전의 유용한 부분이 될 수 있다.

수퍼비전과 관련된 문제

수퍼바이저를 찾을 수 없다

비록 우리가 정기적으로 유능한 수퍼비전을 확보하는 것의 중요성을 강조해야 하지만, 당신은 때때로 수퍼바이저 사이에서 당신 자신을 발견하거나 당신의 수퍼바이저에게 연락하지 못할 수도 있다. 우리는 당신이 먼저 자기 수퍼비전에 대해 고려해볼 것을 제안한다. 치료 녹화를 듣고 수퍼비전 질문을 검토하고(아마도 위의 Padesky 지침을 사용해서) 당신의 습관과 자원을 비판적으로 성찰할 시간을 따로 남겨 둔다. 간단히 말해, 어려움을 직접 해결할 수 있는지 여부를 확인한다. 만약 당신이 할 수 없다면, 당신은 동료나 외부 '전문가'로부터 일회성 상담을 받아보는 것을 고려해볼 수 있다. 단순히 수퍼비전 받지 않음을 스스로에게 자책하지 마라.

수퍼바이저와 관련된 문제들

심사숙고하고 정기적으로 검토하는 계약은 수퍼비전 관계 내의 문제를 최소화하며 장기적으로 잘 유지될 수 있을 것이며, 좋은 계약은 수퍼비전 관계가 붕괴될 때 취할 수 있는 조치를 명확하게 정의해야 한다(수퍼비전 관계와 CBT 수퍼비전 계약서에 대한 간략한 설명은 2010년 Kennerley 와 Cloessy를 참조).

일반적인 문제에는 수퍼바이저의 이행 부족(예: 자주 지각하거나 전화를 받기 위해 수퍼비전을 방해하는 것 등) 또는 수퍼바이저의 지지가 부족하다는 느낌이 포함된다. 그러한 문제는 수퍼바이저와 실습생이 잘 맞지 않고 다른 협의가 필요하기 때문에 발생할 수 있다. 그러나 작업 관계가 개선될 수 있을지 여부를 고려할 가치가 있다. 수퍼바이저가 당신의 요구를 인식하고 있는가? 그렇지 않다면, 왜 그런가? 당신은 당신의 목표와 요구가 당신의 계약에서 명확하게 표현되었음을 확인하였는가? 수퍼바이저에 대한 당신의 기대는 현실적인가, 아니면 추가적인 지원이나 개인적인 치료로 당신의 수퍼비전을 보완할 필요가 있는가? 계약을 검토하고 수정할 필요가 있는가?

상호 동의 가능한 계약을 체결하는 데 시간을 투자하면 수퍼비전 관계에서 발생하는 문제를 방지하거나 최소화할 수 있다.

평가를 위해 회기의 기록을 가지고 올 수 없다고 느끼는 것

무엇이 당신을 불편하게 하는지 알아내도록 노력하라. 아마도 당신은 녹음을 사용하는 이유를 생각해볼 필요가 있을 것이다. 또는 당신이 생각하는 것에 대한 장단점을 보기 위해 행동실험(BE)을 할 필요가 있을 것이다. 수행에 대한 불안이나 무능력으로 드러날 것이라는 두려움이 문제인가? 그런 종류의 걱정은 경험 많은 치료사들에게조차 극히 흔하며, 그것을 다루려고 노력하는 것이 중요하다. 안내된 발견을 사용하여 당신이 꺼리는 원인을 해결하고, 무슨 일이 일어나고 있는지 개념화하고, 문제를 수퍼비전에서 고려해볼 수 있다.

수행되지 않는 전략 협의하기

다시, 당신은 이것을 설명하는 생각과 믿음을 이해할 필요가 있다. 예를 들어, 그것이 수퍼바이저에 대한 지나친 맹종이거나, 당신이 진정으로 동의하지 않는 조치를 취하는 데 동의하는 것인가? 만약 그렇다면, 무엇이 수퍼바이저에게 당신의 부동의를 말하는 것을 어렵게 하는가? 아니면 정말로 계획이 좋다고 생각하나, 그리고 나서 치료에서 당신은 곁길로 새게 되는가? 다시, 무엇이 그것을 초래하는지 이해하려고 노력해야 한다. 치료용 녹취는 치료 과정이 궤도에서 벗어난 곳을 찾는 데 매우 유용할 수 있다. 그리고, 언제나 그렇듯이, 당신은 이런 질문들을 수퍼비전에서 할 수 있다.

수퍼비전에 대한 부정적인 믿음

우리는 수퍼비전에 대해 부정적인 견해를 가진 치료사를 종종 마주하곤 했다. 예를 들어, 수퍼비전의 일차적인 목적 '위에서 보는 것'으로 또는 그것이 '바르게' 행해졌는지를 확인하는 것으로 보여질 수 있다. 따라서 그것은 당신이 관리통제나 혹독한 비판을 받을 가능성이 있는 혐오적인 경험으로 인식될 수 있다. 검토를 통해, 수퍼비전의 주된 목적은 당신이 하는 일을 더 잘하도록 돕고 당신의 내담자들을 더 효과적으로 돕는 것이라는 것이 명백해질 수 있다. 그러므로 수퍼비전이란 위협이 아니라 배울 수 있는 기회로 볼 수 있다. 우리의 임상 연구에서와 같이, 진보를 방해하는 부정적인 믿음을 확인하는 것은 중요하다. 그러므로 여러분은 여러분 자신의 도움이 되지 않는 믿음에 대해 알고 그것을 평가하기 위해 CBT 기술을 사용할 필요가 있다.

───── **요 약** ─────

- 더 많은 연구 증거가 필요하긴 하지만, 적절한 임상 수퍼비전이 유능한 CBT 치료사가(또는 다른 종류의 치료사들) 되는 데 필수적이다.
- 수퍼비전은 다른 여러 채널(면대면, 전화 등)을 통해 그리고 공인된 리더와 함께 또는 없이

다양한 형식(쌍, 그룹 등)으로 행해질 수 있다. 비록 우리가 '도제식(apprenticeship)' 모드라고 부르는 것이 아마도 가장 흔하지만, 모든 것은 장단점이 있고, 개인적인 상황에 따라 달라진다.
- CBT에서는 '실시간' 수퍼비전(즉, 치료에 집접적으로 접근하거나 녹음을 듣는 수퍼바이저)이 높게 평가되며, 이제는 치료사로서의 BABCP 인증도 필요하다.
- 만약 당신이 선택할 수 있다면, 누가 당신에게 가장 좋은 수퍼바이저가 될지를 생각하고 수퍼비전 계약의 조건에 동의하라.

수퍼비전에 대해 준비할 때 가장 유용하다. 수퍼비전 질문이 무엇인지 미리 확인하고(즉, 수퍼비전 회기에서 얻고자 하는 것) 맥락에 맞는 최소한의 정보를 준비한다. 당신이 당신의 강점과 필요를 보여줄 수 있도록 당신의 수퍼바이저에게 다양한 범위의 사례들을 가져가라.

학습 활동

다음 학습 활동은 SAGE publishing 사이트(https://study.sagepub.com/kennerley3e.)에서 내려받기 할 수 있다.

검토 및 반영:
- 당신의 현재 수퍼비전에 대해 생각해보는 약간의 시간을 가지시오(아마도 수퍼바이저와도 함께 성찰할 수 있다).

  잘 되는 것은 무엇인가? 안 되는 것은 무엇인가?

  그것으로부터 얻은 주요 학습 포인트는 무엇인가?

  더 많은 것을 얻기 위해 당신 또는 수퍼바이저가 다르게 해야 할 일이 있는가?
- 현재 회기 녹음을 사용하는가? 그렇지 않다면, 어떤 요소들이 방해를 하는지 생각해보라. 기술적 어려움, 자신감 부족에서 비롯되는 문제, 어떤 일이 발생할지도 모른다는 특별한 믿음 또는 그것이 무엇이든 간에 어떤 요소들의 조합을 생각해보라.
- 당신은 당신의 강점과 성취를 나타내는 자료와 당신의 요구를 보여주는 정보를 함께 공유하고 있는가? 그렇지 않다면, 왜 그런가?
- 충분히 수퍼비전을 받고 있는가? 그렇지 않다면, 왜 그런가?

한발 더 나아가기:
- 당신이 더 많은 준비를 한다면 당신은 수퍼비전 시간을 더 잘 활용할 수 있는가? 아마도 당신은 위에서 설명한 Padesky 수퍼비전 질문을 기초로 사용하여 그것이 도움이 되는지 확인할 수 있을 것이다.
- 만약 여러분이 현재 여러분의 수퍼바이저에게 녹음을 보여주는 것을 막는 두려움이 있다면, 여러분은 행동 실험(BE)을 시도해보면 어떻게 되는지 알아보는 것에 대해 생각해볼 수 있을 것이다. 당신이 두려워했던 것만큼 나쁜가? 실제 장점과 단점은 무엇인가?
- 만약 여러분이 CBT로 시작하고 있고 아직 CBT 수퍼바이저가 없다면, 가능한 한 빨리 한 사람을 구하라!

인지·행동치료 개론

Bennett-Levy, J. (2006). *Therapist skills: their acquisition and refinement.* Behavioural and Cognitive Psychotherapy, 34, 57-78.
치료사들이 어떻게 더 숙련되고 어떻게 기술의 다른 면이 어떻게 다른 학습 방법을 필요로 하는지에 대한 모델을 만들기 위한 흥미롭고 영향력 있는 시도이다.

Kennerley, H., & Clohessy, S. (2010). *Becoming a supervisor.* In M. Mueller, H. Kennerley, F. McManus, & D. Westbrook (Eds.), Oxford guide to surviving as a CBT therapist. Oxford: Oxford University Press.
발생하는 문제에 도전하고 훌륭한 수퍼비전을 위해 요구되는 기술에 대한 새로운 수퍼바이전에 대한 안내서이다.

Milne, D. (2009). *Evidence−based clinical supervision: principles and practice Chichester.* Wiley-Blackwell.
영국의 수퍼비전 분야의 최고 연구원 중 한 명인 Derek Milne은 수퍼비전에 대해 이용할 수 있는 증거와 그 증거에 기초한 모범 사례 지침을 제공한다.

Padesky, C. (1996). *Developing cognitive therapist competency: teaching and supervision models.* In P. Salkovskis (Ed.), The frontiers of cognitive therapy. New York: Guilford Press.
이 장에서 Padesky 교수는 CBT 수퍼비전이 CBT 치료의 접근법과 유용하게 병행할 수 있다고 주장하며, 그녀는 또한 이 장의 앞부분에서 언급한 유용한 '수퍼비전 점검표'를 요약한다.

동영상 자료

• 19.1 수퍼비전에서의 안건 설정

---- 부록 ----

19장: 행동 및 인지심리치료를 위한 영국 협회(BABCP, 2005)의 수퍼비전 협약서 예시(BABCP, 2005)

(   )와 (   )의 수퍼비전 협약

비밀 유지

- 논의된 모든 전문적 및 임상적 문제는 기밀 사항이며, 수퍼비전 회기 밖에서 논의해서는 안 된다.
- 예외 조항은 전문적 과실이 명백하거나, 법원, 검시관 사무실 또는 전문 기관에 의해 정보를 공개하도록 요청된 경우다.
- 수퍼비전 중 논의된 모든 사례 또는 전문가는 익명으로 처리해야 한다.
- 회기 녹음을 할 경우 서비스 이용자, 보호자 또는 전문가의 사전동의가 있어야 한다. 녹음을 파기/파쇄하기 위한 준비도 반드시 이루어져야 한다.
- 수련생은 이 과정이 준수되는지를 확인할 책임이 있다.

해석

수퍼비전 내용

- 수퍼비전의 내용은 인지 행동 모델 내에서 지식, 개념화 및 임상적 기술의 획득에 초점을 둔다.
- 관련된 문제(예: 약물치료, 병원치료, 사례 관리)도 또한 그것이 적절할 때 논의될 것이다.
- 실습생의 생각, 태도, 신념 및 가치, 이러한 생각이 치료 및 전문적 행동에 미치는 영향을 확인(해당되는 경우 이들의 협업적 변화)한다.
- 수퍼비전에 대한 관계와 진행과정 측면에 대해 토론하고 작업한다.
- 이용 가능한 시간 내에 시간 소비하고 균등하게 분할될 것이다.

해석

```
```

실무

- 한 회기는 매 (   )시간 / (   )분
- 회기 진행 장소는 (   )
- 숙박 예약에 대한 책임자는 (   )
- 수퍼비전 수수료는 (   )
- 취소 합의는 (   )

해석

```
```

수퍼비전의 방법 및 내용

- 치료적 관계와 관여 문제에 대한 논의
- 개념화/공식화
- 시뮬레이션, 역할극과 같은 치료 기법의 시연
- 치료 전략에 대한 논의
- 사례발표
- 과제
- 오디오 및 비디오 테이프 검토(월 1회 이상)
- 실습의 직접 관찰
- 수퍼바이저 한 명당 최소 한 달에 한 번 이상 관찰
- 치료적, 전문적 행동에 대한 영향력의 탐색과 함께 실습생의 사고, 태도 신념 등을 확인
- 위험 및 치료사/서비스 이용자 안전 검토
- 임상적 가이드라인/메뉴얼 검토
- 심리－교육 자료 검토
- 경험에 의한 훈련
- 합의된 다른 전략

해석

수퍼비전의 목표

수퍼비전의 일차적인 초점은 지식의 성취, 태도 정제, 기술개발의 측면에서 수련생의 학습 과정을 통한 내담자의 복리후생이다.

수퍼비전을 위한 목표

1.
2.
3.
4.

해석

반 차별적 실습

실습은 (   )[고용주/전문 기관]의 정책을 따른다.

해석

임상적 CBT 수퍼비전을 위한 합의가 중단된 경우의 단계들

- 수퍼바이저/수련생의 부적절한 행동이 발생할 경우, 이 문제는 처음부터 함께 논의되어야 한다.
- 이것이 성공하지 못하거나 행동이 심각하고 즉각적인 성격을 띠면 (   )   즉시 알려야 한다.
- 이러한 가능성이 낮은 경우, 수퍼바이저와 수련생의 관계가 악화될 경우, 각각은 함께 문제를 해결하기 위해 협력해야 할 의무를 진다.

해석

협약과 기간 변경

이 협약의 변경은 언제든지 협상할 수 있다.
본 계약은 기간은 (   )이다.

날짜(   ) 수퍼바이저 (   ) 서명(   )

날짜(   ) 수련생(   ) 서명(   )

(Michael Townend에게 감사의 뜻을 전하며 당신이 원하는 대로 문서를 자유롭게
활용하고 편집하십시오.)

용어

ACCS   Assessment of Core CBT Skills 핵심 CBT 기술 평가

ACT   acceptance and commitment therapy 수용전념 치료

AN   anorexia nervosa 신경성 식욕부진증

ASD   acute stress disorder 급성 스트레스 장애

ATs   automatic thoughts 자동적 사고

AVE   abstinence violation effect 금욕 위반 효과

BABCP   British Association for Behavioural & Cognitive Psychotherapies
영국 행동 및 인지 심리 치료 협회

BAI   Beck Anxiety Inventory 벡의 불안 검사

BDD   body dysmorphic disorder 신체 이형 장애

BDI   binge-eating disorder 폭식 장애

BEs   behavioural experiments 행동실험

BN   bulimia nervosa 신경성 폭식증

BPD   borderline personality disorder 경계성 인격장애

BT   behavioural therapy 행동치료

CAS   cognitive attentional syndrome 인지주의 증후군

CBT   cognitive behaviour therapy 인지 행동치료

CBTp   CBT for psychosis 정신병에 대한 CBT

CCBT   computerised cognitive behavioural therapy 전산화된 인지 행동치료

CFS   chronic fatigue syndrome 만성 피로 증후군

CMT   compassionate mind therapy 온정 치료

CORE   clinical outcomes in routine evaluation 일상적인 평가에서 임상 결과

CT   cognitive therapy 인지치료

CTS   Cognitive Therapy Scale 인지치료 척도

CTS-R   Cognitive Therapy Scale-revised 개정된 인지치료 척도

DAs   dysfunctional assumptions 역기능 가정

DSM-IV   Diagnostic and Statistical Manual, 4th edition
진단 및 통계 매뉴얼, 4판

DSM-V   Diagnostic and Statistical Manual, 5th edition 진단 및 통계 매뉴얼, 5판

EDs   eating disorders 섭식 장애

ERP   exposure and response prevention 노출 및 반응 예방

GAD   generalised anxiety disorder 범불안 장애

HADS   Hospital Anxiety and Depression Scale 병원 불안 및 우울증 척도

HI   high intensity 고강도

IAPT   Improving Access to Psychological Therapies 심리 요법에 대한 접근성 향상

ICS   interacting cognitive subsystem 상호작용하는 인지 하위 시스템

IPL   intensive psychological intervention 집중적 심리 개입

LI   low intensity 저강도

LTM   long-term memory 장기 기억

MAPLE   multiple access points and levels of entry 다중 액세스 포인트 및 입력 레벨

MBCT   mindfulness-based cognitive therapy 마음챙김 기반 인지 요법

MCT   meta-cognitive therapy 메타 인지치료

NATs   negative automatic thoughts 부정적 자동적 사고

n-CBT   neuroscience-informed CBT 신경 과학 정보 CBT

NHS   National Health Service 국민 건강 보험

NICE   National Institute for Health and Care Excellence 국립 건강 관리 연구소

NIMH   National Institute of Mental Health 국립 정신 건강 연구소

OCD   obsessive-compulsive disorder 강박 장애

PFC   pre-frontal cortex 전두엽 피질

PTSD   post-traumatic stress disorder 외상 후 스트레스 장애

PWPs   psychological wellbeing practitioners 심리적 웰빙 전문가

RCT   randomised controlled trial 무선 통제 시험

RFCT   rumination-focused therapies 반추-초점 중심 요법

SB   safety-seeking behaviour 안전 추구 행동

SFCT   schema-focused cognitive therapy 스키마 중심 인지치료

STM   short-term memory 단기 기억

TAU   treatment as usual 평소처럼 치료

UAs   underlying assumptions 기본 가정

WAS   weekly activity schedule 주간 활동 일정

WIT   worry intervention trial 걱정 개입 재판

참고 문헌

이 QR코드를 스캔하면 『인지 · 행동치료 개론』의
참고문헌을 열람할 수 있습니다.

역자 약력

김익수
서울대학교 특수교육 석·박사 통합과정 박사과정 수료

경력
2003년~2007년 서울대학교 장애학생지원센터 조교, 전문위원(전)
2006년 강남대학교 유아특수교육 대학원 출강(전)
2007년 백석대학교 특수교육학과 출강(전)
2009년~2019년 아동발달 관련 센터 근무(전)
2018년 시각장애 일상생활 영역 평생교육 프로그램(국립특수교육원) 집필진
2019년~현재 협동조합 소요(디지털교육 공동체) 디지털포용국장(현)
2019년~현재 한국인지행동심리학회 교육 이사

박소진
덕성여자대학교 심리학 박사(수료)

경력
2007년~2010년 덕성여대 학생 생활 연구소 상담원(전)
2008년~2011년 덕성여대 심리학과 출강(전)
2007년~2014년 아동청소년 관련 센터 소장(전)
2012년~현재 한국인지행동심리학회(협) 대표
2017년 육군교육사령부, 영진사이버대학교 자문위원
2017년 단국대학교 특수교육학대학원 출강(전)
2018년 추계예술대학교 출강(현)

저서
1. "비극은 그의 혀끝에서 시작됐다" (언어와 심리관련 교양서) - 학지사
2. "영화 속 심리학" 1, 2(영화 속 인물을 통해 정신 병리 및 심리를 파악하고 치료기법 등 안내) - 소울메이트
3. "처음 시작하는 심리검사와 심리평가"- 소울메이트
4. "당신이 알아야 할 인지행동치료의 모든 것- 행복해지기 위한 기술" - 학지사
5. "나는 자발적 방콕주의를 선택했다" - 마음의 숲
6. "영화로 이해하는 심리상담" - 박영스토리
7. "영화로 이해하는 아동·청소년 심리상담" - 박영스토리

한국인지행동심리학회(협) 소개

본 학회는 인지, 행동 심리학을 기반으로 관련 분야의 전문 인력을 교육하고 양성하며, '인지행동' 관련 상담 프로그램 개발 등을 전문으로 하는 기관으로 2014년도부터는 육군교육사령부의 용역 사업을 진행해 왔으며, 최근 학회 대표인 박소진은 「영화 속 심리학」(1, 2)를 출간한(2014년~2015년) 이후로 영화 상담 관련 교육과 콘텐츠 개발도 진행하고 있음.

홈페이지 www.kicb.kr
문의 kicbt@naver.com/010 3925 4045

인지·행동치료 개론

초판발행	2019년 9월 30일
지은이	Helen Kennerley · Joan Kirk · David Westbrook
옮긴이	박소진 · 김익수
펴낸이	노 현
편 집	황정원
기획/마케팅	노 현
표지디자인	이미연
제 작	우인도 · 고철민
펴낸곳	㈜ 피와이메이트
	서울특별시 금천구 가산디지털2로 53, 한라시그마밸리 210호(가산동)
	등록 2014. 2. 12. 제2018-000080호
전 화	02)733-6771
f a x	02)736-4818
e-mail	pys@pybook.co.kr
homepage	www.pybook.co.kr
I S B N	979-11-89643-75-1 93180

* 잘못된 책은 바꿔드립니다. 본서의 무단복제행위를 금합니다.
* 역자와 협의하여 인지첩부를 생략합니다.

정 가   34,000원

박영스토리는 박영사와 함께하는 브랜드입니다.